Jürg Stüssi-Lauterburg
Hans Luginbühl
Anne Gasser
Alfred Greminger

Verachtet Herrenpossen!
Verschüchet fremde Gäst!

Der Bauernkrieg 1653

© 2003 Verlag Merker im Effingerhof
CH-5600 Lenzburg 2
Satz und Druck: Effingerhof AG, CH-5200 Brugg
Printed in Switzerland
ISBN 3-85648-124-9

Herrn Regierungsrat Kurt d. alt Gemeinderat
Loti Weierli in herzlicher Verbundenheit
zugeeignet.
Wienlisol, 14. Juni 2003

Jürg Stüssi-Lauterburg
Hans Luginbühl
Anne Gasser
Alfred Greminger

Verachtet Herrenpossen!
Verschüchet fremde Gäst!

Der Bauernkrieg 1653

Mit einem Geleitwort von Bundesrat Samuel Schmid, Vorworten von Burgergemeindepräsident Kurt Hauri und alt Präsident Region Oberes Emmental Peter Pfister sowie einer Bibliografie von Christian Oettli

Verlag Merker im Effingerhof, Lenzburg

Autoren und Verlag danken

dem Lotteriefonds des Kantons Bern

der Post – Philatelie

und Pro Patria

für die Unterstützung bei der
Herausgabe dieses Buches

Inhaltsverzeichnis

Geleitwort Bundesrat Samuel Schmid	7
Vorwort Kurt Hauri	9
Vorwort Peter Pfister	11
Zeittafel	12
Einleitung	19
Quellendokumente	74
Bibliografie	471
Anmerkungen	477

Geleitwort

Der Refrain des Liedes, der dem vorliegenden Werk den Titel gegeben hat, spiegelt bäuerliche Befindlichkeit vor 350 Jahren: Die aristokratischen Regierungen wirkten als zu herrschaftlich und zu sehr auf das Ausland ausgerichtet. Die politische Kommunikation hatte versagt, mit furchtbaren Folgen bis hin zu Krieg und Bluturteilen, ja bis zur Vierteilung des gefangenen Bundesobmanns der Bauern Niklaus Leuenberger durch die Obrigkeit.

Die Erinnerung an die Geschichte ist die Aufgabe jeder Generation, in unserer durch die gemeinsame Geschichte zusammengehaltenen Willensnation vielleicht noch mehr als anderswo. Die vier Jubiläen, die wir dieses Jahr begehen, zeigen dies deutlich: Seit 650 Jahren gehört Bern zur Eidgenossenschaft. Ohne diese Partnerschaft im Zeichen des weissen Kreuzes wäre die moderne Schweiz nie entstanden. Vor 350 Jahren erlebte die von einer Wirtschaftskrise heimgesuchte Eidgenossenschaft die handfeste bäuerliche Antwort auf obrigkeitliche Tendenzen in Richtung Absolutismus. Die Regierungen siegten und hielten hartes Strafgericht, sie gingen aber auch in sich und orientierten sich wieder vermehrt an jenem allgemeinen Nutzen, der im Lande Wilhelm Tells allein Legitimität für staatliches Handeln stiftet.

Enormer Reformstau führte 1798 mit zum Zusammenbruch der Alten Eidgenossenschaft und zur französischen Besetzung. Um neben den Alpentransversalen einen weiteren Nutzen aus der militärisch besetzten Schweiz zu ziehen, Soldaten nämlich, auferlegte Napoleon Bonaparte 1803 unserem Land die klug ausgedachte Mediationsverfassung. Die Mediation läutete die moderne föderalistische Entwicklung ein, zu deren Wegmarken der Bundesvertrag und die Neutralität von 1815, später die Verfassungen von 1848, 1874 und 1999 wurden. Schliesslich erinnern wir uns 2003 gerne daran, dass seit 50 Jahren Schweizer Soldaten an der Waffenstillstandslinie in Korea stehen, in einem Dienst am Frieden, der etwas von dem weitergibt, was wir im eigenen Lande heute – im Unterschied etwa zu 1653 – geniessen.

Es bleibt dabei: Neben dem gemeinsamen Willen ist die gemeinsame Geschichte das, was aus uns Schweizerinnen und Schweizern ein Volk macht. Ich begrüsse daher die Initiative von Herausgebern und Verlag, wichtige Quellentexte des Jahres 1653 in die Reichweite der Leserinnen und der Leser unserer Tage zu rücken und ihnen die Annäherung an das Jahr des schweizerischen Bauernkrieges zu ermöglichen.

Gleichzeitig hoffe ich, dass wir die zeitlosen Lehren von 1653 auch in Zukunft beherzigen. Wir wollen als ebenso weltoffenes und selbstbewusstes Land unseren

Geleitwort

Weg gehen und unsere Art und Weise des eidgenössischen Zusammenlebens, die auf dem gegenseitigen Respekt der Kantone und der Menschen beruht, wieder bewusster pflegen, so, dass wir einander tatsächlich zuhören und uns bei allen Differenzen in den Überzeugungen stets als Staatsbürgerinnen und Staatsbürger achten. Trägt die vorliegende Sammlung historischer Texte ein wenig dazu bei, hat sie auch einem politischen Zweck im besten Sinn des Wortes gedient, hat sie einen Beitrag geleistet zum Wertvollsten, was wir besitzen, zu unserer politischen Kultur.

Bundesrat Samuel Schmid,
Vorsteher des Eidg. Departementes
für Verteidigung, Bevölkerungsschutz
und Sport

Bern, 8. Januar 2003

Vorwort

Mit Fug und Recht, mit allem Grund wird der unselige Bauernkrieg in ein neues, geläutertes Licht gebracht, mit einem Buch, das viel mehr als – wie es sich selber allzu bescheiden nennt – ein blosses «Lesebuch» ist: ein sachliches, gründlich erarbeitetes Werk über ein einschneidendes Ereignis, das sich im Laufe der Geschichte als weit über die damalige Auseinandersetzung zwischen Land und Stadt hinaus entwickelt hat. «Di trüebschte Tage vom alte Bärn» (Rudolf von Tavel) beweisen, wie sich von selbst versteht, wie schlecht ein Krieg an sich ist. Sie zeigen aber auch, dass sich daraus Lehren ziehen lassen, wie es seit 350 Jahren zum Nutzen unseres Landes gelungen ist.

Wirtschaftliche Not löst Kräfte aus, die ihren freien Lauf nehmen und nicht mehr zu beherrschen sind. Der heutige soziale Rechtsstaat hat sie zu vermeiden. Andernfalls verlieren Grenzen ihre ordnende Bedeutung: die politischen (Übergreifen vom Stande Luzern auf die Republik Bern), die konfessionellen, die räumlichen (Ausdehnung vom Entlebuch und vom Emmental auf das ganze Mittelland, auf Solothurn und Basel), die eingesetzten Mittel (vom Bauernbund und der Landsgemeinde über die militärische Gewalt mit Belagerungen, Besetzungen und bis hin zur üblen Rache).

Kräftige, von der Bevölkerung breit getragene Unruhen können ihr Ziel ungewollt wechseln, ihre Forderungen steigern, von bloss wirtschaftlich-finanziellen zu grundlegend politischen, die urdemokratische schweizerische Grundhaltung widerspiegelnd.

In diesem unaufhaltbaren Lauf gehen Geduld, Vernunft und Toleranz, geht jede Gesprächsbereitschaft verloren, ein Nährboden für Gewalt. Ratlos werden Hilfe

und Vermittlung bei Dritten, gar im Ausland gesucht, allzu spät indessen, die Entwicklung ist längst jeder Führung entglitten. Bern ruft selbst Gott an, dass er der Anwendung von Gewalt zuvorkomme und sowohl der Obrigkeit als auch dem armen verirrten Volk Gerechtigkeit widerfahren lasse.

Und nach der vermeintlichen Niederlage weichen Umsicht und politisches Mass, werden der geschlossene Friede, der unterzeichnete Vertrag und das gewährte Entgegenkommen nicht eingehalten, wird rücksichtslos Rache genommen.

Der Bauernkrieg scheint aus heutiger Sicht wahrlich nicht nötig gewesen zu sein, und dennoch hat er, wenn er doch sein musste, nebst dem kriegerischen Übel nach all den Jahren letztlich auch Gutes gebracht: den Brückenschlag zwischen Stadt und Land. Er liess die Überzeugung wachsen, dass beide aufeinander angewiesen sind, dass beide gemeinsam und miteinander die grössten Werte schaffen.

Vorwort

Die damals gewalttätige Bauernsame, die damals selbstherrliche Stadt brauchen sich im geläuterten Licht der Geschichte nicht nur zu schämen.

Kurt Hauri

Kurt Hauri,
Burgergemeindepräsident

Bern, 11. März 2003

Vorwort

FÜR FREIHEIT RECHT UND BAUERART. Diese Inschrift steht auf der Rückseite der Gedenkmünze, die anlässlich der Feierlichkeiten zum Bauernkrieg vor 50 Jahren herausgegeben wurde. Damals wie nun 50 Jahre später wurde an den Schweizerischen Bauernkrieg, oder wie er auch genannt wird, an den grossen Volksaufstand in der Schweiz von 1653, gedacht. Eine Zeitepoche, die, obwohl jetzt 350 Jahre zurückliegt, in der Erinnerung vieler Leute gerade im Emmental und Entlebuch noch vielfach lebendig und fest verwurzelt ist. Die Namen der damaligen bekanntesten Bauernführer Niklaus Leuenberger, Ueli Galli und Christian Schybi sind in ihren Heimatorten Rüderswil, Eggiwil und Escholzmatt auch heute noch nicht vergessen.

In zahlreichen Schriften über diese in mehrfacher Hinsicht wichtige Epoche unserer Geschichte hat man bisher um geschichtliche Wahrheit und gerechte Beurteilung des Geschehens gerungen. Es ist deshalb sehr begrüssenswert, dass Jürg Stüssi-Lauterburg, Hans Luginbühl, Anne Gasser und Alfred Greminger umfassendes Quellenmaterial aus der Zeit des Bauernkrieges erforscht haben, im Streben danach, die Wahrheit zu ergründen und zu überwinden, was sich im Laufe der Zeit an subjektiven Meinungen und Irrtümern um das tatsächlich Geschehene gerankt hat.

Für Freiheit, Recht und Bauernart kämpften die Bauern vor 350 Jahren. Alte Rechte, die auf demokratischer Grundlage in ihren Sonderrechten enthalten waren. Die Regierungen trachteten eher danach, ihr absolutistisches Denken und Wollen zu verwirklichen.

Der blutige Zwist von 1653 möge uns lehren, Fehler, die damals begangen wurden, unter gewandelten Verhältnissen nicht zu wiederholen. Über die Rechte des Volkes zu wachen und sie auf diesem und jenem Gebiet noch zu mehren, sei aber auch uns Nachfahren, 350 Jahre nach dem Bauernkrieg, verpflichtendes Anliegen für unsere Zukunft. Nur vergesse man nie, dass mehr Rechte und Freiheiten für sich selber immer auch verbunden sind mit vermehrten Pflichten gegenüber den Mitmenschen. Nur wo dieses subtile Gleichgewicht erhalten bleibt, ist eine lebendige, fortwirkende Demokratie möglich.

Möge die vorliegende Quellensammlung uns Hilfe sein im Verstehen dieser wichtigen Anliegen.

Peter Pfister,
Präsident Koordinationskomitee
der Erinnerungsanlässe 2003
«350 Jahre Bauernkrieg 1653–2003»,
alt Präsident Region Oberes Emmental

Zollbrück, 13. Januar 2003

Zeittafel

(Alle Daten dieser Zeittafel sind nach neuem Stil angegeben.)

17. Jahrhundert Die Grenze zwischen den eidgenössischen Orten Luzern und Unterwalden bezeichnet im 17. Jahrhundert zugleich die Trennlinie zwischen aristokratischer und demokratischer Staatsordnung. Die Entlebucher Untertanen der Stadt Luzern kennen diesen Unterschied um so mehr aus eigener Anschauung als ihre Lebenswirklichkeit durch ein streng aristokratisches Regiment geprägt ist, wohingegen ihre Nachbarn, die Hüter des «Weissen Buches» und der Befreiungstradition der Urschweiz, wohl der idealen Demokratie so nahe kommen, wie es Menschen möglich ist.

Die latente Unzufriedenheit der Entlebucher steigt infolge willkürlicher Währungsmanipulationen durch die Luzerner Regierung (Senkung des luzernischen Tarifs des Berner Batzens um 50% auf Kosten der – im an Bern grenzenden Entlebuch zahlreichen – Besitzer solcher Münzen).

Im Hintergrund wirkt der Preiszerfall landwirtschaftlicher Produkte nach dem Ende des Dreissigjährigen Krieges in Deutschland und der Erholung der dortigen Agrarproduktion.

Eine Entlebucher Gesandtschaft mit dem Ziel, wirtschaftliche Erleichterungen und ein weniger drückendes landvögtliches Regiment zu erreichen, wird in Luzern nicht mit allen Ehren empfangen.

Das Tal ist nicht bereit, diese Missachtung hinzunehmen.

Die Entlebucher Landsgemeinde in Heiligkreuz beschliesst, bis zur Erfüllung ihrer Forderungen durch die Luzerner Regierung die Zins- und Zehntenzahlungen einzustellen.

14. Februar 1653 Eine Abordnung der Luzerner Regierung wird in Schüpfheim u. a. durch drei in der Tracht der drei ersten Eidgenossen auftretende Männer und durch die, mit Freiheitswillen markierenden Knütteln versehenen, 40 Geschworenen des Entlebuchs empfangen.

Die Entlebucher Forderungen zielen generell auf politische und wirtschaftliche Entlastungen, speziell auf die Freiheit von Salz-, Vieh- und Pferdehandel.

26. Februar 1653 In Wolhusen verbünden sich zehn (von je nach Zählung 12 oder 13) luzernischen Ämter mit einer der entlebuchischen analogen Zielsetzung. Die verbündeten X Ämter werden vom Entlebuch, von Willisau und von Rothenburg dominiert.

13. März 1653 Die Emmentaler Landsgemeinde in Langnau beschliesst angesichts ähnlicher Beschwerden ungeachtet der Gegenwart des bernischen Schultheissen Niklaus Dachselhofer eine generelle Suspendierung

	Zeittafel
	des Schuldendienstes bis zur Erfüllung ihrer Forderungen durch die Berner Regierung.
	Die Solidarität der Untertanen hat damit die Kantons- und die Konfessionshürde genommen.
18. März 1653	Die zwischen der in ihrer Stadt belagerten Luzerner Regierung und den X Ämtern vermittelnden Gesandten von Uri, Schwyz, Unterwalden, Zug, Freiburg und Solothurn entscheiden, dass die Stadt Luzern weiterhin herrschen, die Untertanen dagegen das gute alte Recht geniessen sollen. Der Bund von Wolhusen wird für ungültig erklärt, jedes Amt hat seine Beschwerden einzeln und direkt in Luzern vorzutragen.
22. März 1653	Die eidgenössische Tagsatzung in Baden geht zu Ende. Die Gesandten von Zürich, Bern, Luzern, Uri, Schwyz, Unterwalden, Glarus, Basel, Freiburg, Solothurn, Schaffhausen, Appenzell sowie Stadt und Abt St. Gallen tadeln in einer Proklamation den ihrer Überzeugung nach von bösen Buben verursachten Aufruhr und verbieten dessen Fortsetzung bei Leib- und Lebensstrafe.
	Die Tagsatzung verabschiedet ferner einen militärischen Operationsplan. Danach soll ein von Zürich dominiertes Heer gegebenenfalls Lenzburg besetzen, eine von einem Urner angeführte Streitmacht die Reussübergänge bis Mellingen und den Limmatübergang von Baden sicherstellen. Kontingente von Schaffhausen, Basel, Mülhausen und aus dem Bistum Basel haben die Aareübergänge zwischen Brugg und Olten für die Regierungen offen zu halten. Bern, Freiburg und Solothurn sollen nach eigener Absprache vorgehen, das heisst wohl direkt gegen die Hauptmacht des Gegners ins Feld rücken.
24. März 1653 und folgende Tage	Schaffhausen schickt rund 330 Mann zu Fuss und zu Pferd nach Brugg und Königsfelden. Basel lässt 500 Mann nach Aarau marschieren. In Olten versucht der berntreue Falkenwirt von Aarburg den Durchmarsch von 100 Mülhausern nach Aarburg und Aarwangen sicherzustellen. Überall, jedoch mit von Osten nach Westen zunehmender Schärfe, erregen die obrigkeitlichen Massnahmen Widerstand und müssen aufgegeben werden.
	Die Truppen ziehen sich zurück, die Sache der verbündeten X Ämter und ihrer emmentalischen Freunde erhält massive (unter- und ober-)aargauische, landsolothurnische und basellandschaftliche Verstärkung.
Erste Tage des Aprils 1653	Der Widerstand gegen die Regierungen hat eine neue Intensität erreicht. So ist zum Beispiel die Verbindung zwischen Bern und dem Schloss Lenzburg unterbrochen, während der gefangen genommene

Zeittafel

	Falkenwirt von Aarburg trotz obrigkeitlicher Bitten in Olten nicht freigelassen wird. Ein Kriegslied der Landleute klagt die obrigkeitlichen Vögte an, zu regieren wie die Landvögte zur Zeit Wilhelm Tells und ruft zum Widerstand auf: Verachtet Herrenpossen! Verschüchet fremde Gäst!
4. April 1653	Eine Gesandtschaft der nicht beteiligten evangelischen Orte unter der Führung des Zürcher Bürgermeisters Johann Heinrich Waser vermittelt in Bern eine Verständigung zwischen der Regierung und den Unzufriedenen. Die Berner Regierung genehmigt den freien Viehhandel, den freien Salzkauf für den Eigenbedarf, einen Landesvenner für das Emmental und Erleichterungen im Darlehens- und Schuldbetreibungsrecht.
	Die Abgeordneten der Untertanen, unter ihnen Niklaus Leuenberger aus dem Schönholz, Mitglied des Gerichts von Ranflüh, bestätigen durch fussfällige Abbitte vor der Ratsversammlung, dass sie deren souveräne, landesherrliche Autorität anerkennen.
8. April 1653	Der bernische Landvogt von Trachselwald, Samuel Tribolet, schreibt nach Bern, ohne Generalamnestie für die an der Unruhe Beteiligten werde sich die Lage nicht im Sinne der Regierung entwickeln.
10. April 1653	Die Landsgemeinde von Signau verwirft den in Bern geschlossenen Frieden zwischen Regierung und Untertanen.
23. April 1653	Nach rund vier Wochen intensiver und erfolgreicher Agitation treten in Sumiswald Vertreter von Untertanen Berns, Luzerns, Basels und Solothurns zur Landsgemeinde zusammen und schliessen einen Bund. Der einige hundert Jahre alte älteste eidgenössische Bund zur Förderung der Gerechtigkeit und Abwehr der Ungerechtigkeit soll respektiert werden. Die Untertanen der vier Orte sollen ihre Beschwerden der jeweiligen Obrigkeit unterbreiten.
	Differenzen bereinigt der Sumiswalder Bund, welcher ausserdem gegenseitige militärische Hilfe der Untertanen gegen einheimische und fremde Truppen verbürgt sowie den Regierungen das Recht abspricht, irgendwen wegen des Sumiswalder Bundes zu bestrafen.
24. April 1653	Anhänger des Sumiswalder Bundes bringen bei Berken (zwischen Wangen an der Aare und Aarwangen) ein Schiff auf, das für die Berner Regierung Granaten nach Aarburg führt. Angeblich ist das die Granaten enthaltende Fässchen mit der Beschriftung «süsser Wein» versehen. Die Geschichte vom «süssen Wein» wird durch den Sumiswalder Bund sofort agitatorisch eingesetzt.
29. April bis 10. Mai 1653	Eidgenössische Tagsatzung in Baden.

30. April 1653	Die Landsgemeinde in Huttwil bestätigt den Sumiswalder Bund. Ein Brief der Landsgemeinde an den französischen Botschafter betont, es gehe der Landsgemeinde um das gute alte Recht. Sie sei jederzeit bereit, König Ludwig XIV ihre Unterstützung zu gewähren, worum es sich auch handeln möge.
8. Mai 1653	Die eidgenössische Tagsatzung verabschiedet ein vorderhand nicht veröffentlichtes Manifest: Die Untertanen halten ihre Zusagen nicht, belagern die Stadt Luzern, blockieren Schlösser und sind nicht gesprächsbereit. Die Tagsatzung muss deshalb zum Schutz der Aufrichtigen und zur Bestrafung der Meineidigen zu den Waffen greifen.
14. Mai 1653	Die Landsgemeinde zahlreicher Untertanen der Städte Bern, Luzern, Basel und Solothurn sowie der Untertanen der sieben alten Orte Zürich, Luzern, Uri, Schwyz, Unterwalden, Zug und Glarus in den Freien Ämtern beschwört den bereits in Sumiswald geschlossenen und in Huttwil bestätigten Bund erneut und lässt vier Bundesbriefe ausfertigen. Darin wird festgehalten, dass die Obrigkeiten die erzielten Vergleiche nicht einhalten. Deshalb wird nun in Huttwil auf ewig vereinbart, den alten eidgenössischen Bund für Gerechtigkeit und gegen Ungerechtigkeit aufrechtzuerhalten, Neuerungen der Obrigkeiten abzuschaffen, Differenzen zwischen einer Obrigkeit und ihren Untertanen durch den Huttwiler Bund zu regeln, fremde oder einheimische Kriegsvölker solidarisch abzuwehren und allen wegen des gegenwärtigen Handels Verhafteten oder Bestraften solidarisch beizustehen. Eine Berner Ratsgesandtschaft reist unter Protest aus Huttwil ab.
18. Mai 1653	Parallele Ultimaten Bundesobmann Niklaus Leuenbergers einerseits, des Landes Entlebuch andererseits an die Regierungen Berns und Luzerns.
19. Mai 1653	Solothurn konzediert in Oberbuchsiten seinen Untertanen alles Gewünschte, Bern hingegen schickt den Angehörigen des Huttwiler Bundes einen Protest gegen ihre Schädigung von Dritten durch Einstellung des Schuldendienstes und gegen ihre Anmassung der Regierungsgewalt.
20./24. Mai 1653	Der Huttwiler Bund mobilisiert für den Marsch gegen die Städte Bern und Luzern. Truppen des Huttwiler Bundes versuchen die Reusslinie in ihre Hand zu bringen. Burgenbruch von Kastelen (Alberswil).
22. Mai 1653	Bundesobmann Niklaus Leuenbergers liegt, an der Spitze des Hauptheeres des Huttwiler Bundes, im Feld zu Ostermundigen. Im Lager vor Bern werden sofort logistische Probleme (Nahrung, Geld) spürbar.

Zeittafel

24. Mai 1653	Der Berner Schultheiss Niklaus Dachselhofer und Bundesobmann Niklaus Leuenberger einigen sich unter freiem Himmel beim Murihölzli.
	Truppen des Huttwiler Bundes graben der berntreuen Stadt Aarau den Stadtbach ab.
25. Mai 1653	Öffentliche Proteste grosser Teile der Burgerschaft in der Stadt Bern gegen einen allzu nachgiebigen, den Interessen der Stadt abträglichen Frieden. Die Protestierenden machen dafür die Falschmünzer genannten Urheber der Münzmanipulationen und die tyrannischen Landvögte verantwortlich.
26. bis 28. Mai 1653	Abschluss eines Waffenstillstands zwischen der Luzerner Regierung und dem von Johann Emmenegger angeführten Belagerungsheer. Abschluss des von Dachselhofer und Leuenberger ausgehandelten Murifeldfriedens zwischen der Stadt Bern und ihren bewaffnet vor ihren Wällen liegenden Untertanen: Die Untertanen geben den Huttwiler Bund unter Auslieferung der Bundesbriefe an die Regierung auf und ziehen nach Hause, die Obrigkeit erklärt Generalamnestie und gewährt zahlreiche Begehren wie den freien Salzkauf und generell das gute alte Recht.
28. Mai 1653	In Zürich erhält Seckelmeister Conrad Werdmüller Vollmacht und Instruktion als Generalkommandant: Die Untertanen, welche gehorchen wollen, sind unter Schutz zu nehmen, die Widerstrebenden zu unterwerfen, die Rädelsführer zu bestrafen und die Berner Regierung beim Abschluss eines Friedens zu konsultieren.
30. Mai 1653	Conrad Werdmüllers Heer der Zürcher und Ostschweizer versammelt sich auf der Allmend Schlieren: 8000 Mann, 800 Pferde, 18 Kanonen.
31. Mai 1653	Conrad Werdmüller setzt sich in Besitz des Reussübergangs von Mellingen.
1. und 2. Juni 1653	Sowohl im Lager der Zürcher bei Mellingen als auch im Lager des Huttwiler Bundes im Raume der Höhen über Wohlenschwil und Büblikon bis gegen Othmarsingen treffen Verstärkungen ein. Der Huttwiler Bund leidet an Mangel an Artillerie.
3. Juni 1653	Das nun unter dem Kommando von Bundesobmann Niklaus Leuenberger stehende Heer des Huttwiler Bundes greift die Zürcher Armee Conrad Werdmüllers an und wird im Gefecht von Wohlenschwil geschlagen. Brand von Wohlenschwil.
	Der schweizerische Bauernkrieg ist militärisch entschieden, es bleiben die beiden Widerstandsgebiete Entlebuch und Emmental.

	Ein bernisches und westschweizerisches Heer unter Sigismund von Erlach zieht von Bern nach Wangen an der Aare. Plünderung von Jegenstorf. Entfestigung von Wiedlisbach.
4. Juni 1653	In Mellingen schliessen Bürgermeister Johann Heinrich Waser und General Conrad Werdmüller mit dem Gros ihrer Gegner (fast allen ausser Entlebuchern und Emmentalern) den Frieden von Mellingen: Amnestie, ausser für die Hauprädelsführer, Aufhebung des Huttwiler Bundes, Heimzug der Truppen des Huttwiler Bundes.
5. Juni 1653	Erfolgloser Angriff von rund 2000 Luzerner Bauern auf die durch Truppen Sebastian Peregrin Zwyers gesicherte Brücke von Gisikon.
7. Juni 1653	General Sigismund von Erlach erfährt, auf dem Marsch von Wangen an der Aare nach Langenthal, von der Präsenz von rund 2000 zum Teil mit Knütteln bewaffneten Emmentalern in Herzogenbuchsee. Er greift diese an und besiegt sie.

Brand von Herzogenbuchsee.

Militärisch ist damit auch für die Republik Bern der Bauernkrieg von 1653 endgültig entschieden.

General Conrad Werdmüllers Hauptquartier befindet sich in Königsfelden. Der Basler Ratsherr Benedict Socin trifft bei Conrad Werdmüller ein, womit die Verbindung zwischen Zürich und Basel wieder hergestellt ist.

In Stans erledigt das Schiedsgericht der vier Orte Uri, Schwyz, Unterwalden und Zug die verbleibenden Differenzen zwischen der Luzerner Regierung und den X Ämtern. |
| 8. Juni 1653 | Eine Abordnung Conrad Werdmüllers trifft in Langenthal im Hauptquartier Sigismund von Erlachs ein und stellt den militärischen Zusammenhang zwischen der Zürcher und der Berner Armee her. Zwischen der von Generalmajor Johann Rudolf Werdmüller (dem Werdmüller im «Schuss von der Kanzel») angeführten Zürcher Abordnung und den Bernern kommt es zu einem heftigen Wortwechsel. Johann Rudolf Werdmüller ist über die anfängliche bernische Weigerung, den Frieden von Mellingen anzuerkennen, derart erbost, dass er droht, die nach Hause gezogenen Landleute erneut zu bewaffnen und den Bernern auf den Hals zu richten.

Anschliessend erfolgt in Langenthal eine Einigung auf der Grundlage der Geltung des Friedens von Mellingen von der Reuss bis an die Aare von Aarburg und der souveränen Freiheit bernischer Strafmassnahmen westlich von Aarburg. |

Zeittafel

20. Juni 1653	Sebastian Peregrin Zwyer trifft an der Spitze seiner Armee in Schüpfheim ein. Militärisch ist damit auch das Entlebuch unterworfen.
6. September 1653	Im Rahmen der blutigen Strafjustiz der Sieger erfolgt vor Bern die Enthauptung und Vierteilung von Bundesobmann Niklaus Leuenberger. Ein Exemplar des Huttwiler Bundes wird an den Galgen geheftet.
29. September 1653	Anschlag der so genannten «Drei Tellen» auf eine Luzerner Ratsgesandtschaft im Entlebuch. Tod von Zeugherr Caspar Studer.
7. Oktober 1653	Die Berner Regierung schliesst die Grenzen gegen das Entlebuch.
8. Oktober 1653	Zwei der Drei Tellen werden in Schüpfheim gestellt. Sie fallen nach tapferem Widerstand. (Otto Wicki und Anton Kaufmann, Bauernkrieg 1653, Schüpfheim: Druckerei Schüpfheim AG, 2003, ISBN 3-907821-18-1, Seite 11 und andernorts.)
1655 und 1660	Carolus von Bonstetten, Herr von Jegenstorf, zeigt durch die Stiftung einer Allianzscheibe in die Kirche und durch die Einrichtung der Trinkwasserversorgung in Jegenstorf sichtbar und durchaus zeittypisch, dass der aufgeklärtere grössere Teil des bernischen Patriziats die Lehren von 1653 verarbeitet hat.

(Christian Pfister, Peter Martig, Alfred Kuert, Stefan Trümpler und andere, *Jegenstorf, Eine Ortsgeschichte*, Jegenstorf: Einwohnergemeinde Jegenstorf, 1989, ISBN 3-85681-215-6, Seiten 25, 40 und 75.)

Einleitung

Blockade der Hauptstädte Bern und Luzern durch die eigenen Landleute, bewaffnete Züge vor die Stadt Aarau, vor die Schlösser Aarwangen, Aarburg, Lenzburg, ein viergeteilter Bauernobmann: Das Jahr 1653 entsprach nicht dem ruhigen eidgenössischen Durchschnitt. Das vorliegende Lesebuch «Verachtet Herrenpossen! Verschüchet fremde Gäst!» gestattet, anhand von rund 200 Texten, eine Annäherung an ein Epochejahr der Schweizer Geschichte.

Die nachfolgende Einleitung der vier Herausgeber stellt die Dokumente in den Gesamtzusammenhang des Krieges. Die Vorworte von Bundesrat Samuel Schmid, Burgerratspräsident Kurt Hauri und Peter Pfister, dem alt Präsidenten der Region Oberes Emmental, beleuchten die Bedeutung der Ereignisse aus heutiger eidgenössischer, bernburgerlicher und emmentalischer Sicht, während die Festansprache von Bundesrat Rudolf Minger von 1953 zeigt, was der Bauernkrieg dem bäuerlichen Magistraten der Zeit der Bedrohung des 20. Jahrhunderts bedeutete.

Der Bauernkrieg von 1653 war die von den historischen Landschaften Entlebuch und Emmental ausgehende, hauptsächlich im (oberen und unteren) Aargau ausgetragene, ländliche Antwort auf den Versuch städtischer Obrigkeiten, im Lande Wilhelm Tells den Absolutismus einzurichten. Dass diese Antwort gerade zu diesem Zeitpunkt erfolgte und äusserst robust ausfiel, ist auf die wirtschaftliche Not zurückzuführen, welche am Ende des Dreissigjährigen Krieges in der Schweiz auf dem Lande herrschte. Militärisch sind, über die Belagerungen hinaus, die Unterbrechung von Kommunikationsmitteln zu erwähnen wie der Reussfähren von Windisch, von Lunkhofen und von Mühlau, schliesslich die blutigen Gefechte und verbrannten Dörfer in Wohlenschwil und in Herzogenbuchsee. Weil die Zürcher Untertanen nur ganz am Rande von der Bewegung erfasst wurden, gelang es den Regierungen, dieser militärisch ein Ende zu setzen. Andernfalls hätte der Huttwiler Bund wohl, mit unabsehbaren Konsequenzen, die Eidgenossenschaft der Dreizehn Orte abgelöst oder zumindest überlagert. So wurden nur, weitgehend, die wirtschaftlichen, nicht auch die politischen Forderungen des Huttwiler Bundes erfüllt.

Ein sich seit jeher als frei verstehendes Staatswesen musste die deutliche Botschaft von 1653, wie sie in einem neuen Tellenlied, im Burgenbruch von Kastelen bei Alberswil und in vermeintlichem Tyrannenmord im Entlebuch zum Ausdruck kam, verstehen. Das Widerstandsrecht gegen unerträgliche Zumutungen war und blieb Teil des eidgenössischen Selbstverständnisses. Tells Büste am Rathaus des damaligen Vororts Zürich – ein Werk des Jahrhunderts des Bauernkrieges – mahnt auch heute noch alle, die hinsehen wollen, klar und deutlich, dass allzu straff gespannt der Bogen stets zerspringt, oder im Latein der Inschrift selbst:
TENSUS RUMPITUR ARCUS.

Mitte 17. Jahrhundert: Konfessionell gespaltene Eidgenossenschaft

England eine Republik und Frankreich eine Monarchie: Die Mitte des 17. war eine von unserem 21. Jahrhundert schon auf den allerersten Blick sehr verschiedene Zeit. Die Eidgenossenschaft war geschieden in zwei konfessionelle Lager. Zwischen den katholischen und den evangelischen Orten blieb ein civilischer Krieg[1] jederzeit denkbar. Ein derartiger

Krieg wurde vorbereitet und schliesslich, als (Erster) Villmergerkrieg, 1656 auch geführt.

Das äusserst komplizierte politische System der Schweiz war insgesamt darauf ausgerichtet, die unter Anstrengungen erworbenen Errungenschaften wie die moderne Wehrverfassung des Bundes, das Defensionale von Wil von 1647 oder die im Westfälischen Frieden 1648 erreichte internationale Bestätigung der plena libertas, der vollen Freiheit, und damit der völkerrechtlich anerkannten Souveränität der Dreizehn Alten Orte, gegen aussen zu behaupten, aber keineswegs darauf, die schroffen konfessionellen Gegensätze im Innern zu überwinden.

Ein sichtbarer Ausdruck der konfessionellen Gegensätze war der Kalender: Zählten Zürich oder Bern den 4. Februar 1653 alten, das heisst des durch die Kalenderreform Julius Caesars eingeführten, Stils, war gleichentags in Luzern oder Uri bereits der 14. Februar 1653 jenes neuen Stils, der sich auf die Reform stützte, welche Papst Gregor XIII 1582 angeordnet hatte. Die meisten Schweizer Reformierten sollten diesen neuen oder gregorianischen Kalender erst im 18. und die orthodoxen Russen gar erst im 20. Jahrhundert anlässlich der Revolution vom 25. Oktober (oder im neuen Stil ausgedrückt vom 7. November) 1917 übernehmen. Damit sich die Leserin und der Leser zurechtfinden, ist in aller Regel angegeben, ob es sich um Daten alten oder neuen Stils handelt. Hingegen verzichtet dieses Quellenbuch, hierin wie in anderen Beziehungen, bewusst auf Glättungen, welche die Zeit des Bauernkrieges als einfacher und moderner erscheinen lassen würden als sie wirklich war.

Es ist weder die Aufgabe der Historiker, die Vergangenheit so herauszuputzen, dass sie der Gegenwart gefalle, noch Gericht über Menschen zu halten, welche längst jeder menschlichen Gerechtigkeit entrückt sind. Wer dergleichen sucht, muss anderswo suchen. Hier geht es einzig darum, dem Publikum rechtzeitig im Erinnerungsjahr 2003 rund 200 zeitgenössische Texte vorzulegen, deren Lektüre eine Annäherung an den die Schweiz im Innersten aufwühlenden Krieg von 1653 erlaubt. Es handelt sich nicht darum, jene Gesamtgeschichte des Bauernkrieges zu präsentieren, die andernorts[2] leicht zu finden ist. Eine etwas ausführlichere Überblicksskizze mag aber vielleicht für das Verständnis der Texte doch ganz nützlich sein.

Der Berner Rat nimmt Kenntnis von bäuerlichen Unruhen im Luzernischen

Am 4. Februar 1653 alten Stils nahm der Berner Rat Kenntnis von Unruhe im Luzernischen. Der Rat befahl den Landvögten von Lenzburg und Trachselwald Wachsamkeit, ja die Entsendung von Spähern an die geplante Entlebucher Landsgemeinde (Dokument 2). Damit war, vorerst in einem ganz bescheidenen Umfang, und darüber hinaus einseitig, der sich anbahnende innerkatholische und sogar innerkantonale Aufstand der Luzerner Landleute zu einem die Konfessionen überschreitenden eidgenössischen Thema geworden.

Gründe der grössten Systemkrise der alten Eidgenossenschaft

Was machte aus einer der zahllosen lokalen und regionalen Protestbewegungen der alten Eidgenossenschaft[3] die grösste Systemkrise, der sich die Dreizehn Orte während der ganzen Zeit ihrer Dominanz

(1513 bis 1798) ausgesetzt sahen? Die Zeitgenossen des 17. Jahrhunderts hatten durchaus ihre Antworten auf eine derart naheliegende Frage. Ludwig Cysat aus Luzern und Jakob Wagenmann aus Sursee sahen eine Ursache im Rückgang der vorher hohen Preise für landwirtschaftliche Produkte nach dem Ende des Dreissigjährigen Krieges bei gleichzeitiger konstanter Nominalbelastung durch Schuldzinsen und Abgaben. Cysat und Wagenmann führten ferner generell unpopuläre – vermeintliche oder tatsächliche – Neuerungen, das Salzmonopol, zu hohe Zölle, ein unbarmherziges Schuldbetreibungswesen und schliesslich die Münzmanipulation der Luzerner Obrigkeit ins Feld, welche die bernischen Batzen für den Kanton Luzern um 50 % abwertete[4], den geschädigten Entlebuchern den Verlust jedoch nicht ersetzte (Dokument 199). Jodokus Jost von Brechershäusern sah, aus bäuerlicher Optik, in den zu hohen Steuern und Abgaben und ausserdem in den Münzmanipulationen der Berner Regierung, welche die eigenen Batzen um 50 % abwertete, Ursachen des Krieges. Gewisse Landvögte hätten, wie sich versteht zum Schaden des Gemeinwesens, zuvor geraten, grosse Mengen solcher Batzen in die gemeinsamen Kriegs-Bargeld-Vorräte, das Reisgeld, zu legen, und ausserdem seien durch die Abwertung die Kaufleute vertrieben und der Absatz ländlicher Produkte erschwert worden (Dokument 198). In den Forderungen der Basler Untertanen an ihre Regierung vom 29. April 1653 alten Stils figurierte zuvorderst der freie Salz-, Getreide- und Viehhandel für den Eigenbedarf, gefolgt von Forderungen nach Zoll- und Steuerkonzessionen und Beschwerden gegen Rechtsverweigerungen und zu hohe Gebühren- und Bussenforderungen der Landvögte.[5]

Die Bewegung unter den Entlebuchern, welche, nach einer erfolglosen Abordnung von Unterhändlern in die Stadt Luzern, die Einstellung der Zins- und Zehntenzahlungen bis zur Befriedigung ihrer Forderungen beschlossen hatten, griff bald erkennbar auf Berner Gebiet über. Am 10. Februar 1653 alten Stils erfuhr Landvogt Samuel Tribolet in Langnau, ein dort vorhandener Knüttel sei von seinem Eigentümer Burgdorfer Metzgern gezeigt worden, damit diese sich vorstellen könnten, wie die Entlebucher Knüttel etwa aussehen müssten (Dokument 5).

Es hält schwer sich vorzustellen, wie nach dem 26. Februar neuen Stils (Dokument 3) die aristokratische Regierung des Luzerner Stadtstaates allein mit den

Bildlegende nächste Doppelseite:
Hans Conrad Gygers Schweizerkarte von 1637 gibt oben rechts die politische Struktur des Bundessystems der Dreizehn Orte – in ihrer damals amtlichen Reihenfolge – und ihrer Zugewandten. Während die Kantone Basel (damals ungeteilt) und Solothurn in ihrer geographischen Ausdehnung etwa ihren heutigen Nachfolgern entsprachen, gilt dies bereits für Luzern nicht, zu welchem etwa Merenschwand gehörte, nicht aber Hitzkirch, das eines der Freien Ämter bildete. Vollends von seiner heutigen Form verschieden war die Form des Kantons Bern, zu dem das Waadtland weitgehend und vom heutigen Kanton Aargau die Bezirke Zofingen, Kulm, Aarau, Lenzburg und Brugg gehörten, während in nordwestlicher Richtung bereits Biel zwar ein Zugewandter Ort der Eidgenossenschaft war, gleichzeitig aber auch ein Teil des unabhängigen Bistums Basel, also nicht zum Kanton Bern gehörte. Baden und die Freien Ämter waren, wie zahlreiche weitere Gebiete, Untertanengebiete mehrerer eidgenössischer Orte. Abbildung aus dem Buch «Schweizer-Geschichte für das Volk erzählt» von Johannes Sutz, La Chaux-de-Fonds: Verlag F. Zahn, 1899.

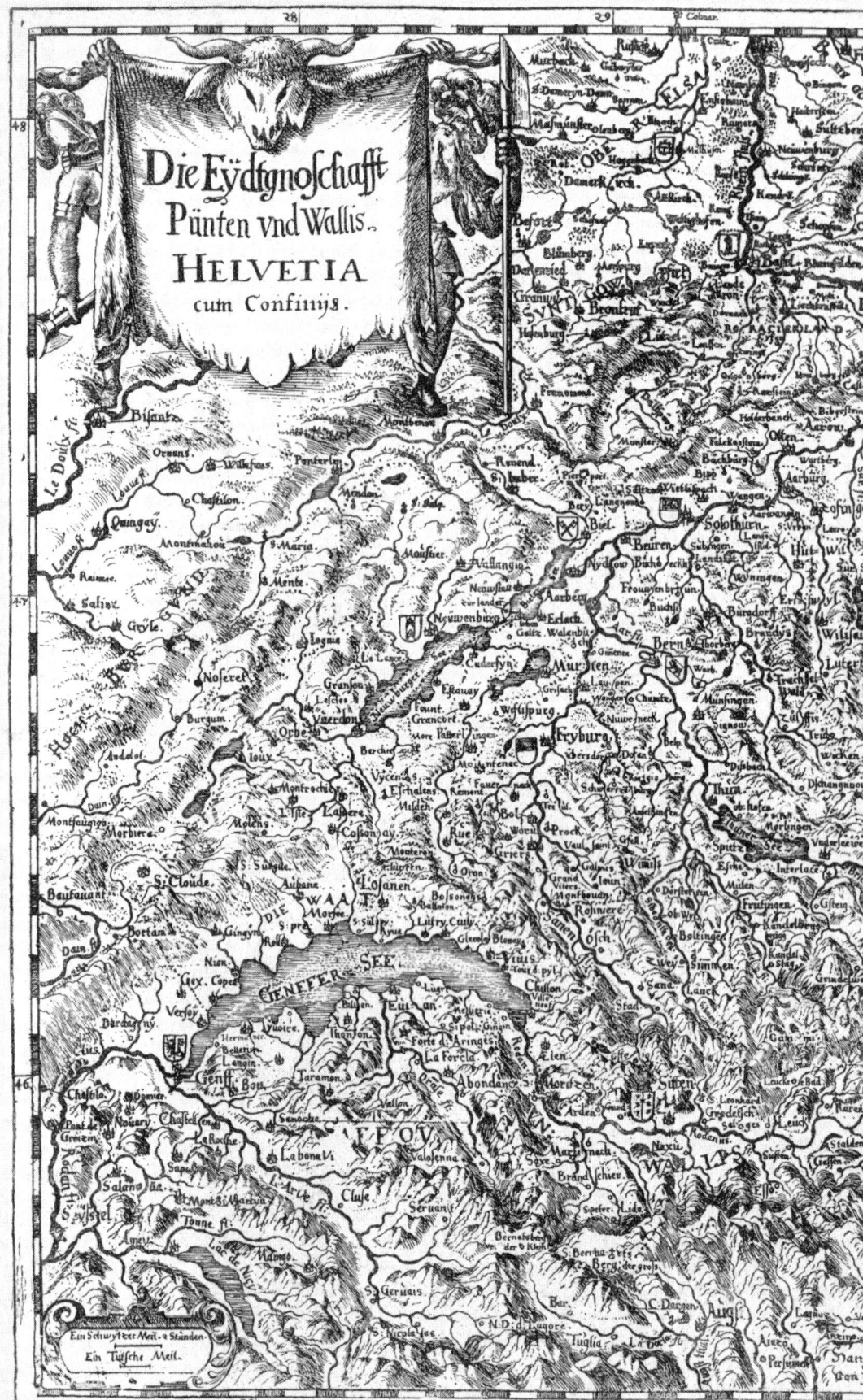

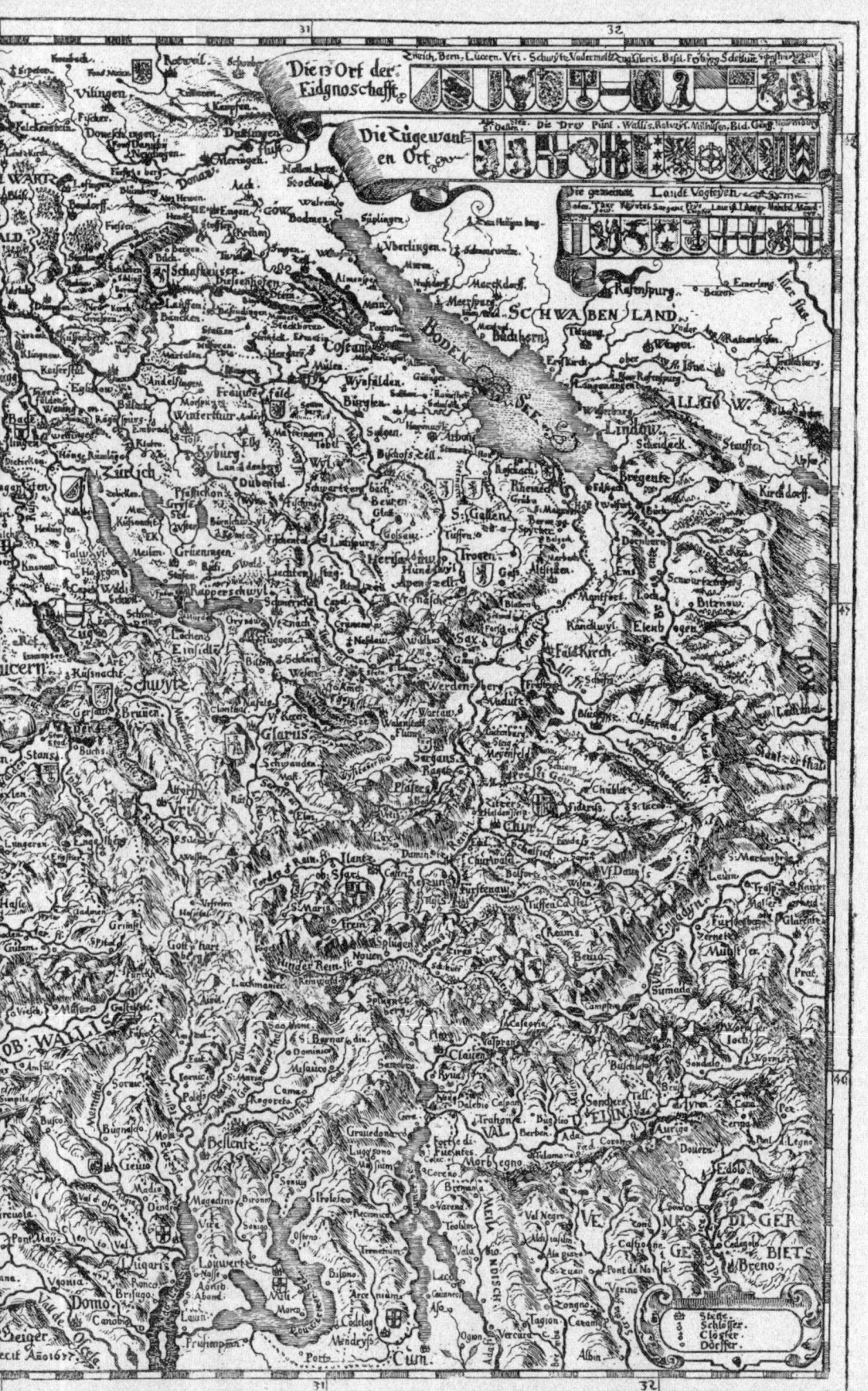

Untertanen von zehn ihrer je nach Rechnung zwölf oder dreizehn Ämter noch hätte fertig werden können. An diesem Tag wurde in Wolhusen durch einen feierlich auf ewige Zeiten beschworenen Bund eine Entwicklung abgeschlossen, welche aus Anliegen des Landes Entlebuch allein zunächst solche der IV Ämter Entlebuch, Willisau, Rothenburg und Ruswil und daraus solche der X Ämter gemacht hatte, unter welchen, über die genannten hinaus, auch das St. Michaelsamt (ohne das Dorf Beromünster), Büron und Triengen, Malters, Kriens und Horw, Ebikon und Knutwil zu finden waren. Diese, unter dem Entlebucher Landespannermeister Johann Emmenegger, nunmehr verbündeten Ämter wünschten von der Luzerner Regierung und deren Landvögten die Respektierung des guten alten Rechts, den Verzicht auf neue Lasten und ungebührliche Strafen, die Erledigung spezifischer Beschwerden und eine Amnestie für alle an den Forderungen beteiligten Personen.

Den Entlebuchern, welche zur Unterstützung ihrer bereits im Januar erfolglos nach Luzern getragenen Anliegen neun andere Luzerner Ämter mobilisiert hatten, genügte der Erfolg innerhalb der Luzerner Grenzen jedoch keineswegs. Bezeichnenderweise forderte der Berner Rat einen Tag nach dem Schwur von Wolhusen, am 17. Februar 1653 alten Stils, die Amtsträger in Thun, Wimmis, Zweisimmen und Frutigen auf, zwölf agitierende Entlebucher zu verhaften und in die Hauptstadt zu schicken (Dokument 4). Die Berner Regierung war damals entschlossen, der Luzerner Regierung gegen deren fordernden Landleute zu helfen. Die Neuenburger Regierung nahm, am 21. Februar 1653 alten Stils, förmlich von einem entsprechenden Berner Hilfsersuchen zugunsten Luzerns Kenntnis und konstatierte zugleich, dass die Revolte der Luzerner Untertanen nun auch auf einige Berner Untertanen übergegriffen habe (Dokument 6).

Der Berner Rat versucht eine Landsgemeinde zu verhindern

In Willisau erkundete am selben 21. Februar 1653 alten Stils Jakob Tribolet für Bern die Lage (Dokument 7). Er wurde in der militärisch gesicherten kleinen Stadt Zeuge vom prachtvollen Einzug der Ausgeschossenen des Entlebuchs. Jakob Tribolet erlebte, allerdings nur von aussen, die Versammlung der Gemeindevertreter in der Kirche. Gegen ähnliche Versammlungen auf eigenem Boden richtete sich, am 23. Februar 1653 alten Stils, ein Berner Ratsbeschluss, demzufolge Landvogt Samuel Tribolet von Trachselwald die von Entlebuchern und von Berner Untertanen auf den Langnauer Markt angesetzte Landsgemeinde verhindern sollte (Dokument 8). In Bern bestanden allerdings Zweifel an der Möglichkeit, die Landsgemeinde noch aufzuhalten, denn Samuel Tribolet wurde beauftragt, wenn dies nicht möglich sei, sich selbst an den Anlass zu begeben und die vorhandenen falschen Vorstellungen auszuräumen.

Geographisch auf der entgegengesetzten, östlichen, Seite der unruhigen Luzerner Landschaft schrieb am selben 5. März 1653 neuen Stils der Landschreiber der Freien Ämter Beat Jakob Zurlauben nach Zug, das Amt Rothenburg werbe in den Freien Ämtern im Sinne der Luzerner Rebellen und behaupte, diese hätten die Hilfszusage von 10 000 Berner Bauern. Landvogt Niklaus Wipfli sei in seinen Heimatkanton Uri abgereist (Dokument 9). Über die Abwesenheit des unbeliebten Wipfli, dessen Unnachgiebigkeit gegenüber den Meienbergern nur die allgemeine Verbitterung steigern würde, sei auch Abt Dominik Tschudi von Muri nicht unglücklich. Ratsherr Ludwig Meyer von Luzern versuchte damals, nach Zurlaubens Urteil, durch entsprechende Manipulation der Beschwerden der Freien Ämter Zurlaubens Landschreiberstelle dem eigenen Sohn zuzuhalten, während – in der selben Sichtweise – Hitzkirch seine angestrebte Gleichberechtigung mit Meienberg zu erreichen trachtete. Mit anderen Worten bemühte sich in und um die Freien Ämter herum männlich, sein Heu ins Trockene zu bringen, ohne die sich abzeichnende Entwicklung allzu ernst zu nehmen. Davon auszunehmen sind vielleicht gewisse Zürcher, jene nämlich, welche in geschickter Weise mit den gängigen Vorurteilen spielten und in Umlauf brachten, der Luzerner Aufstand sei entstanden, weil die dortige Regierung dem Volk die Bibel nicht erlaube. Wurde dieses, die Sache der Zürcher Obrigkeit begünstigende Gerücht auf der zutiefst evangelischen und bibelbesitzenden Zürcher Landschaft geglaubt, war keine Ansteckung durch den Geist der Unzufriedenheit zu befürchten.

Auf der Berner Landschaft dagegen lag die Definitionskraft für neue politische Ideen zur gleichen Zeit eindeutig nicht mehr bei der Regierung, sondern bei den Unzufriedenen. Bernhard May berichtete am 26. Februar 1653 alten Stils aus Wangen an der Aare nach Bern, eine Konferenz von 100 Emmentalern habe am 24. Februar 1653 alten Stils in Huttwil beschlossen, allenfalls von der Berner Regierung wegen Besuchs der Entlebucher Landsgemeinde Verhaftete gewaltsam zu befreien (Dokument 10). Dieselbe Hundertschaft verhandle nun mit weiteren Zuzügern in Langnau über Ort und Datum der geplanten Landsgemeinde zwecks Aufhebung des Trattengeldes, einer Viehexportabgabe, freien Salzkaufs und generell freien Handels.

Spiegelt sich in diesem Brief aus Wangen an der Aare ein rascher Fortschritt der revolutionären Agitation im Bernbiet, so ist wenig später in Luzern eine noch wesentlich zugespitztere Lage feststellbar. Einer der zur Vermittlung nach Luzern geeilten Gesandten der katholischen Kantone Uri, Schwyz, Unterwalden, Zug, Freiburg und Solothurn, der Freiburger Béat Jacques de Montenach, informierte mit je einem Schreiben vom 10. und vom 12. März 1653 neuen Stils seine Regierung (Dokumente 11 und 12) – in französischer Sprache, da die Aufständischen nunmehr die Reisenden aufhielten und ihnen die Briefe abnahmen, aber offenbar als des Französischen unkundig eingeschätzt wurden. Die Rebellen, so ist den Briefen zu entnehmen, drohten Sursee mit einer Belagerung, da diese Luzerner Landstadt weder zu ihnen halten noch ihnen Pulver verkaufen wolle. Die Kriegsvorbereitungen nahmen ihren Fortgang, nicht zuletzt mittels sogenannter Reisträger, welche aber anstatt Reis Pulver absetzten. Montenach berichtete kritisch von äusserster Nachgiebigkeit der Luzerner Regierung, welche sogar das Original der Erwerbsurkunde des Entlebuchs zu den Aufständischen hinausschicke, von bäuerlichen Plänen, St. Urban und andere Plätze zu besetzen, um Proviant für einen Feldzug sicherzustellen. Die Luzerner Aufständischen erwarteten 6000 bis 7000 Mann von den mit ihnen solidarischen Berner Untertanen, während Luzern zu seiner Sicherheit auf 600 Mann aus den Urkantonen hoffte und von einer bernisch-freiburgisch-solothurnischen Diversion träumte.

Am selben 2. März 1653 alten Stils, von welchem Montenachs zweiter Brief (Dokument 12) datiert, berichtete Samuel Tribolet nach Bern über ein konspiratives Gespräch im Pfrundhaus von Langnau (Dokument 13). In der Nebenstube auf dem Ofen sitzend, hörte die Frau Prädikantin, von zwei Trubern und einem Sumiswalder, Argumente für und gegen eine Notabelnversammlung beziehungsweise eine die Gegner in Furcht setzende Landsgemeinde. Die schliesslich anberaumte Versammlung werde von zwei Ausgeschossenen pro Gemeinde bestritten; es seien aber viele Zuschauer zu erwarten. Die Langnauer hätten bereits einen vierundzwanzigköpfigen Ausschuss aus den Unverständigsten und Schlechtesten gebildet und damit begonnen, die Schuldbetreibungen aufzuhalten.

Misserfolg der Berner Ratsgesandten an der Langnauer Landsgemeinde

An der Langnauer Landsgemeinde vom 3. März 1653 alten Stils erreichten die Berner Ratsgesandten unter der Leitung von Schultheiss Niklaus Dachselhofer und Venner Samuel Frisching denn auch nichts. In ihrer Gegenwart wurden Schuldboten mit durch den Mund gezogenen und hinter dem Kopf zusammengebundenen Weidenzweigen gezäumt und damit sichtbar der Schuldendienst generell ausgesetzt (Dokument 197). Das Phänomen war im Kanton Bern nicht auf Langnau oder auf das Emmental begrenzt. Dem Tagebuch von Markus Huber in Aarwangen ist zu entnehmen, dass am 12. März 1653 neuen Stils Melchnau und Gondiswil Gemeindeversammlungen hielten und sich gegen die Regierung in Bern zusammenschlossen und dass sich, trotz Abmahnung durch den Landvogt von Aarwangen, drei Tage später auch Madiswil dazu entschloss (Dokument 14). Generell sollte der Geist dieser Protestbewegung in weiten Teilen der Republik Bern, ja eigentlich mit Ausnahme des Oberlands und der französischsprachigen Gebiete im ganzen Staatsgebiet, wenn auch in unterschiedlichem Mass und für unterschiedlich lange Zeit, zum vorherrschenden werden (Dokument 197).

Die Luzerner erlassen ein Manifest gegen die aufständischen X Ämter

Zwischen Luzern und den aufständischen X Ämtern war mittlerweile der Propagandakrieg entbrannt. Die Luzerner Regierung erliess am 14. März 1653 neuen Stils ein umfangreiches Manifest (Dokument 15). Eine Entlebucher Abordnung habe angesichts anderer notwendiger Geschäfte nicht vom Grossen Rat empfangen werden können, eine andere Gelegenheit, ihre Anliegen in Luzern anzubringen aber nicht wahrgenommen und sei unwillig ins Entlebuch zurückgereist. Darauf seien in Schüpfheim drei Schuldboten gewaltsam angefallen, mit Spott behandelt und bedroht worden (vgl. Dokument 193). Es seien gegen achthundert Stück von zum Teil mit Eisenspitzen versehenen Knütteln hergestellt worden, einer in der Eidgenossenschaft unüblichen Waffe. Die Entlebucher hätten acht Beschwerdepunkte, darunter die beiden sogenannten Geldrüfe, also die Abwertung der alten Batzen, eingereicht. Die Regierung habe darüber das Gespräch angeboten, die Entlebucher hätten die Regierung aber ins Entlebuch zitiert. Die väterlich gesinnte Regierung habe auf den 14. Februar 1653 neuen Stils eine Abordnung nach Schüpfheim geschickt. Dort seien die 40 Geschworenen des Entlebuchs mit den Knütteln und angeführt von drei die drei alten Eidgenossen darstellenden Personen auf- und später wieder abgezogen, wie wenn es gegen den Feind gegangen wäre. Die von den Entlebuchern erhobenen Forderungen wie Freiheit von Salz-, Vieh- und Pferdehandel und Abschaffung des neuen Zolls seien so präsentiert worden, dass das Entlebuch nur alle Konzessionen gesamthaft, in seinem Sinne von der Regierung gewährt, annehmen werde, aber nicht auf einzelne Zugeständnisse eingehen könne. Die Luzerner Gesandtschaft habe mit leeren Händen wieder abreisen müssen, die Entlebucher aber hätten ihre ungewohnten Knüttelwachen verstärkt, Dokumente herausverlangt, von deren Existenz die Obrigkeit in zwei Fällen keinerlei Kenntnis habe, den Besuch eines Jahrmarkts in Luzern verhindert und die übrigen Ämter dazu gebracht, Beschwerdepunkte zu suchen und das Vorgehen miteinander abzusprechen. Der Luzerner Rat habe Gesandtschaften aufs Land geschickt, zunächst ins Amt Willisau, welches in Schötz eine unerlaubte Versammlung abgehalten und von dieser den Landvogt ausgeschlossen habe. Den herbeieilenden Gesandten von Uri, Schwyz, Unterwalden, Zug, Freiburg und Solothurn habe Luzern nach Vorlage seiner Rechtstitel das Geschäft zur schiedsgerichtlichen Erledigung übergeben. Nun aber hätten die X Ämter in Wolhusen am 26. Februar 1653 neuen Stils in einer Untertanen nicht zustehenden Weise ein Bündnis beschworen, um solidarisch neuen Lasten Widerstand zu leisten, die ihnen vorenthaltenen alten Dokumente herauszuverlangen, Wachen zu unterhalten und im Zusammenhang mit der Angelegenheit Verhaftete zu befreien. Unter den eingegebenen Beschwerdepunkten seien auch Forderungen auf hoheitliche Kompetenzen wie die Besetzung der Ämter ohne Vorbehalt und die freie Durchführung von Gemeindeversammlungen und Zusammenkünften gewesen. Deshalb seien auf den 2. März 1653 neuen Stils die vornehmsten vier Ämter, Willisau, Rothenburg, Entlebuch und Ruswil, aufgefordert worden, ihre Gemeinden zu besammeln und den eidgenössischen Gesandten ihre Beschwerden zu übergeben. Der Bescheid sei ihnen auf den 6. März 1653 neuen Stils nach Werthenstein versprochen worden. Ohne diesen abzuwarten, hätten, zum Schaden des löblichen Standes Luzern, die Luzerner Rebellen nicht allein im Luzernischen, sondern auch in anderen eidgenössischen Orten einerseits für sich geworben, andererseits die Regierung verleumdet. Ja, die Rebellen seien daran gegangen, die obrigkeitliche Gewalt zu übernehmen und hätten die Pässe, Brücken und Strassen mit bewaffneten Wachen belegt und versperrt und in völkerrechtswidriger Weise den Gesandten Arrest angekündigt. Luzern habe deshalb von seinen treu gebliebenen Ämtern Habsburg, Weggis und Merenschwand einerseits, von Uri, Schwyz, Unterwalden und Zug andererseits bewaffnete Hilfe erbeten und erkläre vor Gott, an den zu erwartenden Weitläufigkeiten keine Schuld zu haben.

Die Sicht der X Ämter

Die Sicht der X Ämter dagegen spiegelt ihr tags darauf, am 15. März 1653 neuen Stils abgeschicktes – freilich dann in Frauenfeld aufgehaltenes (Dokument 18) – Schreiben an Bürgermeister und Rat von Konstanz (Dokument 16). Sie seien mit ihrer Obrigkeit von Luzern in eine Verwirrung geraten. Ursache seien die täglich vermehrten obrigkeitlichen Neuerungen und die Verstösse der Obrigkeit gegen das 160 Jahre alte Amtsbuch⁶ des Entlebuchs. Die Obrigkeit behaupte nun, die X Ämter wollten nicht mehr gehorchen. Die Regierung plane einen Krieg gegen die X Ämter und wolle ihre Frauen und Kinder verderben. Die Obrigkeit brauche jedoch von niemandem Truppenhilfe, die X Ämter wollten nur Gerechtigkeit, seien aber gehorsam.

Die Freiburger Gesandten Niklaus von Diesbach und Beat Jakob von Montenach berichteten am selben Tag in ihre Hauptstadt, die Hälfte der Gesandten von Uri, Schwyz, Unterwalden, Zug, Freiburg und Solothurn habe nun acht Tage in Werthenstein mit Vertretern der Bauersame verhandelt, aber nichts erreicht (Dokument 17). Die Verhandlungen seien daran gescheitert, dass die Bauersame auf der vollständigen Erfüllung aller ihrer Forderungen beharre und die Verhaftung der Gesandten angedroht habe. Dieser Gefahr hätten sich die Gesandten durch Abreise nach Luzern entzogen. Werde nicht der gesamte Forderungskatalog genehmigt, müsse es gestorben sein. Am 14. März 1653 neuen Stils seien 300 Schwyzer und Unterwaldner in Luzern zum Schutz der Stadt eingerückt.

Widerstand im Oberaargau gegen die Unterstützung der Luzerner Regierung

Zwei Zürcher Gesandte, welche ein Hilfsangebot nach Luzern bringen und sich dort orientieren sollten, wurden in Root und in Ebikon einige Stunden lang aufgehalten und beschimpft (Dokument 193). Andernorts stiess die geplante Hilfeleistung für das bedrängte Luzern auf innerkantonale Hindernisse. Im Oberaargau widersetzten sich am 17. März 1653 neuen Stils zum Beispiel Melchnau, Madiswil und Gondiswil heftig dem – gegen ihre luzernischen Nachbarn gerichteten – militärischen Aufgebot zugunsten der Luzerner Regierung. Dem Weibel von Madiswil wurde der Bart ausgerissen, die Landvögte von Wangen an der Aare und Aarwangen mussten sich vorübergehend, die Pistolen in den Händen, in einem Zimmer verschanzen und auf eine Beruhigung der Stimmung warten. Tags darauf fanden in Langenthal und in Roggwil Gemeindeversammlungen statt, an denen die anwesenden Vertreter der Obrigkeit mit den Fäusten bedroht wurden (Dokument 14). In Aarau wurde zwar die Aufforderung der Berner Regierung, sich militärisch bereit zu halten, nicht ungünstig aufgenommen, aber weitestgehend auf die eigene Stadt bezogen, deren Wachen besser versehen und deren Mauern ausgebessert wurden (Dokument 194). Direkte Aversion gegen eine Unterstützung der Luzerner Regierung war hingegen in den Freien Ämtern, den Gegengrenzlern des Oberaargaus, festzustellen. Am 18. März 1653 neuen Stils notierte Simon Marx, Landschreiber-Substitut der Freien Ämter, die Zeugenaussage des Bremgartners Thomas Zingg, der von fünf Meienbergern mit den Worten beschimpft worden war, die Bremgartner seien meineidige und ehrvergessene Leute, mit den Luzernern gegen die Landschaft zu Felde zu ziehen. Mit ihrer Handvoll Leute seien sie ohnehin gänzlich unnütz (Dokument 20).

Schiedsspruch zwischen der Luzerner Regierung und den aufständischen X Ämtern

Die zu Schiedsrichtern angerufenen Gesandten der sechs katholischen Orte veröffentlichten am gleichen 18. März 1653 neuen Stils ihren Ausspruch über die

Gegensätze zwischen der Luzerner Regierung und den aufständischen X Ämtern (Dokument 19). Sie seien zu Willisau durch die Vertreter der X Ämter, zu Luzern durch die Regierung bevollmächtigt worden, die offenen Punkte frei zu entscheiden, was sie zu Werthenstein versucht hätten. Sodann seien sie auf Ersuchen der X Ämter nach Ruswil geritten. Die Substanz des Schiedsspruchs besagte, die Stadt Luzern solle weiterhin über die Untertanen herrschen, diese ihr gutes altes Recht und insbesondere ihre Amtsbücher[7] behalten. Die Umgeld genannte Steuer auf dem Wein sei auf 10 Luzerner Schilling pro Saum zu 100 Mass zu begrenzen, das Entlebucher Gericht der Fünfzehn sei bis zu einem Streitwert von 100 Gulden abschliessend zuständig. Beim Auftritt des Landvogts in Willisau habe diese Stadt, alle zwei Jahre, eine Gesellschaft von maximal 12 Personen zu verköstigen. Der Landvogt von Willisau dürfe in der dortigen Stadt residieren, der Schultheiss habe Bürger von Willisau zu sein, könne aber von der Luzerner Regierung ernannt werden. Der Wolhuser Bund, kraft dessen die X Ämter bewaffnet vor die Stadt Luzern gezogen seien, sei unzulässig und deshalb aufgehoben. Beschwerden seien von jedem Amt einzeln in Luzern anhängig zu machen. Die Kosten wurden, nach dem Entscheid der Schiedsleute, wettgeschlagen, angerichtete Schäden seien hingegen durch die Verursacher zu ersetzen. Für weitere Ratschläge und Taten während des Aufstands wurde Amnestie erklärt.

Eidgenössische Tagsatzung in Baden

Angesichts dieser schiedsgerichtlichen Erledigung des Luzerner Aufstandes wäre nun eine gewisse Beruhigung zu erwarten gewesen, verbunden mit einer durch die Tagsatzung verliehenen eidgenössischen Sanktion des Ergebnisses. Die Tagsatzung war vom 18. bis zum 22. März 1653 neuen Stils zu Baden im Aargau versammelt (Dokument 21). Die Gesandten von Zürich, Bern, Luzern, Uri, Schwyz, Unterwalden, Glarus, Basel, Freiburg, Solothurn, Schaffhausen, Appenzell, Abt und Stadt St. Gallen schilderten in ihrem Abschied den Ursprung des Aufstandes grundsätzlich entlang den durch das Luzerner Manifest (Dokument 15) vorgezeichneten Linien, betonten besonders das Völkerrechtswidrige der Gefangennahme der Gesandten und legten den Aufständischen zur Last, die Waffen ergriffen, den Briefverkehr kontrolliert, eine Wagenbrücke über die Reuss geschlagen zu haben und vor die Stadt Luzern gezogen zu sein. Agitatoren, so stellte die Tagsatzung ausserdem fest, verbreiteten im Volk, man solle der Stadt Luzern nicht zu Hilfe kommen, denn die Aufständischen könnten auf 18 000 Mann aus dem Bernbiet rechnen. Die Vermittler der VI Orte hätten auf dem Feld zwischen Luzern und Kriens, wo das Lager der Aufständischen gewesen sei, ihren Schiedsspruch eröffnet. Daraufhin seien die Aufständischen nach Hause gegangen und Luzern habe seine Besatzung entlassen. Da sich nun aber, infolge der Agitation der Luzerner Aufständischen, auch andernorts schwierige Untertanen bemerkbar gemacht hätten, habe die Tagsatzung eine militärische Eventualplanung und ein Mandat mit der Aufforderung, rebellische Fremde und Einheimische festzunehmen oder anzuzeigen, verabschiedet. Die Städte Bremgarten und Mellingen seien durch die Ortsbehörden so zu verwahren, dass keine Agitatoren durchkämen. In

29

Zukunft sollte im Ereignisfall ohne vorgängige Untersuchung der Frage, wer Recht habe, ein ansehnliches Korps unter Zürcher Kommando Lenzburg besetzen. Zu diesem Korps waren die Truppen von Zürich, Glarus, Appenzell, der Stadt St. Gallen sowie der Drei Bünde bestimmt. Bern, Freiburg und Solothurn sollten nach separater Absprache vorgehen. Ein von einem Urner geführtes Korps sollte in Baden, Bremgarten und Mellingen einmarschieren. Zu diesem, auf 800 Mann veranschlagten, sorgfältig nur aus katholischen Ständen und Vogteien rekrutierten Korps sollten die Kantone Luzern, Uri, Schwyz, Unterwalden und Zug sowie der Fürstabt von St. Gallen und die italienischsprachigen Vogteien beitragen. Basel und Mülhausen war zugedacht, mit 500 Mann Aarau zu besetzen, Schaffhausen Brugg, dem Bischof von Basel Olten. Die tief sitzende Abneigung der Gemeinen Herrschaften gegen eine allzu scharfe Regierung hätte die Nützlichkeit der daraus rekrutierten Truppen während des Luzerner Aufstandes beschränkt. Eine aus Vertretern von Zürich, Uri, Unterwalden und Glarus bestehende Kommission wurde deshalb durch die Tagsatzung beauftragt, Beschwerden zu erheben und Bericht und Antrag zu unterbreiten (vgl. Dokument 193).

Bern dachte mittlerweile, einem Ratsbeschluss vom 9. März 1653 alten Stils zufolge (Dokument 22) daran, diejenigen zu bestrafen, die sich in Langnau den Gesandten gegenüber trotzig gezeigt hätten. Ob und wie weit die hier an einem Beispiel sichtbare repressive Tendenz der Regierungen die durch den Schiedsspruch von Kriens nicht gestoppte Bewegung weiter anfachte, muss offen bleiben. Jedenfalls ist für den Tag nach dem erwähnten Berner Ratsbeschluss für den Oberaargau eine klare Scheidung der ländlichen Elite in Anhänger der Regierung und Freunde der Oppositionsbewegung festzustellen: Zu den Gouvernementalen gehörten die im Schloss Aarwangen Zuflucht suchenden Pfarrer und Weibel von Langenthal und Lotzwil, zu den Wortführern der Unruhe die, an der Spitze von 150 Mann, das zu militärischen Zwecken in Aarwangen aufbewahrte Reisgeld herausverlangenden Weibel von Melchnau und Madiswil (Dokument 23). Landvogt Niklaus Willading gab ihnen zur Antwort, ohne Blut sei das Reisgeld – gegen den Befehl seiner Regierung – von ihm nicht zu haben.

Trotz Schiedsspruch keine Beruhigung der Lage ...

Selbst im Kanton Luzern kehrte nach dem Spruch von Kriens keineswegs Ruhe ein, wie der Brief des Amtes Rothenburg an den, bereits geraume Zeit mit dem Patriziat im Zwist lebenden, nicht regierenden Teil der Burgerschaft der Stadt Luzern vom 21. März 1653 neuen Stils belegt (Dokument 24). Der die Feder führende Kaspar Steiner verteidigt darin den Wolhuser Bund. Dieser sei weder der Obrigkeit in Luzern noch der Eidgenossenschaft zuwider, sondern bezwecke nur, jene neuen Lasten aus der Welt zu räumen, welche den gemeinen Mann im Verlauf von 30 Jahren in die äusserste Armut getrieben hätten. Kaspar Steiner beschreibt ferner unerhörte Massnahmen der Obrigkeit wie die Bestrafung von bereits Verstorbenen, ungerechtfertigte Bussen oder die Nichtausfertigung von Urkunden zur Absicherung des Frauengutes. Das Amt Rothenburg wolle der Obrigkeit auch weiterhin gehorchen, begehre aber Gerechtigkeit nach dem Beispiel der Gerechtigkeit, die zu Lebzeiten Wilhelm Tells geherrscht habe, und wolle sich, durch eine Abordnung, beim Emmenbaum oder bei der Emmenbrücke mit Vertretern der Burgerschaft besprechen. Der nicht oder unterproportional an der Regierung beteiligte Teil der Burgerschaften der vier aristokratischen Orte Bern, Luzern, Freiburg[8] und Solothurn war in den Jahren um den Bauernkrieg generell, wenn auch in unterschiedlichem Ausmass, unzufrieden und suchte nach Wegen zu mehr Einfluss. Die bäuerlichen Politiker vor den Toren sahen dies und versuchten einen Schulterschluss herbeizuführen, hatten aber mit dieser Allianzpolitik keinen grösseren Erfolg.

Der Berner Rat gab sich am Tag nach Kaspar Steiners Brief in die Stadt Luzern, am 12. März 1653 alten Stils, Rechenschaft von der anhaltenden Unruhe insbesondere im Emmental und im Aargau und verlangte zum Beispiel von den Behörden Aaraus, sie sollten ihre Stadt wohl verwahren (Dokument 25). Am gleichen Tag erliess die Tagsatzung der Dreizehn Orte und einiger Zugewandter in Baden eine folgenreiche Proklamation (Dokument 26). Die Proklamation erinnerte daran, dass sowohl die Verschonung der Schweiz während des Dreissigjährigen Krieges als auch die Wiederherstellung des Friedens in der Nachbarschaft Gründe zur Dankbarkeit seien. Nun hätten aber einige Untertanen wider göttliches und menschliches Recht gegen ihre von Gott gesetzte Obrigkeit zu den Waffen gegriffen und durch die Entsendung von Aufwicklern und anderen bösen Buben erreicht, dass sich auch andere Untertanen gegen ihre von Gott gesetzte Obrigkeit empörten. Die bösen Buben sollten sich als in der politischen Kommunikation des Jahres 1653 fatale Worte erweisen. Die Tagsatzung, meldete die Proklamation weiter, habe Mittel und Wege gesucht, die teils unbesonnenen, teils boshaften Leute zur Einsicht und zur Umkehr zu bewegen. Sie habe beschlossen, den Aufruhr bei Leib- und Lebensstrafe zu verbieten. Die Tagsatzung bekundete im Namen der Obrigkeiten die Bereitschaft, auf Beschwerden der Untertanen einzutreten, bei weitern Aufständen den betroffenen Regierungen Truppenhilfe zu schicken und die Untertanen und Angehörigen in die Schranken der Gebühr zurückzuführen und Rebellen innerhalb der Eidgenossenschaft Handel und Wandel zu untersagen und die Beherbergung solcher Leute zu verbieten.

Die Tagsatzung beschliesst konkrete militärische Massnahmen zugunsten der Berner Regierung

Zur Proklamation der Tagsatzung passten – neben der Aufnahme einer aus Genfern, Neuenburgern, Bielern und Waadtländern bestehenden Besatzung durch Bern selbst (Dokument 193) – die unmittelbar danach ergriffenen konkreten militärischen Massnahmen zugunsten der Berner Regierung. So teilten Bürgermeister und Rat der Stadt Schaffhausen am Sonntag, 13. März 1653 alten Stils, ihren Gesandten in Baden mit, am Montag werde ein Schaffhauser Kontingent von 300 Mann unter Friedrich Peyer und Hans Wüscher nach Brugg marschieren (Dokument 27). Am Ende zogen neben den 300 Mann zu Fuss auch noch 30 Reiter am 14. März 1653 alten Stils von Schaffhausen über das Gebiet der Herrschaft Sulz nach Kaiserstuhl und weiter nach Brugg (Dokument 28). Für den gleichen Tag sind allerdings auch sehr deutliche Widerstände gegen die Truppenaufgebote der Regierungen festzustellen:

Einleitung

Diessenhofen stellte seine 25 Musketiere zum Schaffhauser Auszug so wenig wie, im Westen, Le Landeron zu jenem von Neuenburg (Dokument 6). Die Berner Regierung, zu deren Unterstützung sowohl Neuenburg als auch Schaffhausen tätig wurden, schrieb am gleichen 14. März 1653 alten Stils nach Mülhausen, die Emmentaler und weitere Untertanen hätten, nach Entlebucher Vorbild, den Boden der Gebühr so sehr verlassen, dass Bern zu den Ernstmitteln greifen und die festen Plätze des Landes mit Besatzungen versehen müsse (Dokument 29). Mülhausen möge doch die ursprünglich Luzern angebotenen 100 Musketiere über Olten ins Bernbiet schicken, 50 Mann nach Aarwangen und 50 Mann nach Aarburg.

Mülhausen wurde sofort aktiv, konnte allerdings in Ermangelung einer Landverbindung mit der übrigen Eidgenossenschaft seine Truppen nur über französisches Gebiet dorthin schicken und erwirkte deshalb eine am 15. März 1653 alten Stils von der königlich französischen Regierung im Ober- und Unterelsass mit Sitz in Breisach erteilte Genehmigung des Durchmarsches (Dokument 30). Die 100 Mann hatten aber, um Schäden zu verhindern, rasch durchzumarschieren.

In Schaffhausen, das zugunsten Berns allen anderen Eidgenossen tätig vorangegangen war, kühlte sich mittlerweile der Eifer etwas ab. Ein Grund dafür war die abwartende Haltung Zürichs, das allerdings gebeten wurde, das noch zurückhaltendere Diessenhofen zu ermahnen (Dokumente 31, 32). Ein zweiter Grund mag gewesen sein, dass die dem Schaffhauser Auszug vor dem Abmarsch gehaltene Predigt Lienhart Meyers über Römer 13, Verse 1 bis 7, den Zuhörern, freien Eidgenossen, mit ihrer Betonung der Rechte selbst einer tyrannischen Obrigkeit zum Teil sauer aufstiess. Am gleichen Tag zogen zwölf verarmte Familien Berner Untertanen auf der Suche nach Brot im Württembergischen und Schwäbischen durch Schaffhausen. Diese Menschen schilderten die bernischen Landvögte als tyrannisch und kündigten einen Aufstand der Berner Untertanen mit einer Gesamtmannschaftsstärke von 26000 Mann an (Dokument 32). Am gleichen 15. März 1653 alten Stils stellte Beat Ludwig May von Rued auf Schloss Lenzburg fest, dass die Stadt und die Grafschaft Lenzburg bereits als rebellisch zu betrachten seien und von den Bruggern die Hälfte der auf die Lenzburg befohlenen 20 Mann wieder ausgerissen seien (Dokument 33). Bern wolle, vorzugsweise auf der Aare bis Wildegg, 30 bis 40 Mann, einen Geschützmeister und Geld schicken.

Untertanenbünde verstossen gegen die eidgenössischen Bünde und gegen das Völkerrecht

Der führende Urner Staatsmann der Zeit, Sebastian Peregrin Zwyer, schrieb am selben Tag, dem 25. März 1653 neuen Stils, aus Altdorf dem Luzerner Schultheissen Ulrich Dulliker, ein Untertanenbund verstosse gegen die eidgenössischen Bünde und gegen das Völkerrecht. Wenn es gelinge, mittels der Badener Tagsatzungsbeschlüsse das Berner Unwesen zu unterdrücken, könne Luzern den eigenen treulosen Untertanen auch besser in die Wolle greifen. Uri werde 100 Mann aufstellen und weitere 100 Mann bereithalten, um als Besatzung der Stadt Luzern zu dienen oder in der Operationsrichtung Zug–Bremgarten zu operieren (Dokument 34). Diese auf den ersten Blick bei Truppenbedarf im Emmental, im Ober- oder im Unteraargau schwer verständliche, Operationsrichtung Reusstal entspricht der katholischen Sorge, für den Fall eines Konfessionskrieges den Zugang zu Vorderösterreich über den Korridor der Freien Ämter und Badens offen zu halten und deshalb Massnahmen gegen einen allzu starken reformierten Einfluss an der unteren Reuss und an der untersten Aare nach Möglichkeit zu treffen, um auf diese Weise Zürich und Bern am militärischen Zusammenwirken zu hindern.

Am Tage danach, dem 16. März 1653 alten Stils, dankten die Berner ihren allerbesten Freunden in Zürich für das Vermittlungsangebot der evangelischen Orte der Eidgenossenschaft, bestätigten einen Stop aller militärischen Massnahmen, ermahnten aber zur Bereithaltung der Machtmittel, um einen für die Regierungen akzeptablen Ausgang der Sache zu erreichen (Dokument 35). Diese gegenüber der ursprünglichen Entschlossenheit, militärisch einzuschreiten, nun wieder zurückhaltendere Haltung Berns war am gleichen Tag in Aarau noch nicht bekannt (Dokument 36) und genauso wenig in Zürich, wo vielmehr der erste Ausschuss von 1300 Mann und 8 Feldstücken gemustert und der je gleich grosse zweite und dritte in Bereitschaft gesetzt wurde (Dokument 193). In Aarau wurde die Burgerschaft mit der Forderung der Regierung konfrontiert, 500 Basler und Mülhauser in die Stadt aufzunehmen, was die in der Stadtkirche tagende Gemeindeversammlung ablehnte und nur den Durchzug nach Lenzburg genehmigen wollte (Dokument 194). Die Aarauer wollten auch, dass man ihnen ihre Freiheiten und Rechte vorlese, damit sie der Regierung in Bern so weit gehorchen könnten, wie dazu eine Verpflichtung bestehe.

Die vielleicht nunmehr noch stärker von Zürich als von Bern ausgehende Dämpfung der an der Tagsatzung manifestierten kriegerischen Entschlossenheit der Regierungen führte am 17. März 1653 alten Stils bereits wieder zum Rückmarsch der Schaffhauser aus Brugg und aus Königsfelden, wo die Reiter einquartiert gewesen waren (Dokument 37), nach Schaffhausen (Dokument 28). Noch dem ursprünglichen Impuls folgend, trafen am 18. März 1653 alten Stils die 500 Basler in Aarau tatsächlich ein und zogen nicht umsonst auf die Wacht (Dokument 36), denn ihr Erscheinen löste unverzüglich einen Zug der Lenzburger Landleute vor die Stadt Aarau und in derselben Forderungen nach der Abschaffung der neuen Besatzung aus (Dokument 194). Wolfgang von Mülinen, der Hofmeister von Königsfelden, meldete am selben Tag nach Bern, die Stadt Brugg sei so treu wie immer und habe jene ohne Urlaub nach Hause gezogenen Brugger Soldaten der Garnison von Lenzburg wieder dorthin zurückgeschickt. In Lenzburg tue sich zwar tatsächlich etwas, es habe aber mit der inneren Verfassung der nach wie vor berntreuen Stadt zu tun (Dokument 37).

Der Abzug der in Brugg nicht beliebten Schaffhauser (Dokument 28) aus Brugg und Königsfelden verhinderte dort möglicherweise eine Entwicklung, wie sie im und um das von Basler Truppen besetzten Aarau eintrat. Die vor der Stadt zusammenströmenden Bauern verlangten und erreichten den Abzug der Basler. Der Basler Oberbefehlshaber Johann Jakob Zörnlin konnte im durch eine Falschmeldung vom Anmarsch neuer Kriegsvölker über die Schafmatt aufgeregten Aarau seine Rede nicht zu Ende halten. Zörnlin versuchte, so lange er sprechen konnte, die Besatzung aus der Notwendigkeit zu erklären, die Aarepässe gegen den Zugriff schwieriger, vom Entlebucher Gift angesteckter Bauern zu verwahren, und propagierte seinen geplanten Zug gegen Lenzburg (Dokument 194). Ein ergrimmter Landmann zerbrach auf dem Kopf Beat Ludwig Mays von Rued, welcher die Truppen erfolglos in Richtung Lenzburg aus der Stadt zu führen versuchte, einen Spiess. May von Rued floh nach Königsfelden. Der Auszug von Reinach verlangte gar, über den Abzug der Basler hinaus, seinerseits Einlass in die Stadt Aarau, wurde aber abgewiesen und zog, nach einer Nacht in der Vorstadt, nach Hause (Dokument 36).

Am selben 19. März 1653 alten Stils, an dem die Landleute vor Aarau den Auszug der Basler Besatzung aus der Stadt durchsetzten, scheiterte in Olten der Versuch, den erwarteten Durchmarsch der Mülhauser zu organisieren. Der damit beschäftigte Falkenwirt aus Aarburg wurde von den Anhängern des Landleutebundes verhaftet. Ihre Partei wollte offenbar auch vor dem Schloss Aarwangen aufmarschieren, was jedoch durch den, der Obrigkeit zugetanen, Ammann der Gemeinde Roggwil verhindert wurde, welcher die Mannschaft – infolge einer angeblichen Bedrohung – das eigene grosse Dorf bewachen liess und dadurch den übrigen beteiligten Gemeinden signalisierte, auch zu Hause zu bleiben. Der Sohn des Ammanns wurde von den Anhängern des Gestalt annehmenden Landleutebundes übel behandelt (Dokument 39).

Der Anmarsch von Schaffhauser, Basler und Mülhauser Hilfstruppen, noch mehr aber die Erwartung weiterer wurde in den Händen der Anhänger eines Landleutebundes zu einem mächtigen Mobilisierungsmittel. Daniel von Werdt, als Stiftsschaffner Repräsentant der Berner Regierung, und mit ihm Schultheiss und Rat von Zofingen meldeten am gleichen 19. März 1653 alten Stils nach Bern, die Bauersleute der Umgebung seien in Wehr und Waffen, um die erwarteten fremden Kriegsvölker aufzuhalten. Stiftsschaffner von Werdt und die Zofinger Stadtbehörde ersuchten nun die Berner Regierung, den Anmarsch der Hilfsvölker zu unterbrechen, um den Ruin des Landes zu verhindern (Dokument 38), während gleichzeitig Bern Zofingen aufforderte, treu zu bleiben (Dokument 40).

Die Berner Regierung hatte am 20. März 1653 alten Stils davon auszugehen, dass der Obere und der Untere Aargau rebellisch waren. Sie forderte den Basler Kommandanten Zörnlin, den sie noch in Aarau wähnte, zu guter Verteidigung auf, leitete gleichzeitig die eingereichten Klageartikel und Berichte aus Biberstein, Zofingen, Aarwangen und Aarburg den um Vermittlung bemühten Gesandten der evangelischen Orte weiter und schickte selbst zwei Gesandte in den Aargau, um an Ort und Stelle alles, was zum Frieden und zur Ruhe dienen könne, vorzukehren (Dokument 41). Als Kombination von entschiedenem Auftreten und Versöhnlichkeit liesse sich die Haltung der Berner Regierung von diesem Tag wohl am ehesten charakterisieren.

Am nächsten Tag, dem 31. März 1653 neuen Stils, versuchten die Gesandten der evangelischen Orte zusammen mit den beiden Berner Gesandten in Langenthal die dortige Gemeinde zu beruhigen. Zwar

Es gibt Dinge, für die man antritt, auch wenn man nicht sicher ist, dass man siegen kann: So oder so ähnlich wird die Aktivdienstgeneration 1941 den Bauernkrieg von 1653 gesehen haben. Zeichnung von Otto Baumberger aus dem Buch «650 Jahre Schweizerische Eidgenossenschaft» von Eugen Th. Rimli, Zürich: Verkehrsverlag AG, 1941.

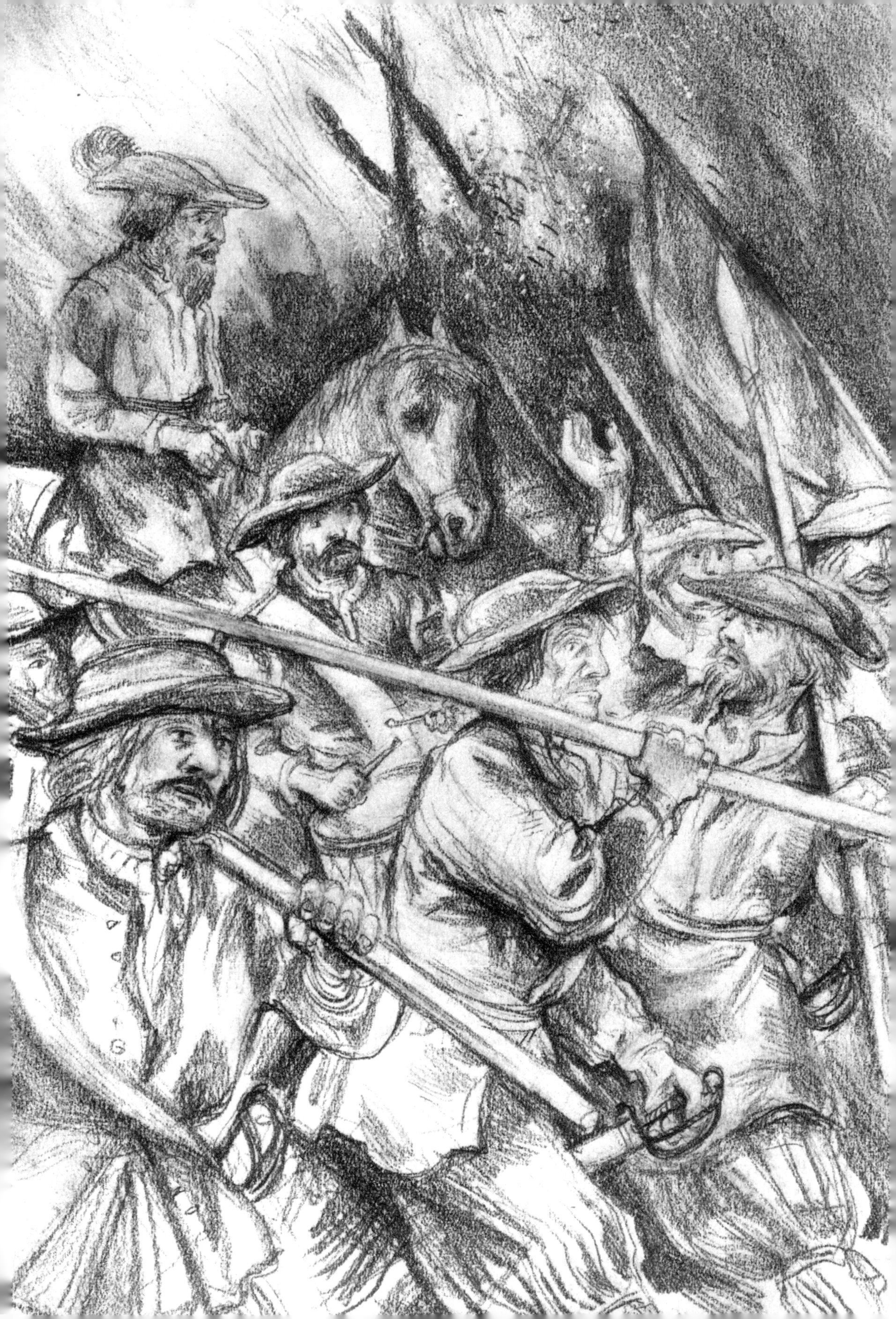

versprachen die Langenthaler den anwesenden Gesandten, die Waffen niederzulegen, kamen davon aber wiederum ab (Dokument 39). Landvogt Niklaus Willading vermochte zwar, an der Spitze von acht Musketieren, in der Nacht noch in Aarwangen und den umliegenden Dörfern zu patrouillieren, wagte aber der Konsequenzen wegen nicht, eine Langenthaler Schildwache anzugreifen (Dokument 39).

Die Mobilisierung von Truppen gegen die Anhänger des Landleutebundes unterstützte ungewollt die Propaganda der ländlichen Protestbewegung. Zu deren erstem Thema, dem Schutz der Landleute gegen die rechtswidrige Willkürlichkeit herrischer Amtleute und nachteilige wirtschaftliche Verhältnisse, trat ein zweites: die Gestaltung der eigenen Angelegenheiten ohne fremde Einmischung zugunsten der jeweiligen, insbesondere aber der Berner Regierung. In dieser Propaganda wurde als «fremd» jede ausserkantonale, durchaus auch eidgenössische, sowie jede andersprachige, selbst innerkantonale, Truppenhilfe bezeichnet, wohl in der Überzeugung der Anhänger der Protestbewegung, mit den nächstliegenden militärischen Machtmitteln der Regierung allein fertig zu werden.

Machtdemonstrationen der aufständischen Landleute

Die aufständischen Landleute liessen die Berner Regierung ihre Macht spüren. So konstatierte der wohl informierte Sebastian Peregrin Zwyer am 31. März 1653 neuen Stils in Hilfikon, dass die Verbindung zwischen Bern und Lenzburg unterbrochen sei (Dokument 42). Ein modern anmutender Zug fortgeschrittener psychologischer Kriegführung ist tags darauf in der Anordnung der Solothurner Regierung festzustellen: der Kommandant in der Klus solle den sich zum Überfall auf das dortige Schloss zurüstenden Untertanen aus dem Gäu das Pulver aus dem Magazin bereitwillig herausgeben, um kein Misstrauen entstehen zu lassen (Dokument 43). Diese Haltung der Solothurner Regierung, welche einen offenen Konflikt zu vermeiden suchte, war Ausdruck eines politischen Experiments, um mit der an diesem 1. April 1653 neuen Stils generell harten Linie der ländlichen Protestbewegung friedlich fertig zu werden. Der Versuch der Gesandten aus den evangelischen Orten, den in Olten in Haft gehaltenen Aarburger Falkenwirt herauszubekommen, scheiterte (Dokument 39). In Bern hatte man mittlerweile von den Aarauer Ereignissen, die darauf hinausliefen, dass die bewaffneten Landleute und die unwillige Burgerschaft den Behörden der Stadt und damit der Regierung verboten, eine Basler Garnison in Aarau zu unterhalten, erfahren. Bern war nicht gesinnt, dergleichen einfach hinzunehmen, und ersuchte die eigenen Gesandten sowie jene Zürichs, Glarus' und Schaffhausens die Verantwortlichen zu eruieren (Dokument 44). Der entsprechende Befehl, eine Namensliste der Verantwortlichen aufzunehmen und nach Bern zu liefern, ging am gleichen 22. März 1653 alten Stils an die Behörden der Stadt Aarau (Dokument 45).

Tatbeweise eidgenössischer Solidarität

Für die Truppen entsendenden drei Orte Basel, Schaffhausen und Mülhausen ging es um den Tatbeweis ihrer eidgenössischen Solidarität. Ein am gleichen Tag von Basel nach Mülhausen geschicktes Schreiben drückt die Freude über die gute

Aufnahme des ursprünglich an das katholische, und deshalb den reformierten Mülhausern gegenüber prinzipiell zurückhaltende, Luzern gerichteten Hilfsangebots aus (Dokument 46). Basel wünscht, Mülhausen möge sein Ziel erreichen, die erneute Anerkennung des Status als Zugewandter Ort auch durch die katholischen und nicht nur wie seit 1586 einzig durch die evangelischen Kantone. Schaffhausen, dessen Status in der Eidgenossenschaft nicht bestritten war, das aber ähnlich wie Mülhausen unter seiner exponierten Lage litt, liess Bern am selben 22. März 1653 alten Stils wissen, seine nunmehr abgeschlossene Truppenhilfe in Brugg habe zum Ziel gehabt, sein redliches und freundeidgenössisches Gemüt zu beweisen (Dokument 47). Es sei zu hoffen, dass Gott der Anwendung von Gewalt zuvorkomme und sowohl der Obrigkeit als auch dem armen verirrten Volk Gerechtigkeit widerfahren lasse.

Für die drei Tage danach, also den 2., 3. und 4. April 1653 neuen Stils, sind gleichzeitig zwei Tendenzen zu konstatieren: eine Verschärfung der Agitation – zumindest im Aargau – einerseits, andererseits ein erfolgreicher Versuch, zwischen der Berner Regierung und dem Emmental einen Ausgleich zustande zu bringen. So zogen am 2. April 1653 neuen Stils Oberaargauer nicht ohne bewaffnete Drohgebärden über die Aarebrücke von Aarwangen, nachdem sie dem entschlossenen Landvogt Geiseln für ihr Wohlverhalten gestellt hatten. Am 3. April 1653 neuen Stils kehrten sie über die Brücke von Aarwangen wieder zurück. Sie gaben an, einem vermeintlich ins Land brechenden fremden Feind entgegengezogen zu sein (Dokument 49). Ungefähr aus dieser Zeit stammt eine Redaktion des bekanntesten Kampfliedes der ländlichen Bundesgenossen von 1653 (Dokument 48). Das Lied macht in 26 Strophen zugleich Beschwerden sichtbar, erzählt die bisherige Geschichte des Aufstands und verkündet ein Programm. Die Münzmanipulation der Luzerner Regierung wird ebenso angeprangert wie die Habgier der Landvögte, welche, gleich wie zur Zeit Wilhelm Tells, Rosse, Rinder, Kälber und Schafe, kurz alles, für sich haben wollten. Bezahlen solle diesen Luxus der arme, geringe Mann. Da sei doch ein armer Bauernzüttel, wer nicht zum Entlebucher Knüttel greife.

Widerstandsrecht gegen unrechtmässige Gewalt

Der oft mit eisernen Spitzen versehene Knüttel, den die Obrigkeiten als ungewöhnlich, ja bedrohlich empfanden, war in den Tagen des Bauernkrieges auf dem Land ein Symbol des Widerstandswillens. Dabei mag das drei Jahrzehnte vor dem Bauernkrieg im Aufstand der Prättigauer gegen ihre österreichischen Bedränger entstandene freiheitliche Prestige dieser Waffe eine Rolle gespielt haben. Das nach der Weise Wilhelm bin ich der Telle zu singende Lied vom heroischen Wilden Mann verkündete:

Die Waffen hat man g'führet
Hinweg gar auss dem Land:
Der Wildmann sich verfüget
Gar heimlich in sein Wald,
that da vil Bengel rüsten,
die trug er all nach Haus,
damit den Schwaben z'bürsten,
die Spanier z'butzen auss.[9]

Neben der Herleitung der Legitimität des Aufstandes aus der alteidgenössischen Geschichte einerseits und andererseits aus dem generellen, durch die Knüttel sichtbar gemachten, Widerstandsrecht gegen unrechtmässige Gewalt kritisert das Lied von 1653 Bern, welches anstatt still zu sitzen eine Solothurner Garnison nach Aarwangen bestellt habe.[10] Acht Strophen sind dem als meineidig gebrandmarkten, in Olten verhafteten Falkenwirt von Aarburg gewidmet, weil er versucht habe, 50 Mann als Besatzung auf die Festung Aarburg zu führen. Drei weitere Strophen gelten dem Widerstand der Suhrentaler gegen die Präsenz der 500 Basler in Aarau, gegen befürchtete zusätzlich über die Schafmatt heranziehende Kriegsvölker und dem in diesem Zusammenhang auf dem Kopf des Junkers May zerbrochenen Spiess. Es folgt, unter Berufung auf einen kriegerischen Niklaus von Flüe, das Programm des Landleutebundes: bewaffnete Solidarität gegen die Ansprüche und das Auftreten der Herren einerseits, gegen fremde Truppen andererseits, eben:

Verachtet Herrenpossen!
Verschüchet fremde Gäst!

Alteidgenössische Ideale

Die Ausstrahlungskraft alteidgenössischer Ideale wie Widerstandsrecht gegen Ungerechtigkeit, Einfachheit der Sitten und Unabhängigkeit in der Selbstbescheidung wird hier als Inspiration der ländlichen Protestbewegung spürbar. Darüber hinaus instrumentalisierte diese Protestbewegung den alten gemeinsamen Bestand des politisch-gesellschaftlichen Konsenses für ihre eigenen Zwecke. Neu waren die im Tellenlied von 1653 angesprochenen grundsätzlichen Themen ja keineswegs. Mehr als ein Jahrhundert zuvor hatte Pamphilus Gengenbach bereits gedichtet:

Bruoder Claus gab uns manch guoten rot,
weit zu reissen uns allzyt verbot,
hiess uns do heimen bliben
und hüten uns vor eignem nutz,
so möcht uns niemandt vertriben.
...
Wann man wolt folgen minem rot,
so behielten wir den alten stot,
liessen fürsten herren bliben
und bliben doheim in unserm land
by kinden und by wyben.[11]

Etwa zur gleichen Zeit, in der die angesprochene Redaktion des Tellenliedes von 1653 wird verfasst worden sein, einigten sich die von den Gesandten der evangelischen Orte unter Führung des Zürcher Bürgermeisters Johann Heinrich Waser (Dokument 193) zur Nachgiebigkeit gebrachten emmentalischen Gesandten in Bern mit der Berner Regierung und taten als Ausdruck ihrer Anerkennung der obrigkeitlichen Gewalt am 25. März 1653 alten Stils im Berner Rathaus ihren Fussfall (Dokument 50). Mit zu den Gesandten gehörte Niklaus Leuenberger von Schönholz. Das Mitglied des Gerichts von Ranflüh hatte in Trachselwald und an einer Landsgemeinde in Konolfingen mitgeholfen, die Forderungen der Untertanen vorzubereiten.[12] Die Einigung erfolgte nun auf der Grundlage zahlreicher obrigkeitlicher Zugeständnisse, insbesondere des freien Salzkaufs für den Eigenbedarf, des freien Viehhandels, eines Landesvenners für das Emmental und zahlreicher kleinerer Erleichterungen insbesondere im Darlehens- und Schuldbetreibungsrecht.[13]

Nach dem Willen der Regierung wurde die Untertänigkeit äusserlich durch den Fussfall in einer wie sich zeigen sollte für die politische Kommunikation der Obrigkeit sehr nachteiligen Weise sichtbar gemacht. Dennoch blieb der erreichte Ausgleich Ausdruck eines Vertragsverhältnisses auf Gegenseitigkeit – Zugeständnisse der Obrigkeit gegen Treue der Untertanen. Die Emmentaler und die Aargauer erklärten sich am 26. März 1653 alten Stils für treue Berner Untertanen unter der Bedingung, dass ihren eingegebenen Beschwerdeartikeln gemäss verfahren werde und die fremden Truppen aus dem Lande kämen (Dokument 51). Zwar wurden noch gelegentlich obrigkeitliche Briefe abgefangen und geöffnet (Dokument 49), aber generell herrschte in den Tagen um den 6. und 7. April 1653 neuen Stils wenigstens im Oberaargau die Hoffnung auf Frieden.

Weshalb das Emmental und in der Folge weitere Teile des bernischen Untertanengebiets neben den Luzerner, Basler und Solothurner Untertanen erneut in Bewegung geriet, lässt ein Schreiben erahnen, welches Landvogt Samuel Tribolet am 29. März 1653 alten Stils aus Trachselwald nach Bern richtete (Dokument 52). Er wisse, dass in Sumiswald eine Kirchgemeindeversammlung abgehalten werde und dass eine emmentalische Landsgemeinde auf Donnerstag, 10. April 1653 neuen Stils, in Signau geplant sei, um über die Konzessionen der Regierung, vor allem aber über den freien Salzhandel und über die von der Regierung vorbehaltene Bestrafung der Rädelsführer zu beraten. Diese agitierten zusammen mit ihren Verwandten, leichtsinnigen Leuten und Konkursiten gegen eine Annahme des Friedens, sodass der Regierung dringend zu raten sei, eine Generalamnestie auszurufen.

Drei Tage nach Samuel Tribolets Appell an die Regierung, also am 11. April 1653 neuen Stils, stand im regierungstreuen Schloss Aarwangen fest, dass die mittlerweile durchgeführten Landsgemeinden und insbesondere diejenige von Signau vom 10. April 1653 neuen Stils den vorgeschlagenen Frieden verworfen und dass die Luzerner Untertanen erneut rebelliert hätten (Dokument 53). Die Gemeindeversammlung von Melchnau sei auch der Ansicht gewesen, das Reisgeld in Aarwangen gewaltsam abzuholen, habe aber darauf verzichtet, weil sie keine Gefolgschaft bei anderen Gemeinden gefunden habe.

In Aarwangen wurde am 12. April 1653 neuen Stils klar, dass man sich einem Bund des Entlebuchs und Willisaus mit den an der Landsgemeinde von Signau vertretenen Berner Untertanen sowie mit solchen Solothurns gegenübersah. Am 13. April 1653 neuen Stils lief die Meldung ein, es werde der Sturm auf das Schloss Aarwangen, die Fabrikation von Prügeln und hölzernen Kanonen, ja ein Marsch vor die Stadt Bern vorbereitet.

In Bern selbst war man über die heftige Agitation auf der Landschaft und über die Identität wichtiger Agitatoren durchaus unterrichtet. Landvogt Samuel Tribolet entschuldigte sich am gleichen Tag, dem 3. April 1653 alten Stils, brieflich bei der Regierung, Ueli Galli von Eggiwil sei, als Angehöriger des Amtes Signau, seiner Befehlsgewalt entzogen (Dokument 54). Die Landsgemeinde von Signau sei von Entlebuchern mit dem Ziel angezettelt worden, die Sache eines gemeinsamen Bundes der Landleute Berns, Luzerns, Basels und Solothurns, später der ganzen Eidgenossenschaft zu fördern, weil ja die Obrigkeiten auch verbündet seien. Anhänger der Obrigkeit suchten, die Entlebucher, an welche sich diejenigen hängten, welche nichts zu verlieren hätten, aus dem Land zu bringen. Ein nicht erledigter Klagepunkt sei der von der Obrigkeit nicht freigegebene Salzhandel.

Einleitung

Bern sah am 4. April 1653 alten Stils, trotz der Kosten sparenden Tendenz zur Milde, eine eidgenössische Intervention als unerlässlich an. Die Ausstrahlung des Wolhuser Bundes habe Berner, Basler und Solothurner Untertanen erfasst und es sei deshalb in Baden zu beraten, wie man diesem Übel gründlich abhelfen könne. In der Tat schritten die organisatorischen Arbeiten der Anhänger des Landleutebundes voran, so an einer, zumindest von bernischen und von solothurnischen Untertanen besuchten, Landsgemeinde in Langenthal am 15. April neuen Stils, wo die Kriegsämter versehen wurden. Die Gemeinden kämpften auch untereinander um die Rangordnung und um den beherrschenden Einfluss. Landvogt Niklaus Willading aus dem Schloss Aarwangen musste, mit acht Musketieren, die Bannwiler vor den Schlägen der Leute von Bipp, Wolfwil und Kestenholz bewahren (Dokument 53).

Divide et impera ...

Trotz aller Meldungen aus allen Richtungen (Dokument 57) blieb die Berner Regierung bei ihren prinzipiell friedlichen Vorsätzen. Sie ordnete am 9. April 1653 alten Stils eine Gesandtschaft an alle rebellischen Gemeinden ab, um zu versuchen, eine gütliche Lösung herbeizuführen (Dokument 56). Samuel Tribolet riet zum Grundsatz divide et impera, meldete aber andererseits, es sei schwierig, die verborgenen Zusammenhänge klar zu erkennen (Dokument 57). Die Undurchdringlichkeit der inneren Mechanik der Vorbereitung von Landsgemeinden, Bundesschlüssen und Krieg auf Seiten der Verlierer von 1653 hat, bis zu einem gewissen Grade, angedauert bis heute. Das konspirative Element im Vorgehen der Anhänger des Landleutebundes machte die Obrigkeiten wohl den präsentierten Forderungen gegenüber noch misstrauischer, als sie ohnehin gewesen wären.

Dass die Lage instabil war, erfuhr die Berner Regierung aus Depeschen ihrer Amtleute auf dem Land, etwa aus dem am 10. April 1653 alten Stils abgeschickten Brief des Landvogts von Landshut Vinzenz Dachselhofer (Dokument 58), der meldete, dass auf den 11. April 1653 alten Stils in Langnau und in Langenthal Landsgemeinden zu erwarten seien. Jenseits der Kantonsgrenze, im solothurnischen Oberbuchsiten, kam es auf den selben Tag, also den 21. April 1653 neuen Stils, ebenfalls zu einer Landsgemeinde. Vom Phänomen überrascht, richteten Schultheiss und Rat von Solothurn einen Brief an die Landsgemeinde (Dokument 59). In diesem Schreiben spiegelt sich die Propaganda der Anhänger des Landleutebundes, denn die Regierung der Ursenstadt muss sich gegen die ihr unterstellte Absicht verwahren, welsche oder andere Truppen ins Land zu bringen und will auch von den durch andere Regierungen aufgemahnten Truppen nichts wissen. Es werde, liess sich die Solothurner Regierung ausserdem vernehmen, erzählt, man halte den luzernischen X Ämtern nicht, was man ihnen versprochen habe, woran aber Solothurn ganz unschuldig sei, da sich seine Gesandten wie jene von Schwyz und Freiburg dafür verwendet hätten, die den Ämtern Entlebuch und Willisau von der Luzerner Regierung konzedierten Punkte in den Spruch der VI Orte einzusetzen, also vom kantonalen Recht in das eidgenössische Recht zu überführen.

Die Solothurner Regierung versuchte, mit besonderer Milde vorzugehen und zugleich die eigene Reputation bei den Untertanen zu pflegen, obwohl auch sie ankündigte, dass mit Unheil zu rechnen sei, wenn die heimlichen und öffentlichen Zusammenkünfte nicht aufhörten oder gar etwas Ungutes gegen Solothurn angesponnen werde. Am Tage danach, dem 22. April 1653 neuen Stils, gab sich Solothurn Rechenschaft, dass der Agitation mit einem allgemein gehaltenen freundlichen Brief allein nicht mehr beizukommen war, da niemand das angedrohte Unheil für seine eigene Person zu fürchten schien. Deshalb erging nunmehr ein Brief an Untervogt Adam Zeltner (Dokument 60) und die Teilnehmer der Landsgemeinde von Oberbuchsiten mit der ausdrücklichen Ermahnung, keine Delegation an die auf den 23. April 1653 neuen Stils angesetzte Landsgemeinde von Sumiswald zu entsenden. Auf der anderen Seite des rasch und deutlich tiefer werdenden politischen Grabens ging die Agitation immer stärker in den Bereich des Tätlichen über. So wenigstens wird man die Schläge interpretieren, welche regierungstreue Leute aus Aarwangen im aufständischen Langenthal am 22. April 1653 neuen Stils einzustecken hatten (Dokument 53).

Die Untertanen von Bern, Luzern, Basel und Solothurn beschwören in Sumiswald den Landleutebund

Bisher existierte der freilich aufgehobene, aber propagandistisch und faktisch weiterwirkende Wolhuser Bund der X Ämter Luzerns. Von einem zunächst die Untertanen der vier Kantone Bern, Luzern, Basel und Solothurn zusammenschliessenden Landleutebund war zwar die Rede, er bestand aber erst als vages Projekt. Am 13. April 1653 alten Stils, 23. April 1653 neuen Stils wurde dieser Bund an einer Landsgemeinde in Sumiswald beschworen (Dokument 60). Die Landsgemeinde verpflichtete sich darauf, den einige hundert Jahre alten ältesten eidgenössischen Bund zu halten, dessen Zweck es sei, die Gerechtigkeit zu fördern und der Ungerechtigkeit zu wehren. Die Rechte der Herren und die Religion aller Menschen sollte gewahrt bleiben, obrigkeitliche Neuerungen hingegen sollten abgeschafft werden. Zwar hatten danach die Untertanen der vier Städte Bern, Luzern, Basel und Solothurn ihre Anliegen der jeweiligen eigenen Obrigkeit vorzutragen. Differenzen zu bereinigen aber wurde zur Kompetenz des Sumiswalder Bundes, welcher ausserdem gegenseitige militärische Hilfe gegen einheimische oder fremde Truppen vorsah und den Regierungen das Recht absprach, irgendjemanden wegen des vorliegenden Handels zu verhaften. Der Sumiswalder Bund begründete damit einen neuen Staat, denn wer in eigener Kompetenz politische Differenzen bereinigt und Vorschriften über die Strafbarkeit aufstellt, verfügt über die höchste Gewalt, ist souverän, auch dann, wenn der Grundsatz der Respektierung des hergebrachten, guten alten Rechtes formal aufrechterhalten wird. Es konnte nach dem Tag von Sumiswald keinem Zweifel mehr unterliegen, dass entweder der Landleutebund oder die Regierungen auf den entscheidenden Teil ihrer Machtansprüche verzichten mussten, sei es friedlich, sei es unfriedlich.

Vorderhand musste es sich freilich für den Sumiswalder Bund darum handeln, sich auf dem Lande uneingeschränkte Geltung zu verschaffen. Dies geschah durch martialische Auftritte, etwa durch einen nächtlichen Zug der Wiedlisbacher nach Wangen an der Aare. Mit brennenden Lunten kamen sie in der Nacht vom 12. auf den 13. April 1653 alten Stils dorthin, angeblich um fremde Truppen aufzuhalten. Die eigene Ausübung der Staatsgewalt machte der Sumiswalder Bund zum Beispiel sichtbar durch die Entführung von Postboten und Post nach Wiedlisbach, durch harte Drohungen gegen die Anhänger der Regierung, welche im Bipper Amt mittlerweile auf die Gemeinde Attiswil allein zusammengeschmolzen waren (Dokument 62), während im benachbarten Amt Aarwangen neben der Gemeinde Graben an diesem 23. April 1653 neuen Stils noch ein Teil der Gemeinde Aarwangen selbst treu blieb. Wer eine derartige berntreue Gesinnung an den Tag legte, setzte allerdings nunmehr sein Leben aufs Spiel. Landvogt Niklaus Willading musste, von einem weinenden Knaben zu Hilfe gerufen, dessen Vater, den Metzger Kaspar Egger, mit neun Musketieren davor bewahren, zu Tode geschlagen zu werden (Dokument 61). Besonders energische Verfechter des Sumiswalder Bundes waren bereits am ersten Tage seines Bestehens die Entlebucher, deren Gesandte in Flüelen anlandeten, um in Uri mit dem Argument zu agitieren, sie hätten, seitens Luzerns, das rechtliche Gehör nicht in genügendem Ausmass erhalten. Landammann Jost Püntener liess sie nach Altdorf ins Wirtshaus führen und wies ihnen dort, offenbar in Sorge um die Wirkung ihres Auftretens auf die Urner Landleute, Zwangsaufenthalt an (Dokument 63).

In Weinfässern versteckte Granaten für das Schloss Aarburg

In dieser gespannten Lage ereignete sich am 14. April 1653 alten Stils ein Zwischenfall, der den militärischen Ausbruch des Gegensatzes zwischen den Regierungen und dem Sumiswalder Bund deutlich näher brachte. Die Berner Regierung wollte auf der Aare das Schloss Aarburg mit Granaten (in einem Fass mit der – bestrittenen (Dokument 193) – Aufschrift «süsser Wein») versorgen. Das Schiff wurde jedoch von einem Posten der Sumiswalder bei Berken aufgehalten und seine Ladung teils ausgeteilt, teils in einen Keller in Berken gelegt (Dokumente 64, 65). Eine Frau brachte die Nachricht in die Kirche Aarwangen. Die Meldung – sie hatte mittlerweile den für jene Tage üblichen Mantel einer Warnung vor heranrückendem fremdem Kriegsvolk angenommen – löste ein allgemeines Ziehen der Blankwaffen aus, sodass Landvogt Niklaus Willading an einen Mordanschlag auf seine Person dachte, aber die Lage beruhigen konnte (Dokument 65). Immerhin führte das Ereignis, das von den Basler und Solothurner Landleutegesandten zur Landsgemeinde nach Sumiswald als Friedbruch der Obrigkeit deklariert wurde – zur Besetzung von Wangen an der Aare und des Aareufers bis nach Aarwangen durch den Sumiswalder Bund. Zu den unmittelbaren Folgen der Episode des süssen Weines gehörten eine fast vollständige Mobilisierung der Gemeinde Aarwangen und der Versuch einiger Aarwangerinnen, eine Meuterei der Schlossbesatzung herbeizuführen. Die Frauen setzten ihre Kinder vor das Schloss und riefen ihren darin dienenden Männern zu, sie sollten es auch mit den rechten Leuten, das heisst den Sumiswaldern, halten oder dann, als Berntreue, die Kinder selbst füttern.

Mit der in Sumiswald beschworenen Form des Bundes waren dessen Häupter gegen Ende April 1653 neuen Stils noch nicht zufrieden. Mit der Nachricht von Sumiswalder Plänen, sich der Schlösser Aarburg, Lenzburg und Aarwangen zu bemächtigen, tauchte in Aarwangen bereits am 25. April 1653 neuen Stils, also nur zwei Tage nach der Landsgemeinde, die Nachricht von Plänen einer neuen Landsgemeinde in Huttwil (Dokument 66) auf. Die öffentliche Gewalt zwischen Wangen an der Aare und Wohlenschwil und zwischen Liestal und Brienz war mittlerweile weitgehend auf die Sumiswalder übergegangen. Der Post- und Reiseverkehr zumal wurde von ihnen vollständig kontrolliert, Soldaten, die in Richtung von Regierungsgarnisonen zogen, verhaftet und an besonders sumiswaldtreue Orte wie Melchnau verlegt und das Reisgeld, für militärische Zwecke angelegte öffentliche Barvorräte, teils genommen, teils gebieterisch herausverlangt. Gleichzeitig arbeiteten die Gesandten der Regierung noch immer am Versuch, aufgrund der in Bern rund drei Wochen zuvor erzielten, seither aber durch die Ereignisse überholten, fussfälligen Übereinkunft zu einer Lösung des Konflikts zu gelangen. Au fond wusste man in der Hauptstadt seit Sumiswald genau, dass man nur noch entweder in einer bisher nie ins Auge gefassten Weise nachgeben oder aber zu militärischen Mitteln schreiten konnte. Die Neuenburger Notiz, die das erneute Hilfsersuchen der Aaremetropole auf den 18. April 1653 alten Stils datiert und von der «Berner guerre avec les paysans» schreibt, ist vielsagend (Dokument 6). Drei aus dem Entlebuch und Willisau stammende Abgesandte des Sumiswalder Bundes traten am 16. April 1653 alten Stils vor den Zürcher Rat und fragten, ob man ihnen denn die urkundliche Grundlage des behaupteten obrigkeitlichen Herrschaftsanspruchs nicht vorlegen müsse. Ferner begehrten sie zu erfahren, ob es nicht richtig wäre, im von den Gesandten der VI Orte aufgesetzten Friedensinstrument (Dokument 19) den Ausdruck Fehler auszukratzen, da sie sich keines Fehlers bewusst seien, und ob die Tagsatzung nicht das Manifest (Dokument 26), worin sie angeschwärzt würden, aufheben könne. Schliesslich wollten sie wissen, ob man nicht den Wolhuser Bund (Dokument 3) für ewig gültig erklären könne (Dokument 193). Zwei aus dem Berner Aargau stammende Abgesandte trugen, mutatis mutandis, ähnliche Anliegen vor.

Die Zürcher Regierung reagierte hinhaltend, stellte aber keinerlei Bestätigung des Wolhuser und wohl auch nicht des Sumiswalder Bundes in Aussicht. Es habe sich, bemerkte der scharfsichtige Zürcher Publizist Hans Konrad Wirz, in Wirklichkeit darum gehandelt, unter dem Deckmantel der diplomatischen Mission die Zürcher Untertanen ebenfalls zum Aufstand zu bringen, was ja mit Sicherheit den vollen Erfolg des Sumiswalder Bundes hergestellt hätte, denn ohne die Zürcher Untertanen keine Zürcher Armee und ohne Zürcher Armee keine Auflösung des Bundes. So ging es für die beiden Lager noch darum, sich zu organisieren. Die Regierungen taten dies vom 29. April bis zum 10. Mai 1653 neuen Stils an ihrer Tagsatzung in Baden (Dokument 67), die Sumiswalder an zwei Landsgemeinden in Huttwil am 30. April und am 14. Mai 1653 neuen Stils (Dokumente 68 und 79). Immerhin fand zwischen beiden Lagern eine komplexe politische Kommunikation statt, die sich vielleicht dahingehend zusammenfassen lässt, dass niemand den Krieg so wirklich wollte und auf jeden Fall, sollte er doch kommen, nicht dafür verantwortlich zu sein begehrte. Die auf der Landsgemeinde in Huttwil weithin sichtbar an einen Spiess gehängten Granaten aus der Ladung des Schiffs von Berken mit der ausdrücklichen Erklärung, das sei der süsse Wein, mit welchem die Berner

Einleitung

Regierung sie habe tränken wollen (Dokument 193), zeigen agitatorische Methoden von 1653.

Niklaus Leuenberger wird zum Bundesobmann gewählt

Die Vorstellungswelt der Sumiswalder oder vielmehr nun Huttwiler repräsentiert vielleicht am besten der Brief ihrer in Huttwil versammelten, gegen 5000 Köpfe zählenden (Dokument 71) Landsgemeinde an den französischen Botschafter Jean de la Barde vom 30. April 1653 neuen Stils (Dokument 68). Um das gute alte Recht sei es ihnen zu tun und um nichts anderes. Im Übrigen seien sie jederzeit bereit, König Ludwig XIV. ihre Unterstützung zu gewähren, worum es sich auch handeln möge. Bei aller äusserlichen Bescheidenheit in der Form bleibt doch die Tatsache bemerkenswert, dass die Landsgemeinde von Huttwil es als völlig selbstverständlich betrachtete, mit dem König von Frankreich von gleich zu gleich zu verkehren. Das konnte gar nichts anderes bedeuten als die Übernahme der politischen Macht in der Schweiz, wozu durchaus passte, dass die Landsgemeinde, welche mit der Wahl von Niklaus Leuenberger zum Bundesobmann dem Bund ein sichtbares Haupt gegeben hatte (Dokument 193), freiliess oder weiter gefangen hielt, wen sie gerade wollte (Dokument 71).

Die am 21. April 1653 alten Stils gehaltene Ansprache des Basler Bürgermeisters Johann Rudolf Wettstein und anderer Deputierter des Rates betonte in für die Entwicklung bezeichnender Weise, dass die Obrigkeit zu Konzessionen bereit sei, dass es der anderen Seite aber in Wirklichkeit darum gehe, alles in ihre Macht, Gewalt und Disposition zu bekommen (Dokument 69). Die Obrigkeiten kamen mit ihren weit herum vorgetragenen Ermahnungen zur Ruhe, zur Geduld und zur Treue unterschiedlich an: Die beiden – nicht mit einander verwandten – Berner Ratsherren Johann Georg Imhof und Abraham Imhof fanden in Aarau und Brugg offene Ohren, konnten dagegen in Aarburg nur gerade erreichen, dass sie unter Mitnahme von Zeugen, zum Schlosskommandanten Beat Ludwig von Mülinen vorzudringen vermochten. Imhof und Imhof brachten die Landleute von Schenkenberg zunächst auf ihre Seite – bis hin zur Verlegung einer regierungstreuen Garnison Schenkenberger in die Stadt Brugg – verloren sie aber alsogleich wieder an die ebenfalls agitierenden Lenzburger Angehörigen des Huttwiler Bundes (Dokument 194).

Die Huttwiler besassen in der Person von Bundesobmann Niklaus Leuenberger nun ihr, zum Beispiel Pässe unterschreibendes Oberhaupt, wenngleich ein Pass mit Leuenbergers Unterschrift nicht verhindern konnte, dass seinem Träger, missfiel dieser irgend einem Posten, der Bart abgehauen und der Passinhaber selbst zusammengeschlagen wurde. Dies jedenfalls widerfuhr am 2. Mai 1653 neuen Stils den freigelassenen Schiffleuten des Granaten- oder Weinschiffs von Berken oder am 5. Mai 1653 neuen Stils dem von Zofingen nach Hause reisenden Aarwanger Felix Stampach in Murgenthal (Dokument 71).

Die gemeineidgenössische Tagsatzung in Baden genoss unter solchen Umständen keinerlei Respekt mehr, der – für den 4. Mai 1653 neuen Stils explizit belegte – Ton war viel mehr, wenn die Eidgenossen etwas von den Huttwilern wollten, sollten sie aufs offene Land heraus kommen (Dokumente 71 und 72). Die Huttwiler aus dem Oberaargau und ihre luzernischen, baslerischen und solothurnischen Nachbarn und Freunde vereinbarten am 6. Mai 1653 neuen Stils an einer Landsgemeinde in Langenthal sogar durch einen formellen Beschluss, nicht nach Baden oder in eine andere Stadt zu gehen, sondern die Obrigkeiten aufzufordern, mit ihnen auf offenem Feld zu verhandeln (Dokument 71), wobei mit Sicherheit die Sorge vor einer Verhaftung der Huttwiler Unterhändler in den befestigten und daher für die Landleute schwer angreifbaren Städten mitspielte (Dokument 193). Alle zehn Jahre sollten sich auf einer Landsgemeinde die Amtleute verantworten, der Huttwiler Bund wurde für ratifiziert erklärt, die Schuldzinsen mit Ausnahme des Zehnten auf den Austrag des Handels hin halbiert und einschliesslich des Zehnten bis dahin ganz ausgesetzt.

Repressionen beider Seiten

Zu diesem selbstbewussten Auftreten passte, dass vier sogenannte «Linde», also Leute, die nicht hart genug zugunsten des Huttwiler Bundes auftraten, am gleichen Tag in Langenthal übel zugerichtet wurden. Toleranz gegenüber abweichenden Meinungen war auf beiden Seiten des Konflikts von 1653 keine Tugend. Das sogenannte Härten von Linden, das heisst Anhängern der Regierungen, durch Umdrehen eines Schleifsteins an Stirne und Schläfen, bis das Gehirn heraustrat (Dokument 193), war die extremste, aber nicht die einzige Form von Reppression, welche der Huttwiler Bund kannte, sodass, wer nicht oder nicht mehr gleicher Meinung war, gut daran tat, das vom Bund beherrschte Gebiet vorübergehend zu verlassen (Dokument 198).

Der Huttwiler Bund zeigte in jenen Tagen durchaus das Bild eines aus dem Aufstand geborenen, dynamischen, jedoch nicht konsolidierten politischen Wesens. Immerhin hatte er durch sein frei handelndes Oberhaupt Niklaus Leuenberger eine erhebliche politische und militärische Beweglichkeit, wohl zunächst sogar eine grössere als seine schwerfällig operierende dreizehnörtische Gegnerin. Leuenberger schickte beispielsweise am 28. April 1653 alten Stils nach Wangen an der Aare und Bipp den Befehl, wachsam zu bleiben, die kommende Landsgemeinde in Huttwil fleissig zu besuchen, und übermittelte dazu die Meldung, dass die Burgdorfer Nachbarn des Huttwiler Bundes durch die Aufnahme von vier aus Bern stammenden Kisten voll Blei und Pulver ihre Feindschaft bewiesen hätten (Dokument 73).

Am gleichen 8. Mai 1653 neuen Stils verabschiedete die Gegnerin des Huttwiler Bundes, die eidgenössische Tagsatzung in Baden, ein Manifest (Dokument 74), welches sie freilich vorderhand nicht publizierte, das aber, als Spiegelung der amtlichen Auffassung dieses Tages, hierher gehört: Unter dem falschen Vorwand, Neuerungen der Obrigkeiten die Stirne bieten zu müssen, in Wirklichkeit aber infolge der Lotterwirtschaft einiger durch Frieden und Wohlstand verwöhnter Untertanen, die nicht mehr gehorchen, sondern selbst herrschen wollen, ist eine Rebellion ausgebrochen. Die VI Orte Uri, Schwyz, Unterwalden, Zug, Freiburg und Solothurn haben zwar die Differenzen zwischen den Luzerner Untertanen und der dortigen Obrigkeit gütlich und rechtlich erledigt, die Untertanen halten sich aber entgegen ihrer Zusage nicht daran, sondern belagern die Stadt Luzern und verführen die treu gebliebenen Luzerner Untertanen und jene benachbarter Obrigkeiten und haben nun gar einen Bund gegen die Eidgenossenschaft geschworen.

45

Sie belagern und blockieren Schlösser, beschlagnahmen Munitionssendungen, nehmen Briefe weg und misshandeln die Boten und haben alle von der Tagsatzung ein weiteres Mal vorgeschlagenen Vermittlungsangebote trotz Zusicherung sicheren Geleits in den Wind geschlagen, weshalb jetzt die von Gott gegebenen Obrigkeiten zum Schutz der Aufrichtigen und zur Bestrafung der Meineidigen zu den Waffen greifen müssen.

Im Prinzip hatte sich also die Tagsatzung, formal eine Gesandtenkonferenz, in Wahrheit aber unter den Umständen ein hoheitlich auftretendes oberstes Organ der Eidgenossenschaft, insgeheim – denn das Manifest wurde ja noch nicht publiziert – auf den Krieg festgelegt. Immerhin konnte sie bis zur Publikation auf diesen Entscheid zurückkommen. Dadurch erreichte sie einen gewissen, den vertretenen Regierungen erwünschten, Handlungsspielraum.

Kriegerische Gesinnung ist für dieselben Tage allerdings auch auf der anderen Seite des politischen Grabens, beim Huttwiler Bund, auszumachen. Vogtei und Herrschaft Kriegstetten schickten der nach Huttwil einberufenen Landsgemeinde am 11. Mai 1653 neuen Stils ein Schreiben, das wohl nicht nur die eigene politische Stimmung wiedergibt (Dokument 76). Es nütze nichts, sich bei der Obrigkeit mit den Klagepunkten einzustellen, man werde doch nur fast ausgelacht. Nun habe die Obrigkeit von den Kanzeln ein Verbot verlesen lassen, Briefe abzufangen und zu öffnen oder Reisende anzuhalten. Kriegstetten sehe diese Sache anders. Kriegstettens Meinung sei vielmehr, niemanden passieren zu lassen und insbesondere fremde Kriegsvölker wieder nach Hause zu schicken. Auch sei es ratsam, sich militärisch im Hinblick auf den Notfall zu organisieren und die Städte einer Blockade zu unterwerfen, um dort den Aufruhr ausbrechen zu lassen. Kriegstetten sei zum Nutzen des Vaterlandes entschlossen, auch gegen das Verbot der Obrigkeit an seinen Bundes- und Eidgenossen festzuhalten, der Obrigkeit zwar einzuräumen, was ihr gebühre, aber nach dem Vorbild der Vorfahren bis auf das Blut gegen Unterdrückung und Tyrannei zu kämpfen.

Die eidgenössische Tagsatzung diskutiert in Baden über die Anwendung möglicherweise nötig werdender Gegengewalt

Am Tag bevor dieser kämpferische Brief aufgesetzt wurde, am 10. Mai 1653 neuen Stils, ging in Baden die Tagsatzung der Orte und Zugewandten – Zürich, Bern, Luzern, Uri, Schwyz, Unterwalden, Zug, Glarus, Basel, Freiburg, Solothurn, Schaffhausen, Appenzell, Abt St. Gallen, Stadt St. Gallen, Gemeine Drei Bünde, Wallis und Biel – zu Ende (Dokument 67). Unter dem Siegel der Verschwiegenheit habe man über die Anwendung der möglicherweise nötig werdenden Gegengewalt diskutiert, die Hilfsverpflichtung der eidgenössischen Bünde für den Fall eines Angriffs auf eine Hauptstadt für gültig erklärt und für den Fall, dass alle gütlichen und rechtlichen Mittel wirkungslos bleiben sollten, ein Manifest aufgestellt und einen Kriegsplan abgesprochen. Den Landvögten der gemeinen Herrschaften wurde die von Einsicht in die Wurzeln des Aufstands zeugende Anweisung gegeben, in allen Dingen und insbesondere in Strafsachen bescheiden aufzutreten, damit die Untertanen nicht nur Furcht vor der Obrigkeit hätten, sondern sie auch liebten.

Die vor der Tagsatzung erschienenen Abgeordneten des Entlebuchs, Sursees und Rothenburgs verlangten unter anderem den Widerruf des in ihren Augen ehrenrührigen früheren Manifests der Tagsatzung (mit Worten wie dem von den bösen Buben), den urkundlichen Nachweis des Erwerbs des Entlebuchs durch Luzern sowie eine Besiegelung des Spruchbriefs der VI Orte auch mit dem Siegel der Landleute. Hier wird einmal mehr deutlich, dass für die Bundesgenossen des Huttwiler Bundes die politische Ordnung auf dem Vertragsrecht beruhte und ihnen die Vorstellung, dass irgendwer eine uneingeschränkte Hoheit über sie besitze, wesensfremd war, denn was sie mit besiegelten, konnte ohne sie nicht geändert werden.

Der Huttwiler Bund übte nicht nur die militärische Gewalt auf dem Land aus – durchreisende Holländer fanden vom 10. bis zum 12. Mai 1653 neuen Stils von Basel bis Wiedlisbach alles in Waffen (Dokument 75) –, er liess auch verhaften, wer ihm verdächtig schien (Dokument 64), setzte unter Einsatz von Weidenruten und der Drohung, die Ohren abzuschneiden oder zu schlitzen (Dokument 197) eine einheitliche Linie auf dem Lande durch und zitierte, zu grossem bürgerlichem Verdruss, die Berner Regierung vor die Landsgemeinde nach Huttwil (Dokument 70). Franzosen genossen, durchaus entsprechend dem Hilfsangebot des Huttwiler Bundes an Louis XIV., vor anderen Völkern Schonung: Am 12. Mai 1653 neuen Stils befahl Niklaus Leuenberger den Wiedlisbachern, das königlich französische Siegel zu achten und genannte französische Untertanen passieren zu lassen, jedoch auf die Angehörigen anderer Völker zu achten (Dokument 78).

Demütigung der bernischen Ratsvertreter an der Huttwiler Landsgemeinde

Am selben 2. Mai 1653 alten Stils ordnete die Berner Regierung eine Gesandtschaft an die Landsgemeinde nach Huttwil ab (Dokument 77). Diese bestand aus erfahrenen Theologen sowie Mitgliedern des Kleinen und des Grossen Rates (Dokument 70). Die Landsgemeinde unter dem Präsidium Niklaus Leuenbergers (Dokumente 70, 71) bekräftigte zwei Tage danach, am 14. Mai 1653 neuen Stils, den Huttwiler Bund durch die Ausfertigung von Bundesurkunden (Dokument 79). Vier Exemplare, je eines für die Herrschaften von Bern, Luzern, Solothurn und Basel, wurden vom besiegelten Bundesbrief erstellt, welcher nun auch in verbindlicher schriftlicher Form eine neue politische Ordnung begründete. Der Bundesbrief erzählt in einem ersten Teil die Geschichte des Huttwiler Bundes, legt in einem zweiten, sieben Artikel umfassenden Teil dessen Bundesrecht nieder und schliesst mit dem Verzeichnis der vertragschliessenden Parteien. Diese bezeichnen die geographische Ausdehnung des Huttwiler Bundes, ausgehend vom Entlebuch und den übrigen neun luzernischen Ämtern des Wolhuser Bundes. Auf die X Ämter Luzerns folgen – neben Hans Bühler von Sigriswil – die bernischen Ämter und Gemeinden Trachselwald, Brandis, Sumiswald, Huttwil, Land Emmental, Freigericht Steffisburg, Hilterfingen, Signau, Interlaken, Brienz, Frutigen[14], Sternenberg, Zollikofen, Seftigen, Nidau, Büren, Fraubrunnen, Aarberg, Landshut, Burgdorf ohne die Stadt, Wangen an der Aare, Aarwangen, Bipp, Aarburg einschliesslich der Stadt, Lenzburg einschliesslich der Stadt sowie Schenkenberg. Von den Solothur-

Einleitung

ner Ämtern finden sich Gösgen, Olten samt der Stadt, Bechburg, Falkenstein, Kriegstetten, Flumenthal, Lebern, Bucheggberg, Dornach, Thierstein und Gilgenberg. Die Herrschaft Basel ist vertreten durch die Stadt Liestal mit ihren Dörfern, Farnsburg Waldenburg, Homburg und Ramstein. Schliesslich werden die gemeineidgenössischen Freien Ämter aufgezählt. Die eigene Geschichte, die der Huttwiler Bund erzählt, beginnt mit den Streitigkeiten zwischen der Stadt Luzern und dem Entlebuch, führt weiter über die Verweigerung des rechtlichen Gehörs in der Stadt und die Zahlungssperre des Entlebuches gegenüber der Stadt Luzern bis zur Wiederauslieferung der in die Stadt entführten alten Rechtsdokumente. Luzern, so ist weiter zu erfahren, hat die eigenen Untertanen militärisch heranziehen wollen, um die Entlebucher zum Gehorsam zu bringen, damit aber nur den Bund der Untertanen untereinander bewirkt. Luzern hat sich danach um die Vermittlung der Gesandten der VI katholischen Orte bemüht; diese Gesandten haben sich lang mit dem Handel abgegeben. Da die Luzerner die verbündeten Ämter Kriens und Horw mit Drohungen dazu haben bewegen wollen, erneut zu ihnen zu schwören, sind die Untertanen vor die Stadt Luzern gezogen. In der Zwischenzeit hat, immer nach der Huttwiler Bundesurkunde, die Tagsatzung in Baden ein ungutes Manifest angefertigt, die Angehörigen des Wolhuser Bundes herabgesetzt und gefährdet. Fremde und einheimische Kriegsvölker sind gegen sie in Bewegung gesetzt worden, sodass sich die Wolhuser, um sich zu wehren, mit den Berner Bauern verbündet haben. Die Berner Bauern haben ihre Beschwerden in Bern bei der Obrigkeit anhängig gemacht. Ihre Gesandten sind gezwungen worden, kniend um Gnade zu bitten und diese anzunehmen, danach ist aber von Seiten der Obrigkeit die erzielte Vereinbarung nicht eingehalten worden. Deshalb und wegen des unguten Mandats ist am 13./23. April 1653 in Sumiswald von den genannten Ämtern und Gemeinden der Kantone Bern, Luzern, Solothurn und Basel auf freiem Feld zu Gott ein hiermit in Huttwil am 4./14. Mai 1653 auf ewig bestätigter Bund geschworen worden. Die Bundesartikel sehen vor, den alten eidgenössischen Bund für die Gerechtigkeit und gegen die Ungerechtigkeit zu halten, Neuerungen der Obrigkeiten abzuschaffen und Streitigkeiten zwischen einer Obrigkeit und ihren Untertanen durch den Huttwiler Bund zu entscheiden, fremde oder einheimische Kriegsvölker solidarisch abzuwehren, infolge des vorliegenden Handels Verhafteten oder Bestraften solidarisch beizustehen, den Huttwiler Bund alle 10 Jahre neu zu beschwören, alle, die gegen den Huttwiler Bund reden, als meineidig zu bestrafen und schliesslich keinen Separatfrieden mit der Obrigkeit zu schliessen.

Der Huttwiler Bund machte angesichts der Rechtsauffassung der Obrigkeiten eine – nur noch kollektiv denkbare – Erledigung des Handels ohne Krieg völlig unmöglich, denn eine solche hätte einen Verzicht auf die streng gewahrte einzelörtische Souveränität bedeutet. Bezeichnenderweise verlangten in Huttwil Johann Anton Tillier und seine Abordnung des bernischen Rats, dessen Mitteilungen nur dem bernischen Teil der Landsgemeinde vorzulegen (Dokumente 80 und 198). Tillier und seine Leute mussten allerdings warten, bis die 3000 Mann der Landsgemeinde den Bund beschworen hatten, und wurden erst nach fünf Stunden vor die Landsgemeinde gerufen, was weit herum als Zeichen der Geringschätzung interpretiert wurde (Dokument 194). Die Berner offerierten Wynigen, Höchstetten, Münsingen und Langenthal als Verhandlungsorte. Man eröffnete ihnen jedoch, die Verhandlungen müssten im Plenum stattfinden. Die Berner Gesandtschaft reiste daraufhin unter Protest nach Wynigen ab und hoffte dort am Abend des 4. Mai 1653 alten Stils noch, vielleicht werde es gelingen, die Emmentaler und die gemässigteren (Ober- und Unter-)Aargauer hinter einander zu bringen. Diplomaten hoffen immer auf Verhandlungslösungen, solche zu erzielen sind sie ja da. In Bern machte man sich gleichentags jedoch keine Illusionen mehr, sondern verstärkte die Wachen, legte kleine Feldstücke auf den Turm bei der Untertorbrücke und führte Waffenübungen mit den Studenten durch (Dokument 70).

Bundesobmann Niklaus Leuenberger bot zwar am nächsten Tag, dem 5. Mai 1653 alten Stils, von Huttwil aus den Berner Gesandten Langenthal als Ort für Friedensverhandlungen an, forderte sie aber zugleich auf, sich demütiger Reden zu befleissigen, damit der Landmann nicht in Zorn gerate (Dokument 81). Am 6. Mai 1653 alten Stils forderte Bundesobmann Leuenberger unter anderem vom Landvogt von Aarwangen Rechenschaft über die Gründe für die Verstärkung der Garnison des dortigen Schlosses (Dokument 83). Wenn Niklaus Willading die Soldaten wieder aus dem Schloss schaffe, sei es gut, andernfalls werde der Huttwiler Bund diese Aufgabe übernehmen. Landvogt Willading anerbot, von der Garnison und den Diplomaten zur Milde gestimmt, die Einvernahme der Garnison durch einen Ausschuss des Huttwiler Bundes (Dokument 82). Entgegen dem versprochenen freien Geleit wurden in Langenthal ein Abgeordneter wie auch andere Anhänger der Regierung eingesperrt, sodass die Berner Gesandtschaft am Dorfrand umkehrte.

Der Huttwiler Bund trat am 7. Mai 1653 alten Stils in die Phase ausgeprägten Selbstbewusstseins. Bundesobmann Niklaus Leuenberger, dem nun auf einige Tage hinaus von den Bundesangehörigen der unbedingteste Gehorsam geleistet wurde (Dokument 200), schickte den Berner Gesandten ein Ultimatum zur vollen und satten Antwort auf die ihnen bekannten Klagepunkte bis zum 8. Mai 1653 alten Stils (Dokument 84). Andernfalls werde grosses Unheil daraus entstehen und die Stadt Bern weder Getreide noch andere Lebensmittel erhalten. An die Stadt Aarau liess Bundesobmann Leuenberger am 8. Mai 1653 alten Stils ein Schreiben abgehen, das die dortigen Behörden vor die Alternative stellte, entweder dem Huttwiler Bund den Pass über die Aare einzuräumen oder sich auf eine Lebensmittelblockade und weitere, nicht näher spezifizierte Massnahmen gefasst zu machen (Dokument 194). Dies war der Ton an der Spitze des Huttwiler Bundes. Von den einfachen Bundesleuten war dieser Tage in den Wirtshäusern Aaraus unter anderem zu hören, nächstens werde der Wein umsonst sein, während die Schulden der Bundesleute mit dem Geld der Stadt Aarau bezahlt würden (Dokument 85). Das war die Zeit des Endes der Friedenshoffnungen und der ernsten Zurüstungen für den Krieg (Dokumente 70, 86).

Ultimatum der Entlebucher an die Stadt Luzern

Das Entlebuch schickte am 18. Mai 1653 neuen Stils der Stadt Luzern ein Ultimatum (mit Frist bis zum 22. Mai neuen

Stils) mit der Erklärung, die Luzerner könnten nicht beweisen, dass die Entlebucher ihre Untertanen seien, weshalb nur noch eine Schirmherrschaft der Stadt anerkannt werde. Das ungute Manifest der Tagsatzung solle widerrufen, die Entlebucher und ihre Verbündeten in den Besitz einer Kriegsentschädigung versetzt werden (Dokument 87). Das sichtbar zeitlich und inhaltlich abgesprochene Ultimatum Bundesobmann Niklaus Leuenbergers an die Stadt Bern vom selben 8. Mai 1653 alten Stils verlangte Antwort auf alle eingereichten Klagen, zu liefern an Bundesobmann Leuenberger im Schönholz (Dokument 88). Andernfalls werde die Stadt Bern einer Lebensmittelblockade unterworfen. Nach Friedensschluss würden Zinsen, Zehnten, Gülten und Renten wieder bezahlt. In Bern wurden gleichentags die grossen Kanonen auf die Wälle verlegt (Dokument 70).

Solothurn gab dem Huttwiler Bund durchwegs nach, schickte eine Abordnung des Rates sowie der nicht im Rat vertretenen Burgerschaft nach Oberbuchsiten, verhandelte mit den Vertretern der Ämter dort am 17., 18. und 19. Mai 1653 neuen Stils und erklärte nach einer entsprechenden Erledigung aller Beschwerden Generalamnestie (Dokument 92). Eine analoge Erledigung war aber nach Bundesobmann Leuenbergers Brief nach Bern dort nicht zu erwarten. Die Vorbereitung des kommenden Krieges war vielmehr der gemeinsame Nenner der bernischen Ratsbeschlüsse vom 9. Mai 1653 alten Stils (Dokument 89): Den Rebellen war ein Protest zuzustellen gegen ihre, Dritte schädigende, vermeintliche Aufhebung der Entrichtung der geschuldeten Zinsen, Zehnten, Gülten und Renten und gegen ihre übermütige und gottlose Anmassung der Regierungsgewalt samt der von ihnen für sich beanspruchten Rechenschaftsablage der Amtleute. Zürich, Basel und Freiburg waren zu informieren und zur Bereitstellung der militärischen Hilfe aufzufordern. Sigismund von Erlach schliesslich wurde, freilich erst am 10. Mai alten Stils, durch bernischen Ratsbeschluss zum General ernannt.

Einen Tag vor dieser Ernennung, am 19. Mai 1653 neuen Stils, sah der Landschreiber der Freien Ämter Beat Jakob Zurlauben immerhin so klar, dass er nach Zug melden konnte, wenn er richtig informiert sei, müsse man die Pässe mit Truppen besetzen (Dokument 90). Briefe nach und von Lenzburg oder Hitzkirch passierten nicht mehr, durch kamen nur noch Boten, die ihre Meldungen auswendig gelernt hatten. Im Besetzen der Pässe kamen die Huttwiler den Obrigkeitlichen zunächst zuvor, wenngleich die an der Fähre von Stilli erwarteten Solothurner Bauern dort am 24. Mai 1653 neuen Stils noch nicht eingetroffen waren. Das Fährseil der Windischer Fähre wollten jedoch 400 Berner Bauern aus der Grafschaft Lenzburg entfernt haben, der Fährmann musste gehorchen, da es sonst gekappt worden wäre (Dokument 194). Die 400 Mann richteten sich in Windisch und im zur selben Gemeinde gehörenden Oberburg ein und besetzten, nicht zum Vorteil des dortigen Weinkellers, die Hofmeisterei Königsfelden. Hofmeister Wolfgang von Mülinen und seine Frau Margaretha verzogen sich nach Brugg. Der Zürcher Bürgermeister Johann Heinrich Waser wurde durch einen Sturm von Freiämter Bauern aus Mellingen nach Baden zurückgescheucht, Mellingen danach von den Bauern besetzt (Dokument 91).

Die Besetzung der Pässe an der Reuss und an der untersten Aare zielte eindeutig darauf ab, die Zürcher und diejenigen, die mit ihnen zogen, die wenig danach erfolgte Besetzung der Saane-Brücke von Gümmenen (Dokument 70) darauf, die Waadtländer, Genfer, Neuenburger so lange aufzuhalten, bis der Huttwiler Bund die Berner Regierung zu den gewünschten Zugeständnissen gebracht haben würde.

Marsch des Huttwiler Bundes auf Bern

Zentral aber war in dieser Strategie des Huttwiler Bundes der Marsch auf Bern. Am 10. und am 11. Mai 1653 alten Stils wurde im Raum Langnau und Signau gestürmt. Es erging der Befehl, alles, was Stecken und Stab tragen könne, solle auf Bern ziehen (Dokument 197). Achillesferse dieser Strategie war die Logistik: es fehlte stets an Geld (Dokument 84), an Lebensmitteln (Dokument 86), an Kanonen (Dokumente 86, 109 und 194). Aus diesem Grund stand Obmann Leuenberger unter Zeitdruck: In acht Tagen wollte er ursprünglich den Feldzug beenden (Dokument 75). Am 11. Mai 1653 alten Stils stellten die auf Aufklärung reitenden Kavalleristen aus der Stadt Bern das Gros der Huttwiler Marschkolonnen im Raum Münsingen und näher gegen die Stadt Bern hin fest. Um nicht völlig von der Verbindung mit der Aussenwelt abgeschnitten zu werden, liess die Berner Regierung die Neubrücke mit 200 Mann besetzen. Seit Jahrhunderten war die Stadt Bern nicht mehr so verlassen gewesen wie am 12. Mai 1653 alten Stils: Aus Murten schrieb Schultheiss Abraham Manuel, die Herrschaft Murten sei bereit, unter eigener Fahne und eigenen Offizieren gegen auswärtige Feinde zu ziehen, nicht aber gegen Nachbarn und Brüder, welche bereits mit der Einäscherung der Murtener Häuser gedroht hätten (Dokument 94).

Ganz alle obrigkeitlichen Briefe vermochte der Huttwiler Bund nicht aufzufangen. Bern bedankte sich am 13. Mai 1653 alten Stils bei Basel für das auf besonderem Wege erhaltene Schreiben vom 11. und meldete, ein verdorbener, ehemals rechtschaffener Nebulo sei als Generalkommandant der grossen, aber ungeordneten Heeresmacht der aufrührerischen Emmentaler vorgestern mit vierzehn Kanonen vor die Stadt Bern gezogen, weshalb die militärische Hilfe Basels und der übrigen Eidgenossen, insbesondere Zürichs, nötig sei, um das ungute Wesen zu stillen (Dokument 95). Unter dem Nebulo war ohne Zweifel der Bundesobmann des Huttwiler Bundes, Niklaus Leuenberger, zu verstehen, der nun sein Hauptquartier in Ostermundigen hatte, wohin am selben Tag eine Antwort der Berner Regierung auf drei ihr zugesandte Schreiben ging (Dokument 96). Die Regierung wolle die Verhandlungen fortsetzen und erwarte sicheres Geleit, damit sich die Berner Delegation unter der Linde beim Burgerenziel mit der Delegation des Huttwiler Bundes am kommenden 14. Mai 1653 alten Stils, 05.00 Uhr unterreden könne.

Mit dem geschlossenen Waffenstillstand unvereinbar sei das Aufhalten und Schlagen von Boten, das Aufbrechen und Plündern von Häusern sowie das eben erfahrene Vorrücken der Huttwiler Truppen bis zum Hochgericht. Wenn sie von dort nicht zurückweichen würden, werde sie die bernische Artillerie vertreiben. Der Ton des bernischen Schreibens war würdig und versöhnlich zugleich.

Am Ostrand des Machtbereichs des Huttwiler Bundes stand am gleichen 23. Mai 1653 neuen Stils die Entschlossenheit der Freien Ämter fest, den zugunsten der Regierungen von Bern und Luzern etwa anrückenden Zürchern und ihren Mitstreitern den Übergang über die Reuss zu verwehren (Dokument 97). Mellingen enthielt eine Freiämter Besatzung, die Fähren über die Reuss, neben jener von Windisch nun insbesondere auch jene von Lunkhofen, blieben bzw. wurden neu abgebrochen. Agitatorische Bemühungen der Huttwiler, in den Urkantonen den Abmarsch der zugunsten der Luzerner Regierung ausmarschierenden Truppen zu hemmen, hatten dagegen kaum Erfolg: Der Schwyzer Landammann Martin Belmont schrieb am selben Tag dem Luzerner Schultheissen Heinrich Fleckenstein, die Abgesandten der Luzerner Ämter Rothenburg und Ebikon hätten das Gegenteil ihrer Absicht erreicht, sodass nun eine stärkere als von der Stadt Luzern begehrte Truppenmacht aus Schwyz dorthin aufbreche (Dokument 98). Hier wie anderswo wird sichtbar, dass die Huttwiler und unter ihnen insbesondere die Entlebucher ein ideales Bild der alten Demokratien am Vierwaldstättersee pflegten, das der in Jahrhunderten gewachsenen politischen Realität und den Interessenverschränkungen zwischen den demokratischen und den aristokratischen Kantonen der Eidgenossenschaft und insbesondere deren etablierten Eliten nicht entsprach. In dieser Fehleinschätzung liegt einer der Gründe für den vergleichsweise raschen militärischen Zusammenbruch des Huttwiler Bundes.

Die Huttwiler graben der berntreuen Stadt Aarau den Stadtbach ab

Vorderhand schien die Gefahr des Zusammenbruchs allerdings mehr dem obrigkeitlichen System zu drohen: Mit Trompetenschall zogen zahlreiche Huttwiler am 14. Mai 1653 alten Stils vor die der Berner Regierung treue Stadt Aarau und gruben den Stadtbach ab (Dokument 85). Gleichentags erzielten die Delegationen Schultheiss Niklaus Dachselhofers und Bundesobmann Niklaus Leuenbergers beim Murihölzli unter freiem Himmel eine Einigung, die selbstverständlich weder eine sorgfältige Besorgung des Wachtdienstes auf den Wällen von Bern unnötig machte (Dokument 70) noch das Aufgebot der – wieder oder noch – als zumindest teilweise zuverlässig betrachteten Ämter des Oberlandes nebst Seftigen, Sternenberg, Zollikofen und Belp durch den Berner Rat (Dokument 100).

Entscheidend aber sollten die Massnahmen der Zürcher Regierung werden. Diese wurde vom Huttwiler Bund in ihrem eigenen Gebiet durch eine wenig effektvolle Agitation mehr irritiert als beunruhigt. Die Zürcher Regierung informierte am 14. Mai 1653 alten Stils Bern darüber, dass sie den bösen Willen der bernischen und den noch böseren Willen der luzernischen Untertanen vernommen habe, dass auch die Freiämter Untertanen rebellisch geworden seien, Mellingen besetzt und sich des Fahrs von Windisch bemächtigt hätten und dass Uri, Schwyz, Unterwalden und Zug Truppen zum Schutz der Stadt Luzern ausgeschickt hätten (Dokument 99). Zürich habe deshalb seine ganze militärische Macht aufgeboten und werde, sobald die erwarteten Kontingente (von Glarus, Schaffhausen, Appenzell, Stadt St. Gallen etc.) eingetroffen seien, diese Heeresmacht unter Conrad Werdmüller gegen die Rebellen marschieren lassen. Zielten diese Zürcher Massnahmen auf die militärische Erledigung der Differenzen, so lässt sich auf Seite des Huttwiler Bundes am gleichen Tag eine durchaus analoge Tendenz feststellen, von Bundesobmann Niklaus

Leuenbergers Anordnung, den Entlebuchern im Bernbiet Quartier zu geben (Dokument 101) bis hin zur Aufforderung Baschi Steiners und des Amtes Rothenburg an die Willisauer, alle in Sursee vorrätigen Kanonen und Munitionsvorräte vor die Stadt Luzern zu schaffen (Dokument 102).

Regierende Berner Patrizier unter bäuerlichem und burgerlichem Druck

Genauso militärisch begann der 15. Mai alten Stils. Mit Oberst Niklaus Leuenberger und den Hauptleuten Daniel Küpfer und Ulrich Galli an der Spitze besass der Huttwiler Bund vor der Stadt Bern einen gegen 60 Personen umfassenden Kriegsrat (Dokument 103). In der Stadt löste die Ratifikation des geschlossenen Friedens durch den Grossen Rat heftige, durch öffentliche Demonstrationen unterstrichene burgerliche Proteste und Drohungen gegen tyrannische Landvögte und Falschmünzer aus (Dokument 70). Das konnte nur heissen, dass ungerecht regierende Amtleute einerseits und die für die Münzmanipulationen des Jahres 1652 mit dem Eintausch der Berner Batzen zum halben Wert verantwortlichen Behördenmitglieder andererseits politisch für den Krieg und den unvorteilhaften Frieden verantwortlich gemacht wurden. Das regierende Patriziat geriet dadurch, teilweise gemäss den Erwartungen des Huttwiler Bundes (Dokument 93), zwischen zwei Feuer. Aus dieser unangenehmen Lage sollte sich das Patriziat schliesslich durch die – in der Stadt bei der nicht regierenden Burgerschaft populäre – Aufhebung des geschlossenen Ausgleichs mit Niklaus Leuenberger und, später, durch die nicht weniger populäre exemplarische Bestrafung Samuel Tribolets, des Landvogts von Trachselwald, befreien.

Bundesobmann Niklaus Leuenberger setzte die mit Schultheiss Niklaus Dachselhofer erzielte Einigung zur Motivation der Angehörigen des Huttwiler Bundes ein. Jedenfalls erreichte die vor Aarau liegenden Huttwiler am 15. Mai alten Stils ein entsprechendes Schreiben ihres Bundesobmanns, was sie der belagerten Stadt sogleich bekannt gaben (Dokument 85). Aarau öffnete allerdings seine Tore so wenig wie zuvor und erlaubte auch die Überquerung der Aare an der Stadt vorbei über den Schloss-Steg ausdrücklich nicht ohne eine, keineswegs vorhandene, ausdrückliche Genehmigung des Begehrens durch die Berner Regierung. Dekan Heinrich Nüsperli, der an der Spitze einer Zwölferdelegation diesen Entschluss den Huttwilern auf dem Zelgli eröffnete, erreichte erst nach einiger Überzeugungsarbeit den freien Abzug der heftig bedrohten städtischen Abordnung, welche die unwillkommene Nachricht überbracht hatte. Eine Verstärkung der Huttwiler durch ein Kontingent aus Aarburg änderte nichts an der Haltung der Aarauer. Die Bauernfrauen, die den Nachschub ins Lager der Huttwiler brachten, vermochten durch ihre Aufmunterungen keinen Sturm auf die Stadt auszulösen, die an diesem Tag noch blockiert blieb, jedoch durch die Selbstauflösung des Huttwiler Belagerungsheeres bald Ruhe erhalten sollte.

Der bedrohte Zustand der obrigkeitlichen Gewalten änderte keineswegs etwas am tief sitzenden konfessionellen Misstrauen und am alten und letztlich von 1531 bis 1712 immer erfolgreichen Versuch der katholischen Orte, die Reussübergänge der Freien Ämter nicht in die Hände der evangelischen Zürcher und Berner fallen zu lassen. Anders wäre kaum erklärlich, weshalb selbst an einem Tag wie dem 25. Mai 1653 neuen Stils, an dem aus Luzern der Ruf nach Zuger Truppen an der Brücke von Gisikon kam, und trotz des schleppenden Gangs der Rekrutierung der Zuger Truppen, in Zug das Vorhaben gewälzt wurde, 200 Schwyzer und Zuger nach Mellingen zu schicken (Dokument 104) und die Orte Luzern, Uri, Schwyz, Unterwalden und Zug durch ihre Gesandten beschlossen, Hauptmann Karl Anton Püntener zum Kommandanten von Mellingen zu ernennen (Dokument 106). Im Lager der Obrigkeitlichen war man sich also selbst mitten in der Gefahr keineswegs einig. Ein die Zustände auf der Seite der Huttwiler im Aargau beleuchtender viehhändlerischer Kundschaftsbericht aus derselben Zeit belegt eine scharfe Kontrolle der Durchreisenden – in Mellingen, Othmarsingen und Gränichen bis aufs Hemd. Die Huttwiler zeigten in Gränichen ein gemeinsames Hoheitszeichen – eine Fahne mit einem blauen Kreuz – daneben aber auch Uneinigkeit und Zweifel am eigenen Erfolg (Dokument 105).

Am 26. Mai 1653 neuen Stils zeigte sich vor Luzern, wie verhängnisvoll für die Erfolgsaussichten des Huttwiler Bundes die Zweiteilung der Kräfte war: Die luzernischen X Ämter verlangten nämlich von Bundesobmann Niklaus Leuenberger 10000 Mann oder so viel er nur irgend entbehren könne, vorzugsweise Musketiere, und ausserdem Geschütze (Dokument 109). Sollten die Unterwaldner ins Entlebuch fallen, sei es an den zum Huttwiler Bund gehörenden Berner Oberländern, eine Diversion zu unternehmen. Die Stadt Bern sah sich am gleichen 16. Mai 1653 alten Stils durch 670 ihr zu Hilfe ziehende Romands verstärkt (Dokument 70).

Extrem nervöse Stimmung auf beiden Seiten...

Vor der Stadt riet Christian Schybi aus Escholzmatt dazu, den Versprechen der Berner Regierung nicht zu trauen, denn diese werde genauso wenig Wort halten wie die Luzerner Schelmen (Dokument 93). Die von Schybi vorgeschlagene Plünderung von Thorberg unterblieb zwar, hingegen griffen die Huttwiler am 17. Mai 1653 alten Stils die Neubrücke an (Dokument 93), wo sie zwar unter Verlusten abgewehrt wurden, wo aber auf Seiten der Verteidiger einem Hauptmann, der sich zu nahe an die Kanonen begab, von der Kugel der eigenen Leute der Kopf abgeschossen wurde, während ein zweiter Verteidiger den Tod fand, da er das Passwort vergessen hatte und die Wache pflichtgemäss das Feuer eröffnete (Dokument 70). Die in solchen Zwischenfällen sich spiegelnde extreme Nervosität der Stimmung war nicht auf ein Lager beschränkt: Die huttwilischen Mannschaften vor Bern wurden in der Nacht vom 16. auf den 17. Mai 1653 alten Stils durch die dreimalige Verfärbung eines Wachtfeuers erschreckt (Dokument 93). Vor Luzern wurde gleichzeitig ein Waffenstillstand vereinbart (Dokument 110), dessen Text Johann Emmenegger nach wie vor an der Spitze des luzernischen Teils des Huttwiler Bundes zeigt.

Abschluss des «Murifeldfriedens»

Am 18. Mai 1653 alten Stils fertigte die Berner Regierung die Ratifikation des ausgehandelten Friedensvertrages aus, den sogenannten Murifeldfrieden (Dokument 107). Der Friede wird geschlossen zwischen der Stadt Bern einerseits, andererseits deren Untertanen aus der

Landschaft Emmental und den Ämtern (bzw. Freigerichten, Kastlaneien, Grafschaften) Signau, Konolfingen, Steffisburg, Wangen an der Aare, Aarwangen, Bipp, Aarburg, Lenzburg, Fraubrunnen, Landshut, Brienz und Frutigen sowie den Landleuten der Grafschaften Burgdorf, Büren an der Aare, Thun und Nidau. Die Punkte 3 bis 36 des Friedens betreffen Konzessionen der Obrigkeit vom freien Salzkauf bis zur generellen Zusicherung des guten alten Rechts. Punkt 37 sichert eine Generalamnestie zu, solange der Gehorsam und die Treue der Untertanen währen. Punkt 1 verlangt den Heimzug der vor die Stadt Bern Gezogenen, die Ersetzung des angerichteten Schadens und einen neuen Huldigungseid. Mit diesem Eid wird die Fortdauer des Huttwiler Bundes in Punkt 2 als ausdrücklich unvereinbar erklärt und die Herausgabe der kraftlosen Bundesbriefe an die Obrigkeit verlangt.

Es ist müssig zu spekulieren, ob die Berner Regierung den Frieden gehalten hätte, wenn die Angehörigen des bäuerlichen Heeres ausnahmslos nach Hause gegangen wären. Sie gingen – unter anderem mit der Begründung, die in Huttwil verbündeten Untertanen aller vier Orte müssten zuerst in den Genuss eines entsprechenden Friedens kommen (Dokument 193) – nicht nach Hause und machten auch sonst deutlich, dass sie den Vertrag zum Teil äusserst eigenwillig interpretierten. Hans Ulrich Graf aus Leutwil fasste die wesentlichen Punkte des Friedens dahingehend zusammen, dass alle Forderungen und auch die Durchführung von Landsgemeinden bewilligt seien und die gnädigen Herren noch 50 000 Pfund Kriegsentschädigung an die Bauern genehmigt hätten (Dokument 108). Davon, dass der Preis dieser tatsächlichen Konzessionen die Entschädigung der durch das Huttwiler Heer Geschädigten war – wodurch die erwartete Kriegsentschädigung wohl aufgezehrt worden wäre – und dass insbesondere der Huttwiler Bund aufgelöst und sein Heer zum Heimzug verpflichtet wurde, findet sich kein Wort. Die Gegenseitigkeit eines Vertragswerks war das eine, eine freundliche Haltung gegenüber dem Vertragspartner das andere. Auch daran fehlte es: In Schloss Utzigen räumten abziehende Emmentaler den Keller der patrizischen Familie Manuel und im bäuerlichen Lager von Othmarsingen ging die Rede, es gelte, die treulosen sogenannten blauen Zürcher zu schlagen und danach mit Hilfe der erbeuteten Artillerie das Schloss Lenzburg zu zerstören (Dokument 93).

In der Hauptstadt der blauen Zürcher, wo man bereits seit einer Woche intensiv an der mentalen und materiellen Vorbereitung des kommenden Feldzugs gearbeitet hatte und die Wachen auf den eigenen Wällen verstärkt hatte (Dokument 193), erteilte am selben 18. Mai 1653 alten Stils die Regierung Seckelmeister Conrad Werdmüller Vollmacht und Instruktion als Generalkommandant (Dokument 111). Wer sich ihm in den Weg legt, ist mit Gewalt zu überwinden. Von dem Ort aus, an welchem er Stellung bezieht, hat er die Untertanen anzufragen, ob sie sich zum Gehorsam gegenüber den Obrigkeiten erklären. Diejenigen, die dies tun, hat Conrad Werdmüller, jedoch mit Ausnahme der Hauprädelsführer, unter seinen Schutz zu nehmen. Conrad Werdmüller hat zu den Friedensverhandlungen Abgeordnete der Berner Regierung beizuziehen. Wer ungehorsam bleibt, ist zu unterwerfen. Die Truppen sind mit Sittsamkeit zu führen. Das Kriegsrecht ist einzuhalten.

Einleitung

Der Friedensvertrag wird nicht eingehalten…

Wäre der Murifeldfriede eingehalten worden, hätten am 19. Mai 1653 alten Stils alle Truppen des aufgelösten Huttwiler Bundes zu Hause oder auf dem Heimweg sein müssen. Die Erfüllung dieser Bestimmung stiess jedoch fast überall auf erhebliche Schwierigkeiten. So schrieb der nach Brugg geflohene Hofmeister von Königsfelden Wolfgang von Mülinen nach Bern, der Müller von Niederlenz habe den Auftrag gehabt, die vor Aarau und in den Ämtern Schenkenberg und Königsfelden liegenden Truppen nach Hause zu befehlen, frage sich aber angesichts der nach Zürich marschierenden Schaffhauser Truppen, ob er dies tun solle und habe ihn gebeten, die Berner Regierung aufzufordern, die zu ihrer Hilfe heranmarschierenden Truppen abzubestellen (Dokument 112). So herrschte bei den bäuerlichen Truppen im Unteraargau misstrauische Unentschlossenheit, ob sie den Murifeldfrieden halten sollten oder nicht. Die Berner Regierung ihrerseits war ganz offensichtlich an diesem Tag nicht überzeugt, den Huttwiler Bund mittels des Murifeldfriedens tatsächlich aufgelöst zu haben. Sie schrieb an Zürich, sie hoffe darauf, dass der Vorort den Reussübergang auf dem Weg, dem unguten Bund zu Leibe zu rücken, kraftvoll erzwingen werde (Dokument 113). Bern seinerseits schicke nun sein eigenes Truppenkorps aareabwärts. Es gelte, den Kantonen zu ihrem Recht und der Eidgenossenschaft zu ihrem vorherigen Friedenszustand zu verhelfen.

Die katholischen Bemühungen, die Freien Ämter gegen den militärischen Zugriff Zürichs nach Möglichkeit sicherzustellen, reduzierten sich unter diesen Umständen auf das Bestreben, die Zürcher so weit reussabwärts wie möglich übergehen zu lassen, konkret in Mellingen und nicht in Bremgarten (Dokument 114).

Die Luzerner Regierung verabschiedete am selben 29. Mai 1653 neuen Stils die Instruktion für ihre Gesandten ans Schiedsgericht der IV Orte Uri, Schwyz, Unterwalden und Zug (Dokument 115). Die aufständischen X Ämter hätten unter anderem
– den freien Stand der ganzen Eidgenossenschaft und – der Blick reussabwärts schimmert durch – die katholische Religion grosser Gefahr ausgesetzt,
– Boten gefangen und misshandelt,
– Gesandte arrestiert und beschimpft,
– durch eine Bartschärer genannte Gesellschaft ehrliche Menschen misshandelt, Geld von ihnen erpresst und Vieh gestohlen,
– ein eigenes Gericht eingerichtet,
– Ratsherren vor sich zitiert,
– Geistliche und geistliche Stiftungen beschimpft, verhaftet und mit Besatzungen belegt,
– Spitäler und Ritterhäuser ausgeraubt,
– aus den Städten Sursee und Sempach und aus dem Schloss Wikon Kanonen und Munition entwendet,
– das der Luzerner Regierung gehörige Schloss Kastelen bei Alberswil gebrochen,
– die der Regierung treu gebliebenen Ämter (Neu-)Habsburg und Weggis bedroht,
– verbreitet, die Obrigkeit sei lang genug Meister gewesen, jetzt seien sie selbst die Obrigkeit,
– gesagt, sie wollten die Stadt Luzern zu einem offenen Flecken machen,
– diese Stadt auch tatsächlich zweimal – sogar mit Berner und Solothurner Untertanen zusammen – belagert,
– Schanzen errichtet,

- eine Brücke über die Reuss geschlagen,
- die Stadt Luzern beschossen,
- das Wasser und
- die Lebensmittelzufuhr unterbrochen,
- sie seien in das Gebiet fremder Obrigkeiten gezogen und
- hätten dort Schäden verursacht,
- geschuldete Zahlungen nicht mehr entrichtet,
- den bereits gemachten Frieden gebrochen,
- von Littau aus auf den Gütsch in ihr Lager geschrieben, man solle Niklaus Leuenberger zum Angriff auf Unterwalden veranlassen, um die Besatzung von Luzern (durch den Abzug der Unterwaldner) zu schwächen, damit vor Luzern Leute für die Verteidigung der Reuss freizumachen und so den Zürchern besser zu widerstehen und
- grosse Kosten verursacht.

Bern bedankt sich bei Zürich für die gewährte Unterstützung

Während Luzern an der Beilegung seiner Differenzen mit den eigenen Untertanen durch das Schiedsgericht der IV Orte arbeitete, dankte Bern am 20. Mai 1653 alten Stils Zürich für die tätige Hilfe zur Rettung der so heftig angegriffenen souveränen Stände, namentlich Berns und Luzerns, und skizzierte den einfachen Kriegsplan eines bernischen Stosses aareabwärts und eines zürcherischen aareaufwärts (Dokument 116).

Zunächst galt es für Zürich noch, über die Reuss zu kommen. Die Bauern der Freien Ämter versprachen zwar, den Zürchern den Pass von Mellingen einzuräumen, es war aber am gleichen 30. Mai 1653 neuen Stils noch keineswegs klar, ob sie angesichts der Ansprüche ihrer Verbündeten an sie diese Zusage würden halten können (Dokument 117). Der gefangene Pfarrer von Gränichen Niklaus Hürner erklärte, Ziel des Huttwiler Bundes sei es gewesen, den Aufbruch des obrigkeitlichen Kriegsvolkes hinauszuzögern, bis Heu und Ernte eingebracht seien, worauf man dann erst recht dahinter habe gehen wollen. Daraus konnte nun allerdings nichts mehr werden, denn am selben Tag versammelte sich unter dem Kommando von Conrad Werdmüller auf der Allmend Schlieren ein Heer von 8000 Mann, 800 Pferden und 18 Kanonen (Dokument 118). Ein Spion des Huttwiler Bundes wurde von den Zürchern gefangen und mitgeführt (Dokument 193). Conrad Werdmüller marschierte in der Nacht über den Heitersberg. Am 21. Mai 1653 alten Stils, circa 03.00 Uhr, traf die Marschspitze oberhalb von Rohrdorf auf eine Fackeln und Windlichter tragende Gesellschaft, die aus den drei Gesandtschaften der Stadt Mellingen, der Freiämter Besatzung von Mellingen und schliesslich des Rohrdorfer Amtes der Grafschaft Baden bestand (Dokument 193). Die Mellinger erklärten, die Freiämter nur infolge der Schwäche ihrer Stadt eingelassen zu haben. Die Freiämter erklärten, Mellingen nur besetzt zu haben, um eine Besetzung durch die Berner Bauern zu verhindern, was angesichts des konfessionellen Denkens der Zeit nicht so unglaubwürdig getönt haben mag wie vielleicht für moderne Ohren. Die Rohrdorfer erklärten sich zu jeder Unterstützung der Obrigkeit bereit. Während der Unterredungen mit diesen Gesandtschaften liess Conrad Werdmüller die Armee ruhen. Zwei Kanonenschüsse brachten sie um 06.00 Uhr wieder auf die Beine, die Zürcher Reiterei besetzte Mellingen, das Tor gegen die Freien Ämter wurde, nach einem Wortwechsel, geschlossen, die Bauern in der

Stadt durch Generalmajor Johann Rudolf Werdmüller zur Niederlegung der Waffen gebracht. Danach besetzten drei Kompanien zu Fuss die Stadt, während das Gros reussabwärts ein Lager bezog. Die Bauern auf den Höhen von Wohlenschwil und Büblikon, mit denen es zu einem Scharmützel mit Toten, Verwundeten und Gefangenen kam, erklärten durch den gefangenen Untervogt von Seengen (Dokument 193), den Frieden zu begehren und nur fremde Truppen abwehren helfen zu wollen. Aus Mellingen schrieb Conrad Werdmüller, welcher Untervogt Simon Fischer freiliess und als Boten einsetzte, genau gemäss seiner Instruktion an die Untertanen der Grafschaft Lenzburg und bot ihnen, gegen die Niederlegung der Waffen und die Gestattung des Durchzugs, Schutz und Schirm an (Dokument 119). Andernfalls werde er sie zu erneutem Gehorsam zwingen. Der Aufenthalt in Mellingen erlaubte es, die zur Verstärkung Werdmüllers heran marschierenden Truppenkorps wie zum Beispiel die erste Kompanie der Stadt St. Gallen noch zu erwarten, während parallel dazu die primär katholisch geprägte Verstärkung des Fürstabts von Sankt Gallen über Rapperswil in Richtung Luzern unterwegs war (Dokument 120). In Zug war man nach wie vor in Sorge vor einem allzu grossen Zürcher Einfluss in den Freien Ämtern (Dokument 121).

Am 1. Juni 1653 neuen Stils hatte im Lager des Huttwiler Bundes jeder Gedanke an eine zukünftige Fortsetzung des Krieges (nach Heuet und Ernte) dringenderen Sorgen Platz gemacht. So erliess der Wirt zur Sonne von Buckten, Jakob Buser, ein Aufgebot zur bundesgemässen Abwehr fremder Völker von Zürich und Schaffhausen (Dokument 122), während Hauptmann Jakob Wolf der Stadt Sursee mit Verwüstung drohte, wenn sie nicht die durch den Abmarsch von 2000 Mann in Richtung Mellingen vor der Stadt Luzern in Emmen entstandene Lücke schliesse (Dokument 123). Am gleichen 22. Mai 1653 alten Stils nahm der Oberbefehlshaber des Schaffhauser Kontingents Johann Conrad Neukomm die Kriegslage als konfus wahr (Dokument 124). Es scheine – ein den stark obrigkeitlich denkenden Mann verstimmendes, undeutliches Echo des Murifeldfriedens wird hörbar –, als hätten die Berner ein weiteres Mal einen schimpflichen Vergleich abgeschlossen, den sie aber nicht zu halten beabsichtigten. Wenn man von Mellingen aus weiter vorrücken wolle, brauche es zusätzliche Truppen. Generalmajor Johann Rudolf Werdmüller ritt von Mellingen aus in Richtung Westen auf Aufklärung. Er stiess auf eine Schar von 1500 (Dokument 193) bis 3000 Bauern, welche erklärten, den Frieden und ihr gutes altes, vor hundert Jahren genossenes Recht zu begehren oder im Kampf dafür sterben zu wollen. Johann Rudolf Werdmüller kehrte nach Mellingen zurück (Dokumente 118, 193).

Am 2. Juni 1653 neuen Stils strömte auf beiden Seiten zusätzliche Mannschaft in die Lager vor Mellingen. Dazu gehörten die 700 oder 800 Berner, Luzerner und Solothurner Bauern, die mit vier Fahnen in Villmergen übernachteten und bezahlten, was sie verzehrten (Dokument 125). In Schwyz herrschte an diesem Tage eine kriegerische Stimmung, wenigstens nach Michael Schornos nach Zug geschickter Philippika gegen die meineidigen Mörder, welche zwei Luzerner während des Waffenstillstandes gefangen genommen hätten. Aus der Zürcher Besetzung des Passes von Mellingen werde nichts Gutes entstehen, schrieb Schorno weiter: Wie sehr er immer den Huttwiler Bund hassen mochte, die konfessionellen Interessen verlor der Schwyzer Staatsmann keinen Augenblick aus den Augen, wenn er auch realistisch genug war dazuzusetzen, vorerst müssten nun die katholischen Orte die Augen schliessen.

Am selben 23. Mai 1653 alten Stils ging vor Mellingen eine Art von militärisch unterstützter Diplomatie vonstatten: Johann Rudolf Werdmüller und Johann Conrad Neukomm zogen mit insgesamt 1200 (Dokument 193) bis 2000 Mann, drei Viertel zu Fuss, ein Viertel Reiter, sowie 4 Kanonen gegen die tags zuvor erkundete Stellung, fanden sie nicht mehr vor, gerieten aber in eine halbmondförmige, durch Baumverhaue stark gemachte (Dokument 193) neue Position von 15 000 Bauern zwischen Brunegg und Mägenwil (Dokumente 118, 130). Um sich etwas zurückziehen und erwartete Verstärkung im Umfang von 1800 Mann und 4 Kanonen (Dokument 193) ungehindert aufnehmen zu können, lud Werdmüller mittels eines Trompeters den Kommandanten der Huttwiler zu einem Gespräch ein, in welchem er ihnen eine Einigung unter wenigen Bedingungen vorschlug, nämlich der Niederlegung der Waffen und der Entlassung ihres Heeres, des Verzichts auf den Huttwiler Bund und der erneuten Huldigung an die Obrigkeiten, der Erledigung von Beschwerden durch die Zürcher und ihre Mitstreiter und der Operationsfreiheit für die Armee Conrad Werdmüllers. Die bäuerlichen Vertreter erklärten sich nach einer mehrstündigen, durch militärische Drohgebärden Johann Rudolf Werdmüllers und langes Ausbleiben der Parlamentäre der Huttwiler unterbrochenen, Gesprächsphase einverstanden, fügten aber hinzu, sie hätten noch nicht alle im Felde stehenden Bauern konsultieren können. Sie versprachen eine Antwort für den nächsten Tag, 07.00 Uhr, nach Mellingen. Als auch bei den Obrigkeitlichen glaubwürdiger Vertreter der Huttwiler fungierte der Ammerswiler Pfarrer Johann Jacob Hemmann (Dokument 193), ein Burger der Stadt Bern.[15]

In der Nacht kam Bundesobmann Niklaus Leuenberger ins bäuerliche Lager und kündigte an, er werde mit den blauen Zürchern handeln. Dies und die Verstärkung, die der erste militärische Kopf der Entlebucher, Christian Schybi, ins Lager der Huttwiler brachte (Dokument 193), gab deren Haltung einen entschlosseneren Charakter als noch während der Gespräche zwischen Johann Rudolf Werdmüller und Johann Jacob Hemmann. So erschienen am 24. Mai 1653 alten Stils vor dem Zürcher Lager ein Trommler und ein Pfeifer der Huttwiler, die Verhandlungen in Othmarsingen vorschlugen (Dokument 127). Auch ging ein Schreiben Leuenbergers an Conrad Werdmüller ein, worin der Bundesobmann eine Verhandlung auf halbem Weg zwischen beiden Heeren in Gegenwart von alt Hofmeister Johann Georg Imhof begehrte (Dokument 129). Conrad Werdmüller bewilligte noch drei Stunden Frist bis zum Eintreffen einer Verhandlungsdelegation.

Gefecht bei Wohlenschwil

Zur Mittagszeit schickte Conrad Werdmüller einen Fünftel seiner Armee zum Baumfällen an den Abhang gegen Wohlenschwil und Büblikon – um ein besseres Schussfeld für die Artillerie zu haben –, worauf rund 1200 Huttwiler angriffen (Dokument 130), bis auf einen Kanonenschuss an das Lager herankamen und ihre Aufklärer noch weiter vorschickten (Dokument 118). Daraufhin fielen gut 1000 Mann (Dokument 118) oder auch 1500 Mann

(Dokument 130) unter Johann Rudolf Werdmüller aus und es entwickelte sich ein Gefecht, dessen Lärm bis Bremgarten zu hören war (Dokumente 128, 131). Durch eine Besetzung des vorher truppenleeren Wohlenschwil wollten die Huttwiler in die linke Flanke der Zürcher kommen (Dokument 193).

Die Reaktion darauf war, dass die Obrigkeitlichen das Dorf Wohlenschwil anzündeten und dadurch und durch ihre überlegene Artillerie ihre Gegner in Furcht versetzten (Dokument 135). Das Zürcher Kriegslied gab allerdings wenig später die Verantwortung für den Brand Hans Boller vom Horgenberg (Dokument 131), der danach unter der Folter zugab, in Büblikon in das Feuer geschossen zu haben, aber nicht um einen Brand zu entfachen, sondern um ihn zu löschen (Dokument 159). Boller war unter dem dringenden Verdacht verhaftet worden, in der Nacht nach dem Gefecht die bisher verschonte Kirche und das Pfarrhaus von Wohlenschwil angezündet zu haben (Dokument 144). Noch später stellten die VII in den Freien Ämtern regierenden Orte fest, man wisse nicht, wer das Feuer verursacht habe, aber jedenfalls seien die Bewohner von Wohlenschwil und Büblikon daran unschuldig (Dokument 188). Denkbar ist, dass der Brand eine Folge des Schusswechsels war, die Art der Feuerabgabe der Steinschlossgewehre konnte in an brennbarem Material überreichen Dörfern leicht diese Konsequenz haben und löschen konnte mitten in einem Gefecht niemand.[16] Möglicherweise sind mehrere teils absichtlich gelegte teils zufällig entstandene Brände zu einer Katastrophe zusammengewachsen.

Insgesamt spricht viel dafür, dass Wohlenschwil durch Angehörige der Zürcher Armee angezündet worden ist, um die dort Posten fassenden Huttwiler auszuräuchern und sie in Furcht zu versetzen. Weshalb, wäre es anders gewesen, hätte am 25. Mai 1653 alten Stils nebst der allgemeinen Aufforderung zur Disziplin und dem Verbot des Plünderns in Conrad Werdmüllers Armee ausgetrommelt werden müssen, das brennen gantz ohne express ordre abzuschaffen (Dokument 144)? Weshalb, wäre es anders gewesen, hätte Conrad Werdmüller im Rückblick schreiben können, die Mühle von Wohlenschwil, in der sich der Feind verschanzt habe, sei angezündet worden, danach aber «wegen dess starkhen Windts leyder uberige hüser auch Verbrunen»[17]?

Das für die Huttwiler mehr als für die Zürcher verlustreiche Gefecht währte ungefähr von 14.00 Uhr bis 20.00 Uhr und wurde auf Bitten Bundesobmann Niklaus Leuenbergers, welcher Trommelschläger zu General Conrad Werdmüller schickte, danach bis zum folgenden Morgen durch einen Waffenstillstand unterbrochen (Dokument 135). Der Waffenstillstand hielt trotz angeblicher verzweifelter Pläne Christian Schybis, die Zürcher Armee in der Nacht mit kurzen Gewehren, das heisst mit Blankwaffen und Pistolen, in ihrem Lager zu überfallen. Immerhin war man in der Hauptstadt Zürich der Sache nicht sicher genug, um nun nicht noch den zweiten Auszug von 2000 Mann aufzubieten (Dokument 193).

Bern schlägt zurück und sistiert vorerst alle erteilten Konzessionen

Am Tag, an dem an der Reuss das Schicksal des entgegen dem Murifeldfrieden in Tat und Wahrheit nicht aufgelösten Huttwiler Bundes militärisch entschieden wurde, zogen, dessen unbewusst, General Sigismund von Erlach, Venner Samuel

Wohlenschwil-Büblikon

Wohlenschwil und Herzogenbuchsee haben durch die verheerenden Dorfbrände von allen schweizerischen Gemeinwesen 1653 am stärksten unter dem Krieg gelitten. Wohlenschwil erinnerte sich am 11. Dezember 1952 daran, als der kommunale Souverän – mit 62 gegen 20 Stimmen – das Gemeindewappen festsetzte. Gestützt auf den Vorschlag der kantonalen aargauischen Wappenkommission vom 4. März 1952 beschloss die Einwohnergemeindeversammlung folgende Blasonierung: «Eine Bauernmuskete gekreuzt mit einer Stützgabel, darüber eine gelbe Sonne zur Erinnerung an den heissen Tag, an welchem das Treffen bei Wohlenschwil stattfand. Der Grund des Wappenbildes wäre rot.» (Protokoll der Einwohnergemeindeversammlung vom 11. Dezember 1952, Seiten 115 und 116, Gemeindearchiv Wohlenschwil, den Herausgebern freundlich zugänglich gemacht durch Herrn Gemeindeschreiber Markus Jost.)

Einleitung

Frisching und Christoph von Graffenried an der Spitze einer rund 6000 Mann und 19 Kanonen zählenden, in 21 Fahnen gegliederten Armee über die Neubrücke zu Feld. Erstes Ziel war Jegenstorf, welches, als ungebärdig, ausgeplündert wurde (Dokument 70). Wiedlisbach wurde von einem Städtchen zum Dorf gemacht, die Tore entfernt und die Ringmauern niedergerissen. Auch Utzenstorf (Dokument 179), Hindelbank, Kirchberg und Koppigen litten Schaden (Dokument 198).

Entsprechend den militärischen Erfolgen des eigenen Generals sistierten Schultheiss, Räth und Burger von Bern am 25. Mai 1653 alten Stils den Vollzug aller erteilten Konzessionen (Dokument 140), welche später von Fall zu Fall neu zu beurteilen seien (Dokument 139). Den Rebellen gegenüber seien keine Komplimente angebracht (Dokument 139). Die Regierung wies Sigismund von Erlach an, gefangene Rebellen nach Bern einzuliefern, flüchtige dorthin vorzuladen, die Untertanen ihren gottlosen Bund abschwören zu lassen und auf militärische Unterstützung der Obrigkeit gegen innere und äussere Feinde und auf die Auslieferung der Verführer und Störenfriede zu verpflichten (Dokument 140). An Zürich berichtete die Berner Regierung gleichentags, die Landgerichte um Bern herum hätten bereits vorgestern ihrem meineidigen Bund abgeschworen, die Emmentaler werde man aber vermutlich mit Gewalt dazu bringen müssen (Dokument 138).

Von Gewalt war allerdings im inneren Kreis des Huttwiler Bundes um Bundesobmann Niklaus Leuenberger an diesem 25. Mai 1653 alten Stils an der Reuss keine Rede mehr: Der Schaffhauser Oberst Neukomm schrieb, der leichtfertige Bube, General Leuenberger, habe gestern versucht, die Zürcher und ihre Mitstreiter aus ihrem Lager bei Mellingen zu vertreiben, sei aber so empfangen worden, dass er um einen Waffenstillstand ersucht habe (Dokument 124). Heute nun seien 40 Ausschüsse (Namensliste Dokument 143) des bäuerlichen Heeres ins Lager gekommen, um Frieden zu schliessen. Sie hätten sich mit der Delegation des Zürcher Bürgermeisters Johann Heinrich Waser darauf geeinigt, sich aus dem Feld und nach Hause zu begeben, auf den Huttwiler Bund zu verzichten, die Bundesbriefe auszuliefern, alles Übrige dem Recht anheim zu stellen und ihren Obrigkeiten erneut zu huldigen, bevor die Regierungstruppen nach Hause entlassen würden (Dokumente 124, 135 und 136). In den Verhandlungen, welche von den Rechtskenntnissen und der Erfahrung des Zürcher Bürgermeisters völlig dominiert wurden (Dokument 193), klagten sich die Ausschüsse des Huttwiler Bundes gegenseitig an (Dokument 135). Sie versuchten zunächst, den für sie günstigen Murifeldfrieden zu retten und ein paritätisches Schiedsgericht zu erhalten, setzten sich aber nicht durch. Die bäuerlichen Unterhändler erhielten hingegen als mündliches Zugeständnis die Garantie ihrer seit 100 Jahren besessenen Freiheiten, also des guten alten Rechts, während sie sich umgekehrt, ebenfalls mündlich, verpflichteten, die ärgsten Rädelsführer als böse Buben ihrer jeweiligen Obrigkeit, deren Existenz ihnen so notwendig sei wie das tägliche Brot (Dokument 193), auszuliefern. Dass darunter mindestens im Verständnis der Zürcher Unterhändler auch Bundesobmann Niklaus Leuenberger zu verstehen war, ist vom Tage selbst klar bezeugt (Dokument 135). Zeichen der Annahme dieses Friedens von Mellingen (Dokument 136) – den die Luzerner Untertanen nur in dem Sinn akzeptierten, dass sie sich verpflichteten, nach Hause zu

62

ziehen, die übrigen aber vollumfänglich – war die Aufstellung des bäuerlichen Heeres auf die so genannt linke Seite des Berges, wo sie sich nach der Mittagsstunde in grosser Zahl sehen liessen, worauf durch gegenseitige Salutschüsse und eine allgemeine Verbrüderung der Friede besiegelt wurde. Der St. Galler Hauptmann Christoph Studer sah nun als mögliche Gegner nur noch Entlebucher und Oberländer (Dokument 135), worunter möglicherweise aus der Sicht eines St. Gallers von Mellingen aus, weiter oben, Aare bzw. Emme aufwärts wohnende Emmentaler zu verstehen sind.

Zusammenbruch des Huttwiler Bundes in Mellingen

Die Huttwiler Unterhändler im Zürcher Lager hatten an diesem 4. Juni 1653 neuen Stils kaum Wahlfreiheit, sie mussten um jeden Preis abschliessen, denn nach der Niederlage im Gefecht von Wohlenschwil begannen sich trotz der Drohung, Deserteure zu hängen, ihre Reihen zu lichten (Dokument 132). Immerhin war, wenigstens im Sinne einer glaubwürdigen Ausrede, um nicht an der Seite der Obrigkeitlichen zu Feld ziehen zu müssen, im Amt Meienberg am selben Tag die Angst vor angedrohten Repressalien der Luzerner Bauern noch real (Dokument 133).

Generell aber war nun die allgemeine Tendenz, angesichts des Zusammenbruchs des Huttwiler Bundes mit möglichst wenig privatem Schaden davonzukommen (Dokument 134). Dies galt selbst für den nun nicht mehr als Bundesobmann, sondern als Landeshauptmann firmierenden Niklaus Leuenberger. Leuenberger, der seinerzeit in Bern dem Zürcher Bürgermeister Johann Heinrich Waser versprochen hatte, der Berner Regierung treu zu bleiben, Leuenberger, dessen Name zum Inbegriff des den Obrigkeiten so völlig verhassten Huttwiler Bundes geworden war, zeigte sich begreiflicherweise nicht im Lager dieses selben Waser. Er wandte sich vielmehr brieflich an den früheren Hofmeister von Königsfelden Johann Georg Imhof, teilte diesem seine Zufriedenheit mit den Konzessionen der Berner Regierung und gleichzeitig seine Bereitschaft mit, mit seinen, Leuenbergers, Truppen der Berner Regierung zu helfen, diejenigen Untertanen, die nicht huldigen wollten, zur Raison zu bringen (Dokument 137). Was den Huttwiler Bund betreffe, stelle er diesen der Obrigkeit anheim, wolle mit seinen Truppen – gemeint werden hier wohl in erster Linie noch die Emmentaler gewesen sein – abziehen, jedoch so, dass die gegnerischen – die Zürcher – Truppen ebenfalls abziehen und auch dann nur auf Befehl und mit der Sicherheitsgarantie von Imhof. Damit wollte Niklaus Leuenberger mehr als für ihn am 4. Juni 1653 neuen Stils noch erhältlich war.

Umgekehrt geht aber aus der Namensliste der Unterhändler des Huttwiler Bundes im Lager Conrad Werdmüllers (Dokument 143) hervor, dass unter den bernischen Untertanen die Emmentaler für den Frieden von Mellingen so wenig zu haben waren, wie unter den Luzerner Untertanen die Entlebucher in den Frieden von Mellingen einwilligten und damit Leuenberger wohl angesichts der Präferenzen seiner engeren Landsleute auch bei abweichender eigener Meinung gar keine Wahl hatte.

Der Friede von Mellingen beendete die Existenz des Huttwiler Bundes, brach den Ober- und den Unteraargau ebenso aus diesem heraus wie die Landschaften von

Basel und Solothurn und ein Stück Luzernbiet mit Willisau, Rothenburg, Büron und Triengen. Die beiden historischen Landschaften Entlebuch und Emmental, die der Bewegung den ursprünglichen Impuls gegeben hatten, blieben unbefriedet unter den Waffen. Das war es, was der St. Galler Hauptmann Christoph Studer meinte, als er schrieb, die Rädelsführer könnten als verzweifelte Leute in Sorge um das eigene Leben in den Tälern noch Widerstand leisten, das flache Land werde jedoch nicht so bald wieder gegen die Obrigkeit antreten (Dokument 144).

Aus der Stellung auf der Höhe gegenüber Mellingen waren die Bauern am 26. Mai 1653 alten Stils abgezogen. Für das zürcherische Heer war der Weg nach Lenzburg frei (Dokument 124). Conrad Werdmüller ritt nach dem von ihm so entsetzten Lenzburg, wo er mit dem dortigen bernischen Kommando, Oberstleutnant May, alt Hofmeister Johann Georg Imhof und Landvogt Georg Tribolet, zusammentraf (Dokument 193). In Herzogenbuchsee trafen dementsprechend am selben Tag die Auszüger von Mellingen her wieder ein (Dokument 64).

Festsetzung der Huldigungsformel durch den Berner Rat

Mehr der Organisation des Friedens als der Fortsetzung des Krieges widmete sich am selben Tag auch der Berner Rat in seiner Festsetzung der Huldigungsformel (Dokument 142). In diesem Dokument wird eine Art von politischem Programm für die Nachkriegszeit sichtbar: Wer auf Berner Boden wohnt, hat der Berner Regierung nach dem guten alten Recht zu gehorchen, evangelisch zu bleiben, nicht auf eigene Faust Bündnisse zu schliessen, zu den Waffen zu greifen oder zu stürmen, der Obrigkeit den schuldigen Militärdienst gegen innere und äussere Feinde zu leisten, die Verbündeten und die welschen Untertanen der Obrigkeit nicht für Fremde zu halten, Aufrührer und generell alles, was Bern schadet, dem Schultheissen oder den Amtleuten zu melden, die Untertanen anderer Obrigkeiten nicht vom schuldigen Gehorsam abzubringen, niemanden vor ein anderes als vor das örtlich zuständige Gericht zu zitieren, auf den Sumiswalder und auf den Huttwiler Bund zu verzichten. So hat es die waffenfähige Mannschaft alle drei Jahre zu schwören.

Am Morgen nach dieser bernischen Festlegung der Huldigungsformel, also am 27. Mai 1653 alten Stils, baten die Abgeordneten der Freien Ämter in Mellingen um Gnade (Dokument 144). Die Angst vor dem Zürcher Heer bewirkte wohl auch das vom gleichen Tag datierte Schreiben Friedrich Hans Rasts und des ganzen Amts Rothenburg an General Conrad Werdmüller, dem versichert wurde, die Angehörigen des Amtes Rothenburg seien wie in Mellingen vereinbart nach Hause gezogen und warteten dort nun friedlich auf den Rechtsspruch der Gesandten der IV Orte Uri, Schwyz, Unterwalden und Zug (Dokument 146). Das Heer Conrad Werdmüllers hörte am Morgen in Mellingen eine zweifache Dankpredigt des Fraumünster-Diakons und Feldpredigers Heinrich Ulrich über Psalm 40, 6 und marschierte anschliessend zum einen Teil nach Königsfelden, wohin das Hauptquartier kam, zum anderen nach Othmarsingen (Dokument 193).

Aus seinem Hauptquartier Wangen an der Aare meldete General Sigismund von Erlach nach Bern, er habe 1200 Mann in das Erzrebellennest Wiedlisbach einquartiert (Dokument 147). Man erfahre von den Bauern, sie hätten mit den Zürchern

Frieden geschlossen und seien nach Hause gegangen, die Meldung sei aber nicht glaubwürdig. Bipp und Langenthal hätten, durch ihre Vertreter, einen Fussfall getan und sich unterworfen, auch habe er bereits 50 der ärgsten Rebellen gefangen und hoffe nun nicht, dass ihm durch die Pflicht, sie nach Bern auszuliefern, anstatt die bekannten Rädelsführer gleich hinzurichten, Hände und Füsse gebunden würden, ja am Ende zu befürchten sein werde, dass die bösen Buben nach juristischen Weitläufigkeiten sogar straflos ausgehen würden.

Wollte auf der einen Seite Sigismund von Erlach rasche und exemplarische Strafen aussprechen und vollziehen, so waren andererseits einige der durch solche Strafen Bedrohten keineswegs bereit, kampflos auf diese zu warten. So jedenfalls wird zu interpretieren sein, dass am gleichen 27. Mai 1653 alten Stils einige Tausend Emmentaler mit ihren Waffen, darunter den symbolträchtigen Knütteln, Herzogenbuchsee besetzten (Dokumente 64, 198).

Am selben 6. Juni 1653 neuen Stils redigierte Sebastian Peregrin Zwyer, der fünf Tage zuvor nach Zürich, einen Tag später nach Luzern gekommen war, einen Bericht an Kaiser Ferdinand III (Dokument 148). Die Berner und Solothurner Bauern hätten von Bern abgelassen, um den erhofften leichten Erfolg gegen die Armee Conrad Werdmüllers zu erzielen. Dieser habe aber, auf Rat Zwyers, in Mellingen Posten bezogen, die Bauern abgewehrt und schliesslich dazu gebracht, die Waffen niederzulegen, auf ihren Bund zu verzichten und nach Hause zu gehen.

Bis zur völligen Beilegung des Handels werde nun die bewaffnete Macht der Obrigkeiten im Felde bleiben. Er, Zwyer, habe den Oberbefehl über die in Luzern versammelten Truppen Luzerns, Uris, Schwyz', Unterwaldens, Zugs, des Abts von St. Gallen und der italienischsprachigen Untertanen erhalten und lasse die am Vortag von 2000 grösstenteils betrunkenen Bauern erfolglos angegriffene Brücke von Gisikon (Dokument 141) durch eine Schanze sichern (Dokument 148).

Bern hebt alle den Bauern erteilten Zugeständnisse formell auf

Die Zuversicht auf Seiten der Berner Regierung war einen Tag nach diesem Brief des Urners an den Kaiser, am 28. Mai 1653 alten Stils, wieder so gross, dass der bereits suspendierte Murifeldfriede beziehungsweise, wie es der Ratsbeschluss will, das, was gegenüber den Emmentalern auf dem Feld von Ostermundigen oder sonst wo eingegangen worden ist, in aller Form aufgehoben wurde (Dokument 149).

Sigismund von Erlach schrieb seinem Generalskollegen Conrad Werdmüller, er werde nach Langenthal vorrücken und erwarte von Werdmüller, dessen Armee sich jetzt in der Hofmeisterei Königsfelden und in der Grafschaft Lenzburg (Dokument 145) auf bernischem Boden befand, eine Quartiernahme im Raum Aarau (Dokument 150).

Ein Brief Sigismund von Erlachs erreichte Conrad Werdmüller am selben 28. Mai 1653 alten Stils in Königsfelden und veranlasste den Zürcher Oberbefehlshaber, eine ansehnliche Abordnung unter Johann Rudolf Werdmüller nach Langenthal zu entsenden. Am gleichen Tag stellte sich, ebenfalls noch in Königsfelden, der Basler Ratsherr Benedict Socin ein, welcher die gewünschte Truppenhilfe für Basel zwar nicht erreichte, wohl aber die Zusage von Basel günstigen Zürcher Dispositionen. Socin und Werdmüller verständigten sich auf die Abordnung eines Basler Verbindungsoffiziers ins Zürcher Heer, eine Charge, die Rittmeister Albrecht Fäsch übernehmen sollte (Dokument 193).

Letzte bäuerliche Gegenwehr bei Herzogenbuchsee gegen Berner Truppen

Auf dem Weg von Wangen an der Aare nach Langenthal erfuhr Sigismund von Erlach von der Annäherung von 2000 Bauern und änderte seine Marschrichtung auf diese zu (Dokument 153). So traf die bernische Reiterei am selben 28. Mai 1653 alten Stils zunächst auf dem Gishübel[18] auf einen Huttwiler Aufklärungsposten, der unter Verlusten verscheucht wurde[19], dann aber in Herzogenbuchsee auf die dortige emmentalische Besatzung (Dokumente 64 und 198), welche ihr Hauptquartier zwischen Bettenhausenstrasse und Löhliwald hatte, Schildwachen östlich des Kornhauses unterhielt, zum Teil aber Erlach zunächst auf der Wangenstrasse erwartete.[20] Fünf oder sechs Hellebardenträger luden Erlach am Dorfrand mit der Bemerkung ins Dorf ein, die Bauern hätten sich zum guten Teil verlaufen. Einmal im Dorf wurden Erlach und sein Generalstab dann allerdings unter Feuer genommen und mussten zurückweichen. Erlach ordnete, nachdem die Infanterie (u. a. Neuenburger und Genfer sowie Waadtländer Auszüger aus Vevey und Morges) herangekommen war, einen dreiteiligen Angriff an: Zwei Kolonnen zu Fuss,
– einerseits das Dorf östlich umgehend, oben im Wald,
– andererseits frontal durch das Dorf, und
– eine Reiterkolonne, in der allgemeinen Richtung Reckenberg-Farnsberg, über das Buchsifeld[21],

sollten die Bauern umzingeln und kampflos gefangen nehmen. Die Bauern hätten sich, so melden Erlachs Depesche und der etwas jüngere, gut informierte, kommentierte Gefechtsplan des Johannes Willading, besser als ihnen zustehe, am Dorfeingang und hinter Hecken und Zäunen auf dem Feld gewehrt, um den Angriff zu verzögern, das Dorf im Ostteil angezündet, sich östlich und westlich des Kalberweidlis sowie beim Kornhaus nachhaltig gewehrt[22], am Ende über den Kirchhof und hernach durch den Wald zurückgezogen. Um den Preis von sechs Toten und drei Verwundeten in der Armee Erlachs und einiger Toter auf der Gegenseite seien 60 Gefangene, darunter solche aus Luzerner Ortschaften, eingebracht und Gnadengesuche von Huttwil, Melchnau, Rohrbach, Eriswil und Aarburg ausgelöst worden (Dokument 153). In Herzogenbuchsee galt es tags darauf, 25 oder 26 Tote und halb Verbrannte zu bestatten (Dokument 64), 36 verbrannte Häuser (Dokument 198) und 30 bis 33 durch das Feuer zerstörte Ökonomiegebäude zu beklagen.

Was den Kanton Bern betrifft, war damit der Bauernkrieg militärisch definitiv entschieden, für die Eidgenossenschaft als Ganzes galt dasselbe mit Ausnahme des Entlebuchs. Dies heisst nun keineswegs, dass nach dem Gefecht von Herzogenbuchsee, das am 7. Juni 1653 neuen Stils[23] stattfand, ausserhalb des Entlebuchs allüberall ohne weiteres die alte Tagesordnung wieder in ihr Recht getreten wäre.

Nicht alle Leute, die sich etwas gar weit hervorgewagt hatten, konnten einen Fürsprecher aufweisen wie das von einigen Bielern als meineidig, rebellisch und bundesbrüchig verschrieene Pieterlen, das tatsächlich nicht mit dem Bieler Aufgebot ausmarschiert war, dafür aber geltend machte, sich selbst gegen einen Überfall der Berner und Solothurner Untertanen sichergestellt zu haben und nun vom Landesfürsten, Bischof Franz Johann von Schönau, gegen die benachbarte Stadt in Schutz genommen wurde (Dokument 151).

Während dieser versöhnliche Brief im Schloss Porrentruy entstand, erliessen die Vermittler in Stans ihren Rechtsspruch in der Angelegenheit zwischen der Stadt Luzern und deren aufständischen X Ämtern (Dokument 152). Der bereits erlassene Spruch der VI Orte vom 18. März 1653 neuen Stils wurde dadurch ebenso bestätigt, wie die Aufhebung des Huttwiler Bundes, das Verbot zukünftiger Bünde dieser Art und die Entlassung der Streitkräfte der Untertanen.

Am Abend dieses 28. Mais 1653 alten Stils, circa 21.00 Uhr, ritt die von General Conrad Werdmüller befohlene militärische Delegation der Zürcher Armee unter Generalmajor Johann Rudolf Werdmüller von Othmarsingen aus durch die Nacht nach Langenthal, wo sie am frühen Morgen des 29. Mais 1653 alten Stils eintraf und damit die militärische Verbindung der zürcherischen mit der bernischen Armee herstellte (Dokumente 153 und 155). Es wäre übertrieben zu behaupten, die sich begegnenden Offiziere, die immerhin gegen denselben Gegner im Feld standen und sogar, was im 17. Jahrhundert eine grosse Rolle spielte, demselben konfessionellen Lager angehörten, hätten sich gut verstanden. Die Zürcher und ihre Mitstreiter berichteten über den Frieden von Mellingen, dessen Geltung die Berner, angesichts des mangelnden Vorbehalts der Ratifikation durch die nur von Gott allein abhängige souveräne Berner Regierung in Zweifel zogen.

Streitigkeiten siegreicher Generale

Als während der Unterredungen die Abgeordneten von Aarburg eintrafen und gemäss dem Frieden von Mellingen huldigen wollten, ihnen aber Venner Samuel Frisching und Landvogt Niklaus Willading Böses androhten, wehrten sich Werdmüller und der Schaffhauser Oberst Johann Conrad Neukomm gegen eine Bestrafung jener bernischen Untertanen, welche durch sie in Mellingen entwaffnet und zum Heimzug veranlasst worden seien. Wenn sie ihr Wort nicht halten könnten, würden sie die Berner Bauern erneut bewaffnen und der Berner Regierung auf den Hals richten (Dokument 155). Erlach schilderte ausführlich die immer noch andauernde, dem Frieden widersprechende, militärische Aktion der Emmentaler und einigte sich schliesslich mit Werdmüller darauf, dass der Friede von Mellingen in Aarburg und östlich davon gelten sollte, während westlich alles im freien Ermessen der Berner Regierung bleibe (Dokument 153). Ein weiterer Streitpunkt betraf den Murifeldfrieden, den, insbesondere in Bezug auf den freien Salzkauf, die Berner nicht anerkennen wollten, wohingegen zumindest Oberst Johann Conrad Neukomm geltend machte, sie könnten nicht zugleich Partei und Richter sein und die eidgenössische Vermittlung anbot. In dieser Differenz wird der Zusammenstoss zwischen der ganz an der uneingeschränkten eigenen Souveränität orientierten bernischen Haltung und dem auf die alte Weise im eidgenössischen Bündnissystem und weitestgehend in den Kategorien nicht des hoheitlichen, sondern des Vertragsrechts denkenden Schaffhausers sichtbar. Dieser Gegensatz war jedoch höchstens tendenziell und auch dann nicht in erster Linie einer zwischen den Kantonen, er zeigte sich vielmehr im Innern der bestimmenden Eliten: Der ganz in den Begriffen der Souveränität denkende Erlach befürchtete grössere Milde, wenn er die Angeklagten nach Bern liefern müsse. Er beschwerte sich nun, am 29. Mai 1653 alten Stils, über seinen im Unteraargau ganz auf der Basis des Vertragsrechts die neue Huldigung aufnehmenden bernischen patrizischen Standesgenossen Johann Georg Imhof, alt Hofmeister von Königsfelden (Dokument 153). Gleichzeitig bat im neuen Hauptquartier Conrad Werdmüllers in Othmarsingen der ebenfalls auf Ausgleich bedachte amtierende bernische Hofmeister von Königsfelden, Wolfgang von Mülinen, die zürcherische Generalität erfolgreich darum, jenen 46 Lenzburger Gemeinden, deren Vertreter sich einstellten, die Auslieferung der Rädelsführer zu erlassen, weil sie ja alle von den oberen bernischen Untertanen (will sagen den Emmentalern) verführt worden, nun aber die Waffen niedergelegt hätten und ganz willig seien (Dokument 193).

Dass die Solothurner Untertanen am 8. Juni 1653 neuen Stils angesichts der Nachbarschaft der Berner und der Zürcher Armee nicht mehr am Huttwiler Bund festhielten, versteht sich ebenso wie die an verschiedenen Orten, zum Beispiel im freiämtischen Hitzkirch, festzustellende Langsamkeit der Normalisierung, zu der ja auch die Auslieferung der Führer des Aufstandes gehörte (Dokument 154). Denn über die Notwendigkeit der exemplarischen Bestrafung einer Reihe von Rädelsführern waren sich die Obrigkeiten, mit etwas variierender Emphase, einig.

Der Aarauer Scharfrichter wird ins bernische Heer bestellt

Samuel Frischings Brief vom 30. Mai 1653 alten Stils, worin der bernische Venner den Aarauer Scharfrichter ins bernische Heer nach Langenthal bestellt (Dokument 156), ist für die ausgesprochen blutige Nachbereitung des Bauernkrieges durchaus typisch. Am selben 9. Juni 1653 neuen Stils rückte das Heer Sebastian Peregrin Zwyers in Sursee ein (Dokument 157), so dass nun die drei bestellten Generale (neben Zwyer Werdmüller und Erlach) das Feld vollkommen behaupteten und der obrigkeitliche Standpunkt sich, ausser im Entlebuch, landesweit auch sichtbar durchgesetzt hatte. Sogleich stellten sich aber wieder Widerstände gegen die nicht mehr allen auf der Seite der Sieger Antretenden willkommene Militär- und Strafpolitik ein: Am 10. Juni 1653 neuen Stils weigerten sich die Soldaten des Fürstabts von St. Gallen, weiter zu marschieren (Dokument 158).

In Bewegung war nun freilich mehr die Standjustiz als die Armeen. So wurde der angebliche Brandstifter von Wohlenschwil und Büblikon, Hans Boller vom Horgerberg, am 1. und 2. Juni 1653 alten Stils in Suhr gefoltert, verhört (Dokument 159) und hingerichtet. Wie hier an einem Zürcher Beispiel zu ersehen, war der Ton im Feld deutlich schärfer als in den Hauptstädten. Sebastian Peregrin Zwyer meldete von Sursee aus am 12. Juni 1653 neuen Stils nach Luzern, wie er seien auch Bürgermeister Waser sowie seine Generalskollegen Werdmüller und Erlach der Auffassung, der Stanser Spruch sei für Luzern mager ausgefallen (Dokument 160). Es gelte, das Maximum daraus zu machen, insbesondere da nun die Moral in der Ursprungsgegend des Übels (Dokument 161), im Entlebuch, nach der Gefangennahme Leuenbergers, welchen seine eigenen Leute ausgeliefert hätten, angeschlagen und die zur Bezwingung des Tales nötigen Machtmittel vorhanden seien. Zwyer schickte dem Luzerner Schultheissen Heinrich Fleckenstein eine Namensliste von zwölf nach der Auffassung Erlachs und Werdmüllers zu bestrafenden Rädelsführern, welche ausserhalb des Kantons Luzern vor Bern oder vor Mellingen im Felde gestanden seien. Die Luzerner Regierung verfügte am 14. Juni 1653 neuen Stils die Bestrafung der Gesuchten durch Zwyer in Sursee (Dokument 162).

Geistliche Versuche, eine Mässigung der auf Ausrottung des Unkrauts zielenden (Dokument 171) militärischen Strenge zu erreichen, lassen sich für den 16. und den 17. Juni 1653 neuen Stils gut belegen, von Pfarrer Heinrich Frey von Hitzkirch, der angesichts der weinenden Frauen in seinem Pfarrhaus um Gnade für Schuldige und Unschuldige bat (Dokument 163) bis hin zu Abt Pius Reher von St. Gallen, der die gefährliche Rebellion für beendigt erklärte und mit dieser Begründung seine Truppen zurückzog (Dokument 164). Nicht nach ihrem Geschmack fanden das Vorgehen auch die Soldaten aus dem Luganese, die mit einer entsprechenden Diensteinstellung reagierten (Dokument 165).

Schwierige Entwaffnung der verbleibenden Entlebucher

Die Generale dagegen und ihre Feldkriegsräte wollten die Sache nun aber ein für allemal richtig erledigen, von der Bestrafung jener Aarauer, welche seinerzeit das Basler Kontingent in Aarau beschimpft haben sollten (Dokument 166), bis zum Entlebuch, von wo der Krieg ja ausgegangen war. Zwyer traf am 19. Juni 1653 neuen Stils von Sursee kommend in Ruswil ein (Dokument 167), rückte über den Stalden und Wolhusen nach Werthenstein weiter und erreichte an der Spitze seines plündernden Heeres am 20. Juni 1653 neuen Stils Schüpfheim (Dokument 169). Die Entwaffnung der Entlebucher sei schwierig, da sie auf die Alpen auswichen. In den folgenden Tagen gelang es dem Urner immerhin, das Entlebucher Landesspanner, das Landesfähnlein, zahlreiche Dokumente und eine Reihe von Rädelsführern samt Christian Schybi in die Hand zu bekommen und – in Absprache mit den benachbarten bernischen Kommandanten (Dokument 175) – eine Rebellenjagd durchzuführen (Dokumente 173, 174), bevor er am 27. Juni 1653 neuen Stils nach Sursee zurückmarschierte und die Truppen danach entliess (Dokument 176).

Die Berner Regierung regelt einige Untertanenverhältnisse neu

Die einige wenige Angehörige der Hofmeisterei Königsfelden (Dokument 168), zahlreichere Schenkenberger und Aarburger, vor allem aber Lenzburger betreffende, auf dem Frieden von Mellingen fussende zürcherische, glarnerische, schaffhausische, appenzellische und stadt-st.-gallische Verwendung für bernische Untertanen im Unteraargau zeitigte durchaus Früchte. Die Berner Regierung erliess am 11. Juni 1653 alten Stils eine Kundmachung, in welcher ihre Verhältnisse zu den Untertanen der Grafschaft Lenzburg geregelt wurden (Dokument 170). Der Huttwiler Bund wurde ein weiteres Mal für ungültig erklärt, das als besonders rebellisch geltende Gränichen entwaffnet, der Salzhandel zwar nicht freigegeben, wohl aber der freie Viehhandel erklärt. Die Landsgemeinden blieben verboten, aber jeder Gemeinde wurde erlaubt, mit Anliegen direkt an den Landvogt und, wenn dieser die Meldung nach Bern verweigern sollte, direkt an den Schultheissen oder, sollte der Schultheiss mit dem Landvogt zu nah verwandt sein, an ein Mitglied der Behörde der Heimlicher des Kleinen oder des Grossen Rates zu gelangen. Der Schultheiss beziehungsweise die Heimlicher waren verpflichtet, das Geschäft dem Grossen Rat vorzutragen. Mitbestimmungsrechte hatten die Untertanen zwar keine, aber Mitwirkungsrechte in einem Ausmass, wie sie keine moderne schweizerische Gemeinde besitzt, die ja nicht ohne weiteres ein Geschäft auf die Traktandenliste des National- oder des Ständerates setzen lassen kann. Zwar ist es wahr, dass derartige Rechte etwas theoretisch waren und bleiben mussten, allein, sie konnten eingefordert werden und mussten deshalb dissuasiv auf die Landvögte wirken.

Die Wirkung des den Scharfrichter intensiv zum Einsatz bringenden (Dokument 177) Militärs war keineswegs, dass sich die Untertanen nicht mehr zu Wort meldeten. Sie taten dies vielmehr weiterhin, zum Beispiel mit Klagen über die mangelnde Respektierung des Rechtsspruchs durch die Luzerner Regierung oder dem Gesuch um Freilassung der Meienberger Familie Villiger und erhielten bei verständnisvollen Vertretern der Obrigkeiten wie dem Zuger Ammann Peter Trinkler Gehör (Dokument 172), welcher in Suhr öffentlich fragte, wer den Generalen so viel Macht gegeben habe, dass sie eine eigentliche Monarchie einrichten dürften (Dokument 178).

Ein Peter Trinkler konnte, direkt oder indirekt, der Handlungsfreiheit der Generale gewisse Grenzen setzen, innerhalb derer sie allerdings den Frieden auf ihre Weise wiederherstellten. Erlach und Zwyer kamen am 2. Juli 1653 alten Stils, 12. Juli 1653 neuen Stils in einer Konvention zur Sicherung der Grenzgebiete überein, es wäre klug, wenn Luzern nicht nur in Willisau, sondern auch im Entlebuch einen Landvogt residieren lassen würde, damit diese mit dem bernischen Landvogt von Trachselwald einen gedeihlichen Informationsaustausch pflegen könnten (Dokument 180). Mittlerweile wurde weiter gefoltert, einvernommen (Dokument 181), bis nach Mülhausen (Dokument 182) und noch weiter gesucht, auch zum Tod, zum Kriegsdienst gegen die Türken, zur Ehr- und Wehrlosigkeit verurteilt (Dokument 183). Die Basler Geistlichkeit fand am 28. Juni 1653 alten Stils Gründe für strenge Gerechtigkeit (Dokument 184). Andererseits musste nun das beschädigte Fährschiff von Lunkhofen repariert, musste durch Brandsteuern und anderes für den Wiederaufbau der niedergebrannten Dörfer Sorge getragen werden (Dokumente 186, 188 und 191).

Bundesobmann Niklaus Leuenberger wird geköpft und geviertelt

Die flüchtigen Anführer des Huttwiler Bundes versuchten, sich neu zu positionieren, etwa Hans Stadelmann, welcher am 19. August 1653 neuen Stils dem französischen Botschafter Hilfe für den Fall anbot, dass der Ambassador Bern wieder katholisch machen wolle (Dokument 187). Einen ersten symbolischen Schlusspunkt unter den Huttwiler Bund setzte das bernische Todesurteil über Niklaus Leuenberger, der am 27. August 1653 alten Stils enthauptet und dessen Haupt mit der Urkunde des Huttwiler Bundes an den Galgen geheftet wurde (Dokumente 189 und 198). Der Leib des ehemaligen Bundesobmanns wurde viergeteilt und je ein Stück an jeder der vier Hauptstrassen aufgehängt.

Den zweiten und abschliessenden symbolischen Schlusspunkt unter den Huttwiler Bund setzte am 29. September 1653

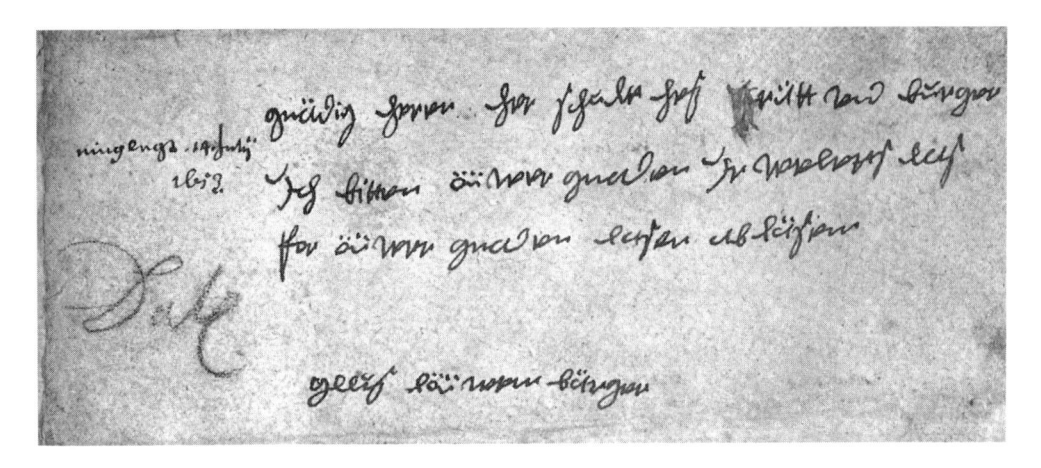

Schluss eines Ansuchens des gefangenen Niklaus Leuenberger an den bernischen Grossen Rat: «Gnädig Herren Her Schultt hess rätt vnd burger. Ich bitten öüwer gnaden Ir weletts das for öüwer gnaden lasen abläsen. Glus Löüwenbärger.» (Staatsarchiv des Kantons Bern.) Abbildung nach dem Buch «Schweizer Geschichte. Band 1» von Peter Dürrenmatt, Zürich: Schweizer Verlagshaus AG, 1976.

neuen Stils das Attentat der sogenannten Drei Tellen Hans Stadelmann, Caspar Unternährer und Ueli Dahinden im Büggenschachen zwischen Schüpfheim und Hasle auf eine Luzerner Gesellschaft, die aus Schultheiss Ulrich Dulliker, dem abtretenden und dem neuen Luzerner Landvogt im Entlebuch (Ludwig am Rhyn und Melchior Schumacher) sowie Zeugherr Caspar Studer bestand. Dieser wurde von Caspar Unternährer erschossen. An der Stelle des Attentats wurde später ein Kreuz aufgestellt, auf dem zu lesen war: SISTE VIATOR, PLANGE OBITUM NOBILIS STUDER (Steh still Wanderer und beklage den Tod des edlen Studer).[24]

Caspar Unternährer und Ueli Dahinden fanden am 8. Oktober 1653 neuen Stils tapfer kämpfend auf dem Dach einer Scheune in Schüpfheim den Tod.[25]

Die unerhörte Untat, wie die Berner Regierung das Attentat auf die Gesellschaft von Schultheiss Dulliker nannte, führte dazu, dass den Entlebuchern das Betreten des Kantons Bern und allen im Kanton Bern Wohnhaften jeder Kontakt zu den Angehörigen des Entlebuchs vorübergehend verboten wurde (Dokument 190). Allein, das waren letzte Zuckungen eines nunmehr beendeten Krieges.

In der Eidgenossenschaft blieben hohe Kosten zurück (Dokument 200) und eine ausgesprochen schlechte Stimmung.

Die Zürcher wollen von Bern ihre Kriegskosten erstattet haben

Misstrauen und gegenseitige Abneigung wuchsen, nicht nur, wie zu erwarten, zwischen den Obrigkeiten und den Untertanen, nicht nur, wie unter den Umständen jener Zeit quasi automatisch bei steigender Spannung stets anzunehmen und zu belegen, zwischen den Konfessionen, nein, sie wuchsen auch zwischen Obrigkeiten derselben Konfession. So wurde das zu allen Zeiten schwierige Verhältnis zwischen Zürich und Bern durch den Bauernkrieg nachhaltig getrübt. Bern, der grösste und mächtigste Stand der Eidgenossenschaft, hatte sich von seiner alten Rivalin Zürich helfen lassen müssen. War das schon eine äusserst schwierige Ausgangslage für eine gedeihliche Entwicklung der Beziehungen, so wurde sie durch den Zürcher Wunsch, sich die Kriegskosten möglichst ersetzen zu lassen, weiter erschwert.

Schliesslich besteht auch kein Zweifel daran, dass Conrad Werdmüller wohl bei der ersten Kontaktnahme der Armeen besser selber gegangen wäre oder einen anderen Emissär zu Sigismund von Erlach geschickt hätte als ausgerechnet Johann Rudolf Werdmüller. Dessen vollkommen unpassende Drohung gegenüber der bernischen Generalität, die nach Hause gegangenen Bauern wieder zu bewaffnen und den Bernern auf den Hals zu richten, wirkte lange nach, vielleicht bis in das verhängnisvolle Jahr 1656, als sich Johann Rudolf Werdmüller von Rapperswil zur Müllerin heimschicken[26] liess, während sein Mitstreiter Sigismund von Erlach die (erste) Schlacht von Villmergen verlor, anstatt dass sie zusammen den Krieg für die Sache ihrer Regierungen entschieden hätten.

Wie immer dem aber im Hinblick auf 1656 gewesen sein mag, Ende 1653 war die Wirkung der verhängnisvollen zu Langenthal gesprochenen Worte noch frisch und spürbar, zum Beispiel im Gedicht auf die Hochzeit von Johannes Willading[27] und Maria Manuel (Dokument 192), in dem ein Krieger auftaucht, der von der Beute lebt,

Der heiss von Worten ist und frostig von Geblüte,
Den Löwen aussen trägt, den Hasen im Gemüte…

Damit war eben so sicher ein Zürcher gemeint, wie der Bruder des Bräutigams, Landvogt Niklaus Willading, durch seine den Aarburgern gegenüber ausgesprochenen Drohungen in Langenthal Anlass zum scharfen Wortwechsel gegeben hatte. Die – sich auch an den Aussenbeziehungen Zürichs orientierende – Zürcher Zensur war vom August bis zum Dezember im Kampf gegen den publizistischen Versuch von Pfarrer Hans Konrad Wirz, dem Publikum eine durchaus obrigkeitlich inspirierte, aber doch unabhängige und gewiss insbesondere in Bern nicht besonders willkommene Gesamtschau der Ereignisse zu geben (Dokument 193).

Nicht nur die Zürcher Obrigkeit versuchte die Interpretation der Geschehnisse bei der Mit- und Nachwelt massiv zu steuern. In Luzern regte man sich darüber auf, dass sich zu den Gräbern der hingerichteten Mitglieder des Wolhuser Bundes eigentliche Wallfahrten einstellten, gegen die fast schon etwas resigniert gedichtet[28] wurde:

Was nützen heilige Örter,
Gotteshäuser und auch Klöster,
was nützen die Tempel?
Was nützen der Heiligen Beiner,
wenn heiliger ist der Steiner,
der g'west ist ein Rebell!

Die Propaganda gegen die Verlierer von 1653 griff allerdings zu noch gröberem Geschütz. Conrad Sonnenberg[29] sang:

Einleitung

*O du verfluchtes Bauerngschlecht,
vergift'te Natterschlangen!
Meinst nit, man habe billigs Recht,
mit dir ein Streit anz'fangen?*

Neues und bescheideneres Auftreten der Obrigkeit

An entscheidender Stelle kamen allerdings nach dem Krieg von 1653 überall in der Eidgenossenschaft, vor allem aber in Bern, andere Stimmen zu Wort. Der Berner Rat schickte am 11. August 1654 alten Stils Beat Ludwig von Mülinen, welcher im Jahre 1653 das Schloss Aarburg gehalten hatte, den Bruder des Hofmeisters von Königsfelden Wolfgang von Mülinen, als Landvogt nach Landshut. Das für den Landvogt ausgefertigte Patent (Dokument 195) spricht eine deutliche Sprache: Im Interesse der Amtleute und der lieben getreuen Untertanen werden die bisher üblichen Aufritte und Bankette vollständig abgeschafft. Der Landvogt hat vielmehr mit Frau und Kindern ohne jedes Gepränge und ohne Begleitung nach Erstattung des Amtseids in seine Landvogtei einzutreten. Man glaubt geradezu die Worte des Tellenliedes von 1653 zu hören: Verachtet Herrenpossen!

Was hier in einem amtlichen Berner Dokument sichtbar wird, zeigen auch die privaten Aufzeichnungen von Gabriel von Weiss, der 1653 als Stadthauptmann gedient hatte (Dokument 196). Das gute, biedere, wackere Volk müsse nur richtig angesprochen werden, wozu ein ruhiges, entschlossenes Wesen, treue Worthaltung und innere Liebe zum Wohlsein des Bauernstandes gehöre.

Auf solcher geistigen Grundlage vermochte die alte Republik Bern, die Stütze und Zierde der Eidgenossenschaft der Dreizehn Orte, noch anderthalb Jahrhunderte beeindruckende Leistungen zu erbringen, die bis heute fortwirken, von der Kanderkorrektion von 1713 bis hin zur Ökonomischen Gesellschaft von 1759, welche seit 100 Jahren Eigentümerin des Leuenberger-Denkmals in Rüderswil ist, der Gemeinde, in welcher Bundesrat Rudolf Minger 1953 den Bezug zwischen dem Bauernkrieg und seiner Gegenwart hergestellt hat (Dokument 201).

Minger schloss seine Rede mit dem Dichterwort: «Nur der verdient die Freiheit und das Leben, der täglich sie erwerben muss.»

1. Stanser Verkommnis

Stans, 22. Dezember 1481.

Inhalt: Die Regierungen der eidgenössischen Orte garantieren sich gegenseitig die jeweilige innere Ordnung, den Landfrieden und den in Pfaffenbrief und Sempacherbrief niedergelegten Altbestand an gemeineidgenössischer Rechtsordnung.

Quelle: Wilhelm Oechsli, Quellenbuch zur Schweizergeschichte, Zürich: Schulthess & Co., 1910.

1. Im Namen des Vaters, des Sohnes und des heiligen Geistes Amen. Wir Burgermeister, die Schultheissen, Ammänner, Räte, Burger, Landleute und Gemeinden insgemein dieser hienach gemeldeten Städte und Länder: nämlich von Zürich, Bern, Luzern, Uri, Schwyz, Unterwalden ob und nid dem Kernwalde, von Zug mit dem äussern Amt, so dazu gehört, und von Glarus, als die acht Orte der Eidgenossenschaft, bekennen öffentlich und tun kund all denen, die diesen Brief immer sehen oder lesen hören:

    Nachdem wir denn kraft unserer ewigen geschworen Bünde, die denn durch die Gnade und Hilfe des ewigen Gottes unseren Vorfahren seligen Gedächtnisses und uns bisher zu gutem Frieden, Glück und Heil erschossen, ewiglich zusammen verbunden sind und uns zusteht, mit wachender Fürsorge alles das zu betrachten und vorzunehmen, damit vorab dieselben unsere ewigen Bünde desto kräftiger beschirmet und unser aller Land und Leute in gutem Frieden, Ruhe und Gemach erhalten werden, haben wir mit gutem Wissen, einhelligem Rate und nutzbarer Vorbetrachtung uns dieser nachgemeldeten Sachen, Stücke und Artikel, die also bei unseren Ehren und guten Treuen für uns und alle unsere ewigen Nachkommen fürbashin ewiglich gegeneinander unversehrt, wahr und stet zu halten, miteinander gütlich vereinbart und die zwischen uns abgeredet, erläutert und beschlossen, wie hienach folgt und ausdrücklich enthalten ist.

2. Des ersten, dass unter uns den vorgenannten acht Orten Zürich, Bern, Luzern, Uri, Schwyz, Unterwalden, Zug und Glarus weder durch sich selbst noch durch unsere Untertanen, Burger, Landleute oder durch jemand anders niemand den andern mit eigener Gewalt freventlich überziehen, noch sonst irgendwie weder an Leib, noch an Gut, an Städten, Landen, noch an Leuten, an seinen Untertanen, Burgern, Landleuten noch an denen, so ihnen mit ewigen Bünden zugewandt sind oder in Gelöbnis stehen, irgend welcherlei Schaden noch Ungebühr, jemand dem andern das Seine zu nehmen, (ab) zu nötigen oder die Seinen abzudrängen, in keiner Weise vornehmen, noch das zu tun sich unterstehen soll.

3. Und wenn jemand unter uns den vorgenannten acht Orten insgemein oder insbesondere, davor Gott ewiglich sei, jemand dem andern an dem Seinen oder an den Seinen oder an denen, wie davor erläutert ist, solche Sachen, wie oben steht, zufügte, vornähme oder dawider täte: damit solches dann verhütet und unser aller ewige geschworne Bünde kräftiglich beschirmet werden, und wir alle miteinander desto eher in brüderlicher Treue, Frieden, Ruhe und Gemach bleiben, welchem Orte oder

den Seinen, wie vorsteht, dann dies unter uns je begegnet, so sollen und wollen wir übrigen Orte alle gemeinsam dasselbe Ort und die Seinen, wie vorsteht, so also bedrängt würden, vor solcher Gewaltsamkeit und Übermut, ungehindert in Sachen, mit guten Treuen schirmen, schützen und handhaben, ohne alle Gefährde.

4. Und wenn unter uns irgend welche einzelne Personen, eine oder mehrere, irgend einmal solchen Übermut, Aufruhr oder Gewaltsamkeit, wie obsteht, gegen jemand unter uns oder die Unseren oder die, wie vorher erläutert ist, ohne Recht vornähmen oder beginnen: wer oder von welchem Ort unter uns die auch wären, die sollen, so oft das geschieht, von Stund an nach ihrem Verdienen und Gestalt der Sache darum von ihren Herren und Orten ohne alle Verhinderung und Widerrede gestraft werden.

5. Doch vorbehalten: wenn jemand der unsern unter uns in des andern Gerichten oder Gebieten irgend welche Frevel beginge oder Aufruhr mache, mag man daselbst die Thäter festnehmen und die jeweilen um solche Frevel und busswürdige Sachen nach desselben Orts und der Gerichte daselbst, da solches je zu Zeiten geschieht, Recht und Herkommen strafen und rechtfertigen (vor Gericht stellen), ohne Gefährde.

6. Wir sind auch übereingekommen und haben gesetzt, dass auch fürbashin unter uns und in unserer Eidgenossenschaft, weder in Städten noch in Ländern niemand irgend welche sonderbare gefährliche Gemeinden, Sammlungen oder Anträge, davon jemand Schaden, Aufruhr oder Unfug entstehen möchte, weder heimlich noch öffentlich vornehmen noch tun soll, ohne Willen und Erlauben seiner Herren und Obern, nämlich von Zürich eines Burgermeisters und der Räte, von Bern des Schultheissen und der Räte, von Luzern eines Schultheissen, der Räte und Hundert, von Uri, Schwyz, Unterwalden, Zug und von Glarus der Ammänner, der Räte und ihrer Gemeinden daselbst.

7. Und wenn dawider jemand unter uns irgend welche solche gefährlichen Gemeinden, Besammlungen und Anträge, wie vorsteht, zu tun vornähme, dazu Hilf oder Rat täte, der und dieselben sollen alsdann nach ihrem Verschulden gestracks und ohne Verhindern von ihren Herren und Obern gestraft werden.

8. Wir haben auch insbesondere zwischen uns abgeredet und beschlossen, dass fürbashin in unserer Eidgenossenschaft und unter uns bei Eid und Ehre niemand dem andern die Seinen zu Ungehorsam aufweisen soll, wider ihre Herren und Obern zu sein, noch jemandem die Seinen abziehen oder versuchen widerspenstig zu machen, dadurch die abtrünnig oder ungehorsam werden möchten.

9. Und wenn jemandem unter uns die Seinen widerspenstig sein wollten oder ungehorsam würden, dieselben sollen wir einander mit guten Treuen förderlich helfen ihren Herren wieder gehorsam machen, nach Laut und durch Kraft unserer geschworenen Bundesbriefe.

10. Und da denn in dem Brief, so vor Zeiten nach dem Streit zu Sempach des Jahrs, da man zählte von Christi unse-

res Herrn Geburt tausend dreihundertneunzig und drei Jahre, durch unsere Vorfahren seligen Gedenkens, wie man sich in Kriegen und Reisen halten solle, so wir mit unsern offenen Pannern zu Feld ziehen, etliche Artikel gesetzt und beschlossen worden sind: haben wir zu mehrerer Erläuterung, uns und unsern Nachkommen zu gute, in dieser ewigen Verkommnis abgeredet und beschlossen und denselben Artikel also gesetzt: Wohin wir fürderhin mit unsern offenen Pannern und Fähnlein gegen unsere Feinde ziehen werden, gemeinsam oder unter uns eine Stadt oder ein Land besonders, alle die, so dann mit den Pannern oder Fähnlein ziehen, die sollen auch bei einander bleiben als Biederleute, wie unsere Vorfahren von jeher getan haben, was für Not ihnen oder uns auch begegnet, es sei in Gefechten oder andern Angriffen, wie dann derselbe und andere Sachen und Artikel in dem obgemeldeten Brief nach dem Sempacherstreit gemacht, weiter und genauer enthalten sind.

11. Haben wir ferner gesetzt und beschlossen, dass vorab derselbe Brief und auch der Brief, so vor Zeiten unsere Vorfahren selig auch gemacht worden ist, von Priestern und andern Sachen wegen, in dem Jahre des Herrn tausend dreihundert und siebenzig Jahr, mit allen ihren Punkten, Stücken, Sachen und Artikeln, wie und in aller Mass, was dieselben beiden Briefe enthalten und begreifen, fürbashin unversehrt in ganzen guten Kräften bleiben und festgehalten und dass dabei zu ewigem Gedächtnis dieselben beiden Briefe und auch diese freundliche ewige Verkommnis von nun an, so oft wir unsere ewigen Bünde beschwören, allenthalben unter uns in allen Orten öffentlich vor unsern Gemeinden gelesen und eröffnet werden sollen.

12. Und damit alt und jung unser aller geschworne Bünde desto eher im Gedächtnis behalten mögen und denen wissen nachzukommen, so haben wir angesehen und verordnet, dass die fürbashin zu ewigen Zeiten und stets in allen Orten von fünf zu fünf Jahren mit geschworenen Eiden erneuert werden sollen.

13. Wir haben auch zwischen uns lauter beschlossen und abgeredet, wo uns so oft wir fürbashin gegen jemand zum Kriegen oder Reisen kommen, was dann an Gut, Geld oder Brandschätzen in solchen Kriegen oder Reisen, in Schlachten oder Gefechten dereinst mit der Hilf Gottes von uns erobert würde, dass solches nach der Summe und Anzahl der Leute, so jeglicher Ort, Städte und Länder, unter uns in solchem Zug oder Gefecht gehabt hat, den Personen nach gleichmässig geteilt werden soll.

14. Wenn wir aber Land, Leute, Städte oder Schlösser, Zinsen, Renten, Zölle oder andere Herrlichkeiten in solchen Kriegen eroberten oder einnähmen, die sollen unter uns nach den Orten, wie von Alters her, gleichmässig und freundlich geteilt werden.

15. Und wenn wir solche eingenommene Länder, Städte, Schlösser, Zinse, Renten, Zölle oder Herrlichkeiten dereinst auf dem Verhandlungswege wieder zu lösen gäben um irgend eine Summe Geldes, des sei dann wenig oder viel, dasselbe Geld soll auch unter uns Orten von Städten und Ländern gleich-

mässig geteilt werden, freundlich und ohne Gefährde.

16. Wir haben auch erläutert und hiemit ausdrücklich beschlossen, dass diese freundliche und ewige Verkommnis uns die vielgenannten Orte und Städte und auch alle die, so in unserer Eidgenossenschaft mit uns reisen, auch unsere Untertanen, Burger, Landleute und die, so mit uns in ewigen Bünden sind und uns in Gelöbnis stehen, berühren soll und (sie) darin begriffen sein (sollen): ausgenommen Städte, Schlösser, Lande und Leute, Zinsen, Zölle und Herrschaften, die sollen uns Orten von Städten und Ländern, wie vorsteht, zugehören und unter uns geteilt werden.

17. Und in dieser freundlichen ewigen Verkommnis behalten wir uns selber vor, dass dies alles, wie vorher erläutert ist, unser aller ewigen Bünden unvergreiflich und unschädlich sein soll und dass dabei denselben unsern Bünden zur Kräftigung und Beschirmung diese ewige Verkommnis nach all ihrem Inhalt unversehrt gehalten werden soll, getreulich und ohne alle Gefährde.

Und dessen alles zu wahrem, festem und immerwährendem Urkund, so habe wir obgenannte acht Orte, Zürich, Bern, Luzern, Uri, Schwyz, Unterwalden, Zug und Glarus, unser aller von Städten und Ländern Siegel für uns und unsere ewigen Nachkommen öffentlich hängen lassen an dieser Briefe acht, die von Wort zu Wort gleich lauten und jeglichem Ort unter uns einer gegeben ist, am nächsten Samstag nach St. Thomas-Tag des heiligen Zwölfboten, als man zählte von der Geburt Christi unseres Herrn tausend vierhundertachzig und ein Jahr.

2. Berner Ratsbeschluss

Bern, 4. Februar 1653 alten Stils.

Quelle: Staatsarchiv Bern, A IV 181, Seite 24, freundlich zugänglich gemacht durch Herrn Staatsarchivar Dr. Peter Martig und sein Team.

Lenzburg soll in seinem Eifer fortfahren und mehreren Bericht einsenden. Trachselwald soll Späher an entlebuchische Landsgemeinde schicken, um zu sehen, was traktiert werde.

3. Bundesbrief der X Ämter der Stadt Luzern

Wolhusen, 26. Februar 1653 neuen Stils.

Inhalt: Zusammenfassung der den Bauernkrieg auslösenden Beschwerden und Begehren von zehn luzernischen Ämtern und politischmilitärischer Zusammenschluss dieser Ämter.

Quelle: Alois Vock, Der Bauernkrieg im Jahr 1653, oder der grosse Volksaufstand in der Schweiz, Aarau und Thun: J. J. Christen, 1837, Seiten 64 bis 69.

Wir der Landespannerherr Johann Emmenegger, Landeshauptmann Niklaus Glanzmann, Amtsfähndrich Niklaus Portmann, sammt den 40 Geschwornen insgemein, wie auch die ehrsamen, biderben Gemeinden des löbl. Landes Entlebuch thun kund und bekennen öffentlich mit diesem Bundesbrief, was Gestalten und Ursach dieser ist aufgerichtet worden.

Weil wir alle zwei Jahre einem Herrn Landvogt, im Namen Unserer Gnädigen Herren und Obern von Luzern, zu schwören und zu huldigen verbunden und schuldig sind, wie dies denn auch fleissig geschah, so ist nun aber zu wissen, dass wir aus dem ganzen Land Entlebuch in der Gestalt schuldig sind zu schwören, dass wir Unsern G H Herren von Luzern sollen unterthänig und gehorsam sein, ihrer Stadt Nutzen zu fördern, und, was ihnen schädlich wäre, zu wenden, ingleichem, was ungebührliches und strafwürdiges wäre, einem Herrn Landvogt zu leiden schuldig sein, welches alles treulich und ohngefahrlich geschehen ist. Ebenmässig soll ein Herr Landvogt schwören, sowohl des Landes als der Stadt Schaden zu wenden, und ihren Nutzen zu fördern, den Reichen wie den Armen zu richten, sie auch bei ihren alten Freiheiten, Gerechtigkeiten, laut Brief und Siegel, und bei sonst alten, guten Gewohnheiten und Bräuchen verbleiben zu lassen. Wie sie dies gegen uns halten, ist offenbar in den Artikeln und Klagpunkten, so wir auf das Papier gesetzt, und unsern Herren und Obern vorgehalten haben, dass ja die Herren Landvögte demselbigen nicht allein nicht nachkommen, sondern wir von einem Jahr zum andern mit neuen Aufsätzen, Beschwerden und ungebührlichen Strafen sind belästigt worden, aus welcher Ursache willen wir uns oft und vielmal bei U G H Herren und Obern der Stadt Luzern beklagten und beklagen wollten; wir konnten aber nicht nur nicht erhalten, dass man uns zu unserem Rechte verhelfen wolle, sondern sobald man kam und sich beklagte, wurde man mit scharfen Worten und Zwingen (Drohungen), auch oft mit trotzigen Reden und Schandworten abgeputzt. Hat man sich damit abweisen lassen, so ist es Nutz gewesen; wo nicht, und hat man weiter angehalten, so ist mit Kopfabhauen oder sonst mit Strafen so gedroht worden, dass hiemit Männiglich sich nicht dawider lehnen oder auslassen durfte, dass er sich weiter oder anderswo beklagen oder Rath suchen wolle. Derowegen haben wir uns geweigert, solche Beschwerden weiter zu gedulden, uns unterstanden, mit Gottes und Mariä Hilfe sammt der Fürbitte und Hilf aller lieben Heiligen, auch aller aufrechten, redlichen und biedern Leute, uns selbst zu unsern alten Rechten, laut Brief und Siegel, wieder zu helfen, und wir vertrösten uns, alle neuen Aufsätze und Beschwerden durch dieses Mittel abzuthun und abzustellen. Nachdem nun vielen Mitlandleuten und Nachbarn offenbar geworden, wie und was Gestalten der Spann zwischen Unsern G H Herren und Obern von Luzern und uns ist, und aus was Ursachen, haben sich die Herren der Stadt und des Amts der freien Grafschaft Willisau einhellig nicht lang besonnen, sondern zu uns, denen aus dem Entlebuch, gesetzt und geschworen, und uns das zugeschrieben, davon wir nichts gewusst haben, weil sie mit eben den gleichen Beschwerden, und viel mehr, behaftet werden. Nachdem ingleichem, ohne unser Begehren und Wissen, zu uns geschworen die Herren der Grafschaft Rothenburg und auch die von Ruswil, und weil wir obgenannte IV Ämter uns nicht bass besprechen mochten, um unsere Beschwerden einander zu erklären, so haben wir einen Ort und Tag gesetzt, nach Wolhusen zusammen zu kommen. Allda haben wir unsere Klagen öffentlich und vor einer ganzen Gemeinde geoffenbart, wie und was unsere Meinung sei, nämlich: ganz nichts anderes, denn allein, dass wir unsere Obrigkeit von Luzern bitten und anhalten wollen, dass sie alle neuen Aufsätze und Beschwerden gänzlich wieder

Johann Emmenegger von Schüpfheim, Pannermeister des Entlebuchs, Inspirator des Wolhuser und letztlich des Huttwiler Bundes. Abbildung aus dem Buch «Der schweizerische Bauernkrieg 1653 und die seitherige Entwicklung des Bauernstandes» von Hermann Wahlen und Ernst Jaggi, Bern: Buchverlag Verbandsdruckerei AG, 1953.

IOHANN EMMENEGGER : LVCERNAS : Rusticorum Seductorum geneRALIS

Hans Emenegger von Schüpfen geweßter Pannermeister des Landts Endtlibuch, vrheber vnd an-
stiffter in dem Landt Endtlibuch vnd anderen d'Statt
Lucern angehörigen Vogtreyen der Rebellion: vnd
von den entpörten Pauren Tictulierter General: welh-
er d' 11. Juny 1653. von seiner Oberkeit in gfengknuß angenomen: hernach d' 23. July. vom leben zum todt hingericht word.

Vntrüw sin eignen Herren schlecht
Das zeigt dir an min Contrafeht;
Zu Vntrüw grüßt dem Vaterlandt
Wir Kom'b drumb mit spot in manche handt.

ab uns nehmen und abthun, und uns unsere alte Freiheit, alte Rechte und Gebräuche und gute Gewohnheiten, laut Brief und Siegel, wieder brauchen lassen solle; und weil uns wohl bewusst ist, dass sie uns solches nicht leicht gestatten und geben werde, so haben die IV Ämter gut, nützlich und recht befunden, dass sie sich, der Ursache halb, mit einander verbinden und einen Eid zusammenschwören sollen, dieweil, wenn früher ein Amt allein unsere Obrigkeit gebeten und angehalten hat, solche ihre neuen Aufsätze gnädiglich ihm abzunehmen, dasselbe, wie obgemeldt, viel und oftmal abgedroht und abgewiesen wurde. Da nun alle X Ämter desto eher und beherzter fürderhin vor ihre Obrigkeit kommen dörfen, wenn sie Ursache haben, vor derselben zu klagen, und sie zu bitten, dass sie uns bei unsern Freiheiten, Briefen und Siegeln verbleiben lassen solle, so wollen wir fortan in Ewigkeit zusammenhalten mit Leib, Ehre und Gut und Blut, und, so weit unser Vermögen sein wird, ein Amt gegen das andere leisten und thun. Es ist aber, ehe und bevor wir zusammengeschworen haben, voraus und klar ausgenommen worden, dass dieser Eid und Bund Unsern G H Herren und Obern zu Luzern ganz in keinem Weg etwas schaden solle. Wir wollen sie auch fürbass und in Ewigkeit für unsere getreuen Herren und Obern haben und erkennen, und, soweit ihre Briefe und Siegel, Rechte und Gerechtigkeiten erfordern, und wir schuldig wären, uns ihnen jederzeit unterthänig, willig und gehorsam und fast gern einzustellen. Hingegen aber begehren wir von Unsern G H Herren und Obern, dass sie uns ingleichen bei unsern Briefen und Siegeln, Rechten und alten Gewohnheiten verbleiben lassen, alle die neuen Aufsätze und ungebührlichen Sachen und Beschwerden von uns jetzt zu diesen Zeiten nehmen, und fürderhin zu allen Zeiten nicht weiter damit zu beschweren, sondern, was gebührlich, bescheiden und der Billigkeit gemäss ist, halten sollen. Solchem allem zuvorzukommen und solches unsern Nachkommen zu erhalten, haben wir, die IV Ämter, für gut befunden und angesehen, uns mit diesem Eidschwur und Bündnisse zu verbinden, ewiglich einander Treue, Liebe und Hilfe zu leisten, wie uns, als rechten, redlichen Bundesgenossen geziemt und gebührt, ja in dem allein, was recht, billig und gebührlich ist und sein wird; denn kein Amt hat sich verbunden und geschworen, zu Unbilligem, Ungerechtem und Ungebührlichem zu verhelfen. Denn dass einem Amte das andere oder mehrere helfen, ist gründlich vorbehalten worden. Wenn also einem Amte oder mehreren weiter in künftigen Zeiten Neuerungen und ungebührliche Beschwerden von Unsern G H Herren und Obern kommen möchten, so kann fürderhin ein Amt das andere bei diesem Eid ermahnen, dass sie einander eine Obrigkeit unterthänig und freundlich bitten helfen, sie solcher Beschwerden zu entlassen. Und wie nun obgedachte, gute und billige Meinung, sammt den Artikeln, einer ganzen Gemeinde und den Ausgeschossenen aus den hienach benannten Ämtern ist öffentlich vorgehalten worden, so haben sie sich ebenfalls und gleichmässig mit den IV obgenannten Ämtern einhellig zu diesem Eidschwur verbunden, nämlich: St. Michaelsamt Münster, ausgenommen das Dorf Münster, – das Amt Büren und Triengen, – das Amt Malters, – das Amt Kriens und Horw, – das Amt Ebikon, und das Amt Knutwil, dass also aus den IV Ämtern X geworden sind. Darum sollen alle Artikel und Klagepunkte eines jeden besonderen Amtes allzeit von den übrigen IX Ämtern, von einem

Artikel zum andern, durchgesehen, corrigiert und der Billigkeit gemäss gestellt werden, und zwar durch von ihnen, den Ämtern, dazu ausgeschossene Personen, damit, wenn es vor die rechten Richter und die hohe Gewalt, laut Eidgenössischer Bundesordnung kommen würde, man sich über die Ämter nicht zu beschweren hätte, dass sie was unrechtes oder ungebührliches begehrt haben, oder begehren wollen; und eben so soll ein Amt dem andern helfen, seine Klagen, wozu ein jedes sein billiges Recht haben würde, zu erlangen, und kein Amt soll, ohne des andern Wissen und Willen, den Beschluss mit der Obrigkeit völlig machen (abschliessen), bis alle Ämter und ein jedes insbesondere, auch zufrieden sein können mit dem, was ihnen billig und recht gehören würde. Auch ist klar und genugsam vorgehalten worden, dass Jeder wohl bedenken solle, was er schwöre; denn man wolle Niemand dazu zwingen, sondern, welcher nicht zu schwören vermeinte, der solle aus der Kirche gehen; dem solle darnach kein Leid darum geschehen und er dessen nicht zu entgelten haben. Und nach solchem, bevor man schwor, hatte der Landespannermeister aus dem Entlebuch die Wohlerwürdigen, geistlichen, hoch- und wohlgelehrten Herren angefragt, was sie nun zu diesem sagen würden? Ob man schwören solle oder nicht? Ob sie (die Landleute) recht daran seien oder nicht? Und er hatte sie gebeten, ihre Meinung auch da zu geben. Da antwortete der Wohlerw. hoch- und wohlgelehrte Herr Pfarrer zu Ruswil und Wolhusen, als Dekan des löbl. Kapitels von Sursee, auch erst neuerwählter Protonotarius des Römischen Stuhls, ‹dass ja obgemeldete Meinung nicht könne für ungut oder ungültig gemacht werden, dieweil sie nicht wider Gott, auch nicht wider Unsere G H Herren und Obern der Stadt Luzern sei, noch weniger wider ihre Freiheiten und Gerechtigkeiten, auch nicht wider den Eid, den man einer Obrigkeit zu schwören schuldig ist.› Bis hieher Herr Melchior Lüthard. Hernach wurden auch gefragt die Wohlerw. Herren Pfarrherren, als: Hr. Johannes Gerber zu Hasle im Entlebuch, Hr. Hans Heinrich Sidler zu Romoos im Entlebuch, und Hr. Leodegar Bürgi, Pfarrer zu Doppleschwand, welche ganz der obgenannten Meinung des Herrn Dekans waren. Und darum so haben die obbenannten X Ämter die Hände aufgehoben, und, dass sie das, wie obgemeldet, ewig steif und stets halten wollen und sollen, einen Eid zu Gott und allen Heiligen geschworen, welche auch dazu helfen wollen! Nun aber ist von den X Ämtern eigentlich und klar, als der ihnen angelegenste Punkt, in den obbemeldeten Eid zugeschlossen worden, dass, wenn die Sachen wieder zu einem Ende gelangen würden, sie keinen einzigen Menschen dess weder über kurz noch über lang entgelten lassen, auch diejenigen, welche Rath und That dazu gegeben haben Unsern G H Herren und Obern andingen und vorbehalten sollen. Und eben so, was sie, die von der Stadt, gegen uns geredet, gethan, und was von beiden Partheien dieses Streits und Aufstands geschehen ist, soll auch vergessen, vergraben sein, und Niemand sich dessen entgelten, sondern immer und ewig vergessen werden, damit, wenn einmal wieder die Vereinbarung geschehen und gemacht würde, nicht etwa durch solche Zuwiderhandlungen, um wegen dieser Sachen abzustrafen, ein neuer Rumor oder Uneinigkeit entstehen möchte; denn ein jeder insbesondere bei gethanem Eide verbunden und schuldig wäre und sein solle, dessen nicht das Geringste zuzulassen, sondern es nach seinem Vermögen zu rächen, wobei aber klar verstanden sein solle, dass nichts weiter, als vom Anfang des Aufstands und Handels bis zum Ende der Vereinbarung, eingeschlossen sein und verbleiben solle. Wenn aber hernach einer oder der andere fehlbar und unbehutsam erfunden würde, so wird Unsern G H Herren und Obern heimgestellt werden, was sie über einen solchen vornehmen wollen, wie es einer hohen Obrigkeit heimgestellt ist und gebührt. Doch solchen soll ebenmässig wegen des einbeschlossenen Handels, was solche darin geredet und gethan haben möchten, nicht dazu gerechnet werden, und man nicht vermeinen, sie desto eher zu bestrafen, sondern alles soll, wie obgemeldt, zu beiden Partheien todt und begraben sein.

Gegeben zu Wolhusen den 26. Hornung 1653.

4. Berner Ratsbeschluss

Bern, 17. Februar 1653 alten Stils.

Inhalt: In den Ämtern Thun, Wimmis, Zweisimmen und Frutigen sind 12 Entlebucher, wenn sie gefasst werden können, zu verhaften und nach Bern zu schicken.

Quelle: Staatsarchiv Bern, A IV 181, freundlich zugänglich gemacht durch Herrn Staatsarchivar Dr. Peter Martig und sein Team.

Thun, Wimmis, Zweisimmen und Frutigen auf 12 hier durch gereiste Entlebucher zu achten und auf Betreten einzusetzen und allher zu schicken.

Knüttel aus der Zeit des Bauernkrieges. Privatbesitz. Wiedergabe mit freundlicher Vermittlung von Herrn Peter Pfister, Zollbrück.

5. Landvogt Samuel Tribolet an Bern

Trachselwald, 21. Februar 1653 alten Stils.

Inhalt: Landvogt Samuel Tribolet entdeckt am 10. Februar 1653 alten Stils in einer Stube in Langnau einen – bereits zwei Jahre zuvor einmal gesehenen – Knüttel und erkundigt sich nach dem Zusammenhang. Der Eigentümer will ihn Burgdorfer Metzgern auf die Frage nach dem Aussehen der Entlebucher Knüttel gezeigt haben. Samuel Tribolet ordnet an, dass der Knüttel im Haus behalten werde.

Quelle: Staatsarchiv Bern, A IV 181, freundlich zugänglich gemacht durch Herrn Staatsarchivar Dr. Peter Martig und sein Team.

Des zu Langnau gefundenen Knüttels halber hat es diese Beschaffenheit. Als ich Donnerstag den 10. dies. nach Langnau gereiset … habe ich denselben Knüttel unter dem Bank mitten in der Stube ungefähr liegen gefunden, den ich schon vor zwei Jahren ungefähr einmal gesehen, deswegen den Schaffner angeredet, was der Knüttel abermal da mache, ob ich ihm vor zwei Jahren, dass er selbigen an ein Ort legen solle, nicht befohlen, darüber er mir diese Antwort geben, es seien dieser Tage Burgdorfmetzger da gsin, die seien mit ihm der entlebuchischen Knüttel halb zu Red worden, wie doch selbige formiert, da habe er ihnen diesen aus dem Spycher geholt und gezeigt mit Vermelden, werden ohne Zweifel sein wie dieser, worüber er ihn unter den Bank geworfen und seither uss Vergess daselbst lassen liegen, habe mich dieser Antwort vergnügt, und beiläufig abermals befohlen selbigen inzehalten, welches er auch versprochen. Indem kommt der Herr Prädikant daher und erblickt diesen Prügel auch …

6. Neuenburger Hilfe an Bern

Neuenburg, 21. Februar bis 18. April 1653 alten Stils.

Inhalt: Der Rat von Neuenburg wird von den Bernern angefragt, Truppen zu ihrer Hilfe bereitzustellen wegen der Unruhen und Aufstände in der Nachbarschaft. Später bitten die Berner um die versprochene Verstärkung der Neuenburger Truppe. Es werden ihnen vom Neuenburger Rat 300 Mann zur Verfügung gestellt. Die Bevölkerung von Le Landeron hat keine Soldaten zur Verfügung gestellt. Sie wird vom Neuenburger Rat nach dem Grund gefragt. Im April bitten die Berner den Neuenburger Rat erneut um Verstärkung in Sachen Bauernkrieg.

Quelle: Affaires Militaires, Secours envoyés à Berne, Et armements pour autres cas, Années 1557–1690, p. 26 et 27. Archives de l'Etat de Neuchâtel, 25/I Série Militaire, Envoi de renforts à Berne, freundlich zur Verfügung gestellt von Herrn Maurice de Tribolet, Direktor des Staatsarchivs Neuenburg.

Le 21e février 1653, Mrs. de Berne, requirent les Conseil, et le Gouvernement de leur tenir prêt un Sécours d'hommes, à cause de quelque remuement en leur Voisinage et révolte des Sujets de Lucerne, et même de quelques uns des leurs.

Le 6e Mars ils écrivirent qu'on fit promtement marcher et avancer ledit Secours dans leur Ville; Desorte qu'on leur envoya 300 hommes, comandés par Mr H. Chambrier et S. Tribolet, auxquels on établit 1035 £. de Gages pour eux et les autres officiers, savoir à chaque Capitaine 200 £. aux Lieutnants 150 £. à l'Enseigne 125 £. à chacun des trois Sergents 50£. aux tambours et fifres à chacun 30 £. au fourier; au sécretaire et au Cort énseigne 60 £. à chacun, et en outre 2000 £, à eux délivré pour en assister les Soldats qui en auroient besoin, quoique les Communautés les ayent et doivent avoir fourni, pour un mois de Subsistances (…).

Le 14e. Mars on demanda à ceux du Landeron, pourquoy ils n'avoient pas fourny leurs soldats pour un mois suivant le mandement, et on leur ordonna de le faire, ce qu'ils promirent. V. 17e 8bre. dit.

Le 18e Avril dit nouveau Sécours demandé par Berne au sujet de leur Guerre avec les Païsans!

7. Jakob Tribolet an Bern

Huttwil, 22. Februar 1653 alten Stils.

Inhalt: Jakob Tribolet hat sich am 21. Februar 1653 alten Stils nach Willisau begeben, um die militärischen Massregeln auf der Luzerner Seite der Grenze selbst zu sehen. Er hat in Willisau eine Wache von acht bis zehn Hellebardieren angetroffen. Die zahlreichen Menschen in der Stadt haben zwar den gewöhnlichen Säbel oder ein entsprechendes Seitengewehr getragen, nicht aber ungewöhnliche Waffen wie Knüttel. Jakob Tribolet hat den prachtvollen Einzug der ausgeschossenen Entlebucher in Willisau erlebt. Unter Trommelklang haben sich um 14.00 Uhr die Ausgeschossenen der Gemeinden mit den Gesandten in der Kirche versammelt. Die Gesandten haben die Kirche nach dem Vortrag ihrer Vorschläge um 16.00 Uhr verlassen, die Landleute sind aber bis in der Nacht in der Kirche geblieben. Der Luzerner Landvogt von Willisau hat den Schultheissen von Huttwil des Aufruhrs verdächtigt, aber, wie Jakob Tribolet darlegt, ganz zu unrecht.

Quelle: Staatsarchiv Bern, A IV 181, freundlich zugänglich gemacht durch Herrn Staatsarchivar Dr. Peter Martig und sein Team.

Damit ich die Posten der unruhigen luzernischen Untertanen desto sicherer erfahren möchte, hab ich mich gestrigen Tages nach Willisau persönlich begeben. Daselbst nun hab ich in dem Eintritt befunden ungefähr 8 oder 10 Halleparten unter dem Tor und auf der Brücke zu beiden Seiten stehen, ohne dass mich jemand angeredet, in der Stadt aber eine sehr grosse Menge Volks, welche doch nicht anders als mit ihren gewohnten Seitengewehren bewaffnet gewesen, nach meiner Ankunft sind in die Stadt gezogen die ausgeschossenen Entlebucher, welche mit fliegenden Fahnen Trommeln und Pfeifen die Willisauer denen stundenweit entgegengezogen, und also teils zu Pferd, teils zu Fuss in die Stadt hinein convoiert; ungefähr um 2 Uhren nach Mittag sind die Ausgeschossenen der Gemeinden durch den Trommelschlag in die Kirche berufen worden und ist folgends daselbst durch meine hohen Herren die Ehrengesandten die Proposition beschehen, nach welcher Verrichtung sie um ungefähr 4 Uhren ausgetreten und die Landleute allein in der Kirche gelassen, gedachte Landleute aber sind beieinander bis in die Nacht beharrt, mag zwar eigentlich nicht wissen, was sie gesprochen, wann aber aus den Umständen etwas zu indicieren so ist gewisslich nichts Fruchtbarliches für diesmal beschlossen worden; sintemal ich vor der Versammlung unterschiedliche sehr obstinierte Resolutionen beobachtet, Item da nachdem meine hiervor hochgemeldeten Ehrengesandten ausgetreten, der Herr Landvogt gedachten Orts Willisau zu mir kommen und auch keine grosse Hoffnung, dass denselbigen Nachmittag etwas decidiert werden möchte, erzeigt, sondern allein mir klags- und erwähnungsweise angezeigt, dass sich Ew. Gn. Untertanen allhier (Huttwil) etliche bei ihren rebellischen Untertanen erschienenen Mittwochs zu Wolhusen item auf dieser letzten Zusammenkunft zu Willisau in der Kirche befunden, darunter er dann etliche aus der Kirche gemustert habe: als ich aber die Namen der einen und anderen sollizitiert, hat er mir nicht einen einzigen namhaft machen, auch den Ort ihrer Bewohnung nicht nennen können. Dann allein hat er auf diesen gegenwärtigen Schultheissen zu Huttwil etwas Verdacht geworfen; es verhält sich aber die Sache seinethalb also, dass gedachter Schultheiss freilich, unter dem Schein etwas zu kaufen und handeln sich, auf gewissen expressen Befehl, unterschiedlicher Male, zu den Ihrigen begeben, um sich ihrer schwierigen Intention zu erkundigen, dann er sich aber in gar verdächtigen Orten zumal habe sehen lassen, wird gedachter Schultheiss Ew. Gn. Selbst zeugen, dass ihm diesfalls zu kurz geschehe; es ist aber ein gewisser Daniel Käser, so vor verflossener Zeit von Euch m g Herren mit dem Eid verwiesen worden, jetzt in dem luzernischen Gebiet und daselbst setzt er zweifelsfrei seine bösartigen Pfade mit Gewalt fort, derselbige ist diesem Schultheissen so gleich, dass es nicht möglich ist, dass zwei Menschen durchaus einander ähnlicher sein können. Es ist mir selbst wiederfahren, dass ich gedachten Daniel Käser für den Schultheissen angesehen hab, obgleich wohl sie mir beiderseits wohl bekannt gewesen; muss also aus christlicher Liebe Ew. Gn. zum Beschluss noch versichern, dass ich bei dieser Occasion und Gstüchel … expresse auf das allerfleissigste mir möglich auf oftgedachten Schultheissen Aktionen und Gebärden geachtet, aber gewisslich auf das Mindeste nicht gespüren mögen, das zu seinem Unglimpf dienen möchte, Gott gebe ihm weiter die Gnade dass er Ew. Gn. nach seiner Schuldigkeit in Treue dienen möge und beglücke Ew. Gn. beständige Regierung verbleibe hiermit Ew. Gn. gehorsamer und bereitwilliger Diener Jacob Trybollet Huttwyl 22. Februar 1653

8. Berner Ratsbeschluss

Bern, 23. Februar 1653 alten Stils.

Inhalt: Landvogt Samuel Tribolet von Trachselwald soll die geplante Landsgemeinde von Langnau verhindern oder, wenn dies unmöglich sein sollte, dort auftreten und der ausgestreuten Propaganda entgegenwirken.

Quelle: Staatsarchiv Bern, A IV 181, freundlich zugänglich gemacht durch Herrn Staatsarchivar Dr. Peter Martig und sein Team.

Trachselwald soll trachten, dass die auf den Langnauer Markt von den Entlebuchern und hiesigen Untertanen angesetzte Landsgemeinde verhindert werde, oder aber selbst beiwohnen und die fälschlichen Einbildungen auszureden suchen.

9. Beat Jakob Zurlauben

5. März 1653 neuen Stils.

Inhalte: Der Untervogt von Hitzkirch Kaspar Scherer will einen Handel nicht ohne Beisein des früheren Landvogts Jakob Andermatt erledigen. Auf diese Mitteilung ist Landvogt Niklaus Wipfli nach Uri verreist, was Landschreiber Beat Jakob Zurlauben um so angenehmer ist, als Wipflis Unnachgiebigkeit gegenüber den Meienbergern die allgemeine Verbitterung steigern könnte. Luzern möchte den Landvogt zwar in den Freien Ämtern wissen, der Landvogt selber aber hat dazu nicht Lust, scheut die Kosten und würde, da er unbeliebt ist, auch wenig erreichen können. Abt Dominik Tschudi von Muri ist über die Abwesenheit Wipflis nicht unglücklich, weil es sonst für ihn teuer werden könnte. Die Hitzkircher wollen sich bei Zürich und Luzern die Standesstimmen für ihre geplante Gleichberechtigung mit den Meienbergern gesichert haben, ein Vertreter der Meienberger hört in Luzern von Ratsherr Ludwig Meyer, jetzt sei die richtige Zeit, Klagen vorzubringen, vielleicht könne man so auch Landschreiber Beat Jakob Zurlauben durch einen Luzerner ersetzen. Der Meienberger Untervogt Jakob Moser erklärt dagegen, Meienberg sei mit Landschreiber Zurlauben zufrieden, habe auch, vom Abzugsgeld abgesehen, kaum Beschwerden anzumelden. Zurlauben, der Briefschreiber, hätte das dem seinerzeit als Landvogt hart regierenden und Neuerungen einführenden Meyer, der vielleicht jetzt die Landschreiberstelle für seinen Sohn will, nicht zugetraut und wird es ahnden. Sich so zu benehmen, heisst, zu Unruhen anstiften, als ob Luzern nicht bereits genug davon hätte! Über den Luzerner alt Schultheiss Heinrich Fleckenstein sage das Gerücht, er stehe auf der Seite der Bauern. Den Untervögten der unteren Freien Ämter will Zurlauben zwar der luzernischen Mahnung entsprechend empfehlen, militärische Bereitschaft zu erstellen, aber vorderhand noch nicht viel Lunten und Lot zu kaufen. Die Rothenburger haben ihren Versuch, die Hitzkircher für sich zu gewinnen, unter anderem mit der Meldung untermauert, 10 000 Mann Berner Bauern würden ihnen zuziehen. Im Kanton Zürich wird erzählt, die Rebellion sei entstanden, weil die Luzerner Regierung ihren Untertanen die Bibel verboten habe.

Quelle: Zurlaubiana AH 124/123, ein den Herausgebern von Herrn Dr. Rainer Stöckli, Zurlauben-Bearbeitung, Aargauische Kantonsbibliothek, Aarau, freundlich zur Verfügung gestelltes Dokument aus der Sammlung Zurlauben, Regesten und Register zu den Acta Helvetica, Gallica, Germanica, Hispanica, Sabaudica etc. necnon Genealogica Stemmatis Zur-Laubiani, bearbeitet von Kurt-Werner Meier, Josef Schenker, Rainer Stöckli, Serien 1ff., Aarau, Frankfurt am Main und Salzburg: Sauerländer, 1976 ff.

Weilen verschinen montag *(den 3. März 1653 neuen Stils)* der untervogt ... *(des Amtes)* hi(t)zkirch *(Kaspar Scherer)* ohne beywässen H. *(alt)* Landtvogt *(der Freien Ämter und derzeitigem Zuger Stadt- und Amtsrat Jakob)* An der Matt *(= Andermatt – dieser amtete als Landvogt von 1643 bis*

1645 –) seinen handel nit wollen erörteren Lassen, Als ist H. Landtvogt *(Niklaus Wipfli…)* gstrachtss widerumb nacher huss *(d. h. nach Uri)* verreiset, so ich desto ehender gschächen Lassen, weilen er nit gesinnet wahre den Meyenbergern *(wohl die Amtsgenossen des Amtes Meienberg gemeint)* die buoss nachzegeben; damit nit ettwan mehr Verbitterungen endtstandten … hingegen Aber begehren die herren *(Schultheiss und Rat)* vohn lucern dass er Jn Landt *(d. h. den Freien Ämtern)* verbleibe, Unndt hatt er Kein lust, Jst Zwar dass einte schreiben (wie er Zu sehen) erst nach seinem verreisen einkhommen; demme ich noch nichts wüsendthafft machen Können, sonders berichte Allessen hinwiderumb naher lucern; H. Landtvogt selbsten auch scheückht den kosten, undt Wurde er Jn solchem wässen, weilen er den puhren *(die Untertanen in den Freien Ämtern gemeint)* schier Aller ohrten ganz unangenemm nit vil guttes schaffen können, so … Als Wan man einen vohn Lucern Alhero schickhen … man sonst sein sol. Zu hizkirch undt Meyenberg *(ein)*mal Alles stil, vohrbehalten das der heg(g)li *(gen. Welsch Bur)* und sein gespan *(Lang, Fähnrich des Amtes Hitzkirch, beide von Hitzkirch)* hin und hero Lauffen ohne vohr wussen der gemeindts *(= Dorf)* gnossen, habendt Zu Meyenberg disser dagen usgeben, sy habendt Albereit *(Bürgermeister und Rat)* vohn Zürich undt *(von Schultheiss und Rat von)* Lucern *(Orts)* stimmen, das sy den Meyenbergern gleich sollen gehalten werden, und syen disser dagen *(wegen der Ortsstimme)* auch Zu Zug gsyn, Weilen aber der *(dortige)* Landtaman *(Georg)* sidler nit Anheimbsch Jnnen kein Andtwohrt erfolget, die Meyenberger selbst sehen es nit gern, und habendt mir durch … *(ihren Unter)*vogt Caspar Sachsen *(= Sachs)* Lassen Anzeigen, dass disser dagen der (andere) undervogt *(Jakob)* moser Zu Lucern gsyn, da habe Jn der *(alt)* Landtvogt *(der Freien Ämter und derzeitige Luzerner Ratsherr Ludwig)* Meyer in beysyn einess Anderen heren gefragt (1.) ob sy sich nichts Zu beschwären heben, sollen nur komen weilen der H. Ehrengsandten alhie *(gemeint sind die Schiedsrichter der VI kath. Orte – VII ausg. LU –)*, man werde Jren beschwärden Allen abhelffen, 2d(o) ob sy sich nit wider den Landtschreiber *(Zurlauben)* Zu beklagen, man sage er helffe den Landtvögten dergleichen beschwerliche neüwerungen Anzerichten, sy sollen nur kommen gen klagen, ess sye iez die beste Zeit, syen auch Ander leüt bey Jnnen Ze Luceren Welche nun mehr die Landtschreiberey *(der Freien Ämter)* gern hättendt; Wan sy klagen so gange es iez schon. … Waruber *(Unter)*vogt Moser Repliciert dass Jhre *(des Amts Meienberg)* gschworne inssgemein mit dem landtschriber wol Zu friden, habendt ganz kein ursach über densalbigen, Zuo klagen, sonders er rede alzeit Zu best und wan er nit Währe gienge ess Zu Zeiten rauwer Ab, Allein gedenckhe er man werde sich wegen der Abzügen beschwären sonsten wüsse er nichts; hierüber sye nun Jnnen disser dagen, ein brieff Zu kommen das sy der Abzügen fry sein seilen; und habe man Jnen Wyters erpotten, so sy noch Andere beschwärden haben, wolle man Jnen auch abhelffen, selbiges den gemeinden *(= Dörfern im Amt Meienberg)* fürtragen, was nun erfolget wird mich *(Unter)*vogt Caspar Sachs berichten, Jst das nit die underthanen Zu unruwen Angestifft, mich gedunkht die H. vohn Lucern hätten gnug An den Jrigen (…), und hätte ich dem Landtvogt Meyer, so vil nit zugetruwet, das wird einmal nit Können Ungeandet verbleiben; Er ist derjenige welcher die puhren *(in seiner Amtszeit als Landvogt der Freien Ämter von 1649 bis 1651)* beschwährt unnd neüwerungen gemacht hat. Er hatt 1. endtlich wollen das die Meyenberger die vogts Rechnungen vohr mir sollen ableggen, 2. Jtem Alles wyber guott versichern, 3. hatt ers umb 100 gl. gesteigeret wegen des Zehendens. 4. hatt er Alle priester *(= Geistliche)* in fryen Embtern belästigen wollen mit dem abzug, grad wie sein H. Sohn Zu Münster *(d. h. der Propst von Beromünster, Wilhelm Meyer, im Michelsamt getan)*; 5. hatt er *(1651?)* die gutten H. *(Schultheiss und Rat)* vohn Meilingen, wegen der Segisseren (…) Abzug wider die gebühr auch Tribuliert, und in grossen kosten gebracht … er wird gewüss seinen gschickhten Sohn *(Franz)* Claus *(Meyer, von Luzern)*, Zuom Landtschreiber (der Freien Ämter) Wollen machen; aber es wurde nit das mehr *(der)* in fryen Embteren *(reg. VII Orten – VIII Alte Orte ausg. BE –)*; heut komen die undervögt us underen *(Freien)* Embteren All Zu mir, denen ich fr*(eundlich)* Zusprechen, und Lut Lucernerischen Schreibens, Zur bereitschaft anmahnen wil *(d. h. möglicherweise für Luzern Truppenkontingente bereitzuhalten)*, ungeachtet ich das vertruwen Zu Jnen hab, und wie mir bekhandt, sy Zu mir, so finde ich doch nit Rathsam sy einmal vil Lundt und lotht(…) kauffen heissen, bis was Andres, und vohn Mehrern *(reg.)* ohrten einkombt; H. Prelat vohn Mury *(Abt Dominik Tschudi)* hatt auch mit mir geredt das er nit gern sehe, wan H. Landtvogt im Landt sein solte; es möchte Zlest die Kosten aber uff Jn und Andere wachsen. Er deutet dem H. *(alt)* Schultheiss *(und derzeitigem Ratsherrn von Luzern, Heinrich)* Fläckhenstein *(= Fleckenstein)* auch dergleichen An, so der H. vatter nottwändig befindt, kan man das schreiben, so in gleichem An Landtvogt *(Wipfli…)* Dirigiert Jme Zu schickhen. bey uns gibt man us der schul*(theiss)* Fleckhenstein halte mit den puhren, wollent sich darum … ergeben, uns wunderet sehr, wie die Sachen *(beschaffen)*, pitte umb bericht Zu unserem besseren verhalt. Undervögt *(Scherer)* Zu hizkirch hatt mir bekhendt, das er von den Rottenburgeren *(d. h. den Amtsgenossen von Rothenburg)*, welche sy *(die Amtsgenossen von Hitzkirch)* Zu Jnen Züchen wollen, verstanden, die Angrenzende Bernerpuhren habendt Jnen 10 000 mahn Zu hilff versprochen; es ist wol Zu sorgen der meiste theil der underthonen in der Eidtgnoschafft (…) wurden Zusamen fahlen Jn Zürich gipet gibt man uss die Rebellion sye emtstanden, Aldiewyl die H. vohn lucern Jren underthanen, die Bibel verbotten; ein selzamer fucus Gott und Maria, mit unss… Das Lucerner schreiben khan der H. vatter unbeschwährt beyschliessen.

10. Bericht Bernhard Mays an die Berner Regierung

Wangen an der Aare, 26. Februar 1653 alten Stils.

Inhalt: Am 24. Februar 1653 alten Stils haben rund 100 Emmentaler in Huttwil vereinbart, für den Fall, dass die Berner Regierung emmentalische Teilnehmer an der Entlebucher Landsgemeinde gefangen nehme, einen Sturm ergehen zu lassen und die Gefangenen zu befreien. Heute kommen diese Hundert mit Weiteren in Langnau zusammen und beraten über Ort und Zeitpunkt einer geplanten Landsgemeinde. Ihre Forderungen sind Aufhebung des Trattengeldes (Viehexportabgabe), freier Salzhandel und freier Handel generell.

Quelle: Staatsarchiv Bern A IV 181. Die freundliche Aufnahme im Staatsarchiv Bern sei auch an dieser Stelle Herrn Staatsarchivar Dr. Peter Martig und seinem Team verdankt.

Diesen Morgen bin ich glaubwürdig berichtet worden, wie dass vorgestern zu Huttwil bei 100 Emmentaler Bauern bei einander gewesen und unter ihnen abgeredet worden, falls man diejenigen Personen, welche von Ew. Gn. Untertanen im Entlebuch an derselbigen Landsgemeinde gsin syendt gefänglich annehmen wollte, sie stracks alle Glocken anschlagen, stürmen und angeregte Personen mit gewehrter Hand wiederum haben und abnehmen wollten; für's eine; für das andere, das diese obbedeuteten Emmentaler auf heute zusammen kommen und sich zu Langnau, mit anderen, beratschlagen werden, wo und welchen Tages sie allernächste Woche, wo und an welchem Ort sie eine Landsgemeinde halten können; drittens, dass sie um Aufhebung des Trattengeldes entlidiget, auch ihnen der freie Kauf sowohl des Salzes und anderer Sachen halb, zugestellt werden möchte; dies ich somit Ew. Gn nicht bergen und sie hiermit dem Schirm Gottes befehlen wollen. In Eile aus Wangen den 26. Februar 1653 Ew. Gn. Gehorsamer Diener Bernhard May.

11. Béat Jacques de Montenach an die Freiburger Regierung

Luzern, 10. März 1653 neuen Stils.

Inhalt: Die Rebellen haben Sursee mit der Androhung einer Belagerung zur Kapitulation aufgefordert, weil diese Stadt weder zu ihnen halten, noch ihnen Pulver verkaufen will. Die eidgenössischen Gesandten sind zu früher Stunde im Luzerner Rat gewesen. Dieser hat Béat Jacques de Montenach gebeten, zusammen mit dem Solothurner Hans Jakob vom Staal zwecks Vermittlung sofort zu den Untertanen abzureisen. Der Abt von St. Gallen hat seinen besten Besitz nach Solothurn in Sicherheit gebracht. Man fürchtet hier, dass sich das Feuer andernorts noch entzünden werde, bei den Berner Untertanen und in den Gemeinen Herrschaften. In Luzern sind sogenannte Reisträger durchgereist, die jedoch Pulver anstatt Reis verkaufen und sich despektierlich über die Herren von Luzern geäussert haben. Der Herr von Basel hat ihnen 500 Soldaten zu Fuss und 100 Pferde geschickt.

Quelle: Staatsarchiv Freiburg, Affaires fédérales, LU-1653, vermittelt durch Herrn Staatsarchivar Hubert Foerster.

Mons. Mes très humbles salutations prémises.

Mons. Recevons toujours d'autres nouvelles de ces rebelles lesquels ont sommé Sursé, par ce qu'ils ne veulent pas tenir leur partie, ni vendre des poudres, tellement qu'avons eu avis, qu'ils le veulent assiéger, avons été au bon matin en Conseil au ce que j'étais ordonné pour y commander absolument, et de partir promptement et leur présenter le droit, étant une chose de grande importance et dangereuse, je les ai prié d'ordonner encore un avec moi lesquels m'ont associé Mons. de Stall de Soleure, il y a aussi Mons.r l'Abbé de St. Gall lequel a sauvé son meilleur butin à Soleure, qu'a occasionné un grand désordre sur le pays, il est à craindre que le feu s'allume ailleurs, car l'on craint ici que beaucoup de sujets de Berne se révoltent, le bailli de Lentzburg donne point d'audience au château ainsi dehors l'on craint aussi une révolte aux Baillages communs, ils sont passé par Lucerne des Rhysthräger, qu'au lieu du riz ont porté des poudres, et ont parlé des paroles grandement méprisables contre les Seig.rs de Lucerne, pas autre chose pour le présent, si non que je suis et demeure à jamais Mons.r votre très obéissant serviteur B. J. de Montenach.

Lucerne en hâte ce 10. mars à 8. heures du matin 1653.

P.S. Mons. de Bâle leur (a) envoyé 500. piétons et cent chevaux.

Mes humbles baisemains à Mons.r l'Avoyer, M. Bauwmeister et à tous bons amis.

12. Béat Jacques de Montenach an die Freiburger Regierung

Luzern, 12. März 1653 neuen Stils.

Inhalt: Die Luzerner Regierung hat Béat Jacques de Montenach gebeten, zusammen mit dem Solothurner Hans Jakob vom Staal zu den Bauern, die vorhatten, Sursee zu belagern, zu gehen und ihnen das Recht anzubieten. Die Mission ist jedoch aufgeschoben worden. Die Herren von Luzern haben Montenach und Staal gebeten, an ihre Regierungen zu schreiben, und zwar in französischer Sprache, da die Bauern alle Reisenden durchsuchen und die Briefe wegnehmen. Sie bitten die Freiburger Regierung, ihnen die bundesgemässe Hilfe zuzuschicken und gemeinsam mit Bern und Solothurn eine Diversion zu besprechen. Die Rebellen wollen nämlich auch St. Urban, das Schloss von Herrn Pfyffer und andere Plätze angreifen, um, für einen Feldzug, genügend Getreide zu erhalten. Sie hoffen auf 6000 bis 7000 Mann Unterstützung von den Berner Untertanen. Mit der Abschrift der Erwerbsurkunde des Entlebuchs durch Luzern haben sich die Entlebucher nicht begnügen wollen, weshalb nun der Kapuzinerpater Placidus das Original in die Hände der Jungfrau Maria auf den Altar legen wird. Über die Lesung können sie dann streiten, mit wem sie wollen. Die Luzerner Herren halten diese Urkunde für verloren, denn in ihrer Wut werden die Entlebucher das Dokument wegnehmen. Diese Herren tun alles, was man ihnen befiehlt, zu ihrem eigenen und anderer Kantone ausserordentlichem Schaden. Diese Herren verlassen sich auf die Urkantone, die 600 Mann bereithalten. Sie bitten Freiburg, sich militärisch bereitzuhalten, um auf das erste Zeichen hin nach Solothurn oder an einen anderen gegebenen Ort zu marschieren. 500 Fussoldaten und 100 Pferde des Bischofs von Basel sind bereits unterwegs.

Quelle: Staatsarchiv Freiburg, Affaires fédérales, LU-1653, freundlich vermittelt durch Herrn Staatsarchivar Hubert Foerster.

Mesg.rs mes très humbles salutations et baismains. Vos alliés et confédérés de Lucerne, avaient établi Mons.r de Stall et ma petite personne pour Sursee, puisque ces paysans le voulaient aller assiéger, et leur présenter le droit à leurs noms, mais le tout a été mis en sursis. Nous ayant donc prié vous écrire, et Mons.r de Stall aussi à ses Si.rs, et cela en français, car ces rebelles visitent et fouillent tous passants, et volent les lettres. Ils vous prient Mesg.rs à conformité des alliances, les secourir à leurs nécessités, et de tenir une assemblée entre Berne, Fribourg, et Soleure, comment et par quels moyens faire une diversion car ils veulent aussi assiéger et voler St. Urban, le château de Mons.r Pfyffer et autres places, au ce qu'ils trouveraient beaucoup de grains, pour subsister en campagne quelque temps, ils espèrent du secours des sujets de Berne bien à 6. ou 7000. hommes, que seraient pas bons, ces Mes.rs leur ont presque accordé tous les points. Mais ils veulent avoir des lettres, touchant une force, ces Mes.rs nous ont assuré par leur serment lequel ils feraient si de besoin, n'en point avoir ni les savoir.

Quant à la lettre d'acquis du pays d'Endtljbuch les Sig.rs leur ont envoyé une copie copiée à notre présence, ils se contentent pas, mais voulant avoir et voir l'original, que leur a été envoyé par le R. Père Placidus Capucin, de la mettre entre les bras de la Vierge Marie sur l'autel, et qu'ils aient à se disputer qui bon leur semblera pour en faire lecture, ces Mes.rs tiennent cette lettre comme perdue, car dans leur fureur et enragement l'enlèveront, ces Mes.rs font tout ce qu'on leur commande, ils quittet des choses à leur grandissime (et à d'autres cantons) préjudice avec le temps, ... Les Seig.rs d'ici ont leur espérance aux trois louables cantons, ils Vous prient donc, mes Seig.rs et Sup.rs Vous tenir prêts avec les autres, qu'au premier avertissement Vous ne soyez pas les derniers, et Vous joindre avec eux, et Vous rendre à Soleure ou bien à quelque lieu commode, les petits cantons ont six cents hommes prêt, Mons.r l'Evêque de Bâle 500. piétons, et cent chevaux qui sont en marche, Mes Sig.rs le temps ne peut permettre vous écrire davantage, étant pressé, et hâté de leur part, sinon que je demeure tout le temps de ma vie

Mes Sig.nrs et Sup.rs

Votre très humble très obéissant serviteur

B.J. de Montenach

Lucerne en hâte ce 12. Mars à 5. heures du soir. 1653.

13. Landvogt Samuel Tribolet an die Berner Regierung

Langnau im Emmental, 2. März 1653 alten Stils.

Inhalt: Gemäss Befehl der Regierung hat Samuel Tribolet am 2. März 1653 alten Stils die Frau Prädikantin von Langnau nach drei Personen befragt, welche sich am vergangenen Samstag im dortigen Pfrundhaus getroffen haben. Es hat sich dabei gemäss um zwei namentlich Bekannte aus dem Gericht Trub und um einen Unbekannten aus dem Gericht Sumiswald gehandelt. Die drei wollten, für angeblich auf diesen Tag angesetzte Vertragsverhandlungen, eine ruhige Stube. Die Frau Prädikantin setzte sich in der Nebenstube auf den Ofen und vermochte einen Teil des Gespräches mitzuhören. Der Sumiswalder berichtete von einer Versammlung in Sumiswald, an der diejenigen, welche nicht zu ihnen stehen wollten, aufgefordert worden seien, das Feld zu räumen, was der dortige Weibel getan habe. Danach wurde über die gleichzeitig ablaufende Versammlung von Langnau gesprochen, von der ein Teilnehmer zu den drei Männern stiess. Es gelte, lautete eine Meinung, damit man nicht an den Bettelstab komme und den freien Salzkauf erreiche, eine Landsgemeinde aller Männer ab 14 Jahren dem Landeshauptmann schwören zu lassen. Eine Landsgemeinde sei besser als eine Versammlung von Ausschüssen, also grösstenteils der Weibel und Vornehmsten, welche es nicht alle mit ihnen hätten. Die Landgemeinde mache die eigene Sache käch und versetze sie (die Gegner) in Furcht. Die Langnauer haben einen Ausschuss von 24, in den Augen Samuel Tribolets aus den Unverständigsten und Schlechtesten ausgewählten, Mitgliedern eingesetzt. Dieser Ausschuss hat bereits Massnahmen getroffen, um die Schuldbetreibungen aufzuhalten, ja einer von ihnen hat geraten, Weidenzweige mitzutragen, um die Schuldboten so zu behandeln, wie die Entlebucher mit den dortigen verfahren seien. Die anberaumte Versammlung wird von zwei Ausgeschossenen pro Gemeinde bestritten, es sind jedoch darüber hinaus neugierige Zuschauer zu erwarten.

Quelle: Staatsarchiv Bern, A IV 181, Seiten 247 bis 249. Wir danken den Mitarbeiterinnen und Mitarbeitern des Staatsarchivs Bern, unter ihnen besonders auch den Herren Peter Hurni und Vinzenz Bartlome, für ihre Unterstützung.

Als heutigen Tages ich die Fr. Predikantin zu Langnau laut E. Gn. an mich abgangnen Befehls derjenigen dreien Personen halber, so jüngst verwichenen Samstags in ihrem Pfrundhaus getrunken und von der damaligen Zusammenkunft miteinander geredet, befragt, hat sie mir folgenden Bericht gegeben. Es seien Hans Kräyenbül zur Schmiede und Hans Liechti im Hasenlehn beide aus dem Gericht Trub und dass noch einer von Sumiswald (den sie nicht gekannt) vermeldeten Samstags zu ihnen kommen, vermeldend wie sie einen gewissen Ehtag unter Händen hätten und deswegen einer ruhigen Stube bedürftig seien, sie, die Frau Predikantin bittend, ihnen ein solches ruhiges Gemach einzugeben. Wie nun selbiges beschehen sei sie die Frau Predikantin auf den Ofen gesessen und habe ihr der drei Männer (als die da nächst dabei in der Nebenstube waren) miteinander geübtes Gespräch teils verstehen mögen teils aber nicht, jedoch unter anderem gewisslich und wohl verstanden dass der eine unter ihnen (zweifelsohne der von Sumiswald) gesagt: Zu Sumiswald habe man nächsten Tags davor eine Gemeinde gehalten wer zu ihnen gehöre der solle stehen bleiben, die Übrigen aber mögen ihren Weg gehen, darüber seien bei 70 Personen geblieben, der Weibel aber habe den Kopf gehenkt *(hängen lassen)* und sich damit fort gemacht welchem der Seckelmeister (wenn sie es recht verstanden) nachgschruwen, ja er Weibel ... Wie nun dieser ausgeredet habe von den anderen zwein (ohne Zweifel deren einer von Trub) zu sagen angefangen er müsse jetzt von dieses Ehtags wegen hier im Pfrundhaus sein, hätte lieber der des Tages angesehenen Zusammenkunft beiwohnen wetten, und nehme ihn Wunder wie selbige ablaufen thüye, darüber entweder gerade derselbe oder ein anderer (denn sie bald ziemlich laut bald ziemlich heimlich geredet) weiter gesprochen man sage man wolle eine Landsgemeinde halten meistenteils wegen des freien Salzkaufs dann sonst man zu Bettlern werde, ein anderer daraufhin gesagt, er meine es nicht dass es um eine Landsgemeinde eigentlich zu tun sein werde denn seines Vermutens werde man nur etliche, als zwei oder drei aus jeder Gemeinde ausschicken die allein zusammenkommen sollten, darüber komme ein anderer auch zu ihnen, der aus der Zusammenkunft gerade komme, welchen sie gefragt was abgeraten worden sei, derselbe *(habe)* z'Bscheid gegeben: es sei abgangen, dass aus jeder Gemeinde zwei *(Personen)* ausgeschossen *(werden und diese)* zusammentreten sollten, darauf ein anderer geantwortet, das dünke ihn nicht Recht syn, wenn zu diesen Ausschüssen würden meistenteils Weibel und die Vornehmsten gebraucht, die aber es nicht alle mit ihnen hätten, wie gerade der von Sumiswald und der von Trub, aber das werde seines Erachtens gut sein, wann die gantze Mannschafft von 14. Jahren biss hinus zusammen kämend und einem Landshauptmann schweren thätend das würde (setzte derselbe hinzu) sie zu förchten und unsere Sach käch machen. Von vielen anderen Sachen ja auch den Predikanten selbst haben sie auch viele Reden gebraucht, sie, die Frau Predikantin, aber dasselbige nicht verstehen können.

Sonsten ist gewiss dass die von Langnau bei 24 der Unverständigsten und Schlechtesten ausgeschossen *(haben)*, die dann allbereit gestrigen Tages dem Weibel

Der regsame Landvogt von Trachselwald Samuel Tribolet unterrichtete die Berner Regierung früh über die Vorgänge im luzernischen Entlebuch, in der eigenen Landvogtei und insbesondere in Langnau. Nachdem der Zürcher Bürgermeister Johann Heinrich Waser zu Beginn des Monats April 1653 in Bern einen Ausgleich zwischen Regierung und Untertanen vermittelt hatte, prognostizierte Tribolet weitsichtig, es werde, gewähre die Obrigkeit keine Generalamnestie, keine Ruhe einkehren. Wenig beliebt, musste er später seine Landvogtei verlassen. Tribolet wurde zur Zielscheibe von Angriffen auf seine als tyrannisch wahrgenommene Amtsführung. Vom Grossen Rat ausgeschlossen, gebüsst, des Landes verwiesen, konnte der zurückgekehrte Tribolet einige Jahre danach eine zweite politische Karriere in Angriff nehmen. Original in Privatbesitz. Wiedergabe mit freundlicher Vermittlung von Herrn Urs Hostettler, Spielautor und Schriftsteller, Bern.

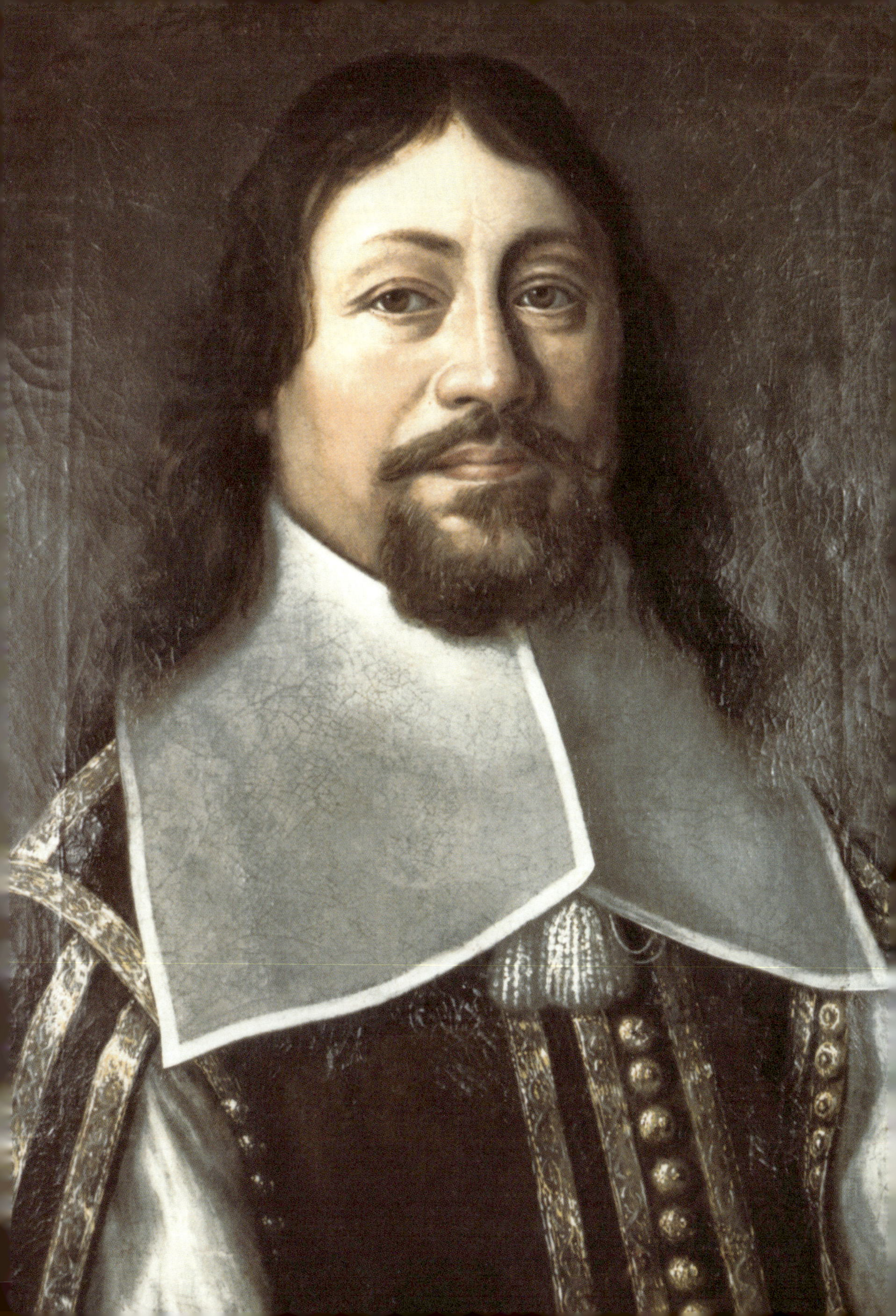

zu Langnau, durch einen Gerichtsgeschworenen geboten *(haben)*, von den Boten von nun an keine Löhne abzunehmen, und sonderlich der eine sich vermerken lassen etliche Wyden by sich zu tragen, auf das Ende dass, wo Boten vorhanden wären, selbige damit auf die Weise zu traktieren wie die Entlebucher ihren Boten getan und obwohl nun ich eines Teils versichert dass aus jeder Gemeinde mehr nicht als zwei (deren Namen ich teils schon verzeichnet übrige aber noch diesen Abend vernehmen und es alsbald in dieser ankommenden Nacht E. Gn. uff der Yl zuschiken wirden) Ausgeschossene sind, so glaube ich doch es werden aus Wunder *(Neugier)* wie die Sache angebracht und was verhandelt werde, viele andere zusehen. Dies ist dasjenige was E. Gn. ich für diesmal berichten kann dieselben dabei göttlicher Beschirmung wohl empfehlend.

Uss Langnouw ylends d. 2. Martij 1653.
E. Gn. gehorsamer Diener
Samuel Tribollet

14. Tagebuch Markus Hubers im Schloss Aarwangen

Aarwangen, 12. bis 18. März 1653 neuen Stils.

Inhalt: In Melchnau und Gondiswil zeigen sich erste Anzeichen der Unruhe. Die Landvögte von Wangen an der Aare und Aarwangen vereinbaren, auf dem Flussweg zusätzliche Waffen und Munition ins Schloss Aarwangen gelangen zu lassen. Das Aufgebot bernischer Truppen zur Unterstützung der Luzerner Regierung gegen die Luzerner Untertanen stösst im gesamten Amt Aarwangen auf heftigen Widerstand. In dessen Verlauf kommt es in Madiswil zu Tätlichkeiten und zu einem Fall des Bartausreissens.

Quelle: Paul Kasser, Die Geschichte des Amtes und des Schlosses Aarwangen, in: Archiv des Historischen Vereins des Kantons Bern, XIX. Band, Bern: Gustav Grunau, 1909, Seiten 57 bis 446, Seiten 260, 261.

Als die Luzerner Bauern sich wider ihre Oberkeit aufgelassen und mit 3000 Mann die Stadt Luzern belägert, haben am 12. Martii die von Melchnau und Gondiswil zum ersten ihre Versammlungen zu halten angefangen und sich wider ihre hohe Oberkeit von Bern verbunden.

Den 14ten. Als solches dem Landvogt von Aarwangen kundbar worden, ist er – nachdem er das Gricht Madiswil zur Standhaftigkeit vermahnet, welches sie auch zu halten verheissen – nach Melchnau geritten, ein Gmeind gehalten, selbigen auch ihre Schuldigkeit gezeigt, aber zur Antwort bekommen, man wollte in kurzem guten Bescheid werden lassen.

Morgens den 15 ten. Martii: hielte die Gemeind Madiswil ihre erste Versammlung ohne Wissen der Oberkeit.

Sonntags den 16 ten ritte der Herr Landvogt nach Wangen, sich mit selbigen Hr. Landvogt zu unterreden, wie sich in solchen Verwürfnissen zu verhalten; ward beschlossen, dass man die zu Wangen gewesenen Artillerie, Waffen und Munition zu Schiff nach Aarwangen bringen sollte.

Selbigen Abends kam Befehl, die Uszüger denen zu Luzern zu Hilf zu schicken, welche alsbald vermahnet worden.

Den 17ten morgens früe werden die Uszüger von Thunstetten, Bleienbach, Aarwangen und Bannwyl nach Langenthal geführt, da ihre Herren Hauptlüthen zu erwarten, zu welchen auch Roggwyl, Langenthal, Buchsee und Bollodingen gestossen; Stäckholz wollen nit fort, ob man ihnen schon aufs freundlichste zuredte, wollte es nit haften. Dito schiktend die von Melchnau, so mittlerwil anlangen thätend, Ulli Schärer den Wirt daselbs, samt dem Weibel zu Gondiswyl, von ihrem Hr:

Landvogt das Reisgeld zu erfordern, ehe sie zu Feld züchen wollten. Darauf er ihnen geantwortet: dass, wann sie im Feld wären, Ihr Gn. schon Verordnung thun wollten; sollten sich bis dahin gedulden. Bekamen darauf Befehl, sich nacher Madiswyl zu begeben, welches sie auch uss falschem Willen thätend.

Dito ritten beide Amtleut von Wangen und Aarwangen nach Madiswyl umb Hr. Hauptmann Dicken die Compagnie an die Hand ze begeben. Ware aber von Hutwyl und Rorbach niemand allda, von Ursebach allein 7 Personen. Die von Melchnau, Gondiswyl und Madiswyl erschienen zwar, gabend aber durch den Weibel zu Gondiswyl und Ulli Lyb und Gut zu Melchnau zu verstehen, dass sie ganz resolut nit ziehen wollten. Als man sie darauf zu begütigen gesucht, habend sie vor dem Wirtshaus den Weibel zu Madiswyl angriffen sehr übel tractiert, den Bart usgrissen, ein gleiches auch den Amt- und Hauptleuten zu thun gesucht, welche aber, als sie den Auflauff gesehen, zu ihren Pistolen gegriffen und sich in ein Stuben verschlossen; sind also rüewig verblieben und noch selben Abend nach Haus verreist.

Der 18ten ritten sie nach Langenthal. Da hielten die Langenthaler auf Antrieb Bernhard Herzogs auch eine Aufruhrgemeind und obschon der Hr: Amtsmann zu Wangen, sammt den Weibeln seines Amts gegenwärtig gewesen, wollte es doch nit helfen. Sie warend Willens, mit Füsten selbige anzegreifen. Ein gleiches widerfuhr auf glychen Tag zu Roggwyl; also dass selbigen Tags die Herren Amt- und Hauptleut Hr: Dick und Jr: von Grafenried sich nebet grossem Gespött nach Aarwangen begeben müssen, allda sie dann vernahmend, dass wir auch in glychen Fällen wären.

15. Luzerner Manifest

Luzern, 14. März 1653 neuen Stils.

Quelle: Alois Vock, Der Bauernkrieg im Jahr 1653, oder der grosse Volksaufstand in der Schweiz, Aarau und Thun: J. J. Christen, 1837, Seiten 85 bis 95.

Wir Schultheiss und Rath, auch der Grosse Rath, so man nennt die hundert, und gemeine Burger der Stadt Luzern thun kund und zu wissen Männiglichem, an was End und Ort, sowohl inner unserer angehörigen Landschaft als ausserhalb derselben, wohin dieser gegenwärtige Bericht und Manifest kommen und gelangen wird:

Nachdem allbereit, wie Uns umständlich vorkommt, und die Erfahrung mitbringt, durch die ganze löbl. Eidgenossenschaft und ausser derselben bei allerhand sowohl hohen als niedern Ständen, insonderheit bei dem gemeinen, einfältigen Mann, erschollen und ruchbar geworden sein wird, in was für eine schwere Misshelligkeit Wir mit zehn Ämtern unserer zugehörigen und eidspflichtigen, eigenen Unterthanen gerathen, dabei nun dieser Zeit die höchste Gefahr einer thätlichen Feindseligkeit und Aufstands eingelaufen, und also gar bald und leichtlich, aus Mangel des wahren und gründlichen Berichts, wie auch der verlaufenen Sachen Erfahrniss und Wissenschaft, Uns durch ungleiche, unbedachte oder auch böswillige Reden, Mutmassungen und freventliche Urtheile an Unseren Ehren, Reputation, altem Herkommen, gutem Namen, oberkeitlicher Hoheit, und was immer derselbigen anhängig und davon dependieren mag, grosser Schaden und Nachtheil zustehen und erwachsen könne, so haben Wir, eine hohe Nothdurft zu sein, erachtet, den Anfang, die Mitte und den endlichen Ausschlag hierin mit einfältigen Worten zu verfassen. Demnach sich neulicher Zeit die Unsern des Landes Entlebuch durch einen Ausschuss gewisser Stücke, welche sie für neue Bräuch', Aufsäss' und Beschwerden angezogen, vor offener Rathssession vernehmen lassen wollen, hernach aber, weil sie wegen solcher Viele der damals eingefallenen nothwendigen Geschäfte und unseres Grossen Gewalts *(Raths)* gehaltener Versammlung, zur Audienz nicht gelangen mochten, und unterdessen, als ihnen eine anderwärtige Gelegenheit, sie freundlich anzuhören, angestellt gewesen, mit etwas Unwillen, unerwartet des zuvor vertrösteten Bescheids, wieder nach Hause zogen, sind bald darauf in dem ganzen Land gar ungute Sachen und Händel, die neben der Ehrbarkeit nicht bestehen noch passieren mögen, erwachsen, vorgenommen und in's Werk gesezt worden,

1. indem, eines Theils und für das erste, drei Schuldboten, aus welchen einer in dem ganzen Lande gar wohl bekannt und in Unserm Dienst gewesen, von gewissen Personen in dem Dorfe Schüpfen im Entlebuch bei hellem Tag, theils auf offenem Platz, anderntheils aber in dem Wirtshause gewalttätig angefallen, mit gar seltsamem, unerhörtem Spotte traktirt, und noch darüber mit zugeworfenen Bedrohungen, dass allen den ihresgleichen, die weiters folgen werden, noch Ärgeres angethan werden müsse, und wie ein Übelthäter mit Geschrei und Feldspiel zum Dorfe hinausgeschafft worden;

2. für das andere aber, dass sie nach und nach sich in die Verfassung ganz ungebührlicher Wehren, als: grober Knüttel oder Brügel, darunter auch ein Theil mit Eisen versehen sind, begeben, dass endlich die Zahl bis in die 800 oder mehr Stück gestiegen. Als nun Wir inmittelst die eine und andere Verlaufenheit verweislich, wie recht ist, dahin berichtet und in der Hoffnung gestanden, sie werden sich des ersten Fehlers reuig erzeigen, und dann die vermeldete, in der Eidgenossenschaft ungewohnte Verfassung insgeheim selbst abhalten und abschaffen, haben sie weder das eine noch das andere für einen Fehler gehalten, sondern mit Anregung etlicher, bei Uns verlaufener Reden, deren Beweisthum sie doch niemals erscheint noch probirt, zu bemänteln vermeint, und als auch ein Schreiben eingelaufen, darin sie ihre Beschwernisse vortrugen, welche jüngsthin des Landes Abgesandte vorzubringen befehligt gewesen, und die in acht Punkten bestanden, unter welchen auch die zwei jüngst ergangenen Geldrüfe höchst beschwerlich angezogen werden, und sie dabei um eine gnädige Erläuterung gebeten, wir aber nicht billig finden konnten, die Sache also bloss abzuhandeln, sondern dass in solchen Fällen eine mündliche Besprechung hocherforderlich sei, sind sie nochmals nebst zugefragter Sicherheit, zu und von uns zu reisen, freundlich eingeladen worden. Weil aber sie sich keineswegs dazu verstehen wollten, sondern hingegen so weit schritten, dass sie Uns, als ihre natürliche Obrigkeit, in's Land beriefen, und dazu den Tag und das Ort ansetzten, wobei wir jedem Vernünftigen und Standeserfahrenen zu bedenken geben, wessen wir Uns hierob zu erzeigen Fug und Ursache gehabt hätten, dessen aber allerdings ungeachtet haben Wir Uns auf die liebreiche Seite gewandt, um ihnen dadurch zu erkennen zu geben, wie väterlich Wir es gegen sie gemeint, und also

zum Zeugnis, wie Uns ihre Ruhe und ihr Wohlstand besonders und voraus hoch und wohl angelegen sei, nicht sparen wollen, sie mit einer ansehnlichen Gesandschaft zu ehren, welche den 14ten Tag Hornung des 1653. Jahrs zu Schüpfen anlangte, deren Jnstruktion in solchen väterlichen Anerbietungen, Erklärungen und Versprechungen bestand, dass Wir sie, nebst allen beharrlichen Gnaden, oberkeitlich, wie auch kräftigst versichern liessen, sie bei ihrem Landbuche, habenden Briefen und Siegeln, Verkommnissen, Verträgen, guten alten Gewohnheiten fürbass und allezeit zu schützen, schirmen und handhaben. Wie aber sie hingegen ihrerseits mit dem Verhalten der Unsrigen, ausser dem, dass sie sich mit Worten freundlich und ehrerbietig erzeigten, zugestimmt haben, hat sich wohl aus dem erwiesen, dass sie unsern Abgesandten, wie die Jnstruktion verlangte, die 40 Geschwornen, – diess sind die Gerichtsleute, – nicht vorher versammelten, sondern sie haben hingegen ihren Auf- wie auch hernach wieder ihren Heimzug mit den Knütteln, unerachtet der Unsererseits beschehenen, ernstväterlichen Abmahnung und wider ihrerseits gegebene heitere Parole, vor Unserer Herren Gesandten Augen dergestalt aufgezogen und präsentirt, als wenn sie auf einen offenen Feind gehen müssten, auch in dem Einzug zuvorderst die 3 alten Eidgenossen, als: Willhelm Tell u. mit den Kleidern und anderm imitirt in der Meinung, wie leichtlich aus den Umstehenden abzunehmen gewesen.

3. Demnach sind sie vor der ganzen Gemeinde mit zweien unterschidlichen Vorträgen aufgezogen, worüber Unsern Herren Deputierten nicht schwer oder gar missfällig vorfiel, ihnen eine gute Erklärung abfolgen zu lassen, wenn es bei dem, was die Geschworenen eingelegt, einfältig verblieben wäre, maassen vor der ganzen Gemeinde der Nachlass des Salzes, wie auch des Vieh- und Rosskaufs und des neuen Zolls gemeldet worden. Nachdem aber die Gemeinde mit viel andern, überaus schweren und der oberkeitlichen Hoheit eigentlich anhängigen Punkten dahergefahren, und mit dem Zusatze, dass sie mit Eiden zusammengeschworen, von keinem Punkte zustehen, und auch, keinen ohne den andern anzunehmen, beschlossen haben, so hat man sich hingegen rund erklärt, dass solcher Vortrag in eine bessere und weit bescheidenere Form müsste gebracht werden, wenn sie anders begehren, dass derselbige der Obrigkeit vorlegt und mit Gnaden angesehen werde, im übrigen aber sie, alle bester Form nach, auf ihre verspürende Treue, Gehorsame und Unterthänigkeit, des vorigen Anerbietens versichert. Darüber aber hat die Gemeinde schlechte Beobachtungen erzeigt, indem sie, nach Unserer Ehrengesandten Verrichtungen, zum andernmal Ausschüsse schickte, und mit dem vermessenen, unanständigen Begehren ansetzte, dass sie, nämlich die Herren Gesandten, sich bei ihnen so lang aufhalten, und durch den Läuferboten die Briefe und Gewahrsame, so die Obrigkeit ihretwegen habe, abholen lassen wollen. Als derowegen nun diese Unform zu Gemüthe geführt wurde, hat man sich endlich verglichen, dass der oftgedachte letztere Vortrag verbessert, und mit einem Bittschreiben der Oberkeit übergeben werden.

4. Weil aber hernach das hierüber gegebene Wort rückstellig geblieben, und anstatt des Erfolgs die Ehrendeputatschaft deshalb mit leeren Händen abreisen, auch eben gleicher Gestalt darauf erfahren müssen, dass sich die Sachen gebösert, indem sie die ungewohnten Wachten mit ihren Knütteln nicht allein nicht abgethan, sondern seit ihrem Abwesen gegen Uns gemehrt und verstärkt haben, nebstdem, dass sie dem Volk, auf einen Jahrmarkt anher zu reisen, nicht zulassen wollen, und gleichwie sie sich hierhin gescheuet, so sind sie ebenmässig, auf etwas wohlmeinenden Anlass von unserm vielgeliebten Amtsmann, Herrn Schultheiss Dulliker, Ritter, alsbald auf die Meinung gefallen, dass er sich zu ihnen in das Land begeben wolle, sammt den Briefen, die sie betreffen, unter welchen sie zwei, zu Verglimpfung der übrigen Sachen, herausfordern, davon wir doch noch heut bei Tag keine Wissenschaft haben, dieselbigen auch niemal unter Augen gehabt haben.

5. Was für ein Exempel nun von diesen unruhigen Geistern nach und nach die übrigen unsere Vogteien und Ämter genommen, hat sich wohl aus dem Nachfolgenden erzeigt, indem sie hin und her anfiengen, sich anzuhängen, Punkte und Beschwerden aufzusuchen und zu verfassen, zusammen zu wandeln, enge und vertrauliche Gespräche zu pflegen, und, weil Wir vorsahen, wie übel vergleichen Händel endlich ausschlagen könnten, haben Wir aus Liebe und väterlicher Vorsorge, Weitläufigkeit und Ungemach zu verhüten, aus Unserer Mitte in vier unterschiedliche Gemeinden, und voraus in das Amt Willisau zu schicken gut befunden, weil an ihrer zu Schötz, ein Dorf, freien Willens und wider altes Herkommen gehaltenen Versammlung eben hitzige und unförmliche Sachen verlaufen, der Landvogt von derselben ausgeschlossen und nebst ihm andere unsere Beamte gar unehrerbietig gehalten worden sind. Bei andern dann erzeigt sich, dass ein jeder nachtrachte, Uns mit gemeinen und besonderen Beschwernissen die Ohren aufzufüllen.

6. Auf welches Wir Uns mit Ernst und guter Frucht in die Sache zu gehen vorgesehen, auf ihr Erscheinen ihnen soweit zu begegnen, dass sie mit keiner Billigkeit sich weiters zu beklagen, sondern mehr zu danken haben sollen, was Wir dann wohl beobachtet, nachdem sich fast alle Ämter mit ordentlichen Ausschüssen erzeigt haben, mit denen Wir, nebst gutwilligen Verhören, über der Sachen Beschaffenheit so weit redeten und traktierten, dass Wir anders nicht glauben konnten, als dass man allerseits mit Vergnügen abgeschieden war, und hätte Ursache nehmen sollen, Uns mit allen Treuen, Ruh und Gehorsame zu entsprechen.

7. Es hat aber diese Anstalt und allein zum Schein gebrauchte Unterthänig-

Die Waffen der Bauern, insbesondere die Freiheitswillen symbolisierenden Knüttel, irritierten die Obrigkeiten und waren der Öffentlichkeit Fascinosum und Tremendum zugleich. Etwas davon spiegelt der wiedergegebene Einblattdruck der Zeit. Jede Publikation zu politischen Dingen wurde 1653 zensuriert. Abbildung aus dem Buch «Illustrierte Geschichte der Schweiz. Zweiter Band, 2. Auflage. Entstehung, Wachstum und Untergang der Alten Eidgenossenschaft» von Sigmund Widmer, Zürich und Köln: Benziger Verlag, 1971.

Abbildung etlicher Waaffen vnd Prügel / welche die Entlibucher im Schweytzerland gebraucht.

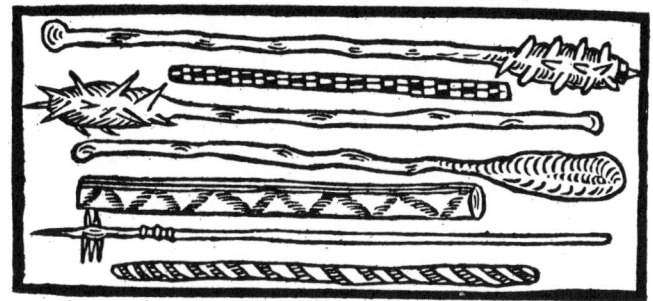

OMINATIO
IN BELLVM RVSTICVM HELVETICVM
ANNO M. DC. LIII.

a Bellum non necessitatis; Sed desperationis.
b Plenum Passione, inane Ratione.
c Vbi multum fellis, & parum cerebri.
d Intentio huius foris speciosa, intus Rancorosa.
e Initium facile, medium confusio, finis paupertas.
f Inuentores vel furiosi, vel ambitiosi, sequaces, præcipites, seu simplices.
g Seu ære oppressi alieno, media nulla, nisi furtiua aut sacrilega.
h Spes multorũ dignitas, & vtinam non Carnificies, & Extrema tandem esuries.
i Prætextus antiqua Priuilegia.
k Tu dele debita, & non quærentur per Prælia Priuilegia.

L. W. S. W.

Speculierung über den Schweytzerischen
Bawren Krieg/ im 1653. Jahr.

a Der Krieg/ der war gantz ohne Noth/
  Desperiert/ wider Gotts Gebott.
b Gschah mehr auß einer Passion/
  Als guter Meinung vnd Raison.
c Folgten nur der Hitzgen Gallen/
  Vnd alls was ihrm Kopff gefallen.
d Ihr Meinung schien zwar klar vnd schön/
  Ihr That war nichts als Spott vnd Hohn.
e Im anfang warens frisch vnd frey/
  Mittl vnd end lauter Armuthey.
f Der Anfänger waren mancherley/
  Furios/ Streng/ Einfältig dabey.
g Erpreßten Gelt von ander Leuthen/
  In Schlösser vnd Kirchen machtens Beuthen.
h Sie bilden jhn groß Aempter ein/
  Hunger vnd Hencker dörfften Richter seyn.
i Ihr Wort vnd Klag war d'Alt Freyheit/
  Laugten jhr Schuld der Oberkeit.
k Den Krieg laß seyn/ zahl d'Schulden dein/
  Laß diß dein beste Freyheit seyn.

verteutscht
V. D. H. T. L.

keit sich länger nicht inhalten können, sondern so weit ausgelassen, dass endlich von diesem gegen einander eintzweiten Wesen, dem Wir genugsam vermittelst aller angewandten Liebreiche, und so vieler, mit völligen Gnaden angefüllten Mittel vorgebauet zu haben getrauten, erstlich Unsere G.L.A. Eidgenossen der vier alten löbl. kathol. Orte, Uri, Schwyz, Unterwalden und Zug, hernach auch beide löbl. Städte Freiburg und Solothurn durch das gemeine Landgeschrei und sonst berichtet wurden, die Gestaltsame desselben mit hochempfindlichem Bedauern aufnahmen, Uns hiemit in Erinnerung ihrer grossen und hohen Pflicht, bei dergleichen unbeliebigen, schweren und weitausseheden Begegnissen und Vorfallenheiten nach Anweisung unserer löbl. zusammenhabenden Bünde, so viel zeitlich und ehe die Progressen einer – und andererseits völlig ausbrechen, beste und mögliche Vorsehung zu thun, sich auf kein besseres noch billigeres Mittel zu begeben wussten, als ihre ansehnlichen Rathsbotschaften ungesäumt in diese Unsere Stadt abzufertigen, an allen behörigen Orten das zu thun, anzuwenden, zu applziren und werkstellig zu machen, was immer zu den Sachen dienlich und verträglich sein möchte, um alles dadurch wieder in guten, ruhigen und friedlichen Stand, vermittelst Gottes des Allmächtigen Gnad und Beistand, zu setzen, ab welcher so Eidgenössischer Wohlmeinung und brüderlichen Gutherzigkeit Wir Uns vorderst höchlich erfreuen, zumal auch bedanken sollen, und, solchem nach, eine Gebühr zu sein erachteten, sie von der ersten Urhebe dannen bis auf jetzt gegenwärtigen Kurs ganz unpassionirt zu berichten, mit der beigesetzen Erklärung, ihnen diese Sachen zu vertrauen und zu übergeben, durch einen schiedlichen Spruch, was als göttliches Recht und billig wird erfunden werden, zu terminiren, auf vorhergehende Demonstration und Aufweisung unserer habenden Dokumente, Briefe, Siegel und Gewahrsame, wie schon über Entlebuch, Rothenburg und Willisau beschehen ist.

8. Auf solches hat sich gefügt, dass Uns ein Schreiben unter dem Namen der zehn Uns angehörigen und zugethanen Ämter und Vogteien, benanntlich: Entlebuch, Willisau, Russwill, Rothenburg, Münster, Malters, Büren und Triengen, Knutwill, Kriens und Horb, und Ebikon, auf den 26. Hornung dieses laufenden 1653. Jahrs ab der zu Wollhusen gehaltenen Versammlung zukam, aus welchem Wir mit hohem Bedauern ersehen, dass Uns mit aller Unform und Hintansetzung des Uns schuldigen Respekts und Gehorsams durch dasselbige angekündet und notifiziert wird, dass sie nunmehr zusammengetreten seien, ihre allerseits habenden Beschwerden einander offenbar zu machen und zusammen zu tragen. Sie aber haben sich dessen nicht einfältig begnügt, sondern darüber sich niemal gestellet oder hieher gekommen, auch aller Ehrbarkeit, desgleichen der Pflicht und Gehorsame, welche Unterthanen ihrer natürlichen Oberkeit schuldig sind, widerstrebt, dass sie alle einhellig einen vermeinten Bund gemacht, und denselben mit leiblichem Eide zusammengelobt und geschworen haben, also und dergestalt, dass sie in Kraft desselben mit Leib, Ehre, Gut und Blut, und so weit ihr Vermögen sein werde, einander helfen

sollen, alle neuen Aufsätze, Beschwerden und Bräuch', abzuthun, dass man ihnen alle alten Briefe, die ihnen abgenommen und zu der Oberkeit Händen gezogen wurden, solle herausgeben, dass sie sich erkannt *(beschlossen)*, in allen Ämtern fleissige Wachten zu halten gegen böse Leute und andere Ungelegenheit: item: dass kein Amt ohne das andere Uns antworten solle, dass ihr Eid weiters vermöge, einander rächen zu helfen, im Falle der Allermindeste aus ihnen von Uns mit Gefangenschaft oder sonst übel traktirt werden solle, und letztlich: dass solcher Eid Uns an unsern Rechten nicht solle abbrüchig oder nachtheilig sein, mit dem schliesslichen Anhange, den Handel nicht weitläufig zu machen, sondern gütlich abzuhandeln.

9. Weil nun diese weit aussehenden Punkte sammt der Form, Uns Maas und Regel vorzuschreiben, Uns nicht unbillig zu Gemüthe gieng, und zwar um so viel mehr, weil über diess gemeine Schreiben, nach jeden Amts Belieben, das letztemal zu Willisau, gemeine und besondere Klagen in grosser Anzahl eingegeben wurden, unter welche auch solche Sachen vermischt waren, die eigentlich der Hoheit zugethan sind, benanntlich unter anderm, dass man ihnen die Ämterbesatzung ohne Vorbehalt überlasse, item: so oft es ihnen gefallen, Gemeinden oder Zusammenkünfte zu halten, ihnen erlaubt sein solle, und dass sie keine neuen Mandate wider ihren Willen annehmen müssen, so

10. ist das Mittel angebracht, und werkstellig zu machen gut befunden worden, dass man, im Namen der sechs löbl. Orte, an die vier vornehmsten Ämter, Willisau, Rothenburg, Entlebuch und Russwill, gesinnen wolle, ihre Gemeinden den Herren Ehrengesandten auf Sonntag, den 2. März, zu versammeln, jedem durch einen ordentlichen Ausschuss die Wohlmeinung ihrer Oberkeit und daneben auch sonst, was die Beschaffenheit erfordern wird, anzumelden, und dass alsdann folgenden Tags die Nothdurft insgeheim zu Willisau gegen aller zehn Ämter dahin beschiedene Ausschüsse, guter Form nach, verrichtet werden möge, mit welcher Gelegenheit sie ihre Beschwerden von Amt zu Amt den Herren mit der Erklärung übergaben, dass sie nun solche Uns zustellen, und die darüber empfangene Gegenantwort auf's bäldeste veröffnen wollen, und was seine ordentliche Ausrichtung von Uns nicht bekommen möchte, seien sie, jedoch mit vorbehaltenem Gutheissen der Gemeinden, und dass ihnen ein gutes Begnügen widerfahre, erbötig, den Herren Gesandten zu vertrauen, und sie darüber erkennen zu lassen, was sie recht, billig, und in den alten Rechten gegründet befinden werden.

11. Also, damit durch Uns nichts versäumt noch verlängert werde, haben Wir die Anstalt gemacht, alle Sachen möglichst zu befördern; indessen aber als der Termin den Herren Gesandten also kurz angesetzt ward, und, ihn einzugehen, auch inner zwei einzigen Tagen den Schluss wieder auf Willisau zu bringen angemuthet werden wolle, hat man bedacht sein müssen, sie zu etwas Geduld zu weisen, und inmittelst sich eines Mittelorts, allwohin ein Amt nach dem andern durch einen nicht gar zu starken Ausschuss erscheinen, und

den Entscheid empfangen könne, zu vergleichen. Und dieweil die Wahl auf die gnadenreiche Wallstatt bei unserer lieben Frauen zu Wertenstein gefallen, haben die Herren Gesandten eine ordentliche Abtheilung gemacht, zu solchem Ende auf den 6. (9.) diess Monats dahin abzureisen, und dass die übrigen den allhier einfallenden Geschäften abwarten sollen. Und als darum die notwendigen Avisschreiben in die Ämter abgiengen, haben Wir Uns in allweg versehen, dass alles von Seite der hievor benannten, abwürfigen Ämter weil es im hängenden Ausspruch war, bei Ruhe gelassen, und den Verstand haben würde, desselben einfältig zu erwarten.

12. So ist aber, mit unserm allerhöchstempfindlichen Schmerzen, von allen Orten und Enden her gründlicher Bericht haufenweise zugefallen, was Gestalten, zu Betrübung des gemeinen löbl. Standes, mit Unserer allerhöchsten Verkleinerung und Unehre von Seite dieser unserer Rebellen, bei Tag und Nacht Boten und Schreiben, nicht allein in andern Ämtern und Vogteien, sondern auch in unterschiedlichen löbl. Orten gewisse Werbung zu thun, verschickt, und Wir dabei ganz unerhört, wider Gott und alles Recht, verklagt, verschrien, geschändet und geschmäht werden, dessen sich ein ehrliches Herz billig schämen sollte, alles zu dem Ende, dass sie durch solche unverschämte, ehrvergessene Verläumdangen andere aufrechte Gemüther wider uns verhasst machen, und durch ihre glatten, glimpflichen, betrügerischen Worte und falschen Einbildungen auf ihre Parthei ziehen, und also letztlich ihr ungerechte Sache wider Uns behaupten, und mit Uns elendiglich den Meister spielen können, da hingegen Wir ihnen bisher mit dergleichen Verfahren verschonet, und Uns in der Diskretion und Vernunft aufhielten, den Herren Ehrengesandten Alles zum billigen Ausspruch einfältig zu überlassen, darob der Unsern Untreue noch mehr empört und gestärkt ward, also dass sie sich unterfangen wollen, gleichsam die oberkeitliche Gewalt an sich zu nehmen, und hingegen sich also spöttlich, vermessen und ärgerlich wider Uns und sogar die Herren Ehrengesandten zu erzeigen, dass von einem offenen und erklärten Feinde nicht wohl Ärgeres folgen und beschehen könne, indem sie ohne Unterlass Einheimische und Äussere wider Uns mit Verhetzen, Anstiften, Laufen, Jagen, Bitten, Antreiben, in Widerwillen bringen, unsere gerechte und beständige Meinung, dass nämlich Wir einem jeden Amte alles dasjenige geben, ertheilen und verabfolgen lassen wollen, was Landesrecht, Landbücher, ordentliche Brief und Siegel, gute alte Gewohnheiten zugeben und erheischen, oder was noch darüber die Herren von den löbl. Schiedorten bei ihren Eiden gut finden, erläutern und sprechen werden, verkehren oder gar unterdrücken; dem aber entgegen wollen Wir, soviel die Partikularklagen betrifft, das Versprechen von Uns geben, jedem, der solcher Gestalt sich beschwert findet, weder Gericht noch Recht zu versagen, und dadurch die Billigkeit erdauern und jedem, was recht sein wird, widerfahren zu lassen.

13. Wenn wir aber hingegen in mitleidige Betrachtung ziehen, wie diese der Unsern beharrende Bosheit und ganz ver-

kehrte, erwildete Gemüther, da keine Gebühr, Raggion, Vernunft noch Billigkeit mehr gelten oder Verfang haben mag, sondern jeder, was ihm die wüthende Untreue einbildet und vorstellt, ohne Scheu und einige Erkenntnis gegen Uns, als ihre Oberkeit, wirklich zu verüben und die allerärgsten Werke und Thaten zu begehen und durch andere anzustiften, für eine Ehre hält, zu geschweigen, was für Gewaltthaten und Unbilden mit Geleit und Läuferboten vorgingen, was für Einhäng' und Hindernisse an der Zufuhr, im freien Handel und Wandel geschahen, mit Aufstellung durchgehender starker Wachten bei Tag und Nacht gleichsam bis an die Stadt, – je länger je mehr fortsetzen, und dessgleichen grausame und unmenschliche Bedrohungen verlauten lassen, dazu auch die Aufforderung der Stadt Sursee und viele andere, hin und her verübte Excesse geschlagen, Pässe, Brücken und Strassen nicht allein mit bewaffneter Hand besetzt und belegt, sondern wirklich versperrt haben,

14. über das, dass die Herren Gesandten denen aus dem Entlebuch, nach ausgestandener neuntägiger höchster und unablässlicher Arbeit, einen gütlichen Ausspruch ertheilen, auch über ihre weiters angebrachten Beschwerden eine ordentliche Erläuterung, die ihnen durchaus zu Gutem erschiesst, abfolgen liessen, die Mahnung zum Auszug und die Wehr zu ergreifen, allenthalben ausgeküdet, ja sogar, mit der Unehre, Despekt und höchstem Undanke gegen die Herren Gesandten also leicht zu verfahren, keine Scheue getragen wurde, denselben gleichsam einen Arrest ankünden zu lassen, welches wider alles Völkerrecht ist, weil ein jeder dieser Herren in diesem Stand in der ganzen Welt, auch bei Türken und Heiden, frei gelassen und gehalten werden soll, – und da

15. Wir nun aus diesem allem, und was weiters dabei eingelaufen, handgreiflich verspüren und erfahren müssen, dass durch solche Gewalt und Feindthätlichkeiten unserer eigenen angehörigen Unterthanen Wir an unserer Ehre, Hoheit, Freiheiten und Gerechtigkeiten, wider Gott, Recht und alle Billigkeit, angetastet, betrübt und beschädigt, und damit sogar in höchste Gefahr ferner zu erwartenden Übels, wie auch eine gesammte löbl. Eidgenossenschaft in Wehr und Waffen zu bringen, gesetzt werden, – so haben Wir, aus Noth gedrungen, und in Betrachtung aller obenerzählten Verlaufenheiten, zu Schutz und Beschirmung Unserer Stadt und aller Einwohner derselben, das Mittel, welches Wir gern länger gespart und unterlassen hätten, wenn es anders die Möglichkeit hätte zugeben können, ergreifen müssen, Uns einer wirklichen Hilfe theils von Unsern treu und aufrecht verbliebenen Unterthanen von Habsburg, Weggis und Meerenschwand, als auch von den vier nächstgelegenen, wohlvertrauten L. A. Eidgenossen und Mitbürgern, auch lieber: Benachbarten, zu versichern, womit wir allen insgemein lieber verschont hätten, wenn nicht die bewussten untreuen Ämter und Vogteien allererst die Wehr wider Uns ergriffen und uns zu diesem Gegensatz verursacht hätten, in Ansehung, dass Wir jederzeit, wie oben beschrieben worden, die Liebe, Gnad und Gütigkeit der Strenge vorzuziehen, und ih-

nen in allem die Billigkeit widerfahren zu lassen, oder auch endlich, was streitig ist, zum lieben unparteiischen Rechte zu setzen, Uns keineswegs auszuschlagen begehrt haben, und hiermit vor Gott, unserm Schöpfer, und der ganzen ehrbaren Welt in bester und kräftigster Form protestirt haben wollen, an dieser Weitläufigkeit, Unruh' und Empörung, auch an allem dem Unheil, Aufruhr und Unglück, so weiters daraus entstehen und herrühren möchte, keine Schuld noch Ursache zu tragen, sondern Wir überlassen es denjenigen zu verantworten, die diesen bösen Willen in ihren untreuen Herzen empfangen, und von demselben auf andere ausgegossen haben, dass also letztlich dieses elende Wesen daraus entstand.

16. Was aber dieser unserer Meinung, wie sie oben erläutert ist, zuwider und entgegen bei Vielen oder Geringen, Hohen oder Niedern hin und her möchte ausgegeben, in die Ohren geblasen, oder ausgebreitet worden sein, widersprechen Wir, dass Alles faul, falsch, erdichtet und unwahrhaft sei, und dass Uns damit Gewalt, zu kurz und Unrecht beschehe, und, dass unsere Erklärung die pure und lautere Wahrheit sei, nehmen Wir über Uns, vor dem strengen Richterstuhl Gottes in jener Welt zu verantworten; Der wolle die so hart verstockten Gemüther mit den Augen seiner grundlosen Barmherzigkeit ansehen, durch solche Gnadenstralen erleuchten, und zu wahrer Erkenntnis ihres schuldigen Gehorsams bringen, dass also Wir auf solches wieder zu langwierigem, friedlichem, freiem und ruhigem Wohlstande befreulich gelangen mögen, Amen.

16. Die X Ämter an Konstanz

15. März 1653 neuen Stils.

Inhalt: Es ist den Zehn Ämtern ein Bedürfnis, den Rat von Konstanz darüber zu unterrichten, wie sie mit ihrer Obrigkeit von Luzern in eine «Verwirrnuss» geraten sind. Ursache sind die täglich vermehrten Neuerungen und Lasten und die Verstösse der Obrigkeit gegen das 160 Jahre alte Amtsbuch des Entlebuchs. Die Zehn Ämter haben erfahren, dass die Luzerner Obrigkeit sie bei ihren Nachbarn herabsetzt und behauptet, die Zehn Ämter verlangten ungebührliche Dinge und wollten der Obrigkeit nicht mehr gehorchen. Dies ist aber nicht richtig, die Zehn Ämter wollen nur beim genannten Amtsbuch bleiben und von den obrigkeitlichen Neuerungen entlastet werden. Nun will aber die Luzerner Obrigkeit gegen sie Krieg führen und ihre Frauen und Kinder verderben, was die Zehn Ämter Gott und Maria und allen frommen Herzen klagen. Wenn nun die Luzerner Regierung an Konstanz oder irgendwelche andere fremde Obrigkeit das Ansuchen um Truppenhilfe stellt, so entbehrt dies jeder Grundlage, denn die Luzerner brauchen gegen ihre gehorsamen Zehn Ämter, welche nur die Gerechtigkeit begehren, keinerlei Hilfe. Die Zehn Ämter empfehlen sich in diesem Sinne Bürgermeister und Rat von Konstanz.

Quelle: Zurlaubiana AH 145/129, ein den Herausgebern von Herrn Dr. Rainer Stöckli, Zurlauben-Bearbeitung, Aargauische Kantonsbibliothek, Aarau, freundlich zur Verfügung gestelltes Dokument aus der Sammlung Zurlauben, Regesten und Register zu den Acta Helvetica, Gallica, Germanica, Hispanica, Sabaudica etc. necnon Genealogica Stemmatis Zur-Laubiani, bearbeitet von Kurt-Werner Meier, Josef Schenker, Rainer Stöckli, Serien 1ff., Aarau, Frankfurt am Main und Salzburg: Sauerländer, 1976ff.

… Demnach Könnend Mier nothrungner wiss halber nit Underlassen, alle gute der gerechtigkeit liebhabend herren, Zue berichten, wie dass Mier alss die Empter Loplicher Statt Lucern, in ein Verwirnuss (– *Bauernkrieg* –) Kommen, gegen Unsern Gnedigen hochen wisen Obrigkeit *(Schultheiss und Rat)* wolermelter Statt Lucern, Und dass von wägen etlicher grosen beschwerlicher Ufflagen und Neüwen Ufsätzen halber, die Sy Unss täglich eine über die ander, uff den halss ladend, wider Unser alt ... *(160)* Jährig Ambtsbuoch, welches Unsere fromme Voreltern, von gedachten Unseren Herren Voreltern empfangen hand, weilen mir Verstendiget werdend, dass gedachti Unseri hochi wisse Oberkeit, Unss bei Unsern geliebten benachbarten *(u. a. Stadt und Amt Zug, woher der Stadt- und Amtsrat Beat II. Zurlauben, einer der bedeutsamsten Vermittler im Luzerner Bauernkrieg, stammte)* Verkleineret, dass Mir Ungebürlichj sachen begerend, und Jnnen alss einer hochen weissen Oberkeit Unseren schuldigen gehorsam nit erzeigen wellend, welches Sich in ewigkeit nit befinden wird, dan Mir in der warheit, Von gedachter Unsern hochwisen Oberkeit in höchst bitt nie nüt anders begehrt, dan bej Unserem alten wahren Ambtssbuoch beschirmbt Zu wärden, auch dass Sey uss Väterlichen gnaden, Unss die schwäre Neüw gemachte Uffsätz widerumb abnämen wellend, weillen mir noch biss dato dass nit erhalten mögen, und Sei Uns begerend Zuo bekriegen Und Uns auch gleichsam Unser Weib und Kinder Zuverderben, welches Mir Zu Vorderist Gott, Seiner Lieben Muotter Maria, und allem himmlischen heer und allen frommen hertzen wellend geklagt haben.

Jst hiemit Unser gantz demüetiges bitten Und anersuechen, an alle und Jede der Gerechtikeit Liebhabend herren, Sei wellend doch durch der luteren liebi Gottess willen, nit allen lichtfertigen Unwarhafftigen reden glauben, sonder Unss in gnaden für entschuldiget haben, dan Mir begehrend, Unsern hohen weissen Oberkeit, alle gebürende gehorsamm wie frommen gethrüen Underthonen Zu und wol anstat Jederzeit Zuerzeigen, wellend desswegen gebätten sin, dass allj und Jedj, so Von Unseren Gnädigen herren und Oberen, umb hilf und Volkh anrüefend, dass sey in ihrem geliebten Vatterland, wellend rühwig und still Verbleiben, dan Sei dessen gegen Unss nit mangelbar seind, dan Mir begerend nüt, alss die lieb gerechtigkeit, alssdann sind Mir dess anerbietenss gegen wolermelten Unseren hochen wisen oberkeit, Jn allen geferlikeiten, Unser leib und laben, ehr guott und bluott, Zue Jnnen alss Unseren Von Gott gesetzten Oberkeit threülich Zesetzen. Jst dessendwegen Unser höchstes demüetiges bitten und ersuechen an alli und Jedj Geistliche und Weltliche Oberkeit, wass stants würden oder ehren die Seigen, Sei wellend Uns Jn gnaden für befohlen haben, Und Unser Unschuld Jm besten bedenckhen, dass sind Mir in aller Zutragendter gelegenheit, um alle und Jede wass würden stantz oder Condicionen die Seigend, Zu verdienen gantz Urbietig und geneigt, Sind trostlicher hofnung an alle und Jede hoch weise Oberkeiten, Sei wellend Jn gnaden Unss für befohlen haben. ...

17. Diesbach und Montenach an Freiburg

15. März 1653 neuen Stils.

Inhalt: Die Hälfte der Ehrengesandten der sechs katholischen Orte Uri, Schwyz, Unterwalden, Zug, Freiburg und Solothurn haben nun acht Tage mit den Vertretern der Bauersame in Werthenstein verhandelt, dabei aber nichts erreicht. Die Bauersame beharrt auf völliger Erfüllung aller ihrer als von Gott gewollt und billig betrachteten Forderungen und lässt sich davon weder durch Geistliche noch durch Personen weltlichen Standes abbringen. Würden diese Forderungen nicht erfüllt, müsse es gestorben sein. Wenn die Gesandten die Sache nicht bald entscheiden würden, müssten sie mit ihrer Verhaftung rechnen. Die Gesandten haben sich daraufhin zur näheren Beratung nach Luzern zurückgezogen, aber versprochen, bis zum völligen Austrag des Handels im Kanton Luzern zu bleiben und, im Schutz des verlangten und zugesagten sicheren Geleits, wieder auf dem Land zu erscheinen. Die Freiburger Gesandten hoffen, am Abend nach Sursee abzureisen, um dort diese schwierigen Verhandlungen zu Ende zu führen. Gestern Abend haben die Herren von Luzern 300 Schwyzer und Unterwaldner zur Versicherung gegen einen bäuerlichen Überfall in ihre Stadt aufgenommen. Unbestätigte aber glaubwürdige Informationen melden, dass die Entlebucher und Willisauer zu den Waffen gegriffen haben. Uri, Schwyz und Unterwalden haben Luzern ihrer Unterstützung versichert. Im Thurgau sollen 1000 Mann in Bereitschaft stehen, ähnlich wird von Zug und Zürich berichtet. Sursee, so berichtet das Postskriptum, ist nicht mehr das Reiseziel, sondern Ruswil. Man glaubt, dem babylonischen Turmbau beizuwohnen. Die Dinge gehen schlecht.

Quelle: Staatsarchiv Freiburg, Affaires fédérales, LU-1653, vermittelt durch Herrn Staatsarchivar Hubert Foerster.

Obgleich wohl der halbe Teil der Ehrengesandten der sechs Katholischen Orte sich acht Tage lang zu Werthenstein aufgehalten, *(um)* mit der Bauersame zu traktieren, so ist doch bis dato nichts Fruchtbares ausgerichtet worden, weil man ihnen nicht in allen Punkten hat willfahren mögen, es hilft bei ihnen kein Zusprechen es sei gleich, von Geistlichen, noch von Weltlichen, sie beharren festiglich, dass man ihnen allen ihre Punkte, und Artikel konfirmiere, dann sie seien göttlich billig, und recht, wo das nicht sei, so müsse es gestorben sein, da sie kein anderes Mittel, und wenn die Herren Gesandten ihnen nicht auf das Allerbäldeste einen Ausspruch geben, wollen sie sie in Arrest nehmen, darüber die Herren Gesandten zu Rat gegangen und um eine Versicherung getrachtet, also ist Mittel gefunden worden in dies allhier nicht ohne Gefahr aufzubrechen, und uns nach Luzern um weiteren Rat zu holen *(zu begeben)*, welches geschehen, indessen mit dieser Zusprache und Versprechen, wir wollten nicht aus dem Land reisen, bis dieser Handel an ein Ort gemacht werde, und wollten uns wieder stellen wofern wir sicheres Geleit, von und zu ihnen haben mögen, welches sie uns zugesagt, also hoffen wir bis auf den Abend wiederum aufzubrechen und nach Sursee uns zu begeben alldorten diese schwere Negotiation fortzusetzen, und sehen, dass dieser Sache einmal eine Endschaft gemacht werde. Es haben allhiesige Herren gestern Abend 300 Mann in ihre Stadt kommen lassen, aus den Ländern Schwyz und Unterwalden, sich eines Überfalls der Bauern zu bewehren. Sonsten glauben wir gänzlich es haben die Entelbucher und Willisauer die Wehr ergriffen, müssen *(je)*doch, einen gewissen Bericht erwarten, … In alle Wege aber bin ich guter Hoffnung es werde sich alles zu einer Pazifikation neigen, wird aber noch Mühe und Arbeit erfordern. Es haben die drei Orte von Uri, Schwyz und Unterwalden deklariert, sie wollen ihnen in dieser Occasion als I. G. L. E. von Luzern alle mögliche Hilfe leisten, sind auch schon 1000 Mann im Thurgau in der Bereitschaft, solches wird auch von Zug und Zürich berichtet … Gott wolle das Böse abwenden, und Ihr Gnaden hiermit in seinen Schirm … empfehle. Datum Luzern den 25. März 1653.

Ihr Gnaden
Gehorsame Burger und Diener
Niclaus von Diesbach
B.J. von Montenach
PS Ist der Ratschlag nach Sursee zu reisen geändert, es muss auf Ruswil sein. Sic volunt rustici, fere dixisse adesse turrim babilonicam res pessime se habent.

18. Wolfgang Wirz, Landvogt im Thurgau, an die X Ämter

Frauenfeld, 17. März 1653 neuen Stils, 09.00 Uhr.

Inhalt: Landvogt Wolfgang Wirz hat die Boten der X Ämter mit ihrem Brief nach Konstanz begrüsst und von ihnen gehört, dass er den Brief öffnen, weitersenden oder auch zurückbehalten dürfe. Da nun die Schiedsleute der vier Orte Uri, Schwyz Unterwalden und Zug bereits an der Arbeit sind und einige Differenzen zwischen der Luzerner Regierung und ihren X Ämtern ausgeräumt haben, hofft Wolfgang Wirz, der Friede bleibe der ganzen katholischen Eidgenossenschaft durch die Gnade Gottes und die Fürbitte Mariae erhalten.

Quelle: Zurlaubiana AH 145/124, ein den Herausgebern von Herrn Dr. Rainer Stöckli, Zurlauben-Bearbeitung, Aargauische Kantonsbibliothek, Aarau, freundlich zur Verfügung gestelltes Dokument aus der Sammlung Zurlauben, Regesten und Register zu den Acta Helvetica, Gallica, Germanica, Hispanica, Sabaudica etc. necnon Genealogica Stemmatis Zur-Laubiani, bearbeitet von Kurt-Werner Meier, Josef Schenker, Rainer Stöckli, Serien 1ff., Aarau, Frankfurt am Main und Salzburg: Sauerländer, 1976ff.

Frombe Ersambe weise Liebe heren und guote freund. Dass Jenige schreiben, so ihr den 15 diss widerbringern Hans Jagli Stofer ... von Rottenburg (= Rothenburg) und Oswald porner (= Bornner ...) von Eywil (= Daiwil? [LU]) Zwahr mit der uberschrifft an (Bürgermeister und Rat) ... (der) statt Constanz gehörig, jedoch nach sag diser beeden, und gewüssen ausstrukhenlichen befelch ich dasselbe eroffnen möge, und wie ich es guot befinde es behalten, oder weiters schikhen solle, übergeben, hab ich heut morgens umb 6 Uhren verschlossen empfangen den Zuestand, und Leidige Widerwertigkeit Zwüschen Lobl. Statt Lucern, und Jhrer Landtschafft Lucerner gepiets (– Bauernkrieg –) hieraus, und von eüweren beeden Pötten umbstendtlich mit höchstem bedauren, darbei aber auch so vil vernommen, dass vermittelst der vier Lobl. (kath.) Ohrten Ury, Schwitz, Underwalden und Zug aussgeschossenen herren Ehrengesandten, und in diser streitigen sach gewaltigen schidherren (unter denen sich auch der Zuger Stadt- und Amtsrat Beat II. Zurlauben befand) die Clegten gegen einandern schon Zimlicher massen angehört, und verstanden, auch etliche puncten mit Liebe erörteret, und ubrigs auch hoffentlich werde Zue ruhigem end gelangen mögen, trage ich mehrere hoffnung, seitenmalen ihr, nach sag eüwers brieffs nichzit anders alss die billigkheit eüwer Lieben altfordern von ... (160) Jahren haro gehapte alte recht und gebreüch, und nichts neüwes begehren, es werden hochgemelte herren (Schultheiss und Rat) der Statt Lucern und Jhr, durch so hochansehenliche und gewaltige allerfreündtlichste schidherren, die sachen dahin verleiten, dass hierdurch der Liebe werde friden, welchen wihr nach dem Leidigen Langwirigen Exempel unser allerseidts betrengten, und eüsserst mit Land und Leüht verderbten nachparen beobachten, und uns vest Zue hertzen gehn, auch alles wichtig betrachten sollen woll erhalten, und wihr samptlich dessen durch die gnad Gottes, und Mariae getreüwes Forpit weiters geniessen mögen: Worzue ich dan euch ganz freündtlich, und höchst will gepetten haben, wass die schidherren, auch sonst geist und weltliche treüwherzige, friedliebende verstendige Leüht euch rahten werden, Jhr solches woll behertzigen und Zue allem gueten auff und annemmen wollen; Zwifle nit der Liebe gott sein gnad durch getreüwes forpitt seiner getreüwsten Mueter, der ganzen Lobl. Catholischen Eidtgnoschafft einiges vorpitt Mariae uns samptlich gnädig erhalten, und ferners in bestendigem Friden sägnen werde, under welchen schuz und forpitt ich euch und alle sampt befehlen thue. …

19. Spruch der Schiedsrichter zwischen Luzern und den Ämtern

18. März 1653 neuen Stils.

Inhalt: Angesichts der offen ausgebrochenen Gegensätze zwischen der Luzerner Regierung und den aufständischen zehn Ämtern haben die Regierungen von Uri, Schwyz, Unterwalden, Zug, Freiburg und Solothurn im Interesse von Wohlfahrt und Ruhe des gemeinsamen Vaterlands ihre Vermittler nach Luzern geschickt. Dort haben sich die Schiedsleute von der Regierung die Rechtstitel der Luzerner Herrschaft über die Untertanen erläutern lassen und danach, auch angesichts der Nachricht vom Abschluss des in ihren Augen unguten Wolhuser Bundes, die Abgeordneten der zehn Ämter nach Willisau vorgeladen. Dort erhalten die Schiedsleute den Auftrag der zehn Ämter zur Vermittlung, in Luzern danach auch jenen der Regierung, deren Abgeordnete sie nach Werthenstein begleiten. In einer weiteren Phase erhalten die Schiedsleute in Luzern die Vollmacht, die noch offenen Punkte frei zu entscheiden. In der Hoffnung, das Geschäft zu erledigen, reiten die Schiedsleute sodann, auf Begehren der X Ämter, nach Ruswil. Nach Erwahrung der Vollmachten erkennen die Schiedsleute, dass sowohl die Stadt Luzern als auch die X Ämter ihre hergebrachten Rechte behalten sollen. Insbesondere soll die Stadt weiter herrschen, die Ämter aber im Besitz ihrer Amtsbücher und generell des guten alten Rechts verbleiben. Die Umgeld genannte Steuer auf dem Wein wird im Prinzip als berechtigt anerkannt, aber auf 10 Luzerner Schilling pro Saum zu 100 Mass begrenzt. Das Entlebucher Gericht der Fünfzehn (bestehend aus dem Landvogt und den Vierzehnern) ist entgegen dem Ansinnen der Entlebucher nur bis zu einem Streitwert von 100 Gulden abschliessend zuständig, während bei höherem Streitwert die Appellation nach Luzern weiterhin erlaubt bleibt. Der Luzerner Landvogt darf in Willisau residieren, der Schultheiss von Willisau wird von der Luzerner Regierung ernannt, muss aber Bürger von Willisau sein. Beim Aufritt des Luzerner Landvogts hat Willisau alle zwei Jahre eine Gesellschaft von höchstens 12 Personen auszuhalten, die übrigen Teilnehmer am Anlass bezahlen ihr Essen selbst. Rothenburg wird in Sachen der gewünschten Ämterbesetzung an die Luzerner Regierung gewiesen, da es ein solches Recht nur durch einen Gnadenakt erhalten könne. Den Wolhuser Bund, aufgrund dessen die Ämter bewaffnet vor die Stadt Luzern gezogen sind, heben die Schiedsleute als unzulässig auf, verlangen von den Ämtern beim Vorliegen von Beschwerden je einzeln untertänig an die Obrigkeit zu gelangen und drohen im Wiederholungsfall mit der auf Treulosigkeit gegenüber der Obrigkeit stehenden Strafe. Das Ansuchen der Ämter Willisau und Entlebuch nach einer Entschädigung lehnen die Schiedsleute angesichts des Wolhuser Bundes und seiner militärischen Aktionen ab und erklären die Wettschlagung aller Kosten. Was an materiellen Schäden durch Zerstörungen und Plünderungen angerichtet worden ist, ist jedoch durch die Täter zu ersetzen. Für alle übrigen Ratschläge und Taten während des Aufstands gilt Amnestie ausser für diejenigen Menschen, die nach dem Erlass des vorliegenden Rechtspruch rückfällig werden. Die Publikation des Rechtsspruches an die Ämter erfolgt, indem er diesen vorgelesen wird, worauf, jeweils gemäss dem örtlichen Herkommen, dem Landvogt zuhanden der Luzerner Regierung als der von Gott gesetzten Obrigkeit ein erneuter Treueid zu leisten ist.

Quelle: Alois Vock, Der Bauernkrieg im Jahre 1653 oder der grosse Volksaufstand in der Schweiz, dritte Auflage, Aarau und Thun: J. J. Christen, 1837, Seiten 97 bis 109.

Wir hienach genannte, der VI kathol. Orte löblicher Eidgenossenschaft auf Befehl und mit vollem Gewalt Unserer allerseits Gnädigen Herren und Obern abgeordnete Räth und Gesandte, nämlich von Uri: Sebastian Peregrin Zweyer von Evebach, Landshauptmann und Altlandammann, – von Schwyz: Martin Belmont von Rickenbach, der Zeit Landammann, und Michael Schorno, Altstatthalter, – von Unterwalden: Marquard Imfeld, Altlandammann ob dem Wald, und Jakob Christen, der Zeit Landammann nid dem Wald, – von Zug: Beat Zurlauben, Altammann und Jakob Andermatt, des Raths, – von Freiburg: Niklaus Diesbach, des Raths, – von Solothurn: Joh. Jakob von Staal, und Urs Gugger, Gemeinmann, bekennen öffentlich und thun kund Männiglichem:

Demnach zwischen den hochgeachten, edlen, gestrengen, fürsichtigen, weisen, Unsern insonderheit guten Freunden, G. L. A. Eidgenossen, Mitbrüdern und Bürgern der Stadt Luzern an einem, und dann ihren angehörigen Unterthanen von X Ämtern, nämlich: Entlebuch, Willisau, Rothenburg, Russwill, St. Michaelsamt, Büren und Triengen, Malters und Littau, Kriens und Horb, Ebikon, Knuttwill, an dem andern Theil, um mancherlei Ursachen, schwere und starke Spänne und Missverständnisse sich erhoben und zugetragen, worauf sie wirklich und dergestalt zerfallen, dass die Unterthanen allen Respekt und Gehorsam gegen die Obrigkeit verloren, so haben derowegen Unsere GHHerren und Obern, zu Bezeugung ihres guten Willens und mit Erstattung ihrer schuldigen Pflichten, zu Erhaltung der Wohlfahrt und friedlichen Ruhestands des gemeinen Vaterlands, Uns mit diesem gemessenen Befehl nach Luzern geschickt, in das Mittel zu treten. Demzufolge haben Wir von Unsern alten Eidgenossen den Verlauf, Anfang und die gründliche Beschaffenheit vernommen, dabei ihre habenden Rechte, und wie die Unterthanen an sie gekommen, was Gestalten mit denselben unterschiedliche Vergleichungen und Verträge geschehen seien. Darüber haben Wir die sämmtlichen Ämter durch einen Ausschuss nach Willisau gefordert, da wir vernahmen, dass sie den 26. Februar zu Wollhausen einen unguten Bund gemacht, denselbigen alle Nothdurft, Gebühr, und was Gutes nicht allein ihrer Obrigkeit und ihnen selbst, sondern auch dem gemeinen Nutzen des Vaterlandes daraus entstehen möchte, zu Sinn gelegt, und sie dann ersucht, ihre Beschwerden der Obrigkeit selbst zu erkennen zu geben, und mit gebührender, unterthäniger Abbitte die Vermittlung zu suchen, oder Uns die gütliche Unterhandlung vertrauen zu wollen. Darauf haben mehrbemeldete Ausschüsse Uns alle ihre Beschwerden schriftlich mit dieser Erklärung zugeschickt, dass sie uns gern darin mitteln, jedoch mit offener Hand sprechen lassen wollen. Deswegen sind Wir nach Luzern gezogen, haben Unsern G. L. A. Eidgenossen löbl. Stadt Luzern alles eröffnet, und nachher in ihrer Gegenwart die Handlung zu Wertenstein gepflogen, und über der Ämter mehrtheils gehabte Beschwerden und Punkte bei Unsern G. L. A. Eidgenossen die gütliche Willfahr erhalten, und um vollkommene Erörterung übriggebliebener missverständiger und streitiger Punkte haben Wir uns nochmals nach Luzern begeben, um welche sie, Unsere G. L. A. Eidgenossen, sich dem rechtlichen Spruche zu untergeben anerboten. Daraufhin sind Wir, auf der sämmtlichen Ämter Ausschüsse Begehren, alsobald nach Russwill geritten, in der Meinung, der Sache einen vollkommenen Austrag zu geben. Desswegen haben Wir mit den Ämtern, und mit jedem besonders, die zuvor verhandelte gütliche Erkanntniss und Erklärung der verglichenen Punkte wieder mit allem Fleiss übersehen, und den verordneten Ausschüssen abgelesen, wie dann den Ämtern zu seiner Zeit ordentliche Abschriften zugestellt werden sollen, darauf Wir Uns beziehen. Und dieweil um etwelche hernachgesetzte Artikel Uns beiderseits, heut Dato, die erforderlichen Anlass- und Übergabsbriefe, Eidgenössischem Spruche nach, förmlich eingehändigt wurden, so haben Wir, nach Anrufung der Gnade Gottes, erkennt und gesprochen, wie folgt:

Dass der Stadt Luzern alle habenden Briefe und Siegel, Rechte und Gerechtigkeiten, – nunmehr seit 250 Jahren, – auch Hoheiten, Freiheiten und Gerechtigkeiten, ewige Besitzung ihrer Unterthanen, zu allerbesten Kräften erkannt, – hingegen den sämmtlichen Ämtern ihre Amtsbücher, auch was sie sonst für Sprüche, Verträge und briefliche Rechtsame, gute Bräuche und Herkommen haben, bestätigt und bekräftigt sein sollen.

Das Umgeld belangend, finden Wir, dass eine löbl. Stadt Luzern darum genugsam gegründet, es den hohen oberkeitlichen Rechtsamen an allen Orten der Eidgenossenschaft anhängig und gebührlich sei, die Unterthanen auch solches nicht widersprechen, und dass es allein um das viel und wenig zu thun sei, indem die Unterthanen sich auf Gewisses berufen, so von Altem her und in ettlichen Ämtern allein 4 gute Schilling, in andern aber 5 gute Schilling und im dritten Orte 8 Luzerner Schilling von einem Saum Wein genommen wurden, vor etlichen und zwanzig Jahren aber ein löbl. Stand Luzern den sämmtlichen Unterthanen von jeder Maass einen Angster auferlegt habe, von welcher Steigerung wegen auch Spänn und Irrthum erwachsen seien. Also erkennen Wir hiemit zu Recht, dass Unsere G. L. A. Eidgenossen löbl. Stadt Luzern bei dem Rechte des Umgelds bleiben sollen, aber dies beim gegenwärtigen Unterschied dahin vermittelt sei, dass im ganzen Land eine Gleichheit gemacht, und von jedem Saum, 100 Maass gemeint, 10 Luzerner Schilling gegeben werden sollen.

Das von einigen Ämtern bezahlte Reisgeld *(Militärsteuer)*, die selbes wieder zurückfordern, betreffend, dieweil eine löbl. Stadt Luzern nebst den IV übrigen alten löbl. Kathol. Orten im J. 1647 in das Thurgau ausgezogen, einen grossen Kosten gehabt, und, aus Gnaden etlicher Ämter *(mit Begünstigung derselben)*, die in dem Auszuge nicht begriffen waren, von allen den durch die IV Orte erlittenen Unkosten bezogen, dabei aber jetzt erklärt hat, dass, wenn es inskünftig wieder zu einem Auszuge, so Gott wenden wolle! kommen sollte, sie anderer Ämter Unterthanen in den Auszug nehmen und ziehen, und selbigen mit dem Reisgeld auch verschonen wolle, so lassen Wir es dabei bewenden.

Die Einwohner des Landes Entlebuch vermeinen, dass, in Kraft einer im J. 1405 gemachten Verkommniss, die Urtheile nicht weiter als bis vor die Vierzehner und den Vogt gezogen werden sollen. Da aber im Landbuch, so An. 1491 errichtet, erläutert worden, dass, was das ermeldete Fünfzehner Gericht um 100 Gulden und darunter spreche, es dabei verbleiben und nicht weiter gezogen werden solle, was aber darüber und darum erkannt ist, von gedachtem Gericht vor die Obrigkeit appelliert werden möge, und diess bis daher allzeit also gebraucht worden, so lassen Wir es dieses Punktes halb verbleiben und also erläutert sein.

Die Beherrschung und Besetzung der Ämter der Stadt und Grafschaft Willisau betreffend, dieweil eine solche ein Stück von der oberkeitlichen Jurisdiktion ist, und diese hiemit einzig der Stadt Luzern zuständig erkennt ist, soll derowegen einer löbl. Stadt Luzern frei stehen, ihrem jeweil verordneten Landvogt in Willisau seine Residenz und Wohnung zu geben, und dass Unsere G. L. A. Eidgenossen das Schultheissenamt aus den Bürgern von Willisau besetzen wollen; jedoch wenn sie, die Stadt *(Willisau)* mehrere Gnade erhalten könnte, lassen Wir es bewenden und Uns gefallen.

Die Stadt und Grafschaft Willisau bekennt zwar, dass sie von Altem her den Aufritt eines Landvogts, zu 2 Jahren um, ausgehalten, dass aber hiemit grosse und unerschwingliche Kosten darauf gegangen, und die meisten anderen Ämter solcher Aufrittskosten überhoben seien, desswegen sie vermeinen, nichts mehr daran zu geben schuldig zu sein. Wir haben erkannt, dass ermeldete Stadt und Grafschaft Willisau den Aufritt wie von Altem her mit dieser Bescheidenheit aushalten wolle, dass ein Landvogt nicht mit mehr als 12 Personen aufreiten, dabei auch die Beamten, Gesellschaftshalber, in gebührender Zahl gemindert werden, oder jeder auf seine eigenen Kosten zehren solle.

Weil das Amt Rothenburg die Besetzung etlicher Ämter auch begehrt, aber hierum im J. 1570 von der IV alten kathol. Orte Ehrengesandten ein Anspruchsbrief aufgerichtet ward, in Kraft dessen die von Rothenburg selbst erkennen, dass sie solche Besetzung anders nicht als aus Gnade dermalen begehren und erhalten mögen, so haben Wir sie deshalb an Unsere G. L. A. Eidgenossen, ihre Gnädigen Herren und Obern, gewiesen.

Demnach die X Ämter, zu Behauptung ihrer unterschiedlichen Beschwerden und Forderungen, zu Wollhausen einen Bund gemacht, und leibliche Eide zusammengeschworen, und mit gewaffneter Hand und offen Fähnleins darüber vor die Stadt gezogen sind, solche unzulässliche Sachen aber in unserer Eidgenossenschaft nicht Herkommens haben, so haben Wir solchen Bund und den gethanen Eid mit dieser Unserer rechtlichen Erkanntniss aufgehoben, für null und nichtig erklärt, und dabei erkannt, dass mehrgemeldete Unterthanen nicht dergleichen Bündnisse und Eid mehr errichten, nicht mehr zusammenlaufen, noch weniger die Waffen also ergreifen, sondern, auf vorfallende Beschwerden, ein oder das andere Amt sich bei seiner Obrigkeit unterthänig anmelden, und, welche sich diesfalls übersehen würden, als an ihrer Obrigkeit treulos gestraft werden sollen.

Demnach die Ämter Willisau und Entlebuch die dieser Sache halb aufgegangenen Kosten begehrten und ansprachen, in Betrachtung aber ihrer, zuvor angezogener Zusammenverbindung, Auflehnung und unnöthigen Auszugs, wie auch gefährlicher Trennung und anderer unbefugter Unternehmungen während der Unterhandlung, ungeachtet unserer sowohl schriftlichen als mündlichen Abmahnung, Rechtbietens, gebotenen Stillstandes und Protestierens, wie auch insonderheit, dass sie, auf Unserer G. L. A. Eidgenossen, ihrer Obrigkeit, versprochenes Geleit zu Abschneidung dieser Weitläufigkeit, sich nicht in die Stadt begaben, so hätte man wohl Ursache gehabt, ihnen diese Kosten aufzulegen, um so viel mehr, als eine löbliche Stadt Luzern und die GHHerren und Obern allerseits, dieser Sache halb, grössere Kosten und Ausgaben gehabt haben; Wir aber haben doch, zu guter Versöhnung und von des Besten wegen, den Kosten allerseits aufgehoben.

Demnach mehrermeldete X Ämter hoch bedauern, dass sie vorangezogene Verbindung und Eid, zwar nicht in böser Meinung, sondern aus Einfalt, Unbedachtsamkeit und vorgemeldeter nothdringender Angelegenheit gethan, und daher Uns angelegentlich gebeten, bei ihren GHHerren und Obern zu Luzern in ihrem Namen unterthänig und gehorsam um Gnad und Verzeihung anzuhalten, so haben Wir, angesehen ihre Bitte, und Uns zu besonderen Ehren und Respekt, Unsere G. L. A. Eidgenossen um Gnad und Auslöschung dieses bekannten Fehlers gebeten, also dass Alles, was in diesem Aufstand mit Rath und That, mit Worten und Werken, wie das Namen haben mag, zwischen einer Obrigkeit und Burgerschaft eines Theils und den Unterthanen andern Theils verlaufen ist und sich zugetragen hat, allerdings aufgehoben, keinem an seinen Ehren, guten Namen, Leib und Gut, schädlich oder nachtheilig, sondern dergestalten ab sein und dessen fürohin nicht gedacht, sondern gehalten werden solle, als wenn es nie geschehen wäre, hierum aber heiter vorbehalten, welcher inskünftig von diesen Sachen ungute Reden, Verweis und Schmachworte, ungebührliche Worte brauchte, dass alsdann der Obrigkeit obliegen solle, die Fehlbaren nach Verdienen abzustrafen, – und demnach während diesem Handel und Auflauf etlichen Leuten das Ihrige angegriffen und geplündert worden, dass hierum fleissig solle nachgefragt werden, und, wenn die Thäter erfahren würden, sollen sie unmaassgeblich angegriffen, und zur Ersetzung des gethanen Schadens angehalten werden. Es ist auch Unsere Meinung, dass dieser Unser rechtlicher Spruch den Ämtern, und was mit jedem Amt insonderheit vertragen wurde, vorgelesen werden solle, damit sich Niemand mit der Unwissenheit entschuldigen könne, und nach solcher Abhörung soll jedes Amt seinem Landvogt zu Handen löblicher Stadt Luzern wieder mit einem leiblichen Eid, wie bei jedem Amte das Herkommen ist, schwören, und sich hinfüro, wie es getreuen, ehrliebenden Unterthanen gebührt, gegen ihre natürliche, von Gott gesetzte Obrigkeit betragen und verhalten. Dessen alles zu wahrer Urkunde sind zehn gleichlautende Briefe gemacht, mit Unsern angehängten eigenen Siegeln, jedoch Unser Aller Herren und Obern, auch Uns und Unsern Erben und Nachkommen ganz in allweg ohne Schaden und überall unvorgreiflich, bewahrt und gegeben worden den 18. März, als man zählte von der Geburt Christ 1653 Jahre.

20. Zeugenaussage von Thomas Zingg aus Bremgarten

18. März 1653 neuen Stils.

Inhalt: Thomas Zingg wird mit anderen Bremgartner auf dem Markt in Richensee (bzw. auf dem Weg dorthin und zurück) von fünf Meienbergern beschimpft, die Bremgartner seien meineidige und ehrvergessene Leute und zögen mit den Luzernern gegen die Bauern und die Landschaft zu Felde. Mit ihrer Handvoll Leute seien die Bremgartner allerdings gänzlich unnütz. Der Landschreiber habe sie aufgestachelt, der solle nur kommen und ihnen auf dem Land den Auszug befehlen. Auf die Widerrede eines Bremgartners kommt es zum tätlichen Angriff auf diesen. Hitzkircher und andere sagen, in Zukunft solle ein Landvogt den Landschreiber mitbringen, die Landschreiberei in den Freien Ämtern müsse abgeschafft werden.

Quelle: Zurlaubiana AH 135/131, ein den Herausgebern von Herrn Dr. Rainer Stöckli, Zurlauben-Bearbeitung, Aargauische Kantonsbibliothek, Aarau, freundlich zur Verfügung gestelltes Dokument aus der Sammlung Zurlauben, Regesten und Register zu den Acta Helvetica, Gallica, Germanica, Hispanica, Sabaudica etc. necnon Genealogica Stemmatis Zur-Laubiani, bearbeitet von Kurt-Werner Meier, Josef Schenker, Rainer Stöckli, Serien 1ff., Aarau, Frankfurt am Main und Salzburg: Sauerländer, 1976ff.

Meister Thoma Zinckh der Schumacher, berichtet, alss er an sanct Gertruden Tag *(17. März)* gen Rychensee *(= Richensee)* Zmärcht gangen, seyge er Underschidlich mahlen gfragt worden, wan der Landtschriber *(der Freien Ämter, Beat Jakob I. Zurlauben)* und der hauptman Kyd kommen, sy wollen Ihnen den Weg gen Rychensee Zeigen, Sellen nur kommen wan sy so frisch.

Jtem 5. Meyenberger *(Amtsgenossen)* Under Welchen ein Schumacher ein Man Von 30. Jahren Ungfahr. Welche alss Sy Verstanden, dass er Zinckh und Consorten Bremgarter, sy ohn Underlass Von Jhnen schmächlich taxiert worden, dass Nemblich Sy die Bremgarter Meyneydig Ehrvergessen lüth, dass Sy wider die Buwren *(Untertanen)* und landtschafft *(die Freien Ämter gemeint)* Mit den Luserneren Zkrieg Zogen. Sy heigen sich Vom Landtschriber uffwyssen lassen, Er solte kommen und Sy Heissen Ziechen, sy Wölten ihms machen, Die Brämgarter Vermögen nichts heigen Weder Zbissen noch Zbrächen, Wass sy mit ihrem hämpfele Volckh Wollen ussrichten, seyen schlimme kheinnützige lüth, Jnsonderheit der Schumacher, War Zu sy stats gschwigen, Letstlich der Papst *(?)* gseit, ess seig einer so gwüss ein dieb, dass die Bremgarter ful ehren vergessen Meyneidig Lüth seigint, Warüber der Schumacher ihn angriffen, kratzt und gschlagen. Diss haben nun andere mehr gsehen und ghört, Jnsonderheit *(der Bremgarter Rats)*herr Hans s Ulrich Meyenberg *(= Meienberg)* …

Auch seige geredt worden, Sy wollen Keinen Landtschriber mehr in freyen Empteren, sonderen ein Landtvogt *(damals war dies Niklaus Wipfli)* müese ein schriber mit bringen, Wan er ihns Landt khomme. Haben der gleichen reden vil triben, so Wol hitzkhilcher *(Amtsgenossen?)* alss Andere, habe aber die Bauwern nit khendt. Diss hat er mich berichtet wie er heimkommen den …

(gez.) Simon Marx *(Landschreiber-)* Substitutus

21. Abschied der eidgenössischen Tagsatzung

18. bis 22. März 1653 neuen Stils.

Inhalt: Die Gesandten von Zürich, Bern, Luzern, Uri, Schwyz, Unterwalden, Glarus, Basel, Freiburg, Solothurn, Schaffhausen, Appenzell, Abt und Stadt St. Gallen stellen fest, dass die X Ämter der Stadt Luzern sich im bewaffneten Aufstand gegen ihre Obrigkeit befinden und vor die Stadt Luzern gezogen sind. Der Versuch der VI katholischen Orte, zu vermitteln, ist trotz der Bereitschaft der Stadt Luzern gescheitert. Deshalb sind die Gesandten der vertretenen Stände auf Befehl ihrer Obrigkeiten in Baden zusammengekommen, um nach Wegen zu suchen, der Sache am heilsamsten zu helfen. Luzern bedankt sich für die Hilfsbereitschaft und erstattet, zusammen mit Gesandten von an der versuchten Vermittlung beteiligten Orten Bericht: Eine Entlebucher Abordnung hat in Luzern eine Audienz beim Grossen Rat verlangt, aber nicht erhalten. Die Entlebucher Abordnung ist vielmehr an eine Luzerner Ratsabordnung verwiesen worden, welche sie nach der noch andauernden Ratssitzung anhören werde. Die Entlebucher haben jedoch nicht darauf gewartet, sondern die Stadt Luzern wieder verlassen. Eine darauf ins Entlebuch geschickte Abordnung des Luzerner Rates ist trotzig und von einer grossen mit Knütteln bewehrten Mannschaft begrüsst worden, welche diese Waffen auch auf freundliche Aufforderung hin nicht abgelegt hat. Ob die Entlebucher Geschworenen in guten Treuen verhandelt haben, steht dahin. Die Luzerner Gesandten sind in die Kirche gegangen, um ihre Anliegen vorzubringen und haben mit drei Ausgeschossenen der Entlebucher verhandelt. Diese Ausgeschossenen haben in erster Linie nach den urkundlichen Belegen für den ursprünglichen Übergang der Hoheit über das Entlebuch an die Stadt Luzern und nach den Bedingungen dieses Übergangs gefragt. Die Luzerner Gesandten haben angeboten, die Urkunden in der Stadt Luzern zu zeigen und die Entlebucher aufgefordert, ihre Beschwerden schriftlich einzureichen. Dies ist jedoch nicht geschehen, sondern es haben sich vielmehr X Ämter in Wolhusen verbündet und versprochen, einander zu helfen, bis alle und jedes Amt die Erfüllung seiner Anliegen von der Obrigkeit erhalten werde. Luzern hat darauf die VI katholischen Orte Uri, Schwyz, Unterwalden, Zug, Freiburg und Solothurn informiert. Die Gesandten dieser VI Orte haben sich der Sache angenommen und von Luzern Vollmacht erhalten, die Angelegenheit in Minne oder durch einen Rechtsspruch beizulegen. Die Untertanen haben jedoch gegen jedes Völkerrecht nicht nur die Gesandten der VI Orte mehrfach beleidigt, sondern auch durch ihre Standesfarben kenntlich gemachte und in deren Schutz reisende Boten einzelner Orte gefangen, ihnen die Briefe abgenommen, ja die Waffen ergriffen, die Pässe und Brücken besetzt, eine Wagenbrücke über die Reuss geschlagen und sind vor die Stadt Luzern gezogen. Agitatoren der rebellischen X Ämter verbreiten im einfachen Volk die Behauptung, sie könnten nicht zu ihrem Recht kommen und warnen vor einer Hilfe an die Stadt Luzern, denn in diesem Fall werde Luzern samt den Hilfleistenden zugrunde gehen. Sie, die X Ämter, seien nämlich aus dem Bernbiet einer Unterstützung von 18 000 Mann gewiss. Die Vermittler der VI katholischen Orte haben auf dem Feld zwischen Luzern und Kriens, wo das Lager der Untertanen gewesen ist, ihren Spruch eröffnet, woraufhin die Untertanen nach Hause gezogen sind und Luzern seine Besatzung entlassen hat. Dafür verdienen die Gesandten, die viel Mühe um des gemeinsamen Vaterlandes willen auf sich genommen haben, Dank. Da sich nun aber auch andernorts schwierige Untertanen bemerkbar gemacht haben, hat die Tagsatzung eine, Defensionalwerk genannte, militärische Eventualplanung verabschiedet, die auf die erste Mahnung eines Ortes hin zur Umsetzung gelangen kann. Die Abwesenheit der Zuger vermerkt die Tagsatzung ebenso wie die Anbiederung eines Zuger Gesandten bei den rebellischen Bauern. Die Tagsatzung drückt in einem Schreiben an Zug ihre Verwunderung aus. Die Berichte über die Völkerrechtsverletzungen gegenüber Gesandten und Boten werden im Hinblick auf die weitere Beratung darüber gesammelt. Die Städte Bremgarten und Mellingen sind durch die Ortsbehörden so zu sichern, dass insbesondere auch nachts keine Agitatoren oder Boten der noch ungehorsamen und rebellischen Untertanen durchkommen. Die Agitation der rebellischen Luzerner Untertanen hat es dazu gebracht, dass weitere Rebellionen zu erwarten sind. Davor warnt ein allgemeines Mandat der Tagsatzung mit der Aufforderung, rebellische Fremde und Einheimische festzunehmen und den Obrigkeiten zu übergeben oder zumindest anzuzeigen. Sollte in Zukunft, wie jüngst die Luzerner Obrigkeit, ein anderer eidgenössischer Ort mit einer derartigen Rebellion konfrontiert werden, haben – sofern die einzelnen Obrigkeiten diesem Grundsatz zustimmen – die übrigen Orte dem bedrängten Stand Truppen zuzusenden und zwar ohne vorgängige Untersuchung der Frage, wer Recht und wer Unrecht habe. Im Falle einer entsprechenden

Mahnung soll ein aus den Kontingenten von Zürich, Glarus, Appenzell, der Stadt St. Gallen sowie, wenn sie ebenfalls gemahnt werden, der Drei Bünde gebildetes Korps beachtlicher Grösse unter einem Zürcher Kommandanten Lenzburg besetzen. Bern, Freiburg und Solothurn sollen nach den bestehenden Absprachen und eigenem Ermessen vorgehen. Ein Urner Kommandant und 800 Mann aus den Kantonen Luzern, Uri, Schwyz, Unterwalden und Zug sowie aus dem Gebiet der Fürstabtei St. Gallen und der italienischsprachigen Vogteien sollen Baden, Bremgarten und Mellingen besetzen, Verbindung mit dem Zürcher Korps halten und in den Landvogteien Baden und Freie Ämter sowie in deren Umgebung zum Rechten sehen. Basel und Mülhausen werden 500 Mann nach Aarau werfen. Schaffhausen hat mit Mannschaft zu Fuss und zu Pferd Brugg zu besetzen. Der Bischof von Basel wird ersucht, mit 150 Mann zu Fuss und 50 Mann zu Pferd Olten zu besetzen. Die Schlösser und festen Plätze sind gebührend zu sichern, die rebellischen Untertanen sind durch die Obrigkeiten öffentlich bekannt zu machen, damit ihnen niemand Unterschlupf gewähre. Handel, insbesondere Waffenhandel, und Verkehr mit den Rebellen sind untersagt. Die drei Bünde und das Wallis sind den Bünden gemäss um treues Aufsehen gebeten worden. Die Abneigung der Angehörigen der Gemeinen Herrschaften gegen die allzu scharfe Regierung macht sie zur Hilfe bei der Eindämmung des Aufruhrs wenig geeignet. Eine aus Vertretern von Zürich, Uri, Unterwalden und Glarus bestehende Kommission soll der nächsten Tagsatzung darüber berichten. Schwyz, Unterwalden und Freiburg machen unterschiedliche, aber mehr formelle Vorbehalte in Sachen Operationsplan. Baden, Bremgarten und Mellingen sind über den Abschied informiert worden, damit in Sachen Durchmarsch und Einquartierung der eidgenössischen Truppen keine Schwierigkeiten entstehen, insbesondere in Mellingen nicht. Der gute Wille der Stadt Mülhausen, die Luzern ihre Hilfe angeboten hat, wird ausdrücklich anerkannt, der Brief des französischen Botschafters beantwortet.

Quelle: Alois Vock, Der Bauernkrieg im Jahre 1653 oder der grosse Volksaufstand in der Schweiz, dritte Auflage, Aarau und Thun: J. J. Christen, 1837, Seiten 111 bis 121.

Der Herren Gesandten Namen:
Von Zürich: Joh. Heinrich Waser, Bürgermeister, Konrad Werdmüller, Reichsvogt, Seckelmeister und des Raths;

von Bern: Anton von Grafenried, Schultheiss, Vincenz Wagner, Venner und des Raths;

von Luzern: Laurenz Meyer, Statthalter, Oberzeugherr und des Raths;

von Uri: Joh. Jakob Tanner, Ritter und Altlandammann, Oberst Sebastian Peregrin Zweyer von Evebach, Ritter, Altlandammann und Landeshauptmann, Andreas Planzer, Landsfehndrich und des Raths;

von Schwyz: Michael Schorno, Altstatthalter;

von Unterwalden: Marquard Imfeld, Ritter, Altlandammann ob dem Wald, Batholome Odermatt, Altlandammann nid dem Wald;

von Zug: Niemand;

von Glarus: Jakob Marti, Pannerherr und Landammann, Balthasar Müller, Altlandammann;

von Basel: Joh. Rudolf Wettstein, Bürgermeister, Joh. Heinrich Falkner, Zeugherr und des Raths;

von Freiburg: Beat Jakob von Montenach, Seckelmeister und des Raths;

von Solothurn: Wilhelm von Steinbruck, Altrath und Zeugherr, Franz Hafner, Staatsschreiber und des geheimen Raths, Urs Gugger, Gemeinmann und des Raths;

von Schaffhausen: Joh. Jakob Ziegler, Bürgermeister Leonhard Meyer, Seckelmeister und des Raths;

von Appenzell: Johann Suter, Landammann der innern, Johann Tanner, Landammann und Pannerherr der äussern Rhoden;

vom Abt zu St. Gallen: Ignaz Balthasar Rink von Baldenstein zu Wartegg, Hofmeister;

von der Stadt St. Gallen: Bartholome Schobinger, des Raths.

I.

Demnach Unserer G. L. A. Eidgenossen löblicher Stadt Luzern Unterthanen von X Ämtern wider ihre natürliche, von Gott vorgesetzte Oberkeit, unter dem Schein etwelcher wider dieselbe habender Beschwerden, in hievor nie erhörter Unform aufgestanden und rebellisch geworden sind, also dass die bis dahin nicht allein nicht mögen wiederum völlig gestillt und zu der Gebühr gebracht werden, sondern auch sogar die Waffen ergriffen, sich etlicher Pässe bemächtigt, und vor ihrer Oberkeit Stadt gezogen sind, obwohl der VI kathol. Orte Herren Ehrengesandten mit äusserster Angelegenheit dazwischen gemittelt, und sich Unsere gedachten lieben Eidgenossen der Stadt Luzern anerboten, alles den Herren Ehrengesandten der angeregten VI kathol. Orte, gütlich oder rechtlich auszusprechen, gänzlich zu übergeben, – sind von Unsern GHHerren und Obern allerseits auf das von Unsern G. L. A. Eidgenossen löblicher Stadt Zürich empfangene Ausschreiben, Wir, allhier zusammen zu kommen, befehligt worden, um zu beratschlagen, wie der Sache am heilsamsten zu helfen sein möchte. Deswegen haben Wir, nach verrichteter gewöhnlicher Eidgenössischer Begrüssung und Komplimenten, für das erste erachtet, Unserer oft angezogenen Eidgenossen der Stadt Luzern und etwelcher anderer löbl. Orte, so der Vermittlung theils auch beigewohnt, Herren Ehrengesandten mehreren Bericht zu vernehmen. Darüber dann haben Unserer L. Eidgenossen der Stadt Luzern Herren Ehrengesandten, von ihrer Herren und Oberen wegen, freundeidgenössischen Dank gesagt, dass Unsere Herren und Obern allerseits auf ihre Mahnung sich zu einer unverweilten bundsgenössischen Hilfeleistung und Beisprung willig und tröstlich erklärten. Und dann, nach solchem, haben sie den nachfolgenden, allhier in ungefähre, kurze Substanz zusammengezogenen Bericht mit weitläufigen Umständen gethan, nämlich: dass die Unterthanen des Amts Entlebuch auf einen Tag einen Ausschuss in die Stadt gesandt, vor Rath zu begehren; weil aber selben Tags, wegen anderer vieler Geschäfte, der Rath lang währte, habe man den Entlebuchischen Ausschüssen anzeigen lassen, warum, sie dieses Tags vor Rath anzuhören, nicht möglich sei, dass jedoch gewisse Herren geordnet seien, welche ihnen nach vollendetem Rathe zu ihrem Begnügen Audienz geben werden, damit hernach die fernere Gebühr beschehen möge. Die Entelbuchischen Ausschüsse aber haben nicht gewartet, bis der Rath geendet war, sondern sich wieder fortgemacht. Als nun darauf eine Gesandtschaft von Luzern in das Entlebuch gesandt worden, um zu vernehmen, was ihre Angelegenheit gewesen sei, haben die Herren Gesandten befunden, dass die Unterthanen sich bereits mit Knütteln bewehrt gemacht hatten, mit welchen sie vor die Gesandten in grosser Anzahl Mannschaft mit Trotzen und aller Unbescheidenheit gezogen, auch durch vielfältiges freundliches Zusprechen, das die Gesandten in aller guten Freundlichkeit und in keinem Bösen verwendeten, solche niederzulegen nicht bewegt werden mochten, sondern gegen die Herren Gesandten in aller Unbescheidenheit fortgefahren sind. Zwar haben die Geschwornen simuliert, als ob sie das Beste dabei redeten; aber ob es ihnen mit Ernst angelegen gewesen oder nicht, ist zu muthmassen. Endlich seien die Herren Gesandten in die Kirche gegangen und haben ihre Anbringen geöffnet, also dass drei Ausgeschossene von den Unterthanen verordnet wurden, mit den Herren Gesandten zu traktieren, welche Ausgeschossene vornehmlich zu sehen begehrten die Briefe und Siegel, wie und mit welchen Bedingungen Entlebuch an die Stadt Luzern gekommen sei. Solche haben ihnen die Herren Ehrengesandten der Stadt Luzern zu zeigen versprochen, jedoch in der Stadt Luzern, mit Begehren, sie, die Unterthanen, sollen die Punkte ihrer Forderungen oder Beschwerden aufsetzen und nach Luzern senden; es werde darüber beschehen, was billig und recht sei. Das sei aber nicht beschehen, sondern es haben inzwischen zu Wollhausen X Ämter mit grossen Ausschüssen eine Zusammenkunft gehalten, und sich mit Eiden gegen einander verbunden, bei einander zu halten, bis alle sämtlich und jede Gemeind insonderheit die begehrten Artikel erhalten haben werde. Bei so gestalteten Dingen haben ihre Herren und Obern der Stadt Luzern den VI kathol. Orten ihre Begegnis berichtet, welche alsobald ihre Ehrengesandten abordneten, die nun in die X Ämter geritten und alle über ihre Beschwerden und Begehren angehört, in die Sache eingeschlagen, und zu traktieren unterwunden haben, also dass ihre Herren und Obern endlich denselben, wie obgemeldet, alles zu gütlicher oder rechtlicher Ausführung übergaben; die schwierigen Unterthanen aber haben bis dahin und während des Traktierens, wider alles Völkerrecht, ungeachtet des versprochenen sichern Geleits, nicht nur gegen die Herren Ehrengesandten der VI löbl. Orte viele ungebührliche Insolenzen erwiesen, sondern auch Boten etwelcher Orte mit den Farben und Geleiten aufgefangen, die Briefe genommen, und auch sogar zu den Wehren gegriffen, die Pässe und Brücken besetzt, eine Wagenbrücke über die Reuss gemacht, ja sogar an die Stadt gezogen, wie auch oben angedeutet ist. – Nebstdem ist von etwelcher anderer Orte Herren Ehrengesandten Bericht gegeben worden, was Maassen von den rebellischen Unterthanen Unserer Eidgenossen der Stadt Luzern geheime Deputierte ausgesandt worden, in die gemeinen Leute zu stecken, dass sie zu keinem Rechte kommen mögen, mit dabei angehängter Bedrohung, wenn man sich der Stadt Luzern annehme, werde dieselbe zu Grunde gehen, und ihr Beistand mit derselben; denn die klagbaren Ämter des Luzernergebiets haben 18 000 Mann aus dem Bernergebiet auf allen Nothfall und Begehren gewiss zu Hilfe. Hierüber haben Unserer G. L. A. Eidgenossen der löbl. Stadt Bern Herren Ehrengesandten erzählt, was sich mit ihren Unterthanen begeben, und sie haben dabei ein wachbares, treues Eidgenössisches Aufsehen begehrt. – Unterdem ist ein Schreiben von den Herren Ehrengesandten oder Kriegsräthen, welche von wegen Unserer G. L. A. Eidgenossen der drei löbl. Städte Bern, Freiburg und Solothurn, in Bern versammelt sind, eingelangt. – Als Wir nun die Sache in Berathschlagung gezogen, ist inzwischen uns von Unsern G. L. A. Eidgenossen mehrgedachter Stadt Luzern ein Schreiben eingelangt, worauf Wir die drei Gesandten erwarteten.[30]

II.

Und nach deren Ankunft haben Wir von denselben eine weitläufige Relation, wie alles hergegangen, vernommen, die Wir, wegen etwelcher Umstände, Unserm Abscheide beizusetzen, nicht nothwendig befunden, sondern erachtet, es werden alle Herren Ehrengesandten ihre Herren und Obern mündlich zu berichten wissen; allein, was nicht gütlich hingelegt, sondern rechtlich ausgesprochen worden, das ist beiden, Unsern L. Eidgenossen der Stadt Luzern und den Unterthanen, zwischen der Stadt und Kriens, wo die schwierigen Unterthanen ein Lager hatten, eröffnet worden. Also sind darauf die Unterthanen in der folgenden Nacht abgezogen, und haben Unsere Eidgenossen der Stadt Luzern des folgenden Tags ihre in die Stadt genommene Besatzung auch wieder entlassen.

III.

Auf solches ist den Herren Ehrengesandten, welche vermittelst der Gnade Gottes durch ihre Dexterität und Vorsicht die Sache verglichen, und viele Mühe, Gefahr und Despekt, von des gemeinen Vaterlandes wegen, ausgestanden haben, gebührender Dank gesagt worden. Gott der Allmächtige, verleihe ferner seine Gnade, dass das liebe Vaterland in Ruhe und Frieden langwierig bestehen möge. Dieweil aber sich anderswo auch schwierige und unruhige Unterthanen vermerken liessen, so haben Wir verabscheidet, und eine Form eines Auszuges für die erste Mahnung zu einem Defensionalwerk gemacht, wie hernach folgt.

IV.

Dieweil von Unsern G. L. A. Eidgenossen des Orts Zug bei gegenwärtiger Tagleistung Niemand erschienen, und Uns daneben Bericht eingelangt ist, dass, ungeachtet gedachte Unsere Eidgenossen auf die nach Luzern, wegen der von den Unterthanen Unserer G. L. A. Eidgenossen der Stadt Luzern vorgenommenen Rebellion und Unruhe, ausgeschriebene Tagleistung jüngsthin mit ansehnlicher Gesandtschaft erschienen gewesen, und sich etwelche ausgeschossene Herren Gesandten der VI Orte in der Interposition so weit befunden haben, dass es gleichsam an dem Abdruck gewesen, erst zwei andere Gesandte zu den rebellischen Bauern geschickt wurden, deren der eine zwar wiederum heimgeritten, der andere aber bei den Bauern verblieben ist, und sich denselben zum Fürsprech anerboten hat, so haben Wir gemeldten Unsern Eidgenossen der Stadt Zug mit gebührender Manier zugeschrieben, und zu vernehmen gegeben, was Maassen Wir Uns hierüber nicht wenig verwundern, und es besser unterlassen befunden hätten.

V.

Dann haben Wir von den Herren Ehrengesandten, welche, nach geschlossener gütlicher und rechtlicher Vergleichung zwischen Unsern Eidgenossen der Stadt Luzern und ihren Unterthanen, von gesamten Mediatoren und Mittelsherren, um Bericht zu thun, zu Uns verordnet wurden, verstanden, was Maassen den Herren Ehrengesandten, so in der Sache gemittelt, sämtlich, wie auch etlicher Orte Läufersboten und Schreiben viel Despekt und Unehre erfolgt, und hiemit diese Affrontierung, als eine Verletzung des gemeinen Völkerrechts, billig von gemeinen Orten und ganzem Stande *(der Eidgenossenschaft)* zu empfinden ist, so haben Wir gut befunden, dass, was deswegen jedes Ort weiss, diesmal partizipiert werde, und demnach fernere Informationen sowohl insgemein als besonders bei Unsern G. Eidgenossen der Stadt Luzern, die Wir deswegen durch ein Schreiben ersuchten, beschehen solle, damit man Unsern allerseits G H Herren und Obern den Verlauf referieren, und seiner Zeit die Gebühr berathschlagen und ansehen *(beschliessen)* könne.

VI.

An beide Schultheissen und Räthe der Städte Bremgarten und Mellingen haben Wir eilfertig zugeschrieben, dass sie ihre Städte und Pässe mit guter Verwachung wohl in Obacht nehmen, und Niemanden von verdächtigen Personen, sonderlich Nachts, passieren noch repassieren lassen sollen, damit die theils noch sich ungehorsam und rebellisch erzeigenden Unterthanen in Unsern gemeinen Vogteien desto weniger zu einander wandeln, Unterredungen halten, und keine mehrere Aufstiftungen machen können, wie Wir zu dem Ende hin die Verordnung gethan, dass die Pässe bei grossen und kleinen Fahren deswegen versichert, oder die Schiffe, wo man nicht besser die Gefahr verhüten kann, gar weggethan werden.

VII.

Dieweil man verspürt, dass die rebellisch gewesenen Luzerner Unterthanen durch ihre geheimen Gesandtschaften an gar vielen Orten bei gemeinen und besondern Unterthanen die Sache so weit gebracht, dass noch mehrere Rebellionen und Aufruhren zu besorgen sind, so haben Wir männiglich durch ein gemeines Mandat verwarnen lassen, dass Jeder seine Pflicht in Obacht nehmen, und betrachten solle, was dem ungebührenden Ungehorsam zu gewarten stehe, mit dem Anhange, dass Alle und Jede bei ihrer Pflicht die erfahrenden *(in Erfahrung gebrachten)* Aufwiegler und, ihren Eiden entgegen, sich rebellisch erzeigenden Fremden und Heimischen in Verwahrung nehmen, und den Oberkeiten ausliefern oder anzeigen sollen.

VIII.

Dann haben Wir für eine Nothwendigkeit erachtet, zu berathschlagen, und auf Gefallen Unserer allerseits G H Herren und Obern Uns gegen einander zu erklären, dass auf ferner vorfallenden Nothfall, da ein Ort von seinen Unterthanen, wie jüngsthin mehrgedachten Unsern Eidgenossen der Stadt Luzern beschehen, angefochten würde, solchen Falls die übrigen Orte, ohne Diffikultierung und auf die Bahn-Bringung, wer recht oder unrecht habe, demselben nothleidenden Orte und Oberkeit ohne Verzug, so eilend als möglich, zu Hilfe ziehen wollen, bis das Angefochtene wider zu besorgenden Überfall in Defension gesetzt sein wird.

IX.

Die Defensionalanstellung haben Wir für die erste Mahnung also vorzunehmen erachtet, nämlich: dass Zürich, Glarus, Appenzell und die Stadt St. Gallen, wie sie sich, der Zahl halb, vergleichen werden, ein Corps von Consideration machen, und aus ihren Mitteln Lenzburg besetzen, auch Unsere Eidgenossen der Stadt Zürich diesem Corps einen Hauptmann geben sollen. Und wenn Unsere Eid- und Bundsgenossen gemeiner drei Bünde auch aufgemahnt würden, sollen sie auch zu diesem Corps gezogen werden. – Bern, Freiburg und Solothurn wird überlassen, nach allbereit gemachter Anstalt sich in's

Werk zu richten, wie sie es nothwendig befinden werden. – Luzern, Uri, Schwyz, Unterwalden und Zug werden von jedem Ort mit 100 Mann, samt Ihrer Fürstl. Gnaden von St. Gallen, und 200 Unterthanen aus den welschen Vogteien die Städte Baden, Bremgarten und Mellingen in Defension, und mit den in das Bernbiet ausgezogenen gute Korrespondenz und Rücken halten, auch im Nothfall einander succurieren, soviel möglich, in der Grafschaft Baden und in den freien Ämtern die vorfallende Nothwendigkeit thun, und nicht allein die Unterthanen selbiger beider Landvogteien, sondern auch andere Angränzende, die dieser Orten und Enden den Aufrührern sich anhängig machen wollten, hinterhalten; diesen wird ein Hauptmann aus dem löbl. Orte Uri gegeben werden, wie Wir denn gedachte Unsere G. L. E. des löbl. Orts Uri schriftlich ersucht haben. – Basel und Müllhausen werden sich nach Aarau begeben mit 500 geworbenen Mannen; – und Schaffhausen wird nach Brugg ziehen mit der angebotenen und abgeordneten Mannschaft zu Fuss und Pferd. Dann, dass Ihre Fürstl. Gnaden, Hr. Bischof von Basel, mit 150 Mann zu Fuss und 50 Mann zu Pferd nach Olten ziehen wolle, wird sie gebührend schriftlich ersucht. – Wir wollen auch, dass alle guten Orte von Schlössern und Berghäusern, item: alle Pässe aller Orten nach Nothwendigkeit versorgt, und das Getreide, soviel möglich, in gute Verwahrung geführt werde. – Und damit den aufstehenden Rebellen desto eher die Mittel benommen werden, wird jeden Ortes Obrigkeit dieselben, auf empfangenen Bericht, bei den Ihrigen öffentlich verschreien, damit sie dieselben weder hausen noch hofen *(weder in Haus noch Hof dulden)*, ihnen weder Proviant, Salz, Munition, noch Anderes und viel weniger Waffen zukommen lassen, hiemit auch Pass und Repass, samt allem Handel und Wandel abstricken, auch, wo einer betreten würde, solchen zu Recht aufhalten. – Was man für Stuck in das Feld führen wolle, wird jedem Orte überlassen. – Unsere Eid- und Bundsgenossen der drei Bünde und von Wallis haben Wir, den Bünden gemäss, gebührend um ein treues Aufsehen schriftlich ersucht.

X.

Dieweil ein guter Theil der Mannschaft in löbl. Eidgenossenschaft aus den gemeinen Herrschaften besteht, und nun eine Zeit lang, besonders bei gegenwärtigem Luzernischen Unwesen, die Unterthanen sich viel Unwillens wegen allzu scharfer Regierung, hievor gemachter Reformation zuwider, vermerken liessen, und man sich diesmal derselben, zu Dämmung der Aufrührer, wenig zu erfreuen gehabt hätte, so sind hernach geordnet worden, nämlich: Hr. Seckelmeister Werdmüller von Zürich, Hr. Landammann Tanner von Uri, Hr. Landammann Imfeld von Unterwalden, und Hr. Landammann Marti von Glarus, um die Beschwerden in ihren Angelegenheiten zu verhören und die Nothdurft in Schrift zu verfassen, auf dass der Bericht auf nächstkünftige Tagleistung zu Remedierung gebracht werden möge.

XI.

Dabei hat jedoch Unserer G. L. A. Eidgenossen des löbl. Ortes Schwyz Hr. Ehrengesandter sich erklärt, dass er allein von den Mittelsherren anher verordnet sei, von seinen Herren und Obern aber diesmal keinen Befehl habe, und also in das Defensionalwerk nicht einwilligen könne, sondern es in den Abscheid nehmen müsse; doch werden seine Herren und Obern sich, seines Vermeinens, auch nicht sönern, wie sie, was den Bünden gemäss ist, jederzeit treu zu erstatten gemeint seien.

XII.

Unserer G. L. A. Eidgenossen des löbl. Orts Unterwalden Herren Ehrengesandte haben sich, wegen nicht habenden Befehls auch entschuldigt, sondern sie müssen es in den Abscheid nehmen, halten aber dafür, ihre Herren und Obern werden sich von übriger Orte Gutbefinden nicht sönern.

XIII.

Unserer G. L. A. Eidgenossen der löbl. Stadt Freiburg Herr Ehrengesandter hat von seinen Herren und Obern auch keinen Spezialbefehl, will sich jedoch nicht sönern.

XIV.

Die Schultheissen der Städte Baden, Bremgarten und Mellingen haben Wir etlicher gestalt berichten lassen, was verabschiedet wurde, damit wegen Passgebung, sonderlich zu Mellingen, wie auch der Einquartierung halb, keine Diffikultät gemacht werde.

XV.

Da die Oberkeit der Stadt Mülhausen durch zwei Abgesandte Unsern L. Eidgenossen der Stadt Luzern ihre Hilfe anbieten liessen, so haben Wir, zur Gedächtnis solches ihres erzeigten guten Willens, dies Unserm Abscheide beizusetzen befohlen, auf dass es Unsern Herren und Obern gebührend referiert werde.

XVI.

Was I. Exc. Der französische Hr. Ambassador de la Barde Uns zugeschrieben hat, ist, in's Deutsche übersetzt, zu finden. Nebst welchem Herr Vigier, der Königl. Majestät zu Frankreich Dolmetscher und Sekretär, aus gedachten Herren Ambassadors Befehl, einen mündlichen Vortrag gethan hat in gleicher Substanz, wie das Schreiben enthält. Darüber haben Wir dem Herrn Vigier mit Gegencomplimenten mündliche Antwort geben lassen, dem Hrn. Ambassador aber wieder eine schriftliche Antwort mit gebührenden Komplimenten übersandt.

22. Berner Ratsbeschluss

Bern, 9. März 1653 alten Stils.

Inhalt: Auftrag, die Personen, die in Langnau gegenüber den Gesandten trotzig aufgetreten sind, herauszuverlangen und einzusperren.

Quelle: Staatsarchiv Bern, A IV 181, Seite 408. Wir danken allen Mitarbeiterinnen und Mitarbeitern des Staatsarchivs Bern, unter ihnen besonders auch den Herren Peter Hurni und Vinzenz Bartlome, für ihre Unterstützung.

Trachselwald, solle die zu Langnau vor den H. Gesandten sich trotzig erzeigten, ausherfordern und einsetzen.
Den 9. Martij 1653

23. Tagebuch Markus Hubers im Schloss Aarwangen

20. März 1653 neuen Stils.

Inhalt: Die Stützen der Obrigkeit in den Dörfern, Pfarrer und Weibel, verlassen diese teilweise als zu unsicher oder machen sich, wie der Weibel zu Melchnau, zu Wortführern der Bauern. Die Untertanen verlangen das für militärische Zwecke vorgesehene Reisgeld. Angesichts der Alarmierung der (aus dem Dorf rekrutierten) Besatzung des Schlosses Aarwangen kommt es nicht zur geplanten Wegnahme des Reisgelds, sondern zu einer Audienz mit dem Landvogt auf offenem Schlosshof. Niklaus Willading erklärt, das Reisgeld sei wohl vorhanden, stehe aber ohne Befehl der Regierung nicht zur Verfügung und werde mit Waffengewalt verteidigt.

Quelle: Paul Kasser, Die Geschichte des Amtes und des Schlosses Aarwangen, in: Archiv des Historischen Vereins des Kantons Bern, XIX. Band, Bern: Gustav Grunau, 1909, Seiten 57 bis 446, Seiten 265, 266.

Dito abends um 5 Uhren, als man geschäftigt war, sich gegen den Aufrührern in Gegenverfassung zu setzen, kame zu Aarwangen an, der Markstaller von Sankt Urban, aus Befehl Ihr Gn. Herrn Abbt, mit Bricht, der Frieden im Luzerner Gebiet wäre gemacht; aber als er durch Roggwyl greiset, seig dert jedermann in Waffen gewesen, der Sag nach, sie wollten all hero für das Schloss ziehen, will sie vernommen, dass 600 Welsche allda ankommen; wärend willens sie wiederum aushin zu schlagen.

Ein paar Stund aber zuvor war der Weibel von Langenthal, samt seim Sohn, auch Predikanten daselbst, mit ihren besten Sachen, dazu der Freyweibel und Predikant zu Lotzwyl, um ihr Sicherheit zu haben, ins Schloss in salvo kommen. Als der Markstaller sein Antwort und Abfertigung kaum bekommen, kommt ein eilender Bott, der zeigte an, wie die von Melchnau, Gondiswyl, Madiswyl und Bleienbach gewehrter Hand ihr Reisgeld abzeholen, schon im Hard angelangt wären. Darauf der Hr. Landvogt ohne Verzug die Loosung den Aarwangern geben liesse *(Alarmschüsse),* welche auch willig erschienen. Nachdem nun jedermann im Schloss vom Hr. Landvogt zur Gegenwehr grüst und armiert worden, da kam solches den Feinden für, welche, ob sie wohl 150 Mann waren, den Mut also sinken liessen, dass die von Madiswyl und Bleienbach straks von ihnen wichen und heimzogen, aussert wenigen, so allda geblieben; sie hatten sich wohl in die 200 Mann stark geschrieben, warend aber in Wahrheit nit mehr als obgesagt.

Als aber der Landvogt nit erwinten, sonder wissen wollt, was sie so spät, ungewarnet, also bewehrt, ohn sein Befehl im Dorf zverrichten hettend, schickten sie durch Emanuel Sägissern Bricht, ihr Vortrag sollte auf Morn bschähen; daran aber der Hr. Landvogt nit kommen wollte, sondern liess ihnen durch den Weibel und zwei Musquetieres anbefehlen, ihres Anbringen noch selbigen Abends zu thun, oder sich ihres Weges wiederum zu packen; darum sie auf Erteilung sichern Gleits erschienen: namlich der Weibel von Melchnau und Madiswyl, Melchior Wälchli zu Madiswyl, Peter Schär von Rippiswil, Hans Steinegger und Abraham Steiger von Bleienbach. Denen wurde mitten im Hof Audienz geben; darauf der Weibel von Melchnau, so das Wort führte, sein unwahrhafte Proposition thate, welcher der zu Madiswyl mit Zusatz etlicher Worte verbesserte. Nachdem sie aber allerorten convinciert worden, hat man ihnen angemeldet, dass das Reisgeld vorhanden wäre, auch selbiges weisen wollen; so aber an einem Aarwangerschlüssel ermanglete; aber gleich darby angedeutet, dass sie es ohn Ihr Gn. Befehl ohne Blut nicht bekommen würdend; welches sie heftig bestürzt. Wurdend darauf in ihr Herberg gewiesen und passierte diese Nacht usser starker Wacht im Schloss und Dorf nichts weiteres. Dieser Verlauf wurde in der Nacht durch den Schreiber Jakob nach Bern berichtet.

24. Kaspar Steiner an die Burgerschaft der Stadt Luzern

21. März 1653 neuen Stils.

Inhalt: Die X Ämter sind in ein Missverständnis mit ihrer gnädigen Obrigkeit geraten, haben dieses nun aber dank der Vermittlung gottliebender Leute beigelegt. Die Burgerschaft von Luzern soll sich über den Wolhuser Bund, von Bauern zur Verteidigung der alten Freiheit und Gerechtigkeit an Gott geweihter Stätte geschlossen, nicht wundern. Dieser Bund tastet weder die Eidgenossenschaft noch die Hoheit der Obrigkeit an, sondern bezweckt nur jene neuen Auflagen abzuschaffen, die innerhalb von dreissig Jahren die Bevölkerung in die äusserste Armut getrieben haben. Die Obrigkeit hat ungebührliche Strafen zur Anwendung gebracht. So ist im Entlebuch durch Landvogt Jakob Hartmann ein Mann nach seinem Tode wegen seiner, nicht erwiesenen, angeblichen Behauptung gebüsst worden, wenn es so weiter gehe müsse man bald eine andere Obrigkeit anrufen. Ein anderer Mann ist in Willisau zu einer hohen Busse verurteilt worden, weil er gesagt hat, wenn alle Bauern wären, wie er, so wollten sie Salz kaufen, wo sie wollten. In Willisau hat Landvogt Eustachi Sonnenberg Bauern dafür gebüsst, dass sie ohne Degen zur Predigt gekommen sind. Christoph Pfyffer hat für Aufschläge, Urkunden zur Absicherung des Frauengutes, wohl den Sieglerlohn einkassiert, die Urkunden aber nicht ausgefertigt, weshalb nun mehreren Frauen das Frauengut vertan worden ist. Wenn er beschreiben wollte, wie dieser Christoph Pfyffer und seinesgleichen mit den Bauern umgesprungen sind, könnten leicht Tinte und Papier teurer werden. Kaspar Steiner ersucht die Burgerschaft, zwei, drei Vertreter zu einer Besprechung beim Emmenbaum oder bei der Emmenbrücke abzuordnen. Er will weder aus einer Stadt ein Dorf machen, noch umgekehrt, sondern Gott geben, was Gottes ist und der durch eingesetzten Obrigkeit, der einzigen, welche die Rothenburger wollen, was der Obrigkeit ist. Nach dem Regen folgt Sonnenschein, die Obrigkeit und Burgerschaft zu Luzern werden Gottes Gnade und Frieden durch Mariae Fürbitte anbefohlen.

Quelle: Alois Vock, Der Bauernkrieg im Jahre 1653 oder der grosse Volksaufstand in der Schweiz, dritte Auflage, Aarau und Thun: J. J. Christen, 1837, Seiten 176 bis 179.

Unser Aller freundlicher Gruss, nachbarliche Treue und Liebe bevor! Demnach kann ich mich nicht enthalten, im Namen eines ganzen allgemeinen Ausschusses von Rothenburg, einer ganzen wohlgenannten Burgerschaft der Stadt Luzern zu schreiben, dieweil nun wir Unterthanen der X Ämter, als nämlich: Willisau, Entlebuch, Rothenburg, Russwill, Münster, Büren und Triengen, Malters, Kriens und Horb, Ebikon, Knuttwill, in einem grossen Missverstand gegen Unsere G H Herren und Obern gemeldeter Stadt gerathen sind, solchen nun aber wiederum, durch Bitt und Gebet frommer, Gottliebender Leute, zum rechten redlichen Frieden, Gott sei Lob! so wir von uns beiderseits das rechte Mittel brauchen, mit einem vertraulichen Eide beschliessen. Es soll sich eine ehrsame Burgerschaft nicht verwundern unseres allgemeinen Bundes, so zu Wollhausen in einem Gott geweiheten Orte von uns Bauern ist begangen worden, doch uneingreiflich dem Eidgenössischen Bund und einer hochweisen Obrigkeit in ihre Hoheit, sondern zu unserer alten Freiheit und Gerechtigkeit, die neuen Beschwerden und Aufsätze hinzulegen, die, dem gemeinen Manne zu grossem Schaden, so vielfältig waren, dass wir insgemein alle Glieder, der Obrigkeit billig zu jeder Zeit in aller Gehorsame unterthan, bei dreissig Jahren in die äusserste Armuth gerathen sind, wie die tägliche Erfahrung mit sich bringt. Ist es nicht das gemeine Sprüchwort, dass, wenn an einem Menschen ein Glied fehlt, wenigstens mit

123

Schmerzen, das Haupt sich übel befindet, und so der ganze Leib zu Grunde geht? Also ist es beschaffen mit unserer Obrigkeit; sie ist das Haupt; wir Unterthanen sind die Glieder. Was ist es um einen Oberherrn, der arme Unterthanen hat? Also ist eine Obrigkeit mit aller Manier gegen uns verfahren, nicht allein mit ungebührlichen Strafen, sondern mit neuen Aufsätzen so vielfältig, nebst dem mit Schreiber- und Sieglerlohn, so unleidentlich mit Aufschlagen, Kaufbriefmachen, so mächtig in dem Gültenkaufen, so unbescheiden, sowohl Geistliche als Weltliche; denn der Propst *(Jodokus)* Knab hat ein Pferd an einen Brief von 120 Kronen gegeben, und hat hernach nicht mehr für das Pferd wieder geben wollen, als 65 Kronen. Jetzt hat auch Hr. Propst, von wegen eines Hofes, Ehrschatz bekommen 300 Gulden; gehört ihm nicht mehr als 4 Plappart und 4 Häller, laut einer authentischen Abschrift, wovon er den Brief und Siegel bei Handen hat. Item: hat Jakob Hartmann, da er Landvogt im Entlebuch war, einen Mann nach dem Tode um 1500 Gulden gestraft, und ist doch die Klage nicht bewiesen, dass er sollte geredet haben: ‹man müsse bald eine andere Obrigkeit anrufen, wenn es nicht anders werde.› Item: ist einer zu Willisau auch, dass er gesagt: ‹wenn alle Bauern so wären, wie er, so wollten sie Salz kaufen, wo sie wollten,› um 1500 Gulden gestraft worden; ich weiss aber den Herrn nicht zu nennen; aber der Herr Eustachi Sonnenberg, da er Vogt zu Willisau war, hat von den Bauern, die den Degen nicht zur Kirche trugen, nur um diesen Fehler Bussen genommen mehr als 2000 Gulden, also dass er von Willisau Bussen gezogen mehr als 9000 Gulden. Item: hat dem Christoph Pfyffer, da er eines Bauern Fürsprecher gewesen, dieser ihm 100 Gulden zum Lohn geben müssen. Item: hat ermeldter Christoph Pfyffer gar von vielen Bauern von wegen der Aufschläge, das ist, da ein Mann das Weibergut versichern sollte, den Sieglerlohn genommen, gleich dazu gezwungen, und doch den Brief nicht schreiben lassen, wenn sie nur die Siegeltaxe gegeben haben. Ist er jetzt nicht die Ursache, dass etwelchen Weibern das Gut ist verthan worden? Wenn ich seine Sachen melden sollte, wie er mit den Bauern umgegangen ist, so möchte ich nicht genugsam beschreiben; ich möchte eine Theuerung in Lumpen und Papier und Dinte, seinethalben und anderer mehr, machen. Doch muss ich noch eines und das andere melden. Es hat auch Leodegari Pfyffer, da er Landvogt zu Rothenburg war, zwei Männer um 150 Gulden gestraft, weil sie, betrunkener Weise, doch aufrichtig, um einen Dukaten, auf einmal gesetzt, gespielt haben. Item: hat Melchior Schumacher, gewesener Schultheiss zu Willisau, mich, von wegen meines verstorbenen Vaters sel., um 20 Gulden gestraft. Item: Leodegari Pfyffer hat einen alten Mann von fast achtzig Jahren gestraft; da er nur, in keiner bösen Meinung, gesagt: ‹der Herr hätte wohl den henker mit sich genommen,› – hat er 50 Duka-

Der populäre Kaspar Steiner, Siegrist von Emmen und Anführer der – wie die lateinische Bildlegende sagt verführten – Rothenburger Landleute wirkte über seinen Tod hinaus. Die Luzerner Obrigkeit regte sich nicht wenig über die (inoffiziellen, aber realen) Wallfahrten auf, welche zu seiner letzten Ruhestätte im Bereich des Galgens einsetzten. Diese Irritation der Regierung wurzelte in der Erkenntnis, dass die eigene politische Kommunikation versagt hatte. Nach einem Original der Schweizerischen Landesbibliothek. Die Abbildung wurde freundlicherweise von Herrn Urs Hostettler, Spielautor und Schriftsteller, Bern, zur Verfügung gestellt.

CASPARVS STEINER, AEDITVS EMMENSIS, ac Seductorum Rusticorum Dux ec.

Caspar Steiner, geweßter Sigrist zu Emmen, auß der
Lucernischen Graffschafft Rotenburg, derselben auffrührigen
Underthanen, (wie es sich nambsen ließ) bestalter Obrister,
Und fürnembster Rathgäb, welcher den 15 Junij. 1653.
Zu Lucern in gfangenschafft komen, Und den 23 Julij
hernach vom Leben zum Todt hingericht worden.

Der Oberkeit bin Ich Untrüw gwäsen
Die Todt mich sonst nit also gläßen.
hett ich für Kriegen, meiner Kirchen gwart
Wer es mir nit gangen so streng und hart.

Schwytzer sculp.

ten geben müssen. Item: hat mich Jakob Meyer gestraft um 35 Gulden; ich war ihm nicht einen Häller schuldig. Item: hat mich der Leodegari Pfyffer wider alles Recht gestraft um 50 Gulden. Wenn es nur sein könnte, dass zwei oder drei Burger mir zu Willen würden, ihnen unsere Klagen mündlich zu berichten an einem bestimmten Orte, bei dem Emmenbaum oder bei der Emmenbrugg. Es wäre meine Bitte an eine löbl. Burgerschaft. Man sagt viel von mir, wie ich verstehe; aber es hat nicht die Meinung, wie mancher gedenken möchte. Wollte Gott, ihr erkenntet mein Herz und meinen Willen nur zum Rechten; Gott, was Gott gehört, der Obrigkeit aber, was ihr ist, dies begehre ich zu thun, und nicht, wie einer gesagt, aus einer Stadt ein Dorf und aus einem Dorf eine Stadt zu machen. Nicht dem also! Eine Obrigkeit, die von Gott eingesetzt ist, begehren wir, und keine andere, und ist nichts anderes prätendiert worden von uns, als was recht ist, nach der frommen Alten Beispiel, und was auch bei Wilhelm Tell's Zeiten gewesen ist. Ich hoffe aber, das Beste werde erfolgen; denn nach einem Regen kommt Sonnenschein. Hiermit sei eine hochweise Obrigkeit samt einer wohlvertrauten Burgerschaft Gottes Gnad und gutem Frieden durch Mariä Fürbitte wohl empfohlen!

Emmen, in Eile, den längsten (!) Tag *(21.)* Märzen 1653, von mir Kaspar Steiner, Siegrist zu Emmen, im Namen eines ganzen Amts Rothenburg, in aller Wohlmeinung.

25. Schultheiss und Rat von Bern an die Stadt Aarau

12. März 1653 alten Stils.

Inhalt: Auf die Meldung der Beilegung der Schwierigkeit zwischen der Stadt Luzern und ihren rebellischen Untertanen hätten Schultheiss und Rat von Bern die zur Unterstützung Luzerns aufgebotenen Kriegsvölker entlassen wollen. Nun benehmen sich aber die Emmentaler sowie weitere Untertanen im Raum Wangen an der Aare – Aarwangen und andernorts im Aargau feindselig, sodass Aarau ermahnt wird, die militärische Sicherheit der Stadt besonders sorgfältig zu versehen. Bern verlässt sich auf Aaraus Treue und Gehorsam.

Quelle: Stadtarchiv Aarau, Ratskonzept, StAAa II, 187, freundlich mitgeteilt von Herrn Stadtarchivar Dr. Martin Pestalozzi.

Auf den von unseren Hrn. Ehrengesandten zu Baden einkommen Bericht, dass unserer G. L. A. E. der Stadt Luzern, mit ihren rebellischen Untertanen gehabte Difficultet terminiert und ausgetragen sei; wären wir entschlossen gewesen, die zu derselben ansehnlich begehrten Hilf auf die Füsse gebrachten Völker zu congedieren, und wieder nach Haus zu dimittieren, wenn nicht inzwischen und continuierlich, die Advisen einkommen täten, dass unsere Untertanen nicht allein im Emmental, sondern auch bei Wangen und Aarwangen herum, und anderen Orten des Aargaus in ganz hostilischen Aktionen vergriffen. Daher wir nicht umgehen mögen, mit Partizipation dessen freund-befehlig an Euch zu gesinnen, dass Ihr zu Eurer Stadt fleissig Sorge tragen und an guter Wacht und getreuer Aufsicht auf alle Fürgelegenheit nichts ermangeln lassen sollt; wie wir uns zu Eurer continuierlichen Treue und Gehorsame versehen.

26. Proklamation der Tagsatzung

12. März 1653 alten Stils,
22. März 1653 neuen Stils.

Inhalt: Die Gesandten der Dreizehn Orte und einiger Zugewandter der Eidgenossenschaft erinnern daran, dass sowohl die Verschonung der Schweiz im Dreissigjährigen Krieg als auch der in der Nachbarschaft nun wiederhergestellte Frieden Gründe zur Dankbarkeit sind. Anstatt nun aber ein friedliebendes, gottseliges Leben zu führen haben sich einige Untertanen bösen Vorhabens bewaffnet gegen ihre Obrigkeit erhoben und die Untertanen anderer Obrigkeiten durch Aufwiegler und ihres gleichen böse Buben zu ähnlichem Tun aufgefordert. Die eidgenössischen Gesandten haben sich in Baden in der Absicht versammelt, Wege zu finden, die teils boshaften teils verirrten Aufständischen zur Umkehr zu bewegen und die Gott und der Obrigkeit treuen Untertanen zu stärken. Bei der Abklärung des Sachverhalts hat die Tagsatzung zu ihrer Verwunderung festgestellt, dass der Aufstand im Luzernischen primär unter dem Vorwand stattgefunden hat, die Obrigkeit habe die Untertanen gegen das gute alte Recht nach und nach in eine Abhängigkeit gebracht, die sie nun nicht mehr länger dulden wollten. In Wahrheit liegt dem Aufstand der böse Wille einiger verdorbener und verschuldeter Agitatoren zugrunde, die andere Menschen mit ihrem Gift angesteckt haben. Um weiterem Unheil vorzubeugen hat die Tagsatzung einhellig beschlossen: Alle der Eidgenossenschaft angehörigen Untertanen werden an ihre Pflicht gegenüber Gott und Obrigkeit ermahnt und aufgefordert, sich des Aufruhrs bei Leib- und Lebensstrafe zu enthalten und einschlägige Feststellungen den obrigkeitlichen Beamten anzuzeigen. Die Obrigkeiten werden die Untertanen für aus solchem Verhalten entstehende Konsequenzen schadlos halten. Die Obrigkeiten versichern gleichzeitig ihren gnädigen guten Willen und ihre Bereitschaft, auf in gehöriger Form vorgebrachte Beschwerden der Untertanen einzutreten. Sollte es doch zu weiteren Aufständen kommen, so werden, auf die Mahnung der entsprechenden Regierung hin, die übrigen Stände unverzüglich Truppenhilfe schicken und solange im Feld behalten, bis die Untertanen und Angehörigen in die Schranken der Gebühr zurückgeführt worden sind. Rebellische Untertanen geniessen in der ganzen Eidgenossenschaft weder das Recht auf Handel und Wandel, noch auf Beherbergung. Sie sind vielmehr anzuhalten und der Obrigkeit anzuzeigen. Gott und die Obrigkeiten werden denjenigen gnädig sein, die der Proklamation Folge leisten, die anderen aber bestrafen.

Quelle: Alois Vock, Der Bauernkrieg im Jahre 1653 oder der grosse Volksaufstand in der Schweiz, dritte Auflage, Aarau und Thun: J. J. Christen, 1837, Seiten 126 bis 130.

Wir von Städten und Landen der dreizehn und etlicher Zugewandten Orte der Eidgenossenschaft Räth und Sendboten, zu Baden im Aargau versammelt, urkunden mit diesem offenen Ausschreiben:

Demnach Männiglichem bekannt ist, was grossen Jammers, Elends und Drangsals das Reich deutscher Nation und angränzende Land- und Herrschaften, bei dreissig und mehr Jahren her, von Krieg, Hunger und anderem Ungemach erlitten und ausgestanden, und dass solche Heimsuchungen und Strafen Gottes so nahe an eine Eidgenossenschaft gekommen und gerückt sind, dass man den schweren Zustand, welchen die Benachbarten von Brand, Mord, Raub, Weib- und Kinderschänden und andern, fast unzählbaren Martern und Plagen, so ihnen durch die barbarische Tyrannei vieler ruchloser und ungezäumter Soldaten täglich zugefügt worden, guten Theils mit unsern Augen sehen und vernehmen mochten, – dass gleichwohl der grundgütige Gott unter so vielen Königreichen, Landen und Herrschaften allein unseres geliebten Vaterlands verschont, und dasselbige die ganze Zeit über, mit grosser Verwunderung bald aller Welt, von dergleichen Übeln gnädiglich bewahrt hat, daher und sonderlich, weil der Allmächtige Gott das Deutschland und die liebe Nachbarschaft, verschienener Jahre und Tage, wiederum mit dem lieben Frieden begnadet und vorerzählten Jammer aus unseren Augen gerückt hat, sich billig männiglich ganz eifrig und herzlich hätte sollen lassen angelegen sein, dem Allerhöchsten für solche unermesslichen Gutthaten inniglich Lob und Dank zu sagen, und sich desto mehr eines gottseligen, christlichen und friedliebenden Lebens zu befleissen, und hingegen vor allem dem ein Abscheuen zu tragen, wodurch der Zorn Gottes und vorangedeutete Strafen uns und unserem geliebten Vaterland auch über den Hals gezogen werden möchten, so haben doch unsere G H Herren und Obern, dem gänzlich entgegen, nicht ohne besondere Bestürzung ihres Gemüths, vernehmen müssen, dass ein guter Theil ihrer Unterthanen dieses alles aus den Augen gesetzt, und sich, wider göttliche und weltliche Rechte, mit Hintansetzung ihrer schuldigen Eidespflicht, Treue, Ehre und Glaubens, wider ihre natürlich hohe Oberkeit aufgelehnt und empört, ja sogar die Waffen wider sie ergriffen, und allerhand hochsträfliche Fehler und Muthwillen, wie öffentlich am Tag, unverantwortlich verübt und begangen, ja sich noch dabei so weit erkühnt, auch anderen Oberkeiten Unterthanen an sich zu ziehen, und solche unter allerhand falschem Schein und Vorwand auch zu dem Abfall von ihrer, von Gott vorgesetzten Oberkeit zu bewegen, gestalten sie durch unverdrossene Mühe, auch hin und wieder ausgeschickte Aufwiegler und ihres gleichen böse Buben es so weit durchgetrieben, dass sie zu ihrem bösen Vorhaben ziemlichen Beifall gefunden, und sogar etliche Ämter und Herrschaften mit ihnen zum Aufstande gebracht, und hiemit nicht eine geringe Gefahr und Verwirrung dem lieben Vaterland verursacht haben, welche dann Unsere allerseits G H Herren und Obern gemein und sonderlich bewogen hat, Uns anher zu senden mit Befehl, auf allerhand Mittel und Wege, auch erspriessliche Verfassungen und gute Ordnungen zu denken, durch welche dergleichen theils boshafte theils unbesonnene und verirrte Leute wiederum auf den rechten Weg und zur Erkenntnis ihrer schweren Sünden, Abfalls und Fehlers, gebracht, und diejenigen, welche noch zur Zeit an Gott und der Oberkeit treu geblieben, in ihrer aufrichtigen Meinung gestärkt, und hiemit alles wiederum zu vorigem Ruhestande gebracht werde. Nachdem Wir nun in dem Namen Gottes zusammengetreten, und Uns bevorderst des Verlaufs, so sich mit Unserer G. L. Eidgenossen der Stadt Luzern Unterthanen im Entlebuch und anderswo begeben und zugetragen hat, eigentlich und gründlich haben berichten lassen, haben Wir mit grosser Verwunderung vernehmen müssen, dass der vorgegangene Aufstand mehr unter dem nichtigen Prätext und Vorwand geschah, als wenn ihnen und den ihrigen solche Beschwerden, Neuerungen und Aufsätze unter oberkeitlichem Namen zugefügt und aufgeladen würden, dass sie ihres freien Herkommens und darüber habender Briefe und Siegel gänzlich entsetzt, und in eine solche Dienstbarkeit nach und nach gebracht werden, die ihnen und ihren Nachkommen ferners zu erdulden ganz unleidlich und unerträglich falle, welches alles doch nur aus einem recht bösen Vorsatz und Willen etlicher weniger verdorbener, auch in Nöthen und Schulden steckender Personen, die andere mit ihrem Gift unter vorberührtem Schein auch angesteckt haben, denn aber aus einigen rechtmässigen, erheblichen und genugsamen Ursachen hergeflossen sind, und dieweil dieses Übel sehr weit, wie obvermeldt, um sich gefressen hat, haben Wir eine hohe Nothdurft erachtet, solches möglichst abzulehnen, und weiterm Unheil vorzubeugen, deswegen, zu Männiglichs Nachricht, Uns aus obgehabtem Befehl folgender Ordnung durchgehends und einhellig vereinbart und verglichen: Nämlich und Erstlich, so sollen alle und jede, der Eidgenossenschaft zu- und angehörige Unterthanen hiemit ernst- und beweglich ermahnt sein, Gott und ihre schuldige Pflicht gegen die hohe Oberkeit getreu und geflissentlich in Acht zu nehmen, und sich von allerhand Zusammenrottierung, Empörung und Aufruhr, bei Leibes und Lebens Strafe, gänzlich zu enthalten, und, da sie etwas vermerken, hören oder vernehmen würden, dass dem oberkeitlichen Stande zu Schimpf oder Nachtheil geredet, gehandelt oder angezettelt würde, solches alsobald dero Beamten, bei geschworenem Eide, zu leiden und anzuzeigen; hingegen wird den Angehörigen und Unterthanen, von Oberkeits wegen, hiemit zugesagt und versprochen, sie vor aller Ungelegenheit, so ihnen desnahen entstehen möchte, gänzlich zu bewahren und schadlos zu halten, desgleichen ihnen samt und sonderlich mit allen oberkeitlichen Gnaden und gutem Willen wohl beigethan zu verbleiben, auch, da sie eines oder andern Orts besonders beschwert zu sein vermeinten, und sie es, der Schuldigkeit und Gebühr nach, an ihre Oberkeit bringen werden, den Sachen Rath zu schaffen, und den Beschwerden nach billigen und möglichen Dingen abzuhelfen. – Wenn aber, wider besseres Verhoffen, als für das Andere, eines oder andern Orts, die Unterthanen ihre schuldige Pflicht und diese unsere herzliche, wohlgemeinte, ernstliche Vermahnung und Warnung nicht in Acht nehmen, sondern, solchem entgegen, zu voangedeuteten hochsträflichen und unerlaubten Mitteln schritten und griffen, und dieses den übrigen löbl. Orten kund gethan, und dero Hilf und Beistand von der beleidigten Oberkeit darüber ersucht würde, so sollen und wollen Wir, gemein und sonderlich schuldig und verbunden sein, unerforscht und unerwartet fernerer Umstände, alsobald und ohne einigen Verzug mit Unserer Hilfe, tapferm und mannnlichem Beisprunge dem mahnenden Orte zuzuziehen, und den oberkeitlichen Stand der Enden zu retten und zu versichern, auch in solcher Hilf und Zuzug so lang zu beharren, bis nach Erforschung und Erdauerung aller Umstände die Unterthanen und Angehörigen wiederum in die Schranken der Gebühr gebracht werden. – Wir setzen und ordnen auch, als für das Dritte, dass, wenn sich fürbass dergleichen Rebellion, so Gott gnädig abwenden wolle, bei eines oder andern Orts Unterthanen und Angehörigen hervorthun und begeben würde, dieselben von allen übrigen Orten der Eidgenossenschaft gänzlich verrufen, alles Handels und Wandels entsetzt, und männiglich hiemit ernstlich verwarnt sein solle, denen kein Gehör zu geben noch einigen Vorschub zu thun, weniger sie zu behausen und zu beherbergen, sondern vielmehr, da deren einer betreten würde, solchen anzuhalten, und der Oberkeit selbigen Orts namhaft zu machen, und das alles so lang und viel, bis solche unruhige Unterthanen zu der Gebühr gebracht und mit ihrer Oberkeit wiederum versöhnt sind. – Wir wollen demnach Männiglich nochmals ernst und beweglich ermahnt haben, dieser Unserer, aus oberkeitlichem Befehl angesehenen *(beschlossenen)* treuherzigen Verwarnung und Ordnung in allen Treuen zu geleben und nachzukommen, und sich des Widrigen gänzlich zu müssigen und zu enthalten. Gleichwie nur die Gehorsamen sich des Beistands und Segens Gottes wie auch des väterlichen Schutzes ihrer lieben Oberkeit zu getrösten, also würden im Gegentheil die Ungehorsamen und Widerspenstigen anderes nichts, als den Zorn und Fluch Gottes, auch der Oberkeit schwere Straf und Ungnade zu erwarten haben; darnach sich männiglich zu richten und vor Schaden zu bewahren wissen wird. –

Actum et Decretum Baden den 12. (22.) März, nach der Geburt Christi, unseres lieben Herrn und Heilands, gezählt 1653 Jahre.

(Unterz.) Kanzlei Baden

27. Der Schaffhauser Rat an seine Gesandten in Baden

13. März 1653 alten Stils.

Inhalt: Der Schaffhauser Rat hat am 12. März die Meldung der Badener Boten erhalten und unter dem Kommando von Friedrich Peyer und Hans Wüscher die gewünschten 300 Mann zugunsten Berns am 14. März alten Stils nach Brugg aufbrechen lassen.

Quelle: Staatsarchiv Schaffhausen, Missiven 1653, freundlich mitgeteilt von Herrn Staatsarchivar Dr. Roland E. Hofer.

An die Herren Ehrengesandten zu Baden.
Unseren etc.
Euer Schreiben vom Zeiger dies Badenerboten haben wir necht Abends bei der Torglocken zurecht empfangen, dessen Inhalt mit mehrerem verstanden, uns um die Kommunikation fleissig bedankt und da Ihr in Eil zu Antwort zu vernehmen, d. begehrten 300. Mann, unter den zwei Hauptleuten Friedrich Peyer und Hans Wüschern geliebts Gott auf morndrigen Montag um Mittag Zeit aufbrechen und zu Hilf unserer G. L. E. der Stadt Bern recta über den Sultzischen Boden, nach Brugg marschieren werden, Gott wolle sie wohl begleiten, alles zu glücklichem Ausgang dirigieren, Eure weisen bis anhero geübten Ratschläge ferner beendigen und uns sämtlich unter seinen Gnadenschirm mit Abbrechen alles Unglücks fürbass wohl erhalten, dessen uns hiermit wohl empfohlen raptissime in der Ratsstube, Sonntag d. 13. Martii 1653 Burgermeister und Rat Stadt Schaffhausen.

28. Aus dem Tagebuch von Georg Michael Wepfer

14. und 17. März 1653 alten Stils.

Inhalt: Unter zwei Fahnen sind 300 Musketiere, 30 Reiter und 2 Feldstücklein von Schaffhausen am 14. März 1653 alten Stils über Kaiserstuhl nach Brugg marschiert. Diessenhofen, das 25 Mann dazu hätte stellen sollen, hat geltend gemacht, von Bern keine Hilfsaufforderung erhalten zu haben und deshalb niemanden geschickt. Schaffhausen, Basel und Mülhausen setzen Truppen in Bewegung, die übrigen Eidgenossen halten sie nur in Bereitschaft. Nach fünf Tagen kommen die Schaffhauser Truppen zurück. Der Schaffhauser Seckelmeister Leonhard Meyer geht als Schaffhau-ser Vermittler nach Bern ab.

Quelle: Staatsarchiv Schaffhausen, Chroniken B 6, Gg. Michael Wepfer (1591–1659) Seiten 406, 407, freundlich mitgeteilt von Herrn Staatsarchivar Dr. Roland E. Hofer.

1653. Martius. D. 14. dies haben meine Gn. Herren wider ihre rebellischen Bauern im Entlebuch und anderen Orten ihres Gebietes, zu Hilf geschickt, 300 Musquetiere unter 2 Fähnlein, deren Hauptl. Jr. Friedrich Peyer zum Fels, und Herr Hauptm. Hans Wüscher, Fähnrich H. Sebastian Grübel und Herr Franz Felix Ziegler samt 2 Feldstücklein, sodann 30 wohl gerüstete Reiter, unter Herrn Philipp Schalcken, von Burgern und Landleuten, die nahmen ihren Weg auf diesem Zug auf Kaiserstuhl, von dem auf Brugg, daselbst sie ihr Quartier hatten, das ihnen bei der Tagleistung zu Baden assigniert worden. Unter diese 2 Fahnen hat Stadt Diessenhofen, ihre ausgezogenen 25 Musquetiere, unter obige 300 Musquetiere, auf Vermahnen unserer Stadt, stossen sollen, so aber die Stadt Diessenhofen, aus bedenklichen Ursachen und um das sie von der Stadt Bern nicht gemahnt worden etc. nicht getan. Haben recht getan, waren nicht schuldig zu ziehen. Auf heute dato ist Herr Seckelmeister Leonhard Meyer abgeordneter Gesandter von hier aus, nach Bern geritten, die Streitigkeit zwischen der Stadt Bern, und ihren aufrührerischen Untertanen mit anderen orten loblicher Eidgenossenschaft helfen zu dämmen etc. etc. etc.

D. 17. dies sind die 2 Fahnen und Troupe Reiter allhier wieder eingezogen und 5 Tag weggewesen waren denen von Brugg unwert; die von Zürich und anderen Orten hatten ihr Volk in Bereitschaft, ist aber kein Ort als Schaffhausen, Basel und Mülhausen ausgezogen. Hat mein G. H. 2000 K. gekostet.

29. Brief Berns an Mülhausen

14. März 1653 alten Stils.

Inhalt: Die Emmentaler und ihre Anhänger unter den übrigen bernischen Untertanen haben, nach dem Vorbild ihrer Nachbarn im Entlebuch, den Boden dessen, was sich ihrer Obrigkeit gegenüber gehört, so sehr verlassen, dass Bern sich genötigt sieht, zu den Machtmitteln zu schreiten. Die Berner Regierung will den sicheren Besitz der wichtigsten festen Plätze ihres Landes sicherstellen und wünscht dazu die Hilfe ihrer Alliierten und Bundesverwandten. Mülhausen soll die Luzern angebotenen 100 Musketiere Bern zur Verfügung stellen. Sie sollen sich in Olten in zwei gleiche Kontingente teilen, die je bei Nacht als zusätzliche Besatzung in die Schlösser Aarburg und Aarwangen zu legen sind.

Quelle: Staatsarchiv Bern, A III 68, Teutsche Missiven-Buch der Statt Bern (Fanget an 4. Jan. 1653 und endet 29. Dez. 1654), Seiten 52, 53.

Unser etc. Es haben sich unsere emmentalischen und etliche andere denselben durch böse Aufwicklung anhängig gewordenen Untertanen, nach dem vorangegangenen unguten Exempel der Entlebucher Luzerner Gebiets, ihrer Nachbarn, wider uns ihre Obrigkeit, bereits so weit aus den Schranken der Gebühr gelassen, dass wir zu unserer erheischten Verfassung und Ergreifung der Ernstmittel zu schreiten, uns genötigt befunden *(haben)*, wie wir dann sonderlich auch die besten Plätze unseres Landes genugsam zu versichern, und hierzu uns der Beihilfe und Zusprungs unserer lieben Alliierten und Bundesverwandten im Werk begriffen *(sind)*. Da *(haben)* wir dann auch bei Euch unseren G. L. E. und B. und Religionsverwandten, nicht ausbleiben mocht, sondern um Euer bundesgemässes Hinzutun Euch hiermit ganz freundangelegentlich und aus nicht minderem zu Euch gefassten guten Zutrauen ersuchen wollen, Euch beliebe, diejenigen unzweifelhaft in Bereitschaft habenden 100. Musketiere, die Ihr unseren E. der Stadt Luzern in gleicher Angelegenheit anerboten, uns zur Besetzung unserer Schlösser Aarburg und Aarwangen, unverweilt in Stille zu übersenden, welche dann zu Olten sich teilen, und fünfzig Mann bei Nacht sich in Aarburg das Schloss, die übrigen aber auf die gleiche Weise nach Aarwangen machen können werden. Wie nun wir an solcher Eurer E. und B. Willfahr nicht zweifeln also steht uns die gebührende Wiederbeschuldigung und dankgenehme Erkenntnis. Datum 14. März 1653.

30. Die königlich französische Regierung im Elsass an Mülhausen

Breisach, 15. März 1653 alten Stils,
25. März neuen Stils.

Inhalt: Die königlich französische Regierung im Ober- und Unterelsass mit Sitz in Breisach genehmigt, auf Gegenrecht, den Zug von 100 für Bern bestimmten Mülhauser Bewaffneten über elsässisches Gebiet. Sie können dort auch Proviant kaufen, haben aber rasch durchzuziehen, damit keine Schäden angerichtet werden.

Quelle: Archives de Mulhouse, No 7641, freundlich mitgeteilt von Frau Eliane Michelon, Direktorin der Archives de Mulhouse.

Wir haben aus Eurem von dem 14./24. März jüngsthin an uns abgegangenen Schreiben verstanden, welcher Gestalt Ihr 100. bewehrte Mann, zum Zusatz Eurer lieben Bundesgenossen der Stadt Bern, durch unser anvertrautes Gouvernement zu versenden gewillt und deswegen um freien Durchzug uns ersucht; gleich wie nun dieses der alten nachbarlichen Verständnus gemäss, also versehen wir uns auch Ihr werdet dieselben dergestalt schleunig durch dieses Gouvernement führen lassen, damit dieser Zug ohne Schaden den Untertanen beschehen möge; denen wir den Befehl erteilt haben, ihnen mit Proviant und anderer gebührenden Notdurft um gebührliche Bezahlung, auch anderem gutem Willen zu begegnen; und versehen wir uns zu Euch in dergleichen Fällen zu geschehen. Gottes Schutz uns dabei wohl empfehlend. Gegeben Breisach den 15./25. März 1653.

Ihr. Königl. Majt. zu Frankreich und Navarra etc. verordnete Gubernator, Regenten und Räte im Ober- und Unterelsass.

31. Schaffhausen an Zürich

15. März 1653 alten Stils.

Inhalt: Burgermeister und Rat von Schaffhausen bedanken sich für das Zürcher Schreiben vom 14. März 1653, das sie allerdings lieber etwas früher erhalten hätten, denn nun sind die zwei Fahnen Fussvolk, die Reiterkompanie und die zwei Feldstücke bereits gemäss dem Tagsatzungsabschied in Brugg. Diese Truppen stehen bereit, sich mit den zürcherischen zusammenzuschliessen und zu tun, was den getreuen lieben Eidgenossen von Stadt und Landschaft Bern erspriesslich ist. Als Vorort soll Zürich der ihre Truppen zurückhaltenden, unter schaffhausischem und zürcherischem Schutz stehenden Stadt Diessenhofen ein einschlägiges Schreiben zugehen lassen. Der Brief ist zunächst nicht ausgefertigt, danach mit einigen Änderungen doch ausgefertigt worden.

Quelle: Staatsarchiv Schaffhausen, Missiven 1653, 15. März 1653, freundlich mitgeteilt von Herrn Staatsarchivar Dr. Roland E. Hofer.

Unser etc.
Was Ihr uns gestern Abends von Eurem Läuferboten in Eurem uns eingelieferten Schreiben samt der von Euren und unsern G. L. E. der Stadt Bern beigefügten Einschluss, Eurer bis morndrigen Mittwochs 16 dies anmarschierenden Compagnies zu Ross und Fuss, samt etlicher Feldstücke berichtet, das haben wir mit mehrerem verstanden, und um die Communication freundeidgenössisch bedankend, dabei uns sehr lieb gewesen wäre, wenn uns diese Schreiben etwa eine Stunde oder zehn, eher als es geschehen, eingekommen wäre, da wir unsere zwei Fahnen Fussvolk samt einer Compagnie Reiter, und 2. Feldstücklein, welche gestern zu guter Zeit, in Gottes Namen aufgebrochen, und ihren Marsch, verabschiedetermassen auf Brugg zu daselbst ihr Quartier zu haben genommen:/ auch auf erstgenannten Mittwoch

abgefertigt haben so lassen wir uns ganz nicht entgegen sein, sondern wohl belieben, dass unsere nunmehr daselbst liegenden Völker, auf erfordernde Fälle, und notwendiges Gutbefinden, sich mit Euren Compagnies conjungieren, und was zu Schutz und Schirm Eurer und unserer G. L. E. der Stadt und Landschaft Bern, erspriesslich, männlich und tapfer mitwirken, und sich wie redlichen Eidgenossen geziemt, treulich verhalten sollen, dazu der allgewaltige Gott sein gutes Gedeihen zu Hand nehmenden gnädigen Mitteln aber soviel Kraft zugiessen wolle, dass man aller Tätlichkeit und Hostilität der Möglichkeit nach, sich in alweg willig und gehorsam zu erzeigen. Wie nun sich vermeldete Eure und unsere Schirmsverwandte von Diessenhofen, die sonst genug zu schaffen haben in diesen und anderen schwierigen Zeiten sich verhalten sollen, werde als der Vorort, Eurem weisen Gutachten und Fürsichtigkeit nach ihnen schriftlichen Befehl, mit beliebender Gelegenheit zu verschaffen, und zuzuschicken, hiermit unbeschwert sein, die demselbigen bester Möglichkeit und guter Hoffnung nach, gehorsamlich nachkommen werden.

Und seien wir Euch unseren G. L. E. auf in der vorfallende Occasion, angenehme eidgenössische Dienste, Ehre und Freundschaft zu erweisen ganz begierig und erbietig. Uns zumal göttlicher Protektion, zu beständigem friedlichem Wesen auch zeitlicher und ewiger Wohlfahrt, befehlend.

Datum Dienstag d. 15. März 1653.
Burgermeister und Rat der Stadt Schaffhausen.
NB: Ist nicht ausgefertigt worden. Doch hernach ausgefertigt mit etwas geänderten Worten.

32. Abschrift eines Briefes

15. März 1653 alten Stils.

Inhalt: Am 13. und am 14. März 1653 alten Stils sind die zum gegenwärtigen Truppenaufgebot gehörigen Schaffhauser Landleute in der Stadt eingetroffen. Die am 14. März 1653 alten Stils um 06.00 Uhr im Münster beginnende Predigt Helfer Lienhart Meyers über Römer 13, Verse 1 bis 7, mit der Verneinung des Widerstandsrechts der Untertanen gegen eine tyrannische Obrigkeit ohne Unterscheidung zwischen Eidgenossen, also freien Leuten, und leibeigenen Knechten hat hart gelautet und bei den Klettgauern und anderen Schaffhauser Untertanen keinen Anklang gefunden. Am 14. März 1653 alten Stils um 12 Uhr sind Seckelmeister Lienhart Meyer, als Gesandter bis nach Bern, sowie die insgesamt rund 350 Soldaten unter den beiden Hauptleuten Hans Friedrich Peyer und Hans Wüscher sowie unter Rittmeister Philipp Schalch aufgebrochen. Zwei Feldstücke samt Munition ergänzen die Bewaffnung. Durch das Gebiet der Grafschaft Sulz sind sie mit eingewickelten Fahnen und ohne Spiel, in Begleitung sulzischer Beamter, gezogen. Die Mannschaft von Diessenhofen ist zur Verwunderung vieler ausgeblieben. Am Abend des 14. März 1653 alten Stils ist der Läuferbote von Zürich mit der Meldung in Schaffhausen eingetroffen, dass die 1500 aufgebotenen Zürcher erst in drei Tagen aufbrechen werden. Bisher haben sich dort noch keine 1000 Mann zu Dienst eingestellt. In Schaffhausen wird darüber gemurrt, dass sich der Kleine Rat ohne Konsultation des Grossen Rats angemasst hat, Truppen in den Krieg zu schicken. Verantwortlich sei ein Mann. Es sei gut, dass der Pfingstwahltermin nicht nahe bevorstehe. Gestern sind in Schaffhausen 12 Familien verarmter bernischer Untertanen durchgezogen, die, wie andere mehr, im Württembergischen und Schwäbischen ihr Brot als Knechte und Mägde verdienen wollen. Die Schaffhauser haben mit Verwunderung gehört, wie tyrannisch die Berner Landvögte sowohl mit Reichen als auch mit Armen unter den Untertanen umgehen. Das Berner

Quellendokumente

Landvolk hat noch nicht zu den Waffen gegriffen, werde das jedoch tun, wenn man es durch feindliche Auszüge, wie den schaffhausischen nach Brugg, zur Gegenwehr zwingen werde. Für diesen Fall sei ein Auszug des Landvolks in der Stärke von 26 000 Mann oder mehr vorgesehen.

Quelle: Staatsarchiv Schaffhausen, Abschriften 4, Band 4, Seite 72 f., freundlich mitgeteilt von Herrn Staatsarchivar Dr. Roland E. Hofer.

Sonntags den 13. März, auf den Abend, sind die weitgelegensten unseres Landvolks, in den jetzigen Auszug gehörig, gestern früh die nächstgelegenen, in die Stadt kommen: und um 6. Uhren ins Münster in die Predigt geführt worden, welche der Helfer, Herr Lienhart Meyer, gehalten: war der Text Rom. 13. V. 1. 2. 3. 4. 5. 6. 7. und wurde unter anderem die Frage errregt: Ob Untertanen befugt seien, sich einer tyrannischen Oberkeit zu widersetzen? Auf diese Frage ist in favorem Tyrannorum concludiert, und mit Nein geantwortet worden: welches dann also ohne einzigen Unterschied der freien und anderen Untertanen, wie wir Eidgenossen freie Leute, und nicht leibeigene Knechte sind, ziemlich hart gelautet, und unsere Klettgauer und übriges Landvolk bei dieser Gelegenheit nicht lustig gemacht hat. Nach der Predigt hat man das Volk auf dem Rathaus sehr hoch beeidigt. Um 12. Uhren brach man auf: waren 300. Musketiere und zwei Fahnen und zwei Hauptleute, nämlich Junker Hans Friedrich Peyer ..., und Hans Wüscher: item 30. zu Pferd, unter dem Rittmeister Philipp Schalch: Summa in die 350. Soldaten sehr wohl montiert: führten mit sich 2. Feldstücke, samt zugehöriger Munition, und anderen Sachen. Bei dem Bildhäuslein am Bonneberg warteten auf sie die Sulzischen Befehlshaber: und begleiteten sie von dannen durch das Sulzische mit eingewickelten Fahnen und stillem Kriegsspiel. Herr Seckelmeister Lienhart Meyer ist auch mit ihnen: und wirt ferner als ein Gesandter bis nach Bern. Man ist auch denen von Diessenhofen gewärtig gewesen: aber mit vieler Leute Verwunderung sind sie ausblieben: und hat insonderheit Herr Burgermeister Ziegler darüber den Kopf geschüttelt. Gestrigen Abends ist nun ein Läuferbote von Zürich kommen, der vermeldet, ihr Volk werde erst in dreien Tagen aufbrechen. Es sind dessen 1500. aufgemahnet: und haben sich doch noch nicht 1000. eingestellt. In unserer Stadt wird gemurrt, dass gleichwohl der Kleine Rat so grosse Gewalt sich anmassen darf, unser Volk in Krieg zu schicken, wie er jetzt für sich selbst getan, ohne Zuziehung des Grossen Rats. Es soll gut sein, dass es nicht so nahe bei Pfingsten, als Ostern ist: die Schuld wird alle auf einen gelegt. Allhier passieren ohne Unterlass durch, und ziehen in das Württembergische und Schwabenland, ganze Haushaltungen verarmter bernerischer Untertanen, alldorten ihr Stück Brot in Knechten- und Mägdeweise zu verdienen: inmassen dann gestrigen Tages in die 12. Männer samt ihren Weibern und Kindern hier durchgegangen. Man hört von ihnen mit Verwunderung wie die Landvögte so tyrannisch beides mit Reichen und Armen umgehen. Das bernische Landvolk hat noch nicht zu den Waffen gegriffen: und ist es auch noch nicht zu tun gesinnt: es wäre denn Sache, dass man sie mit Gewalt, sich zu wehren, nötigen, dringen und treiben würde: begehren nichts mehr, als dass man sie bei ihren alten Freiheiten verbleiben lasse, und wider die grosse Tyrannei ihrer Landvögte beschirmen tue. Unseren hingezogenen Soldaten legt man nicht ein gutes Los: weil die bernerischen Bauern über solche feindliche Auszüge sehr ergrimmt seien, und sich auf begebenden Fall in die 26 000. etliche sagen wohl viel mehr, defensive zugehen, sich verbunden haben sollen. Etc.

33. Brief von der Lenzburg an die Berner Regierung

Lenzburg, 15. März 1653 alten Stils.

Inhalt: Stadt und Grafschaft Lenzburg sind durchwegs rebellisch. Die Stadt wird am 15. März 1653 alten Stils, wie die Aussengemeinden bereits getan haben, ihre Beschwerden über Grenzsteine, Zehnten und andere Dinge an einer Gemeindeversammlung bereinigen. Ob die Brugger auf demselben Weg sind, ist nicht geklärt, hingegen ist rund die Hälfte der von ihnen auf die Lenzburg geschickten 20 Mann ausgerissen. Bern ist gebeten, 30 bis 40 Mann, einen Geschützmeister und Geld zu schicken, vorzugsweise auf der Aare bis Wildegg. Auf der Liebegg befinden sich zwei Kanonen. Entweder legt man 12 Soldaten als Garnison dorthin oder man überführt die Kanonen auf die Lenzburg.

Quelle: Staatsarchiv Bern, A IV 181, Seite 643. Wir danken den Mitarbeiterinnen und Mitarbeitern des Staatsarchivs Bern, unter ihnen besonders auch den Herren Peter Hurni und Vinzenz Bartlome, für ihre Unterstützung.

Meiner Schuldigkeit nach kann ich nicht unberichtet lassen, wie dass, nicht allein die ganze Grafschaft Lenzburg, sondern auch die Stadt selbst sich ganz rumorisch und rebellisch erzeigen: diesere letztere werden auf heute eine ganze Versammlung ihrer Gemeinde halten, wie die äusseren albereit getan haben, ihre Gravamina, wegen ihren Marchsteinen, Zehnten und anderen Freiheiten aufzusetzen.

Die von Brugg belangend sollen ein gleiches Vorhaben haben bin aber dessen nicht eigentlich versichert, weder dass, von den 20 Mann so sie mir zugeschickt, da ich ihrer Vieren vergünstigt nach ihren Hausgeschäften zu gehen, die übrigen alle bis an vier oder fünf ohne Urlaub mitgelaufen, deswegen ich dann die Stadt berichtet und erwarte darüber ihre Antwort. Hinzwischen würde der Platz mit dergleichen Leuten nicht versehen sein, insonderheit wann die noch bei mir habenden Burger von Lenzburg auch dergleichen etwas würden vornehmen. Gelangt derhalben an Ihr Gn. meine ganz demütige Bitte, mir an Mann 30 oder 40 samt einem Conestable oder Geschützmeister und etlich hundert Kronen zu Unterhaltung der Garnison, (womöglich auf der Aare bis nach Wildegg) zuzuschicken: Hinzwischen werden Herr Leutnant Stürler und ich unseren Fleiss anwenden, neben dem Hrn. Landvogt alles auf das Beste anzustellen, damit M G H und dem geliebten Vaterland möge gedient werden. In Erwartung einer gnädigen und unverzüglichen Willfahr tue ich Ihr G. göttlicher Protektion Schutz und Schirm wohl befehlen und verbleibe Ihr Gnaden allzeit getreuer und gehorsamer Burger

May Rud

Raptim Lenzburg um 3 Uhren vor Mittag den 15. März 1653

PS: Der J.r von Liebegg hat in seinem Schloss zwei Stückli wäre vonnöten ein Dutzend Soldaten hinzulegen oder selbige hierher zu führen.

34. Sebastian Peregrin Zwyer an Schultheiss Ulrich Dulliker

Altdorf, 25. März 1653 neuen Stils.

Inhalt: Die Forderungen der Entlebucher und anderer Leute zeugen von bösem Willen, der nicht nur Luzern, sondern allen Orten der Eidgenossenschaft schädlich ist. Ein Bund der Untertanen untereinander verstösst gegen das

Völkerrecht. Wenn es gelingt, gemäss dem in Baden gefassten Beschluss der Tagsatzung, das bernische Unwesen zu unterdrücken, ist es Luzern auch besser möglich, den eigenen ungesegneten treulosen Leuten in die Wolle zu greifen. Die nach dem Badener Beschluss vorgesehenen 100 Mann Urner Truppen und weitere 100 Mann Reserve einerseits zur Besatzung der Stadt Luzern und andererseits für die Operationsrichtung Zug-Bremgarten will Zwyer aufstellen helfen.

Quelle: Dieses Dokument (StALU-Luzern: 13/3622) ist uns von Herrn Dr. Anselm Zurfluh freundlich zur Verfügung gestellt worden. Es ist, unter seinem Datum, zusammen mit zahlreichen weiteren Dokumenten zu finden in Anselm Zurfluh, Sebastian Peregrin Zwyer von Evebach, Zürich: Thesis, 1993, ISBN 3-908544-05-X. Die Adresse des Verlags ist Etzel 7, CH 8847 Egg SZ, Schweiz.

Wohledler und gestrenger,
mein hochgeehrter herr schultheiss. Was die herren von loblicher statt daselbsten alhero schreiben und von den abgeordneten der 4 bewusten embtern, so zu Entlibuoch zusamengefordert und selbige an der 6 loblichen ohrten gesandten geschriben, heroschiken wollen, hab ich ein und anders vernomben. So vil der vier embter abgeordneten schreiben betrifft, habe ich eines teils ungern vernomben, anders teils gern gehört, das diser leüten böser will ir sachen ausgestossen würt, so nit allein die statt Lucern, sonder aller ohrten der Eidgnoschaft hochheit und aller ohrten zusamenhabende punt concernieren tuet, welches dan ein sach, so von gesambtem corpore billich soll remediert werden und ist unwidersprechlich, dise puntsbehaubtung und darumb vorgehabte landsgmeinden und dero hergegen fundierte widersprechung zurecht gesetzt worden und ob es auch nit geschehen were, hat doch der rechtsprechern obligation und des eidgnossischen punts recht und hochheit erfordert, solche unbillliche und wider aller völker recht verlobnus zu annullieren. Ich muos bekennen, das die angezogne abpit von den sambtlichen undertanen so einstendig nie begert worden, in deme sie aber angelegenlich gebeten, das sie umb alle verlauffenheit möchten begnadiget und keinesswegs gestrafft werden, habe ich inen in irem sambtlichen beiwesen mehrmal versprochen, irentwegen hierumb das wort darzutuen, besser als sie es selbsten machen und tuen wurden könden. Der herr glaube mir aber, das ich der meinung, wan der Bernische aufstand nit ervolgt, dise leüt solchen praetext auch nit formiert heten, ich meines teils wuste auch keinen bessern rat nit, als nach allen kreften sich zu applicieren, das nach dem Badischen schlus das Bernische unwesen möchte supprimiert werden, welches das Entlibuocher gift auch demmen und dan herren der statt Lucern mitel subministriern würt, disen ungesegneten treulosen leüten desto besser in die wull zu greiffen.

Ich habe gar gern vernomben, das man daselbsten die bewuste 100 man zusammenzubringen werkstellig macht. Ich hete solches gleichergestalt alhier auch gern

Der Urner Sebastian Peregrin Zwyer von Evebach, der Mann Kaiser Ferdinands III an der Reuss, kommandierte das luzernisch-innerschweizerisch geprägte Heer, welches im Juni 1653 durch die vorübergehende Besetzung des Entlebuchs nach dem Ende des schweizerischen und des bernischen auch den Luzerner Bauernkrieg zum Abschluss brachte. Abbildung nach einem Stich von Johann Schwyzer aus dem Buch «Der schweizerische Bauernkrieg 1653 und die seitherige Entwicklung des Bauernstandes» von Hermann Wahlen und Ernst Jaggi, Bern: Buchverlag Verbandsdruckerei AG, 1953.

DN: SEBASTIAN PEREGRINVS ZWEYER AB EVEBACH. EQVES. CHORARCHA VRANIENSIS. REIPUBLICÆ LUCERNENSIS. AC CONFŒDERATORVM CATHOLIC: GENERALIS ANNO CHRISTI 1653. ÆTATIS 56

Insignem Heröem specta, cui spirat ab ore
Majestas, animi donaq; rara cuj.
Heroum veterum nulli est virtute secundus.
Sive opus est armis, sive ope consilij.
Fœderis Helvetici pacem turbantia monstra,
Fido consilio, sustulit atq; manu.

Ioh. Schwÿzer sculp.

befürdert und vermeint. Es solte morges landsrat und landleüt gehalten werden, das hat aber herr landamman bis auf übermorges differiert in der hoffnung, herr landamman Tanner werde imitlest auch herokommen. Sovil an mir, würt ich mich lassen angelegen sein, das die 100 man inhalt des Badischen abschids alsbald auf die fües gebracht und andere 100 man in der bereitschaft gehalten werden, auf allen faal und begern in die statt Lucern zu werfen, dass sie jemand (jen) nach gedachtem Bremgarten vorhero schiken, fernere ordre zu empfangen, auch iren marsch von hier aus uber Zug und recta auf Bremgarten nemmen sollen. Item, das sie jeder weilen ihren furier zeitlich vorhero schiken, von einem ohrt zum andern ordenlich quartier zu machen, wie ich aber dis alles aus treuem eiffer und bester wolmeinung schreibe, überlasse ich dem herrn und loblicher statt Lucern alles nach dero guetbefinden besser zu machen. Gott segne die gerechte sach. Datum Altorff, den 25. Merzen 1653.

Des herren willigster diener
S. B. Zwyer mp.

35. Bern an Zürich

16. März 1653 alten Stils.

Inhalt: Bern will die gütlichen Mittel ausschöpfen, bevor es zur Gewalt schreitet, erwartet nun die Vermittlung der evangelischen Orte, behält aber die bereitstehenden Truppen unter den Fahnen und erwartet von Zürich ein analoges Verhalten.

Quelle: Staatsarchiv Bern, A III 68, Teutsche Missiven-Buch der Statt Bern (Fanget an 4. Jan. 1653 und endet 29. Dez. 1654), Seite 57.

Unser etc. Eure unserer G. L. A. E. so freund-eid- und religionsgenössische Zugemütführung, neben unserer bereits aus allerhand Betrachtungen (her)vorgegangenen gutmütigen Erklärung gegen(über) etlichen unserer, mit einer nun bald durchgehenden Rebellion bedaurlich angesteckten Untertanen, die gütlichen Mittel der Gewalt vorgehen zu lassen, haben wir, mit Zutun unseres grossen Rats so weit beherzigt, dass wir (nach Vornehmung eures Volks halb anderweitig beschlossener Verordnung und Stillhaltens) nunmehr der allseitigen Lob. Evangelischen Orte angebotenen gütlichen und unverweilten Interposition mit Verlangen erwarten, und unterdessen unsere auf Füssen habenden Völker in omnem eventum aufhalten, mit freund-eid- und religionsgenössischem angelegentlichem Ersuchen, (dass) Ihr, unsere G. L. A. E. und wahre allerbeste Freunde, in eurer Gutmütigkeit verharren, dieser gütlichen Intervention maturieren und mit tapferer Bereithaltung eurer Macht, einen den allseitigen Obrigkeiten reputierlichen und den Sachen gemässen Austrag kräftig mitwirken helfen wollt; Gott wende dieses gemeine um sich fressende Übel mit seiner allgütigen Hand und walte noch fürbass ob uns mit Gnaden.

Datum 16. März 1653.

36. Aus der Chronik von Johannes Fisch

Die Tage ab 16. März 1653 alten Stils betreffend, frühes 18. Jahrhundert.

Inhalt: Am 16. März 1653 alten Stils wird der Burgerschaft von Aarau auf dem Rathaus eröffnet, die Gnädigen Herren von Bern beabsichtigten, 500 Basler und Mülhauser in die Stadt Aarau zu legen und dort bis zur Beilegung der Bauernbewegung zu behalten. Aarau solle ihnen, gegen Bezahlung, Essen und Trinken verkaufen und Quartier einräumen. Die Burgerschaft zieht sich zur besonderen Beratung in die Stadtkirche zurück und bestellt einen Ausschuss, um ihre Anliegen zu vertreten. Die Burgerschaft will den fremden Völkern wohl den Durchzug durch die Stadt erlauben, nicht aber die Einquartierung. Ausserdem verlangt sie, dass man ihnen ihre Freiheiten und Rechte vorlese, damit sie wisse, woran sie sich halten könne. Geschehe das, wolle sie den schuldigen Gehorsam leisten. Am 18. März treffen die Basler und Mülhauser ein und ziehen auf die Wacht, am 19. März wird Aarau, zum Schrecken der einquartierten Truppen, von immer grösseren Massen von Bauern belagert. Die Bauern fordern den Abzug der Truppen und drohen an, diese aus Aarau zu vertreiben. Junker May von Rued will sie nach Lenzburg führen, dies erweist sich aber als unmöglich, ja auf die Nachricht, dass noch mehr Bauern angekommen seien, weichen die Truppen, ohne gegessen zu haben, erschreckt über die Aarebrücke, sodass man ihnen das Essen aus der Stadt ins Feld hinausbringen muss. Danach ziehen die Basler und Mülhauser wieder ab. In der Vorstadt zerbricht ein ergrimmter Bauer über Junker May von Rued einen Spiess, worauf May im Kloster Königsfelden Zuflucht sucht. Ebenfalls am 19. März kommt der Auszug von Reinach vor der Stadt Aarau an, wird aber nicht eingelassen und kehrt, nach einer in der Vorstadt zugebrachten Nacht, am Sonntag, 20. März alten Stils wieder nach Hause zurück.

Quelle: Stadtarchiv Aarau, StAAa IV 1, Seite 189 bis 194 freundlich mitgeteilt von Herrn Stadtarchivar Dr. Martin Pestalozzi.

Anno 1653 den 16. März ist einer ganzen ehrsamen Burgerschaft ins Rathaus geboten worden, da hat Herr Schultheiss Hagenbuch ihnen angezeigt, wie dass ein Schreiben von Unseren Gnädigen Herren vorhanden, darin Ihr Gnaden Wille und Meinung sei 500 Mann von Basel und Mülhausen in unsere Stadt zu legen, mit Befehl, man solle ihnen um einen rechten Preis Speis und Trank zukommen lassen, und sie nachbarlich halten, die sollten hier verbleiben, bis die Bauern würden gedämmt sein.

Auf dies hin hat eine ehrsame Burgerschaft einer Verdanck oder Aufschlag begehrt, sie wollten sich mit einander beraten, gingen in die Kirche, beratschlagten sich, und machten einen Ausschuss von 15 Mann, MH. R. und B. ihren Willen vorzutragen, nämlich folgende

Bürger aus der Stadt
Daniel Märck, Josua Renold.
Jacob Nodler, Hs. Georg Eggli.
Daniel Seiller, Heinrich Danner.
Hieronimus Huntziker,
  Anthonj Huntziker,
Hieronimus Castenhoffer,
  Sebastian Sinnliger.
Aus der Vorstadt.
Samuel Schmutziger, Hs. Georg
  Schmutziger.
Friedrich Huber, Hs. Georg Rueffli.
Daniel Franck.

So ist nun einer ganzen ehrenden Burgerschaft Wille und Meinung gewesen, sie wolle den fremden Völkern den Durchzug vergönnen, aber kein fremdes Volk in die Stadt legen lassen, begehrte auch in aller Untertänigkeit, dass MH. Ihnen wollen ihre Freiheiten, so die Stadt Aarau hat und befugt ist, vorlesen, damit eine ehrende Burgerschaft sich danach richten und halten könne, woran ihnen viel gelegen, dann sie mögen nicht wissen, wie es damit eine Gestalt habe, und so solches geschehe, so wolle eine ehrende Burgerschaft allen schuldigen Gehorsam abstatten.

Freitag d. 18. März ist das Volk von Basel und Mülhausen allhier in Aarau angekommen und übernachtet und gerade auf die Wacht gezogen.

Samstag den 19. März ist Aarau von den Bauern belagert gewesen, dann die Bauern gar ungern gehabt, dass fremdes Volk in der Stadt war, die Bauern haben sich in der Geiss und auf dem Torfeld gelagert, und sich je länger je mehr vermehrt, also dass den fremden Völkern angst und bange geworden ist.

Die Bauern drohten hart, wann die Völker bis auf den Mittag nicht aus der Stadt weg wollen, so wollen sie kommen, selbige angreifen und hinaustreiben.

Es haben die Bauern unter den baslerischen Völkern rund geredet, sie wollen wider die Bauern nicht streiten, sondern wollen die Gewehre niederlegen, derowegen haben die von Aarau Feinde in und ausser der Stadt gehabt.

Der Junker May von Rued hätte das Volk gern gen Lenzburg geführt, aber sie wollten nicht mit ihm ziehen, weil die Bauern ihnen auf dem Torfeld gewartet.

Samstag d. 19. März, weil Rät und Burger, der Junker May samt den fremden Offizieren von Basel im Rathaus waren, kam ein Geschrei, es seien mehr Bauern angekommen. Läuft alles ins Gewehr, und gab Lärm, die Herren vermeinten, die Bauern fielen schon an einem Ort ein, als die Bauern solches ausserhalb der Stadt gehört haben, vermeinten sie, die Burger und Soldaten seien uneins, und aneinander, aber die Soldaten liefen nüchternerweise und ohne Ordnung zur Stadt über die Aarebrücke hinaus, dass man ihnen hat müssen Speise hinaus tragen, etliche verbargen sich in die Ställe und unter das Stroh, dann sie meinten, es käme niemand mehr mit dem Leben davon, ein Lieutenant sagte, er sei in manchem Krieg und Streit gewesen, aber niemals sei es so gefährlich gestanden, darauf ist der Herr Hauptmann Zörnli von Basel samt denen von Mülhausen wiederum heim gezogen.

Die Bauern haben den Junker May in der Vorstadt beim grossen Löwen angegriffen, und einer hat einen Spiess ob ihm zerschlagen, weil sie über den Junker er-

grimmt waren, hierauf machte er sich in das Kloster Königsfelden.

An diesem Abend d. 19. März sind im Schloss Gösgen die Losschüsse gegangen, dann das Geschrei kam, es sei alles schwarz von Volk, und ist ihr eigen Volk von Erlinsbach gewesen.

An diesem Samstag Abend d. März um 9 Uhren kam die Reinacher Fahne hier an, und übernachtete in der Vorstadt, und sind am Sonntag morgens d. 20. März wiederum heim gezogen.

37. Der Hofmeister von Königsfelden an Bern

Königsfelden, 18. März 1653 alten Stils.

Inhalt: Wolfgang von Mülinen hat von Bern den Hinweis auf geplante rebellische Gemeindeversammlungen in Brugg und Lenzburg und daraus fliessende Forderungen erhalten. Mülinen hat sich in beiden Städten erkundigt und Brugg so treu gefunden, wie immer. Was einige aus der Lenzburger Garnison entwichene Brugger Burger betrifft, so hat Mülinen den Unwillen der Brugger darüber festgestellt. Diejenigen, die nicht im Besitz eines Urlaubs gewesen sind, hat der Brugger Rat auf ihre Posten zurückgeschickt, was die Fehlbaren auch meist getan haben. In Lenzburg geht zwar etwas vor, aber nach Aussage des dortigen Landvogts betrifft es nur die innere Verfassung der Stadt, welche sich mehrmals ausdrücklich als Bern treu erklärt hat. Am vergangenen Dienstag sind 300 Mann Schaffhauser Fussvolk in Brugg und 40 Schaffhauser Reiter in Königsfelden – in Abwesenheit von Hofmeister Wolfgang von Mülinen – einquartiert worden. Diese Schaffhauser sind jedoch am 17. März 1653 alten Stils wiederum abgezogen. Wolfgang von Mülinen ersucht um weitere Instruktionen bei so beschaffenem traurigem Wesen.

Quelle: Staatsarchiv Bern A IV 181, Seiten 741, 742. Die freundliche Aufnahme im Staatsarchiv Bern sei auch an dieser Stelle Herrn Staatsarchivar Dr. Peter Martig und seinem Team verdankt.

Aus Ew. Gn. beliebtem Schreiben habe ich vernommen, ob sollten beide Städte Brugg und Lenzburg etlicher Gestalten in Vorhaben kommen, ihre Gemeinden zu versammeln und dabei Beschwerden hervorzubringen, welches auch nicht weniger einer Rebellion zu erachten und zu besorgen sei. Hab ich mich nach Ew. Gn. Befehl beider Orten nach Notdurft und eines solchen Berichts Verhalt *(erkundigt)*. Das, was Ew. Gn. getreue, liebe Angehörige zu Brugg betreffen tut, *(sind)* dieselbigen noch in ihrer Treue, Aufrichtigkeit so wohl, als jederzeit und fürders zu verharren bester Massen resolviert. Was aber den Verlauf, Kund- und Ausstand etlicher Burger der Garnison zu Lenzburg berührt, ist ihnen solches zu höchstem Missfallen und solcher Verwunderung vorkommen, dass sie von denselben, ihren Burgern, keine Ursachen vernehmen können, als dass derselben etliche mit Urlauben zu Verrichtung notwendiger ihrer Geschäfte nach Hause gekommen waren, die Übrigen gleicher Gestalten abgelaufen, die sie aber alsbald mit Ernamsung der Stunde, sich wiederum auf ihrem Posten einzustellen, bei Leibesstrafe dahin gebunden, welches sie auch grossen Teils geleistet.

Von Lenzburg habe ich verschien Dienstag von Herrn Landvogt diesen mündlichen Bericht, dass in der Stadt zwar etwas vorgehe, berühre aber mehren teils ihr altes Wesen, die haben aber etliche der Ihrigen zu ihm hinauf verschickt, mit Vorbringen, dass sie in diesem Unwesen sich allein bei Ew. Gn. zu halten und ihre schuldige gehorsame Pflicht nach Vermöglichkeit zu leisten gesinnet.

So habe ich auch von einem gewissen vertrauten Burger von der Stadt Brugg, dass selbige auch nicht minder gegen Ew. Gn. Ihrer Pflicht nach alles zu leisten eines solchen guten Vorhabens.

Im Übrigen soll Ew. Gn. ich unberichtet nicht lassen den verschienen Dienstag E. G. Getreue L. A. Eid und Religionsgenossen der Stadt Schaffhausen Ausschuss von 300 Mann Fussvolk und 40 wohl ausgerüsteten Reitern allhier angelangt, und zu Brugg das Fussvolk einquartiert worden, die Reiterei aber, in meinem Abwesen, in Ew. Gn. Haus einlogiert, die sind aber gestrigen Tages wiederum allerseits abgezogen. Wenn aber Ew. Gn belieben mag bei so beschaffenem traurigem Wesen, mir zu befehlen, bin ich der schuldige und willige Diener, und bitte dieselben auch hiermit unterdienstlich mich auch jederzeit in Fürfallenheiten zu meinem Verhalt und Nachricht zu verständigen. Hiermit Ew. Gn. der wohl beschirmenden Allmacht Gottes treulich empfehlend.

Datum Königsfelden den 18. März 1653. Ew. Gn. williger Diener Wolfgang von Mülinen.

38. Stiftsschaffner und Rat von Zofingen an Bern

Zofingen, 19. März 1653 alten Stils, 15.00 Uhr.

Inhalt: Stiftsschaffner, Schultheiss und Rat von Zofingen melden, dass die Berichte über die Annäherung fremden Kriegsvolks dazu geführt haben, dass die um Zofingen herum wohnenden Bauersleute zu den Waffen gegriffen haben und mit dem Vorhaben ausgerückt sind, das fremde Kriegsvolk zu vertreiben. Die Berner Regierung wird von Zofingen ersucht, das fremde Kriegsvolk aufzuhalten, um nicht dem Aufstand der Landleute zusätzliche Nahrung zu geben und das Vaterland in seinem blühenden Zustand zu erhalten.

Quelle: Staatsarchiv Bern A IV 181, Seite 763. Die freundliche Aufnahme im Staatsarchiv Bern sei auch an dieser Stelle Herrn Staatsarchivar Dr. Peter Martig und seinem Team verdankt.

Es langt uns stündlich Bericht ein, dass noch alle Zeit fremde Völker sich zu uns nachen und in umliegenden Orten sich einlogieren wollen, welches die benachbarten Bauersleute nicht zum Besten verfangen, sondern allbereit in Wehr und Waffen sich befinden und von Haus gezogen *(sind)* der Meinung solche Völker zurückzuhalten; wann dann wir anders nicht schliessen können, denn dass die fremden Völker, welche in das Land gebracht werden, grosse Zerrüttung und Ruin causieren, und die Landleute zum feindlichen Aufstand veranlassen thüyendt welches allbereit geschehen. Bei so brisanter Sache langt unser allerseits untertänig-freundliches Ersuchen und Bitten an Ew. Gn. sie geruwindt, dem Vaterland zu Gutem, die Völker zurückzuhalten, guter Hoffnung, wo selbiges geschehe, kein fernerer Aufstand von den Landleuten causiert werde; hiermit wollen Ir. Gn. ganz untertänig gebeten sein ihrer Fürsichtigkeit nach hierin zu handeln, damit also unser geliebtes Vaterland noch weiter in gutem Flor erhalten werde. Dessen wir E. Gn. auf der Eile berichten und dabei göttlicher Protektion wohl befehlen wollen.

In Eile d. 19. März um 3 Uhren nach Mittag Ao. 1653. E. Gn. untertänige und willige Daniel von Werd Stiftsschaffner wie auch Schts. und Rat zu Zofingen.

39. Aus dem Tagebuch Markus Hubers im Schloss Aarwangen

29. März bis 1. April 1653 neuen Stils.

Inhalt: Der Versuch, Verstärkung ins Schloss Aarburg zu legen, scheitert infolge Unachtsamkeit des Falkenwirts von Aarburg, der daraufhin zusammen mit anderen den Obrigkeiten ergebenen Männern im aufständischen Olten verhaftet und nicht besonders zuvorkommend behandelt wird. Landvogt Niklaus Willading verhindert mit Unterstützung des loyalen Ammanns von Roggwil einen Sturm auf das Schloss Aarwangen. Der Ammann und sein Sohn werden daraufhin allerdings von den Roggwilern ausgegrenzt. Die eidgenössischen Gesandten reiten in Langenthal durch und raten der Gemeinde zu einer friedlichen Konfliktbeilegung. Die Langenthaler stellen aber trotzdem Schildwachen auf, die Landvogt Willading, der nicht unnötig Blut vergiessen will, nicht aufhebt. Auf Druck der aufständischen Unteraargauer und der Stadtbürger weist der Rat von Aarau die zur Sicherung des Areübergangs herangekommenen 600 Basler weg.

Quelle: Paul Kasser, Die Geschichte des Amtes und des Schlosses Aarwangen, in: Archiv des Historischen Vereins des Kantons Bern, XIX. Band, Bern: Gustav Grunau, 1909, Seiten 57 bis 446, Seiten 272, 273.

Den 29. folgends *(März)* schickten Ihr Gn. von Bern ein Fass mit Munition, und 150 Handgranaten, dazu Rüstungen für 6 Mann, 2 Centner Pulver; liessend aber die Stuck inzwischen bewenden, welches auch das notwendigste, so beghert worden.

Dato kame Bericht, dass man durch die Schafmatt 60 Mann gworben Völker empfahen sollte, und ein gleiche Anzahl sollte durch Olten in Arburg gelegt werden, welches aber durch Unvorsichtigkeit des Falkenwirts von Arburg, Jakob Hütters, verhinderet, und also beide Garnisonen ussblieben, er selbsten aber nebet Hauptmann Gibeli *(?)*, Hr: Ritter von Steinbrügk, und Gmeinman Gugger zu Olten von den Bauern gfangen gsetzet worden, und sehr übel traktiert.

Dito ward Mittags verkundschaftet, dass alle umliegende Gmeinden bis nach Rohrbach einen Anschlag hetten, die hiesige Garnison zu überfallen. Da gebrauchte sich der Hr: Landvogt, diese Occasion sich ledig zmachen, dieser Stratagematis:

Er schickte nach dem getreuwen Ammann von Roggwyl als der Mannschaft Hauptmann; und befahl ihme auf beschehenen Lärmen sein Volk zwar aufzemahnen, als wollt er mit ihnen nach Aarwangen ziehen, sollte aber selbige nit anziehen lassen, sondern dimutieren, als ob ihm wäre Zeitung angelangt, dass man dörftig wäre, das Dorf zu bewachen, welches auch beschehen.

Als nun die andern Gmeinden ein solches gsehen, sind sie zwar ein ganze Nacht in Wehren, aber ohne Anzug verblieben, auf die von Roggwyl als einer grossen Gmeind wartende. Hat also Gott dies grosse Unglück damit abgewandt; Lienhard Ammen von Roggwyl hatte das Wort von Langenthal geholet; die Roggwyler wollten dem Ammen nicht mehr gehorchen, sondern wollten ihn als einen Verräther fangen, und in die Kilchen beschliessen; seinen Sohn traktierten sie sehr übel, welcher aber sich mit Hülf des Weibel Lantzen redlich wehrte; die Wachten waren hie wohl bestellt.

...

Den 31. kamend die Herren Ehrengesandten von Zürich, Schaffhausen und Appenzell sammt Herr von Bonstetten und Grafenried zu Langenthal an; redeten auch derselben Gmeind ganz freundlich zu, dass sie wollten die Wehr bysits legen, welches sie auch zu thun verheissen, aber nicht hielten. Der Hr: Landvogt von Aarwangen war auch dahin gefordert, seine Klägten zu thun, welches er auch thate, ritte folgends mit gedachten Herren Ehrengesandten nach dem Murgenthal, folgends wieder nach Haus.

Selbigen Abends kam von der Hochwacht Bricht, wie Feuer im Dorf aufgegangen wäre; dessentwegen der Hr. Landvogt mit 8 Musquetieren sich dahin begabe. Als aber nichts an der Sache ware, that er einen Umgang durch alle umliegenden Dörfer und kam selbsander an die Langenthalerwachten, war auch willens die Schildwacht ufzuheben; weil man aber die Consequenz bsorgen müsste, vermitten.

Den 1. April kamend die Herren Gsandten Löblicher Evangelischer Orten zu Arburg und Olten an, aber vergebens, den Falkenwirth ledig zu machen, ritten folgends uf Aarau; da nun entzwischen 600 Baslerische Musquitier dorten ankommen waren, liefen die Rebellen aller Orten des niedern Ergeus zusammen, drohten der Stadt Aarau, auch wollten die gedeuten Musquitier heraus haben; ein glyches begehrten auch die Bürger; also dass, wofern der Rath sich schüzen wollte, man selbige ausschaffen musste, die zogen entzwischen auf die Schafmatt.

40. Berner Ratsbeschluss

Bern, 19. März 1653 alten Stils.

Quelle: Staatsarchiv Bern A IV 181, Seite 766. Die freundliche Aufnahme im Staatsarchiv Bern sei auch an dieser Stelle Herrn Staatsarchivar Dr. Peter Martig und seinem Team verdankt.

Zofingen solle allseits treu bleiben und wachsam sein.

41. Berner Ratsbeschluss

Bern, 20. März 1653 alten Stils.

Quelle: Staatsarchiv Bern A IV 181, Seite 791. Die freundliche Aufnahme im Staatsarchiv Bern sei auch an dieser Stelle Herrn Staatsarchivar Dr. Peter Martig und seinem Team verdankt.

Eingelangte Klagen und Berichte von Biberstein, Zofingen, Aarwangen, Aarburg werden den HH. Ehrengesandten zur Abhandlung kommuniziert.

H. Oberstleutnant Zörnli zu Aarau … solle sich zu guter Defension stellen.

H. von Bonstetten und H. von Graffenried werden zur Pazifizierung an die Rebellen im Aargau geschickt, um von Ort zu Ort alles, was zu Frieden und Ruhe dienen möchte, beizutragen.

42. Sebastian Peregrin Zwyer an Beat Jakob Zurlauben

Hilfikon, 31. März 1653 neuen Stils.

Inhalt: Lenzburg ist durch den Aufstand von Bern abgeschnitten. Wenn Berner Bauern in den Freien Ämtern agitieren sollten, sind sie zu verhaften.

Quelle: Dieses Dokument (AA-AH 44/38) ist uns von Herrn Dr. Anselm Zurfluh freundlich zur Verfügung gestellt worden. Es ist, unter seinem Datum, zusammen mit zahlreichen weiteren Dokumenten zu finden in Anselm Zurfluh, Sebastian Peregrin Zwyer von Evebach, Zürich: Thesis, 1993, ISBN 3-908544-05-X. Die Adresse des Verlags ist Etzel 7, CH 8847 Egg SZ, Schweiz.

Woledler und gestrenger, hochgeherter herr landschreiber, beikommend hat derselbig ein abschrift zu empfangen, was mir herr landvogt von Lenzburg (Z: Georg Tribolet) geantwurtet, daraus der herr zu ersehen, das sie mehrers nit schreibend, das inen von Bern der pass verspert und mehrers nit zukombt. Ich habe weder zu Hekhlingen, noch zu Vilmergen nit erfaren könden, das einicher convent weder von undervögten, noch anderen gehalten werden, allein wil ein hoche noturft sein, das der herr die uneingestelte verordnung tue, wan Berner pauren in die freien embter zu ungleichem bericht und ungueter persuasion komen, solche angehalten und der obrikeit zugefüert werde, welches ein noturft daran eben vil gelegen sein will. Der herr würt alles recht zu tuon und mir vil zu seinem dienst zu befelen wüssen. Datum Hilffikhen, den 31. Martii 1653. Des herrn dienstwilligster S. B. Zwyer mp.

43. Solothurner Ratsbeschluss

1. April 1653 neuen Stils.

Inhalt: Die Untertanen im Gäu wollen sich am 2. April zur Landsgemeinde versammeln und danach mit der Begründung, sie könnten sich nicht in der Stadt eindecken, das Schloss in der Klus überfallen und Munition und Pulver daraus nehmen. Deshalb geht dem Kommandanten dort sowohl der Schlüssel zum Magazin zu als auch der Befehl, das Pulver bereitwillig auszuteilen, damit kein Misstrauen entstehe.

Quelle: Alois Vock, Der Bauernkrieg im Jahre 1653 oder der grosse Volksaufstand in der Schweiz, dritte Auflage, Aarau und Thun: J. J. Christen, 1837, Seite 167.

Weil Meinen G H Herren vorgekommen, dass die Unterthanen im ganzen Gäu uff Morndrigs Tag zusammen halten und kommen werden, Landsgemeinde zu halten, auch gesinnt seien, wann sie von dannen kommen, das Schloss in der Kluss zu überrumpeln, auch Pulver und andere Munition, weil man ihnen in der Stadt nichts zu kaufen geben wolle, mit Gewalt zu nehmen, ist gerathen, damit ihnen der böse Argwohn noch mal benommen werde, solle man ihnen von dem Pulver etwas Gutwillens gefolgen lassen. Dem Kommandanten der Kluss solle der Schlüssel zu dem Magazin überschickt werden, damit er dem vorigen Rathschlage statt thun, und das Pulver Gutwillens mittheilen könne, den Unterthanen ihr vielleicht böses Vorhaben hiedurch zu benehmen.

44. Bern an die evangelischen Gesandten im Aargau

22. März 1653 alten Stils.

Inhalt: Seit der Abreise der Gesandten in den Aargau hat man in Bern Bericht von den Vorfällen in Aarau erhalten. Daraus ergibt sich, dass die dortige Burgerschaft sich den Basler und Mülhauser Truppen gegenüber unfreundlich gezeigt, ihnen das Nachtquartier verweigert, ja ihre Wachen angegriffen hat. Bern orientiert die evangelischen Gesandten im Aargau darüber, damit die Diplomaten die Urheber solcher Widersetzlichkeit ausfindig machen und über sie den für die Bestrafung zuständigen Berner Rat orientieren können.

Quelle: Staatsarchiv Bern, A III 68, Teutsche Missiven-Buch der Statt Bern (Fanget an 4. Jan. 1653 und endet 29. Dez. 1654), Seiten 60, 61.

Unser. Seit eurer Abfertigung in den Aargau ist uns von Basel her der ausführliche Bericht des Verlaufs zu Aarau eingelangt, daraus wir bedauerlich ersehen, dass *(sich)* die gemeine und niedere Burgerschaft daselbst, gegen*(über)* dem allda ankommenden basel-mülhausischen Volk sich ganz unfreundlich und mit unvermeinter Nichtgestattung Quartiers, wie auch mit ungestümer Zusammenlauf- und Angreifung der Wachen mehr widrig und feindlich, als der obliegenden Schuldigkeit gemäss erzeigt. *(Dies)* sollen wir gegen dieselben billig empfinden und haben daher Euch unseren respective vielehrenden günstigen und geliebten Ehrengesandten bei Gelegenheit eures jetzigen Dabefindens zu übergeben gut befunden, Euch der Sachen Hergangenheit und der Urheber und vornehmsten Verursacher und Antreiber solcher Widersetzlichkeit durch notwendige Berichteinnehmung zu erkundigen und zu eurer Wiederallherkunft, selbst euer Befinden uns zu unserer gebührenden Erkenntnis gegen die Fehlbaren zu referieren. Unterdessen etc. Datum 22. März 1653.

45. Bern an die Stadt Aarau

22. März 1653 alten Stils.

Inhalt: Der Aarauer Schultheiss hat Schultheiss und Rat der Stadt Bern über den Widerstand einiger Aarauer Burger gegen die von Basel geschickten Kriegsvölker unterrichtet. Dieser Widerstand befremdet Schultheiss und Rat von Bern. Es ist deshalb in Aarau eine Namensliste der Verantwortlichen aufzunehmen, die Liste nach Bern zu schicken und der Entscheid der Obrigkeit abzuwarten.

Quelle: Stadtarchiv Aarau, Ratskonzept, StAAa II, 187, freundlich mitgeteilt von Herrn Stadtarchivar Dr. Martin Pestalozzi.

Uns hat Euer geliebter Schultheiss mit mehrerem angelegentlich und umständlich vorgetragen, wie es mit unserer G. L. Eid- und Religionsgenossen loblicher Stadt Basel, uns zugeschicktem Volk, so wohl zu Eurer als unserer selbsteigenen Conservation bei gegenwärtigen gefährlichen Empörungszeiten in Ausschlagung und vielfältiger Widersetzung von etlichen unter Eurer Burgerschaft im Grund der Wahrheit hergangen: darob wir uns nicht wenig befremdet, und uns auch zu dem Mindesten von den Euren versehen hätten, seine uns schuldige Gehorsame im Wenigsten zu übersehen, und dergestalt unser vertrauten L. E. wohlermeldeter Stadt Basel, angedeuteter schirmlicher Volksleistung zu widersprechen: ist deroweg unser Gesinnen hiermit an Euch, diejenigen, so dessen eine Ursache und Urheber sein möchten, vor Euch zu bescheiden, ihnen solches unser Missfallen nicht allein gebührend vorzuhalten, sondern auch uns derselbigen mit Namen zu ver-

145

ständigen, unseres ferneren Willens darüber zu erwarten: dass aber der mehrere und beste Teil sich unserem Willen des Orts gehorsam untergeben, haben wir auch zu sonderem gnädigem Vergnügen verstanden: mit diesem anmahnlichen Gesinnen zu solcher Treue, Aufrichtigkeit und Gehorsame gegen uns zu continuieren, als die wir Euch mit beharrlichen Gnaden wohl gewogen verbleiben, und uns damit sämtlich Gott wohl anempfehlen.

Datum 22. März 1653

46. Basel an Mülhausen

22. März 1653 alten Stils.

Inhalt: Basel drückt seine Freude über die gute Aufnahme des Mülhauser Hilfsangebots durch Luzern aus und meldet, dass die Knechte 5 Kronen pro Monat erhalten, der Sold der Offiziere aber noch nicht geregelt ist und später mitgeteilt werden wird.

Quelle: Archives de Mulhouse, No 7647, freundlich mitgeteilt von Frau Eliane Michelon, Direktorin der Archives de Mulhouse.

Uns ist sehr lieb gewesen aus Eurem des 19. hujus datierten Schreiben und dessen Beilage zu vernehmen, dass Eure schriftliche und durch Abgesandte gegen unsere G. L. E. von Luzern getane Offerte, also wohl und zu Gefallen auf- und angenommen worden, wünschen von Herzen dass solches zu Eurem erwünschten Zweck zu gelangen ein glücklicher Anfang sei.

Was das unserer Soldaten und Offiziere und deren Bestallung anlangt, haben wir den gemeinen Knechten jedwederm 5. Kronen monatlich versprochen, den Hauptleuten und Befehlshabern aber auf nichts Gewisses, sondern sie nach Diskretion zu remunerieren Andeutung getan,

so bald nun denen etwas Gewisses bestimmt wird, wollen Euch unseren G. L. E. wir es nachrichtlich anfügen, denen wir zu Erweisung eidg. Dienste ganz geneigt. Tun uns damit sämtlich Gott befohlen.

Den 22. März. 1653.

Burgermeister und Rat der Stadt Basel.

47. Schaffhausen an Bern

22. März 1653 alten Stils.

Inhalt: Schaffhausen hat am 15., 16. und 19. März 1653 alten Stils je einen Brief von Bern erhalten. Schaffhausen hofft, dass die am 13. auf Ersuchen Berns nach Brugg entsendeten, seither zurückgerufenen Schaffhauser Truppen, von den Bernern als Ausdruck der eidgenössischen Haltung Schaffhausens gewürdigt werden. Schaffhausen will die Rechte der Obrigkeit und diejenigen der Untertanen gewahrt wissen und bittet Gott, Ungemach vom lieben allgemeinen Vaterland abzuwenden.

Quelle: Staatsarchiv Schaffhausen, Missiven 1653, freundlich mitgeteilt von Herrn Staatsarchivar Dr. Roland E. Hofer.

Insonders

Euere unserer G. L. E. sub datis des 15., 16. und 19. dies hinschleichenden Monats März uns einkommene Schreiben haben wir ablesend wohl verstanden, dabei von Herzen wünschend, dass Ihr wegen unseren, den 13. dies Euch zu Hilf, und nach Brugg geschickten Völker, die wir auf allerhand eingelangte Schreiben, und das durch andere ersprießliche und angenommene Interpositionsmittel, die weit aussehende Sache verhoffen glücklich auszuführen, contremandieren lassen, Anlass zu bemerken hättet, gleich wie wir Kraft habenden Bündnisses und jüngst Badischen Abschieds, solches zu tun schuldig, auch wir werktätig zu machen ganz willig und bereit gewesen, also bei

Euch unseren G. L. E. wir hiermit freundeidgenössisch ansuchen, diesen unseren werkstellig gemachten Aufbruch und Beisprung zu freundeidgenössischem Gefallen anzunehmen, dabei Euch unseres redlichen und freundeidgenössischen Gemüts versichernd, dass wir nicht allein noch der Zeit unsere Völker in stündlicher guter Bereitschaft halten, sondern auch auf alle begebenden Fälle Euch mit Leib und Gut, besten unseren Möglichkeiten nach, auf Erfordern beispringen, und unser redlich eidgenössisch Gemüt wirklich zu erkennen geben wollen, der tröstlichen Hoffnung, es werde der wahre Gott solche Ratschläge und Mittel senden, dass die Anwendung der Gewalt dermassen vermieden verbleibe, Euch als der Obrigkeit ihre Gehörigkeit widerfahre und dass dem armen verirrten Volk, die da Schafe sind von der Gnade unseres Hirten und Erlösers Christi, sein Recht auch vorbehalten und Gerechtigkeit erzeigt werde, dazu der allgütige Gott seinen gnadenreichen Segen verleihe, und alles Ungemach von unserem allgemeinen lieben Vaterland gnädiglich abwenden wolle uns insgesamt dem Schirm des Allerhöchsten wohl empfehlen.

Datum d. 22.ten Martii 1653

Burgermeister und Rat der Stadt Schaffhausen

48. Ein neu Wilhelm Tellen Lied

Circa 2. April 1653 neuen Stils.

Inhalt: Ein seinem Titel und dem ersten Teil seines Inhalts nach ursprünglich aus dem Entlebuch stammendes, aber beidseits der Aare zwischen Aarwangen und Aarau weiterentwickeltes kraftvolles Kampflied führt die Klage des Landmanns gegen die Landvögte. Zur Entstehungszeit waren die Hoffnungen der Aufständischen intakt und die Ernüchterung durch die Niederlagen von Wohlenschwil und Herzogenbuchsee noch nicht eingetreten. Die grosse Aufmerksamkeit, welche die Affaire um den Falkenwirt von Aarberg findet, sodann das Fehlen eines Hinweises auf die Landsgemeinden, deuten auf einen in den ersten Apriltagen (neuen Stils) liegenden Redaktionsschluss der vorliegenden Fassung.

Quelle: Alois Vock, Der Bauernkrieg im Jahre 1653 oder der grosse Volksaufstand in der Schweiz, dritte Auflage, Aarau und Thun: J. J. Christen, 1837, Seiten 545 bis 549.

Ein neu Wilhelm Tellen Lied,
im Entlebuch gemacht 1653.

1. Was wend wir aber singen
   Us Gnad Herr Jesu Christ?
   Vom Tellen fürzubringen,
   Der längst gestorben ist.

2. Als man zählt sechzehnhundert
   Und drei und fünfzig Jahr,
   Ereignen sich gross Wunder;
   Ist kund und offenbar.

3. Ich sing es Niemand z'tratzen;
   Man soll mich recht verstohn;
   Von wegen ganzen Batzen
   Ist dieser Krieg herkohn.

4. Ne Stadt will ich euch sagen,
   Die ist euch wohl bekannt.
   Weiss Blau, das thut sie tragen,
   Und ist die dritt' im Band.

5. Ach Gott! Ich muss sie klagen,
   Des Landmanns grosse Klag.
   Es ist, wie ich werd sagen,
   Gar heiter an dem Tag.

6. Gleich wie zu Tellen Leben,
   Also thut's jetzt hergohn;
   Der Landmann sollt hergeben,
   Geb, wo'rs möcht überkohn.

7. Ach Tell! Ich wollt dich fragen;
   Wach auf von deinem Schlaf!
   Die Landvögt' wend Alls haben,
   Ross, Rinder, Kälber, Schaf'.

8. Ein jeder Herr will leben
   Wie'n junger Edelmann;
   Es muss es ihm hergeben
   Der arme, gringe Mann.

9. Ein armer Bauernzüttel,
   Der nicht wollt ziehen dran
   Mit Entlebucherknüttel
   Und eis'nen Stefzgen dran.

10. Der Bär wollt nit still sitzen!
    Er kam gen Solenthurn;
    Mit listig Kyb und Witzen
    Richt' er bald an den Sturm.

11. Man gab ihm fufzg Soldaten
    Gerüstet über d'Maass;
    Im Schiff thät man sie führen
    Aarwangen zu ins Schloss.

12. Die Bauern wend's nit haben;
    Sie fallen vor das Schloss:
    Musst fort mit den Soldaten,
    Wie sehr ihn das verdross.

13. Zu Aarburg ist ein Falke[31];
    Man kennt ihn nur zu wohl.
    Er ist ein arger Schalke,
    Dazu der Tücke voll.

14. Er treit zwei falsche Augen,
    Und ein meineidig Herz;
    S'ist vorn ihm nit zu glauben,
    Geschweige hinterwärts.

15. Er ist gen Olten kommen,
    Fragt, wo der Hauptmann was.
    Der Falk hat's bald vernommen,
    Und merket ehester das.

16. Er treit 'ne Modekappen,
    Dass er erkannt nit wurd;
    Wollt führen fufzg Soldaten
    Ins Schloss, wohl gen Aarburg.

17. Zu Olten auf der Gassen
    Ward er gegriffen an;
    Beim Wanst thät man ihn fassen:
    ‹Woher, meineider Mann?›

18. Sie führten ihn zum Leuen;
    Auf ihn hat man gut Acht;
    Wollt's Futter nit verdeuen;
    Man hielt ihn über Nacht.

19. Sie führten ihn zur Kronen
    Wohl in ein b'schlossen Gmach.
    Der Krieg wollt ihm nit lohnen;
    Auf ihn hat man gut Wach.

20. Im Spitel auf dem Laden,
    Da sitzt er Tag und Nacht
    An einem seid'nen Faden,
    Wie ihn der Schlosser macht.

21. Fünfhundert Basler zogen
    Wohl über die Schafmatt;
    Gen Aarau sind sie zogen,
    Gen Aarau in die Stadt.

22. Die Leut, die muss ich loben,
    Wohl aus dem Surenthal;
    Vor Aarau sind sie zogen,
    Fürwahr ein grosse Zahl.

23. Es wollt sie wyters führen
    Der Junker May von Rued;
    Ein tapfrer Surenthaler
    Den Spiess auf ihm zerschlug.

24. Darum, ihr lieb Eidgnossen!
    Stönd z'samen, haltet fest!
    Verachtet Herren-Possen,
    Und schüchet fremde Gäst!

25. Thünd's usem Land verjagen
    Alsbald mit gwehrter Hand,
    Um Fried' und Ruh zu haben
    In eurem Vaterland.

26. Denkt an den Bruder Klausen,
    Und sprechet früh und spat:
    ‹Mit Knütteln muss man lausen,
    Und folget minem Rath.›

49. Aus dem Tagebuch Markus Hubers

2. bis 7. April 1653 neuen Stils.

Inhalt: Die Mannschaften von Roggwil, Langenthal und weiteren Dörfern ziehen mit dem Marschziel Niederbipp bewaffnet vor das Schloss Aarwangen, wo das resolute Auftreten des Landvogts dafür sorgt, dass sie nur kontrolliert und zum Teil unter Stellung von Geiseln vom rechten auf das linke Flussufer (und später auch wieder zurück) gelangen können. Ein Zürcher Ratsherr, der die Untertanen zu ihrer Pflicht ermahnt, wird ausgelacht. Niklaus Willading selbst hat mit den Leuten von Graben und Thunstetten mehr Glück, aus welchem Dorf er eine Verstärkung der Schlossbesatzung rekrutiert. Die Bauern beginnen mit der Informationskriegführung: Ihre Wachtposten öffnen durchgehende Briefe.

Quelle: Paul Kasser, Die Geschichte des Amtes und des Schlosses Aarwangen, in: Archiv des Historischen Vereins des Kantons Bern, XIX. Band, Bern: Gustav Grunau, 1909, Seiten 57 bis 446, Seiten 274, 275.

Den 2ten Abends um 4 Uhren hörte man 4 Schüss jenseits der Are, als man vernahm, dass es Rufshäuser wären, wären, welche mit ihren Waffen auf Niederbipp zueilten, und die Hochwacht anmeldete, sie hörten zu Winauw, Wolfwylen, Langenthal, Thunstetten und Buchse stürmen, befahle man die Losung Schüss zu thun, die im Feld arbeitende Garnison dadurch inzufordern; in selbigem kame Bricht, die Roggwyler und Langenthaler wären bereits im Dorf ankommen, erwartend noch andere Gemeinden, so zu ihnen stossen sölltend. Darauf armierte man sich und war im Schloss alles fertig, selbige zu empfangen.

Entzwischen kame Zytung, die Herren Ehrengesandten wären zu Langenthal erwartet. Die von Roggwyl und Langenthal kamend ungfähr in 100 Mann stark an. Denen schikte man den Weibel von Arwangen entgegen mit Befehl, sie söllend dem Landvogt Antwort gebend, wo sie hinzuziehen Vorhabens wären. Sie wollten erstlich nit dran, fingen an zu pochen; als ihnen aber mit dem Gschütz gedreut war, kamen sie, doch ohne Trommenschlag, wyl selbiges ihnen verboten worden – für das Schloss, wolltend aber nit halten, bis sie den Hr: Landvogt bewaffnet mit zwei Pistolen in Handen ersahen; welcher auch einem stark dreuwte, dass er, im Fall sie nit halten würdend, den Kommandanten erschiessen wollte. Dieses bewegte die, so es hören mochten, dass sie hielten; darauf ward den vordersten befohlen, die Wehr niederzulegen und den Lonten auszulöschen, welches auch von den sechs vordersten glichen geschahe.

Nachdem fragte man sie, was dieses Geläuf bedeuten solle; darüber der Führer von Langenthal einen lügenhaften, der von Roggwyl einen wahrhaften Bericht gegeben. Nach Anhörung dessen forderte der Herr Landvogt von jedem Gricht zween Gysel, die solang by ihm im Schloss verblyben müssten, bis die ihrigen alle abzogen wären; welches sie auch thaten, jedoch ohne Trommenschlag und Schiessen, wyl ihnen selbes verboten worden. Die von Roggwyl wurden zuerst durchglassen, die von Langenthal aber solang zurückbehalten, bis sie die Wahrheit auch anzeigten; darauf ihr Durchzug auch gestattet wurde. Ihr Exempel reizte etlich 10 unghorsame Aarwanger, dass sie auch mitzugend, obschon ihnen ein solches gewehrt wurde; jedoch stobe der Spreuw von dem Kernen. Gleich darauf kamen die von Melchnau, Gondiswyl und Lotzwyl in 130 Mann stark, welche auch Geiseln geben müssten und also durchgelassen wurden. Danach folgend etwa 40 Rohrbacher, welche der Venner von Dietwyl führte. Wyl aber die Sache schon contramandiert ware, zogen ein Teil wieder nach Haus. Die andern, so bis 12 gewesen, sassen in das Wirtshaus, soffen sich voll und fingen ann böse Wort uszugiessen. Die wurden aber mit Gewalt fortgemahnt und usgetrieben. In der Nacht kamen etliche von Melchnau und Roggwyl wiederum heim und wyl sie demüthig um den Durchzug baten, also erlangten sie solchen mit Gebung der Geiseln.

Den 3ten Morgens früh kamen Herr Andreas Schmid mit Herr Jakoben von Diesbach im Namen der Herren Ehrengesandten, die zu Langenthal warend, zu Aarwangen an; verhörten den Hr: L.vogt wie die Sach bewandt war. Als sie sich zum Morgenessen gesezt, kamen die *(im Bipperamt)* hinterbliebnen auch an, in 200 Mann stark. Die Porten waren an der Brük verschlossen; sie begherten den Durchzug etwas ungestüm, darum man von jedem Gricht zwen begehrte um zu wissen wie sie die Sach verstünden. Als solche nun ihrem Vermeinen nach im Schloss zu lang aufgehalten wurden, wurden die ussern ungeduldig; finge Damian Lyb und Gut an und wollte die Porten mit Gewalt eröffnen. Sie befahlen zweimal Lärmen zu schlagen, welches auch also geschah und wollten ein gross Holz ergryfen und mit Gwalt öffnen. Der Herr Landvogt wollte Feur geben lassen und liesse ihnen dreuen; darauf änderten sie ihren Sinn und hetten solang Geduld, bis ihre Gsandten wieder kamen. Als nun die Thor geöffnet wurden, begab sich Herr Andreas Schmid von Zürich heraus, thate ein lange Red zu ihnen von ihrer Schuldigkeit, wurde aber verlacht. Ein Theil finge an zu grausen ob der im Schloss gehaltenen Ordnung, wünschte weit davon ze sein und als ein Teil die Hüt aufsetzend, wurde ihnen mit Gwalt geboten von dem Herrn Landvogt,

selbige abzuziehen. Als sie nun eine fule Entschuldigung, dass man glaubt, es sei ein fremder Feind hinter dem Berg, den haben sie wollen aus dem Land schlagen, warum solche Ding geschehen, dargethan, liesse man sie gehen, und ritten obgedachte Herren auch wieder nach Haus.

Den 6ten berufte der Hr: Landvogt die Thunstetter und den 7ten die Grabenbauern, hielte ihnen ihr Schuldigkeit vor und beredte sie, dass sie ihme alle ihre an die hohe Oberkeit habenden Begehren selbs vorzubringen übergabend; nahm er auch darauf 4 Thunstetter samt einem Offizierer ins Schloss und halfen selbiges zu bewachen.

Den 7ten wurden die Pallisaden am Schloss gesetzt gegen dem Wasser, selbiges sicher zu haben. Den 7ten wurde dem Herr Landvogt ein Post zu Langenthal und auf dem Brüggli beim Graben eine andere, aufgefangen und eröffnet; passierte also bis auf den … Aprilis in Hoffnung eines Friedens nüt.

50. Feststellung des Berner Rats

Bern, 25. März 1653 alten Stils.

Quelle: Staatsarchiv Bern A IV 182, Seite 78. Die freundliche Aufnahme im Staatsarchiv Bern sei auch an dieser Stelle Herrn Staatsarchivar Dr. Peter Martig und seinem Team verdankt.

Emmentalische Ausschüsse haben den Fussfall, Deprecation und Gelübde künftiger mehrerer Treue coram 200 und d. evang. Gesandten erstattet.

51. Feststellung des Berner Rats

Bern, 26. März 1653 alten Stils.

Quelle: Staatsarchiv Bern A IV 182, Seite 172. Die freundliche Aufnahme im Staatsarchiv

Bern sei auch an dieser Stelle Herrn Staatsarchivar Dr. Peter Martig und seinem Team verdankt.

Emmentalische und aargauische Untertanen versprechen Mn. gn. H. treu zu sein, wenn ihnen die fremden Völker abgenommen und die eingegebenen Articuls bestätigt sein werden.

52. Samuel Tribolet an die Berner Regierung

Trachselwald, 29. März 1653 alten Stils.

Inhalt: Am 29. März 1653 alten Stils wird in Sumiswald eine Gemeindeversammlung abgehalten, später dann wohl eine allgemeine emmentalische Landsgemeinde zu Signau um über die von der Obrigkeit erhaltenen Konzessionen und insbesondere über den Salzhandel und über den obrigkeitlichen Vorbehalt der Bestrafung der Rädelsführer zu beraten. Es geht die Sage, die Berner Regierung habe für Huttwil allein 15 Namen verzeichnet. Diese Leute und ihre Mitwisser versuchen das beruhigte Volk erneut in Unruhe zu versetzen und von der Annahme der obrigkeitlichen Konzessionen abzuhalten. Zu diesen Agitatoren gesellen sich deren Verwandte, Abenteurer, Konkursiten, verarmte Bauern, sodass Samuel Tribolet seiner Regierung zu einer Generalamnestie rät, damit sich die Lage nicht noch weiter zuspitze als in der Vergangenheit.

Quelle: Staatsarchiv Bern A IV 182, Seite 228. Die freundliche Aufnahme im Staatsarchiv Bern sei auch an dieser Stelle Herrn Staatsarchivar Dr. Peter Martig und seinem Team verdankt.

Ich bin eigentlich berichtet dass heute zu Sumiswald eine Gemeinde selbiger Kirchhöre und künftigen Donnerstag eine allgemeine emmentalische Landsgemeinde zu Signau werde gehalten werden, oder angeschlagen sei, um sich über erhaltene Concessiones zu beraten fürnemlich aber des Salzes und vorbehaltener Redlifüeren wegen, da von dem einen nicht zu stehen die Entlebucher sie anmahnen. Die Redlifüerer dann zu konzedieren *(hat)* bei vielen seltsame Gedanken erweckt, in dem spargiert wird dass Ew. Gn eine grosse Anzahl derselben verzeichnet, und mit Namen in der Gemeinde zu Huttwil allein 15 annotiert haben. Diese nun und die sich Conscij wissen, bearbeiten sich das Volk auf ein Neues (dann es sonst gleichsam allerdings gestillet) unruhig zu machen, und von der Annahme der Artikel abzumahnen. Zudem schlagen sich *(zu ihnen)* ihre Verwandten, leichte Gesellen, erarmte und gegeltstagete Bauern etc. also dass zu besorgen dass wo nicht eine Generalamnestie von Ew. Gn. konzediert wird das Letzte ärger werden dürfte. Dessen Ew. Gn. zu berichten ich meiner schuldigen Pflicht zu sein erachtet dieselben dabei göttlicher Obsorge wohl befehlend.

Trachselwald. Datum raptim 29. März 1653 Ew. Gn gehorsamer und demütiger Diener Samuel Tribolet.

53. Aus dem Tagebuch von Markus Huber, Schloss Aarwangen

11. bis 22. April 1653 neuen Stils.

Inhalt: Auf dem Schloss Aarwangen treffen Nachrichten von Landsgemeinden, von Kriegsvorbereitungen durch das Herstellen von Morgensternen und hölzernen Kanonen und von Operationsplänen gegen das Schloss Aarwangen und gegen die Stadt Bern ein. Roggwil und Thunstetten erklären sich zur Huldigung an Bern bereit, die übrigen Gemeinden lehnen eine entsprechende Aufforderung ab. Die Bewohner des der Obrigkeit noch treuen Aarwangen und des missliebigen Bannwil entgelten ihre Haltung durch das Einstecken von Schlägen. Die Informationskriegführung durch das Öffnen aller durchkommen-

151

den Briefe wird im Vorfeld der Landsgemeinden von Langenthal (15. April) und Sumiswald (23. April) fortgesetzt.

Quelle: Paul Kasser, Die Geschichte des Amtes und des Schlosses Aarwangen, in: Archiv des Historischen Vereins des Kantons Bern, XIX. Band, Bern: Gustav Grunau, 1909, Seiten 57 bis 446, Seiten 278, 279.

Den 11. April vernahme man, dass hin und her Landsgmeinden ghalten worden; langete auch yn, dass man kein Frieden annehmen wollte; auch dass die Luzerner aufs neue rebelliert hettend; warend auch laut eingelangtes Schreiben allbereit in Wehren. Drauf wurde zu Melchnau gradschlaget, man sollte das Reisgeld mit Gwalt herausholen; weil aber kein Gemein mitstimmen wollte, bliebe es vermitten.

Samstag war der 12te Aprilis, kam ein Schreiben, wie die von Willisau und Entlibuch sich mit etlichen Solothurnerischen Unterthanen verbunden hettend, wie auch mit dem Berner Gebiet. Darauf eine Landsgmeind zu Signau, Donnstags vor gehalten worden, da dann der Frieden genzlich usgschlagen.

Sonntag den 13ten Aprilis ware man wieder in Waffen, das Reisgeld zu holen; ward aber nichts daraus es kame aber Zytung, wie man Prügel bereiten thäte und hölzene Stuck machen wollte; langte auch von gwüssen Leuten ein, dass man Vorhabens wäre, dies Schloss zu stürmen und vor die Stadt Bern zu ziehen, welches auch eilends dahin berichtet wurde.

Den 14ten Aprill liesse man an allen Enden fragen, ob man huldigen wolle oder nicht, war aber von Roggwyl sehr guten Bescheid, aber ohne Effect, von Thunstett auch willfehrigen Bscheid, im übrigen ganz abschlägige Antwort, dergleichen auch allerorten erfolgte.

Den 15. war zu Langenthal eine Landsgmein heimlich ghalten worden, die Kriegsämter zu besetzen: im Heimgan verunwilligten sich die Gesandten von Bipp, Wolfwyl, Kestenholz mit Bannwyl, wurden die Bannwyler gräulich gschlagen, der Hr: Landvogt von Aarwangen ging heraus mit 8 Musquetieren und machte Frieden.

Den 16. begab sich dieser Guarnison einte Hauptmann, Hr: Vincentz Dick, wider nach Haus.

Dem 17. Abends kame dem andern Hauptmann, Hr: von Grafenried, ein Schreiben, er solle nach Haus, 100 Mann zu werben.

Den 21. kam ein Feldscherer von Bern, welcher in das Schloss Aarwangen geordnet war.

Den 22. ginge es zu Langenthal wieder an ein rottiren; viel Aarwanger, will sie noch treuw blieben, wurden gesucht und übel geschlagen; es wurden auch Gmeinden ghalten, und ein Schreiben oder Post ufgefangen, und eröffnet, darinnen wie man glaubt, seltsame Sachen gewesen sein sollen; es wurde auch auf Mittwochen eine Landsgmeind ghalten zu Sumiswald.

54. Samuel Tribolet an die Berner Regierung

Trachselwald, 3. April 1653 alten Stils, 22.00 Uhr.

Inhalt: Ueli Galli wohnt in Eggiwil im Amt Signau und ist damit dem Zugriff des Landvogts von Trachselwald Samuel Tribolet entzogen. Die Landsgemeinde in Signau ist gemäss vertrauenswürdigem Bericht von zwei wohlhabenden und zuverlässigen Männern von Entlebuchern und Gleichgesinnten mit dem Zweck angezettelt worden, die Sache eines geplanten Bundes der Landleute Berns, Luzerns, Solothurns und Basels, später der ganzen Eidgenossenschaft, zu fördern, da ja die Obrigkeiten auch verbündet seien. Am Herrschaftsanspruch der Obrigkeiten solle aber nicht gerüttelt werden. Die beiden Männer haben Samuel Tribolet gefragt, ob sich das guten Gewissens verantworten lasse und ihm versprochen, sich dergleichen zu enthalten. Die beiden Männer hoffen, das Mehr für die von der Obrigkeit konzedierten Artikel zu erhalten und die Namen der dafür und dagegen stimmenden zu erheben. Alles Weitere sollen die Rädelsführer auf ihre eigenen Kosten unternehmen. Es herrscht Zwietracht, die beiden Männer fragen nach Mitteln und Wegen, die Entlebucher los zu werden. Die Anhänger der Entlebucher sind Leute, die nichts zu verlieren haben. Samuel Tribolet hätte dies bereits füher gemeldet, er kann aber nur noch durch einen Läufer Briefe übermitteln, wenn er verhindern will, dass diese geöffnet werden und ihm aus der Art der Übermittlung ein Vorwurf gemacht wird. Die obrigkeitlich zugestandene Regelung des Salzhandels behagt vielen noch nicht, die diesen privatisieren möchten. Die Zürcher Gesandten hat Samuel Tribolet am 3. April 1653 alten Stils wegen einer Kolik nicht auf Schloss Trachselwald empfangen können. Am 4. April 1653 alten Stils will er ihnen aber nach Möglichkeit nachreiten und Venner Frisching die Mühe des Geleits bis Langenthal abnehmen.

Quelle: Staatsarchiv Bern A IV 182, Seiten 293, 294. Die freundliche Aufnahme im Staatsarchiv Bern sei auch an dieser Stelle Herrn Dr. Peter Martig und seinem Team verdankt.

Über Ew. Gn. vom 1. und 3. aufgesetzte und dies. Abends um 9 Uhren mir überreichte Schreiben füge ich antwortlich und zwar um das erste zu wissen, dass Ullj Gallj in Eggiwil Amts Signau, und nicht im Amt Trachselwald, gesessen und hiermit meinen Geboten nicht unterworfen. Über das heutige *(Schreiben)*, dass ich gestern von zwei habhaften und redlichen Männern vernommen, dass die signauische Landsgemeinde von Entlebuchern und ihnen Gleichgesinnten angezettelt worden sei zu dem Ende (wie sie denn auch dazu geladen worden) dass die Landleute der Eidgenossenschaft (und für den Anfang Bern, Luzern, Solothurn und Basel) zusammen sich verpüntinten, weil I.G. die Obrigkeiten auch zusammen verbündet. Wellind doch ihren Oberkeitten underthänig sein. Und *(sie haben)* mich dabei *(um)* Rat gefragt ob sie solches salva bona conscientia tun mögen. Was ich ihnen darüber geraten wird mit der Zeit von ihnen selbst zu vernehmen sein. Dies habe ich einmal erhalten, dass sie mir versprechen, sich dergleichen zu enthalten. Und die Sache morgens dahin zu bringen dass sie Ew. Gn. Schrift wollen ablesen, und dann ein Mehr machen wer sich derselben untergeben wolle, solle auf eine Seite, die andern auf die andere Seite stehen. Hoffen wollen das Mehr behalten und welcher auf dieser oder jener Seite gestanden seye ... *(mir)* mit Namen und Zunamen überschicken. Wenn dann die Frässer (also nennen sie die Redliführer) etwas mehreres erhalten wollen, sollen sie es in ihren Kösten tun. Haben dessen genug allbereits. Wann nun dies ... in dieser Gemeinde angeht, gibt es eine Division, und ... sie *(werden)* endlich einander selbst verklagen. Dann diese beiden *(haben)* mich all bereits gebeten, ob nicht möglich wäre dass man ein Mittel erfinden könnte die Entlebucher ausser Landes zu bringen die sie gar überfahren, und *(vor denen sie sich)* fürchten ... Und henckindt ihnen *(den Entlebuchern)* an die verdorbenen Bauern und die welche Nützet zu verlieren und die da denken es könne ihnen nicht ärger gehen denn nichts haben, welches sonst auch die gemeine Sage unverholen. Ich hätte diese Berichte alsobald Ew. Gn überschrieben wenn ich nicht besorgt hätte dass *(sie solche)* wenn sie durch andere denn einen Läufer getragen eröff-

nen. ... dann ist so unglückhaft dass was ich vermöge meines Eids und Liebe zum Vaterland Ew. Gn. überschreibe, mir durch die Landlüth gleichsam in formalibus kann verwiesen und daraus arguiert werden. Das unersättliche Begehren wächst in Erlangung des Begehrten, das Salz liegt vielen noch nicht recht wollen es in Particularhanden haben, müssen gute Seckel unter ihnen wissen. ... Gott wende alles zum Besten, ich für meinen Teil will mein Äusserstes dabei tun. Die Herren Ehrengesandten von Zürich sind heute ... in Trachselwald von Bern angelangt und all bereits *(durch)* zwei Reiter bei der Wirtschaft abgefasst *(worden)*, weil ich aber nicht da war, Ursache mir urplötzlich angestossen colic sind sie nach Affoltern verritten hatten kein Wort ihrer Absichten von Bern nach Nachtläger zu Langnau bis etwa 1 oder 1½ Stunden vor ihrer Ankunft allhier vernommen, da mir es Reiter Jäggi ist kommen anzeigen. Ist mir aber unmöglich gefallen meine Schuldigkeit zu leisten. Habe meinen Bruder aber alsobald nach hin geschickt, meine Entschuldigung zu tun, und morgen geliebt es Gott was nur möglich ist will ich selbst nach hin reiten und den hochgeachteten Venner Frisching seiner Geleitsgebung, gefällt es ihm, ablösen und ihn bis nach Langenthal zu reiten *(der)* Mühe überheben. Wo nicht will Ew. Gn. ich demütig gebeten haben mich entschuldigt zu halten, und im Übrigen versichert zu sein, dass ich lebe und sterbe wohl Ew. Gn. getreuer und gehorsamer Diener Samuel Tribollet
Trachselwald 3. April 1653 10 pm.

55. Feststellung des Genfer Rates

18. April 1653 neuen Stils.

Inhalt: Alt Syndic André Pictet berichtet von seiner Gesandtschaft in Bern, dass er vor Schultheiss, Räth und Burgern erklärt hat, dass die fünf von Genf zum Zweck der Unterstützung der Berner Obrigkeit bei der Unterwerfung der aufständischen Untertanen entsendeten Kompanien als Bundeshilfe und als Dank an Bern für so viele Genf erwiesene Wohltaten zu betrachten seien. Schultheiss Niklaus Dachselhofer hat dafür ewige Dankbarkeit gelobt.

Quelle: Alois Vock, Der Bauernkrieg im Jahre 1653 oder der grosse Volksaufstand in der Schweiz, dritte Auflage, Aarau und Thun: J. J. Christen, 1837, Seite 156.

Nob. And. Pictet, député à Berne, rapporte, qu'il déclara à LL. EE., que les cinq compagnies, envoyées par cet état, pour les aider à soumettre leurs sujets révoltés, étaient en effet des Alliances et de notre reconnaissance pour les signales bienfaits, que nous avons reçus d'Elles, à quoi Mr. l'Avoyer Dachselhofer répondit, que Leurs Excellences n'oublieraient jamais ces faveurs de notre part.

56. Berner Ratsbeschluss

Bern, 9. April 1653 alten Stils.

Quelle: Staatsarchiv Bern A IV 182, Seite 386. Die freundliche Aufnahme im Staatsarchiv Bern sei auch an dieser Stelle Herrn Staatsarchivar Dr. Peter Martig und seinem gesamten Team verdankt.

Eine Gesandtschaft von hier an alle Gemeinden, so rebellisch, um die Freundlichkeit zu probieren, geordnet. Datum 9. April 1653.

57. Samuel Tribolet an die Berner Regierung

Trachselwald, 9. April 1653 alten Stils.

Inhalt: Samuel Tribolet hat dem Pfarrer von Eriswil das am 8. April 1653 alten Stils erhaltene Schreiben zur Information im Original weitergeleitet. Er hofft um so mehr, dass sich das Unwesen endlich setze, als die Unruhigsten der Sache langsam überdrüssig werden. Samuel Tribolet hat Bürgermeister Johann Heinrich Waser von Affoltern im Emmental bis nach Aarburg begleitet und vom Zürcher Magistraten einen ausführlichen Bericht von dessen Verrichtung in Langnau erhalten. Waser hat Tribolet gegenüber bedauert, dass er mit den Bauern diesseits des Berges nicht hat sprechen können; er hätte sonst einen Versuch unternommen, den Grundsatz divide et impera anzuwenden. Tribolet hat Waser darauf geantwortet, mit genügender Vorlaufzeit wäre es ohne Zweifel möglich gewesen, die Gemeinden Trachselwald, Lützelflüh, Rüegsau, Sumiswald, Affoltern im Emmental, Dürrenroth, Eriswil und Huttwil an einen von Waser bezeichneten Ort zu bestellen. Johann Heinrich Waser hat Samuel Tribolet noch – freilich ohne sich über die allgemeine Stimmung weiter auszulassen – gesagt, in Langnau im Emmental sei ihm einzig von einem Augsburger widersprochen worden. Würde es sich um ein einzelnes, nicht das Ganze betreffendes Geschäft handeln, wäre zu erwarten, dass nach einer Huldigung der Langnauer der Rest des Emmentals und nach einer Huldigung des Emmentals der Rest der Unzufriedenen huldigen würde. So wie die Dinge liegen wissen nicht einmal so gut informierte Leute wie der Pfarrer von Eriswil, wie sich die Dinge wirklich verhalten, sodass Samuel Tribolet die Geschäfte nur in die Hand von über die Stimmung der Emmentaler besser unterrichteten Leute legen und hoffen kann, dass Gott dem Geschäft eine Wendung zum Ruhm Seines heiligen Namens, zur Ruhe des lieben Vaterlandes und zur Ehre der Berner Regierung geben möge.

Quelle: Staatsarchiv Bern A IV 182, Seite 383. Die freundliche Aufnahme im Staatsarchiv Bern sei auch an dieser Stelle Herrn Staatsarchivar Dr. Peter Martig und seinem gesamten Team verdankt.

Damit der Herr Prädikant von Eriswil Ew. Gn. Gesinnen desto besser fassen und dero Intention vermerken könne, habe demselben ich das an mich gestrigen Tages abgebene Schreiben in originali kommuniziert, hoffe *(mit ihm dass)* die Sache sich endlich setzen werde. Insonderheit weil ich glaubwürdig ja tätlich berichtet, dass die Unruwigsten anfangen lange Zyten haben, und ein Verdruss ab disem Unwäsen z'fassen. Gott wende alles zum Besten. Den hochgeachten Herrn Burgermeister Waser hab ich von Affoltern bis nach Aarburg begleitet, hat mir ganz ausführlich erzählt, wie er die Sache zu Langnau befunden, und was für eine Antwort er endlich erhalten. Und dabei vermeldet, er möchte erwünscht haben, dass er mit denen Bauern diesseits des Bergs auch hätte reden können, um zu sehen, ob je möglich wäre, das divide & impera geltend zu machen, als ich ihm geantwortet, hätte gar wohl geschehen mögen, dass die Gemeinden zu Trachselwald, Lützelflüh, Rüegsau, Sumiswald, Affoltern, Dürrenroth, Eris- und Huttwil sich an einen von ihm bestimmten Ort hätten verfügt, wenn ich dessen bei Zeiten und nicht erst vom Reiter Jäggi der ein oder anderthalb Stund ihnen vorkommen berichtet worden wäre, habe ich noch abnehmen mögen dass ihm solches fremd vorkomme. Im Übrigen hat er mir wohl gesagt, dass ihm zu Langnau allein von einem namens Augsburger widersprochen worden, wie willig und geneigt sie aber im Übrigen seien, hat er mir nicht viel Discursen gehalten. Halten aber wohl dafür, wann dies ein Particular- und nicht ein General-Geschäft, wann die Langnauer ehe die übrigen Ort contentirt huldigen, werden es übrige Ort Emmentals auch tun und nach ihnen die übrigen Malcontenten auch. Weil man aber zu diesen Dingen keine Gewissheit nicht haben kann, auch diejenigen nicht, so die Personen am genausten kennen (dessen Hr. von Eriswils Brief Zeugnis gibt) als wirden ich die

155

Hantierung denen überlassen müssen, die der hiesigen incolarum humorum besser denn ich berichtet, und im Übrigen Gott bitten, dass er dies Geschäft zu seines H. Namens Glorij, des lieben Vaterlands Ruhe, und E. Gn. Ehren, wolle verleiten. Mich daneben in seinem Schutz und E. Gn. Huld beständig erhalten.

Trachselwald Actum 9. April 1653. E. Gn. gehorsamer Diener Samuel Tribolet.

58. Der Landvogt von Landshut an die Berner Regierung

Landshut, 10. April 1653 alten Stils.

Inhalt: Es wird glaubwürdig berichtet, dass am 11. April 1653 alten Stils sowohl in Langnau als auch in Langenthal Landsgemeinden durchgeführt werden.

Quelle: Staatsarchiv Bern, A IV 182, Seite 405. Wir danken den Mitarbeiterinnen und Mitarbeitern des Staatsarchivs Bern, unter ihnen besonders auch den Herren Peter Hurni und Vinzenz Bartlome, für ihre Unterstützung.

Diesmals werde ich berichten von zweien meiner Unteramtleute dass sie von gewissen ihnen wohl bekannten Personen verstanden es werden morgen zu Langenthal und Langnau Landsgemeinden gehalten werden, dessen ich hiermit Eüwer Gnaden nit wellen ermanglen zu berichten; tue hiermit Eure Gnaden Gottes gnädigem Schutz und Schirm wohl empfehlen. Landshut den 10. April 1653 …
Vincentz Dachselhoffer

59. Solothurn an die Landsgemeinde von Oberbuchsiten

Solothurn, 21. April 1653 neuen Stils.

Inhalt: Schultheiss und Rat von Solothurn sind über die Einberufung der Landsgemeinde nach Oberbuchsiten überrascht, da sie geglaubt haben, die Untertanen würden nicht mehr so leicht jedem Gerücht glauben schenken oder doch wenigstens solche Gerüchte nach Solothurn melden. Die Solothurner Regierung weiss nicht, was zur Landsgemeinde Anlass gegeben hat, kann sich aber vorstellen, dass das Gerücht entscheidend gewesen sei, den X Luzerner Ämtern werde nicht gehalten, was ihnen versprochen worden sei und ausserdem seien in Luzern drei Schiffe mit welschen Soldaten angelandet. Schultheiss und Rat versichern den Solothurner Untertanen, dass die Vertreter von Schwyz, von Freiburg und von Solothurn im Schiedsgericht dafür gewesen sind, die Willisau und Entlebuch gemachten Zusagen in den Rechts- oder gütlichen Spruch einzuschreiben und für dieses Anliegen auch die Vertreter von Uri, Unterwalden und Zug sowie die Stadt Luzern zu gewinnen versucht haben. Von den welschen oder anderen Truppen weiss die Solothurner Regierung sozusagen nichts, will auch keine ins Land bringen. Die Untertanen sollen der Regierung vertrauen und im Interesse der allgemeinen Ruhe still sitzen bleiben. Wenn nun die Untertanen weiterhin entgegen der Ermahnung der Regierung dergleichen Zusammenkünfte durchführen oder sonst Ungutes anspinnen, ist die Obrigkeit an den entstehenden Kosten und Schäden unschuldig und erklärt dies hiermit vor Gott, Mit- und Nachwelt.

Quelle: Alois Vock, Der Bauernkrieg im Jahre 1653 oder der grosse Volksaufstand in der Schweiz, dritte Auflage, Aarau und Thun: J. J. Christen, 1837, Seiten 198, 199.

An die Unterthanen insgesammt, welche zu Oberbuchseten bei der Landsgemeinde sich befinden. Schultheiss und Rath zu Solothurn. Unsern günstigen Gruss zuvor! Liebe und getreue Unterthanen! Demnach Wir mehrmals durch Unsere Ehrengesandte Euch mit der Wahrheit versichern liessen, wie väterlich und aufrichtig Wir gegen Euch alle insgemein gesinnt sind, und Ihr nicht weniger Euch gegen Uns erklärt habet, dass inskünftig ihr keinem bösen, falschen Geschrei so leicht glauben, oder doch, was ihr vernehmt, getreulich berichten wollet, so hätten Wir Uns versehen, es würde dasselbe von euch beschehen, zumal eure heimlichen und öffentlichen Zusammenkünfte dermaleinst gänzlich unterbleiben und eingestellt sein. Nichts desto weniger langt Uns Bericht ein, als solltet ihr wiederum zu Oberbuchseten euch versammeln, und eine Landsgemeinde halten. Was euch dazu Ursach und Anlass gegeben, mögen Wir nicht wissen, als dass vielleicht, Landmährsweise (nach einem Landgerüchte), geredet wird man hätte den X Luzernischen Ämtern nicht gehalten, was ihnen durch Uns versprochen worden; item: wären zu Luzern drei Schiffe mit Welschen oder Walen angekommen. Nun euch allen bösen Argwohn aus dem Grunde zu benehmen, so haben Wir rathsam befunden, euch hiemit des höchsten, und so hoch eine Obrigkeit bezeugen kann, zu verständigen,

1. dass Wir, vermöge beigelegter Abschrift des Wollhausischen Briefs, jederzeit gern gesehen und gewünscht hätten, dass die Punkte, welche denen von Willisau und Entlebuch zugesagt wurden, in den Rechts- oder gütlichen Spruch wären eingesetzt worden, wie dass Wir schon vor diesem, und noch dieser Tage, sowohl den drei Herren Ehrengesandten von Uri, Unterwalden und Zug – weil die drei übrigen, als: Schwyz, Freiburg und Solothurn sich dessen einmüthig bekennt, – als unseren Eidgenossen der Stadt Luzern zugeschrieben haben, dass sie die Punkte, so zu Wertenstein versprochen worden, halten und einschreiben sollen; dabei das könnet ihr abnehmen, dass Wir diesfalls keine Schuld tragen.

2. Zum Andern thun Wir euch versichern, dass Wir, der Welschen und anderer Völker (Truppen) halb, keine eigentliche oder nur die wenigste Wissenschaft haben, sind auch nicht gemeint, noch des Sinnes, dergleichen in's Land führen zu lassen. Das ist es derohalben, so Wir euch berichten und nochmals ganz väterlich vermahnen, ihr wollet doch Uns und euch Ruhe schaffen, still sitzen, kein Geläuf machen, sondern ein steifes Vertrauen zu Uns haben, nicht weniger allem demjenigen Glauben geben, so Wir euch durch Unsere Gesandtschaft oftmals mit Mehrerem vortragen liessen. Wofern aber ihr von obgedeuteten Zusammenkünften nicht abstehen würdet, oder sonst gegen Uns und Unsern Stand etwas Ungutes anspinnen oder vornehmen möchtet, thun Wir Uns hiemit vor Gott und aller ehrbaren Welt, auch bei den Nachkommen, hiemit protestieren, dass Wir an dem daraus entstehenden Unheil, Kosten und Schaden keine Schuld tragen, noch Ursache seien, euch dessen auch zur Nachricht mit dieser Missive kund thun wollen.

In Eile, den 21. April 1653. Schultheiss und Rath der Stadt Solothurn.

60. Solothurn an Adam Zeltner und an die Landsgemeinde

22. April 1653 neuen Stils.

Inhalt: Die Solothurner Regierung hat erfahren, dass die Landsgemeinde von Oberbuchsiten eine Abordnung an die Landsgemeinde von Sumiswald schicken will und ermahnt nun ihre Untertanen, bei ihrem Versprechen gegenüber der Obrigkeit zu bleiben und die geplante Abordnung bleiben zu lassen. Für den Fall, dass dieser Appell ungehört verhallt, beruft sich die Regierung auf ihre gestrige Ablehnung jeder Verantwortung für die Folgen.

Quelle: Alois Vock, Der Bauernkrieg im Jahre 1653 oder der grosse Volksaufstand in der Schweiz, dritte Auflage, Aarau und Thun: . J. Christen, 1837, Seite 201.

Unsern getreuen und lieben Unterthanen, Adam Zeltner, Untervogt, und allen andern, so an der Landsgemeinde zu Oberbuchseten gewesen, sammt und sonders in Oberbuchseten. Wir haben zwar aus eurer Antwort mit gnädigem Wohlgefallen vernommen, was Maassen ihr unsern beharrenden, väterlichen, guten Willen nicht übel aufgenommen habet. Jedoch, weil ihr euch berathen, dass etliche Ausschüsse auf Morgen, Mittwoch den 23. dieses Monats, nach Sumiswald geschickt werden sollen, der daselbst abzuhaltenden Landsgemeinde beizuwohnen, deren (Ausschüsse) Verrichtung aber anderes nichts sei, als dass ihr unsere getreuen Unterthanen zu bleiben begehret, so wollen Wir euch jedoch hiemit wohlmeinend vermahnen, diese Abschickung, wegen allerhand Bedenkens, einzustellen, bei euerm gethanen Versprechen gegen Uns zu beharren, und euch aller obrigkeitlichen Gutmüthigkeit, wie bisher, also noch fürbass unzweifentlich zu versehen. Wo aber das nicht erheblich (erhältlich) wäre, lassen Wir es bei der gestrigen Tags gethanen Protestation nochmals bewenden.

Actum den 22. April 1653. Schultheiss und Rath der Stadt Solothurn.

61. Aus dem Tagebuch von Markus Huber

23. April 1653 neuen Stils.

Inhalt: Aarwangen wird unruhig und gehorcht dem Landvogt nicht mehr. Die Auseinandersetzungen zwischen Anhängern des entstehenden Bauernbundes und solchen der Obrigkeit münden in Gewalttaten. Landvogt Willading rettet mit 9 Musketieren einen mit dem Tod bedrohten Anhänger der Obrigkeit. Benachbarte Gemeinden beidseits der Aare blockieren das Schloss Aarwangen mit der Begründung, es gelte zu verhindern, dass fremdes Kriegsvolk auf der Aare dorthin transportiert werde. Die Garnison des Schlosses kann durch drei Mann aus Graben verstärkt werden, wird jedoch durch 12 Desertionen geschwächt.

Quelle: Paul Kasser, Die Geschichte des Amtes und des Schlosses Aarwangen, in: Archiv des Historischen Vereins des Kantons Bern, XIX. Band, Bern: Gustav Grunau, 1909, Seiten 57 bis 446, Seite 281.

Den 23. fienge es an, mit den bis dahin treu verbliebenen Arwangern (ussgenommen etliche) schlinggen. Sie stellten us Antrieb, Ordnung und Falschheit Emanuel Sägissers und anderer böser Buben ein Rottieren an, darauf Hr: L. Vogt eine Gmeind halten wollte, sie ihres Eids zu erinnern. Sie wollten aber nit erscheinen, sondern hielten selbsten, ohne die Wacht im Schloss, eine Zusammenkunft, und entschlossen sich zum Abfallen von ihrem Eid, schickten Ulli Miescher, und Hentz Sägissern ... uf die Landsgmeind. Diese kamend aber zu späth.

Selbigen Abends zogend die Langenthaler, Melchnauer, Roggwyler, Winauwer, Lotzwyler und Bleienbacher nach Stadöntz, vorgebend, sie habend ghört, dass fremd Volk uf der Aren ins Schloss Arwangen kommen sollte, wolltend es ustriben. Uf anderseits der Aaren kamend etwa by 40 Bippern an, also dass die Wacht by 100 Mann stark war. Darauf fingen sie an, das Schloss Arwangen aller Orten zu ploquieren. Der Hr: Landvogt begehrte Hilf von Thunstetten, und dem Graben. Vom Graben kamend allein 3, von Thunstetten nemo. Zu Arwangen fiel etliche Besatzung ab, also dass die Guarnison by 12 Personen ussrissen; der Weibel namens Ulli Gärber, Kaspar Egger der Mezger, Ulli Steiner, Salomon Wild, und Ulli Gärber der Schnider wurden von den ufrührerischen Arwangern, ja von ihren Nachbarn und Gfährten übel zerschlagen, der

Metzger schier gar ze Tod uss Antrieb Klaus Lyssers von Rufshausen. Als es Hr: Landvogt von des Metzgers Bübli, so mit Weinen klagt und gsprochen, man soll seinem Vater zuhilf kommen, sonst wird er getöt, vernommen wie es zugoth, ging er mit 9 Musquetieren ins Dorf, ihne zu erretten, welches auch geschahe, jedoch nit ohne grossen Ufruhr. Darauf musste Klaus Lysser fort ins Zollhaus, ward wegen einer vom Weibel ihm geschlagenen Wunde curiert.

62. Der Landvogt von Bipp an die Berner Regierung

Attiswil, 13. April 1653 alten Stils.

Inhalt: Am Abend des 12. April 1653 alten Stils, um 21.00 Uhr, haben sich die Wiedlisbacher bewaffnet und mit brennnenden Lunten gegen Wangen an der Aare in Marsch gesetzt, um befürchtete welsche Verstärkungen für die dortige Garnison aufzuhalten. Die Anhänger der Obrigkeit im Bipperamt können sich kaum gegen körperliche Angriffe ihrer Gegner sicherstellen. Soeben hat Beat Fischer (der Vater des bernischen Postpioniers) erfahren, dass die Wiedlisbacher auf der Strasse von Wangen an der Aare nach Solothurn den Postboten gefangengenommen und dessen Briefe erbeutet haben. Es ist noch nicht klar, ob die Schreiben in Wiedlisbach auch geöffnet worden sind oder nicht. Im Bipperamt wird die Bewegung von drei bösen Buben geleitet, denen gewehrt werden sollte. Ausser Attiswil haben alle Gemeinden ihre Vertreter an die Landsgemeinde von Sumiswald abgeordnet.

Quelle: Staatsarchiv Bern, A IV 182, Seite 465. Wir danken den Mitarbeiterinnen und Mitarbeitern des Staatsarchivs Bern für ihre Unterstützung.

Nachdem ich heutigen Morgens um 9 Uhren zu berichten begehrt, was Gestalten nächtigen Abends ein Lärmen abermalen zu Wiedlisbach entstanden, dadurch sie um 9 Uhren in der Nacht zu Wehren gegriffen, und mit brennenden Lunten auf Wangen gezogen, vermeinend etwas welsche Völker, so auf der Aare in die Garnison daselbst gelegt werden sollten, zurückzuhalten: und dann auch dass diejenigen, so sich gegen eine Oberkeyt pflichtmässig einzustellen begehren, sehr hart bedroht und verfolgt werden, dass sie hiermit nunmehr bald kümmerlich ihren Leib vor feindlicher Anfechtung fristen mögen; werde ich gerade *(zu)* der Stunde berichtet dass sie die von Wiedlisbach, samt anderen neuen bestellten Hilfsvölkern auf der Wangerstrasse, nach Solothurn, den Postenläufer samt meinem und anderen Schreiben eingefangen, nach Wiedlisbach geführt, und die Schreiben abgenommen haben: ob nun dieselben geöffnet und wie sie mit dem Boten umgehen werden, stehe Ew. Gn. in Kurzem zu vermelden. Dieses Unheil nun des ganzen Handels entstehet mehrenteils nur von dreien bösen Buben: wenn demselbigen nicht bald abgewehrt wird, kann die Sache ohne Schaden nicht mehr abgehen. Sonst haben die Gemeinden des Amtes, ausser Attiswyl, ihre Aussschüsse auch nach Sumiswald abgefertigt. Ist was ich Ew. Gn. eilfertig verständigen und dieselben dabei Gott wohl befehlen wollen.

Datum Attiswil des Amts Bipp um 3 Uhr Nachmittag den. 13. April 1653. ...
Beat Fischer

63. Sebastian Peregrin Zwyer an Beat Zurlauben

23. April 1653 neuen Stils.

Inhalt: Zürich drängt auf eine neue eidgenössische Tagsatzung und lädt den Urner Gesandten Johann Jakob Tanner vorgängig nach Bremgarten ein, um dort die Beschwerden der Freien Ämter aufzunehmen. So sehr Zürich auf diese Gesandtschaft in die Freien Ämter tendiert, so sehr bestehen in Uri Vorbehalte dagegen. Wenn Zwyer mit dem verständigen Johann Conrad Werdmüller sprechen könnte, würde er ihm klar machen, dass jetzt nicht die Zeit sei, Vorteile zu suchen, sondern sich des Vaterlandes anzunehmen. Die Gesandtschaft in die Freien Ämter wird Zwyer in Uri und auch anderswo als den Interessen der Fünf Orte Luzern, Uri, Schwyz, Unterwalden und Zug nicht dienlich bekämpfen. Soeben hat Zwyer erfahren, dass die Entlebucher Gesandten, die in Unterwalden Unruhe verursacht haben, in Flüelen angelangt sind und den Urner Landleuten erzählen, man habe ihnen das rechtliche Gehör nicht in genügendem Ausmass gewährt. Der Urner Landammann Jost Püntener hat sie nach Altdorf holen lassen und ihnen dort im Wirtshaus bis zum morgigen Landrat Zwangsaufenthalt anweisen lassen. Wenn Gott nicht Wunder tut, sind wir in der höchsten Gefahr, unterzugehen.

Quelle: Zurlaubiana AH 104/17, ein den Herausgebern von Herrn Dr. Rainer Stöckli, Zurlauben-Bearbeitung, Aargauische Kantonsbibliothek, Aarau, freundlich zur Verfügung gestelltes Dokument aus der Sammlung Zurlauben, Regesten und Register zu den Acta Helvetica, Gallica, Germanica, Hispanica, Sabaudica etc. necnon Genealogica Stemmatis Zur-Laubiani, bearbeitet von Kurt-Werner Meier, Josef Schenker, Rainer Stöckli, Serien 1ff., Aarau, Frankfurt am Main und Salzburg: Sauerländer, 1976 ff.

... die gesantschafft *(der eidg. Orte)* *(wegen des Bauernkrieges)* Jn die gemeinen landtvogteyen *(-Herrschaften)*, Jst Nüwlich oder bei letster *(am 18. März 1653 begonnenen gemeineidg.)* tagsatzung *(in)* Baden nit so bedechtlich beratschlaget, noch also verabscheidet worden, das solches nun ein fauler schluss, wie man von *(Bürgermeister und Rat von)* Zürich schreibt, zu halten, Jn massen solche gesantschafft zu lucern darauf Von allen 7 catolischen orthen herren gesanten auss dem herrn *(– Zurlauben fungierte ... als Vermittler ...–)* bekandten Ursachen und guetbefunden und darüber geschlossen, das Ury und underwalden nach Zürich schreiben und Zu diser schickhung sich Endschuldigen sollen, so von hiero geschechen, darüber Zürich repliciert, und vermeint wan Ja man solte solche als ein Nuzliche sach lassen vortgehen, verschinen sambstag *(den 19. April 1653 neuen Stils)* Jst der brief alhier vor *(dem Land)*ratt verlesen worden, und hat man nochmalen dise schickhung keines wegs nit guet sunder umb so vil unnötiger befunden, des Jm Badischen *(d. h. eidg.)* Mandat clar begriffen wer sich beschwert zu sein befinde, solte sich gehöriger orthen angeben. Gestern kumbt wider ein leüffer Von Zürich der bringt das ausschreiben der *(am 29. April 1653 neuen Stils beginnenden gemeineidg.)* Badischen tagsatzung und ein gar Ernsthafften brief das hiesiger gesante *(Johann Jakob Tanner)* morgen abendts diser sach halber zu Bremgarten sein solle, daselbs wegen der freyen Embtern ein anfang zu machen und dan weiterzureisen, und setz man an selten Zürich so vil auf dise Jnquisition als wan alle wolfart daran hangete, Nun Muess Zürich Mehr wüssen als mir, dan so vil wolfart sie darauf sezen, also und noch schandlicher achten uns gar vil hier dises vorhaben der heer glaub nur, man wirt Erfaren das man den blez nebendt das loch sezt, Mit hilf der ambtleüten habe ich beide vogteyen Baden und freyen Embtern Jn solche unruw und Jer eigne satisfaction gesezt, das Sie darumb höflichen danckhet, dato Jst man von hier nit gesinnet etwas zu schickhen, sunder wirt wol mit nächstem darwider schreiben und künfftig Zu Baden starckh darwider reden, wan bei herrn Seckelmeister *(und Zürcher Tagsatzungsgesandten Hans Konrad)* wertmüller *(= Werdmüller)* ich wäre, weil Er verstandts und redtligkheit genueg, redte ich mit Jme gar verthrauwlich diserm diente dise sach, so gar über aussfallen möcht mit Jren beweglichen Ursachen, und sagt Jme das ich lobl. Standt Zürich so wol affectioniert, das ich fallen liesse, seie und were Jez nit Zeit Vortel zu machen, sunder das Vaterland mit Eiseristen mitlen so anzunemen ruow ze schaffen, was ich under werender handlung zu Bern dorthin und nach Zürich geschriben, Man solte sich Jn acht nemmen, wie Es her gang, were nit gemacht sonder mehr geflickht, das hat man nit glauben wellen, Man wirt aber noch Ergers als ich sorge Erfaren. Gott verzeihe Es denen so deren ursach, habe Jn diser occasion leüt lernen kennen umb Sachen so ich mir nie einbilden könden ...

P.S. Auch hochgeehrter herr, den beikummenden brief habe ich mit vleiss also gericht, das wan Es der herr guetfinde, kan Er solchen herrn landtschreiber *(der Freien Ämter, Beat Jakob ... Zurlauben)* schickhen und das Er solchen herrn wertmüller *(von Zürich)* Zeige, hoffe zu erhalten das Niemandt von hier reiten werde, solte herr *(Tagsatzungsgesander von Obwalden, Johann ...)* Jm feld *(= Imfeld)* dort sein, were Jme Jm vethruwen zu sagen, weil Niemand von Ury dort, hete Er auch bedenkhens sich der Sachen anzunemen und wider vort reiten, were Er nit dort, halte ich herrn landschreiber hete zu sagen, die *(in den Freien Ämtern mitreg.)* 5 *(kath.)* ort hete dise gesantschafft nit guet befunden, wolten aber die herren gesanten von Zürich *(Hans Konrad Werdmüller)* und glarus *(Jakob Marti)* vortfaren, Muöste Er es geschehen lassen, werde aber mehr unguots als guots geben seze Es alles des herrn vorsiehtigkheit vor.

Eben Jez kumbt bericht, das die Endtlibuocher gesanten so zu underwalden *(konkret Obwalden gemeint)* zwüschend dem radt mit landleüten vast sollen ein aufruor gemacht haben zu flüelen angelangt, haben sich Jns wirtshauss gesezt ziehen die landtleüt an sich und predigen wie Jnen unrecht geschehen und das sie nit genuegsam gehört, herr landaman *(von Uri, Jost Püntener)* liesset selbige hero *(gemeint nach Altdorf)* holen Mit befelch Sie Jn ein wirtshauss zu weisen, daselbst zu verbleiben und nit auss zugehen bis morgens das ohne diss ein landts Radt, wan Got nit Miraculose hilfe sorge ich mir seien Jn höchster gefar undergangs.

64. Aus dem Tagebuch von Michael Ringier, Herzogenbuchsee

Herzogenbuchsee, 14. April 1653 alten Stils bis 3. Juni 1653 alten Stils.

Inhalt: Am 14. April 1653 alten Stils ist, während der Gottesdienstzeit, in Berken ein Schiff mit Granaten und Eisen aufgehalten worden. Am 2. Mai 1653 alten Stils haben rebellische Bauern der Gegend von Wiedlisbach fremde Herren, darunter einen von Königsberg in Preussen, nach Huttwil auf die Landsgemeinde geführt. Am 6. Mai 1653 alten Stils ist in Langenthal Landsgemeinde gehalten worden. Am 11. und 12. Mai 1653 alten Stils ist zunächst der erste und dann auch der zweite Auszug des Gerichts Herzogenbuchsee ausgerückt, nach Irrungen in der Gegend von Koppigen, Kirchberg, Aarburg und Kriegstetten, in der Zeitspanne vom 13. bis zum 18. Mai 1653 alten Stils aber wieder nach Hause zurückgekehrt und am 22. und 23. Mai 1653 alten Stils wieder ausgerückt. Das Fähnlein von Rohrbach ist am 25. Mai 1653 alten Stils in Richtung Wynigen durch Herzogenbuchsee gezogen, das Fähnlein von Herzogenbuchsee ist 26. Mai 1653 alten Stils von Mellingen her zurückgekehrt. Am 27. Mai 1653 alten Stils haben einige Tausend Emmentaler mit Mörderknütteln Herzogenbuchsee besetzt. Der 28. Mai 1653 alten Stils ist für Herzogenbuchsee ein Tag des Jammers, des Mordes und des Brandes gewesen. Der Gottesdienst des Pfingsttages, 29. Mai 1653 alten Stils, ist durch die Folgen des Gefechts vom Vortag gestört worden. Um die Mittagszeit hat man 25 oder 26 ermordete und halb verbrannte Menschen bestattet. Am 3. Juni 1653 alten Stils hat das gesamte Gericht Herzogenbuchsee in Langenthal der Obrigkeit erneut gehuldigt und die Übergewehre abgegeben.

Quelle: Otto Holenweg, Tagebuch von Michael Ringier 1647–1661, in: Jahrbuch des Oberaargaus 1960, Herzogenbuchsee: Jahrbuch-Vereinigung, 1960, Seiten 159 ff. Wir danken Herrn Hans Balsiger in Herzogenbuchsee, dem unermüdlichen Erforscher der Geschichte des dortigen Gefechts, für seine Unterstützung bei der Beschaffung dieses Textes.

Do. 14. Apr. Fast-Bättag. SH. ex. Psal. 7. V. 12, 13, 14. Ego ex Ps. 81. V. 12, 13. Hierzwischen ward ein Schiff aufgehalten zu Berken, von Thuner-hans & C. Schär gführt. Darinnen Granaten und ysen. etc.

Mi. 20. Apr. Versprach der alt Sebastian Inigolt seiner Frawen Küngolt N. 2000 gülden, in Briefen, deren der erste innhat 1400 gl. der andere 400 gl. und der dritte 200 gl.

H. Simeon Hürner copeyets auf und Ich war noch Zeug etc.

NB: 27. Apr. war S. I. dessen wol zfriden, als Ich mit ihm musst z'Aben trinken.

Mo. 2. Maii brachten die rebellischen Bawren von Wietlispach nahen frembde Herren (comment il me semble) Junge Graffen oder Freyherren, Studiosos, (Einer, mit dem ich gredt hab, von Königsperg auss Preussen) führten sie hiedurch, auf Huttwyl zu; uf die ubermorndrige Schelmen-Landsgmein.

Fr. 6. Maii Schelmenlands Gmein zu Langenthal. Crützwirt, & etc. gfenklich angenommen & (S. H. & Ego machten vns wider zum Tempel nauss).

NB Als Mi. 11. Maii der Erst Aussuzug vss dem Buchsi Gricht fortzog, musste Do. post gegen Abend der ander Ausschutz hernach. Und morndes Fr. kamen etliche wider heim, (waren zu Coppigen über nacht gsyn) holeten d'Fahnen und wider fort. Abends kam wiederumb post, solle alles auf Arberg zu lauffen etc. haben schon einander angegriffen etc.

Als sie aber gen Kriegstetten kamen wusste man nienen von nichts und kamen wider heimb circa X noct. (* nachts 10 Uhr).

Mi. 11. Maii gegen Abend kam Gschrey, es komme vil frembd Volck und Reuter ins Land; zöge derwegen der Erste Ausschuss uss dem Buchsi Gricht erst post 6 vespt (* abends) fort uff Kilchberg zu.

Fr. 18. Maii kamen die achttägigen Ausscheisser wider heimb.

So. Exaudi 22. Maii gabs inter Catechisin abermal Lärmen, und zöge man fort, etc.

NB NB NB

Mo. 23. Maii (me decumbente = * während ich lag) als H. Lutz von Seeberg Fronfasten Gut allhie wolt abholen, und man S. Ho & mihi (* mir) auch Pfingsten und Herbstfr. geben wolte, woltens die hiesigen & & rebellen nix gestatten. Uxor mea (* meine Frau) hatte (neben 6 Mt. Haber) 8 Mt. Korn in Spycher tragen lassen, welche hernach SH. uns hinderrucks und ungfragt, schelmscher Wys nam, liess rönlen und uff Burgdorf zu führen, damit er Creditores könnte stillen, hätte sonst sollen priviert werden.

Dicto die (* am genannten Tage) kam abermaal alher Poost, solle alles fort, was Spiess und Stangen tragen möge etc.

Mi. 25. Maii kam Rohrbacher Fendli von vnden her hiedurch auf Wynigen zu.

Do. 26. Maii abends kam das hiesige wider heimb von Mellingen nahen.

Fr. 27. Maii kamen unversehens etlich tausend aufrührisch Emmenthaler zemit ihren Mörder Knütteln & hie ins Dorf, haben sich da gelagert und vbernacht gsin etc.

NB: Soll in der Nacht ein Wunderzeichen im Luft gesehen worden seyn.

Sa. 28. Maii Jammer vber Jammer, Mord und Brand etc.

So. 29. Maii Pfingsten, Konte man cultum divinum (*den Gottesdienst) nit verrichten, uti decuisset etc etc. (*wie es sich geziemt hätte). Circa meridiem 25 oder 26 ermordete und halb verbrannte vergraben.

Fr. 3. Junii morgens früh loff das gantz Buchsi Gricht uf Langenthal zu, ghuldiget oder uf ein newes Magrati (*Magistraten) geschworen und haben die Vberwehr dahinden g'lassen.

65. Aus dem Tagebuch von Markus Huber, Schloss Aarwangen

24. April 1653 neuen Stils.

Inhalt: Ansammlung von 300 Anhängern des Bauernbundes in Stadönz mit der Absicht, das Schloss Aarwangen zu nehmen. Unterdrückung, Bedrohung und Ausplünderung von Anhängern der Obrigkeit. Während der Predigt bringt eine Frau die Nachricht in die Kirche von Aarwangen, fremdes Kriegsvolk sei in der Nähe. Jedermann zieht die Blankwaffe. Landvogt Willading befürchtet, es handle sich um einen Mordanschlag auf ihn. Er vermag aber die Lage vorerst zu beruhigen. Die Anhänger des Bauernbundes erbeuten im Raum Berken-Stadönz ein Schiff mit einer Ladung nach Aarburg bestimmter Handgranaten und verstärken in der Annahme, es seien noch weitere Schiffe unterwegs, überall ihre Wachtposten. Der Gottesdienst in Aarwangen löst sich vollends auf, die Aarwanger nehmen an der Besetzung des ganzen Aareufers von Wangen bis Aarwangen teil. Landvogt Willading und andere Vertreter und Anhänger der Obrigkeit werden vermehrt bedroht. Die Garnison des Schlosses Aarwangen wird intensiver psychologischer Kriegführung mit dem Ziel ausgesetzt, sie zum Desertieren zu bewegen. Landvogt Willading empfängt die über das Handgranatenschiff aufgebrachten Solothurner und Basler Landsgemeindegesandten mit einem Trunk. Die Landsgemeindegesandten betrachten die Tatsache des Handgranatenschiffs als obrigkeitlichen Friedbruch. Die Anhänger des Bauernbundes legen eine Besatzung nach Wangen an der Aare, um den Aareübergang in der eigenen Hand zu haben. Das Reisgeld (d. h. die ordentliche Kriegskasse) in Langenthal wird durch Anhänger des Bauernbundes gewaltsam weggenommen.

Quelle: Paul Kasser, Die Geschichte des Amtes und des Schlosses Aarwangen, in: Archiv des Historischen Vereins des Kantons Bern, XIX. Band, Bern: Gustav Grunau, 1909, Seiten 57 bis 446, Seiten 281 bis 283.

Den 24. war der Fasttag, kame Zytung, es hettend sich die Ufrührer in die 300 Mann stark zu Stadöntz versamlet, des Willens, das Schlooss inzunehmen: Andreas Bösiger, Hans Staub, und Jakoben Schärer, welche noch treu blieben, nahmen sie gefangen, spolierten dem ersten sein Haus, nahmend ihm alle essige Spyss sammt einem Kalb ab, und zwangen ihn, dass er es ihnen verehren müsse. Jakob Obrist und Hans Obrist, als Wächter im Schloss, welche ein wenig heimgangen, wollten sie gfangen nehmen, sind aber by Zyten entwychen.

Der Hr: Landvogt gienge zur Predig, fand ein Schildwach vor der Kirchen. Da mitten in der Predig kam ein Wybsperson, die sagt, es wär fremds Volk vorhanden; darauf es einen merklichen Schrecken gab. Die Männer zugkten (sc. die Waffen), die Weiber liefend zur Thür hinaus. Der

Hr: Landvogt sammt seinen Dienern zukte und meint, es wär auf sein Haupt gemeint, wie ihm dann gedroht worden: ging er zur Thür hinaus und wollte sehen, was da vorginge; schickte die Männer heim und befahle, dass man den gewissen Bricht, wie es vorginge, einnehmen sollte; begab sich darauf wieder in die Kirchen und bemühete sich, den Auflauf wiederum ze stillen.

Indem kame Bricht wie die Aufrührer ein von Bern kommend Schiff, – so Handgranaden in einem Fässlin uhatte, nach Arburg zu führen, – bekommen hättend. Darum weil ihrem Bricht nach noch zwei Schiff mit Volk und Stuk geladen folgen würden, die Wachten allerorten gestärkt wurden. Die von Arwangen wolltend nit die letzten sein, liefen us der Kirchen dem grossen Haufen zu, die ganze Aare von Wangen bis nacher Arwangen, war mit Wachten versehen, es ginge gar seltsam dahar. Die Schiffleut wurden gfangen, teils die Handgranaten usgeteilt, teils in einem Keller verschlossen zu Berken; es donnert von Dreuworten wider den Herrn Landvogt von Arwangen und wollten noch selbigen Abends das Schloss gstürmt haben. Alles liefe, die Garnison abwendig zu machen. Die Weiber kamend mit den jungen Kindern, setztend dieselben den Mannen vor das Schloss und lauftend darvon, wann sie wollend da unden hoken, es nit mit den rechten Lüten – namlich mit den Bauern, als dem grösseren Haufen – halten, so söllen sie die Kinder auch han und ihnen zfressen gäben, also dass wenig treu verblieben.

Jedoch schikte es sich, dass die Solothurnische und Baslerische Landsgmeindsgsandten eben ankamen, denen der Herr Landvogt mit einem Trunk begegnet und erfuhr wie es gstaltet wäre. Denen war schon von den ufgfangenen Handgranaden, oder wie sie es namseten, von dem süssen Wyn, verehrt worden, welches sie ziemlich alterirte. Der Hr: Landvogt sagte, er wüsste davon nüt, so wollten sie sich nit anders bereden lassen, als, es habe damit eine hohe Oberkeit einen Friedbruch gethan. Die Sach liesse sich wunderlich an, man redete es ihnen nit us, denn dass die Oberkeit unter dem Schein des Bettags das ganze Land habe wollen ruinieren.

Entzwischen gingen die Aufrührer nach Wangen, forderten den Pass auf, wurde auch vermittelt, dass sie, die Aufrührer, von jedem Gricht dort liessen, in Besatzung der Pässen desto gewisser zu sein. Sie stellten auch Wachten bis an das Haus Arwangen hinab; man dreuwt stark, das Reisgeld abzufordern. Das Reisgeld zu Langenthal wurde mit Gwalt genommen, der Weibel übel traktiert, dem Kreuzwirt gedrohet, das Haus zu verbrennen; dessen, so zu Arwangen noch weiters folgen würde, muss man auf solche Drohung erwarten.

66. Aus dem Tagebuch von Markus Huber, Schloss Aarwangen

25. bis 28. April 1653 neuen Stils.

Inhalt: Der Postverkehr wird von den Bauern vollständig kontrolliert. Es kommen Nachrichten von bäuerlichen Plänen, das Schloss Aarburg zu erobern, die Besatzung zu massakrieren, diese Stellung gegen die Stadtleute zu behaupten und in einer nächsten Phase auch Lenzburg und Aarwangen zu nehmen. Die Besatzung von Aarwangen erfährt auch von bäuerlichen Absichten, am 1. Mai 1653 in Huttwil Landsgemeinde zu halten. Die Bauern nehmen bei Bützberg drei Mann, darunter den ernannten Schlosskommandanten Wolfgang Rummel, gefangen und führen sie nach Langenthal und später nach Melchnau. Die Gemeinden Melchnau, Madiswil, Bleienbach, Graben und Bannwil, später auch Aarwangen verlangen und erhalten ihr Reisgeld. Versuche Landvogt Willadings, die Freilassung von Hauptmann Rummel zu erreichen, scheitern.

Quelle: Paul Kasser, Die Geschichte des Amtes und des Schlosses Aarwangen, in: Archiv des Historischen Vereins des Kantons Bern, XIX. Band, Bern: Gustav Grunau, 1909, Seiten 57 bis 446, Seiten 283 bis 285.

Den 25. dito *(d. h. April)* kame Zytung, dass alle Posten ufgfangen wärend; welches die Aarburger verursachet, einen Anschlag uf das Schloss (sc. Aarburg) zu machen und dito Abends ihr Vorhaben zu vollbringen; also, dass 50 Mann die Porten sollen zerbrechen, wo man nit gütlich öffne; 150 Mann sollten bei der Kirchen und 50 Mann an einem andern Ort das Schloss bsteigen. Im Fall, in der Bsteigung einer verletzt würde, so wollten sie den darinnen anwesenden Herr Landvogt und Hauptleut sammt ihren Soldaten zu dem Schloss hinunter werfen und das Schloss dann besetzen und wieder die Stadtleut gebrauchen; alsdann auch das Schloss Lenzburg und Arwangen *(zu)* bestygen und alles darin niedermachen, allein Wyb und Kinder Quartier (gleich Pardon) zu geben: aber Gott machte es zu nichten.

Es kam auch Zytung, dass ein Landsgmeind zu Huttwyl uf Mittwochen den 1. Mai sein sollte.

Es gehen auch zu dieser Zeit keine Posten mehr, sondern wurde ohne allen Respekt ufgehalten.

Den 26ten kam Bricht, wie Hr: Leutenant Rümmel, verordneter Kommandant nach Arwangen, und noch zwen andere, by Bützberg von den Bauern gfangen worden und nach Langenthal gführt.

Dito kamen die Ussgschossnen der Gmeinden, Melchnau, Madiswyl, Bleienbach, Graben und Bannwyl sammt Arwangen, ihr Reis geld leichtlicherwis zu begehren; welches ihnen auch willfahret wurde. Von selbigen wurden etliche nach Langenthal geschikt, die Gefangenen ledig zu machen, aber vergebens. Die übrigen wurden dimittiert, mit Versprechen, sie wollten die Gfangenen erledigen; hattend aber das Widerspiel; dann sobald sie zu Langenthal ankommend, nahmen sie Hr: Leutenant Rümmel mit seinen Gspahnen nach Melchnau gfangen.

Den 27. dito schriebe der Hr. Landvogt ein sehr freundlich Schreiben nach Langenthal um Erledigung der Gfangenen; welche sich aber dessen entschuldigten, dass es in ihrem Vermögen nicht wäre, weil, wie oben gemeldet, sie sammt den Schiffleuten von Bern nach Melchnau gführt worden.

Selbigen Sonntags am Morgen kamen die Arwanger, ihr Reisgeld zu fordern, vor dem Schloss an. Man gabe ihnen willfährigen Bscheid, aber es wollte nichts helfen, sie nahmend sich zbedenken, was sie thun wollten.

Den 28ten Morgens kame Bricht, wie sie, die Bauern, Vorhabens wären, mit Gwalt die im Schloss anwesende Garnison usszutriben; dessentwegen seine Leut dann der Herr Landvogt zusammenfordern liesse; und kame Bricht, wie bereits die Arwanger nach Langenthal gschikt hätten, Volk zu holen; dessen man dann, wie auch der Herren Ehrengesandten, erwarten thäte: welche auch denselben Abend ankamen: als Ihr Gn. Schultheiss von Graffenried und Herr Venner Wagner, Herr Alhofmeister Hans Georg Imhof und Hr. Schultheiss Abraham Imhof kamend auch dorten an, die Huldigung aufs neue vorzunehmen; schiktend Herrn Abraham Imhof uf Arwangen, den Her Landvogt nach Langenthal zu vermögen, welches auch geschahe, mit 5 Carabineren. Möchte aber, weil seine Ankläger hin-

165

weg waren, kein Ghör haben, ritte selbigen Abends wieder nach Hause, ward aber brüft auf morgen wieder zu erscheinen.

Welches auch geschah den 29. dito. Es waren aber die Herren badischen Ehrengesandten, samt den Herren von Freiburg und Wallis schon verreist, kam also zu spät, und bekam allein Befehl, das Reisgeld den Arwangern untheilt herauszugeben.

Dito hielten die beyd Herren Imhof um Erledigung Herr Rümmels, Thunerhauptmanns, und Konrad Schenz eifrig an, schlugen auch das Recht um ihre Person dar; mochte aber nichts helfen; denn obschon die Ussgschossnen von Melchnau, Gondiswyl, Madiswyl. Lotzwyl, Langenthal, Buchse, Roggwyl und Steckholz erstlich die Evacuation eifrig urgierten, so warend die Ussgschossnen der Orten zufrieden, seiner, des Herr Landvogt Gegenantwort und willigten in die Befreiung gedachter Personen ein: Verheissend auch die selbigen. Erfolgt aber nichts daraus und ritte Herr Landvogt dito nach Haus.

67. Abschied der eidgenössischen Tagsatzung

29. April 1653 bis 10. Mai 1653 neuen Stils.

Inhalt: Die Tagsatzung ist von Zürich auf Antrag Luzerns ausgeschrieben worden. Sie hat zuerst einen Bericht der Luzerner, dann einen der Zürcher über die Verrichtung der Willisauer und Entlebucher Gesandten in Zürich angehört. Die Solothurner verwahren sich gegen die von den Bauern verbreitete Ansicht, Solothurn billige das Unterfangen der Untertanen. Auf die Nachricht hin, dass die aufrührischen Berner, Luzerner, Basler und Solothurner Untertanen weitere Zusammenkünfte organisieren, insbesondere bei Heiligkreuz und in Huttwil, schickt ihnen die Tagsatzung Einladungsschreiben nach Baden. Bei den Willisauern und den Entlebuchern ist die Sorge des Nichterscheinens am grössten gewesen, weshalb ihnen die Einladung vom Badener Untervogt Johann Ulrich Schnorff speziell überbracht worden ist. Die Beratung über die möglicherweise nötig werdende Gegengewalt hat unter dem Siegel der Verschwiegenheit stattgefunden. Die Erhebung der Beschwerden der Untertanen in den Freien Ämtern und in Baden wird auf bequemere Zeiten verschoben. Die zu Huttwil versammelten Berner, Luzerner, Basler und Solothurner Untertanen haben in dieser Zeit auf die Einladung geantwortet. Die Basler Gesandten haben das unbescheidene Vorgehen ihrer Untertanen und deren Entsendung von Emissären an die Landsgemeinde von Huttwil gemeldet. Die Tagsatzung hat ihnen versichert, dass ihnen bundesgemäss geholfen werde. Der französische Ambassador hat der Tagsatzung geschrieben, Kopien seiner Korrespondenz mit der Landsgemeinde in Huttwil mitgeteilt und seinen Sekretär und Dolmetscher Vigier im gleichen Sinn vor der Tagsatzung sprechen lassen. In die Freien Ämter hat die Tagsatzung eine Abordnung aus je einem Zürcher, Unterwaldner und Zuger geschickt. Auf die Antwortschreiben aus dem Entlebuch und von Willisau und den Bericht des dorthin ausgeschickten Untervogts von Baden setzt die Tagsatzung – in Erwartung der Rückkehr der zum Teil bereits abgereisten Gesandten – einen Ausschuss ein, der für den Fall eines Scheiterns des gütlichen und des rechtlichen Wegs einen Kriegsplan entwirft und den Gesandten jeden Orts das für sie Nötige mitteilt. Vertreter des Entlebuchs, von Sursee und von Rothenburg verlangen von der Tagsatzung den Widerruf ihres früheren Mandats, welches die Bauern an ihrer Ehre angreift. Ferner wünschen sie den urkundlichen Beleg des Übergangs des Entlebuchs an Luzern zu sehen. Zudem wollen sie ihre, ihnen von einem Landvogt abgenommenen, Urkunden zurückerhalten. Die Urkunde über die gütliche und rechtliche Erledigung ihrer Streitigkeiten mit der Stadt Luzern soll nicht nur mit den Siegeln der Eidgenössischen Orte und Luzerns, sondern auch mit ihrem eigenen Siegel versehen werden. Erst wenn das alles geschehen ist, ist alles verglichen und der Bund der Untertanen nicht mehr notwendig. Für das dem Führer des Untervogts von mutwilligen Burschen Zugefügte (Ohrschlitzen und Bartabschneiden) entschuldigen sie sich. Die durch das Land ziehenden, Menschen misshandelnden Räuber sind ihnen unangenehm, sie können aber deren Tun nur schon deshalb nicht völlig unterbinden, weil dies lebensgefährlich wäre. Wer aber solche Unrechttuer niedermacht, soll das nur ruhig tun, denn den Untertanen geht es um Gerechtigkeit, nicht um Ungerechtigkeit. Die Berner Tagsatzungsgesandten halten den Vertretern des Entlebuchs, Sursees und Rothenburgs vor, was die Luzerner Untertanen und insbesondere die Entlebucher auf Berner Boden angestellt haben. Die Luzerner Tagsatzungsgesandten melden, Luzern sei bereit, die Urkunde, welche den Erwerb des Entlebuchs durch Luzern belege, in der Stadt Luzern zu zeigen, sie ins Entlebuch zu senden oder Kopien auszustellen sei aber unzumutbar. Wo die beiden anderen verlangten Urkunden sind wissen die Luzerner nicht; obwohl von der einen eine beglaubigte Abschrift vorhanden ist, ist das Original entweder in den Händen der Entlebucher oder verloren, die andere Urkunde aber hat wahrscheinlich nie existiert. Auch hat Luzern, entgegen der Entlebucher Propaganda, nicht etwa Bern gebeten, das Entlebuch mit 40 000 Mann zu überfallen. Danach wird von der Tagsatzung den Vertretern des Entlebuchs, Sursees und Rothenburgs derselbe Bescheid gegeben, wie ihn der Untervogt nach Huttwil zu tragen hat. Die Hilfsverpflichtung der eidgenössischen Bünde wird ausdrücklich für den Fall eines Angriffs der Untertanen auf einen eidgenössischen Ort – gemeint ist eine Hauptstadt – als gültig erklärt. Den Tagsatzungsgesandten wird vom Kriegsplan des Ausschusses so viel erklärt, dass sie die erforderliche Genehmigung ihrer Regierungen einholen können. Untervogt Schnorff wird nach Basel und Bern geschickt, um die – im Falle von Solothurn bereits vorliegende – Zustimmung der dortigen Regierungen einzuholen, die jeweiligen Untertanen (ohne Präjudizwirkung) nach Baden vor die Tagsatzung zu zitieren. Von Bern soll sich Schnorff nach Huttwil begeben, wo auf den 14. Mai 1653 neuen Stils eine weitere Zusammenkunft der Berner, Luzerner, Basler und Solothurner Untertanen erwartet wird. Sobald Schnorff Berichtet erstattet hat, sollen die drei von Zürich, Bern und Luzern zu ernennenden Kriegshäupter mit je einem Assistenten vertraulicher Weise zusammen kommen und über das sprechen, was Not tut. Ebenfalls wird ein neues Manifest aufgesetzt, aber erst dann veröffentlicht, wenn alle angewendeten gütlichen und rechtlichen Mittel wirkungslos bleiben. Die Gesandten, welche zwischen Luzern und dessen Untertanen vermittelt haben, haben viel Fleiss angewendet und grosse Unbill ertragen. Man soll ihnen deshalb dankbar sein und ihre Verleumder strafen. Die Zuger Tagsatzungsgesandten erklären, dass das Verhalten ihrer Gesandten in den vergangenen Luzerner Unruhen keinen anderen Zweck gehabt hat, als das Wohl und die Ruhe des Vaterlandes. Die Landvögte sollen sich in Strafangelegenheiten und auch in anderen Dingen zurückhalten, damit die Untertanen nicht nur Ursache zur Furcht vor den Obrigkeiten, sondern auch zur Liebe für sie haben. Die Schaffhauser Beschwerden, Zoll und Geleit in Baden hätten sich vor einiger Zeit wesentlich verteuert, werden später behandelt.

Quelle: Alois Vock, Der Bauernkrieg im Jahr 1653, dritte Auflage, Aarau und Thun: J. J. Christen, 1837, Seiten 223 bis 231.

I.
In die XIII und Zugewandten Orte.

Nachdem diese Tagleistung, auf Antrieb Unserer G. L. A. Eidgenossen der Stadt Luzern, von Unsern auch G. L. A. Eidgenossen der Stadt Zürich ist ausgeschrieben, und Wir von Unsern allerseits G H Herren und Obern, zu solcher Vertretung, mit Befehl sind abgeordnet worden, so haben Wir, nach verrichteten Eidgenössischen, gewohnten Komplimenten, obgedachter Unserer Eidgenossen der Stadt Luzern Herren Ehrengesandten Bericht für das erste angehört, und dann darüber von Unserer, auch obgemeldeter Eidgenossen der Stadt Zürich Herren Ehrengesandten vernommen, welcher Maassen etwelche Ausgeschossene von den Unterthanen der Grafschaft Willisau und des Landes Entlebuch zu Zürich gewesen seien, und was derselben Verrichtung inne gehabt habe. – Und dann über den eingelangten Bericht, dass die Bauern ausgeben sollen, als hätten Unsere G. L. A. Eidgenossen der Stadt Solothurn der Unterthanen Beginnen gebilligt, haben derselben Herren Ehrengesandte solches widersprochen, mit Vermelden, dass ihren Herren und Obern von den Bauern Unrecht beschehe, wie das Widerspiel mit vielfältigen Schreiben zu erweisen sei. – Dieweil dann unter anderm Berichte auch begriffen war, dass die Berner, Luzerner, Basler und Solothurner aufrührerischen Unterthanen, fernere Zusammenkünfte sonderlich im Entlebuch beim hl. Kreuze und zu Hutwyl angestellt haben, so haben Wir thunlich erachtet, an diese Manifeste oder Schreiben abgehen zu lassen, sie damit, anher zu kommen, einladend, so beschehen. – Um dass aber bei Unserer Eidgenossen der Stadt Luzern Unterthanen zu Willisau und im Entlebuch die meiste Besorgnis des Nichterscheinens gewesen, so haben Wir derselben Ladung *(Vorladung)* in ein offenes Patent verfasst, und Unsern Untervogt der Herrschaft Baden, Johann Ulrich Schnorff, damit zu gedachten Unterthanen abgefertigt, damit die desto eher, anher zu kommen, disponirt würden. – Unter diesem ist angelegentlich in Diskurs und Berathschlagung gezogen worden, dass nothwendig sei, ein Projekt zu machen, wie man, auf den Fall der Nothwendigkeit, mit der Gegengewalt sich verhalten wollte; hat dabei aber für das vornehmste erachtet, dass man alles verschweigen und geheim behalten thue, wie Wir derowegen ein solches zu halten unter Uns aufgenommen *(verabredet)* haben. – Dann ist in's Gespräch gekommen, ob der Zeit rathsam sei, die bereits in den Landvogteien der freien Ämter und Baden angefangene Verhörung der habenden Beschwerden der Unterthanen in den übrigen Vogteien auch fortzusetzen; darüber ist der mehrtheil Orte Meinung gewesen, es wäre besser, auch in obgedachten beiden Vogteien, bei Gestaltsame der Sache, unterwegen geblieben, und wurde beschlossen, dass man solche Anhörung bis auf bequemere Zeiten eingestellt lassen, und inzwischen es bei der Summe *(dem Inhalte)* der Abscheide verbleiben solle, wann die Unterthanen etwas Beschwerden zu haben vermeinen. – In dieser Zeit ist auf Unserer G. L. A. Eidgenossen der Stadt Zürich an die zu Hutwyl aus dem Berner, Luzerner, Basler, und Solothurner Gebiet versammelt gewesenen Unterthanen abgegangenes Schreiben eine Antwort an Uns sämmtlich eingelangt. Nebst dem haben Unserer G. L. Eidgenossen der Stadt Basel Herren Ehrengesandte Bericht gethan, wie unbescheiden ihrer Herren und Obern Unterthanen sich verhalten, item: was die gegen Liestal verübt haben, item: dass sie ihre Ausgeschossenen nach Hutwyl gesandt haben, – und sie begehrten von Uns nach den Eidgenössischen Bünden ein getreues Aufsehen. Darüber haben Wir gedachten Unsern Eidgenossen geschrieben, dass Uns der von ihren Herren Ehrengesandten empfangene Bericht leid sei, und werde man gegen sie alle getreue, Eidgenössische Schuldigkeit zu erstatten nicht unterlassen, wie Wir denn allerseits zu dem Ende beisammen seien, ein und andern

Orts, dem Zustande gebührend, nach erforderlichen möglichen Dingen, zu begegnen. – Auf solches sind von etwelcher Orte Unterthanen auf unsere obgemeldeten Ladungen Antwortschreiben eingelangt. – Ferners ist, wegen etwelcher im Entlebuch erfahrner Verlaufenheiten, Bericht eingelangt. – Demnach hat der königl. Allerchristl. Majestät *(von Frankreich)* Schreiber und Dolmetscher, Herr Vigier, von Ihrer Exc. dem Herrn französischen Ambassador ein Schreiben eingebracht, darüber auch einen mündlichen Vortrag gethan, der ungefähren Substanz, wie jetztgedachtes Schreiben lautet, nebst Einlegung dessen, was der gedachte Hr. Ambassador an die zu Hutwyl versamleten Bauern, und selbige wiederum an ihn gelangen liessen. – Nach solchem ist Uns ein Schreiben von Unserm Landschreiber der freien Ämter, sammt zwei beigeschlossenen Beilagen, eingebracht worden. Dann haben Wir drei Herren Ehrengesandte von Zürich, Unterwalden und Zug in die freien Ämter abgesandt, welche Relation gebracht haben, wie zu finden ist. – Als nun Hrn. Untervogts *(Schnorff)* von seiner Reise und Verrichtung Relation, auch deren aus Entlebuch und Willisau eingebrachte Antwortschreiben verhört worden, hat man aller Orte Herren Ehrengesandten Wiederankunft, weil etliche verreiset waren, erwartet, und inzwischen einen Ausschuss gemacht, welcher die Anstalt projektieren sollte, wann je endlich weder durch gütliche noch rechtliche Mittel der einen oder andern Orts Unterthanen sich nicht wollten von ihren gefassten, eigensinnigen Meinungen ab und zur Ruhe weisen lassen, wie der Sache alsdann zu thun sei, welcher Ausschuss einen Rathschlag abgefasst, wie jedes Orts Herren Ehrengesandte, was denen für ihre Oberkeiten oder Orte zu wissen nothwendig wäre, geoffenbart worden. – Folgends sind die Ausschüsse der Luzernischen Unterthanen, als nämlich: zwei Mann aus Entlebuch, einer von Sursee und einer von Rothenburg, erschienen, und haben die Schreiben eingebracht, daneben aber mündlich auch gemeldet, ‹dass ihr Begehren sei, man wolle das allhier zu Baden gemachte und zu Zürich in Druck verfertigte Mandat durch ein anderes offenes Mandat widerrufen; denn sie, die Bauern, in erstgemeldetem Mandat gar zu hart an Ehren angegriffen seien. Zum Andern begehren sie den Brief, wie das Entlebuch an Luzern gekommen, zu sehen. Weiter wollen sie die ihnen gehörigen Briefe, die durch einen Landvogt aus ihrer Gewalt genommen, und in die Stadt gebracht worden, wiederum heraus haben. Item: dass der, über die gütlich und rechtlich ausgemachten Sachen verfasste Brief mit der Orte und der Stadt Luzern, auch ihrem eigenen Insiegel verwahrt werde. Alsdann wollen sie sich mit ihrer Oberkeit vergleichen, aber vorher nicht. Und wenn dann alles verglichen sein werde, sei ihr Bund nicht mehr nothwendig. Darneben aber haben sie auch Entschuldigung gethan, dass die Vorgesetzten und gemeine Landleute kein Gefallen an dem, was des Herrn Untervogts Guiden oder Zeiger, dem die Ohren geschlitzt und der Bart geschoren worden, wiederfahren; es sei von meisterlosen Burschen aus Muthwillen beschehen, – wie ihnen zugleich auch höchst missfällig sei, dass etwelche leichtfertige Zusammenrottirte ungerechter Weise durch das Land ziehen, den Leuten das Ihrige mit Gewalt abnehmen, und etwelche Personen am Leib übel traktiren; allen können sie es einmal nicht erwehren, angesehen, dass, die es wehren wollten, in Gefahr ihres Lebens sich befinden müssten. Wer aber solche niedermachen würde, wollten

169

sie nichts darwider sagen; denn ihre Meinung sei, Gerechtigkeit, und nicht Ungerechtigkeit zu suchen.› – Die Herren Ehrengesandten Unserer G. L. A. Eidgenossen der Stadt Bern haben ermeldeten Ausschüssen vorgehalten, was für Misshandlungen und Frevel die Luzernischen Unterthanen und sonderlich die Entlebucher sich in der Bernischen Botmässigkeit unterstanden haben, darüber sie, die Ausschüsse, sich des Nichtwissens mehrtheils entschuldigten. – Demnach haben die Herren Ehrengesandten Unserer G. L. A. Eidgenossen der Stadt Luzern Bericht gethan, dass ihre Herren und Obern, den Brief, wie Entlebuch an Luzern versetzt und gekommen sei, ihnen, den Entlebuchern, zu zeigen, sich erboten, ob sie es gleichwohl nicht schuldig wären über so lang geübte Possession, – jedoch in der Stadt Luzern; den Brief aber in das Entlebuch zu vertrauen, oder Copeien davon zu geben, werde ihnen niemand zumuthen können. Die andern zwei, von den Entlebuchern geforderten Briefe seien ihren Herren und Obern nicht bewusst, auch vermuthlich nicht zu finden, weil von dem einen ein Vidimus vorhanden, das Original aber entweder in der Entlebucher Handen oder verloren sein müsse. Des andern *(Briefes)* halb aber sei vermuthlich, dass nie einer gewesen, weil ein Vertrag um dieselbe Sache, so den Brief betreffen sollte, gemacht worden, der von keinem Briefe sage. Darneben haben die Entlebucher eine Rede ausgehen lassen, als hätten ihre Herren und Obern bei Bern angehalten, mit 40 000 Mann das Entlebuch zu überfallen, und dem Kind im Mutterleibe nicht zu schonen, welches eine unwahrhafte Zulage sei, die sie, von ihrer Herren und Obern wegen, widersprechen – Solchem nach ist den Ausgeschossenen durch verordnete Herren mündlich der Bescheid gegeben, und darüber schriftlich zugestellt worden, in der gänzlichen Substanz, wie die Copei der Patente, welche dem Herren Untervogt, nach Hutwyl zu nehmen, gegeben ist, lautet, und hernach wiederum angezogen wird. – Nebst obvermeldetem, durch einen Ausschuss gemachtem Projekte, haben Wir auch verabscheidet, im Falle das eine oder andere Ort von den Unterthanen mit Macht sollte angegriffen werden, dass man solchen Falls einander nach Inhalt der Bündnisse mit allen Kräften verholfen sein wollte. – Nachdem nun das gemachte Projekt, so viel nothwendig gewesen, eröffnet worden, damit jede Gesandte ihre Herren und Obern erforderlicher Maassen berichten, weil alles auf der Oberkeiten Gutheissen gemacht ist, haben Wir wiederum eine andere Patente aufsetzen, und solche Unserm Untervogte der Grafschaft Baden zustellen lassen, mit Befehl, dass er damit erstens nach Basel, folgends nach Bern gehe und alsdann, – weil Unsere G. L. A. Eidgenossen der Stadt Solothurn sich erklärt, zufrieden zu sein, dass ihre Unterthanen nach Baden zum Rechten geladen werden mögen, jedoch mit Vorbehalt, dass es zu keiner Konsequenz dienen solle, – von daselbst, wenn beide gemeldete löbl. Orte auch verwilligen wollen, dass ihre Unterthanen zu dem Eidgenössischen unpartheiischen Rechten nach Baden geladen werden mögen, nach Hutwyl, wo von den Bernischen, Luzernischen, Baselischen und Solothurnischen Unterthanen abermals auf Mittwoch den 4. *(14.)* Mai eine Zusammenkunft gehalten werden solle. Gleichwohl ist bei dieser Ladung zum Rechten die Meinung und der gemeine Vorbehalt gemacht, und in Unsern Abscheid genommen, dass solches für das Künftige in keine Konsequenz solle gezogen oder Jemanden zum Präjudiz *(Nach-*

teil) gerechnet werden. – Wann dann Hr. Untervogt der Grafschaft Baden wiederum von seiner Verrichtung heimgelangen, und seine Relation ablegen wird, sollen alsdann die drei Kriegshäupter, welche von Zürich, Bern und Luzern werden ernannt werden, an ihnen gefälligem Orte, so unvermerkt als möglich, zusammenkommen, wozu jeder einen Assistenten mitnehmen wird, um die fernere Nothwendigkeit zu unterreden. – Dann haben Wir in eventum für eine Vorsorge, ein Manifest aufsetzen, aber noch nicht ausfertigen lassen, sondern vermeint, mit der Ausfertigung einzuhalten, bis die Nothwendigkeit es erfordern werde; denn das Manifest ist allein zu Unserer G H Herren und Obern Entschuldigung gemeint, wenn alle angewandten gütlichen und rechtlichen Mittel keine fernere Hoffnung mehr hätten.

II.
In die XIII Orte, die drei Bünde und Wallis.

Was Hr. de la Barde, französischer Ambassador, in zwei Schreiben unter dem Datum des 22. März an Uns gelangen lassen, ist zu finden. – Der sich noch in Frankreich befindenden Obersten und Hauptleute Schreiben und dero neugemachter Vergleich ist zu sehen. – Darüber haben Wir dem Hern. Ambassador geschrieben und er Uns geantwortet. – Demnach, weil etwelcher Orte Herren Ehrengesandte, als nämlich Unserer G. L. A. Eidgenossen der Stadt Luzern, von Uri, Glarus und Freiburg, nicht zur Heimberufung des in Frankreich sich annoch von Unserer Nation befindenden Kriegsvolks befehligt waren, sondern ihrer Herren und Obern deshalb erfolgende Erklärung zu nächster Gelegenheit nach Zürich zu übersenden sich vernehmen liessen, so haben Wir inzwischen der königl. Majestät und Unserer Nation Obersten und Hauptleuten geschrieben. Im Übrigen haben Wir nochmals erhellt und bestätigt, dass es, der französischen Sachen halb, durchaus gänzlich bei hievor gemachten Abschieden verbleiben solle.

III.
In die XIII Orte.

Dann haben Wir nicht unterlassen mögen, allhier in Unserm Abscheide zu vermelden, ob zwar man mit Bedauern verstehen *(vernehmen)* muss, wie ungute Leute die Actiones *(Handlungen)* und Verrichtungen etwelcher Herren Ehrengesandten betadeln dörfen, so in der Traktation *(Unterhandlung)* des zwischen Unsern G. L. A. Eidgenossen der Stadt Luzern und ihren Unterthanen gewesenen Missverständnisses sind gebraucht worden, dass dennoch Unsere allerseits Herren und Obern und Wir in Wahrheitsgrund durchaus befinden, wie selbige Herren mit unverdrossener, grosser Mühewaltung, Gefahr und vieler übertragener Unbild, dem gemeinen Heil und Ruhestand zu Gutem, alles redlich und mit grösster Vorsicht dergestalt traktirt und verhandelt haben, dass man Allen, sämmtlich und sonders, zu ewigen Zeiten unvergessenen Dank wissen solle, die unguten Verläumder aber billig um ihre unwissende Beladung zu strafen sind.

IV.
In die XIII Orte.

Bei obgemeldetem Anzuge haben Unserer G. L. A. Eidgenossen des löbl. Orts Zug Herren Ehrengesandte über das ab hievoriger Tagleistung an ihre Herren und

Obern abgegangene Erinnerungsschreiben, wegen in gedachter Luzerner Unruhe ausgeschickter vieler Herren Ehrengesandten, Entschuldigung gethan, dass das Alles von ihren Herren und Obern aus bester Intention und Wohlmeinung beschehen sei, dem gemeinen Heil und Ruhestand des Vaterlands zum Gedeihen, wie denn auch zu solchem Absehen, ihres Befindens, ihre Ehrengesandten den Instruktionen und Befehlen ordentlich nachgegangen seien, und nichts darwider verrichtet haben.

V.
In die IX, die deutschen Vogteien regierenden Orte.

Wir haben auch eine Nothwendigkeit erachtet, bei so gestalteten Zeiten den Landvögten Unserer gemeinen Vogteien zu schreiben, dass sie in ihren Regierungen *(Verwaltungen)* mit aller möglichen Bescheidenheit in Strafen und anderen Sachen verfahren sollen, damit den Unterthanen die Ursache nicht benommen werde, sowohl Liebe als Furcht gegen die Oberkeiten zu haben.

VI.
In die VIII alten Orte und Schaffhausen.

Auf das, dass Unserer G. L. Eidgenossen der Stadt Schaffhausen Herren Ehrengesandte Anzug gethan, was Maassen ihre Fuhr- und Handelsleute sich beklagen, wie das Geleit und der Zoll zu Baden in der Stadt um ein Namhaftes die Zeit her erhöht worden, haben Unsere Amtleute der Grafschaft Baden den Bericht gegeben, dass ihnen zwar von dem Zoll, welcher der Stadt Baden gehörig ist, die Gestaltsame nicht bewusst sei; was aber das Geleit, so Unsern allerseits G H Herren und Obern gehöre, betreffe, seien unter den Herren Landvögten Füessli von Zürich und Sonnenberg von Luzern Insiegeln, aus Erkanntnis der damaligen Herren Ehrengesandten, Geleitstafeln aufgerichtet, bei welchen es bis dahin ungeändert verblieben. Deswegen haben Wir es in Unsern Abscheid genommen, zu referieren, damit auf nächstvorstehender Jahrrechung die Herren Ehrengesandten alsdann mögen hierüber instruiert, und den Sachen gebührend könne nachgefragt werden.

68. Die Landsgemeinde von Huttwil an Frankreich

Huttwil, 30. April 1653 neuen Stils.

Inhalt: Dem Ambassador wird die Zuschrift verdankt. Die Landsgemeinde will den Frieden. Die Abgeordneten des Berner, Luzerner, Solothurner und Basler Gebiets wollen von ihren Obrigkeiten einzig beim Herkommen, ihrem guten alten Recht belassen werden. Umgekehrt gestehen sie den Obrigkeiten auch den Genuss des guten alten Rechts und insbesondere der Landeshoheit zu, in der Art, wie dies von den Altvordern geübt worden ist. Der Ambassador wird gebeten, in diesem Sinne mit den Obrigkeiten zu sprechen, damit diese zu einer vollständigen Erledigung der strittigen Punkte schreiten. Botschafter Jean de la Barde soll die Angehörigen des an der Landsgemeinde vertretenen Berner, Luzerner, Solothurner und Basler Gebiets ausserdem König Ludwig XIV. empfehlen und ihn der schlichten und geringen, aber unbedingten militärischen Unterstützung ihres Bundes versichern. Die Verbündeten sind sich bewusst, dass sie unwahrhaftiger Weise vor aller Welt verdächtigt worden sind und zählen darauf, dass der Ambassador am französischen Hofe die Dinge richtig stellt. Sie kündigen die Zustellung ihrer Beschwerdepunkte an.

Quelle: Alois Vock, Der Bauernkrieg im Jahre 1653 oder der grosse Volksaufstand in der Schweiz, dritte Auflage, Aarau und Thun: . J. Christen, 1837, Seiten 237, 238.

Unser freundlich willig Dienst, samt was Wir Ehren, Liebs und Guts vermögen, bevorderst, und Uns selbst unterthänig allzeit anerbieten wollen. Demnach, Wohl Euer, Edler, Hochgeborner, Frommer, Hochgeachter, Fürsichtiger, Fürnehmer und Wohlweiser! Wir können und sollen Euerer Fürstl. Ansehnlichen Excellenz auf Euer an Uns abgegangenes Schreiben, so Wir mit sonderm gutem und bestem Willen angenommen und verstanden *(antworten)*, dass Wir Euerer Hoheit zu sonderm hohem Dank nicht genugsam befinden zu danken. Wir wollen auch auf das Äusserste Fleiss ankehren, demselbigen Inhalt, was möglich, nachzukommen, damit der allgemeine Fried und Ruhestand in unserm geliebten Vaterland erhalten werden möchte. Wir wollen aber Euerer Excellenz und Hoheit in kurzem substanzlichem Inhalt hiemit anzeigen, dass unser zu allerseits Begehren und unterthänig dringliches Bitten an unsere Obrigkeiten allein ist, dass sie uns sollen bei unserm alten guten Herkommen, guten Gebräuchen und Gewohnheiten, auch innehabenden Briefen und Siegeln bleiben lassen. Wir wollen und begehren, auch sie, als unsere getreue, liebe, gnädige, hochweise Oberkeiten, bei allen ihnen zugehörigen Freiheiten, Rechten und Gerechtigkeiten, auch Herrlichkeiten, Hoheiten und Billigkeiten sollen und wollen bleiben lassen, und über uns zu herrschen, zu gebieten, Gewalt haben, wie ihre lieben Altvordern über unsere lieben Altvordern gethan, und mit einander verkommen und gebraucht haben. Dessen sind Wir tröstlicher Hoffnung, es werde Unsern hochweisen, gnädigen Herren und Obern zu allerseits nicht schwer fallen, Uns solches zu geben, was uns von Gott und der Billigkeit wegen zugehören thut. Darum wollen Wir nochmalen hoffen, es werde nächstkünftiger Gelegenheit solches in Bestem nochmalen vollzogen werden. Und wann dann Wir bei Euer Hoheit und Excellenz so viel möchten erlangen mit unserm unterthänig freundlichen Ansuchen und Bitten, ob Sie Uns so viel dienen würden, mit unsern getreuen, lieben Herren und Oberkeiten zu allerseits mit schriftlichen als mündlichen Reden zu sprechen, und das Beste dazu zu reden, dass Uns solches gefolgen möchte, so hofften Wir, sie würden Euerer ansehnlichen Excellenz Hoheit und Wohlmeinung mit sonderer, Uns wohlerspriesslichen Frucht anhören, und in völlige Abhandlung schreiten. Ingleichen wollen Wir Sie anersucht und freundlichst gebeten haben, Sie wollen Uns auch bei Ihrer Allerchristl. Königlichen Majestät in Frankreich in bester Wohlmeinung ansehen und gedenken, dem Wir zu allen Zeiten unsern schlechten und geringen Beisprung erzeigen wollen, in was Begebenheiten solches geschehen würde. Sie wollen Uns auch bei Ihrer königl. Majestät, und ihren Wohladelichen und Hochgeborenen Fürsten, Herren, Rittern und Grossen, mit wahrer Entschuldigung um eines und das andere dieses Zustands und Gespanns (Streites), wegen Reden und Thaten, excusiren, weil Uns nicht unwissend ist, dass Wir bald bei aller Welt unwahrhafter Weise verkleinert und verdächtigt worden sind. Wir verhoffen ganz gewiss, so Ihrer Hoheit Unsere Klagartikel gründlich geöffnet werden, so wird man Uns Glauben geben, welche Wir nach ehester Gelegenheit Euch überschicken wollen. Hiebei wollen Wir bevorderst Ihre Christliche königl. Majestät und alle ihre edlen Hoheiten und das ganze löbl. Reich und unser geliebtes Vaterland dem allerhöchsten Gott und seiner allerliebsten Mutter Mariä treulich befohlen haben. Datum 30. Aprilis, geben zu Hutwyl Anno 1653, und in Unser aller Namen mit Unserer getreuen, lieben Nachbarn und Bundesgenossen aus dem Land Entlebuch Insiegel bestätigt.

(Unterz.) Von den Abgesandten und Ausgeschossenen von Bern, Luzern, Solothurn und Basel Gebiet, bei einander versammelt.

69. Der Bürgermeister von Basel an die Zünfte

Basel, 21. April 1653 alten Stils,
1. Mai 1653 neuen Stils.

Inhalt: Bürgermeister Johann Rudolf Wettstein und die allfälligen Mitautoren erklären den Zünften, wie Basel durch dreissig Kriegsjahre hindurch zusätzliche Ausgaben habe tätigen müssen und ausserdem einen Teil seiner Einkünfte, insbesondere aus im Elsass und im Sundgau liegendem Besitz, verloren habe. Um das Ihrige an die Garnison zu bezahlen, habe die Landschaft viele Jahre hindurch die Kosten von 50 Soldaten getragen. Seit dem Aufstand der Entlebucher und der Berner Untertanen verlange nun die Landschaft die Abschaffung des Soldatengelds und anderes mehr. Die Obrigkeit sei den geforderten Zugeständnissen an die Landschaft nicht abgeneigt. Sie könne jedoch nicht zulassen, dass die Landschaft die politische Macht übernehme, worum es ihr doch eigentlich gehe. Die Burgerschaft wird ermahnt und zur Wachsamkeit und zur Meldung verdächtiger Äusserungen aufgefordert.

Quelle: Andreas Heusler, Der Bauernkrieg von 1653 in der Landschaft Basel, Basel: Neukirch'sche Buchhandlung (H. Georg), 1854, Seiten 177 bis 179. Heuslers Titel und Einleitung zum Text des Dokumentes lauten: «SUBSTANZLICHER VORTRAG von Bürgermeister Wettstein, Ob. Zft. Meister Hummel und etlichen andern Deputierten an die Zünfte in Basel, den 21. April (1. Mai) 1653. Das Concept von Wettsteins Hand befindet sich in den s. g. Documentis Wettsteinianis Bd. IX, im Basler Archive. Das von Stadtschreiber J. R. Burckhardt geschriebene Gutachten, das am 20. (30.) April dem Rathe vorlag, und die Abordnung an die Zünfte anrieth, enthält denselben Vortrag fast wörtlich. Ob Wettstein oder Burckhardt der eigentliche Verfasser sei, ist mir unbekannt, wahrscheinlich haben es beide zusammen bearbeitet.»

Wurde mitt wenigem der Eingang von jetzigen beschwerlichen und gefahrlichen Läuffen, auch den sorglichen Entpörungen, so sich inn lobl. Eydtscht. und Unserem geliebten Vaterlandt erzeygen, ze machen, und demnach zuerholen sein wass dass gemeine Weesen in den vorgehenden 30 Jahren Beschwerliches erlitten, wie man zuer Fürsorg des gel. Vatterlandts jederzeit eine starkhe Anzahl Soldaten unn-

Johann Rudolf Wettstein von Basel (1594 bis 1666) hatte bei den Verhandlungen zum Abschluss des Westfälischen Friedens 1648 für die Eidgenossenschaft die internationale Anerkennung der *plena libertas,* also der vollständigen Unabhängigkeit (von allen anderen Staaten, also auch vom Heiligen Römischen Reich) erlangt. Die Obrigkeiten der Dreizehn Orte verstanden und fühlten sich damit neuerdings als souverän und widerstanden nicht durchwegs der Versuchung, diese Souveränität auch gegen innen im damals modischen absolutistischen Sinne auszuleben. Der Bauernkrieg von 1653, während dem Wettsteins Wirken primär den Basler Dingen galt, versetzte der absolutistischen Tendenz in der Eidgenossenschaft den entscheidenden Dämpfer. Abbildung nach einer Zeichnung von Albert Anker aus dem Buch «Schweizer-Geschichte für das Volk erzählt» von Johannes Sutz, La Chaux-de-Fonds: Verlag F. Zahn, 1899.

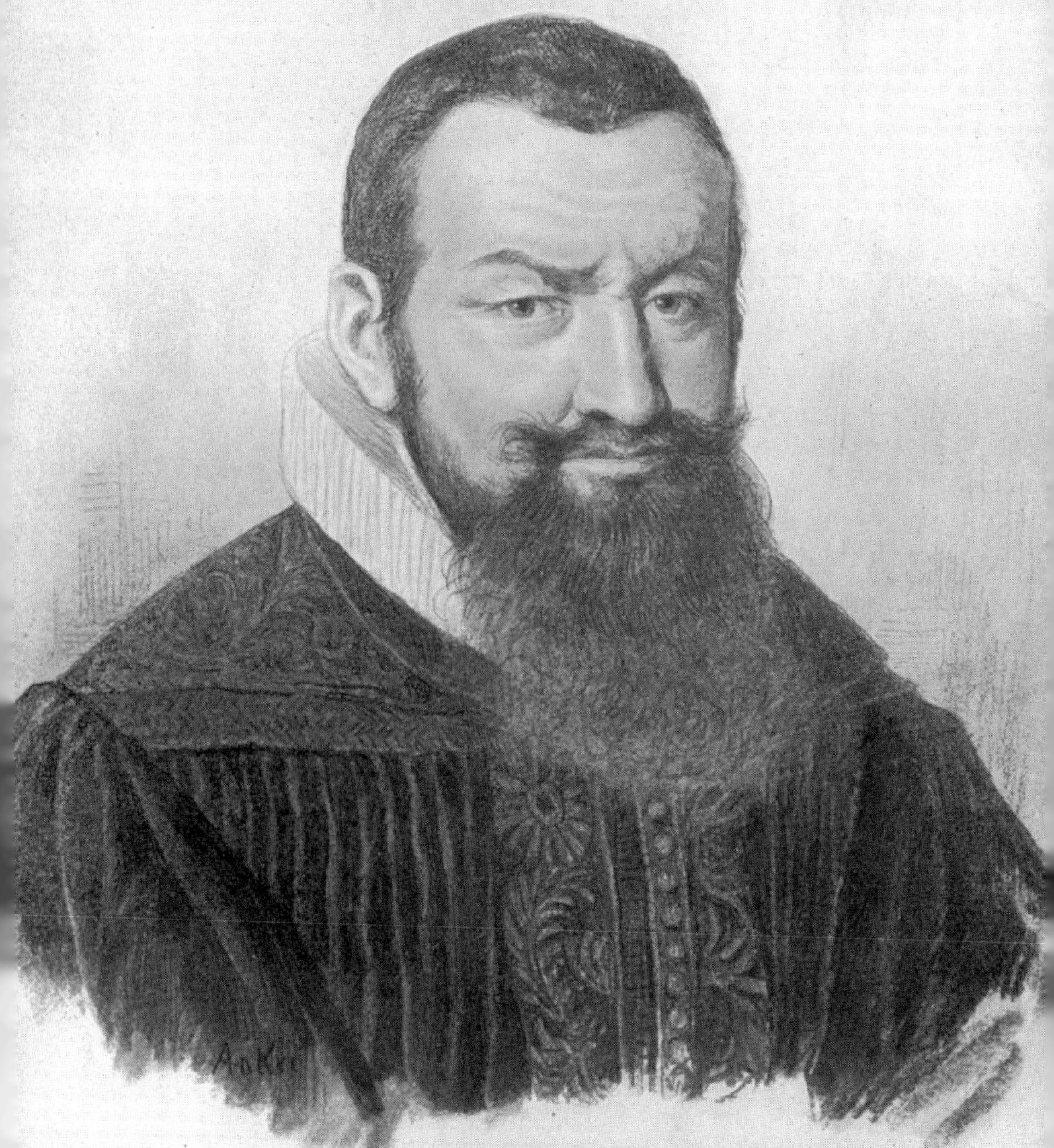

derhalten, und so wohl dess- alss der Fortification und anderer extraordinari Ussgaben weegen (dazu die ordinari Einkhommen, und bey der Stell gewesster Vorrath bey weitem nicht erkhlökhlich geweesen) dass Publicum umb ettlich 100 000 fl., die solches annoch harth truckhen, beschweren müessen, und seye man der ausseren Einkhommen im Sundtgau, Elsass und bey annderen benachbarten Ständen, Fürsten und Herren, von Früchten, Wein und Geltt gleichsam gentzlich entsetzt worden, welches dann den Schaden also vermehrt, dass man baldt gar unterm Last erligen thuet, und obwohl der liebe Friede inn ettwas wiedergebracht, so werde doch ein Jeder auch in seinem particular befünden, dass die Einkhommen noch nicht gangbahr und flüssig, sondern weytt grösseren theils in steckhen verbleyben. Dahero die unvermeydenliche Noth erforderet hatt, dass ein Ers. Rath getrungen worden, auff ihre noch übrige Einkhommen zue Stadt und Landt desto genauer Achtung zegeben, und zue Unnderhalt der Guarnison ettwen Beyhilff zue begehren, zue welchem dann, sonnderlichen die Landtschafft sich guetwillig anerbotten, undt denn Unnderhalt für 50 Soldaten selbsten unnder sich zerlegt, und ettlich Jahr über continuirt haben. Nach deme aber die Unruhe sich bei den Entlibucheren und Berner Unnderthanen erhebt, hette diese ohne einige befuegte Ursach Anlass genommen, sich mit denen einzelassen, und als sie von denen gesterkht worden, die Nachlassung des Soldatengeltes und Anderes, uff ohngewohnte und verbottene Weis zue suchen und zue begehren, und obwohl ihnen von Oberkheit weegen willfahret, und sie durch allerlei guetfreundt- und bewegliche Mittel aller oberkheitlichen Gnaden, Schutzes und Schirms versicheret worden, seye doch alles biss dato ohnverfenkhlich gewesen, und habe man im Werkh verspueren müssen, dass es ihnen nicht um die vorgeschützten Beschwerden, sonndern darum ze thuen sein, wie sie die Oberkeiten allerseits so weytt einthuen und binnden möchten, dass alles in ihrer Macht, Gewaltt und Disposition stehen thete, gestalten sie sich hierzue vermittelst verbottener und hochstrefflicher Eydtspflicht durch ihre Ausschüss gegen einander verbindtlichen gemacht haben. Wann nun dieses dem oberkheitlichen Standt und gemeinen Wesen höchst präjudicierlich, und demselbigen in Alleweeg obliegen will, alle erdenkhliche Mittel, da die entliche Güetigkeit und sonderlichen jeniges was bey gemeiner Tagleystung gueth befunden württ, bey denen nochmalen nichts verfangen und sie zue schuldigem Gehorsam bringen sollte, für und an die Handt ze nemmen, dadurch sie sich bey ihrem hoch oberkheitlichen Ansehen, Recht und Herkhomen selbsten schützen und manutenieren khönte, bey dieser wichtigen Vorfallenheit aber vor allem vonnöthen sein will, ihrer getreuen lieben Burgerschafft auff alle Fähl wie es der liebe Gott schickhen möchte, wohl versicheret ze sein, alss haben U. Gn. H. Uns anbefohlen, nicht allein den Verlauff in der Substanz einer Ehren Burgerschafft wüssent zemachen, sonndern auch von Oberkheit weegen dieselbigen ze vermahnen und ze verwahren, weilen bey derglychen schwürigen Läuffen allerhand ohngleyche Reeden und Discoursen auff die Baan khomen, dorab auch sonnst wohlgesinnte und ehrliche Leuth inn ihrem guten Gedankhen irre gemacht werden und leychtlich grosse Confusionen verursachen könthe, dass dann jeder sich derglychen nachgedenkhlicher Reeden, für sich selbsten enthalten, sondern auch andere so derglychen auff die Baan bringen wurden, davon abmahnen, und da solche nicht nachlassen, oder sonsten mitt Wortten soweytt fürbrechen wurden, welche bey diesem Unwesen wass Ergeres erregen khönten, solches alsobald bey seinem burgerlichen Eydt jemandt von den HH. Häuptern zue rüegen und anzeygen. Sollen dabey versichert seyn, dass eine hoche Oberkheit dergleychen Trew Auffrichtigkheit und Sorgfalt nicht ohnbelohnt lassen, und in Alleweeg dahin trachten werden, alles zue versorgen wass zueerhaltung Gottes Ehre, einer Ehren Burgerschafft Nutzen und Fromen und dess gemeinen Wesens Bestem gereichen und dienen mag. Verhoffen dabey es werde ob Gott will, gemeine Burgerschafft und innsonnderheit diese Ehrenzunfft sich alles bestendigen getrewen und auffrichtigen Gehorsams krafft ihrer burgerlichen Eydts-Pflichten nochmahlen gantz guetwillig und eyferig erclären und bey ihrer lieben hochen Oberkheiten, im Fahl der Noth (gleych wie diese hinwiederum gegen ihnen zethun gesinnet) Leyb, Guett und Blueth auffsetzzen. Der Allmechtige etc.

70. Notizbucheinträge Professor Berchtold Hallers

Bern, 21. April 1653 alten Stils
(1. Mai 1653 neuen Stils) bis 24. Mai 1653 alten Stils (3. Juni 1653 neuen Stils).

Inhalt: Am 1. und am 14. Mai 1653 neuen Stils haben in Huttwil Landsgemeinden der Ausgeschossenen der Rebellen aus der ganzen Eidgenossenschaft stattgefunden. Niklaus Leuenberger hat als Präsident geamtet und im Namen der Landleute die Obrigkeit nach Huttwil zitiert und Antwort auf ihre Beschwerden verlangt. Die Obrigkeit hat Pfarrer Johann Heinrich Hummel und sieben weitere Herren aus Theologie, Kleinem und Grossem Rat abgeordnet. Die Abordnung ist aber trotzig empfangen worden und hat wenig ausgerichtet. In der Stadt Bern sind die Wachen verstärkt und die Studenten in den Waffen exerziert worden. Auf den Turm beim unteren Tor sind Feldstücke verlegt worden. Am 18. Mai 1653 neuen Stils ist die schwere Artillerie auf Plätze und Wälle verlegt worden. Am 21. Mai 1653 neuen Stils sind starke Konzentrationen des rebellischen Feindes bei der Brücke von Gümmenen auszumachen gewesen und, aus dem Emmental, gegen die Stadt sowie gegen Münsingen gerückt. Aus der Stadt ist die Neubrücke mit 200 Mann besetzt worden. Die Burgerschaft und die Studenten sind unter den Waffen gewesen. Angesichts von 6000 Rebellen auf der Schosshalde, in den umliegenden Wäldern und auf dem Siechenfeld hat am 24. Mai 1653 neuen Stils eine Abordnung der Obrigkeit unter Schultheiss Niklaus Dachselhofer unter freiem Himmel im Murihölzli den Frieden unter Vorbehalt der Ratifikation durch die Obrigkeit geschlossen. Am Abend ist die halbe Burgerschaft mit den geworbenen Soldaten und den Reitern auf die Wacht gezogen. Sonntag 25. Mai 1653 neuen Stils ist der Friede mit Stimmenmehrheit ratifiziert worden, worauf ein grosser Teil der Burgerschaft öffentlich dagegen protestiert und heftige Anklagen gegen die tyrannischen Landvögte und die Falschmünzer (also die für die den Bauernkrieg mit verursachenden Münzmanipulationen Verantwortlichen) vorgebracht hat. Am 26. Mai 1653 neuen Stils sind 670 Romands zur Verstärkung in der Stadt Bern eingetroffen. Am 27. Mai 1653 neuen Stils wird ein bäuerlicher Angriff auf die Neubrücke, nicht ohne Verluste, von den dort postierten Studenten abgewiesen. Am 28. Mai 1653 neuen Stils hat die Obrigkeit erneut mit den Rebellen Frieden geschlossen und ihnen 50'000 Pfund Kriegsentschädigung versprochen. Zur Hilfe der Stadt treffen zusätzlich Reiter ein. Rund 1000 Mann werden auf die Dörfer um die Stadt verlegt. Am 3. Juni 1653 neuen Stils ziehen unter Sigismund von Erlach 6000 Mann zu Fuss samt einer ansehnliche Reiterschar und 19 Geschützen über die Neubrücke aus, um die Rebellen wieder zum Gehorsam zu bringen. Jegenstorf wird geplündert, Wiedlisbach seiner Stadttore beraubt, Herzogenbuchsee angesichts von Widerstand eingeäschert.

Quelle: Burgerbibliothek Bern, Mss. Hist. Helv. I 85, zitiert nach Hans Ulrich von Erlach, 800 Jahre Berner von Erlach, Bern: Benteli, 1989, ISBN 3-7165-0647-8, Seiten 307, 308; Hans Henzi, Das Ende des Bauernkrieges 1653 in Herzogenbuchsee, Langenthal: Buchdruckerei Fritz Kuert 1973/1974, Seite 187.

21. April *(1. Mai)* Ist ein Zusammenkunft von usgeschoßener Rebellen der ganzen Eidgenoßschaft von Landlüthen zu Hutwyl gehalten worden. Gott mache ihre böse Anschleg zu nichten. ...

4. *(14.)* Mai Haben die rebellischen Landlüth widerum ein Landsgmein zu Hutwyl gehalten, ist Niclaus Löwenberger ihr Houpt und Praesident gewäsen, welcher in übriger Landlüthen Namen ihr natürliche hoche Oberkeit für sy nach Hutwyl bescheiden und Antwort uf ihre inglegte Artikel begert: ist deßwegen von der Oberkeit dahin abgesandt worden Herr Hummel, Predicant, und Herr Christoph Lüthard, theologiae Professor alhier, von den Rhäten Hr. Seckelmeister Tillier, Hr. Zügherr Leerber und Hr. Steiger und von Burgeren Hr. Imhoff, Hr. Simon Nötiger und Hr. Marquard Zechender. Dise Herren sind von den Buwren trozig und mit schlechter Reverentz empfangen worden und haben wenig fruchtbarliches usgerichtet.

Zu dieser Zyt hat man starcke Wachten in der Statt ufgeführt, Feldstücklin uf den Thurn by dem undern Thor gelegt, die Studenten flyßig gemusteret und in armis exerciert, und ist die ganze Burgerschaft in großer Sorg und Kummer gestanden.

8. *(18.)* war Sonntag, hat man die große Stuck uff die Platz und Wahlen *(Wälle)* geführt.

11. *(21.)* ward ein großer Schräcken und Jammer in der Statt, wyl die Landlüth by der Gümmenen Bruggen mit großer Schwal zusammen geloffen; item die Emmenthaler sich gegen Münsingen und nach der Statt mit Macht gelaßen, dannenhar man etliche Rüter us der Statt commandiert zu recognoscieren, wo der rebellisch Find sye, item Anordnungen zu gäben, daß man die Nüwe Brugg mit 200 Mannen bsetze: so sind die Studenten und die Burgerschaft Morgens biß umb 9 Uhr in armis gestanden...

(24.) hat Hr. Schultheiß Dachselhoffer und etliche der Räthen wie auch der Zweihunderten noch etlicher Puncten halber by dem Muri-Hölzli unter dem frien Himmel parlamentiert und daselbst den Fryden uff Ratification der Oberkeit geschloßen und ist selbigen Abends die halbe Burgerschaft sampt geworbenen Soldaten und Rütheren uff Wacht zogen. Die Rebellen lagen an der Schoßhalden und umbliegenden Hölzern uff dem Siechenfeld mit fliegenden Fahnen by 6000 stark.

(25.) war Sonntag, ist der uf dem Feld von den Ußgeschossenen gemachte Friden mit der mehreren Stimm confirmiert worden, von Räthen und Burgern; darüber ein gemeine Burgerscht heftig entrüstet, in der Statt zusammen geloffen, dawider protestiert und vil Thröwwort *(Drohworte)* wider die tyrannischen Landtvögt und falschen Münzer ergehen lassen.

(26.) sind uns 600 und 70 Weltsche zu Hilf kommen.

17. *(27.)* ist by der Nüwen Brugg von den Buwren ein Angriff geschächen, welchen von den Studenten ein gewaltiger Widerstand gethan worden; und hat man 4 Feldstuck us der Stadt in Brüggrein gepflanzt, von deren einem Herren Haupt-

man Andreß Herman der Kopf abgeschossen worden, wyl er us Unfürsichtigkeit sich zu wyt under die Stuck gelassen, und ist noch ein Husman von den unseren selber zu todgeschossen worden, wyl er das Wort (Passwort) vergessen. Item ein Student umb etwas verletzt, von den rebellischen Buwren aber sollen etliche gebliben syn.

18. *(28.)* Ist widerum von Räthen und Burgeren mit den Rebellen Friden gemacht worden, und sol ein Oberkeit den Rebellen für Kriegskosten und erlittenen Schaden zu gäben versprochen 50000 Pfund. Eodem sind etliche Rüter ankommen und etlich 1000 Man in die nechst umb die Statt liegende Dörfer verlegt worden

...

24. Mai *(3. Juni)* war Zinstag, ist ein Feldzug geschächen und ist Hr. General Junker Sigmund von Erlach mit 6000 Weltschen und 19 groß und kleinen Feldstücklinen – waren 21 Fahnen – und einem ansächenlichen Comitat von Rütheren sampt Herren Venner Frisching als Generalauditor und Herren Christopfel von Graffenried über die Nüwen Brugg zogen, die rebellischen Buwren zu Ghorsame zu bringen. Dieser Zug hat erstlich das Dorff Jegistorff, will sy sich unbertig gestelt und zusammenrotiert, rein usgeblünderet; demnach Wietlisbach das Stetli gestürmpt, die Thor weggenommen, die Ringgmuren niedergerissen und also das Stetli zu einem Dorf gemachet; drittens wyl sy zu Herzogenbuchsi von 2000 Man Widerstand und vil Trotzens gefunden, haben sy selbiges Dorf in Äschen gelegt und by 70 Firsten mit Brand zu Grunde gerichtet, und sind in selbigem Scharmützel beidersyts vil tod & verwundte gefunden worden.

71. Aus dem Tagebuch von Markus Huber, Schloss Aarwangen

Aarwangen, 1. bis 14. Mai 1653 neuen Stils.

Inhalt: Die erste Landsgemeinde von Huttwil wird am 30. April von über 5000 Menschen besucht. Sie spricht die meisten Gefangenen, darunter die bei Berken gefangene Schiffsbesatzung und Hauptmann Rummel frei. Friedensvorschläge des französischen Ambassadors werden positiv aufgenommen. Die von Landsgemeindeobmann Niklaus Leuenberger ausgestellten Pässe schützen die freigelassenen Schiffleute nicht vor Schlägen und Bartabschneiden. Sie kommen so misshandelt ins Schloss Aarwangen. Die Aufforderung der Tagsatzung, den Streit zwischen Untertanen und Obrigkeiten durch Verhandlungen in Baden beizulegen, wird im Amt Aarwangen von den Gemeindeversammlungen abgelehnt. Wenn die Eidgenossen mit den Untertanen zu sprechen begehrten, stehe es ihnen frei, zu ihnen aufs offene Land heraus zu kommen. Den Anhängern der Obrigkeit auf dem Land wird mit Ausweisung auf Lebenszeit gedroht. Einige davon werden, als so genannte Linde, tätlich misshandelt und teilweise auch ihr Besitz geplündert. Eine von Vertretern der Untertanen der Orte Bern, Luzern, Solothurn und Basel besuchte Landsgemeinde in Langenthal beschliesst am 6. Mai, alle zehn Jahre eine Landsgemeinde zur Aburteilung von ihre Kompetenzen überschreitenden Landvögten durchzuführen. Der in Sumiswald beschworene Bauernbund solle ratifiziert werden. Bis zur Erledigung des Streits werden keine Schulden und keine Zinsen mehr bezahlt, bei Erledigung des Streits aber, ausser den Zehnten, auf die Hälfte reduziert werden. Verhandlungen mit den Obrigkeiten sollen nicht mehr in Städten, sondern nur noch auf freiem Feld stattfinden. Am 8. Mai scheitert ein Versuch, das Schloss Aarwangen einzunehmen. Am 10. wird in Wiedlisbach eine Gesellschaft verhaftet, deren Angehörige der Spionage verdächtigt werden. Generell wird der Post- und Handelsverkehr zu Lande und auf der Aare unterbrochen. Ein Anschlag auf Landvogt Willading scheitert. An der Landsgemeinde von Huttwil vom 14. Mai 1653 kommt trotz der Anwesenheit der bernischen Gesandten kein Friede zustande.

Quelle: Paul Kasser, Die Geschichte des Amtes und des Schlosses Aarwangen, in: Archiv des Historischen Vereins des Kantons Bern, XIX. Band, Bern: Gustav Grunau, 1909, Seiten 57 bis 446, Seiten 287 bis 289.

Den 1. Mai am Mittag, als am Tag zuvor die Landsgemeind *(die erste)* zu Huttwyl, 5000 stark, eher mehr als minder, gewesen, kam Herr Lieutenant Rümmel und noch einer mit ihm, so zu Melchnau gfangen und vor die Landsgmeind zu Huttwyl gstellt worden, ledig nach Arwangen; berichtet, wie dass die Schifflüt mit ihnen ledig gsprochen worden, ihr Gspan aber, der Kappenfärber, ein Hindersäss zu Bern sonst bürtig im Zürichbiet, würde bis auf künftige Landsgmein in ysenen Banden enthalten.

Selbigen Abends kamen die Gesandten ab der Landsgmein mit Bricht, dass Herr Sekretari Baron von Hr. Franz. Ambassadoren von Solothurn wegen, zu Huttwyl proponiert hätte, Friedenspunkten vorschlagende; welches dann den Bauren sehr wohl gefallen.

Den 2. Morgens kam Herr Jakob Wyss, Vogt zu St. Johanns Insul zu Arwangen an; brichtet die elende Störigkeit der Arburger, welche herrührten von einem intercipileten Schreiber.

Eben auf dito kam gwüssen Bricht ein, es wäre obgedachten Schifflüten in der Heimreis, ob sie glych ihre Passzeddel von dem Landsgmeinobmanmn, dem Löwenberger, hattend, ihre grossen Bärt abgehauen worden.

Den 3. kamen diese ins Schloss Arwangen gar hässlich bschoren und übel zerschlagen, wurdend im Schloss etliche Wochen bhalten und curiert.

Den 4. Mai wurden die Gmeinden ghalten und ward resolviert, in hiesigem Kreis die Citation nach Baden nit anzunehmen, sondern so die Eydgnossen mit den Unterthanen reden wollten, möchten selbige sich auf das Land zu ihnen begeben.

Es kam auch Bricht, dass alle die, so es mit einer hohen Oberkeit hieltend, wollen die Bauern des Lands ewig verwysen.

Dito wurd Andreas Hollenweg, so Brief an Herr Landvogt hatte, bis aufs Hembt vor Arwangen geführt.

Den 5. wurde Felix Stampach, sonst ein Wächter im Schloss, ein treuer redlicher Landmann, als er von Zofingen heimreiste, von den Ufrührern in der Murgenthal ohne einige Ursach grausam zerschlagen und verwundet.

Den 6. Mai hielten die Bauern ein Landsgmein zu Langenthal; erschienen aus dem Geu, Basel- und Luzerngebiet, hatten Articul wie folget:

Alle 10 Jahre ein Landsgmein zu halten, daran die Amtleut um verübte, unverantwortliche Händel Bscheid geben und gstraft werden sollten.

Ihren gschwornen Bund zu Sumiswald sollte ghalten werden und ratifiziert sein.

Bodenzinse, Zehnten sammt allen Schuldigkeiten sollen bis Ustrag Handels unabgricht verbleiben.

In Ustrag Handels sollen selbige ums Halb verringeret werden, die Zehenten usgnommen.

Nach Baden, noch einige *(d. h. noch in irgend eine andere)* Stadt wollen sie nit mehr gehen, um Frieden zu handlen; sondern sofern den Oberkeiten was angelegen, sollen sie in freiem Feld mit ihnen traktiren.

Dito war der Substitut der Landschryberey Wangen fast zu Tod gschlagen worden zu Langenthal. Desgleichen Hans und Melchior Hürzeler, will sie für Linde sind ghalten worden; auch Ulli Oberbucher von Thunstetten, will er ein Zeit lang im Schloss gewachet hatte.

Den 8. dito kame Zytung, wie die von Altbüren und das ganze Luzernergebiet sich mit den Melchnau und den Gondiswylern verbunden hätten, von jeder Gmein 50 Mann zu nehmen und innerhalb 5 T. dies Schloss Arwangen zu überfallen; aber Gott hat diesen Ratschlag zerschlagen.

Dito fingen zwei Wachtm. aus der Garnison im Dorf ein Ungestümigkeit an. Darauf schikte Emanuel Sägisser ein Post nach Langenthal; da kamen 50 Musketiere, der Meinung, man werde beiden W. M. zu Hülf kommen. Alsdann, will die Wächter ussem Schloss, droben sich uhhielten, wollten sie durch einen andern Weg dem Schloss zuylen und selbiges eingenommen haben; aber der Anschlag fehlte ihnen, dann niemand usem Schloss ufhin kommandiert worden ist.

Es wurd wahrhaft gebracht, wie die von Langenthal etliche Wägen, mit Kernen geladen, so von Schöftlen nach Thun wollen, arrestiert hätten.

Den 10. Mai wurden zu Wiedlisbach by neun Reutern von den Bauren gefangen, worunter etliche treffliche Personen gewesen sein sollen, welche dört durchpassieren wöllen, die Bauren aber vermeint, es seigen fremde Reuter, die das Land usspähen und verhergen wöllen; desswegen sie ihnen die Federen us den Hüten gerissen, selber getragen und ufgsetzt habend.

Dito wurden Schreiben geöffnet, so den herren Ehrengesandten nach Baden gehört hatten.

Den 14. Meien war die letzte Landsgmein zu Huttwyl. Felix Hollenwäg ward wegen etlichen, by ihm gfundenen Schreiben zu Buchsi gfangen und nach Huttwyl gfürht worden, dessglychen die obgemeldten gfangnen Reuter.

Dito wurd Hans Obrist einem Wächter im Schloss, sein Haus und Heim gspoliert von etlichen bekannten Berkenwächtern. Dito arrestierten die Arburger zwei nach Schaffhausen gehörige neue Schiff und wurden inglychen in Arwangen 4 Arburger arrestiert.

Dito bracht man gwüssen Bricht, wie man entdeckt hette, dass die Langenthaler am 11. Meien ein gheime Schildwach ghabt hettend, ze sehen, ob der Vogt zu Arwangen zur Predig gehe oder nicht; wann er zur Predig gehe, sollte man ihn überfallen und binden und gfangen uf Mälchnau, fürders aber nach Huttwyl führen, Gott aber machte es zu nichten.

Die Landsgmeind ginge den 14. Meien zu Huttwyl vort. Felix Hollenweg *(ward)* in eine engere Gfangenschaft gsetzt. Es erschienen der Herren von Bern Ehrengesandte in der Anzahl 10 sammt Herrn Predikanten Hummel; glychwohl wollt der Frid nit fort; wurd dekretiert, Arwangen ze überzühen, dessen man dann erwarten thäte.

72. Aus der Chronik von Johannes Fisch, Aarau

Die Tage ab 24. April 1653 alten Stils betreffend, frühes 18. Jahrhundert.

Inhalt: Der (ursprünglich selbst aus Aarau stammende) Berner Hans Georg Imhof versammelt zusammen mit der Aarauer Stadtbehörde die Burgerschaft am 24. April in der Stadtkirche und erhält eine Loyalitätserklärung unter dem Vorbehalt der herkömmlichen Freiheiten und Rechte der Stadt Aarau. Die Bauern verbreiten danach, Aarau sei von ihnen abgefallen, obwohl die Stadt ihnen keinerlei Versprechungen gemacht hatte und bringen Aarau bei Niklaus Leuenberger in Misskredit. Die Bauern schicken eine Delegation in die Stadt um deren Haltung zu ergründen und freien Durchmarsch durch die Stadt und über

Quellendokumente

die Aare bei Tag und bei Nacht zu verlangen. Die Stadt erklärt, das Durchmarschrecht stehe der Regierung in Bern zu, ohne deren schriftliche Instruktion werde es den Bauern nicht gewährt. Ein Schreiben Leuenbergers droht daraufhin mit einer Lebensmittelblockade und mit dem Abgraben des Aarauer Stadtbachs. Dieser Leuenberger nennt die Ältesten auf der Landsgemeinde in Huttwil Väter des Vaterlands. Die Bauern leisten einer Einladung der Tagsatzung in Baden aus Misstrauen gegenüber den Mauern keine Folge, sondern verlangen, die Städter sollen sich aufs Feld hinaus begeben. Sie bewachen alle Pässe, insbesondere in Aarburg und in Olten, und durchsuchen die Reisenden, sodass niemand mehr sicher im Lande reisen kann. Die Bauern kleiden drei Männer als alte Schweizer ein und erklären, das gute alte Recht halten und wie die alten Schweizer leben zu wollen. Die Jesuiten bringen die Berner und die Basler Bauern zum Aufstand. Nach dem Eingang der Botschaft Leuenbergers und der Väter des Vaterlandes in Aarau bewaffnet die Stadtregierung zusammen mit der Burgerschaft die unverheirateten Burger und die männlichen Dienstboten aus dem Zeughaus, lässt 100 Mütt Mehl mahlen und generell Lebensmittelvorräte und Kriegsbedarf anhäufen. Das bereits von den Aarauer Metzgern gekaufte und bezahlte, aber noch bei den Verkäufern auf dem Land stehende Vieh kann angesichts der durch Wachen in den umliegenden Dörfern durchgeführten Blockade nicht mehr in die Stadt gebracht werden.

Quelle: Stadtarchiv Aarau, StAAa IV 1, S. 194 bis 199, freundlich mitgeteilt von Herrn Stadtarchivar Dr. Martin Pestalozzi.

Anno. 1653. Sonntag den 24. April hat ein Herr Imhof von Bern mit Herrn Schultheiss Hans Georg Imhof allhier nach geendetem Gottesdienst die ganze Burgerschaft in der Kirche versammelt, und gefragt, ob eine ganze Burgerschaft an unseren Gnädigen Herren wolle treu verbleiben? Die Burgerschaft antwortete, wenn man sie bei ihren Freiheiten schützen und schirmen wolle, so wollen sie bei unseren Gnädigen Herren leben und sterben, Treue und Wahrheit leisten wie vor alter Zeit.

Als die Bauern dieses vernommen, hat es sie verdrossen, haben dürfen ausgeben, man sei von ihnen gestanden, da man doch ihnen gar nichts versprochen. Darum haben sie die Stadt Aarau gar hoch bei ihrem Leuenberger verklagt.

Bauernausschuss an die Stadt.

Ein Bauernausschuss kam hier an, brachten vor, sie wollen wissen, ob man mit ihnen sein wolle oder nicht? Auch Pass geben durch die Stadt über die Aare, so viel sie notwendig wären, bei Tag und Nacht, wann sie nur wollen, kamen mit dieser ihrer Meinung vor einen Herrn Schultheissen, der sollte sich ihnen angäntz erklären.

Der Stadt Antwort.

Das ist vor Rät und Burger erkannt worden, wenn sie ein Missiv von unseren Gnädigen Herren von Bern bringen, so wolle man dann laut Missivs mit ihnen handeln, denn der Pass sei unserer Gnädigen Herren, wo das nicht geschehe, so könne man ihnen nicht weiter helfen.

Diese Antwort hat den Bauern gar nicht wollen gefallen, und brachten gleich ein Schreiben von Leuenberger, des Inhalts, wenn man ihnen den Pass nicht wolle versprechen, und mit ihnen halten, so sollen der Stadt oder den Einwohnern derselbigen alle Lebensmittel abgeschlagen sein, auch würde man ihnen den Stadtbach nehmen, und andere Drohungen mehr.

Weil die Berner, Luzerner, Solothurner und Basler Bauern, wider die hohe Obrigkeit ausgezogen, darum ist eine Tagsat-

182

zung zu Baden von den 13 Eidgenössischen und Zugewandten Orten gehalten worden, und die Bauern gen Baden beschieden, aber sie haben den Mauern nicht wollen trauen, sondern vermeinten, die Herren sollten ins Feld kommen, sie haben immer getrotzt und gepocht, und vermeinten, die Städte zu zwingen, und welche nicht ihrem Rat und Willen folgen wollten, dieselbigen wollten sie mit dem Eid verweisen, der Leuenberger hat die Ältesten zu Huttwil an der Landsgemeinde Väter des Vaterlandes geheissen, sie haben alle Pässe genau bewacht, und alles durchsucht, dass niemand mehr sicher durchs Land reisen konnte, insonderheit zu Aarburg und Olten, obgenannte Bauern haben auch einen neuen Bundesbrief gemacht, diejenigen die sich in diesen Bund eingelassen, die haben auch ihr Siegel an diesen Bundesbrief gehängt, sie haben auch 3. Männer den 3. Ersten Eidgenossen gleich bekleidet und genannt, sie wollen auch die alten Gebräuche und Rechte halten, wie die alten Schweizer; es ist aber ein Jesuitenstücklein gewesen, welches die Berner und Basler Bauern aufgewiesen.

Nachdem sie nun ihren Abschlag von Leuenberger und ihren Vätern des Vaterlandes in die Stadt Aarau geschickt, so haben Schultheiss Rät und Burger samt der ganzen Burgerschaft erkannt, dass man sich mit Kraut und Lot versehen solle, auch Lebensmittel und andere Sachen anschaffen, dass man im Fall der Not die Mittel zu brauchen haben, so hat man die Burgersöhne und Dienstgesellen alle mit Unter- und Übergewehr aus dem Zeughaus versehen, es haben auch die Herren 100. Mütt Mehl in Vorrat lassen mahlen, und sich damit versehen, denn die Bauern haben der Stadt nichts mehr zukommen lassen, und was die Metzger an Vieh schon gekauft und bezahlt, und noch bei den Bauern zu fuhren stehen lassen, ist ihnen nicht abgefolgt worden, auch haben die Bauern rings um die Stadt in allen nächsten Dörfern Wacht gehalten, dass nichts mehr in die Stadt kommen möge.

73. Niklaus Leuenberger an Wangen an der Aare und Bipp

28. April 1653 alten Stils.

Inhalt: Am 27. April 1653 alten Stils hat Niklaus Leuenberger den Brief von Baschi Suter aus Aarburg erhalten. Am selben Tag sind vier Kisten Blei und Pulver nach Burgdorf gelangt. Diese feindliche Haltung der Nachbarn erstaunt die Unseren. Niklaus Zingg wird dazu ermahnt, den Wachtdienst zuverlässig versehen zu lassen und für starken Besuch des festgesetzten Tages von Huttwil durch die Angehörigen der Ämter Wangen an der Aare und Bipp zu sorgen.

Quelle: Staatsarchiv Bern A IV 182, Seite 855. Die freundliche Aufnahme im Staatsarchiv Bern sei auch an dieser Stelle Herrn Staatsarchivar Dr. Peter Martig und seinem gesamten Team verdankt.

Neben meinem freundlichen Gruss tue ich Niklaus Löüwenberger vermelden dass ich das Schreiben empfangen han von Baschi Suter von Aarburg den 27. Tag April ungefähr um 10 Uhren und bin hierneben verständigt worden dass gestrigen Tag von Bern 4 Kisten voll Blei und Pulver gen Burgdorf kommen das die Unseren übel bedauern tut so dass unsere Nachbarn sie mit Feindschaft gehalten. Hierneben sollt Ihr ermahnt sein die Wachen fleissig zu versehen. Weiter wollt Ihr auch ermahnt sein die Tagsatzung zu Huttwil fleissig zu besuchen; geben den 28. Tag April im 1653. Jahr E. G. W. Niklaus Löüwenberger.

74. Manifest der Tagsatzung

8. Mai 1653 neuen Stils
(publiziert am 20. Mai 1653 neuen Stils).

Inhalt: Gott hat der Eidgenossenschaft bisher inmitten schrecklicher Kriegsereignisse im Ausland den Frieden erhalten. Dies hätte Anlass sein sollen, Gott zu danken. Anstatt dies zu tun, hat sich nun aber ein Teil der Untertanen gegen göttliches und weltliches Recht gegen ihre rechtmässigen Obrigkeiten erhoben und verlangt nach zweihundertfünfzig Jahren plötzlich den dokumentarischen Nachweis der Herrschaftsberechtigung ihrer Obrigkeit. Der aufständische Teil der Untertanen will diesen Nachweis erst noch an Orten geführt haben, an denen sich dies nicht gehört. Die aufständischen Luzerner Untertanen haben zahlreiche weitere Forderungen gestellt, welche von den Gesandten der VI Orte Uri, Schwyz, Unterwalden, Zug, Freiburg und Solothurn teils gütlich und teils rechtlich erledigt worden sind. Die Untertanen halten sich allerdings nicht an den Schiedsspruch, ja beschimpfen und bedrohen die Gesandten. Die aufrührerische Rotte belagert gar Luzern und verführt sowohl treu gebliebene Luzerner Landleute als auch die Untertanen benachbarter Obrigkeiten. Durch Verleumdung der Obrigkeiten und durch gegen treu gebliebene Landleute verübte Gewaltakte haben die ihren Eid gegenüber der Obrigkeit vergessenden Aufständischen einen erheblichen agitatorischen Erfolg gehabt und einen Bund gegen uns geschworen. Sie haben mit der Belagerung und Blockierung unserer Schlösser begonnen, die dorthin verschickte Munition aufgehalten, dagegen aber die für den Kriegsfall kollektiv gesparten und zentral verwahrten Reisgelder bezogen, die Pässe besetzt und die Passanten kontrolliert, Briefe der Regierungen aufgefangen und Boten misshandelt und weitere Frevel verübt, alles unter dem falschen Vorwand der angeblich von Neuerungen der Obrigkeiten bedrohten alten Gewohnheiten und Bräuche. Die wahren Ursachen des Aufruhrs sind aber die Lotterwirtschaft einiger durch Frieden und Wohlstand verwöhnter Untertanen, die dadurch in finanzielle Schwierigkeiten und nun in die vorliegende Felonie geraten sind und ihrer von Gott gesetzten Obrigkeit nicht mehr gehorchen, sondern selbst Herren sein wollen. Anstatt Gewalt anzuwenden haben die Obrigkeiten Vermittlungsversuche unbeteiligter Orte angenommen und den Untertanen sehr viele Zugeständnisse gemacht. Obwohl die Untertanen die Zugeständnisse verdankt und geschworen haben, es dabei sein Bewenden haben zu lassen, haben sie danach doch ohne irgendwelche Ursache erneut die Waffen gegen die Regierungen ergriffen. Die Tagsatzung hat, in eidgenössischer Art und Weise, ein weiteres Mal eine gütliche und rechtliche Erledigung der Differenzen im Frieden vorgeschlagen. Trotz der Zusicherung sicheren Geleits haben die Aufständischen dieses Angebot in den Wind geschlagen, so dass die Tagsatzung nun nicht mehr anders kann, als mit der Hilfe Gottes zum Schutz der Aufrichtigen und zur Bestrafung der Meineidigen zu den Waffen zu greifen. Die Verantwortung dafür fällt auf die Rebellen, ihre Ratgeber und Helfer und nicht etwa auf die von Gott gegebene Obrigkeit.

Quelle: Alois Vock, Der Bauernkrieg im Jahr 1653, dritte Auflage, Aarau und Thun: J. J. Christen, 1837, Seiten 228, 231 bis 235.

Wir, von Städten und Landen der dreizehn und Zugewandten Orte der Eidgenossenschaft Räth und Sendboten, zu Baden im Aargau versammelt, thun kund und zu wissen mit diesem offenen Ausschreiben:

Demnach der allmächtige und getreue Gott bei diesen unsern Zeiten mit uns

Bundesobmann Niklaus Leuenberger von Schönholz, Gemeinde Rüderswil, Landvogtei Trachselwald. Abbildung nach einem Originalstich der Stadtbibliothek Bern aus dem Buch «Der schweizerische Bauernkrieg 1653 und die seitherige Entwicklung des Bauernstandes» von Hermann Wahlen und Ernst Jaggi, Bern: Buchverlag Verbandsdruckerei AG, 1953.

Wahre vnd | Bernas: Rusticorum Seductorum per Helvetiam Dux | Eigentliche abbild:
ung, ehe erge- | | fangen vnd be-
schoren | | worden.

NICOLAUS LEUWENBERG DE SCHÖNHOLZ, Anno 1653

Niclaus Leüwenberger von Schönholtz in der Vogtey
Trachselwald Berner gebiets, War aller in Loblicher Eydgnoschafft
wider ihre Oberkeiten auffgestandene underthanen Obman, wie er sich
schribe, ist sovil als Oberster oder ihr Haupt, Darzu erwellt im Aprili 1653
Von seiner Oberkeit gefangen im Maio hernacher.

nicht nach unsern Sünden gehandelt, und uns nicht in seinem gerechten Zorn vergolten, was unsere grossen und unzählbaren Missethaten wohl verdient hätten, sondern uns und unserm gemeinen lieben Vaterlande verschont, und bisher, mit grosser Verwunderung Männiglichs, dasselbige vor Unfrieden, Krieg und Kriegsempörungen und dem Erfolg, welchen diese Landplagen nach sich ziehen, gnädiglich bewahrt, und uns zumal in glückseligem Ruhstand und in dem edeln werthen Frieden erhalten hat, da wir inzwischen andere Länder, Provinzen und Königreiche der Christenheit mit unermesslichen Übeln martern und strafen, verderben und verwüsten gesehen, so hätte die Errettung von solchem und dergleichen Elend und Jammer uns und unsere anghörigen Unterthanen kräftig vermögen sollen, dem lieben Gott uns dankbar zu erzeigen, und ihm in Frieden, Heiligkeit und Gerechtigkeit, die ihm gefällig ist, zu dienen. So haben aber doch Unsere G H Herren und Obern, diesem allem zuwider, mit sonderbarer *(besonderer)* und grosser Betrübnis des Gemüths vernehmen müssen, wie ein Theil gedacht-derselben Unterthanen Treue, Ehre und Eidespflicht weit hintangesetzt und vergessen, sich göttlichen und weltlichen Verboten und Rechten entgegen, wider ihre rechte, ordentliche Oberkeit empört und erhoben, vielerlei Muthwillen und hochsträfliche Missethaten begangen, von ihrer hohen und natürlichen Oberkeit das Recht und die Berechtigung der über sie führenden Herrschaft und oberkeitlichen Gewalt und die Titel der Besitzung, in der sie nun bei dritthalbhundert Jahren ruhig und unverrückt gestanden, erst jetzunder ihnen dargethan und erwiesen, und darum Brief und Siegel an End und Orthen, da es sich nicht gebührt, und unter Augen gelegt haben wollen; bei dem sie es nicht bewenden lassen, sondern sie haben noch mehrerlei Forderungen, Klagen und Beschwerden erfunden und geführt, welche sowohl die Oberkeiten, von ihren Rechten viel nachgebend, um der gemeinen Ruhe und Wohlfahrt willen, ihnen abgenommen und willfährig verstattet, als auch Unsere Gesandten von VI Orten, nach förmlich beschehener und verschriebener Übergab und Submission, die einen gütlich ausgetragen, die andern durch rechtlichen Ausspruch erörtert haben, wovon und andern mit ihnen verhandelten Dingen sie nicht allein leichtfertig abgetreten, sondern auch während der Handlung jetztermeldete Gesandte mit allerhand ehrverletzlichen Schelt- und Schmachworten verhöhnt und geschändet, ja sogar ihnen Streiche, Wunden und den Tod mit Darbietung und Ansetzung der Büchsen, Hellebarden und Brügel angedroht, beinebens zu den Waffen gegriffen, sich vor die Stadt Luzern gelagert, und aufrichtige und redliche, in gehorsamer Pflicht gebliebene Landleute zum Abfall und zur Treulosigkeit gezwungen, anderer und benachbarter Oberkeiten getreue Unterthanen hochsträflicher und unverantwortlicher Weise verführt, sie unter falschem Vorgeben und Schein beredet und bewogen haben, sich von ihren Herren und Obern abzuwerfen, und ihrer aufrührerischen Rotte anzuhängen, welches ihnen durch heimliches und öffentliches Aufwiegeln und ämsiges Verläumden und Anklagen der von Gott ihnen vorgesetzten Oberkeiten so weit gelungen ist, dass sie auch etlicher anderer Unserer Orte Unterthanen nicht allein abgeführt und zu sich gezogen, sondern auch einen Bund mit einander wider Uns gemacht, und denselben mit dem Eide bekräftigt, und bald die, nach ihrer Muthmaassung, treugebliebenen Unsere

Unterthanen mit Plündern, Berauben und Schädigen ihrer Haab, auch Häuser, gar mit Abnehmen und Ausführen Ross und Viehs, mit übel Schlagen, Verwunden, Stümmeln und Schänden der Glieder zu gleichem Ehr- und Eidvergessenen Aufstande zu bringen und zu zwingen unterstanden haben. Nun dann ist die Treulosigkeit in diesem Grade nicht geblieben, sondern hat sich, weiter zu greifen, vermessen, unsere Schlösser belagert und bloquirt, die, zu Versicherung (Vertheidigung) derselben dahin gesandte Munition angehalten, und sie darein zu legen verhindert, die hinterlegten und zu des lieben Vaterlands gemeiner Noth lange Zeit behaltenen Reisgelder mit Gewalt daraus erhoben, die in Unsere Städte gelegten Besatzungen freventlicher Weise mit Kriegsgewalt und bewehrter Hand überzogen, ausgetrieben und abgeschafft, sich aller Pässe bemächtigt, die hin und wieder Reisenden durchsucht, Unsere Briefe und Boten aufgefangen, eröffnet, und übel misshandelt, und allerhand Insolenzen, Frevel und Fehler mehr verübt, alles unter dem Prätext und Schein, sammt *(als ob)* Wir sie mit Aufsätzen und Neuerungen beschwert, ihnen ihr altbefreites Herkommen genommen, und sie bei alten Gewohnheiten und Bräuchen nicht hätten bleiben lassen, was sie für sich und ihre Nachkommen nicht leiden und ertragen können, welches doch nicht genugsame, sondern dies die wahren und eigentlichen Ursachen sind, dass sie, die Jahre her, in allzu gutem Frieden und Ruhestand gesessen, viele unter ihnen mit ihrem üppigen, liederlichen und unhauslichen Wesen verdorben sind, und in solche Schulden sich gesteckt haben, dass sie nicht mehr zu bezahlen vermögen, auch endlich in diese, nun lange bedachte *(vielerwähnte)* Félonie *(Treulosigkeit)* und Untreue gerathen sind, dass sie, ihrer rechten, natürlichen, ihnen von Gott vorgesetzten Oberkeit entsagend, an derer statt selbst Herren sein wollen. Und wie wohl Wir jetzterzählte und mehrere andere und unverantwortliche Attentate und den aufgerichteten, vermeinten Bund, als der Unsern alten Bündnissen hoch schädlich und nachtheilig ist, mit den Gewaltsmitteln, die Uns der getreue Gott beschert hat, hätten verhindern und unterdrücken sollen, haben Wir doch lieber den mildern und gelindern Weg vornehmen und brauchen wollen, und durch der uninteressirten Orte Gesandte so weit uns freundlich behandeln und erbieten lassen, dass in mehrern Punkten und Stücken Wir ihnen Verwilligung und Gnade erwiesen, als sie begehrt hatten; darum sie Uns auch unterthänig gedankt, und, dabei zu verbleiben, an Eides statt angelobt, jedoch davon angehnds ohne einige ehrbare und redliche Ursache abgewichen, und abermals zu den Waffen gegen Uns gegriffen haben. Dessen aber ungeachtet haben Wir zum Überfluss, in Form Unserer Eidgenössischen Verkommnisse und Bünde, über ihre Beschwerden, Klagen und Forderungen ihnen gütliche und rechtliche Handlung zu bestehen, und diese freundlich und friedlich erläutern und aussprechen zu lassen, uns erklärt und erboten. Weil nun diesen Unsern, zur Erhaltung Ruh und Friedens bestgemeinten Vorschlag sie, Unsere ungehorsamen und aufrührerischen Unterthanen, nicht angenommen, sondern diese Unsere, bei hohen Ständen althergekommene Submission in den Wind geschlagen und verworfen, und sich auf eigenhändige Citationen und Ladungen, auf Versprechen sichern Geleits, vor Uns zum Rechten an gebührendem Ort zu stellen, und zu gütlichen und rechtlichen Traktaten zu bequemen, verweigern, haben Wir anders der Sache nicht helfen können, als die Waffen mit Gottes Hilfe zu ergreifen, um die Frommen und Aufrichtigen, auch die sich noch zum Gehorsam erklären möchten, zu schützen, und die Bösen und Meineidigen zu strafen. Wir protestieren nun und bezeugen vor Gott und aller Ehrbarkeit, dass Wir an dem Unheil, Schaden und Verderbnis, die über unsere Lande und Leute ergehen möchten, in bester Form entschuldigt und entladen sein wollen, und den Anlass und die Ursache alles entstehenden Jammers und Übels Unsern Rebellen, ihren Rathgebern und Helfern hiemit, gegen sich selbst, ihre Weiber und Kinder und Anverwandte zu verantworten, heimweisen und zuschreiben, auch dies Vertrauen haben sollen, es werden alle Fürsten, Potentaten und Stände Unsere abgedrungene Kriegsübung und Actiones mit günstigen Augen ansehen, und die in der Rebellion verirrten und verwirrten Unsere Unterthanen zur Gebühr und Gehorsame anweisen, guter Zuversicht, der gerechte Gott werde diese muthwilligen Aufrührer strafen, und Uns, der Obrigkeit, als seiner Ordnung, mit seinem göttlichen Segen, Gnaden, Hilf und seinem starken Arm Unsere zeitliche und ewige Seligkeit, Unser Land und armes Volk wieder in den alten, erwünschten Ruhestand und Frieden setzen und bringen möge.

Actum et Decretum Baden, den 8. Mai nach der seligmachenden Geburt Christi, unseres lieben Herrn und Heilands, gezählt 1653.

(Unterz.) Kanzlei Baden

75. Reisebeschreibung von Vincent-Laurentsz van der Vinne

8. bis 12. Mai 1653.

Inhalt: Auf der Reise der beiden Maler Vincent-Laurentsz van der Vinne und Cornelis Bega sowie des Schuhmachers Joost Boelen nach Bern wird diesen Niederländern durch die (für sich um Diskretion bittende) Wirtin in Langenbruck geraten, nach Basel zurückzukehren, da sie sonst durch die aufständischen Bauern in Wiedlisbach zumindest verhaftet wenn nicht gehängt würden. Wenn sie weiterreisen wollten, sollten sie wenigstens jedermann, auch Kindern gegenüber, Lyon als Reiseziel angeben und ihre Briefe einnähen, da sie nun mit Leibesvisitationen rechnen müssten. In Wiedlisbach werden die Niederländer denn auch unsanft visitiert und müssen ihre Briefe abgeben. Es wird ihnen, zusammen mit weiteren verhafteten Reisenden, eine militärisch bewachte Herberge als Quartier angewiesen. Am 12. Mai 1653 werden sie einem bäuerlichen Kriegsrat vorgeführt, dessen Mitglieder verschiedene Meinungen vertreten, mehrheitlich aber die Niederländer hängen wollen. Niklaus Leuenberger erscheint, visitiert die Gefangenen höflich, schliesst, sie seien tatsächlich Maler und Schuhmacher, stellt sie aber nach einem komplizierten Entscheidfindungsverfahren vor die Wahl, entweder acht Tage in Wiedlisbach zu bleiben oder nach Basel zurückzureisen, was sie, für die erste Wegstrecke unter dem Schutz einer bäuerlichen Eskorte, tun. Die abgegebenen Briefe sind mittlerweile verbrannt worden.

Quelle: Sven Stelling-Michaud, Unbekannte Schweizer Landschaften aus dem XVII. Jahrhundert, Zürich/Leipzig: Max Niehans, 1937, Seiten 56 bis 61.

8. Mai ... Diese Stadt *(Basel)* ist wohl gezimmert mit grossen und herrlichen Häusern, deren Giebel meistens mit Historien und Schwänken bemalt sind. Unter anderem ist noch in der Eisengasse ein Giebel bemalt von dem kunstreichen Hans Holbein, und das ist ein Bauerntanz, lustig und hübsch gemalt. (Heute verschwunden.) Die Stadt ist recht, sauber und hat breite Strassen, von denen einige wohl 50, 60 bis 70 Schritt steigen, und hat

auch verschiedene klare Brunnen in der ganzen Stadt. Unter allen Gebäuden, die vor anderen hier sehenswürdig sind, ist das Münster oder die Hauptkirche zu nennen, die zu beiden Seiten einen schönen Turm hat, und das St. Peterstift, das Predigerkloster, die hohe Schule, die Bibliothek, das Rat- und Zeughaus. Von obengenanntem Meister Holbein ist auch zu sehen an der französischen Kirche in einer Galerie gemalt ein Totentanz, bestehend aus verschiedenen Stücken; zuerst Adam und Eva, die durch das Essen vom Apfel den Tod über das menschliche Geschlecht bringen, danach der Papst und alle Geistlichen, dann Kaiser und Könige, beginnend mit dem Grossen bis zu Bauer und Bettler, doch jeder wird von einem besonderen Tod zum Tanze geführt, wo verschiedene hübsche und auch schreckliche Handlung darin zu sehen sind. Es zeigt sich noch gut erhalten, aber es heisst, dass es von einem Bock[32] etwas ausgebessert ist, worauf dies Ehrengedicht damals gemacht wurde:

Du bist ein Bock, und bleibst ein Bock, und heißt ein Bock mit Namen,
dass Du verdarbst die Arbeit schön, / Du Bock, Du sollst Dich schämen.

Auch sind von ihm auf der Bibliothek von Erasmus von Rotterdam mehrere Stücke, u. a. sein eigenes und des Erasmus Konterfeyt – die Bücher des Erasmus wurden dort aufbewahrt – und auf dem Rathaus mehrere Stücke, aber ich habe nicht dazu kommen können sie zu sehen …

Basel liegt in einer fröhlichen Landschaft und heller Luft, hat auch hübsche Spaziergänge in der Stadt, doch besonders einen großen, viereckigen Platz hinter der Hauptkirche auf dem höchsten Punkt der Stadt gegen den Rhein, wo ein ungemein grosser Lindenbaum steht, dessen Stamm so dick ist, als ich mit vier Umfassungen umfassen konnte. Er ist oben platt und alle Zweige sind nach unten auf Pfeiler, die um den Baum herumstehen und 21 an der Zahl sind, gelegt. Der Umgang dieser Pfosten beträgt reichlich hundert Schritt. Sodass, wenn dieser Baum in seinem vollen Laub steht, wohl ein Fähnlein Soldaten und mehr darunter im Trockenen stehen könnte. Außerdem gibt es noch den St. Petersplatz, der fröhlich und hübsch ist.

10. Mai. Als wir Basel nun gut besehen hatten, *(und)* nachdem wir zwei Nächte im Storchen logiert hatten (dessen Wirt ein Liebhaber von Antiquitäten, von alten Medaillen, Hörnern, Muscheln und anderen Seltsamkeiten war und eine große Anzahl davon gesammelt hatte, die er uns und anderen Reisenden zeigte, u. a. den Degen, mit dem Dr. Martinus Luther zu gehen, und das Glas, aus dem er zu trinken pflegte), sind wir am 10. d. M. wieder von dort abgereist mit dem Vornehmen nach Bern zu gehen. Wir überschritten gleich ausserhalb der Stadt eine Brücke, wo wir jeder einen Pfennig oder halben Rappen Zoll bezahlen mussten, und kamen ungefähr eine Viertelstunde danach in einen großen Eichenwald, der auf und gegen einen Berg anliegt, eine kleine halbe Stunde von Basel entfernt. Wir gingen hier hindurch, d. i. eine gute Stunde zu gehen, und sahen mehrere Hasen, aber kein anderes Wild, obwohl man sagt, dass sich viel darin aufhielte, und hatten dann hügeliges Land bis nach Liestal, das ein ganz ansehnliches Städtchen ist. Es liegt in der Landgrafschaft Sisgau an der Ergolz, eine halbe Meile vom Rhein und hat viel Durchgangsverkehr, sowohl nach Mailand in Italien als auch nach Genf und Lyon in Frankreich, und es untersteht Basel. Es

scheint nach einigem alten Mauerwerk früher etwas Schönes gewesen zu sein, aber es ist im Jahre 1356 und auch 1581 zum grössten Teile verbrannt. Es liegt drei Stunden von Basel. Von dort immer zwischen den Bergen nach Hoelstein ist anderthalb Stunden. Hoelstein, ein ansehnliches Dorf, liegt in einer Niederung im Gebirge.

11. Mai. Hier haben wir im Weissen Ross übernachtet, am 11. dito nach Waldenburg ist anderthalb Stunden. Waldenburg, ein kleines Städtchen gehört zu Basel und liegt zwischen zwei Steinklippen am Ende des Juraberges am Flüsschen Ergolz und hat ein Schloss auf einem dieser Felsen. Es ist nicht möglich, diesen Pass zu umgehen.

Von dort ging es immer über und durch das Gebirge. Ja manchmal so steil, dass ein Reiter, der nicht reiten kann, lieber von seinem Pferd steigen muss und es hinüberführen. Es ist steiniger Boden, schlecht zu begehen, sodass, wenn einen die Begeisterung nicht antriebe, man mit dem Überklettern aufhören würde, aber man sieht, beim Auf- und Absteigen die merkwürdigsten Landschaften mit Wäldern, Felsen, Seen, Flüssen, Bächen und Ausblicken, die das Auge sich nur erdenken könnte. Wir wurden in einem Dorf – ich glaube Valckenborgh genannt *(Langenbruck)* –, als wir uns etwas erfrischten, von der Wirtin gefragt, wo wir hin wollten. Wir antworteten, nach Bern. Da sagte die Wirtin, wenn ihr noch drei Stunden gegangen seid, werdet ihr in eine kleine Stadt kommen, die Wiedlisbach heisst; und wenn ihr da sagt, dass ihr nach Bern gehen wollt, dann werdet ihr, wenn es gut geht, gefangen genommen werden, ja Gefahr laufen gehängt zu werden. Deshalb lasst es euch geraten sein, zieht lieber wieder zurück nach Basel, denn ihr habt von Basel bis

hierher wohl gesehen, dass alle Pässe besetzt, und alle Bauern unter den Waffen sind. Wenn ihr aber durch Wiedlisbach hindurch kommt, könnt ihr ungehindert reisen. Wir sagten, wir hätten wohl, so wie sie sagte, alle Pässe besetzt und die Bauern unterm Gewehr gefunden, aber niemand hätte uns gefragt, wohin, oder uns irgendwie belästigt. Da sagte sie, das weiss ich wohl, aber ungefähr eine halbe Stunde von hier in Kloes *(Balsthaler Klus)*, das ihr nicht vermeiden könnt, wird man euch nicht ungefragt durchlassen. Wenn ihr aber gesonnen seid weiter zu reisen, so sagt jedem, der euch danach fragt, und wäre es auch nur ein Kind, dass ihr nach Lyon wollt, und wenn ihr ausserdem einige Briefe haben solltet, an denen etwas gelegen ist, dann näht sie hier in eure Kleider, denn ihr werdet nun durchsucht werden. Doch sagt nirgends etwas von mir, und folgt, meinem Rat, so werdet ihr gut daran tun.

Wir gingen weiter und kamen nach Klus. Es war eine halbe Stunde von dort, wo wir gewarnt worden waren. Hier hiess es, wohin, von welchem Volk und so weiter. Wir sagten, nach Lyon. Sie liessen uns passieren.

Klus ist ein Flecken oder wenn man will ein Städtchen, untersteht Solothurn, hat eine Burg auf einem Felsen und liegt an der Enge von zwei Felsen, die nicht mehr als 10 bis 12 Schritt breit ist und die man passieren muss. Diese Enge dauert eine gute Viertelstunde, dann kamen wir ins Flachland, zur Rechten hohe Berge, an denen wir entlang gingen, aber zur Linken weit in der Ferne (wie man uns sagte wohl 56 Meilen weit entfernt) seltsame Felsen deren Spitzen sich beinahe zum Himmel streckten und deren steile Gipfel schon mit Schnee bedeckt dalagen. Wir kamen endlich nach dem uns angekündigten

Wiedlisbach. Das ist 6 Stunden von Waldenburg.

Wiedlisbach ist ein kleines, aber ansehnliches Städtchen. Es hat seinen Namen von einer grossen Quelle, die nicht weit entfernt so reichlich aufsprudelt, dass daraus ein Bächlein quer durch die Stadt läuft, und so stark, dass es an der Stadtmauer eine Mühle treibt.

Sobald wir hier ans Tor kamen, sahen wir, was die Glocke geschlagen hatte. Es hieß sofort, «so Herren, was sint ihr voor luijd (Lüt) und wo daheim, usw.» Wir sagten, dass wir nach Lyon wollten, dass wir Handwerker und aus Holland gebürtig wären. Sie fragten weiter, ob wir keine Briefe bei uns hätten. Wir antworteten, nein, außer denen, die wir von unseren Eltern aus Holland bekommen haben. Sie nahmen sie uns ab, untersuchten unsere Taschen und Kleider genau, schnitten das Futter, da wo es hart und uneben war, entzwei, fanden aber nichts, da wir sie (was auch gut war) sogleich abgegeben hatten. Wir bekamen manchen Puff und Stoss und Scheltworte in Menge. Wir sprachen so höflich, wie wir konnten, oder so gut wir es nur gelernt hatten, wodurch wir endlich vom Generalwachtmeister (so nannten sie ihn) erreichten, dass wir da übernachten sollten, und wurden auf Befehl von ihm in die Herberge zum schwarzen Raben gebracht. Hier fanden wir vier Edelleute vor, die mit in Basel im Storchen logiert hatten und einen Tag vor uns abgereist waren und hier zurückgehalten wurden. Es waren auch zwei Posten da, ich glaube einer von Basel und der andere von Genf, die hier aufgehalten wurden. Da war auch ein Bevollmächtigter, um einige Verhandlungen zu Frieden und Vergleich mit ihnen zu führen, aber er musste unverrichteter Sache abreisen. Wir wohnten im schwarzen Raben, aber unsere Herberge wurde bewacht, und als wir zur Ruhe gingen, bekamen wir eine Schildwache vor unser Zimmer (aber wir, die solche Vorsorge nicht gewöhnt waren, konnten deshalb nicht um so ruhiger schlafen).

12. Mai. Am Morgen, den 12. dieses, ersuchten wir wieder darum passieren zu dürfen, aber es wurde uns mit spitzen Worten abgeschlagen. Der Generalwachtmeister, den wir darum ersuchten, nahm eine Anzahl Bauern zu sich und sagte, dass jeder in der Runde abstimmen und sagen sollte, was man mit uns tun sollte. Der eine sagte, gefangen setzen, der andere, bei dem noch einiger Verstand vorhanden zu sein schien, stimmte dafür, da wir Handwerksleute wären, uns passieren zu lassen. Aber (was mir am wenigsten gefiel) der große Haufen sprach von Hängen. Inzwischen kommt der General *(Leuenberger)* (wie sie ihn nannten) herein, den wir sofort so höflich anredeten, wie wir nur konnten, und ersuchten passieren zu dürfen, da wir, wie wir sagten, Handwerksleute wären und von den Unruhen im Lande nichts gewusst hätten. Hier fanden wir anscheinend noch einige Kenntnis und Höflichkeit; er fragte uns, was seid ihr für Handwerker? Ich sagte, «ich und dieser hier», zeigend auf Cornelis Bega (1637 bis 1697), «sind Maler, und der», zeigend auf Joost Boelen, «ist ein Schuster». Er fasste uns an der Hand und betrachtete uns scharf und sagte, »ich glaube, das sind Maler«. Indem er Joost Boelen auch in die Hand sah, sagte er, «wahrhaftig, das ist ein Schuster». Dann sagte er höflich, «ich lasse niemand durch, ohne Erlaubnis von anderen», und schickte uns mit einem Bauern, wohl eine Stunde zu gehen, in ein Dorf zu einem zweiten Bauern, um seine Meinung zu hören, der das Durchlassen nicht zugeben wollte, ohne die Zustimmung eines anderen Bauern, zu dem er

uns mit unserem Hüter schickte, in ein Dorf wohl drei Viertelstunden weit weg *(wohl Wangen)*. Als wir dorthin kamen, schlug jener es glatt ab, und war durch kein Zureden zu bewegen. Als wir diese Meinung dem ersten Bauern überbrachten, schlug er es auch ab. Als wir diesen Bescheid dem General gesagt hatten, sagte er, «dann lasse ich euch auch nicht passieren, aber weil ich merke, dass ihr ehrlicher Leute Kind seid und die Wahrheit, sagt, so stelle ich euch frei, hier ungefähr acht Tage zu bleiben, oder wieder nach Basel zurückzukehren». Man muss, wie man gemeinhin sagt, von zwei Übeln das bessere wählen, und wir entschlossen uns, wieder nach Basel zu gehen, und fragten, ob wir wohl ungehindert durch könnten. Er sagte, nein, aber ich werde euch Geleit bis nach Klus mitgeben und dann könnt ihr unbelästigt reisen. Er kommandierte sofort einen Bauern ab, der uns nach Niederbipp brachte, einem Dorf, durch das wir am Tag zuvor auch gegangen waren. Er sagte, dass man uns auf Befehl von dem General passieren lassen solle, und dass einer mit uns gehen solle, der uns nach Klus brächte, was sofort ausgeführt wurde. Überall ließ man uns auf Befehl des Generals passieren. Wir fragten beim Verlassen von Wiedlisbach, ob wir unsere Briefe wieder haben könnten, bekamen aber zur Antwort, dass sie verbrannt wären.

Lied zum Troste für mich und meine Kameraden geeignet für diesen Vorfall. Melodie: Jetzt muss ich usw.

Kameraden, behaltet Mut in dieser Bedrückung
Denkt, dass es selten so glücklich wird,
Dass es immer nach Wünschen geht.
Denn in der ganzen Weltrunde
Wird, wie ich glaube, gefunden werden
Kein so ganz glücklicher Mensch.

76. Kriegstetten an die Landsgemeinde in Huttwil

11. Mai 1653 neuen Stils.

Inhalt: Die Vogtei Kriegstetten will, ausdrücklich entgegen den Anordnungen der Obrigkeit, an der Kontrolle von Boten und Briefen und generell des Verkehrs und am geschlossenen Bund festhalten. Kriegstetten rät der Landsgemeinde von Huttwil zur Blockierung der Städte, um dort den inneren Aufruhr ausbrechen zu lassen. Die Vogtei empfiehlt militärorganisatorische Massnahmen und generell eine feste Haltung.

Quelle: Alois Vock, Der Bauernkrieg im Jahre 1653 oder der grosse Volksaufstand in der Schweiz, dritte Auflage, Aarau und Thun: J. J. Christen, 1837, Seiten 265, 266.

An eine ehrsame Landsgemeinde zu Hutwyl.

Fromme, getreue, hochgeachte, insonders grossgünstige, ehrsame, liebe Bund- und Eidsgenossen, zuvor! Dieweil wir in der Vogtei Kriegstetten mit höchstem Bedauern hören und vernehmen, in was Gestalten uns unsere Oberkeit der Stadt Solothurn anerboten hat, was wir uns zu beschwert bedünken zu sein, wir dasselbe sollen in Freundlichkeit einer hochweisen Oberkeit fürbringen, und sie uns versprochen hat, in demselbigen ein Einsehen zu thun, wir aber in demselbigen gar nichts haben ausgerichtet, und hat sie uns in demselbigen nur schier ausgelacht; – das ist für das Erste. – Zum Andern hat eine Oberkeit uns auf Sonntag den 11. Mai ein Mandat lassen auf der Kanzel verlesen, und der Inhalt ist, dass man keine Boten an Pässen oder anderswo aufhalten noch verhindern solle, viel weniger die Briefe ihnen nehmen und eröffnen, sondern dieselbigen dahin lassen verschaffen, wo sie hin lauten, auch andere Handwerksleute auch dessgleichen lassen passieren, und das bei höchster Strafe. – Zum Dritten: wie Ihr werdet berichtet werden, wie zu Kirchberg etliche Feuerkugeln sind geworfen worden, auch an anderen Orten mehr. Was nun diese Missiv lauten thut, sind wir ganz darwider; denn es ist unser Will und Meinung, dass man Niemand solle lassen passieren, insonderheit was fremde Völker sind, sondern dieselbigen wiederum zurückschicken. Auch wäre es unsere Meinung, dass man den Städten einmal sollte abschneiden und nichts in die Stadt kommen lassen, damit der Aufruhr in den Städten einen Anfang machte; auch dieweil nun auf den heutigen Tag wiederum eine Versammlung geschehen thut, so sollet Ihr dasselbige zum End bringen und in's Werk richten. Weil aber uns unsere Oberkeit hoch verboten hat, dass wir uns nicht sollen verbinden mit anderen Völkern, haben wir uns in demselbigen nicht wollen lassen abwendig machen, noch viel weniger erschrecken, sondern, dieweil wir allezeit Euere Gutherzigkeit und brüderliche Liebe gespüren, zu Nutz und Heil dem Vaterland, also haben wir uns gänzlich entschlossen, uns mit Euch zu verbinden, so lang und viel, bis wir alles dasjenige in's Werk bringen, was wir Vorhabens sind, und das mit Leib, Gut und Blut bis in alle Ewigkeit. Derowegen sollet Ihr zu allerseits mit den Artikeln fortfahren, wie Ihr es vor Euch genommen habet. Auch wäre es hoch vonnöthen, dass man eine Musterung ansehe *(anordne)*, wie jeder gerüstet und gewehrt wäre, und auch denselbigen in Rotten abtheile, im Fall der Noth, dass ein jeder wüsste, was er thun sollte. Derowegen wolle nun der allmächtige, gütige und barmherzige Gott uns allen viel Weisheit und Verstand dazu geben und verleihen, dass wir ihn nicht erzörnen, und ihm allezeit die Ehre geben, und, was der Oberkeit gebührt, ihr auch geben; was aber die grossen Bürden und Ungerechtigkeiten antreffen thut, auch Tyrannei, darwider wollen wir streiten und fechten bis auf das Blut, wie unsere frommen Altvorderen sel. Dazu helfe die allerheiligste Dreifaltigkeit, Gott Vater, Sohn, und hl. Geist, Amen.

Den 11. Tag Mai neuen Kalenders. *(Unterz.)* Die Vogtei und Herrschaft Kriegstetten. Nur frei stark und fest.

77. Berner Ratsbeschluss

Bern, 2. Mai 1653 alten Stils.

Inhalt: Die Berner Regierung ordnet Gesandte an die Landsgemeinde von Huttwil ab.

Quelle: Staatsarchiv Bern, A IV 183, Seite 13. Wir danken den Mitarbeiterinnen und Mitarbeitern des Staatsarchivs Bern, unter ihnen besonders auch den Herren Peter Hurni und Vinzenz Bartlome, für ihre Unterstützung.

MegHH ordnen Gesandte nach Huttwil den 2. Mai.

78. Niklaus Leuenberger an Wiedlisbach

Ranflüh, 12. Mai 1653 neuen Stils.

Inhalt: Niklaus Leuenberger hat vom Vertreter des französischen Ambassadors erfahren, dass in Wiedlisbach drei von Rom nach Frankreich durchreisende Herren aufgehalten werden. Diese Herren und die mit königlich französischen Majestäts-Siegeln versehenen Briefe haben die Wiedlisbacher, so befiehlt Niklaus Leuenberger, abreisen beziehungsweise ungehindert passieren zu lassen, auf Menschen und Briefe anderer Völker aber treues Aufsehen zu halten.

Quelle: Jürg Hediger, Wiedlisbach und das Bipperamt von 1653, in: Jahrbuch des Oberaargaus 1995, 38. Jahrgang, Langenthal: Jahrbuch-Vereinigung Oberaargau, 1995, Seiten 215 bis 232, Seite 224.

Ersame in sonders günstige liebe und gute fründ burger und landts lütt von Wietlispach, nach ver mäldung unserem fründtlichen gruss ehr liebe und diennst zuvor, wir können nid hinder halten, wie das uff hütt dr herr baron von solennduren bei uns zu ranflüh ist ann kommen und uns hat an zeigt, wie ihr drei herren vonn frankrich in aräst uff haltind, die von Rom här kömne und nach frankrich all heim nach huss wollen begäbenn. Da ist unser bevälch, ihr welend die herren lassen, welche zu Wietlispach von den bürgeren und landt lütenn sind uffgehalten worden. Die welend ihr lasen marschieren und maistet brieffen und siglen nit uffhalten. Was aber andere Völker, was nit königliche maistet an treffen thut, zu denselbigen wolend ihr ein ufsächen haben, von mir Niclaus löuwen Bärger, Eüwer ale zyt wiliger doch klein füger diner. Gott mit uns.

79. Der Huttwilerbund

14. Mai 1653 neuen Stils.

Quelle: Wilhelm Oechsli, Quellenbuch zur Schweizergeschichte, für Haus und Schule, Band. I, Zürich: Schulthess & Co., 1901, Seiten 491–493.

Zu wissen und kund ist männigliche, was sich anno 1653 in der Herrschaft Luzern im Entlibuch für ein Span und Streitigkeit entstanden wider Ihre G. Obrigkeit der Stadt Luzern selbst der Ursachen *(wegen)*, dass sie ihnen viel neue Aufsätze, grosse Strafen und Beschwernisse aufgeladen und gezwungen haben wider ihre Briefe und Siegel, darum sie gesandte Männer an ihre G. Obrigkeit geschickt, welche freundlich, unterthänig und in Gebühr abzuthun, aber nicht allein nichts *(haben)* erlangen mögen, sondern noch ausgebalget und abdrohen wollen; derowegen die Bauern erzürnt worden und haben zusammengeschworen, ihr Leib und Leben daran zu setzen, und alsbald ihnen keine Zinsen oder Geldschulden mehr wollen zukommen lassen, bis ihre G. Obrigkeit ihre alten Briefe und Rechtungen wieder zu Handen stellen, die sie ihnen genommen haben; darum ihre Obrigkeit ihre übrigen Unterthanen aufmahnen wollen, sie damit zu bezwingen zum Gehorsam. Als sie aber die Ursache vernommen, haben sie sich in gleichen Beschwerden auch beladen gefunden, darum sie auch zu denen ins Entlebuch gestanden und zu Wolhusen zusammen geschworen haben, weil sie mit Bitte nichts besonders erlangen möchten, was ihnen gehörte, derowegen ihre Obrigkeit übel zufrieden. Darum beschrieben sie gesandte Herren aus den sechs katholischen Orten, welche Herren gar lange mit dem Handel umgegangen sind, und hiezwischen schrieben sie um Hilfe, und wurde also der Handel je länger, je böser, also dass die Ämter vor die Stadt Luzern zogen, weil die Herren ihren verpönten Bundesgenossen Kriens und Horw stark und hoch gedräut haben, alles zu verderben, wenn sie nicht wieder zu der Stadt schwören wollten. Und in dem haben die dreizehn und etliche zugewandte Orte der Eidgenossenschaft abgesandte Herren zu Baden ein ungutes, unwahrhaftes Mandat gemacht (des Inhalts, dass sie allerhand hochsträfliche Fehler und Mutwillen unverantwortliche, wie offenbar am Tag, verübt, gethan haben sollen), solches über die obgenannten Anfänger im Entlebuch mehrteils und über alle, die ihnen behülflich sein würden, geschehen und ausgehn lassen, damit sie von aller Orten Unterthanen verhasst würden und dass sie nicht zu ihnen fielen, also dass sie zu den Nachbarn zu allen Orten nicht wohl mehr kommen durften, wegen des Mandats, weilen sie so hoch verkleinert und verleumdet worden, dass sie ihres Leibs und Lebens nicht wohl mehr sicher waren, sondern schon gefährlich begegnet. Auch dazwischen haben an vielen Orten fremde und heimische Kriegsleute sollen auf sie einfallen, und darum sie mit uns Berner Bauern zu reden gekommen und abgeredet haben, dass wir einander kein Leid und Schaden zufügen wollen, sondern auch kein fremd oder heimisch Volk durchziehen lassen, sie oder uns zu schädigen, damit wir als getreue liebe Nachbarn miteinander handeln und wandeln können, auch unsere Häuser, Höfe, Hab und Gut, Weib und Kinder in gutem, friedlichen Ruhestand erhalten und bleiben können. Und weilen wir im Bernbiet oft des Willens gewesen, unsere G.H. und Obrigkeiten zu bitten, dass sie unsere Beschwerden auch nachlassen sollen und abthun, wie dann vor Jahr ein im Donner-Krieg oder Span auch dergleichen hätte vereinbart sein sollen, aber schlecht gehalten worden, darum haben wir abermals gesandte Männer vor unsere G. Obrigkeit gen Bern geschickt und sie unterthänig und hoch gebeten, sie sollen unsere Beschwerden ab uns nehmen; darüber sie aber unsere Gesandte bezwungen, dass sie in unser aller Namen haben müssen auf die Knie niederfallen, um Gnade bitten und annehmen, und hernach dasselbige doch noch nicht gehalten haben, was sie schon unsern Gesandten versprochen; darum wir Ursache genommen, uns in alle Wege zu versehen. Ist darum auf den 13./23. Tag Aprils im obgesetzten 1653. Jahr zu Sumiswald eine Landsgemeinde gehalten worden wegen unserer Klagartikels Punkten und des unguten Mandats, welches unsere Ehre und guten Namen antreffen täte, daran uns nicht wenig gelegen. Darum wir aus der Herrschaft Bern, Luzern, Solothurn und Basel Gebiet und aus den hienach genannten Orten sind zusammen gekommen, allda wir uns freundlich ersprachen wegen unseren Beschwerden und sonderbaren Ursachen halber, und darüber auf freiem Feld einhellig einen aufgehobenen, ewigen, steifen, stäten und festen Eid und Bund zu dem wahren und ewigen Gott zusammen geschworen haben, diese nachfolgenden Artikel treulich zu halten, wie folgt:

Im Namen der hochheiligen Dreifaltigkeit, Gott Vater, Sohn und Heiliger Geist Amen. So haben wir zusammengeschworen in diesem ersten Artikel, dass wir den ersten eidgenössischen Bund, so die uralten Eidgenossen vor etlich hundert Jahren zusammen geschworen haben, haben und erhalten und die Ungerechtigkeit einander abthun helfen, *(einander)* schützen und schirmen wollen, mit Leib, Hab, Gut und Blut, also dass, was den Herren und Obrigkeiten gehört, ihnen bleiben und gegeben werden soll, und was uns Bauern und Unterthanen gehörte, soll auch uns bleiben und zugestellt werden, dies zu aller Seits den Religionen unvorgreiflich und unschädlich.

Zum Zweiten wollen wir einander helfen alle unguten neuen Aufsätze von dannen thun, und sollen aber jedes Orts Unterthanen ihre Gerechtigkeiten von ihren Obrigkeiten selbst fordern; wenn sie aber einen Streit gegen ihre Obrigkeiten bekommen möchten, sollen sie doch nicht ausziehen ohne Wissen und Willen der andern Bundsgenossen, dass man vorher könne sehen, welche Partei Recht oder Unrecht habe; haben unsere Bundesgenossen dann Recht, so wollen wir ihnen dazu helfen; haben sie aber Unrecht, so wollen wir sie abweisen.

Zum Dritten: wenn die Obrigkeiten wollten fremde oder einheimische Völker uns Unterthanen auf den Hals richten oder legen, so wollen wir dieselben einander helfen zurückweisen und dasselbige gar nicht dulden; sondern, so es von nöten wäre, wollen wir einander tröstlich und mannlich beispringen.

Zum Vierten: wenn auch ein oder andere Personen in Städten oder Landen um dieses aufgelaufenen Handels willen von einer Herrschaft oder andern Leuten eingezogen oder an Leib und Gut oder Leben geschädigt würden, sollen alle Örter unserer Bundsgenossen denselben helfen mit Leib, Hab, Gut und Blut erledigen und erlösen, wie wenns einen jeden selber antreffen würde.

Zum Fünften, so solle dieser unser geschworne Bund zu allen 10 Jahren um vorgelesen und erneuert werden von den Bundsgenossen, und so dann der ein oder andere Ort eine Beschwerde hätte, von ihrer Obrigkeit oder anders, so will man alle Zeit demselben zum Rechten behilflich sein, damit also unseren Nachkömmlingen keine Neuerung und ungebührliche Beschwerden mehr aufgeladen werden könne.

Zum Sechsten: es soll keiner unter uns so vermessen und frech sein, der wider diesen Bundschwur reden solle oder Rat und That geben wollte, wieder davon zu Stehn und (ihn) zunichte zu machen; welcher aber dies übersehen würde, ein solcher soll für einen meineiden und treulosen Mann gehalten und nach seinem Verdienen abgestraft werden.

Zum Siebenten: es sollen auch keines Orts Bundsgenossen mit ihrer Obrigkeit diesen Handel völlig vergleichen und beschliessen, bis die andern unsere Bundsgenossen auch in allen Orten den Beschluss machen können, also dass zu allen Teilen und gleich miteinander der Beschluss und Frieden solle gemacht werden.

Volget allhie die Orth und Vogteyen so in disem Pontschwur Brieff begriffen und geschworen handt. Aller Erstlichen das Landt Entlibuch sambt den übrigen 9 Empteren, welche zu Wolhusen zusamen hand geschworen; Volget die uss der Herrschafft Bern, Erstlich die Vogtey Trachselwald, ... † Signauw, ... und Landtschafft ..... Hinderlachen und Brienz, Frutigen, das Lantgricht Sternenberg, Zolikoffen, Konelfingen, das Landtgricht Sefftingen, Graffschafft Nidauw, Graffschafft Büren, die Vogtey Frauwbrunnen, Vogtey Arberg, Vogtey Lantzhuott, Graffschafft Burtolff, ussgenommen die Statt, Vogtey wangen, Vogtey Arwangen, Vogtey Pib, Statt und Ambt ..... und Vogtey Arburg, Statt und Graffschafft Lentzburg, Vogtey Schenkenburg.

Uss der Herrschafft Solothurn die Grafschafft Gösgen, Statt und Ambt Olten, Vogtey Bechburg, Vogtey Falkenstein, Vogtey krieg Stetten, Vogtey flummenthal, Vogtey Leberen, Vogtey Buchyberg, Vogtey Dornach, Vogtey Dirrsteyn, Vogtey Gylgyberg, – uss der Herrschafft Basel die Statt Liestahl sambt ihren Dörferen, die Grofschafft fanrnssburg, Vogtey Wallenburg, Vogtey Homburg, Vogtey Rahmstain, die freien Ämter Vogtey, so under die H. Eydtgnossen der alten gehörte, † Brandis, Sumiswalt, Huttwyl und das gantze Land emmenthal und das frei gricht Stephisburg, Hilterfingen und Hans Büler zuo Sigerswül für ihn und sine nachkommen.

Dieser Pontschwur und Eydt ist zu Huthwyl von den ussgeschossnen von den obgenambten Orthen har Confiermiert und bestettiget worden In obgesetztem Jar uf den 4./14. tag May und mit den hieran gehenkten Insiglen zue Ewiger gedechtnuss, zuo wahrer gezükhnuss gehenckht und bekrefftiget worden. Dieser briefen sint 4 von wort zu worth glich Luthend und jedem Orth einer zugestelt worden, Namlichen Bärn, Lucärn, Solothurn und Basel herrschafften.

† Diese Stelle ist leer und eine Radur darin bemerkbar; offenbar gehört die weiter unten mit † bezeichnete Fortsezung der bernischen Ämter, von Brandis an bis zum Ende des Sazes, in diese Lüke. (Jakob Kaiser)

Quelle der Ratifikationsvermerke: Jakob Kaiser, Die Eidgenössischen Abschiede aus dem Zeitraume von 1649 bis 1680, Der amtlichen Abschiedesammlung Band 6, Abtheilung 1, Frauenfeld: J. Huber, 1867, Seiten 165, 166.

80. Johann Anton Tillier an Bern

Wynigen, 4. Mai 1653 alten Stils.

Inhalt: Johann Anton Tillier und die übrigen Berner Gesandten sind am 4. Mai 1653 alten Stils in Huttwil eingetroffen und haben von den Ausschüssen der Gemeinden die Zusicherung erhalten, die Mitteilungen des Berner Rates vor dem bernischen Teil der Landsgemeinde ohne Beisein von Luzerner, Basler oder Solothurner Untertanen anbringen zu dürfen. Die gegen 3000 Köpfe zählende Landsgemeinde hat aber als erstes Geschäft ihren Bund mit dem Zusatz, wer von ihm abfalle, werde als meineidig bestraft, beschworen. Die Berner Gesandten sind nach fünf Stunden in die Versammlung gerufen worden, haben Wynigen, Höchstetten, Münsingen und Langenthal als Verhandlungsorte angeboten, aber den Bescheid erhalten, die Verhandlungen müssten vor der ganzen Gemeinde durchgeführt werden. Daraufhin ist die Berner Gesandtschaft unter Protest nach Wynigen abgereist, wo sie nun noch etwas zuwartet, um zu sehen, ob sich jemand eines Besseren besinnen werde. Die Hartnäckigkeit der Landsgemeinde ist nicht zuletzt auf eine Verhandlungsführung zurückzuführen, die zwei schändliche Schreiben zuerst hat verlesen lassen, ein zur Mässigung mahnendes aus dem Oberland aber erst nach der Aufforderung durch die Berner Gesandten. Vielleicht lassen sich die Emmentaler und die Aargauer auseinanderbringen, denn die Aargauer wären mit dem Verhandlungsort Langenthal einverstanden gewesen und haben sich nur durch Furcht davon abbringen lassen. Die Berner Regierung wird um Instruktionen gebeten.

Quelle: Staatsarchiv Bern, A IV 183, Seite 63. Wir danken den Mitarbeiterinnen und Mitarbeitern des Staatsarchivs Bern, unter ihnen besonders auch den Herren Peter Hurni und Vinzenz Bartlome, für ihre Unterstützung.

Demnach wir heutigen Morgens ungefähr um 8 Uhren von Eriswil zu Huttwil angelangt, haben wir alsbald der Gemeinden Ausschüsse zu uns gefordert, und dero Ew. Gn. uns aufgelegten Befehl anvermeldet, die uns zwar anfänglich mit freundlichem Bescheid und unter anderem auch folgenden Worten begegnet, dass sie uns in Mehrerem bei der ganzen Gemeinde und Versammlung anhören und zu dem Ende verschaffen wollten, dass die luzern- basler- und solothurnische daselbst befindende Untertanen einen Abtritt nehmen, sie hiermit ihre Klagepunkte einzig und allein mit uns abhandeln wollten, dergestalt wir anfänglich verhofft, es würde alles zu Gutem ablaufen. Als sie die Ausgeschossenen nun von uns den Abtritt genommen, und sich zu der ganzen Versammlung so beinahe in 3000 Personen gewesen, begeben, haben sie bevorderst und ehe sie uns einer Antwort gewürdigt, ihren Bund sämtlich einhellig und mit dem Eid nochmals bestätigt, und in selbigen noch einen frischen Artikel gesetzt, des Inhalts, welcher diesen Bund geschworen, denselben aber nicht halten werde, solle von den übrigen Bundesverwandten als ein Meineidiger abgestraft werden. Nachdem wir nun in die fünf ganze Stunden gewartet, sind wir endlich von ihnen zu ihrer Versammlung berufen worden, da wir dann unserer Instruktion nach, vor der ganzen Menge Ew. Gnaden Willen und Befehl, der Länge nach eröffnet, und mit allerlei christ- und politischen Gründen zugesprochen, so weit, dass ... sie sich zu den ihnen anerbotenen freundlichen Mitteln, und an das vernamte *(genannte)* Ort nach Wynigen würden begeben haben, ja noch so weit, wenn ihnen Wynigen nicht annehmlich sei, sich entweder gen Höchstetten, Münsingen oder Langenthal begeben sollten, welches aber alles umsonst gewesen, denn sie sich gänzlich und schon zuvor, ehe wir zu ihnen in die Versammlung kommen, im Beisein der übrigen Orte Untertanen entschlossen, mit Entschluss in ihren Klagepunkten anders nicht zu handeln, es geschehe denn vor der ganzen Gemeinde, weil aber solches eine Unmöglichkeit und anders nichts gar nicht zu erhalten gewesen, sind wir im Namen Gottes, mit Hinterlassung einer starken Protestation, dass es auf Seiten Ew. Unserer G. H. in Freundlichkeit mit ihnen zu handeln, abermals nicht ermangelt, wiederum uff Wynigen verreist, daselbsten wir uns bis morgen Mittag zu verweilen vorhabens, darum, falls jemand sich eines Besseren besinnen, und mit einer gnädigen Obrigkeit zu setzen Vorhabens wäre, wir ihm mit billiger Antwort und Vergleichung beggenen könnten. Sonst können Ew. Gnd. Wir hierbei nicht bergen, dass dieser ihrer Verstockung und Hartnäckigkeit, zwei aufgefangene und der ganzen Gemeinde vorgelesene schändliche Schreiben, und dass der Oberländer an sie getanes Vermahnungsschreiben unterschlagen und erst hernach auf unser Antreiben abgelesen worden, nicht die geringste Ursache gewesen. Dies ist also dasjenige, so Ew. Gnd. Wir in Eile haben zuschicken und dieselbigen in Gottes gnädigen Schutz und Schirm befehlen wollen und sollen.

Datum Wynigen 4. Mai um 10 1/2 Uhren nach Mittag 1653. Ew. Gnd. Gehorsame Diener Johans Anthonj Tillier und übrige Abgesandte.

Postscriptum

Dieweil wir verständigt worden, dass etliche aargauische Gemeinden nicht zu allem, was ihre Ausschüsse bei der gleichen emmentalischen Gemeinde gelobt sich verstehen, und deswegen zu hoffen, dass einige Sonderung zwischen ihnen und den Emmentalern möchte gemacht werden, zumal weil allbereit bei jetzt gehaltener huttwilischen Landsgemeinde, die Aargauer des Orts Langenthal zufrieden gewesen, von den übrigen aber, aus vermeinter Furcht wiederum abgehalten worden, also wird Ew. Gn. hiermit demütigst zu Heim gelegt, wie wir uns hierin zu verhalten. Was nun dero beliebt uns zu befehlen, wollen wir demselben allhier gehorsamst erwarten, und im Wenigsten nicht, was zu Nutz und Frommen Ew. Gn. auch zur Ruhe und Friedensstand des allgemeinen geliebten Vaterlandes, wird gereichen mögen, unterlassen. Dazu dann Gott des Friedens seinen Segen verleihen wolle. Actum ut supra.

81. Bundesobmann Niklaus Leuenberger an die Berner Gesandten

Huttwil, 5. Mai 1653 alten Stils.

Inhalt: Von den durch die Gesandten vorgeschlagenen Ortschaften wählt die Bundesversammlung aufgrund der Platzverhältnisse und Logierungsmöglichkeiten Langenthal, wohin sich die Gesandten am 6. Mai 1653 alten Stils begeben sollen. Die Berner Gesandten werden aufgefordert, den Vertretern des Bundes mit demütigen Reden und nicht mit rauhen Worten zu begegnen, damit die Landleute nicht in Zorn geraten. Die Verhandlungen haben unter freiem Himmel stattzufinden.

Quelle: Staatsarchiv Bern, A IV 183, Seiten 89, 90, 101. Wir danken den Mitarbeiterinnen und Mitarbeitern des Staatsarchivs Bern, unter ihnen besonders auch den Herren Peter Hurni und Vinzenz Bartlome, für ihre Unterstützung.

Gestrenge etc.
Eurer Gnd. an uns abgesandtes Schreiben haben wir von dem H. Predikanten von Eriswil zu Recht empfangen, und ablesend aus demselben genugsam verstanden, Ew. Gn. begehren der 4 uns vorgeschlagenen Orte zu erwünschter Friedenstraktation: also haben wir keinen Umgang nicht nehmen wollen: sondern alsbald (wie dann billig) Ew. Gn. wiederum ... zu antworten, und haben hiermit Ew. Gn das Ort Langenthal auf morgen den 6. dies. (geliebt's Gott) zu besuchen bestimmt, weil wir befunden, dass alldort besserer Platz und Logierung, denn aber zu Wynigen, bitten hiermit Ew. Gn. wellend mit demütig Reden uns begegnen, und nit mit Rüche, damit die Landtlüt nit etwan in Zorn geraten möchten. Die Aktion solle aber unter dem heiteren Himmel beschehen, dessen haben wir Ew. Gn. kürzlich in Eile berichten, und dabei Gottes heilwertiger Protection alles Fleisses empfehlen wollen.

Datum aus unserer Versammlung Huttwil den 5. Mai 1653. E. G. W. untertänige, geneigte, und zu Gehorsam jederzeit gutwillige Untertanen. Eine ganze Versammlung unseres Bundes. Niklaus Leuenberger, Obmann.

82. Aus dem Tagebuch von Markus Huber, Schloss Aarwangen

15. und 16. Mai 1653 neuen Stils.

Inhalt: Die Landsgemeinde wird von Huttwil nach Langenthal verlegt und verlangt erfolglos die Entlassung der Garnison des Schlosses Aarwangen durch Landvogt Niklaus Willading. Dieser vermag die durch Drohschreiben beeinträchtigte Moral der Besatzung wiederherzustellen. Die Landsgemeinde von Langenthal setzt entgegen der Zusage sicheren Geleits Praeceptor Markus Huber, den Autor des Textes, vorübergehend gefangen. Die von Bern anreisenden Gesandten der Regierung kehren am Dorfrand von Langenthal um, weil sie in Erfahrung gebracht haben, dass die Landsgemeinde mehrere Anhänger der Obrigkeit gefangengesetzt hat.

Quelle: Paul Kasser, Die Geschichte des Amtes und des Schlosses Aarwangen, in: Archiv des Historischen Vereins des Kantons Bern, XIX. Band, Bern: Gustav Grunau, 1909, Seiten 57 bis 446, Seite 291.

Den 15. Maien war gschlossen, ein Landsgmein noch ze verlegen gen Langenthal, daran die Herren Ehrengsandten von Bern erscheinen würden; und kamend die Baslerischen Gsandten von der Landsgmein ganz trurig.

Den 16. dito wurde der Herr Landvogt sambt der ganzen Guarnison zu Arwangen an die Landsgmein citiert, welches aber Herr Landvogt verlacht, schriebe aber doch us Anhalten der Guarnison an die vermeinten anwesenden Herren Ehrengsandten, dass ermeldte Guarnison durch einen Usschutz möchte verhört werden; es schriebe auch ein ganz Guarnison an die Bauren und wurde solches durch Klaus Sägisser verfertigt.

Dito wurde Marx Huber von Zürich des Herrn Landvogt von Arwangen seiner Kinder Praeceptor, wegen eines verlornen Schreibens von Emanuel Sägisser mit Versprechung by Bidermanns Treuwen sicheren Gleits gen Langenthal gebracht und *(ist)* allda, nur weil er im Schloss Arwangen seige, von den Rebellen gfangen und in einen Keller eingesperrt worden. Als er wieder ledig und von etlichen dazu verordneten apportiert worden, haben sie ihn vermahnt, er soll dem Herrn Landvogt von Arwangen sagen, er solle die Guarnison angehens abschaffen; wann er sie noch bis am Morgen im Schloss halte, wolle man sie mit aller Macht ushintreiben.

Man erwartet an sothaner Landsgmein, die Herren Ehrengsandten von Bern. Die kamend bis ans Dorf, kehrten aber wieder zurück; ihnen wurd beweglich von der Landsgmein zugeschrieben, sie aber machten sich nach Bern, wylen sie vernommen, dass Herr Kreuzwirt zu Langenthal, sammt dem Weibel von Rohrbach samt seinen zwei Söhnen gfangen wärend. Es wurde dem Herrn Landvogt und Soldaten zu Arwangen beweglich um Abschaffung der Guarnison von der Landsgmeind angehalten, wollte aber nichts helfen; man liesse sich ab solchen Dreuwen nicht erschrecken, nun mehr selbiges satt. Viel Soldaten fingen über gschickte Schreiben kleinmütig zwerden; der Rest aber wurde von dem Herrn Landvogt angesprochen, welche auch alsbald ihre Pflicht zleisten versprachend.

83. Bundesobmann Leuenberger an Landvogt Willading

6. Mai 1653 alten Stils.

Inhalt: Bundesobmann Leuenberger will wissen, warum Soldaten im Schloss Aarwangen sind. Er verlangt ferner von Landvogt Willading, die Besatzung ohne Verzug aus dem Schloss zu entfernen, sonst werde er dafür sorgen, dass sie hinauskomme.

Quelle: Paul Kasser, Die Geschichte des Amtes und des Schlosses Aarwangen, in: Archiv des Historischen Vereins des Kantons Bern, XIX. Band, Bern: Gustav Grunau, 1909, Seiten 57 bis 446, Seite 290.

Unseren fründtlichen Gruoss sampt waz wir ihnen liebs und guets vermögen jederzyt zurvor, Ehrenvester, frommer, fürnemmer und wolwyser Hr. Landvogt.

Unss nimpt höchlich wunder, uss waz Ursachen Ir by dieser schwirigen Zyt Soldaten in üwer Schloss uf- und angenommen; also wöllent Ir hiemit ernstlich ermant sin, sölche Soldaten angentz und one Verzug uss dem Schloss hinwegzuschaffen, thund ir *(das)*, ist mit heil und wol guet: Wo nit, w*(erden)* wir sie wol darvon bringen. Gott *(sei)* mit uns allen; dat. Us unserer gemeinen Puntsversammlung Langenthal den 6. May Ao. 1653.

E. E. V.
Z. D. W.
Niclaus Löüwenberg.
Obmann innamen der gemeinen Ussgeschossnen unsres Punts.

84. Bundesobmann Leuenberger an die Berner Deputierten

Langenthal, 7. Mai 1653 alten Stils.

Inhalt: Die Deputierten haben unsere vollständigen Klagepunkte. Hingegen haben sie keine satte und vollständige Antwort darauf erteilt. Obwohl die Ausgeschossenen des Bundes gern ihr Bestes tun würden, ist das gemeine Volk sehr ergrimmt. Die Deputierten erhalten von Bundesobmann Niklaus Leuenberger Frist, sich bis zum 8. Mai 1653 alten Stils zu erklären. Andernfalls wird daraus ein grosses Unheil entstehen. Insbesondere wird die Stadt Bern kein Getreide und keine anderen Lebensmittel mehr erhalten.

Quelle: Staatsarchiv Bern, A IV 183, Seite 159. Wir danken den Mitarbeiterinnen und Mitarbeitern des Staatsarchivs Bern, unter ihnen besonders auch den Herren Peter Hurni und Vinzenz Bartlome, für ihre Unterstützung.

Hochgeachtete, gnädige Herren etc. Herren Deputierte des geist- und weltlichen Standes, jetzunder in Wynigen beieinander versammlet etc. I. G. werden aus unserem überlieferten schriftlichen ganzen Entschluss und Begehren, wohl sein verständigt worden, sind der gänzlichen Hoffnung gewesen, Ir. Gn. uns auf solchen genugsamen und satten Bericht hätten erfolgen lassen; dieweil aber ein solches nicht beschehen, bedauert uns das, wollen deswegen Ir. Gn. nochmals auf das Höchste gebeten und ermahnt sein, uns auf unsere vollkommen Klagen, bis morgen satten und endlichen Bescheid und Antwort zu geben, damit wir wissen, woran wir seien, und aus den grossen Kosten kommend, beschicht sölliches, ist mit Heyll, unndt woll gut, wo nit, wirt ein grösserer Tumult unndt Uffruhr darauss unnder dem gemeynen Vollkh erwachsen, dann sollches gahr ergrimmet, obgleichwohl die Ausgeschossenen gern ihr Bestes täten, wird nun uns in unserem Begehren verwillfahrt ist mit Heil, wo nicht, wird ein böses Übel daraus erfolgen, und Euch nichts mehr in die Stadt an Getreide, und anderen Mitteln gebracht werden etc. Gott mit uns allen etc. Datum aus Langenthal in Eile, Samstag d. 7. Mai Ao. 1653 etc. Als untertänige und geneigtte Niklaus Löüwenberger Obmann im Namen der gemeinen Ausgeschossenen des gemeinen Bundes.

85. Aus der Chronik von Johannes Fisch, Aarau

Die Tage ab 7. Mai 1653 alten Stils betreffend, frühes 18. Jahrhundert.

Inhalt: Am 7. Mai 1653 alten Stils sind zahlreiche Bauern in der Stadt, sprechen in den Wirtshäusern davon, nächstens den Wein umsonst und selbst aus den Fässern zu lassen und ihre Schulden mit dem Geld der Städter zu bezahlen. Leichtfertige Vögel unter ihnen erklären, sehen zu wollen, wie sich der Geschlechtsverkehr mit den Frauen der Stadt anlasse. Am Samstag, 14. Mai 1653 alten Stils ziehen die Bauern mit Trompetenschall vor die Stadt und graben gegen Mitternacht den Stadtbach ab. Am 15. Mai alten Stils verlangen die Bauern durch einen Tambour von der Stadt Aarau freien Durchzug zu jeder Zeit und melden im Hinblick auf eine Ablehnung an, dass sie bereits 9000 Mann im Felde stehen haben und noch mehr im Anmarsch sind. Zur Zeit des Gottesdienstes erneuern sie ihre Forderung, diesmal schriftlich und mündlich an Hans Frick und Hans Rudolf Saxer, unter klarer Androhung von Gewalt. Die Burgerschaft von Aarau entschliesst sich zum Widerstand. Sie lehnt die Forderungen der Bauern gänzlich und auf so lange Zeit hinaus ab, wie sie keinen entsprechenden Auftrag der allein zuständigen Berner Regierung beibringen. Dekan Heinrich Nüsperli – als Sprecher einer Zwölferdelegation der Stadt – eröffnet den Bauern auf dem Zelgli, die Genehmigung des Durchmarsches stehe nicht der Stadt Aarau, sondern einzig der Regierung in Bern zu. Die Bauern verlangen nach wie vor freien Durchmarsch, allenfalls an der Stadt vorbei über den Schloss-Steg, und verlangen ausserdem Geld und Truppenhilfe aus der Stadt. Auf die Ablehnung dieser Begehren kündigen sie an, es sei ihre Absicht, Dekan Nüsperli gefangen zu nehmen, die übrigen Aarauer Unterhändler aber niederzumachen. Dekan Nüsperli erinnert die Bauern an die solidarische Haltung der Stadt bei Feuersbrünsten und gegenüber ländlichen Armen und erreicht, dass man die Aarauer Delegation laufen lässt. Danach schickt die Stadt keine Unterhändler mehr zu den Bauern aufs Feld. Sechs Amtleute der Bauern erreichen in der Stadt ebenfalls keine Konzessionen. Die Bauern beten in grosser Zahl in der Vorstadt und melden dann, dass ihnen ein Schreiben General Leuenbergers die Meldung vom Frieden mit Bern gebracht hat. Aarau öffnet aber seine Tore nicht, sondern fordert die Bauern auf, nach Hause zu gehen. Gegen Abend kommen, unter einem Leutnant, die bewaffneten Aarburger an und fordern den Durchmarsch durch die Stadt. Sie hätten Soldaten genug, ihn zu erzwingen. Die Aarauer antworten, sie hätten tapfere Bürger genug, ihn zu verwehren. In

Aarau werden zwei Alarmschüsse abgefeuert, welche die bäuerlichen Belagerer erschrecken und auch in Lenzburg gehört werden, wo nun ebenfalls Alarmschüsse abgegeben werden, die in Zürich gehört werden und die Zürcher Hilfe auf die Beine bringen. Die Frauen und Mädchen, die ihren Ehemännern, Vätern und Meistern Essen ins Feld vor Aarau bringen, fordern sie auf, die Stadt schnell zu erobern, damit sie gleich die Beute nach Hause tragen können. Als sich dies nicht tun lässt, fordern die Frauen eine rasche Eroberung der Stadt, denn sie können das Bauernheer nicht mehr lange aus den vorhandenen Vorräten verpflegen. Eine weitere Bauerndelegation in der Stadt erreicht ebenfalls nichts. In der Nacht des 16. Mai alten Stils entfachen die Bauern vor Aarau mehr als fünfzehn Feuer, um den Eindruck entstehen zu lassen, ihre Macht sei gross. Auf einen Verhandlungsvorschlag der Aarburger und Bauern (Verhandlungen halbwegs zwischen Aarau und Suhr) treten die Aarauer nicht ein. Das Bauernheer, löst sich, zur Unzufriedenheit der Bauernfrauen, auf. Aarau hat Ruhe. Am 22. Mai 1653 alten Stils sind die Zürcher, Schaffhauser und St. Galler in Mellingen, am 24. Mai läuft das bäuerliche Heer von dort nach Art der Hasen nach Hause.

Quelle: Stadtarchiv Aarau, StAAa IV 1, Seite 199 bis 210, freundlich mitgeteilt von Herrn Stadtarchivar Dr. Martin Pestalozzi.

D. 7. Mai ist gar viel Bauernvolk in die Stadt kommen, gaben getrotzt und gepocht, sonderlich in den Weinschenken und Wirtshäusern, sie wollen bald kommen, und selber Wein herauslassen und ausschenken auch vergebens trinken, auch wollen sie sehen, wo die Stadtleute ihr Geld und Silber haben, sie wollen einst die Schulden zahlen; Item sind auch leichtfertige Vögel in den Bauern gewesen, welche gesagt, sie wollen auch sehen, wie es auf den Stadtweibern umen zu trolen seye, solche Spottreden brauchten sie gar viel.

Samstag Abends d. 14. Mai sind die Bauern vor die Stadt Aarau zogen, um Mitternacht haben sie den Stadtbach abgeschlagen, hatten einen Trompeter im Lager, damit man meinen sollte, sie hätten eine Reiterei.

Sonntag Morgens d. 15. Mai schickten sie einen Tambour in die Stadt, begehrten Pass und Repass bei Tag oder Nacht, so viel sie bedürfen und notwendig seien, so man ihnen dieses nicht wolle zusagen, so solle man's wissen, dass sie auf neuntausend stark wirklich schon im Feld und noch viel im Anzug seien.

Da man nach altem christlichem Gebrauch noch den Gottesdienst verrichten wollte, haben die Bauern ein Schreiben in die Stadt geschickt, welches auch verlesen worden, wie sie gegen uns gesinnt seien, wofern man ihnen nicht wolle in ihrem Begehren willfahren, so wollen sie Gewalt brauchen und man solle des Bösen gewärtig sein.

Die Bauern haben ihr Begehren den Herren Hans Frick und Hans Rudolf Saxer vorgebracht und ihnen die Sache sehr kraus gemacht, die Bauern wollen Meister werden.

Hierauf haben diese zwei Herren einer Burgerschaft den Bauernhandel scharf genug vorgebracht, und abermals einen Zettel von den Bauern lassen vorlesen, und begehrten alsbald eine Antwort.

Aber eine ehrende Burgerschaft hat sich erklärt, sie wollen sich wehren, und den Bauern nichts bewilligen, es sei denn Sache, dass sie ein Schreiben von unseren

Bauernkrieg 1653. Zeichnung von Otto Baumberger aus dem Buch «Bilder zur Schweizer Geschichte» von Otto Baumberger, Atlantis-Blätter, ohne Ort und Jahrzahl.

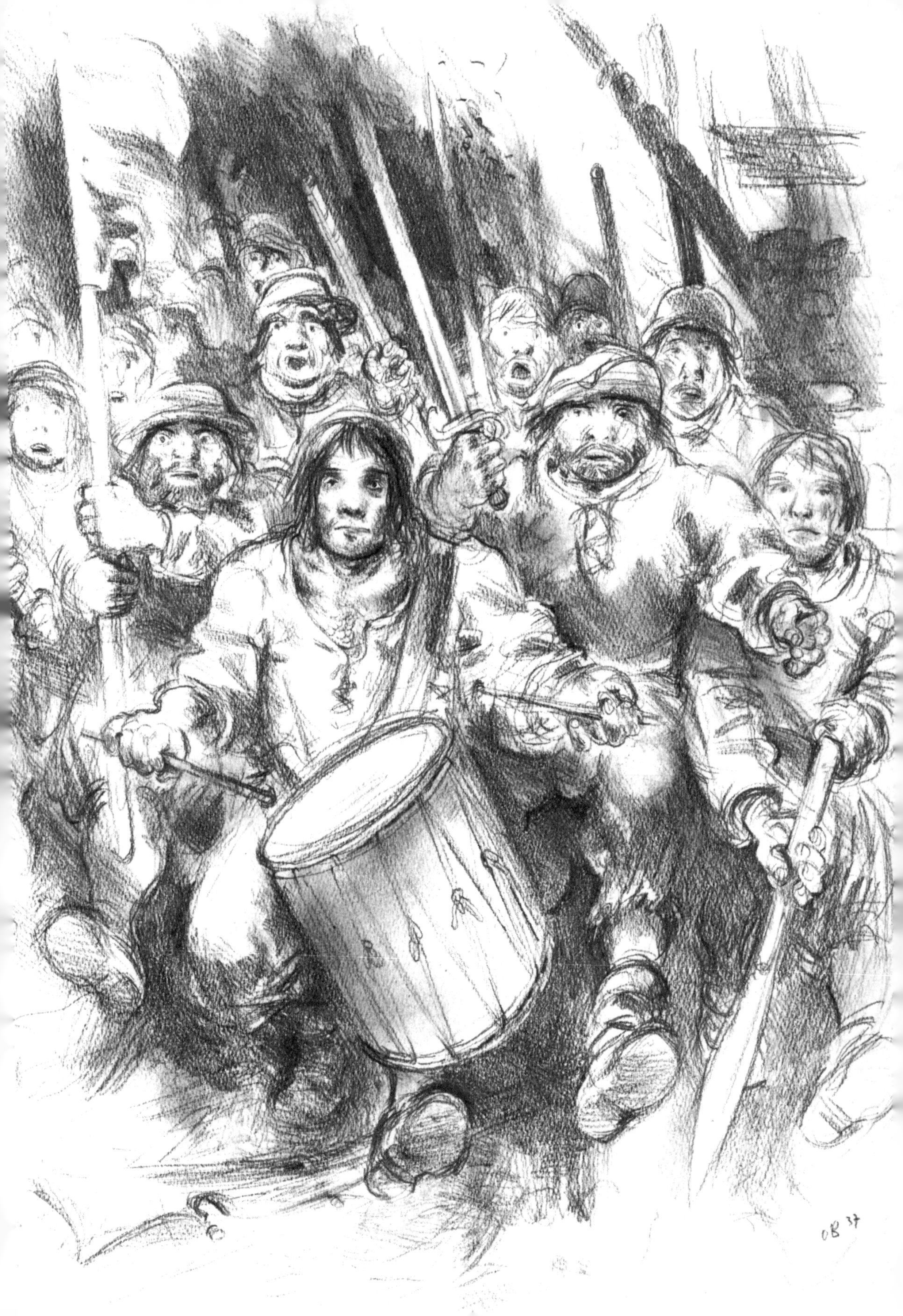

Quellendokumente

Gnädigen Herren der Stadt Bern aufweisen könnten, so soll's ihnen vergünstigt sein, sonst gar nicht.

Der Stadt Ausschuss an die Bauern.

Hierauf ist ein Ausschuss von 12. Mann samt Herrn Dekan Heinrich Nüsperli in der Bauern Lager auf das Zelgli geschickt worden, und haben die Bauern also angeredet, liebe Herren und Nachbaren, der Pass ist nicht unser, sondern unserer Gnädigen Herren.

Die Bauern begehrten, dass man ihnen Geld und Volk aus der Stadt geben solle, und mit ihnen ziehe, auch Pass bei Tag und Nacht, so viel sie notwendig seien, gebe, Baschi Schötter (?) von Gränichen sprach, wenn nicht Geld vorhanden sei, so haben die Herren schön Silbergeschirr, sprachen ferner, es nehme sie wunder, dass man ihnen nicht wolle Pass geben, sie geben doch Zins und Zehnten in die Stadt, dazu Holz zu der Brücke, die Burger antworteten, wenn sie solches nicht schuldig wären, würden sie es nicht geben, die Bauern begehrten endlich, man solle sie den Graben um beim Schlossstägli hinter der Stadt aben, und nur fünfzig auf einmal durchziehen lassen, aber man wollte ihnen nicht einwilligen, da sprachen sie, so wollen wir euch grad jetzt da niedermachen, und den Herrn Dekan gefangen nehmen.

Der Herr Dekan Nüsperli antwortet ihnen und sprach, warum vergeltet Ihr nun Gutes mit Bösem, die Burger haben Euch nichts zuleide getan, sondern haben auch in allen Begebenheiten sich treu und nachbarlich erzeigt, in euern erlittenen Feuerbrünsten in kurzen Jahren, wie treulich ist man Euch beigesprungen, Item wie viel Arme kommen alle Wochen zweimal in die Stadt zu heüschen, da man ihnen reichlich mitteilt, darauf liessen sie den Herrn Dekan und die Burger wiederum gehen, für dies hin hat man nicht mehr zu den Bauern auf das Feld geschickt.

Der Bauernausschuss in Stadt.

Hierauf haben die Bauern sechs Amtleute in die Stadt geschickt, wiederum mit Ernst und Drohen angehalten, endlich mit Güte und Verheissungen, aber alles umsonst und vergeblich, denn man *(wollte)* ihnen gar nichts einwilligen.

Also sind die Bauern an diesem Sonntag den 15. Mai den halben Tag in der Vorstadt umher zogen, und haben sich *(en)* bataille gestellt. Von dem grossen Löwen bis vor den Vorstadtbrunnen hinab, sind niedergekniet und *(haben)* gebetet, dass man in der Stadt vermeint, sie wollen angreifen, als sie vom Gebet aufgestanden, haben sie einen Brief vom Leuenberger gelesen, danach zum Tor geschickt, es sei ihnen ein Brief von Gl. Leuenberger kommen, der melde, dass der Friede von Bern gemacht sei, hierauf wurde ihnen geantwortet, so sollen sie heim zu ihren Weib und Kindern ziehen, aber die Burger von Aarau wollten ihren Betrug nicht merken, und ihnen die Tor öffnen.

Sonntag Abends d. 15. Mai sind die von Aarburg mit fliegenden Fahnen ankommen, da sie nahe zu der Stadt Aarau kommen sind, ist ihr Lieutenant vor die Stadt Aarau treten, mit diesen Worten, sie begehren Pass und Repass bei Tag und bei Nacht, und so viel sie bedürfen, und notwendig seien, auch gesprochen Blut oder Geld, darauf ist ihnen angezeigt worden, ob er auch wisse, wie man eine Stadt auffordere, ja sagte er, man solle wissen, sie haben Soldaten genug, so ist ihnen die Antwort worden aus der Stadt, sie haben Bürger genug und die würden sich tapfer wehren, da hat man die Hirschenbrugg abgeworfen, und alle Tore verschlossen, dieweil zu beiden Seiten der Aare viel Volk um die Stadt war, und immerdar frisches Volk ankam.

An diesem Sonntagabend tat man in der Stadt auf dem hohen Turm zwei Losschüsse, darob die Bauern sehr erschrocken. Flohen alle aus der Vorstadt, die Aarburger machten sich durch die Einfäng durch wie die furchtsamen Hasen, ihr Gemüt war gesunken, zogen gen Suhr, und nahmen den Stadtbach wiederum, diese Losschüsse hat man zu Lenzburg auf dem Schloss gehört, man tat zu Lenzburg auf dem Schloss auch darauf Losschüsse, welche zu Zürich gehört worden, derowegen brachen die von Zürich auf, und kamen bald zum Succurs hierher.

Es sind auch viel Weiber und Meitlein mit Säcken und Zeinen auf das Klein Zelgli in der Bauern Lager ankommen, die ihren Männern, Vätern oder Meistern zu Essen gebracht haben, die sprachen zu ihnen, sie sollen geschwind machen und die Stadt einnehmen, sie wollen da warten, und ihnen die Beute abnehmen und heimtragen; nachdem aber die Weiber ungeschaffter Sache und ohne Beute zurück nach Hause leer gehen mussten, sprachen sie zu ihren Männern, dass sie doch geschwind die Stadt einnehmen und gewinnen sollten, denn sie haben nichts mehr zu Hause, das sie bringen könnten, wenn sie so lang mit der Belagerung werden umgehen, so müssen sie Hungers sterben.

Die Bauern schickten abermals einen Ausschuss in die Stadt Aarau, solche waren von Aarburg, Olten und der Grafschaft Lenzburg, zum freundlichen Willkomm, sotten die Stadtweiber eine Stärke, dieweil der Bauernausschuss vorging, und sprachen, sie sollen nur kommen, sie wollen ihnen mit dieser Stärke z'wagen, haben in der Stadt zwischen den Burgern durchmarschieren müssen, als sie aber wiederum ungeschaffter Sache zu den Bauern ins Lager kamen, haben sie zu ihrem Volk gesprochen, sie glauben, es sei(en) aus jedwederem Aarauer zwei worden.

Montag zu Nacht d. 16. Mai haben die Bauern im Hungerberg, Distelberg und Gönert mehr als 15. Feuer gemacht, und viel Holz verderbt, damit ihre Macht gross scheine.

Dienstag den 17. Mai begehrten die von Aarburg und alle Bauern mit ihnen, die in der Stadt sollen einen Ausschuss machen, und den halben Weg nach Suhr kommen, sie wollen auch den halben Weg kommen, denn sie begehren nicht mehr in die Stadt, aber die Burgerschaft wollte niemanden mehr zu ihnen hinaus schicken, und ihren gar nichts annehmen. Die Bauern zogen heim, aber ihre Weiber waren übel mit ihnen zufrieden, dass sie nichts ausgerichtet haben, aber sie vergassen der Stadt Aarau.

Sonntag den 22. Mai, sind die Zürcher, Schaffhauser und St. Galler gen Melligen zogen.

Dienstag d. 24. Mai sind die Bauern von Melligen weg gloffen, wie die verzagten Hasen, einer hier der andere dort hinaus.

Montag den 30. Mai sind die Zürcher, Schaffhauser und St. Galler mit ihrem Kriegsvolk zu Suhr angekommen, aber die Suhrer vergassen die Aarauer Jahrmärkte zu haben.

D. 22. Juni auf 10 000. Ritter Tag, ist das Kriegsvolk zu Suhr und Gränichen von dem Lager aufgebrochen, und wiederum aus dem Land nach Zürich gezogen.

Aber die Bauern haben mit grossem Schaden erfahren was sie erkrieget haben, zu Bern, Solothurn, Zofingen und Lenzburg sind viele gerichtet worden, und hat sie viel Geld gekostet.

86. Aus dem Tagebuch von Markus Huber, Schloss Aarwangen

17. Mai bis 23. Juni 1653 neuen Stils.

Inhalt: Am 17. Mai 1653 neuen Stils erhalten die Gesandten von der Tagsatzung von Langenthal auf offenem Feld zwar Audienz, erreichen aber nichts, so dass sie nach Hause reiten. In Bipp und Aarwangen wird gemustert, im Schloss Aarwangen erwartet man Belagerung oder Sturm. Am 19. Mai 1653 neuen Stils kommt Bericht von der Belagerung von Lenzburg und Aarau, von Drohungen an Zofingen und von der bäuerlichen Forderung nach Kanonen, um eine Hauptstadt anzugreifen. In Burgdorf und Aarwangen erwartet man nicht den Frieden, sondern den Krieg. Am 21. Mai 1653 neuen Stils entschliessen sich in Langenthal die Aufrührer, zu den Waffen zu greifen und nach Bern zu ziehen. Am 22. Mai 1653 neuen Stils wird je eine Landsgemeinde in Ranflüh und in Liestal abgehalten, um über den Frieden zu unterhandeln. Die Landsgemeinde von Ranflüh fordert Landvogt Niklaus Willading auf, das Schloss Aarwangen zu räumen, sonst werde man ihn hinausputzen. Willading antwortet, über Papier erschrecke er nicht, ohne Gewalt bringe man ihn nicht aus dem Schloss. Am 23. Mai 1653 neuen Stils wird es in der Garnison von Aarwangen unruhig, aber Landvogt Niklaus Willading stellt den Gehorsam mit dem Hinweis auf die von Luzerner Bauern drohende Gefahr wieder her und lässt alles um das Schloss herum liegende, einem Angreifer zum Sturm dienende Material ins Schloss führen. Die Mannschaften aus Aarwangen, ferner 600 Willisauer und Solothurner ziehen gegen Bern, die Landsgemeinde von Liestal endet ohne Ergebnis. Die Emmenbrücke bei Burgdorf wird abgeworfen. Am 24. Mai 1653 neuen Stils sind die über ausgestandenen Hunger klagenden Bauern von Langenthal und Graben (ohne den Auszug) wieder zu Hause, weil zu viel Kriegsvolk im Felde liege. Die Leute aus dem Gäu und aus dem Oberaargau brechen in Richtung Zofingen auf. Man spricht davon, die genannte Stadt, aber auch Aarau, Brugg oder Luzern zu belagern. Am 25. Mai 1653 neuen Stils wird gemeldet, der Friede sei geschlossen worden und die Obrigkeit müsse 45 000 Gulden, General Sigismund von Erlach persönlich davon 20 000 Gulden Kriegsentschädigung an die Bauern zahlen. Diese Nachricht wird nicht geglaubt. Die ganzen Bauern müssen drei Brote, die Halbbauern zwei Brote und die Tauner ein halbes Brot zur bäuerlichen Armee vor Bern liefern. Am 26. Mai 1653 neuen Stils wird die Nachricht vom Frieden geglaubt, der allgemeine Marsch geht gegen Luzern. Am 28. Mai 1653 neuen Stils werden die Pässe auf Befehl Niklaus Leuenbergers geöffnet. Sechs Madiswiler wollen, angeblich auf Befehl Niklaus Leuenbergers, die Aarwangener Fahne aus dem Schloss erhalten, werden aber abgewiesen. Gegen einen befürchteten entsprechenden Anschlag auf das Schloss in der Nacht lässt Landvogt alles vorkehren. Am 1. Juni 1653 neuen Stils wird bekannt, dass die Zürcher in Mellingen stehen, worauf die Bauern das Reisgeld verteilen und gegen Mellingen marschieren. Niklaus Leuenberger reitet am 2. Juni 1653 neuen Stils durch Langenthal und mahnt jedermann, Mellingen entgegenzuziehen. Am 3. Juni 1653 neuen Stils organisieren die Bauern den Brotnachschub nach Mellingen. Gleichentags bricht General Sigismund von Erlach von Bern auf und straft die aufrührerischen Jegenstorfer, von denen sechs getötet werden. Am Abend des 5. Juni 1653 neuen Stils kommt die Meldung, dass Leuenberger mit der Zürcher Armee Frieden geschlossen habe, worauf aus dem Schloss Aarwangen mit 24 Musketieren ein Ausfall unternommen wird. Am Morgen des 6. Juni 1653 neuen Stils wird bekannt, dass General Sigismund von Erlach in Wangen an der Aare steht und dass Wiedlisbach eingenommen, geplündert und zu einem offenen Flecken gemacht worden ist. Aarwangen, Roggwil, Wynau und Langenthal unterwerfen sich. Ein Ausfall Leutnant Rummels mit 20 Soldaten aus dem Schloss Aarwangen scheitert. Die Teilnehmer werden gefangen genommen. Am frühen Morgen des 8. Juni 1653 neuen Stils rückt die gesamte bernische Armee auf

Herzogenbuchsee zu und nimmt, unter Beteiligung des Landvogts Niklaus Willading von Aarwangen, Herzogenbuchsee mit einem Verlust von drei Mann gegen 36 auf Seiten des Gegners. 36 Häuser werden von den Rebellen selbst verbrannt. Die Armee marschiert danach gegen Langenthal, wo die Gefangenen von Herzogenbuchsee ins Kaufhaus kommen. Die umliegenden Dörfer müssen ihre Waffen nach Langenthal bringen, von wo sie nach Bern geführt werden. General von Erlach reitet am 10. Juni nach Aarburg und legt eine Besatzung in die Stadt. Am 20. Juni 1653 neuen Stils werden vier Gefangene gefoltert und zum Tod verurteilt, am 23. Juni 1653 neuen Stils zwei von Langenthal aufgehängt, gleichzeitig in Zofingen Luzerner und ein Solothurner hingerichtet. Es folgen, nach dem Abmarsch der Armee, weitere Strafen in Bern, Lenzburg und anderswo.

Quelle: Paul Kasser, Die Geschichte des Amtes und Schlosses Aarwangen, zweiter Teil, in: Archiv des Historischen Vereins des Kantons Bern, XIX. Band, Bern: Gustav Grunau, 1909, Seiten 237 bis 446, Seiten 298 bis 307.

Den 17. Meien kehrten die Herren Gsandten wiederum nach Langenthal *(zurück)*. Ihnen wurde zwar mit ziemlichem Respekt auf dem Feld Audienz gegeben, mochten aber nichts erhalten, weil der Sag nach die Sach je länger je böser worden. Als ritten sie folgends wieder nach Haus.

Dito musteret man zu Bipp, wie auch Montags nächst darauf zu Arwangen und erwartet man eine Belagerung oder Sturm.

Es käme den 19. Bricht, wie Lenzburg und Aarau belägert wären und begehrten die Aufrührer Stuck heraus zu haben, eine Hauptstadt anzegryfen; dröwten auch der Stadt Zofingen sehr hart, auch Burgdorf und Arwangen und hatte man schlechte Hoffnung zum Frieden, indem solche Hostiliteten vorgingen, welche dann zum Krieg gnugsam Anlaß gaben.

Den 18. war alles still, usgnommen daß die Aufrührer zu Langenthal noch versammlet waren und hetten nach Bern um Antwort geschrieben.

Den 20. kamen sie wiederum zu Langenthal an und wurde dorten ein Zusammenkunft gehalten und erwartete man ihres Schlusses.

Den 21. erfolgte selbiger, welcher war, daß man aller Orten zu den Waffen griffe und Bern zuzohe; man hörte dito stark schießen, unwissend, was es bedeuten möchte. Der Sag nach war die Stadt belägert und wehrte man sich mit Stucken.

Den 22. war ein Landsgmein zu Ranflüh und eine andere zu Liechtstall angestellt worden, um Frieden zu handeln. Es bekäme der Herr Landvogt von Arwangen ein Befehl von der Landsgmein, das Schloß für sein Person, so lieb es ihm sonst seige, zu räumen oder man wollte ihn mit Gwalt daraus putzen. Er antwortet aber, ab Papier erschrecke er nit, ohne Gwalt könne das nit gschehen.

Den 23. zoge der Auszug von Arwangen auch hinweg, dazu 600 Willisauer und etliche Solothurnerische Unterthanen, welche alle auf Bern zuzogen und liefe die Liestalische Landsgmeine unfruchtbar ab. Die Emmenbrugg zu Burgdorf ward abgeworfen; und wurde aus Verwirrung der Sachen das nach Bern ziehende Volk bald wieder heim, bald fortzuziehen ermahnet. Es zugen die Arwanger auch dahin und sagte man bständig, daß Arwangen, wyll man jetzunder vor Bern kriege, sollte von Luzernerischen Buren gstürmt werden; gstaltsam dann alle Dorfsgnossen zu flöchnen angefangen; und käme ein Zytung, es wäre eine Friedensberedtnus zwischen einer hohen Oberkeit und den Unterthanen angstellt zu Ostermundigen unweit von Bern. Es finge die Arwangerische Guarnison an zu muttinieren; wurden aber so fehrghalten uf Zuspruch des Herrn Landvogts: man wäre selbigen Abends die Luzerner gwärtig, danahen der Herr Landvogt um minderer Fürderung ließe alle das Schloß unden liegende Hölzer, Läden und andere zum Sturm sonst förderliche Sachen abweg und in das Schloß inhin thun.

Den 24. kame dies, daß die Langenthaler und Grabenbauren ohne den Auszug wiederum anheimsch wärend, vorgebend, man hätte zuviel Volks; gabend auch zu verstehen, daß sie an dem Hungertuch genäget hätten.

Dito liefe alles Volk im Geu und hierum nach Zofingen. Die gemeine Sag war, sie wollten selbige Stadt, wie auch Aarauw und Brugk belägeren aber dem Verlaut nach wollte alles nach Luzern, selbige Stadt wegen zweien totgeschossenen Schildwächtern zu belägern.

Den 25. gab es Zeitung, der Frieden wäre geschlossen mit Vermelden, es hätte ein hohe Oberkeit by 45000 Gl. Kosten bezahlen müssen, an welches Herr General von Erlach 20000 Gl. steuren solle, welches aber nicht konnte von uns geglaubt werden. Wohl war es wahr, dass sie viel geforderet an Kosten, bliebe aber endlicht by 50000 Pfund, die der Stand und by 3000 Pfund die Herr General zahlen sollte, welches ihnen auch versprochen worden, wann sie abziehen von Bern und weiteren Auflauf verhindern wolten.

Es ginge hin und wieder ein Brod bettlen; da dann zu Arwangen und dort herum ein Bauer 3, einn halber Bauer 2, ein Tauner aber ein halb Brod geben müssen, welches dem Läger zugeführt worden ward.

Den 26. marschierte noch alles auf Luzern zu und wurde der Frieden für gwüss geschlossen ze sein ghalten, thäte man nur allein auf Brief und Bestätigung warten.

Den 28. brachten 6 Madiswyler einen Zedel Inhalts: wie der Löwenberger dem Landvogt von Arwangen anbefohlen habe, den Arwangerfahnen heraus zu geben. Man schickte sie aber mit ganz kurzen Worten ohne Fahne wieder heim.

Dito kame gwüßer Bricht, wie dass der Frieden gmacht wäre und zogen die Rebellen wieder ab von Bern und zogen heim, vorgebend, es hette ein Stadt Bern obgemeldete Summe den Luzernern und Solothurnern erlegen müssen, welches aber nocht nicht geschehen war.

Uf dieses haben die Bauern die annoch Gefangenen ledig gelassen und der Löwenberger die Päß an allen Orten öffnen und die Durchreisenden mit Paßzedlen und ungehindert durchziehen gheißen.

Dito wurde entdeckt, wie die im Geuw gebethen wärend, die am vorigen Tage abgeschlagnen Fahnen mit Gwalt abzeholen, maßen sie dann einen Anschlag auf das Schloß gemacht, dass sie es Nachts mit Hilfe der Arwanger Dorfwacht überfallen sollten, zu dem Ende dann selbige keine Schildwach mehr uf die Brugg gestellt. Der Herr Landvogt, so gewarnet worden, schloße die Brugg zu, ließe auch gute Wacht halten; da blieben sie für selbigen Abend us.

…

Den 30. liefe alles uf Luzern und wollten die Stadt schleifen ihrer Sag nach; die von Langenthal, Bannwyl und Arwangen, Wynauw und Roggwyl kamen dito in die Wehr; Melchnau war schon den 28. darin gewesen.

Den 1. Juni kame Bricht, wie daß Mellingen von der Zürcher Aarmee eingenommen worden. Die Bauren allerorten wurden ufgemahnt, das Reisgeld under die Uszüger usgeteilt, alle nacher Mellingen zlaufen gemahnt, dann die Zürcher – wie sie von Bauren wurden genamset – thäten gar grossen Schaden.

Den 2. ritte der Löwenberger durch Langenthal, mahnete alles uf nacher Mellingen.

Den 3. tragend die Bauren hin und wieder Brot zusammen, nacher Mellingen zefertigen.

Den 8. Juni obgesetzten ist Ihr Gn. Herr General Sigmund von Erlach von Bern usgezogen und die ufrührerischen Jäggistorfer gestraft, deren 6 geblieben und viel gefangen worden.

Den 5. käme Abends diese Nachricht, wie Löwenberger mit der Zürcherischen Armee, den Frieden gmacht hette; verreiste druf obsich; uf welche (Nachricht) von Arwangen us eine Partie von 24. Musquetieren gemacht worden, welche aber zu spat kamend. Man finge aber Emanuel Sägisser, des Löwenberger Gspanen und Bruder – so namsete er ihn in einem bei ihm gefundenen Schreiben – samt seinem Sohn und Vettern, als sie beim Löwenberger zu Langenthal Rats pflegten *(d. h. gepflegt hatten)* und in der Heimreis warend.

Selbigen Abends kame Zytung, Wangen wäre eingenommen und die Rebellen daraus verjagt worden. Darauf ließe der Herr Landvogt uf die hin und wieder in Wehren laufenden Aufrührer Für geben.

Den 6. Morgens kame Zytung, daß der Hr. General von Erlach mit seiner Aarmee zu Wangen angelangt und dort das Läger gschlagen; daruf entfiele den Bauren das Herz, die Arwanger kamen und baten um Verzeihung, desgleichen thäte Roggwyl und Wynau.

Selbigen Abends kam Zytung, wie die Rebellen sich in etliche Tausend Mann stark besammelt hätten, weil vorigen Tags durch das Morlotisch Regiment zu Fuß und die Reuterey Wietlisbach ingnommen, alles gspoliert, die Porten niedergrißen und also zu einem offnen Flecken gmacht worden auch also das ganze Amt Bipp zur Ghorsame gebracht worden, welches Langenthal erschreckte, daß sie sich zur Huldigung untergabend. Selbige ganze Nacht hielte die ganze Aarmee in Waffen, der Bauren mutwilligen Überfall zu verhüten. Es wurde Lieutenant Rümmel mit 20 Schnapphahnnen zu spähen usgeschickt, aber von den Bauren mit der ganzen Parthey gfangen und übel traktiert.

Den 7. Morgens um 1½ Uhren fiele urplötzlich Meteoron stellae cadentis sehr groß, welches ein gewaltigen Schein von sich gab, also, daß viel Roß schühen thaten; Dieses Zeichen in so übermäßiger Grösse machte viel böse Gedanken. Die ganze Armee erschrak darab und wurden unterschiedliche Diskurse darob gehalten. Der Landvogt von Arwangen hielte solches für ein fröhliches Zeichen und vermeinte, daß es in kurzem zu einem Schlahen geraten werde und ufs Hr. Generalen Syten der Sieg behalten werde.

Den 8. früh marschierte die ganze Aarmee, uf Herzogenbuchsi zu, trafe aber zu Wanzwyl etliche rottierte Ufrüehrer an, welche den Paß verlegen wollten. Die Armee aber kame zu Heimenhausen über den Paß. Da wurde die Reuterey vorhar kommandiert, welche aber um etwas irre ginge und also bald bym Fußvolk nicht sein mochte; man hörte die Bauren stürmen, welche sich ins Korn und Häg verkrochen hatten und sonst sich im Dorf verschanzt, resolviert, sich zwehren. Daruf wurden 8 Reuter kommandiert, uf das Dorf zu gehen, wie es darin beschaffen wäre. Weil aber die Bauren sich stark im Feld zur rechten Hand im Vorthel erzeigten, kommandiert Herr General etliche unter Freiherr von Roll die Höhe hinter der Kirchen ynzunehmen. Rittm. von Erlach ritte ins Feld, die Bauren vom Hinterzühen abzuhalten. Entzwischen ritte Herr

209

General ins Dorf mit einem Begleit, wurde mit Schüßen von Bauren empfangen, doch ohne Schaden Als nun Herr Freiherr vom Roll gesehen, daß die gemeldte Höhe nicht zu behalten, hat er sich nebet andern uf das Feld begeben. Die Meiste Ursach deßen war, daß man wegen etlich Hägen nicht gegen dem Dorf durchkommen konnte, gleichwohl schossen die Bauren heftig auf die Reuterey, also daß von Nöthen wär, ein Bricht zu holen, welches sie auch durch den Herr Landvogt von Arwangen verrichtet, welcher aber den Herr General nit bei dem Fußvolk fande, als welcher noch in dem Dorf bei den Bauren gesein. Als der Herr von Arwangen gsehen, daß der Herr General nicht zugegen, er aber der Reuterey die Häg gern geöffnet hät, damit sie mit der Faust mit den Bauren zu fechten kommen möchtend, bate er die Hauptleut von Neuenburg, daß sie ihm 25 Musquetierer den Zaun zu öffnen geben wollten und dann solche mit 50 Mann und einem Wachtmeister, welches sie auch willig thaten und wurde entzwischen befohlen, daß die ganze Aarmee fortsetzen sollte, wylen der Herr General im Dorf selbiger nötig sein vermeint wurde; ginge deßwegen mit obgemeldten Musquetieren dem Hag, allwo die Bauren hievor gewesen, nah, scharmützierte mit selbigen etwas und ginge hernach zu dem übrigen Fußvolk in die Straß. Als nun die Sach zum Ernst sich anließ, besetzte der Herr General die Straß und befahl dem Hr. L.vogt von Arwangen und Herrn Obrist Lieutenant von Villard Candieu über die Höhe und Hage durch das Eichholz den Weg bis zu einer kommlichen Straß in das Dorf uf der Bauren Vorthel, die Höhe und Kilchhöf, zu gehen, welches auch geschah, also daß mit dem Fußvolk gedachter Herr von Villard die Straß mit Fechten einnahm und darauf dem Dorf zu allgemachs, soviel den Bauren Widerstand zu leisten, sich herzhaft zunahete. Indem befahl der Herr General dem Herr von Arwangen, der mit 600 Mann über die Höhe, straks gegen den Feind, so vor dem Kilchhof auf einer Matten gehalten und hinter etlich Zünen im Vorteil lage, anzugehen, welches nach Aushaltung einer starken Salve von den Bauren har geschähe; darauf zwar die Musquetiere zugleich geantwortet und auf die Bauren geschossen, aber die Spießknecht in Unordnung gerieten, welche der H. von Arwangen mit blossem Dägen in der Faust zum Stand zwange, ihnen ein Herz einsprach und us Befehl des Generals die hinteren Musquetierer zum Succurs anführte, deßen die Picenierer folgten, also daß die Häg zerrißen und man nach an den Feind kame, daß allein ein Hag noch im Unterschied war. Der Herr von Arwangen ließe die Musquetierer angehen, die thaten eine Salve, ward ihnen von den Bauren geantwortet, darauf rüfte er dem Herr General um Stuck zu, vermeinend, daß die Bauren har in ihrem Voteil noch lägend auf dem Kirchhof. Sobald das die Bauren hörten, fingen sie an zwychen; denen folgeten etliche nach und wurden etliche niedergemacht. Weil die Sache nun also zuging, marschierten us Befehl des Herr General die Uszüger und etliche Neuenburgische Truppen der Straß und nächst gelegenen Matten nach in das Dorf, der Reuterey nach, denen etliche Truppen zu Fuß folgten. Mittlerwyl gelang es dem Herr Villard sowohl daß er das ganze obere Dorf ynbekame und andersits die Straße auf Hegen besetzte, ward in die rechte Hand durch ein Musquetenschuß verwundet. Es wurde auch der Kirchhof erobert und nach diesem der Find aus dem Dorf ganz geschlagen. Endlich kame die ganze Macht in dem Dorf an und wurden etliche Häuser von den Rebellen selbst verbrennt. Häuser verbronnen sind 36, ohne die Schürli und Spycher, deren über die 30 gewesen. Uf des Finds syten wurden by 36 erschlagen, und unser aber drei.

Von Herzogenbuchee marschiert die Aarmee uf Langenthal zu, die Gfangne zu Buchsi wurden in das Kaufhaus yngesperrt. Die umliegenden Dörfer mussten morgens ihre Wehr dahintragen, welche ihnen abgenommen und nachgehend uf Bern zugführt wurden. Die bösen Rebellen entwischten.

...

Den 10. Juni ist der General mit etlichen Stucken und starkem Begleit nacher Aarburg geritten, allda dem Herr Landvogt Luft gemacht und in das Städtlin ein Zusatz gelegt.

Folgender Zyt wurde die Aarmee in nächstgelegne Dörfer glegt, viel Gfangne wurden in die Schlösser gebracht. Die Gfangnen im Schloß Arwangen wurden den 20. Juni im Bysin Herrn Venner Frischings, Herr Landvogts und anderer Herren examiniert und gfoltert. Uf den Abend wurde 4 das Leben abgesprochen: Der erste war Emanuel Sägisser von Arwangen, der zweite Bernhard Herzog von Langenthal, drittens Ulli Flügkiger von Rohrhach, welcher neben der Rebellion ein 4. Ehbruch begangen, der vierte war Christen Blaser, welcher nacher Bern Commisbrot geführt, auch den ersten Brüggel aus dem Entlibuch ins Emmenthal getragen, auch soll er gsagt han, die Herren von Luzern und Bern handlend diebisch mit ihren Unterthanen; war auch zu Herzogenbuchsee gfangen worden. Die drei ersten wurden zum Schwert verurteilt und die Köpf uf den Galgen genaglet, der vierte aber zum Strang.

Den 23. sind zwei von Langenthal zum Strang gericht worden. Es wurden auch selbige Wuchen zu Zofingen Luzerner Rebellen und ein Solothurner hingerichtet.

Als die Aarmee heim zogen, wurden drei zu Bern zum Tod verurteilt, deren einer von Höchstetten, welcher bekannt, daß er schon 13 Jahr mit diesem umgangen und ins Werk zerrichten begehrt, in vier Teil geteilt worden, und drei Teil gen Hutwyl, Signau, Sumiswald, wo die Landsgmeinen ghalten worden, geschickt. Bald darauf wurden wiederum zwei davon enthauptet. Folgender Zeit wurden Herr General mit Herr Venner Frisching und Ratsherr von Grafenried usgschikt die in den Schlössern gfangenen Bauren zu examinieren und abzustrafen, deren etliche an Geld gstraft, etliche ans Halsysen gestellt, und einer zu Lenzburg mit dem Leben gebüßt worden. Etliche auch habend wegen Schmähworten in den Kirchen ein Wiederruf thun müssen. Wurde auch von alle absolvierten und ledigen die Huldigung ufgnommen.

87. Ultimatum der X Ämter an die Luzerner Regierung

18. Mai 1653 neuen Stils.

Inhalt: Da die Herren von Luzern keine Beweise dafür beibringen können, dass die Entlebucher ihre Untertanen seien, will das Land Entlebuch in Zukunft keine Landvögte mehr annehmen und die Herren von Luzern nur noch als Schutz- und Schirmherren anerkennen, wie die Stadt Sempach dies tut. Wenn sich Beweise finden, dass die Luzerner Regierung Berner Truppen gegen das Entlebuch zu Hilfe gerufen hat und diesen Truppen das Plündern gestattet worden ist, wird den Angehörigen der Luzerner Regierung der Schuldendienst nicht mehr geleistet werden, den Luzerner Burgern und jenen Angehörigen der Regierung, die nicht zu solchen Massregeln geraten haben, jedoch wohl. Zur Wiederherstellung des guten Namens der Entlebucher und ihrer Verbündeten soll das durch die Tagsatzung in Baden erlassene Mandat widerrufen werden. Die Entlebucher und ihre Verbündeten sollen eine Kriegsentschädigung erhalten. Die ungebührlich grossen Bussen sollen (von der Regierung oder deren Würdenträgern) zurückgezahlt werden. Auf diese Forderungen soll die Regierung eine vollständige Antwort bis spätestens am 22. Mai 1653 neuen Stils geben.

Quelle: Alois Vock, Der Bauernkrieg im Jahre 1653 oder der grosse Volksaufstand in der Schweiz, dritte Auflage, Aarau und Thun: J. J. Christen, 1837, Seiten 285, 286.

Weil die Herren der Stadt Luzern keine andern Briefe aufweisen können, dass Wir ihre Unterthanen seien und bleiben sollen, so ist unsere Meinung und Wille, dass wir endlich gesinnt seien, von der Stadt Luzern keine Landvögte mehr anzunehmen, und ihnen zu schwören, sondern die Herren der Stadt Luzern nicht anders als für Schutz- und Schirmherren zu halten und zu erkennen, und bei unserem Vidimusbrief, so unsere Voreltern mit Euren Voreltern gemacht, die Herren der Stadt aber an uns gebrochen haben, zu verbleiben. Darum wir keinen andern Vertrag machen wollen, als sie für Schutz- und Schirmherren anzusprechen und zu erkennen, wie sie es über Sempach sind, und vor Altem über unser Land Entlebuch auch nichts anderes gewesen sind. –

So wird man Nachfrage haben, von wegen, dass wir sollen als Raub verzeigt und übergeben worden sein[33], und weil wir von unseren Mitbundesgenossen sind verständigt worden, dass solches über uns hätte geschehen sollen, so will man nach diesem bessere Nachfrage halten, und, so man auf wahres Beweisthum kommen kann, ja! so wollen wir den Herren Räthen (Mitgliedern der Regierung) ihre Gülten auch nicht mehr zukommen lassen und bezahlen; aber den Burgern und Unschuldigen, welche zu solchem nicht gerathen haben, sollen sie ordentlich bezahlt werden. –

Es soll uns das Mandat, so zu Baden ausgegangen ist, widerrufen werden, damit wir unsern guten Namen haben und zufrieden sein können. –

Es soll uns der Kosten, wegen des gegenwärtigen Handels, erlegt und bezahlt werden. –

Wollen wir die grossen, ungebührlichen Bussen, die uns gehören, wieder zurück haben. –

Auf diese unsere Meinung sollet Ihr, laut Eurem Versprechen, auf's Längste bis auf den Donnerstag, das ist, den 22. Mai, ohne allen Fehler vollkommen, ausdrücklichen Bescheid und Antwort schicken und geben. Wisset Euch hiemit zu verhalten. *(Unterz.)* Die Ausschüsse von den Ämtern, unsern Bundesgenossen, und einer ganzen Gemeinde des Landes Entlebuch, zu Schüpfheim versammelt.

88. Ultimatum Bundesobmann Leuenbergers an Bern

Langenthal, 8. Mai 1653 alten Stils.

Inhalt: Die Berner Regierung wird aufgefordert, bis nächsten Dienstag vollständige Antwort auf alle ihr eingereichten Klagen an Obmann Niklaus Leuenberger, Schönholz, zu senden. Im Weigerungsfall wird die Stadt Bern durch den Landleutebund einer Lebensmittelblockade unterworfen. Sobald Frieden geschlossen ist, werden Zinsen, Zehnten, Gülten und Renten wieder bezahlt werden.

Quelle: Staatsarchiv Bern, A IV 183, Seite 213. Wir danken den Mitarbeiterinnen und Mitarbeitern des Staatsarchivs Bern, unter ihnen besonders auch den Herren Peter Hurni und Vinzenz Bartlome, für ihre Unterstützung.

Hochgeachtete Gnädige Herren Oberen und getreue Väter etc.

Wir sind der tröstlichen Hoffnung gewesen, Ew. Gn. wurdent uns auf unser letztes übersendetes Missiv so datiert den 7. hujus alsbald antworten damit wir ab dem grossen Kosten käment und wüssten woran wir weren: dieweil: und ob solches nicht beschehen: so bitten: untermalen wir Euch auf das Höchste, dass Ihr uns bis auf das Längste auf nächst künftigen Dienstag auf alle übersandten Klagen runde Antwort schicken, und solches dem Obmann Niklaus Leuenberg übersendet werde gen Schonholtz zu seinem Haus. Wo das nicht, sollt Ihr vergewissert sein, dass wir Euch keine Früchte noch andere Victualien mehr wollen lassen zukommen: wenn aber der liebe Friede zwischen uns gemacht und angenommen wird, sollen Ew. Gn. versichert sein, dass wir dann als getreue Untertanen, Euch Zins, Zehnten, Rente und Gülten, und was wir E. Gn. aus schuldiger Pflicht auszurichten gern geben wollen wie von alters her laut unseren Klagen damit E. Gn. W. göttlichem Gnadenschutz wohl befehlend.

Datum aus Langenthal, aus unserer gemeinen Bundesversammlung den 8. Mai Ao. 1653. E.G. untertänige und geneigte Niklaus Löüwenberg Obmann des versammelten Bundes.

89. Berner Ratsbeschlüsse

Bern, 9. und 10. Mai 1653 alten Stils.

Inhalt: Zürich, Basel und Freiburg werden über die Meinungen der Rebellen unterrichtet und um militärische Bereitschaft gebeten, Sigismund von Erlach wird zum General gewählt, gegen die den Nebenmenschen, Spitäler und Gotteshäuser beraubenden Massnahmen der Rebellen und ihren Anspruch auf Beurteilung der Amtleute wird protestiert.

Quelle: Staatsarchiv Bern, A IV 183, Seite 260. Wir danken den Mitarbeiterinnen und Mitarbeitern des Staatsarchivs Bern, unter ihnen besonders auch den Herren Peter Hurni und Vinzenz Bartlome, für ihre Unterstützung.

Zürich, Basel, Freiburg werden der Rebellen endliche Meinungen kommuniziert, mit Bitte, die Hilfe gerüstet zu halten. Datum 9. hujus

H. von Erlach wird zum Generalen über das 3 städtische Volk erwählt. Datum 10. hujus *(Mai)*

Den Rebellen wird über ihre schändlichen nach der Regierung dringenden, übermütigen, gottlosen, mit vorhabender Beraubung des Nebenmenschen, Spitäler und Gotteshäuser, in öffentlich angekündigter vermeinter Aufhebung und Weigerung, schuldiger Zinsen, Zehnten, Gülten, und Renten, auch anmassender Fürstell- und Abstrafung der Amtleute überschickten Punkte, refutando et protestando geantwortet.

Datum 9. Mai 1653.

90. Beat Jakob Zurlauben an seinen Vater Beat Zurlauben

19. Mai 1653 neuen Stils.

Inhalt: Landschreiber Beat Jakob Zurlauben hat am 18. Mai 1653 neuen Stils einen Boten ohne Brief nach Lenzburg geschickt. Der Bote ist von den Bewohnern von Hendschiken erwartungsgemäss durchsucht aber, da ohne Briefschaften, wieder entlassen worden. Landvogt Georg Tribolet hat mittels desselben Boten Landschreiber Zulauben mitgeteilt, dass noch nichts ausgemacht sei. Sobald er etwas erfahre, werde er es ihm mitteilen. Wenn wahr ist, was Kaplan Kaspar Mutschli von Villmergen seinem Bruder nach Bremgarten geschrieben hat, ist es nötig, die Pässe mit Truppen zu versehen. Zurlauben versucht, vom Pfarrer von Hitzkirch zu erfahren, ob auch Hitzkircher bei der Beschwörung des Huttwiler Bundes gewesen seien. Pfarrer Heinrich Frey lässt mündlich

213

ausrichten, er wisse es nicht, könne aber auf jeden Fall keine Briefe schreiben, da er seines Lebens nicht sicher wäre.

Quelle: Zurlaubiana AH 69/51, ein den Herausgebern von Herrn Dr. Rainer Stöckli, Zurlauben-Bearbeitung, Aargauische Kantonsbibliothek, Aarau, freundlich zur Verfügung gestelltes Dokument aus der Sammlung Zurlauben, Regesten und Register zu den Acta Helvetica, Gallica, Germanica, Hispanica, Sabaudica etc. necnon Genealogica Stemmatis Zur-Laubiani, bearbeitet von Kurt-Werner Meier, Josef Schenker, Rainer Stöckli, Serien 1ff., Aarau, Frankfurt am Main und Salzburg: Sauerländer, 1976ff.

Jch hab gestern den Lüti ohne brieff nur mit einem kleinen Zügnus Zedeli das man Jmme glauben geben könne, *(in Sachen Bauernkrieg)* gen Lenzburg geschikht, der ist wie ich gemuotmaset, vohn den Henschiakhern *(= Hendschikern)* uszogen und ersucht worden ob er brieff habe, weilen sy aber nichts bey Jme funden habendt sy Jn fohrtgelassen, Der bringt mir vohn Lenzburg, das bis dato noch nichts usgmacht, man erwarthe stündtlichen bericht, undt sobald H. Landtvogt *(Georg Tribolet)* daselbsten was vernemme, welle er mich durch einen Soldaten minen avisieren. Bykommendt hatt er zu sehen was der H. *(Kaspar)* Mutschli Caplan *(zu St. Michael)* zu Vilmergen sinem bruder Fendrich *(Hans)* Mutschli *(von Bremgarten)* schreibt. Wem nun deme allem also, so ist vohn nöthen die päss mit Volk zu verwahren.

Zu Hizkirch habe ich auch ein potten by H. pfarherrn *(Heinrich Frey)* zu erkundigen ob ettwan vohn dohrt … zu Huttwyl *(an der Beschwörung des Bauernbundes)* gsyn.

Lüti bringt auch vohn Lenzburg, dass vohrgestern zwen *(Berner)* Oberländer puhren den pass für Jr volk zu Aarauw begert, sye Jnen abgeschlagen worden, den die Stadt woll mit der oberkheit *(Schultheiss und Rat von Bern)* halten. Jst zu sorgen sy habendt ein böses absehen.

Der Leüffer *(der Freien Ämter, Ulrich Koch)* hatt befelch die 74 gl. 36 ss sambt 9 gutgl. 22 1/2 ss by H. Decan *(von Zug, Oswald Schön)* einzuziehen und 50 stück Anckhen darus zekauffen, das übrige mir zuzebringen. Pitte den Herrn Vattern wegen H. Decans auch verhulflich zesin, weilen ich dessen höchst mangelbahr. Der H. vohn Hizkirch erpietet mir mundtlichen das er nit brieffe schreibe er wehre lyb und läbens nit sicher, wüsse aber nit ob ettwar vohn Hizkirch zu Huttwyl gsyn sye. Grad iez fahr ich nacher Mury.

91. Johann Franz Ceberg an Beat Jakob Zurlauben

Baden, 24. Mai 1653 neuen Stils.

Inhalt: Die Windischer Fähre ist durch 400 Berner Bauern besetzt worden, die Wache halten und das Fährseil entfernt haben. Es wird gemeldet, Verstärkungen von 4600 Mann seien auf dem Anmarsch. Die an der Fähre von Stilli erwarteten Solothurner Bauern sind dort nicht eingetroffen, wie die obrigkeitlichen Wachen der Grafschaft Baden gemeldet haben. Die Berner Bauern erklären, es gelte zu verhindern, dass die Zürcher Regierung der bernischen zu Hilfe komme, gerade so wie gemeldet wird, dass 20000 Berner Bauern den zur Unterstützung Berns heranziehenden Genfern den Weg verlegen. Hofmeister Wolfgang von Mülinen-May und seine Frau Margaretha haben sich von Königsfelden kümmerlich nach Brugg retten können. Die Bauern sprechen dem Wein aus dem Königsfelder Keller zu. Der Zürcher Bürgermeister Johann Heinrich Waser und Landschreiber Johann Franz Ceberg sind am 23. Mai 1653 neuen Stils in Mellingen gewesen, um mit den Mellingern über ihre Sicherheit zu sprechen. Sobald die Anwesenheit Wasers in Mellingen bekannt geworden ist, ist ein Sturm ergangen, worauf bald 100 Bauern unter Androhung der Verwüstung der Feldfrüchte Einlass in die Stadt begehrt haben. Waser und Ceberg sind daraufhin unter dem Eindruck, die Mellinger neigten den Bauern zu und wollten keine Zürcher Besatzung in ihren Mauern, nach Baden zurückgeritten. Ceberg erhält durch einen Boten am 23. Mai 1653 neuen Stils, um 22.00 Uhr, in Baden eine erneute Einladung der Stadtobrigkeit nach Mellingen, wo mittlerweile rund 400 Bauern eingetroffen seien. Ceberg steht zur Zeit der Abfassung des Briefes unmittelbar vor der Abreise nach Mellingen. Wie es um den Ausgleich zwischen Obrigkeit und Bauern in Basel steht weiss man nicht, in Zürich geht die Anwerbung von Kriegsvolk nur langsam vonstatten.

Quelle: Zurlaubiana AH 40/36, ein den Herausgebern von Herrn Dr. Rainer Stöckli, Zurlauben-Bearbeitung, Aargauische Kantonsbibliothek, Aarau, freundlich zur Verfügung gestelltes Dokument aus der Sammlung Zurlauben, Regesten und Register zu den Acta Helvetica, Gallica, Germanica, Hispanica, Sabaudica etc. necnon Genealogica Stemmatis Zur-Laubiani, bearbeitet von Kurt-Werner Meier, Josef Schenker, Rainer Stöckli, Serien 1ff., Aarau, Frankfurt am Main und Salzburg: Sauerländer, 1976ff. Standort des Originalschreibens: Kantonsbibliothek Aargau, Sammlung Zurlauben, Acta Helvetica, Band 40, Blatt 60 und 61 – Blatt 60v leer.

Adresse:
Herren ... Herren haupt: Beat Jacob Zur lauben Landtschriberen in Fryen Embteren Zue bestellen
Bremgarten.

Woledler Gestr*(enger)* ... Hochgeehrter herr Schwager ...
Jch Zweifle nit es werde der H. schwager ungvehr aller gesteren Verloffnen sachen berichtet sein.
Zue Windisch haben 400 Berner Pauren dess Fahrs sich bemechtiget, dass seill abgenommen, und fleissige wachten halten, mit vermelden dass mehrer folgen werden, biss 5000 Man sein werden, Jtem dass an die stille *(= Stilli)* etlich 100 Solothurner Pauren auch nechst Abents ankommen sollen, Welches aber nit beschechen, wie Wir von Unnseren alhie aufgestelten Wachten berichtet seindt. Die Pauren sagent, beschech alles under dem nammen, damit die Zürcher den H: von Bern nit hilf thun mögen, weil Sie verstanden dass man Jn Zürich starkh werben thüe.

Dieweil etwas Volkhs von Genf nacher Bern gewolt, seindt 20 000 Berner Pauren aufgebrochen, undt aller ohrten die Päss Verlegt.

Herr hoofmeister Zue Königsfelden *(Wolfgang von Mülinen)* hat sich mit seiner haussfrawen *(Margaretha May)* kümerlich nach Brugkh *(= Brugg)* solviren mögen, und machend sich die Pauren in Königsfelden ob seinem Wein Keller lustig.

Gestern bin Jch mit h: Burgermeister *(von Zürich, Johann Heinrich)* Wasern *(= Waser)* Jn Mellingen gewesen, in Meinung mit den Mellingeren ein abredt umb Jr sicherheit Zu pflegen, oder wie man Jnen auf den fahl Succuriren köndte, so baldt aber die Pauren dess H. Burgermeisters Jnen worden, die Zue Mellingen mit Creütz gewesen, Jst in nechst gelegnen Ohrten in fryen Embtern ein sturmb ergangen, undt seindt weil Wir noch dorten warendt, anfangs Ungfor 100 Man für die Statt kommen, und an beide H. Schuldthessen *(Hans Ulrich Beye und Felix Welti)* begert, dass man Sie alss guete freündt hinein lassen wolle, wo nit wollent Sie umb die Statt herumb alle früchten Jm feldt verderben, mit denen hab ich Vor dem thor geredt, und Vermeint dahin Zuebewegen, dass Sie widerumb heimb Zugent, hat nit sein mögen, sonder vermeldet, es

215

werdent noch Ungfor 300 Man Jnn sambt den Vorgesetzten nachfolgen, und bringen, wie Sie sich verhalten sollen. Worauf h. Burgermeister und Jch widerumb nach Baden Verreiset, dan wir befunden dass die Mellinger eben auch ihres gleichen, und diss gern gesechen, damit Sie die Zürcher nit haben müesten. Umb ungfahr 10 Uhren in der nacht darauf, berichtet mich h. Schulthes Beye durch einen express Potten, dass un(g)vehr bey 400 oder mehr Man Jn Mellingen seyen, die ankhomne Vorgesetzte Undervögt und andere, so erst ab der Landtsgmeindt von Mury kommen, syent gar bescheidenlich und guoter Meinung, begerendte dass Jch heüt widerumb solte hinüber kommen, massen ich eben in dissem puncto Verreisen thun, wass ich Verrrichten wirt, berichte den H. Schwager ehist.

Jst hingegegen auch an H. Schwager mein fr*(reundliche)* pitt mich Zeberichten was bey Jnen, und selbiger Enden obhanden sie.

Von Basell hero, ob Sie mit Jren Pauren Verglichen oder nit, hat man alhie kein gewüss Zeitung, sollent sich aber starckh mit Volckh versechen.

Jn Zürich seindt Zwar 13 hauptleuth zum Werben bestellt, und pietet guote besoldung, findent aber Niemants einzueschreiben. Gott mit Unns yllentz Baden 24. May 1653.

Dess H. Schw*(agers)* williger Johan Fran*(z)* Ceberg Landtschr*(eiber)*.

92. Solothurner Amnestie

Solothurn, 20. Mai 1653 neuen Stils.

Inhalt: Die Untertanen haben ihre Beschwerden eingereicht und von Schultheiss, Kleinem und Grossem Rat von Solothurn, also der souveränen patrizischen Regierung, die Abordnung von Bevollmächtigten zu deren Erledigung verlangt. Diese Bevollmächtigten sollen nach Forderung der Untertanen auch Vertreter der nicht in der Regierung vertretenen Stadtgemeinde Solothurn enthalten. Dies ist zwar niemals üblich gewesen, ist von der Regierung aber aus Friedliebe und ohne dadurch ein Präjudiz zu schaffen bewilligt worden. Die namentlich genannten Vertreter des Kleinen, des Grossen Rates und der Gemeinde haben demnach am 17., 18. und 19. Mai in Oberbuchsiten die Beschwerden nach Ämtern, Vogteien und Gemeinden durchberaten und entschieden und eine nunmehr von der Solothurner Regierung bestätigte Amnestie für alle Worte und Werke im Zusammenhang mit dem entstandenen Auflauf ausgesprochen.

Quelle: Alois Vock, Der Bauernkrieg im Jahre 1653 oder der grosse Volksaufstand in der Schweiz, dritte Auflage, Aarau und Thun: J. J. Christen, 1837, Seiten 271 bis 272.

Wir Schultheiss, Räth und Burger der Stadt Solothurn thun kund öffentlich hiemit: Demnach die Ausschüsse der Ämter und Gemeinden in allen Unsern Herrschaften etliche Beschwerden und Klagartikel auf's Papier gebracht, auch inständig gebeten, Wir wollten, zu Erhaltung Friedens, Ruh und Einigkeit in dem Vaterland, Jemand aus Unserer Ehrenmitte, wie auch von einer ganzen ehrsamen Gemeind allhier, dazu verordnen, welche nicht allein solche Klagpunkte, der Nothdurft nach, anhören, sondern auch mit vollmächtiger Gewalt darüber erkennen sollten, – obgleichwohl nun die Berufung der Gemeinde zu dergleichen wichtigen Geschäften stracks wider Unserer Stadt Freiheit und altes Herkommen ist, auch seit unendlichen Jahren niemalen ist gehört oder verübt, sondern, was Räth und Burger zu Kriegs- und Friedenszeiten beschlossen und gutgeheissen, für die höchste, unmittelbare Gewalt geachtet, auch niemalen an die Gemeinde gezogen oder gebracht worden, nichts destoweniger wollen Wir, als eine friedliebende Oberkeit, keine Scheue tragen, dass die eingelegten Beschwerden nicht allein allen Burgern und Einwohnern dieser Stadt, sondern auch der ganzen ehrbaren Welt offenbar gemacht werden, und so haben Wir ihnen, den Unterthanen, gutwillig, jedoch künftig ohne Präjudiz und Nachfolg, zugegeben und bewilligt, dass nebst Unsern Ehrendeputierten von Räth und Burgern, auch die Ausschüsse von der Gemeinde der begehrten Tractation beiwohnen mögen. Nachdem nun den 17., 18. und 19. Mai des 1653. Jahrs die hierzu Verordneten, benanntlich, von Räthen: die Hoch- und Wohlgeachten Joh. Jakob von Staal, Hans Jakob Schwaller, Thüringenvogt, Christoph Byss, Franz Hafner, Stadtschreiber, Urs Gugger, Gemeinmann, Hans Wilhelm Zur Matten, Jkr. Friedrich Stocker, Vogt am Lebern, und Jkr. Hans von Roll, – von Burgern: Altvogt Urs Rudolf, Hauptmann Joh. Schwaller und Altvogt Daniel Gugger, – von der Gemeinde: Moriz Schwaller, Urs Küefer und Hans Jakob Böschung – zu Oberbuchseten ein Amt und eine Vogtei und Gemeinde nach der andern verhört, über jeden Klagpunkt die Erklärung gethan, wie unterschiedentlich hienach von Artikel zu Artikel folgen wird, so haben die Herren Abgesandten, nach Anrufung des göttlichen Beistandes, vorderst all ergangene Wort und Werke, die von Anfang des entstandenen Auflaufs bis hieher geredt und verübt worden, gänzlich aufgehoben, dergestalt, dass selbige todt, ab, auch anders nicht geachtet sein sollen, denn als ob sie niemalen geredt oder geschehen wären, in Kraft dieser allgemeinen Verzeihung, welche alle und jede Unterthanen begreifen, und diesfalls Niemand ausnehmen thut. Gegeben Solothurn in Unserer Rathssitzung am 20. Mai 1653.

93. Nachrichtenbulletin von Schloss Lenzburg

Das Dokument trägt kein Datum, es betrifft Ereignisse vom 10. Mai 1653 alten Stils an und wird vom 16. Mai 1653 alten Stils an detaillierter. Das letzte datierbare Ereignis, das darin auftaucht, ist der Friede von Mellingen vom 25. Mai 1653 alten Stils.

Inhalt: Christian Schybi, der Führer der zugriffigen, in den Dörfern um Bern Vieh plündernden Entlebucher, hat während der Belagerung Berns zwischen dem 10. und dem 18. Mai 1653 alten Stils geraten, man solle ihn nur machen lassen, er werde die Stadt stürmen. Dem Wort der Obrigkeit von Bern solle man nicht trauen, die Berner Regierung werde das Versprochene den Bauern genau so wenig halten wie die Luzerner Schölmen. Die Berner Bauern hätten jetzt den Wurf in Händen, sie sollten ihn nicht fahren lassen. Konkret hat Schybi auch die Plünderung von Thorberg empfohlen. Die dreimalige nächtliche Verfärbung eines Wachtfeuers in der Nacht vom 16. auf den 17. Mai 1653 alten Stils erschreckte die darum lagernden bäuerlichen Mannschaften. Am 17. Mai 1653 alten Stils haben mehrere Fahnen Bauern trotz Friedenstraktat die Neubrücke angegriffen, sind jedoch von den Berner Verteidigern abgewehrt worden. Die Verteidiger haben Hauptmann Andreas Herrmann verloren, dem durch Unvorsichtigkeit von den eigenen Leuten mit der Kanone der Kopf abgeschossen worden ist. In Utzigen haben die abziehenden Emmentaler dem Keller Junker Manuels am 18. Mai 1653 alten Stils Wein entnommen und dadurch gezeigt, dass sie keinen Frieden begehren. Ein von den Bauern in Othmarsingen gefangengehaltener Brugger hat berichtet, es sei im bäuerlichen Lager die Rede davon gewesen, die treulosen blauen Zürcher mit dem eigenen grossen schönen Kriegsvolk zu schlagen und danach mit der erbeuteten Artillerie das Schloss Lenzburg zu zerstören. Vor zwei aus dem Schloss Lenzburg ausreitenden bernischen Herren ziehen einige sich von Mellingen zurückziehende Bauern den Hut, werden aber von einem bäuerlichen Offizier darob zurechtgewiesen. Es sollen einige Bauern gesagt haben, der Friede werde nur bis nach dem Heuet und dem Emd währen. Gott gebe aller Obrigkeit die Weisheit Salomos! Die Rädelsführer der Berner Bauern haben im Verlauf des Krieges ihren Leuten unter anderem gesagt, viele Burger der Stadt Bern würden zu ihnen überlaufen, sobald ihr Heer vor der Stadt Bern stehe und kein Zürcher Bauer werde gegen sie ausziehen.

Quelle: Zentralbibliothek Zürich, Handschriftenabteilung, Manuscript F 57.595, den Herausgebern freundlich mitgeteilt von Frau Ruth Häusler.

Ich Unterschriebener tue hier kund dasjenige, das ich teils von glaubwürdigen Leuten gehört, teils aber auch selbst erfahren.

Und erstlich von der aufrührerischen Zusammenrottung vor der Stadt Bern, welche angefangen den 10. Tag Mai, und gewährt bis auf den 18. Tag gedachten Monats. Unter denselben waren auch etliche Hundert von Entlebuchern, deren Führer war einer vom Geschlecht ein Schyblj, ein rechter Friedensverstörer. Dann da die Anderen wollten Frieden machen, widerriet er es mit diesen Worten, wie es der Ammann von Utzigen, der Weibel in Krauchthal, unser Klostermüller, so dem Leuenberger nahe verwandt war, dem Herrn Landvogt Thormann im Kloster Thorberg angezeigt hatten: Sie, die Berner Bauern, haben jetzt den Wurf in Händen, den sie nicht fahren lassen sollind, sondern nur ihm folgen, ihn samt seinem gottlosen Haufen machen lassen, sy wöllind wol über die Mauren hineinkommen, wenn sie schon sieben Spiess hoch wären, es werde zwar viel verheissen, aber nichts gehalten werden, man werde es eben machen wie ihre Schölmen, also nannten sie eine hohe Obrigkeit von Luzern, und was dergleichen noch mehr ist. Und eben dieses gottlose entlebucherische Völcklj war viel böser im Rauben und Stehlen als die Anderen, sie nahmen den nächsten Dörfern ab ihr Vieh, sie zwangen die Weiber noch solches ihnen zuzurüsten, sie wollten auch helfen zur Plünderung des Klosters Thorberg, darin noch 200 Mütt Korn und viel Wein war, sind aber von etlichen Offizieren hinterhalten worden. Weiter so ist uns gewisser Bericht kommen, dass den 16. Tag Mai, um Mitternacht zu wissen *(ein)* Bauern Wachtfeuer sich dreimal folgendermassen verändert habe. Erstlich sei es worden schwarz und blau, fürs andere grün und gelb, fürs dritte ganz rot, und hernach habe es seine vorige Farbe wieder behalten. Darab *(sind)* die Bauern so zunächst bei demselben Feuer mächtig erschrocken, niederkniet und gebetet habind. Den 17. Tag Mai abends gingen etliche Fahnen Bauern in allem Friedenstraktat und griffen die Neubrücke, so eine ganze und eine halbe Stunde von der Stadt gelegen *(ist)* an, wurden aber von dem darin gelegenen Volk aus der Stadt alsbald abgetrieben, *(dies)* ging zu ohne Schaden, ohne dass der Hauptmann Herman durch Unfürsichtigkeit von den Seinen selbst mit einem Stück des Haupts beraubt und getötet war. Nicht minder feindlich erzeigten sich die Emmentaler im Abzug den 18. Tag Mai durch Utzigen, in dem sie dort dem Junker Manuel, als Oberherrn, mit Gewalt in den Keller gebrochen und Wein nahmen, mit

Christian Schybi von Escholzmatt vermittelt im Kupferstich auch nach 350 Jahren noch etwas vom Selbstbewusstsein und von der Entschlossenheit jener bäuerlichen Generation, die dem werdenden schweizerischen Absolutismus 1653 in den Weg trat. Nach einem zeitgenössischen Stich aus Privatbesitz.

Christen Schybi von Eschlismath
auß dem Entlibuch der wider ein Löbliche
Statt Lucern rebellischen vnterthanen
erwehlter Hauptmann.

welchem sie zu verstehen gaben, wie so gar sie keinen Frieden haben wollten.

Fürs andere muss ich auch etwas schreiben von den aufrührerischen Bauern, so vor Mellingen wider die Unsrigen gelegen sind. Dieselben hatten geredet, wie es einer von Brugg gebürtig in der Gefangenschaft zu Othmarsingen von ihnen selbst gehört, es wäre ihnen eine grosse Schande, wenn sie mit so schönem vielem Volk die treulosen blauen Zürcher nicht hinter sich schlugend, die Stück abnehmen, und hernach das Schloss Lenzburg damit hinunterstürzen würden: aber Gott sei Dank ihr Fürnemmen wurde gedämmt, dass sie mit Schrecken abziehen mussten. Im Abzug aber, welcher den 25. Tag Mai geschehen ist, erzeigten sie sich wider das Schloss Lenzburg nicht gar freundlich, dann sie alle ihre Schütz dahin gewandt, etliche Kugeln an die Mauern geschossen, einem Soldaten eine ganz nah an dem Kopf durch hin gejagt haben. Und als in allem Durchzug der hohe und wolgeachte Herr Herr im Hof, samt dem Herrn Landvogt von Lenzburg zu den Unsrigen geritten, wollten etliche Bauern ihnen auch ihre gebührende Ehre beweisen mit dem Hutabziehen, sie wurden aber von einem Offizier abgehalten mit diesen Worten: Sie müssen eben für solche jetzt den Hut nicht abziehen, welches ein Überreiter selbst gehört, und uns im Schloss Lenzburg angezeigt, ja es sollen etliche geredet haben, wenn sie jetzt schon Frieden gäben, solle er doch nur währen bis nach dem Heuet und dem Emd. Gott wolle aller Obrigkeit mit dem König Salomon verleihen ein verständiges Herz, dass sie diese gefährliche Sache recht richten möge.

Die Berner Bauern waren auch von ihren Rädelsführern beredet, es werde nicht ein Zürcher Bauer wider sie ausziehen, sie sollten nur dessen ohne Sorg sein, sie hätten es auch mit ihnen und dergleichen, ja wenn sie würden vor die Stadt Bern kommen, so würden viele Bürger aus der Stadt zu ihnen fallen etc.

94. Murten an Bern und Freiburg

Murten, 12. Mai 1653 alten Stils.

Inhalt: Die Herrschaft Murten ist, unter eigener Fahne und eigenen Offizieren, bereit, gegen auswärtige Feinde zu ziehen, nicht aber gegen Nachbarn und Brüder, um so weniger, als diese mit der Einäscherung der Häuser der Murtenbieter gedroht haben.

Quelle: Staatsarchiv Bern, A IV 183, Seite 325. Wir danken den Mitarbeiterinnen und Mitarbeitern des Staatsarchivs Bern für ihre Unterstützung.

Hochgedacht Ew. Gn. werden hierdurch berichtet, dass ich über dero mir zugeschicktes Schreiben den ersten Auszug betreffend, alle Dorfmeister E.G. Herrschaft, die sich schon hiervor, wider ihre Nachbarn zu ziehen, geweigert, vor Räth und Burger allhier beschieden, und daselbst sie nochmals ihres Intents und Meinung befragt, damit ich hierob E. G. der Gewissheit sättiglich berichten könne darüber sie mir dann resolute Antwort gegeben, dass sie erbietig seien, Ehre, Gut und Blut für ihre natürliche von Gott gegebene Obrigkeit zu setzen, und ihnen in allem Billigen zu gehorchen, so fern dass sie (wie E. G. schon mehrmals berichtet) laut ihren Freiheiten, mit einer Fahne von Murten ziehen, und durch einen Hauptmann und Offiziere von daselbst kommandiert werden. Auf diesmal aber komme es ihnen ganz beschwerlich vor, E. G. Willen zu erstatten, denn sie wider ihre Nachbarn und Brüder ganz nicht ziehen könnten, weil sie ihnen auch hart gedroht, wo sie sich wider sie gebrauchen liessen, ihnen ihre Häuser in Brand zu stecken, und zu verhergen. Wo es aber Sach wäre, dass jemand fremder in das Land zu brechen willens, sie sich alsdann in allen Gegenwehren ungescheut brauchen lassen wollten. Wessen ich etc.

Gegeben Murten Donstags 12. Mai 1653 ... A. Manuel

95. Bern an Basel

13. Mai 1653 alten Stils.

Inhalt: Auf spezielle Art und Weise hat Bern das Schreiben Basels vom 11. Mai 1653 alten Stils erhalten. Vorgestern sind die aufrührerischen Emmentaler und ihre Anhänger mit einer grossen, aber ungeordneten Heeresmacht samt vierzehn Kanonen bewaffnet vor die Hauptstadt Bern gezogen. Ihr Generalkommandant ist ein verdorbener, ansonsten tugendlicher, bernischer Nebulo und Untertan. Bern ersucht angesichts der Blockade der Stadt noch einmal um die grösstmögliche militärische Hilfe Basels und der durch Basel zu mahnenden übrigen Stände insbesondere Zürichs. Auf diese Weise soll dem unguten Wesen ein Ende gesetzt werden.

Quelle: Staatsarchiv Bern, A III 68, Teutsche Missiven-Buch der Statt Bern (Fanget an 4. Jan. 1653 und endet 29. Dez. 1654), Seiten 95, 96.

Unser etc. Euer unserer G. L. E. beliebtes Schreiben vom 11. dies. ist uns durch sonderbare Manier gar wohl eingeliefert worden etc. *(Wir)* tun Euch hierüber substanzberichtlich anfügen, dass vorgestern unsere aufrührerischen Emmentalischen und anhängige Aargauer mit grosser zu sich gezogener konfuser Gewalt, unter dem Generalkommando eines unserer verdorbenen, wiewohl hierzu ganz tugendlichen Nebulonis und Untertans welcher auch in Suspicion der Revoltierung, und unguter Korrespondenz, nächst unsere Hauptstadt zugezogen, mit bei sich habenden 14. Stück groben Geschützes, alles ungeachtet und in despektierter verächtlicher Inwindschlagung unterschiedlicher aber vergebens tentierter äusserst möglicher Handlung und getanen Rechtbots: daher wir uns geobligiert gefunden, uns zur gebührenden Gegenverfassung zu präparieren auch deswegen aller Orten unsere ganz ernstlichen Mahnungsbriefe bei Eid und Ehren ergehen zu lassen. Hiermit auch und sonderlich an euch unsere G. L. E. und Religions etc. da wir hiermit wohl erachten mögen, dass dasselbige euch nicht wird eingehändigt worden sein ist und gelangt derowegen bei solcher unguter naher Blockierung, und höchst vermessenem Aufzug, an Euch Unsere G. L. E. Unser ganz angelegentliches eid-, bundes- und religionsetc. Ersuchen und Bitten, Uns bei solcher schweren Begegnis euren tapferen e. b. und r. Beisprung mit möglichster eurer Macht zu leisten und eure Völker nach dem badischen Schluss manövrieren zu lassen, damit durch den Beistand des Allerhöchsten dies Wesen gestillt, und dem gemeinen Wesen kräftig gestäupt werde, massen, um unsere Rettung wir euch hiermit angelegentlich nochmals ansuchen, auch daran und an eurer Gutwilligkeit im Wenigsten nicht zweifeln; zumal auch bitten, solches gleichmässig an übrige Orte, wie auch unsere G. L. A. E. der Stadt Zürich, und also fort, gelangen zu lassen, Gott des Friedens etc.

Datum 13. Mai 1653.

96. Bern an Niklaus Leuenberger

13. Mai 1653 alten Stils.

Inhalt: Die Berner Regierung antwortet auf drei Schreiben Niklaus Leuenbergers. Die Regierung will die begonnenen Verhandlungen fortsetzen, hat aber bisher auf ihre Vorschläge keine Antwort erhalten. Angesichts der fortgeschrittenen Tageszeit schlägt die Regierung eine Fortsetzung der Verhandlungen durch die gleichen Unterhändler zwischen den bäuerlichen Lagern und der Stadt Bern, unter der Linde beim Burgerenziel vor. Diese Fortsetzung soll am kommenden Tag um 05.00 Uhr stattfinden und durch die Zusage sicheres Geleits ermöglicht werden. Niklaus Leuenberger soll dem diesen Brief bringenden bernischen Trommler antworten. Die Berner Regierung beanstandet das mit dem vereinbarten Waffenstillstand und mit einem Fortgang der Verhandlungen unvereinbare Aufhalten und Schlagen von Boten, Aufbrechen und Plündern von Häusern sowie das soeben erfahrene Vorrücken der bäuerlichen Truppen bis zum Hochgericht. Wenn sie sich von dort nicht zurückziehen, werden die Berner Artilleriefeuer auf sie eröffnen.

Quelle: Staatsarchiv Bern, A III 68, Teutsche Missiven-Buch der Statt Bern (Fanget an 4. Jan. 1653 und endet 29. Dez. 1654), Seiten 97. 98.

Schultheiss, Räth und B. etc. Über eure drei Schreiben, deren das erste um 12. Uhr, das andere um 17. Uhren und das 3. zu dieser Stunde eingelangt, inmassen unsere Versammlung nicht eher beschehen mögen, ist unser freundlicher Bescheid und Antwort, dass wir in der angefangenen freundlichen Handlung fortzufahren geneigt seien, und sind eurer versprochenen Erläuterung über die euch in Hand gegebenen Punkte bisher vergeblich gewärtig gewesen, dieweil aber für den heutigen Tag die Zeit nunmehr verflossen, also gedenken wir und sind erbietig unsere verordneten Miträte, auf den morgigen Morgen um 5. Uhr hinauszuschicken, da dann die Zusammenkunft auf dem Feld herwärts eurer Lager, und etwa unter der Linde beim Burgerenziel gehalten werden soll, von gleichen Häuptern und Personen zu beiden Teilen, in allem sicheren Geleite: darum wir eures Bescheids, beim Bringen dieses (sc. Briefes) dem Trommelschläger gewärtig sein wollen, und können euch hinwiederum vorzuhalten nicht unterlassen, dass euerseits nicht in den abgesprochenen Zielen und Schranken geblieben, und dadurch unseren Völkern zu besserer Huthaltung Ursache (ge)geben, dabei aber durch die Euren allerlei Feindtätigkeiten mit Aufhaltung und über Schlagung bis auf den Tod unserer Boten, Aufbrech- und Plünderung der Häuser und Rauben, verübt werden, von welchem allem, weil es bei gütlicher Handlung nicht beschehen mag, Ihr die Euren abzuhalten ermahnt sein wollt und weil uns eben der Bericht eingelangt, dass euer Volk bis zu dem Hochgericht herzu rückt und allda sich einzuschanzen unterstehe, also wollen wir auch ermahnt haben, sie wiederum zurückzuhalten, anders und da es nicht geschehe, würden sie mit dem groben Geschütz abgetrieben werden. ... Empfehlen dabei die ganze Sache dem Allerhöchsten etc.

Datum 13. Mai 1653.

97. Beat Jakob Zurlauben an Beat Zurlauben

23. Mai 1653 neuen Stils, 20.00 Uhr, in yl.

Inhalt: Ammann und Rat von Stadt und Amt Zug können informiert werden, dass die Ausschüsse der Freien Ämter sich entschlossen haben, zwar nicht mit den Berner und Luzerner Untertanen gemeinsame Sache zu machen, hingegen den Zürcher Truppen auch nicht zu gestatten, über Bremgarten oder Mellingen zur Unterstützung der Berner oder der Luzerner Regierung zu marschieren. Der Pass soll den Zürchern im Gegenteil mit Gewalt verlegt werden. In den Freien Ämtern ist der Sturm ergangen. Eine starke Besatzung wird, angeblich auf Wunsch des Schultheissen von Mellingen, Hans Ulrich Beye, in dessen Stadt verlegt. Es wird auch berichtet, Bürgermeister Johann Heinrich Waser von Zürich und der Landschreiber der Grafschaft Baden, Johann Franz Ceberg, seien in Mellingen. Den Herren von Bremgarten ist von den Ausschüssen der Freien Ämter frech erklärt worden, sie hätten keine Obrigkeit mehr, da man sie nicht schütze. Es ist klar, dass sich die Freien Ämter selbständig gemacht haben, sie umstellen die Klöster, brechen die Fähren über die Reuss ab, insbesondere zu Lunkhofen, und stehen mit grosser militärischer Macht im Feld.

Quelle: Zurlaubiana AH 76/16, ein den Herausgebern von Herrn Dr. Rainer Stöckli, Zurlauben-Bearbeitung, Aargauische Kantonsbibliothek, Aarau, freundlich zur Verfügung gestelltes Dokument aus der Sammlung Zurlauben, Regesten und Register zu den Acta Helvetica, Gallica, Germanica, Hispanica, Sabaudica etc. necnon Genealogica Stemmatis Zur-Laubiani, bearbeitet von Kurt-Werner Meier, Josef Schenker, Rainer Stöckli, Serien 1 ff., Aarau, Frankfurt am Main und Salzburg: Sauerländer, 1976 ff.

Er kan unbeschwehrt die mein Gnädig heren *(Ammann und Rat von Stadt und Amt Zug)* berichten, das unsere usschuz *(der Freiämter Untertanen)* über ein schrifftliches und tröstliches vermahnen, bekhandten inhalt *(– Bauernkrieg –)* gemäss, sich auch endtschlossen sich der Bernern und Lucernem *(d. h. deren Untertanen)* nichts Anzunemmen, hingegen aber nit *(zu)*gstaden, dass die Zürcher *(Truppen)* durch Brembgarten, undt Mellingen, perconsequenter durch die fryen Embter, beiden ohrten Lucern undt Bern Zu hilff Züchen; sonders selbige an beiden ohrten mit gwalt Zu hindertriben; gstalten Zeiger dis der *(Land-)*Leuffer *(der Freien Äemter?, Ulrich Koch)* deme die Andtwohrt ertheilt worden, mundtlichen berichten khan; Eben gleiches habendt sy durch H. Prelaten vohn Mury *(Abt Dominik Tschudi)* der expresse darumb herkhommen, den heren *(Schultheiss und Rat?)* vohn Brembgarten ansagen lassen, das sy in solchem fahl gesinnet gegen die Stadt Zu Züchen, sithero habendt sy *(die Freiämter Untertanen)* Abgesandte auch an die Stadt *(Bremgarten)* geschickt, mit gleichem vohrbringen; Jn wehrender disserer action kombt bericht, das sy in freyen Embtern gestürmbt, und hauffen weis nacher Mellingen Züchen …; die puhren gebendt vohr der schultheis vohn Mellingen *(Hans Ulrich Beye)* habe es begert, ist aber nit zu glauben, den man auch usgeben der Burgermeister *(von Zürich, Johann Heinrich)* Waser und Landtschreiber *(von Baden, Johann Franz)* Ceberg syen Zu Mellingen, Jst einmal Zu muotmassen das vilichter die Zürcher bey Jnen durchwellen; wasgstalten nun die Embter *(der Freien Ämter)* treüw sygen; An den 7 *(reg.)* Ohrten, erscheinst sich iez, sie sagen sy wellen der rebellischen puhren nichts annemen, hingegen wollen sy die oberkheiten verhindern das sy solche nit abstraffen, und habendt die heutige usschuz den heren vohn Bremgarten frech sagen dörfen sy habendt kein oberkheit mehr, man neme sich Jrer nichts ahn, undt solte man Jnen Zum schirm volch schickhen. Hingegen aber erscheindt sich wol das sy sich der oberkheiten nichts mehr achten noch annemen wollen, angesehen sy eigens gwalts die Klöster *(– gemeint sind hier wohl insbesondere die Abtei Muri sowie die Klöster Hermetschwil und Gnadenthal –)* umbstellen, die fahr *(= Fähren über die Reuss)* einämen, Jnmassen Zu lunchoffen *(= Lunkhofen)* beschächen, auch mit grosser macht uffzüchen, und dis alles ohne vohrwüssen Jhrer oberkheit, ungeacht man sy zuvohr vilfeltig so wol durch gesandte als die Ambtlüht alles schuzes und schirmbs, wo vehr sy an Jhrer oberkheit treüw unnd rüwig sein werden, versicheret; doch würden offenbar alle diese Zusicherungen wenig fruchten; wan ein vatter vil Söhn hatt daründer ettliche untrüw und ungehorsam an Jme werden und er die ändern fragt ob dissere Recht daran theügen, bekenen sy das ney, wan aber er die ungehorsamen straffen wil, wollendt die übrigen solches nit beschächen lassen; was für grosser underscheidt Zwuschendt Jnen lass ich andere Judicieren.

Cito Cito Cito.

98. Landammann Belmont an Schultheiss Fleckenstein

23. Mai 1653 neuen Stils.

Inhalt: Landammann Belmont hat bereits vorgestern so viele Schwyzer Truppen wie möglich nach Luzern geschickt. Um mehr schicken zu können, ist gestern in Schwyz Landsgemeinde gehalten worden. Sechs Luzerner Untertanen aus dem Amt Habsburg haben, wie es sich gehört, nicht nur Schwyz sondern auch ihrer gnädigen Obrigkeit ihre guten Dienste angeboten, was ihnen durch ein obrigkeitliches Schreiben verdankt worden ist. Abgesandte der Luzerner Ämter Rothenburg und Ebikon haben dagegen versucht, die Entsendung weiterer Schwyzer Truppen zu verhindern. Landammann Belmont und Seckelmeister Schorno haben deren Reden jedoch derart widerlegt, dass sich die Landsgemeinde über die Unbilligkeit der Luzerner Untertanen entsetzt und die stärkst mögliche Truppenhilfe gemäss den Bünden beschlossen hat, sodass die Landesfahne mit mehr als dem von Luzern begehrten Truppenbestand aufbricht. Darüber hinaus sind sämtliche Reserven von Schwyz in Bereitschaft gesetzt worden, damit sie notfalls alarmiert werden können. Haupmann Belmont, der Sohn des Landammanns, wird Schultheiss Fleckenstein weitere Einzelheiten mündlich berichten.

Quelle: Alois Vock, Der Bauernkrieg im Jahre 1653 oder der grosse Volksaufstand in der Schweiz, dritte Auflage, Aarau und Thun: J. J. Christen, 1837, Seiten 286, 287.

Hochgeachter Herr Schultheiss! Mein hochgeehrter und grossgünstiger Herr wird bereits durch mein erstes Schreiben verstanden haben, was ich, nachdem ich von Luzern gereiset, zu Dero Stadt Hilfe verrichtet, und einmal so viel Volk als möglich, vorgestern Abends dorthin verordnet habe, mit dem Trost und der Hoffnung, es werde ein mehreres nach gehaltener Landsgemeinde folgen. Von dessen wegen dann ist gestrigen Tags allhier die gedachte Versammlung *(die Landsgemeinde)* gehalten worden, wobei und vor welcher öffentliche Abgesandte von Deroselben Unterthanen, als: sechs von und aus dem Amte Habsburg erschienen, die sich nicht allein gegen uns sondern auch gegen ihre gnädige Obrigkeit ziemlicher Maassen alles Guten anerboten, so dass ihnen von dessentwegen ein oberkeitliches Schreiben ist ertheilt worden. Zugleich haben sich Gesandte aus dem Amte Rothenburg und Ebikon vor uns gestellt, welcher solcher Maassen laue Sachen und Reden gebraucht, dass man anderes Gutes von denen so weit nicht hat verhoffen können, als sei allein ihre Intention und Meinung gewesen, hier das Volk am Aufbruch zu hindern. Es haben aber wir, Hr. Seckelmeister Schorno und ich, denselbigen ihre Reden dermassen confundirt, und unsern Landleuten aller Sachen Beschaffenheit, wie sie bereits verlaufen, und in welchem Stande sie sich anjetzo noch befinden, also erklärt, dass es nicht allein das Ansehen gehabt, es haben sich alle insgemein über solche Unbilligkeit der Unterthanen entsetzt, sondern es ist, nachdem die Bauern *(von Luzern)* ganz mit ihrer Rede bestanden, einhellig, allen mit Gegensatz, die möglichste Hilf und Beistand, laut den erforderlichen Bünden, zu thun beschlossen worden, wie dann die Landesfahne mit dem begehrten Volk und mit mehrerm aufbricht, übrigens aber alles, was in unserm Vermögen, in die Bereitschaft gemahnt wird, dass man im Falle der Noth dessen zu jeder Stunde zu geniessen und zu gebrauchen habe. Zu obgedachtem Volke schicke ich meinen geliebten Sohn, einen Hauptmann, der dem Herrn weitläufiger mit dem Mund, was vonnöthen, wird berichten können, welchen ich meinem Gnädigen Herrn, als für einen Diener, rekommendiert haben will, und zugleich hiemit mich nicht allein dem Herrn, sondern auch der löbl. Stadt Luzern mit Leib, Hab und Gut, nach äusserster meiner Möglichkeit, offeriere und anerbiete. Der barmherzige Gott verleihe uns sämmtlich hiemit seine Gnade, Kraft und Segen.

Actum Schwyz den 23. Mai 1653, meines Hochgeachten Herrn dienstwilliger *(Unterz.)* Martin Belmont von Rickenbach.

99. Zürich an Bern

Zürich, 14. Mai 1653 alten Stils.

Inhalt: Die Zürcher Regierung hat aus dem Schreiben der Berner Regierung vom 9. Mai 1653 alten Stils den bösen Willen der aufrührerischen Berner Untertanen entnommen. Sie hat ebenfalls erfahren, dass es die Luzerner Untertanen noch ärger treiben und Uri, Schwyz, Unterwalden und Zug bereits zur Unterstützung Luzerns Truppen in Marsch gesetzt haben. Auf die erste bernische Mahnung haben die Zürcher einige Kompanien Reiter und Fussvolk mobilisiert. Seither haben sie vernommen, dass die Freiämter Untertanen auch rebellisch geworden sind, Mellingen besetzt und sich des Fahrs zu Windisch bemächtigt haben. Daraufhin hat nun Zürich seine gesamte militärische Macht aufgeboten und wird damit, sobald die Kontingente der übrigen Orte (Glarus, Schaffhausen, Appenzell, Stadt St. Gallen u.a.m.) eingetroffen sind, den Rebellen entgegenziehen. Der Oberbefehlshaber des Zürich zugeteilten Korps, Seckelmeister Conrad Werdmüller, wird sich auch in Basel einfinden.

Quelle: Staatsarchiv Bern, A IV 183, Seite 431. Wir danken den Mitarbeiterinnen und Mitarbeitern des Staatsarchivs Bern, unter ihnen besonders auch den Herren Peter Hurni und Vinzenz Bartlome, für ihre Unterstützung.

Euer Schreiben vom 9. dies. Haben wir durch einen Boten von Basel dato empfangen, und mit grossem Herzleid den bösen Willen Eurer aufrührerischen Untertanen, auch worauf ihre endliche Erklärung beruht, verstanden: In Gleichem vernehmen wir auch, dass es ebenmässig und noch ärger mit Unserer G. L. der Stadt Luzern aufrührerischen Untertanen beschaffen, und dass denselben zu Hilf die 4 Ort allbereit ausgezogen: Wir haben auf erstes Euer Anmahnen unterschiedliche Compagnies zu Ross und Fuss, und seither auf vernommenen Bericht, dass die freiämterischen Bauern auch aufrührerisch, und mit etlichen 100 Mann Mellingen besetzt, auch das Fahr zu Windisch von Euren Rebellen bemächtigt, all unser Volk aufmahnen lassen, des Vorhabens so bald auch die übrigen Lobl. Orte gemahnte Hilfe ankommt im Namen Gottes auch mit gesamter Macht auszuziehen, und den Rebellen nach erheischender Notdurft tapfer zu begegnen, und alles anzuwenden, damit diesem unserem lieben Vaterland höchstangedrohte Gefahr möge beigelegt, und gestillt werden. Aus der Beilage habt Ihr Unsere G. L. A. E. auch zu sehen, was uns allererst von Schwyz zukommen. Der Allerhöchste wolle Euch stärken, und in seinem väterlichen Schirm erhalten, auch Eure und unsere Waffen Euch und dem gemeinen Vaterland zum Besten. Wenn nichts anderes vorfällt wird unser verordneter Oberkommandant des uns zugeeigneten Corporis, mit Namen unser geliebter Mitrat Hr. Seckelmeister Werdmüller … sich auch zu Basel einfinden. Gott leite alles zum Besten und erhalte uns mit Gnaden.

D. d. 14ten Mai Ao. 1653 Burgermeister und Rat der Stadt Zürich.

100. Berner Ratsbeschluss

Bern, 14. Mai 1653 alten Stils.

Inhalt: Seftigen, Zollikofen, Belp und das Oberland sollen der Berner Regierung mit Truppen zuziehen.

Quelle: Staatsarchiv Bern, A IV 183, Seite 430. Wir danken den Mitarbeiterinnen und Mitarbeitern des Staatsarchivs Bern, unter ihnen besonders auch den Herren Peter Hurni und Vinzenz Bartlome, für ihre Unterstützung.

Seftigen, Sternenberg, Zollikofen, Belp, Oberland sollen sich aufmachen und MngHH zu Hilf ziehen.

Datum 14. hujus

101. Patent Leuenbergers zugunsten der Entlebucher

14. Mai 1653 alten Stils.

Inhalt: Den Entlebucher Truppen ist Quartier zu geben, auch sind sie mit Speis und Trank zu versehen.

Quelle: Staatsarchiv Bern, A IV 183, Seite 443. Wir danken den Mitarbeiterinnen und Mitarbeitern des Staatsarchivs Bern für ihre Unterstützung.

Ehrsame liebe Herren gute Freunde und Nachbarn, nach Anmeldung eines glücklichen guten Abends, wöllent Ihr hiermit gebeten und ermahnt sein, unsere lieben und getreuen Eid- und Bundesgenossen aus dem Land Entlebuch zu beherbergen, Quartier zu geben, auch mit Speise und Trank zu versehen, wir sind guter Hoffnung, sie werdent niemanden beleidigen.

Datum den 14. Mai Ao. 1653. E. d. w. Liebe und gute Freunde Niklaus Leuenberger Obmann und gemeine Bundesausgeschossene.

102. Das Amt Rothenburg an Willisau

24. Mai 1653 neuen Stils.

Inhalt: Es besteht die Absicht, aus Sursee dringend benötigte Stücke und Munition mitzunehmen. Willisau soll keine Reserven zurücklassen, sondern eilig und mit der gesamten Macht ausziehen.

Quelle: Alois Vock, Der Bauernkrieg im Jahre 1653 oder der grosse Volksaufstand in der Schweiz, dritte Auflage, Aarau und Thun: J. J. Christen, 1837, Seite 314.

An die Herren von Willisau und Bundesbrüder: Mein Dienst und Gruss schicke ich bevor. Wir wollen zu Sursee Stuck und Munition, alles, mit uns nehmen; denn wir sind der Sachen gar mangelhaft und vonnöthen, Stein und Pulver; und wollet nichts dahinten lassen, und das Volk nacher mahnen in Il, – in Il, – in Il;

zu Rothenburg den 24. Mai 1653. – (Unterz.) Baschi Steiner, im Namen des Amts Rothenburg.

103. Die Spitze von Leuenbergers Kriegsrat

15. Mai 1653 alten Stils.

Inhalt: Unter Oberst Niklaus Leuenberger als Oberbefehlshaber dienen zunächst die Hauptleute Daniel Küpfer und Ulrich Galli. Die unter den Nummern 1 bis 6 aufgeführten Männer der 58 Namen zählenden Nomenklatur werden unten wiedergegeben, ausserdem die beiden ohne Nummern ganz oben am Dokument hinzugefügten Namen Statthalter Bergers in Steffisburg und Seckelmeister Christen Zimmermanns.

Quelle: Staatsarchiv Bern, A IV 183, Seite 471. Wir danken den Mitarbeiterinnen und Mitarbeitern des Staatsarchivs Bern, unter ihnen besonders auch den Herren Peter Hurni und Vinzenz Bartlome, für ihre Unterstützung.

1653 den 15. Mai

Verzeichnis der Herren Offiziere so in Kriegsrat gehörig mit Hrn. Obersten Löüwenberger

Hr. Daniel Küpfer Capitän
Ulrich Gallj Cap:
(ohne Nummer) Herr Statthalter Berger in Steffisburg Capitän
(ohne Nummer) und Christen Zimmermann Seckelmeister
Hans Rüegsegger Weibel in Röthenbach
Andreas Moser zu Zetzwyl
Hans Gurtner Statthalter zu Kiesen
Hans Morgenthaler aus dem Amt Aarwangen.

104. Beat Zurlauben an Beat Jakob Zurlauben

25. Mai 1653 neuen Stils.

Inhalt: Die Mobilmachung der Zuger Truppen kommt wegen der Saumseligkeit der Gemeindeversammlungen von Ägeri, Menzingen, Baar und Zug langsamer voran, als die Not erfordern würde; immerhin sind heute die Kontingente Ägeri, Menzingen und Baar dienstwillig in Zug eingetroffen. Die Kriegsräte von Uri und Schwyz rufen die Zuger nach Luzern und der Luzerner Landvogt von (Neu-) Habsburg, Johann Jakob Ostertag, wünscht Zuger Präsenz an der heute von Jost Ludwig Pfyffer eingenommenen Brücke von Gisikon, wo zwei oder drei Rothenburger gefallen und die übrigen geflohen sind. Thomas Werdmüller von Zürich hat in Zug auf der Durchreise gesagt, er wolle nach Luzern, um den Luzernern die Hilfe Zürichs anzubieten. Die Zürcher sind in die Machinationen um die Landschreiberei der Freien Ämter verwickelt. Beat Zurlauben hält dafür, dass, wenn die 200 dafür vorgesehenen Schwyzer und Zuger beisammen seien, diese nach Mellingen zu schicken seien, um die Bauern aus dieser Stadt zu bringen. Die in Zug vorhandenen 300 Mann wolle man nach Luzern schicken, den Rest aber zu Hause behalten.

Quelle: Zurlaubiana AH 97/194, ein den Herausgebern von Herrn Dr. Rainer Stöckli, Zurlauben-Bearbeitung, Aargauische Kantonsbibliothek, Aarau, freundlich zur Verfügung gestelltes Dokument aus der Sammlung Zurlauben, Regesten und Register zu den Acta Helvetica, Gallica, Germanica, Hispanica, Sabaudica etc. necnon Genealogica Stemmatis Zur-Laubiani, bearbeitet von Kurt-Werner Meier, Josef Schenker, Rainer Stöckli, Serien 1ff., Aarau, Frankfurt am Main und Salzburg: Sauerländer, 1976ff.

… die beschaffenheit unser Kriegs Verfassung *(– Bauernkrieg –)* ist by uns wegen der gmeinden *(Gemeindeversammlungen von Ägeri, Menzingen und Baar sowie der Stadt Zug)* hinderstelligkheit nit wye die Noth erforderte. Undt so gar der Zuozug uff Lucern seltzsam, dan noch khein Pur *(= luz. Untertan)* Jn den wehren, ånderst dan etliche ussm Rotenburger Ambt Frytags *(den 23. Mai)* wegen der vorgehabten Bruggen *(in Gisikon)* uffzogen. Uns berüeffendt die Kriegs Räth von Ury und Schwytz hüt nacher Lucern undt Landtvogt *(im Amt)* Habspurg *(Johann Jakob*

Ostertag) wolt unser Volkh gern by der Gysigger Brugg haben. So khombt uns dise Separation nit zuo guot, und ist hinacht Herr Zunfftmfeister zum Weggen, *(Thomas)* Werdtmüller *(von Zürich)* nach Lucern verreyset beim Ochsen *(in Zug)* Znacht gessen by Niemand sich angemeldet, allein usgelassen wolle nach Lucern syner H. und Ob. *(Bürgermeister und Rat)* bereitwilligkeit zuo Anerpieten. Also hört man Nüt Von Jrem Uffbruch. Sachen die sehr argwönisch und khonte woll Letstlich der Fr*(eien)* Embteren Meinung die beste syn. Underwalden ist noch nit uffzogen, welches vil zeschaffen gibt. Jch verstahn dass der Werdtmüller Verwisen, was der abenderung der Landtschryberey *(der Freien Ämter)* wegen, der Her *(alt)* Landtv*(ogt ebenda, Hans Konrad)* Werdtmüller auch etliche zuo Lucern uffgewisen, welches er ad notam genommen dier zuo Nachtheil an Orth und Enden undt grad hüt zuo Lucern uspreiten kan: also dass derglych worth woll etwas ersparen mögen und disfahls dissimulieren, wye dan gägen den Underthanen, als ich schon etlich malen Andütet auch thun solt: und das medium bruchen.

Soltest auch von *(der Grafschaft)* Lenzburg nacher Zytung haben wye es zwuschen der Oberkheit *(Schultheiss und Rat von Bern)* und den Underthanen beschaffen.

Unsere Soldaten von *(den)* 3 gmeinden *(Ägeri, Menzingen und Baar)* sindt hüt auch herkhumen und alles lustig.

Mynem Nach wäre wan die 200 Man von Schwytz und Zug bysamen, solte man gen Mellingen schikhen, erfahren was die Burger daselbst gesinet, und khönte man so die Puren wider daraus zebringen, einmal 100 Man auch dahin schikhen, oder Je nach dem Jr bescheidt ob sy die *(dort reg. V)* Catholische Ohrt einlassen wollen oder nit, alsbaldt nacher Lucern wüssenhafft machen. Hüt wollen wir die 300 Man fortrichten nach Lucern, das überige Volkh daheim behalten.

Zytung khombt das der Commandant *(Jost)* Ludwig Pfiffer *(= Pfyffer)* die Brugg zuo Gysigen Jngenommen, zwen oder 3 der Rotenburgeren erschossen, die überigen in die flucht getriben. Wurdt also von Zyt zu Zytt der Handel böser: sonst vernimbt man nüt was Jm bernpieth fürgangen, noch Jn solothurn und Baselpieth.

Us Bremgarten soll man auch guot Späch halten, tags und Nachts. Hptm. *(Ulrich)* Schön als Rathsgesanter khan Nebendt dier alle guote Rathschläg befürdern helffen.

Nur mithin, was sich zuotragt, soll nacher Lucern und Zug advisiert werden.

Hüt gehört man mit grossen stukhen schiessen, zu ersorgen das träffen angangen sye.

(Wolfgang?) Schönbrunner rytet Jezunder usin, ist sonst nit gen Bremgarten geordnet gewäsen, hat sich selbs eingeflikht: man khan desto besser uff Jnn Achtung geben.

Halt du guote correspondenz mit H. Schön und *(Beat Jakob)* Khnopffli *(= Knopfli, dem Kommandanten in Bremgarten)*.

105. Zürcher Kundschafterbericht

Circa 25. Mai 1653 neuen Stils.

Inhalt: Der Huttwilerbund, der seine Vorposten auf dem Heitersberg stehen hat, unterhält in Mellingen eine Besatzung von 400 bis 500 Mann und kontrolliert Durchreisende gründlich bis und mit Leibesvisitation. Bei Othmarsingen ist ein weiterer grösserer Posten des Huttwilerbundes, von dort bis Gränichen steht im Abstand von je einem Büchsenschuss eine Schildwache. Gränichen ist ein durch eine Besatzung von 200 Mann und eine Fahne mit blauem Kreuz bezeichneter Stützpunkt des Huttwilerbundes.

Quelle: Der Anteil der Grafschaft Lenzburg am Bauernkrieg 1653, in: Taschenbuch der historischen Gesellschaft des Kantons Aargau für das Jahr 1902, Aarau: H. R. Sauerländer, 1902, Seiten 33 bis 106, Seiten 70, 71.

Hab ich gesehen zu Heidelsperg zween Halbartierer, zu Mellingen 4 oder 500 Mann; daselbst bin ich bis auf das Hemd ausgezogen worden. Zu Otmarsingen bin ich widerumb von der Wacht bis auf das Hemd ausgezogen worden, allwo sie auch den Niederer von Höngg gefangen gehabt ... Zu Gränichen hab ich widerumb 200 Mann angetroffen, allwo ich widerumb bis auf das Hemd ausgezogen worden. Von Otmarsingen bis gen Gränichen hab ich alle Büchsenschutz weit ein Schiltwach angetroffen. – Zu Gränichen haben sie eine Fahne mit einem blauen Kreuz ausgehenkt. Zu Gränichen ist einer aus dem Wirtshaus aussen kommen, der hat beim Sacrament geschworen, es nemme ihn wunder, wie das ein Krieg geben werde, weil sie iezunder schon unseins siegend. – Zu Gränichen, weil ich guten Bericht gehabt, habend sie mich passieren lassen als ein Viehtreiber, sonsten habend sie mich mit vier musquetieren begleiten wöllen, den ich 3 Dicken geben sollen. – Zu Olziken hat mir der Pur von zehn rinderen vier geben und dazu gesagt, er wollte, dass alle zehn mit einanderen allhie zu Zürich werend. – In dem Heimreisen bin ich samt meinem gespanen Balthasar Eberhart widerumb zu Mellingen bis auf das Hemd ausgezogen worden. Auf dem Heidelsperg hab ich stärker wacht als zuvor angetroffen.

106. Beat Jakob Zurlauben an die Kriegsräte in Luzern

25. Mai 1653 neuen Stils.

Inhalt: Am 22. Mai 1653 neuen Stils haben Schultheiss und Rat der Stadt Luzern Landschreiber Zurlauben befohlen, über die Entwicklungen in den Freien Ämtern nach Luzern zuhanden der Orte Luzern, Uri, Schwyz, Unterwalden und Zug zu rapportieren. Seither haben diese Orte Hauptmann Karl Anton Püntener zum Kommandanten von Mellingen ernannt und ihm befohlen, sowohl mit Landschreiber Johann Franz Ceberg zu Baden als auch mit dem Briefautor und Landschreiber Beat Jakob Zurlauben in Bremgarten Tuchfühlung zu halten. Zu diesem Zweck ist ein Treffen der drei Herren in Mellingen anberaumt worden. Nun liegen aber 400 Freiämter als Besatzung in Mellingen. Ein Bote ist in Göslikon aufgefangen und nach Mellingen in die Gefangenschaft abgeführt worden, während gleichzeitig von den Bauern in den Freien Ämtern ohne Grund zu hören ist, sie hätten keine Obrigkeit mehr, weil sie von den Eidgenossen im Stich gelassen würden. Vielleicht werden die Gesandten und Kriegsräte der Fünf Orte durch die Entsendung von Truppen dem drohenden Übel vorbeugen können.

Quelle: Zurlaubiana AH 44/164, ein den Herausgebern von Herrn Dr. Rainer Stöckli, Zurlauben-Bearbeitung, Aargauische Kantonsbibliothek, Aarau, freundlich zur Verfügung gestelltes Dokument aus der Sammlung Zurlauben, Regesten und Register zu den Acta Helvetica, Gallica, Germanica, Hispanica, Sabaudica etc. necnon Genealogica Stemmatis Zur-Laubiani, bearbeitet von Kurt-Werner Meier, Josef Schenker, Rainer Stöckli, Serien 1ff., Aarau, Frankfurt am Main und Salzburg: Sauerländer, 1976 ff.

Under dem dato des 22. dis habe ich ein schreiben vohn meinen Gnedigen Herren Schultheiss undt Raht der Stadt Lucern empfangen, mit befelch das ich dieselbige hiesiger enden beschaffenheiten allerseits berichten solte. Sithero Jst vohn eüwer Gnaden undt Weisheit der loblichen Catholischen ohrten h. Ehrengesandten undt Kriegsrähten alhero verschickht undt zu einem Commendanten nacher Mellingen verohrnet wordten der ... hauptmann *(Karl Anton) Bündtner (Püntener)* vohn Ury. Mit dem verneren befelch mit beiden Landtschreibern zu Baden *(Johann Franz Ceberg)* undt Brembgarten *(Beat Jakob I. Zurlauben)* gutte Correspondenz ze halten, worüber derselbige sambt meiner wenigen persohn guott erachtet, weilen die fryen Embterischen underthonen in die 400 *(Mann)* stets sich zu gedachtem Mellingen albereit in besatzung befinden, uns dahin zu begeben, und den h. Landtschreiber vohn Baden darzuo freundlich einzuladen. Zuvohr aber sin andtwohrt und guterachten widerumb zu erwahrten. Jnmassen was abgloffen E.G. und W. beiläufig alhie Copylich zu sehen haben, so ist nun der pott mit disserem schreiben erstens Zu Göslickhen uffgefangen undt nachgentz nacher Mellingen geführt, auch daselbst arrestiert und das schreiben geöffnet worden, gestalten dan E.G. und W. mehrers vohn mundt zu vernemmen haben werden. Undt weilen nun sit angeregtem fryen Embterischen uffzug die puhren underschidlich usspargiert haben, als hettendt sy kein oberkheit mehr, angesehen man sy also alleinig sizen liesse, also hatt wolgedachter herr hauptman und andere ehrliche Eidgnossen dissere reden höchst Suspect geachtet, sitenmahlen diselbigen vohn Anfang undt Jn wehrenden dissern Unruwen und bis anhero nit allein vohn herren Ehrengesandten weilen es änderst die Zeit nit zugelassen zwey und wir ettwelche underschidenliche mahl alle notturfft undersagt den 23. dis durch mich gschrifftlichen wie alhie Copylich ze finden, sy zue schuldiger treüw und gehorsame gegen Jren oberkheiten vermahnet, hingegen sy deroselbigen beharlichen vätterlichen schuzes uff begebenden fahl auch mit gnugsamen umbständen versicheret worden. Jnmassen sy sich eines solchen zu vernemmen lassen kein ursach gehabt undt hiemit nottwendig befunden bey solcher beschaffenheit dessen alles E.G. und W. mit mehrerem undt was sonsten bekahndt mündlich zu berichten, damit sy dester bas undt ylfertiger alle erforderliche Anstalt machen und disserem antreüwenden undt vohr augen schwäbenden Übel vilichter durch ein mehreren Zusaz alhie vohrbiegen köndtendt.

107. Der Murifeldfriede

18. Mai 1653 alten Stils, 28. Mai 1653 neuen Stils.

Inhalt: Friedensvertrag zwischen der bernischen Obrigkeit und den vor die Hauptstadt gezognen Untertanen samt den beiden Ratifikationen.

Quelle: Alois Vock, Der Bauernkrieg im Jahre 1653 oder der grosse Volksaufstand in der Schweiz, dritte Auflage, Aarau und Thun: J. J. Christen, 1837, Seiten 303 bis 312.

Vertrag der Stadt Bern mit Einigen ihrer Untertanen.

Wir, Schultheiss, Räth und Burger der Stadt Bern, thun kund hiemit: Als dann

Bundesobmann Niklaus Leuenberger an der Spitze seines Heeres vor der Stadt Bern. Die Zeichnung von Evert van Muyden stammt aus dem wegweisenden Werk des Veteranen von Gettysburg und Bundespräsidenten von 1894 Emil Frey «Die Kriegstaten der Schweizer», Neuenburg: F. Zahn, 1904.

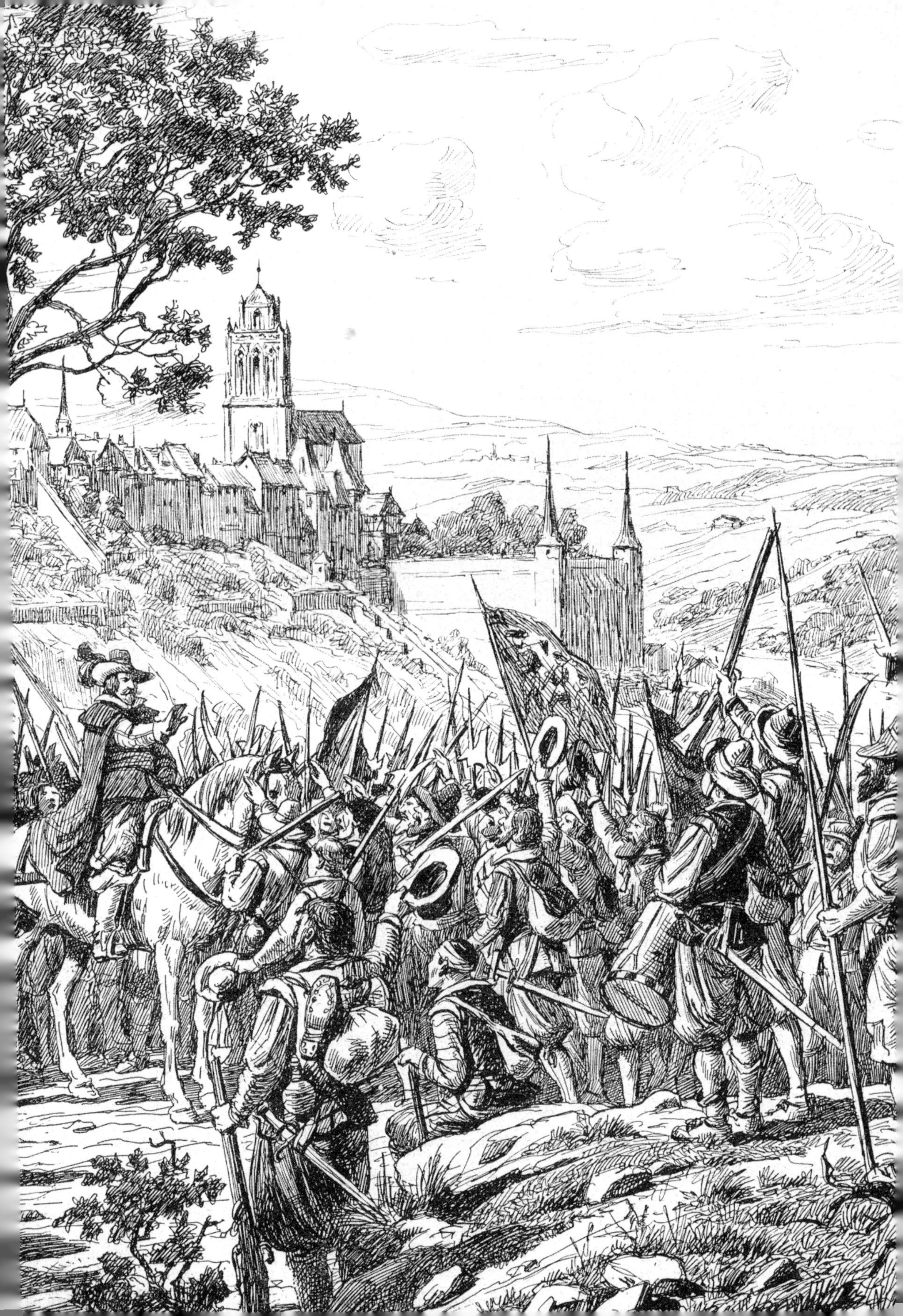

Unsere Unterthanen der Landschaft Emmenthal sammt der Amtei Signau, mit dem Landgericht Konolfingen und freien Gericht Steffisburg, wie auch denen in Unsern Amteien Wangen, Aarwangen, Bipp, Aarburg und der Grafschaft Lenzburg, item: die Landleute der Grafschaft Burgdorf, die Landleute der Grafschaft Büren, die Landleute der Grafschaft Thun, die Landleute der Grafschaft Nidau, der Vogtei Fraubrunnen, Landshut, wie auch Brienz und Castlanei Frutigen, vielerlei gemeine und besondere Beschwerden, Klagen und Anforderungen, ihre gemeinen Landsbräuche, Freiheiten und Gewohnheiten, wie auch ihre unterthänige Schuldigkeit gegen Uns, ihre Oberkeit, betreffend, zusammenfassen und Uns vortragen lassen, und aber sich unserer geneigtwillig darüber gegebenen, möglichst willfährigen, gnädigen Erklärungen und Erläuterungen anders nicht ersättigt, denn dass sie endlich mit bewehrter Hand vor Unsere Hauptstadt gekommen, durch Mittel solcher Gewalt ihr völliges Anbegehren und Forderung zu erlangen, gestalten auf ihr vielfältiges Veranlassen, Anhalten und Begehren Wir durch einen Ausschuss aus Unserer Mitte mit ihnen niedersitzen, alle ihre Uns übergebenen Beschwerdeartikel nochmals erdauern und erwägen lassen, und, nach solche mit ihnen freundlich gepflogenen, Uns wiedergebrachten Verhandlung, damit die Unsererseits von Anfang und durchaus vielfältig angewandte Gütigkeit und Sanftmuth der Gewalt der Waffen nochmals vorgezogen, und alles, aus dem Unfrieden erwachsende Unheil und Verderben verhütet werde, Wir Uns endlich gegen vorgedachte Unsere Unterthanen und ihre eingebrachten Artikel erläutert, und hinwiederum Uns gegen sie anbedungen und vorbehalten, so dieselben auch, in Treu zu erstatten und dess alles sich dankbarlich zu ersättigen, zugesagt und versprochen, wie folgt:

1. Erstlich sollen und wollen sie, Unsere Unterthanen der genannten Ämter und Orte, alsbald nach ihrem Wiederab- und Heimzug, so stracks auf diesen Vergleich, mit billigmässigem Abtrag alles zugefügten Schadens geschehen soll, und auf Unser erstes Erfordern die frische, unterthänige Eideshuldigung leisten und erstatten, wie ihre Altväter gethan, ohne einigen Anhang noch Vorbehalt.

2. Diesem Huldigungseid ist ganz widrig vermeint die Zusammenverbündnis, als um deren Nichtigkeit und Ungültigkeit Unsere heitere Protestation gegen sie in kräftigster Form zugebracht und durch dieselben angenommen worden, der Meinung, dass sie derselben eidlichen unguten Verbindung durch Unsere hochoberkeitliche Aufhebung gänzlich absagen, und ein- und anderen Orts die deswegen bei Handen habenden Bundesbriefe, kanzellirt, als nichtig und kraftlos herausgegeben werden, und hiemit alle und jede Unsere wohlhergebrachte, oberkeitliche Hoheit, Regalien, Landesherrlichkeit, Freiheiten und Gerechtigkeiten, Herrschaft, Gewalt und Ansehen, wie die genannt werden mögen, Unsern oberkeitlichen Stand und Einkommen betreffend, wie bisher Uns gänzlich und ungeschwächt verbleiben sollen, wie Wir hinwiederum auch Unsere Unterthanen bei alle ihren alten Rechten, Gerechtigkeiten, guten Gebräuchen und Gewohnheiten, nach Besag Briefs und Siegels und alter Urbarien, verbleiben lassen, schirmen und handhaben wollen.

3. Dann Wir den Kauf und Verkauf des Salzes Männiglichem der Unsrigen freigestellt und bewilligt haben.

4. Wir zugleich den freien, feilen Kauf und Verkauf von Ross, Vieh und andern Sachen, also dass einem jeden, sein Getreid im Land zu Markt zu führen, freigestellt sein soll an den Orten, die ihm am gelegensten sind.

5. Doch soll dabei Uns nicht benommen sein, sondern in Unserer Gewalt stehen, zu Gutem des gemeinen Mannes, je nach Gestaltsame der Läufe, wider die Veräusserung und Vertheuerung des Getreids und anderer Lebensmittel nothwenidges oberkeitliches Einsehen zu thun.

6. Das bisher bezogene Trattengeld aber wollen Wir, zu Beförderung des Viehverkaufs, aufgehoben und dessen Männiglichen ledig gesprochen haben.

7. Die Landsgemeinden betreffend, welche begehrt werden wie von Alter her, ist Unsere Meinung, wenn den gesammten Angehörigen eines Amts etwas Beschwerliches vorfällt, darum sie sich zu versammeln und zu berathen begehren, sollen dieselben sogleich ihr Anliegen bevorderst unterthänig an Uns gelangen lassen, die gebührende Abhelfung von Uns darüber zu erwarten. Kann in dermalen ihnen nach Billigkeit begegnet, und der Sach abgeholfen werden, so ist's mit Heil, und es soll dabei sein Verbleiben haben; wo nicht, so mögen alsdann von jedem Gericht desselben Amts sechs, und von jeder Gemeinde sechs, oder, wenn man lieber will, alle Hausväter versammelt werden, und, wenn die Sach es erforderte, und so weit auf andere, nächstegelegene Ämter sich erstreckte, soll alsdann eines, zwei oder drei derselben auch dazu zu berufen, zugelassen sein, also dass dasjenige, was dermalen berathen und verhandelt worden, Uns ebenmässig wieder vorgebracht werde.

8. Der Landschaft Emmenthal wollen Wir einen Landshauptmann, wie vor etwas Jahren auch in Übung gewesen, sammt dem Landsvenner, also bewilligt haben, dass Uns, der Oberkeit, die ordentliche Beeidigung zustehen und gebühren solle.

9. Was dann die begehrte Zertheilung der Lehengüter im Emmenthal, besonders Hinter-Trub und Langnau, unter der Stellung eines Träger's betrifft, können Wir dieselbe durchaus nicht gestatten. Jedoch, weil der grössten und namhaften Güter halb, da einem einzigen Erben der Auskauf gegen die übrigen nicht möglich, ein Unterschied zu machen ist, so mögen Wir wohl zulassen, dass ein jedwesender Amtmann den Augenschein auf Begehren einnehmen, und befindender Gestaltsame der Sache uns berichten solle, Uns, demselben nach, solcher begehrter Zertheilung dergleichen grosser Güter halb, unter der Stellung eines Lehenträgers, zu erläutern, da Unser Verstand von nun an ist, dass die Urbarserneuerung, so durch solche Zerstücklung der Lehengüter verursacht werden möchte, in der Lehensbesitzer Kosten geschehen solle.

10. Die Brücksumme betreffend, wie auch den Vogt- und Weibelhaber, und andere gemeine Herrschaftsrechte, sollen dieselben von einem Gut und Lehen, wenn schon unterschiedliche Häuser darauf wären, nur einfach bezogen und bezahlt, und für die Herrschaftshühner

von den Armen nur ein Batzen für eines gefordert werden.

11. Für die Truberdingkäse soll, jährlich zu Unsern Handen 8 Kronen zu bezahlen, bestimmt sein.

12. In Besetzung der gemeinen Gerichtsgeschworenen und Weibel soll es also gebraucht werden, dass der Amtmann und die Hausväter desselben Gerichts zusammentreten, und in die Wahl schlagen, folgends um einen jeden mehren, und also die, so die höchsten Stimmen haben, dazu erwählt sein sollen, jedoch auf Unsere oberkeitliche Bestätigung hin.

13. Das grosse Maass betreffend, soll dasselbe nicht mehr, als zwei kleine oder einfache, halten.

14. Wir mögen auch wohl geschehen und Uns gefallen lassen, dass in Unserm ganzen Deutschland durchgehends die Gerichte Sommerzeit gleich eingestellt, und gleich getrieben werden.

15. Die Kirchenrechnungen mögen aller Orte vor dem Herren Prädikanten und den Hausvätern derselben Gemeinde abgehört und gegeben werden.

16. Wir lassen uns auch belieben und nicht entgegen sein, dass gemeine Obligationen und dergleichen Versprechungen von eigener Hand geschrieben werden, dazu auch Schuldiener und Andere gemeine, nicht unter das Siegel gehörige Verhandlungen, so weit man sich solcher einfältiger, am Recht keine Kraft habender Schriften begnügen will, wohl schreiben mögen.

17. Das zu Mühle Reiten und Fahren betreffend, wollen Wir dasselbe in obigen Ämtern, der Unterthanen Begehren nach, einem jeden freigestellt, und hiemit Niemanden an keine Mühle gebunden haben.

18. Die Schaffnereien zu Langnau, Trub und Lauperswill wollen Wir zwar aus der Gemeinde mit ehrlichen, habhaften Leuten zu versehen Uns wohl belieben lassen, die Besatzung und Entsetzung derselben aber uns heiter vorbehalten haben.

19. Wir wollen auch den Kauf des Pulvers bei den Pulvermachern selbst Männiglichem der Unserigen, für seinen selbsteigenen Gebrauch ohne Fürkauf, zugelassen haben in dem Preise, wie es zu Unsern Handen bezahlt wird.

20. Was dann die Uns auch übergebene Klage unbilliger Büssung wider Etliche Unserer Amtleute betrifft, derethalben Wir schon zuvor die Anstellung gethan, dass dem eint und andern mit Ernst nachgeforscht und nach Gebühr darin gehandelt werde, ist hiemit Unsere nochmalige Erläuterung und Verstand, dass solche unbillige Bussen durch sie, die Amtleute, denjenigen Personen gebührend wieder ersetzt werden sollen.

21. Das Geleit im Kaufhaus betreffend sammt dem Zoll, ist Unser Verstand, wie in der Müdigkeit an Uns begehrt worden, Unser Verstand auch niemals anders gewesen, dass es bei demselbigen verbleiben solle, wie von Alter her.

22. Ferner antreffend die Ehrschätze von den ausgetheilten Schachen und Reisgrundgütern, davon noch kein Ehrschatz in den Urbarien eingeschrieben ist, wie viel man geben solle, haben Wir Uns erläutert, wollen es hiemit auch also geordnet haben, dass, anstatt

fünf, fürohin zwei vom Hundert, und nichts weiters, bezogen und gefordert werden.

23. Von den Mühlen dann, so ehrschätzig, und andern Gütern, derethalb aber im Urbar nichts bestimmtes gesetzt ist, soll fürohin der Ehrschatz auf dritthalb vom Hundert geordnet und bestimmt sein, im Übrigen aber es bei dem, was das Urbar, anderer Lehen- und Hintersassgüter halb, zugiebt, verbleiben, alles mit diesem Unterschied und Erläuterung, dass, von zubekannter und abgetretener Güter wegen, der Ehrschatz nicht höher angerechnet, gefordert und bezogen werden solle, als nach Proportion und Markzahl der schuldigen Summe, darum das Gut verpachtet worden, und nicht nach des Gutes Werth und Ertrag. Wir wollen hiemit auch ausdrücklich gemeint und verstanden haben, dass kein Ehrschatz fällig sein solle, bevor die Änderung und Besitzung sich nicht wirklich begeben und zutragen würde.

24. Wer hinfüro mit Geldausleihung einen Gültbrief aufrichten will, der soll anderes nicht, als das blosse baare Geld vollkommen, ohne einigen Abzug, noch Hingebung der Pfennwarte, darschiessen, und hiemit die letzte Ordnung und Zulassung des Abzugs halber Gantordnung wieder aufgehoben sein; würde aber Jemand dawider handeln, der soll zu gebührender Ersetzung gehalten werden, wofern es innert Jahresfrist geklagt wird, wo nicht, dafür ihm derjenige oder seine Erben keinen weitern Bescheid hierum zu geben schuldig sein. Und dieweil in Aufrichtung der Gültbriefe die Anhängung der Pfennwarte, Getreids, Weins, Molkens und dergleichen, anstatt baaren Geldes, niemals zugelassen war, und hiemit Unsern oberkeitlichen Ordnungen entgegen läuft, so soll ein jeder, so dergleichen Sachen, anstatt baaren Geldes, seit der letzten Ordnung und Zulassung des Abzugs halber Gantordnung vom J. 1647, in Aufrichtung der Gültbriefe hingegeben, andurch dem Schuldner den daran erlittenen Schaden zu ersetzen schuldig, und hiemit er, der Schuldner, bevorderst an denselben Ausleiher oder seine Erben gewiesen sein, auf nicht erfolgende gütliche Abschaffung aber demselben hernach oberkeitliche Hand wider ihn, den Gläubiger, oder seine Erben geboten werden. Wenn aber dieselben dermalen nicht mehr habhaft wären, soll alsdann der Klagende, weil er solche seine Klage bisher nicht eröffnet, zur Geduld und Ruhe gewiesen werden.

25. Und damit dem Schuldner bei diesen erarmten und Geldklemmen Zeiten desto besser geholfen sei, wollen Wir, dass die Gültverschreibungen wieder an ewigen Zins gestellt, und einem jeden von nun an erlaubt und zugelassen sein solle, das Kapital und Hauptgut unter dreien Terminen mit baarem Gelde sammt den Zinsen abzulösen.

Bildlegende nächste Doppelseite:
Die Geschichte ist die Geschichte aller Parteien und aller Stände. Der aus einem Solothurner Altbürgergeschlecht stammende Walter von Vigier (1851–1910) verewigte im Gemälde einen Kriegsrat der Bauern von 1653. Abbildung nach dem Buch «Schweizer-Geschichte für das Volk erzählt» von Johannes Sutz, La Chaux-de-Fonds: Verlag F. Zahn, 1899.

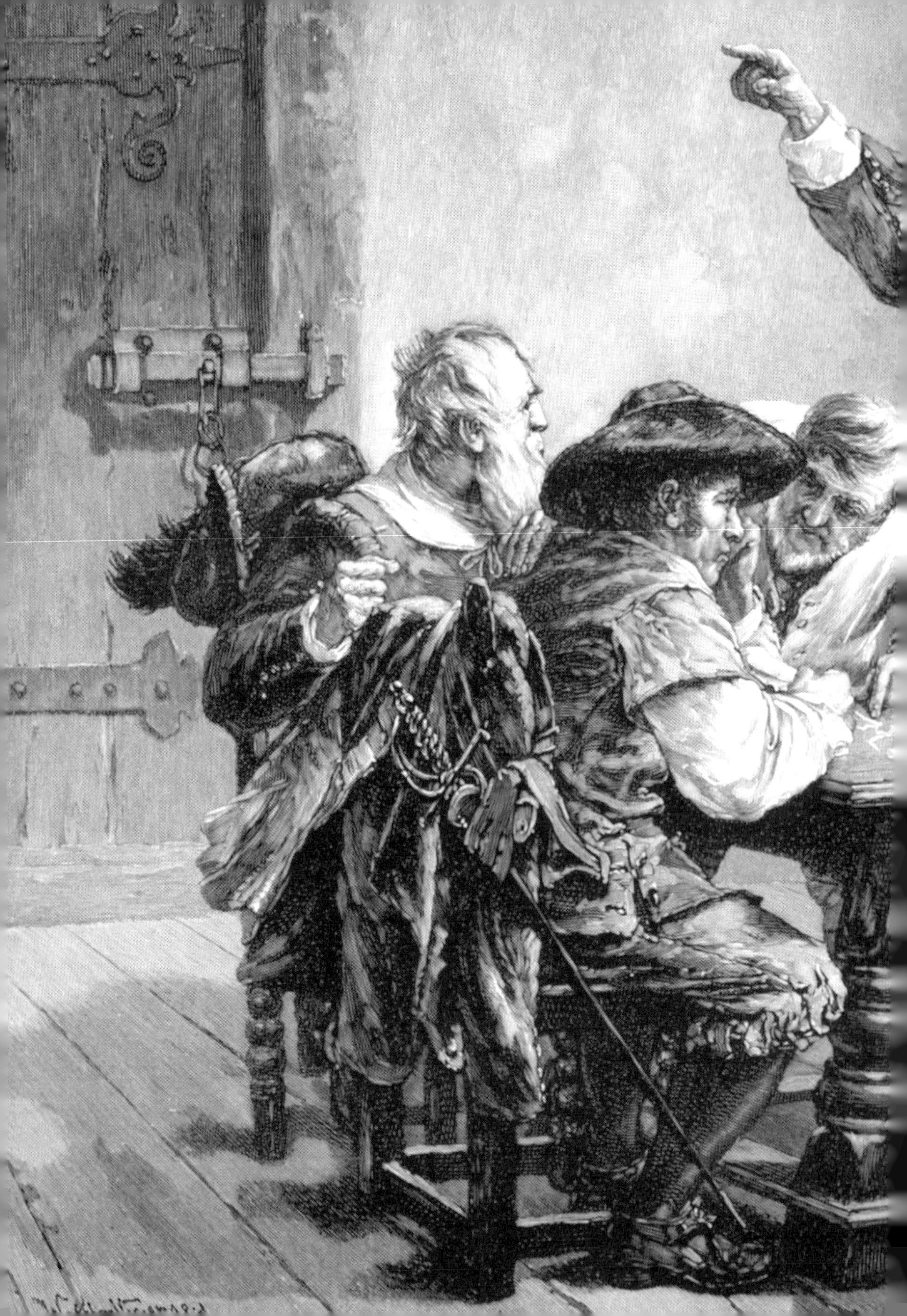

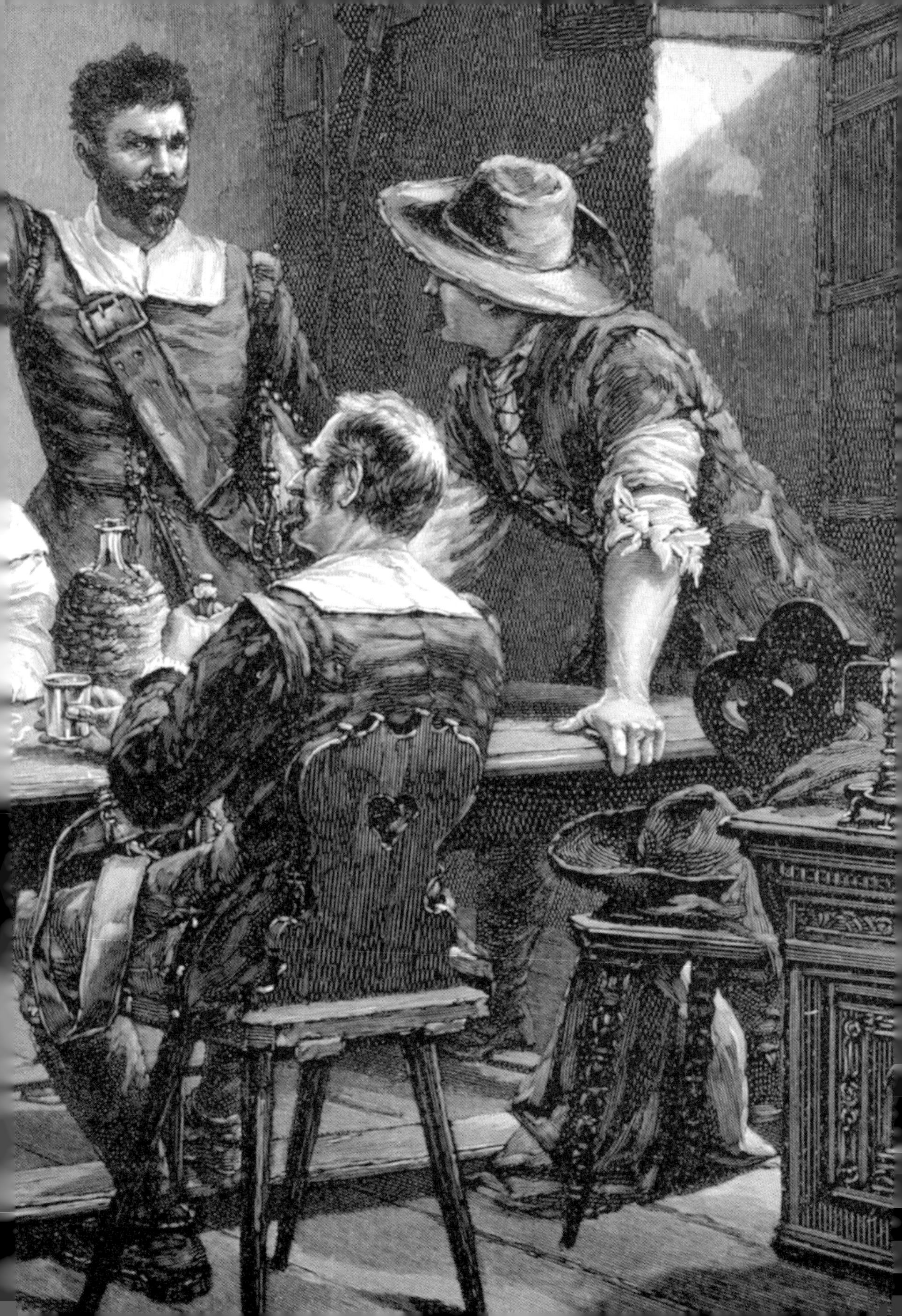

26. Demnach, betreffend die Bewilligung der Beistünder zu Tröl- und Rechtshändeln, mögen Wir wohl leiden und geschehen lassen, dass diese Bewilligung an des Gerichts Erkanntnis, da derjenige gesessen ist, stehen und ein jewesender Landvogt dessen überhoben werden solle.

27. Dannenhin, damit ein jeder abgezogene Amtmann, zu Beziehung der Amtsgefälle, der Boten zu gebrauchen überhoben sei, soll er dieselben in der Zeit seines habenden Amts und Gewalts richtig machen, und entweder selbst oder durch Mittel der Weibel, ohne andern Kosten, beziehen. Was aber über solchen angewandten Fleiss, sonderlich des letzten Jahrs Gefälle halb, vor dem Abzug nicht eingebracht werden mag, soll hernach der einzuführenden, gemeiner Boten Ordnung und Einsehen unterworfen sein.

28. Dass dann etwa geringe Händel, so den Augenschein erfordern, durch die Geschwornen am Ort in der Freundlichkeit ausgemacht, wo nicht, die Sache mit vollkommenem Rekurs weiters appellando geweigert werden möge, lassen Wir Uns gefallen.

29. Dieweil wider die Handwerkszünfte auf dem Lande eine durchgehende Klage geführt, und die Aufhebung derselben für nützlich gehalten wird, so lassen Wir Uns die Aufhebung derselben belieben. Es sollen derowegen die Zunftbriefe wieder zurückgefordert werden, als welche ohnedas durch die klagende Verständnis und Verbündnis zur Steigerung des Lohns verwirkt wird.

30. Demnach, betreffend die Bewilligung des Fischens und der Bäche halb, ist Unser Verstand nicht, dass, wo sie etwas rechts haben, sie davon getrieben, sondern, wie von Alter her, wie sie begehren, in ihren geringen Bächen ein Essen Fisch zu fahen, ihnen unverwehrt sein solle.

31. Es sollen auch alle listigen und gefährlichen Einführungen und verübten Geschwindigkeiten in den Volkswerbungen unverbindlich und ohne Kraft sein, also und dergestalten, dass, wenn einer also vorsätzlich, ohne gehabten Muth, augenscheinlich eingeführt worden wäre, derselbe sein Wort zu halten nicht schuldig sein soll, der Meinung, dass auch in dergleichen Fällen alle übermässigen Strafen abgestellt, und dieselben nicht an den Hauptleuten stehen sollen.

32. Dass sie zwischen Partheien, auch gemeine Pfenningsachen, sprüchlich hinlegen mögen, lassen Wir geschehen, jedoch dass allwegen ein Geschworner dabei sei, auf wichtige, sträfliche Sachen zu achten, und selbige gebührenden Orts zu eröffnen.

33. Der Einmessung halb des Bodenzinses mit dem kleinen Maass, wie sie vermeinen, ist hierum das Urbar zu ersehen, dabei und bei altem Herkommen Wir es auch bewenden lassen.

34. Betreffend die begehrte Einstellung des überflüssigen Appellationskostens, ist deswegen, als über ein Uns missfälliges Ding, allbereits das nothwendige Einsehen geschehen, wie Unsere, im Druck ausgegangene Ordnung vom J. 1648 ausweist, dabei es auch sein Verbleiben haben, und derselben wirklich gelebt werden soll.

35. Des Degenmandats halb, haben Wir Uns allbereits erklärt, dass dasselbige

eingestellt, und deswegen einem jeden, ohne zu besorgende Strafe, frei gestellt sein solle, den Degen zu tragen oder nicht.

36. Was diesemnach die übrigen von den Landleuten der eint und andern Orte eingegebenen Beschwerden, Klagen und Obliegenheiten betrifft, sollen dieselben auf eine andere Zeit zu Unserer billigen und förderlichen Erkanntnis und Abhelfung aller rechtmässigen Klagenursache gestellt sein, dabei aber Männiglich bei alten Bräuchen, Rechten und Freiheiten gehandhabt, und in allen Ständen nach den alten Urbarien, Briefen und Siegeln, ungeachtet die neuern ein anderes zugeben, gestellt werden.

37. Hiemit ist Unsere schliessliche, gnädige Meinung und Zusage, dass Wir Unsere lieben Unterthanen, obgemeldt, bei allen vorbeschriebenen, vielfältigen Erörterungen, Nachlass und Bewilligung, deren sie sich dann zu erfreuen haben, und Uns darum billig immerwährenden Dank sagen, und mit schuldigem Gehorsam und Treue zu beschulden sich befleissen sollen, für dieshin zu allen Zeiten, als lang ihre unterthänige Treue und Gehorsam gegen Uns, ihre vorgesetzte Oberkeit, währen wird, schützen, schirmen und handhaben wollen. Und solle mit dieser des ganzen Geschäfts Erörterung auch alles das, was sich in währender Sache mit Worten und Werken verlaufen, in einen allgemeinen Vergess gestellt und dergestalt aufgehoben sein, dass Niemand dess an Leib, Ehre noch Gut zu entgelten habe. Alles ehrbarlich und ungefahrlich, in Kraft dieses Briefs, so Wir den Unsrigen, obgedacht, hierum verfertigen lassen, mit Unserer Stadt Sekretinsiegel verwahrt.

Geben den 18. (28.) Mai 1653. (L. S.)

Die von der Regierung von Bern ihren Unterthanen zugestellte Annahmserklärung:

Wir, Schultheiss, Räth und Burger der Stadt Bern, thun kund hiemit: Demnach Unsere Unterthanen der Landschaft Emmenthal, sammt der Amtei Signau, mit dem Landgericht Konolfingen und Freigericht Steffisburg, wie auch denen in Unsern Vogteien Wangen, Aarwangen, Bipp, Aarburg und Grafschaft Lenzburg etc. vielerlei gemeine und besondere Beschwerden, Klagen und Anforderungen, ihre gemeinen Landsbräuche, Freiheiten, gute Bräuche und Gewohnheiten, wie auch ihre unterthänige Schuldigkeit gegen Uns, ihre Oberkeit, betreffend, zusammenfassen und Uns vortragen lassen, und es zwischen Uns und gemeldten Unsern Lieben, Getreuen, zu einer gütlichen Abhandlung gekommen ist, wie dann die Punkte und Artikel sonderbar und von einem zum andern verglichen und hierum aufgesetzt sind, – dass Wir Unserestheils, in Ansehung ihrer dankbaren, demüthigen und gehorsamen Annehmung des einen und andern, ihnen hiemit oberkeitlich zugesagt und in guten Treuen versprochen haben wollen, alles das, was solche schriftlich verfasste Abhandlung begreift, und wie dieselbe durch Unsere nächstvorgehenden Schreiben vom 15. (25.) und 17. (27.) dies Monats May erläutert worden, zu erstatten, zu vollbringen, und ihnen, den Unsern obgemeldt, um die verglichenen Punkte und Artikel authentische Brief und Siegel verfertigen und zustellen lassen, sobald auch ihrerseits dem einen und andern ebenmässig gebührend nachgekommen und statt beschehen wird, es sei mit dem unverzüglichen Ab- und Wiederheimzug und gänzlicher Ablegung aller Feindthätlichkeiten, an was Orten es sei, alles ohne einigen Schaden, Beleidigung noch Verwüstung zu Stadt und Land, wie das sein oder immer geschehen könnte, mit Öffnung der Pässe und Abschaffung der Wachten, damit die Strassen von Fremden und Heimischen wieder sicher gebraucht werden mögen, dannethin mit der anbedingten unterthänigen Eideshuldigung, in völliger Aufhebung und Hintansetzung alles dessen, was dem zuwider sein mag, hiemit auch, laut Unserer Protestation, desjenigen bewussten Bundes, alles ehrbarlich und getreulich. Zu welches genugsamen Versicherung wir beiderseits diese Schriften von Uns gegeben, also dass diese Versprechung beiderseits wirklich gehalten und erstattet werden solle, in Kraft dieses Briefs, den Wir, Schultheiss, Räth und Burger, zu mehrerer Bekräftigung mit Unserer Stadt Sekretinsiegel verwahrt von Uns gegeben.

So beschehen den 18. *(28.)* Mai 1653. (L. S.)

Die von den Bauern der Regierung zugestellte Erklärung:

Wir, die vorgenannten und mit Namen verzeichneten, Ihrer Gnaden der Stadt Bern getreue und gehorsame Unterthanen bekennen öffentlich hiemit, dass Wir der obigen, Unserer gnädigen Herren Erklärung gar wohl zufrieden sind, und versprechen hinwiederum für Uns und die Unsern in guten treuen, allem demjenigen, so hievor geschrieben ist, durchaus nachzukommen, und alsobald wirklich zu verschaffen, getreulich, ehrbarlich und ohne Gefährde.

So beschehen den 19. *(29.)* Mai 1653.

108. Hans Ulrich Graf über den Murifeldfrieden

Ca. 18. Mai 1653 alten Stils.

Inhalt: Die Berner Regierung hat alle neuen Auflagen abgeschafft, die Abhaltung von Landsgemeinden genehmigt und das gute alte Recht zu respektieren zugesagt. Sie hat ausserdem versprochen, 50 000 Pfund Kriegsentschädigung zu bezahlen. Einige Angehörige des Heeres warten noch auf Brief und Siegel.

Quelle: Der Anteil der Grafschaft Lenzburg am Bauernkrieg 1653, in: Taschenbuch der historischen Gesellschaft des Kantons Aargau für das Jahr 1902, Aarau: H. R. Sauerländer, 1902, Seiten 33 bis 106, Seite 77.

Unseren lieben und gantz getrüwen nachbarn der gemeinde Lütwyl und meiner Haushaltung auch zuo vermelden, sonderlich auch in der gantzen Klichhöri zuo handen.

Mein fründlichen Gruss und alles guts mit wünschung eines glückseligen Fridens sampt unserem gieliepten vaterlande weyb und Kindern zuo Sell und Leyb. Amen. Dem lieben und allmächtigen Gott und Vater im himmel seye gedanket durch seinen hl. und guten geist, dass er uns denselbigen weiters mittheilt und geben hat. Wenig und kurtzlich zu berichten, des inhaltes dass selbigen ist uns alle beschweren, neüwe ufläg, auch landsgemeinden nach zu lasen vergünstiget, hingegen auch bey unsern alten freyheits briefen und Siglen für zuotragen verblyben zuo lasen. An unsern Costen habend unsere gn. Herren und obern versprochen ze geben 50 000 Pfund. Weiters wöllend ihr nüt belangen; es warten noch etlich uf brief und Sigel. Habent sorg zur haushaltung und fleyssend euch ylfertig zum gebät. Hiemit göttlicher obacht anbefohlen.

... In yl vor Ostermundigen us dem veldläger Euer williger
Hans Ulrich Graf zuo Lütwyl.

109. Die X Ämter an Bundesobmann Leuenberger

26. Mai 1653 neuen Stils.

Inhalt: Bundesobmann Leuenberger, der im Feld und vielleicht vor der Stadt Bern vermutet wird, soll den X Ämtern in aller Eile 10 000 Mann oder so viel er nur irgend kann an Truppen zuschicken, vorzugsweise an Musketieren und mit Geschützen versehen. Die X Ämter, die bei Bedarf Gegenrecht halten wollen, sehen sich vor Luzern der Notwendigkeit gegenüber, eine ausgedehnte Belagerung zu organisieren. Die bernische Hilfe würde es den X Ämtern gestatten, in kurzer Zeit mit der Luzerner Obrigkeit zum Ziel zu kommen. Wenn die Unterwaldner ins Entlebuch fallen oder aus dem Lande ziehen, sollen die zum Huttwilerbund gehörenden Berner Oberländer auf die Beine gebracht werden.

Quelle: Alois Vock, Der Bauernkrieg im Jahre 1653 oder der grosse Volksaufstand in der Schweiz, dritte Auflage, Aarau und Thun: J. J. Christen, 1837, Seiten 314, 315.

An den Herrn Obmann Leuenberg, im Berngebiet bei dem Kriegsvolk zu erfragen, wie auch von Unserm Hrn. Lieutenant Joh. Emmenegger, so er noch vorhanden ist, zu eröffnen, und es dem Herrn Leuenberg zuzubringen; wo er aber nicht mehr vorhanden, ihm zuzubringen vor der Stadt Bern. Unsern freundlichen Dienst und Gruss. Liebe und getreue Bundesgenossen! Es wäre Unser freundlich Begehren und Bitt, Ihr wollet uns mit Kriegsvolk beholfen sein, etwa mit 10 000 Mann, oder so viel Euch je möglich ist; denn wir es vonnöthen sind, weil wir in grosser Weite belagern müssen, und wenn Ihr uns den Mehrtheil Musquetiere schicket, wäre es uns sehr lieb und angenehm, und sobald und geschwind, als es Euch möglich ist. Und so Ihr uns also zu Hilfe kommen würdet, so hätten wir die Hoffnung, wir könnten in kurzer Zeit mit unserer Oberkeit wohl abschaffen. Wir bitten Euch demnach freundnachbarlich und bundesgenössisch, Ihr wollet uns treulich lassen befohlen sein. Desgleichen wollen wir auch gegen Euch gewiss thun; denn es jetzund auch vonnöthen ist, ilends, ilends, ilends, sobald möglich, zu Hilf zu kommen. Hiemit Gott befohlen, den 26. Mai neuen Kalenders 1653. Es wäre uns lieb, so Ihr uns auch könntet Stuck schicken, wo Ihr sie je könntet bekommen. Das wollen wir Euch inständig gebeten haben, Ihr wollet uns doch verhelfen sein. *(Unterz.)* Hauptleute und Kriegsräthe der X Ämter, im Lager vor der Stadt Luzern bei einander versammelt.

P.S. Es ist unser freundliches, inständiges und höchstes Bitten und Begehren, Ihr wollet auch ein wachbares Aug auf uns haben, damit, so die Unterwaldner uns im Entlebuch Schaden thun, oder aus dem Lande ziehen, Ihr euere Oberländer, unsere Bundsgenossen, bei Euch oben im Bernbiet, die die nächsten an's Unterwaldner Land anstössig sind, mit solcher Macht, als Ihr könnet, möget aufbringen und bekommen. Auf solchen Fall und Begebenheit wollen wir Euch auch dienen, wo es Euch vonnöthen sein wird. Dies wollen wir Euch allweg in Il ermahnen und hoch bitten.

110. Waffenstillstand zwischen den X Ämtern und Luzern

27. Mai 1653 neuen Stils.

Inhalt: Durch zwei parallele Erlasse gehen die Luzerner Regierung und die aufständischen X Ämter einen Waffenstillstand ein.

Quelle: Alois Vock, Der Bauernkrieg im Jahre 1653 oder der grosse Volksaufstand in der Schweiz, dritte Auflage, Aarau und Thun: J. J. Christen, 1837, Seite 316.

Wir wohlbeamtete Landespannerherr, Landshauptmann, Landsfehndrich sammt aller X Ämter Ausschüssen befehlen allen und jeden Hauptleuten, Wachtmeistern und Kaporalen, dass sie das Volk allenthalben in einem Stillstand halten, weil nun, Gottlob! heutnächtigen Abend der Anfang zu einem friedliebenden, heilsamen, glücklichen Frieden angeschlagen worden, also dass Wir glücklicher Hoffnung sind, es werde sich die Sache nach und nach wohl lassen einrichten. Also sollet ihr wissen, dass ihr diesem Befehl des Stillstands fleissig nachkommet, damit nicht etwann ein grosses Übel daraus erfolgen möchte. Hiemit Gott und Mariae Fürbitte befohlen. Geben den 27. Mai 1653. *(Unterz.)* Von mir Kaspar Steiner, Gerichtschreiber im Amte Rothenburg.

Dieweil etwas Traktate vorhanden, dass eines ordentlichen Friedensschlusses vertröstet wird, und nun zum Antritt desselben bevorderst nothwendig ist, dass man zu allen Theilen den Stillstand der Waffen verschaffe, und alle Feindseligkeit vermeide, also ist Unserer Gnädigen Herren Wille und Befehl, dass man auf den Posten, die dieser Zeit von hier aus besetzt sind, sich dahin richte, dass der andere Theil nicht Ursache habe, ab ihnen zu klagen, weil sich solcher eines Gleichen bereit erklärt, und die erforderlichen Befehle hat ergehen lassen. Hierauf nun will man sich erforderlicher Dispositionen versehen.

Actum den 27. Mai 1653 um Mitternacht. (Unterz.) Kanzlei der Stadt Luzern.

111. Instruktion für General Conrad Werdmüller

Zürich, 18. Mai 1653 alten Stils.

Inhalt: Seckelmeister Conrad Werdmüller wird von den Zürcher Räten einstimmig und mit vollkommener Vollmacht zum Generalkommandanten der zürcherischen Truppen und der zu diesen stossenden Truppen anderer Orte im Krieg gegen die ungehorsamen und aufrührerischen Untertanen ernannt. Die Einzelinstruktionen bestimmen:

1. Wird Conrad Werdmüller der Pass gegen die Aufrührer irgendwo verweigert, nimmt er ihn mit Gewalt.

2. Vom Ort aus, wo Werdmüller Stellung bezieht, hat er die Untertanen anzufragen, ob sie wieder zum schuldigen Gehorsam gegen die Obrigkeit zurückkehren wollen. Diejenigen, die sich dazu bereit erklären sind, die Hauprädelsführer ausgenommen, unter Schutz und Schirm zu nehmen. Zu den – jeweils zwecks Wahrung der Handlungsfreiheit des Zürcher Rats unverzüglich nach Zürich zu meldenden – Friedensverhandlungen sind Abgeordnete der Berner beizuziehen.

3. Wenn die Untertanen ungehorsam bleiben, sind sie mit Gewalt zu unterwerfen.

Der Zürcher General Conrad Werdmüller entschied im Juni 1653 bei Wohlenschwil den Schweizer Bauernkrieg für die Regierungen und gegen den Huttwiler Bund. Conrad Werdmüller marschierte nach dem Gefecht und dem durch Bürgermeister Waser vermittelten Frieden von Mellingen nach Königsfelden und öffnete von dort aus die zuvor unterbrochenen Verbindungen Zürich–Basel und Zürich–Bern wieder. Abbildung nach einem Stich von Conrad Meyer aus dem Buch «Der schweizerische Bauernkrieg 1653 und die seitherige Entwicklung des Bauernstandes» von Hermann Wahlen und Ernst Jaggi, Bern: Buchverlag Verbandsdruckerei AG, 1953.

CONRADUS WEERDMYLLER. Illustris Reip: Tigurinæ Senator Quæstor Præfectus Rerum Criminalium et Generalis Nuperæ Militiæ Anno Christi MDCLIII. Ætatis XLVII. Amplissimus, Prudentissimus, Fortissimus Dominus.

PRVDENTIA ET FORTITVDINE

Gott möge Werdmüller in seinem Bemühen zur Rettung des obrigkeitlichen Ansehens und der Wiederherstellung des Friedens segnen. Die Truppen sind in aller Sittsamkeit zu führen, Verstösse gegen das Kriegsrecht sind wohl diesem nach, jedoch nicht mit Schärfe zu ahnden. Die Räte haben im Übrigen Vertrauen in Conrad Werdmüllers Urteil und verlassen sich darauf.

Quelle: Zentralbibliothek Zürich, Handschriftenabteilung, Manuscript V 814, Seiten 385 und folgende. Wir bedanken uns an dieser Stelle freundlich bei Frau Ruth Häusler.

Wir, Burgermeister, Klein und Gross Räte der Stadt Zürich, geben hiermit dem wohledlen, gestrengen, unserem besonders getreuen lieben Mit-Rat und Seckelmeister Conrad Werdmüller, als Generalkommandanten unserer, auch der uns von anderen Lobl. Orten zugeordneten Eidgenössischen Völker zu Ross und Fuss, bei gegenwärtigem Auszug wider die ungehorsamen und aufrührerischen eidgenössischen Untertanen hin und wieder einhellig vollkommene Gewalt und Befehl, wie folgt:

Erstlich. Wenn Ihr an dem ein- und anderen Ort, den Pass wider solche Aufrührer mit Euren Völkern begehrt, und er Euch abgeschlagen würde, denselben mit Gewalt zu nehmen.

Demnach ist auch unser Beschluss und Meinung, Ihr söllend von demjenigen Ort, wo Ihr für einmal Posto fassen werdet, an die Untertanen schicken, und erfahren, ob sie den Frieden begehren, und sich wieder zu schuldigem Gehorsam gegen ihre Obrigkeit erklären wollen. Welche dann des Friedens begehren, und sich zur Gehorsame erklären, vorbehalten die Hauptträdelsführer ... denen habt Ihr Schutz und Schirm anzuerbieten, auch gebührend zu halten, im Übrigen von ihnen Geiseln zu begehren, und dass zur Friedenshandlung einer Lobl. Stadt Bern, als eines anderen interessierten Orts Herren Gesandte erfordert werden, auch sollt Ihr solche vorhabende Friedenshandlung eilfertig uns hinter sich berichten, ob es uns gefallen möchte, auch jemanden dazu zu verordnen.

Wenn aber die aufrührerischen Untertanen den Frieden verächtlich ausschlagen, und in ihrem aufrührerischen und bösen Willen ungehorsam verharren würden, sollt und mögt Ihr sie mit dem Gewalt Eurer unterhabenden Völker, wie es immer möglich, und es die Notdurft erfordert, zur Gehorsame bezwingen.

Hierauf bitten wir den allmächtigen Gott als einen Herr der Heerscharen, er wolle Euch mit seiner Kraft und Stärke väterlich bewahren, Glück und Segen verleihen, und nach seinem heiligen Willen alles in Gnaden zur Rettung des obrigkeitlichen Ansehens, den Unschuldigen zu Gutem, und zu Wiederbringung des lieben Friedens in unserem Vaterland verleihen.

Es ist auch unsere ernstliche Bitte und Meinung, dass Ihr Euch eifrig lässt angelegen sein, dass unsere Völker nach eidgenössischem Gebrauch, von den Herren Obersten, Rittmeistern, Hauptleuten und Offizieren mit aller Sittsamkeit, Güte und Bescheidenheit angeführt, und gebührlich kommandiert, auch die Ungehorsamen und Fehlbaren nicht nach der Schärfe, sondern nach der Gebühr, und wie es unser Kriegsrecht erfordert, abgestraft werden.

Als wir Euch wohl vertrauen, Ihr in allem Euer Wegst- und Bestes gutwillig anstellen werdet.

Und das zu Urkund haben wir gegenwärtigen Brief mit unserer Stadt Zürich Secretinsigel bekräftigt.

Geschah Mittwochs den 18. Mai 1653.

112. Der Hofmeister von Königsfelden an Bern

Brugg, 19. Mai 1653 alten Stils.

Inhalt: Der Müller von Niederlenz hat – von Seiten des Huttwiler Bundes – den Auftrag gehabt, dessen vor Aarau sowie in den Ämtern Schenkenberg und Königsfelden liegenden Truppen den Befehl zum Heimmarsch zu überbringen. Da nun aber die Meldung gekommen sei, Schaffhauser Truppen marschierten nach Zürich, fragten sich die Angehörigen des Huttwiler Bundes, ob sie wirklich abziehen sollten. Der Müller von Niederlenz hat nun Hofmeister Wolfgang von Mülinen gebeten, nach Bern zu schreiben, damit die Berner Regierung das heranmarschierende Kriegsvolk zurückmahne. Wolfgang von Mülinen will von der Berner Regierung Verhaltensmassregeln.

Quelle: Staatsarchiv Bern, A IV 183, Seite 597. Wir danken den Mitarbeiterinnen und Mitarbeitern des Staatsarchivs Bern, unter ihnen besonders auch den Herren Peter Hurni und Vinzenz Bartlome, für ihre Unterstützung.

Euren Gnaden zu berichten habe ich nicht unterlassen sollen wie dass der Müller von Niederlenz in aller Eile allhier angelangt und berichtet wie dass Ihr meine gnädigen Herren mit E. Untertanen verschienenen Dienstag völligen Frieden geschlossen, und deswegen Befehl habe das Volk hieraus so teils in meiner Verwaltung teils aber im Amt Schenkenberg und vor Aarau liegt nach Hause zu mahnen, weil sie aber Bericht empfangen, ob sollte von Schaffhausen her Volk auf Zürich im Anzug sein, und deswegen abzuziehen Sorge tragen, haben also gebeten Euch meine gnädigen Herren dessen auf der Post wie hiermit beschieht zu berichten damit das anziehende Volk zurück gemahnt werden möchte, und sie also laut Friedensschlusses so bald möglich nach Haus heimkehren könnten welches ihr Begehren ich ihnen nicht abschlagen können. Bitte also Euch meine gnädigen Herren mich ferneren Verhaltens gnädig zu berichten, tue hiermit Eure Gnaden der wohl beschirmenden Hand Gottes und mich deroselben Gnaden und Gunsten anbefehlen. Den 19. Mai 1653 Euren Gnaden allzeit gehorsamer Burger und Diener W. von Mülinen Brugg um 11 Uhr vor Mittag.

113. Bern an Zürich

19. Mai 1653 alten Stils.

Inhalt: Bern hat gerüchteweise erfahren, dass jetzt auch die bernischen Städte im Aargau angegriffen und belagert werden. Deshalb hat Bern erfreut zur Kenntnis genommen, dass Zürich daran ist, mit grosser Truppenmacht zu Feld zu ziehen und den Reussübergang notfalls mit Gewalt zu erzwingen. Dabei geht es in erster Linie um die Vollstreckung des Badener Beschlusses gegen den unguten vermeintlichen Bund. Bern ist bereit, seine eigene Truppenmacht aareabwärts zu schicken und geht davon aus, dass die Kommandanten im Feld das Zusammenwirken direkt absprechen werden. Bern erhofft sich nicht nur die Wiedereinsetzung der einzelnen Kantone in ihre Rechte, sondern auch die Wiederherstellung der vorherigen Ruhe und Sicherheit in der ganzen Eidgenossenschaft. Bern wird Zürich den tapferen Beistand zu allen Zeiten zu vergelten suchen.

Quelle: Staatsarchiv Bern, A III 68, Teutsche Missiven-Buch der Statt Bern (Fanget an 4. Jan. 1653 und endet 29. Dez. 1654), Seiten 100, 101.

Unser etc. Wir haben aus eurem unserer G. L. A. E. uns unter dem 16. dies. eingelangten Schreiben sonders gern und erfreulich verstanden, dass Ihr zu unserem Secours, da wir von gemeiner Sage vernehmen, dass jetzt auch unsere aargauischen Städte angegriffen und belagert werden, mit grosser Macht aufzubrechen,

245

und den Pass, da etwas Hindernis gemacht werden wollte, mit Gewalt zu nehmen, im Werk begriffen *(seid)*, an dessen möglichster Beförderung in solchem Notfall nicht wenig wird gelegen sein, und dieweilen es hierunter vornehmlich auch um die Exekution des badischen Schlusses, wider den unguten vermeinten Bund zu tun, also ist dieserseits alles zu hoffentlich genugsamer Macht, so weit in gleicher Bereitschaft, dass das diesseitige Corpus nunmehr auch fort und nitsich *(hinunter)* rücken, und dessen Rendez-vous Euren Heerführern mit Mehrerem wüssend gemacht *(werden wird)*, die Hrn. Generale auch sich zusammen zu tun, und der Coniunctur[34] halb sich zu unterreden haben werden. Bei welcher sich eröügender guter Anstalt wir die gute Hoffnung fassen, es werde nicht allein dem einen oder anderen in particularis angefochtenen Stand, zu Recht geholfen, sondern auch dasjenige was die ganze Lobl. Eidgenossenschaft ansieht, kräftig abgehalten, und also der vorige sichere Ruhestand wiederum aufgerichtet werden mögen. Dazu der Allerhöchste sein göttliches Gedeihen verleihen wolle, und werden wir gegen Euch unsere G. L. A. E. für solche tapfere, ansehnliche und wohlerspriessliche Beisprungsleistung, unsere höchste Dankbarkeit zu allen Zeiten und Occasionen möglichst zu erzeigen uns billig angelegen sein lassen. Etc.

Datum 19. Mai 1653.

114. Beat Jakob Zurlauben an Beat Zurlauben

29. Mai 1653 neuen Stils.

Inhalt: Dem Vernehmen nach sind am 28. Mai 1653 neuen Stils 8000 Mann Zürcher, Glarner und Truppen anderer Herkunft von Zürich ausgezogen. Ratsherr Johann Balthasar Honegger von Bremgarten versucht zu erreichen, dass man nicht durch Bremgarten, sondern durch Mellingen zieht. Am 29. Mai 1653 neuen Stils haben die Landschreiber von Baden und der Freien Ämter in Bremgarten ein Projekt für die Gewährung des Durchzugs der Zürcher in Mellingen unter Stellung von Freiämter Geiseln ausgearbeitet.

Quelle: Zurlaubiana AH 127/114, ein den Herausgebern von Herrn Dr. Rainer Stöckli, Zurlauben-Bearbeitung, Aargauische Kantonsbibliothek, Aarau, freundlich zur Verfügung gestelltes Dokument aus der Sammlung Zurlauben, Regesten und Register zu den Acta Helvetica, Gallica, Germanica, Hispanica, Sabaudica etc. necnon Genealogica Stemmatis Zur-Laubiani, bearbeitet von Kurt-Werner Meier, Josef Schenker, Rainer Stöckli, Serien 1ff., Aarau, Frankfurt am Main und Salzburg: Sauerländer, 1976ff.

… die *(Truppen der)* herren *(Bürgermeister und Rat)* vohn Zürich sindt gesterigen dags für die Stadt Zürich ussen Zogen, in die 8000 *(Mann)* starkh Lut vorhgebens. darby *(auch)* die *(Truppen)* vohn Glarus undt andere mehr: H *(alt)* schultheiss *(und derzeitiger Ratsherr von Bremgarten, Johann Balthasar)* honnegger *(= Honegger)* ist gestern und heut widerumb Jn unserm namen aldohrt alles zu erkundigen und zu verhindern dass man nit durch Brembgarten sonders ehender durch Mellingen züche. H Landtschreiber *(der Grafschaft)* Baden *(Johann Franz Ceberg)* ist alhie bey uns gewässen heutigen dags Mit deme wir ein abredt getroffen mit den fryen Embtern ein Project uffzesezen, das wan sy werden die Stadt Mellingen zu handen der *(dort reg.)* ohrten vermahnen, pass und repas den herren vohn Zürich zu lassen, dem kommendanten daselbsten *(in Bremgarten)* H hauptman *(Ulrich)* schönen *(= Schön)* Obedieren, und dessen zu mehrerer Sicherheit gnugsamme geissel stellen, angesehen ohne des wegen vorhgangnen exorbitanzien und lehren Versprechungen man nit vil mehr oder änderst truwen könne; als wolle man keinem versprechen dieselbige vohr allen anfechtungen müglichist zuo bewahren und beyzespringen auch änderst nit als defensive zu gebruchen. weilen die pauren schon uszogen, ein nambhaffte anzal vohn völkhern oberkheitlicher syten, inss feld kumbt, als wird man ob gott wyl nit precipitieren, sonders die gebühr erhalten undt nit umbsonst uszogen sein wollen. Gott und Maria mit uns…

115. Ratsinstruktion für Luzerns Gesandte vor dem Schiedsgericht

Angeblich 29. Mai 1653 neuen Stils,
in Wirklichkeit aber eher circa 5. Juni 1653 neuen Stils

Quelle: Theodor von Liebenau, Der luzernische Bauernkrieg vom Jahre 1653, in: Jahrbuch für Schweizerische Geschichte, 20. Band, Zürich: Fäsi & Beer, 1895, Seiten 74 bis 79.

Zu wüssen und offenbahr sye menigklichen hiemit, nachdeme dann ettwölche Redlinführer der nüwlich in den 10 der Statt Lucern zuogehörigen Emptern entstandenen Unruwe in verhafft kommen, sich uss derselbigen eigenmündiger bekanntnuss heiter erscheint hatt, wie ehr und trüwloss selbige (Jedoch mit synem underscheid die einte mehr als die andere, vermög bemelt Ihrer ussag) an Ihrer natürlichen von Gott gesetzten Oberkeit verfahren, und noch ferner, wann es Gott durch syne güete und barmhertzigkeit nid gnädig abgewendet und verhüetet hette, zu verfahren gewillet gewesen, welches in substanz vss nachfolgender kurzer verfassung, wytleüfiger aber uss Ihrer gethanen bekenntnuss zu vernemmen ist.

Erstlichen, dass sy Ihr Ehr, Eydt, trüw und schuldigkeit by sytss gesezt, an Ihrer Oberkeit meineidig worden und noch deme Ihnen Ihrer vorgenandten beschwärden abgeholffen worden, sy davon von nüwen ohne alle ursach zum anderen, ja auch die ein oder andern zum dritten mohl brüchig und meineidig worden.

Item, dass sy nit allein in loblichen orthen der Eidtgnoschafft, sondern auch aussert derselben becirkh hin und wider geloffen, Ihr Obrikeit mit unbegründten unwahrhaften Zulagen uffs allerhöchste verkleinert, geschmäht, gescholten und das ganze land mit ihren unwahrhafften reden angefüllet haben.

Item, dass sy anderer loblichen underthanen durch Ihr zierlich und scheinbare, aber unwahrhafte und unbegründte Vorgeben nit allein verführt, uffgewickhlet und zur rebellion erweckt, sondern auch mit selbigen, so nit unserer Religion, sonderbahre Verkomnussen, verein und püntnussen wider die Obrigkeiten und derselbigen zusammenhabende alte Pünt uffgerichtet und mit lyblichem Eydt bestätiget, noch darzu so vermessen gewesen, dass sy Ihr eigne Oberkeit in solchen punt laden dörffen. Dardurch den fryen stand der ganzen Eydtgnosschaft und die Catholische Religion, allein darumben in höchste gefahr gesezt, damit sy Ihr unbillich gottlosig vorhaben und begehren erzwingen und behaupten könnt.

Item, dass sy alle gehend und rytende mit oder ohne gleit reisende potten uff offenen keyserlichen strassen uffgehebt, die obrigkeitlichen brieff abgenommen, geöffnet und underschlagen, vil derselbigen potten übel tractiert, gefangen, angeschmidet, mit rohren und sytenwöhren über sy zuckt, darzu mit allerhand schand und schmachworten gegen Ihnen verfahren, also den Obrikeiten die Correspondenz gentzlichen benommen.

Item, dass sy nit allein der Statt Zürich Ehrengesandten vil stund lang nit passieren lassen wollen, sondern auch den zu Werdenstein anwesenden Herrn Gesanten der 6 loblichen Orthen den arrest ankündt und zu Russwyl uff lyb und läben getröwt, pistolen über sy gezuckt und landesverräter gescholten.

Item, dass sy ein sonderbahre Compagnia leichtfertiger gsellen uss Ihren gemeinden gemehrt, und uff die füess gerichtet, namens die bartschärer, wölche in den Empteren herumb gezogen, ehrliche lüth wölche der obrikeit getrüw verbliben, mit gwalt von Ihrer uffrichtigkeit abzutryben, davon sy ettlich geschoren, gross guot von Ihnen erpresset, unsäglich tyranny verübt, wyb und kinder in grossen schrecken gesezt, auch Ross und Vych hinweg genommen.

Item, dass sy eigens willens und gwalts ein standt gricht angestellt, diejenigen, so nit nach Ihrem willen gelebt, dafür citiert, einen bekanten man um 1000 Gl., andere um 3. 2. 1. hundert guldin angelegt. Ja sogar haben sy 2 burger von Lucern für ein sollich gricht nacher Rootenburg citiert, und menigklich by solchem gricht verkündet: wär sich der urtheil nit settigen könn, soll gwalt haben für die 10 Empter zu appellieren.

Item, dass sy underschydenliche herren von dem Rat uss hin fordern, dieselben absetzen, Ihr Richter syn, die Rathsstellen enderen und das Regiment in einem anderen Model giessen und selbsten meister syn wöllen.

Item, dass sy an underschydlichen Orthen Geistliche persohnen und priester an lyb und an guot angriffen, Ihnen allen respect verloren, landesverräther gescholten, by dem haar zogen, arrestiert, die stifft Münster mit 700 mann beschwärt, die sy verpflegen müssen, bemelte geistliche an gewüssen Orthen yngethan, ettlich tag uffgehalten, ab den pferden genommen, zu erschiessen getröwt, Ihre diener mit ketten an die böum gebunden, noch darzu getröwt die Closterfrowen von Rathhusen und Eschenbach in dem Veldzug vornen an zu stellen und uff sie schiessen zu lassen.

Item, dass sy den Spitälern, Ritterhüseren und geistlichen zuogehörige früchten und guot mit gwalt genommen, die Spycher uffgebrochen und grossen muotwillen und gwalt gebrucht.

Item, dass sy underschydliche schlösser und herrensitz angefallen, wyn, korn, waaffen und wöhr und andere fahrhaab daruss entfrömbdet.

Item, dass sy der Statt Sursee die stuckh und munition abgetrungen, dessglichen dem schloss Wickhon und der Statt Sempach die der Oberkeit zu Lucern gehörige waaffen sampt den Munitionen entwert und schwäre tröwungen ussgestossen.

Item, dass sy das schloss Castelen, so M. G. H. zustendig, mit gwallt nidergerissen, den tachstuol sampt allen zieglen abgeworffen, auch willens gewesen den ynbuw genzlich zu verbrennen, massen des strow allbereit in bereitschafft gsin, nachmahlen aber die Muren ganz zu schlyssen und dem boden eben zu machen.

Item, dass sy die 2 der Oberkeit noch getrüw verblibne Ämpter Hapspurg und Wäggis mit schwärt und füwr uss ze tilgen getröwet.

Item, dass zu vil underschydenlichen mahlen sy geredt, sy habent kein Oberkeit mehr, sy syent selbst die Obrikeit, die Obrikeit sye lang meister gsin, sy wollend nunmehr auch meister syn.

Item, dass sy zum offtermahlen getröwt, sy wellend die statt Lucern zu einem offnen fleckhen machen, die thor hinweg nemmen und alles, reverenter, wie die hund niderschlachen, die statt an vilen orthen anzünden, selbige ynnemmen und sich dero bemächtigen.

Item, dass sy würklichen und effective mit ihrem zusamen getrungenen volck die stat zum andern mahl belägert, an vil orthen schanzen uffgeworfen, bruggen über die Rüss geschlagen, in währenden tractaten sich der Gysikher Brugg bemächtigen und den pass überen See spörren und die statt aller zufuher berauben wöllen, gestalten sy die schanz by der Gysikher brugg mit gewallt an gefallen, und uff selbiger syten auch für die statt rukhen wöllen, unangesehen theilss selbiger völkeren zu Mellingen an Eydess statt angelobt, sich nacher huss zu begeben und die wöhr nider zu legen, hiemit sy abermahlen meineid worden.

Item, dass sy feindtlich mit stucken nach der statt geschossen, die Müli- und Brunnen wasser abgeschlagen, auch die von Krienss herfliessende Brünnen getröwt zu vergifften.

Item, dass sy zum anderen mahl alle comercien gespert, alle zufuher, so wyt sy können abgeschnitten, dardurch man den nechstgelegnen orthen mit früchten, auch nit nach notturft byspringen könden, zu mahlen die früchten und wyn man mit grossen Unkosten anderst woher verschaffen müessen.

Item, dass sy nit allein die ungehorsamen underthanen zu dem usszug und belägerung angemahnt, sondern auch die ehrlichen gehorsamen lüth uss ze ziehen und vorne anzustehen genötigt.

Item, dass sy mit der Statt Lucern underthanen in dem usszug nit vernüegt, sondern auch beider stetten Bern und Solothurn underthanen zu Ihnen genomen und für die statt Lucern und an die Rüss gezogen.

Item, dass sy ebenmessig mit Ihress glychen lüthen, anderen loblichen Orthen mit gewöhrter hand uff ihr land, päss und für Ihre statt gezogen sind, und an bewüssten orthen mit plündern mercklichen schaden gethan haben.

Item, dass sy sich von Ihrer Obrikeit würklich abgeworffen, selbige nit mehr anerkennen wollen, Zins, hauptguot, zechenden, fahl, ehrschatz und andere gefelle zu geben abgeschlagen, aller pflichten ledig zu syn, und mit disem mittel sich ihrer schulden entladen zu haben, sich offentlich erklärt, mit vermelden, dass ein Obrikeit solches gegen Ihnen alles verwürkt habe.

Item, entlichen und nach ussrüeffung und annemung des letsten fridens, die von Entlibuch denselbigen von nüwem gebrochen, in deme sy lut Ihres eigenen der Oberkeit in die hand gefallenen schrybens die Willisower und andere unsere Underthanen zu fernerer ungehorsame verleiten wollen, auch die stukh, so sy lut spruchs der statt Sursee wider zustellen sollen, mit sich nach Entlibuoch geführt, in meinung sich domit zu wöhren.

Item, dass sy von Littow in dass läger uff dem gütsch geschriben, dass man dem Clauss Löwenberger ylendess zu schrybe, er solle denen von Underwalden ylendss, ylendss mit ganzer macht in das land fallen, damit das underwaldnerisch kriegsvolck von Lucern wider heimb müesse, domit der Empteren volck den Zürcheren desto besser widerstehen möge.

Durch wöllich oberzellte und mehrere verloffenheiten M. G. H. unverschuldet by nahend in 300,000 gl. Kosten, wölche zu erhaltung des Catholischen glaubens auch der fryheit des vatterlandtss wider frömbde fürsten und herren besser hette können verwendet werden, geworffen, sy und ihre nachkömling mit hocheit, ehr und guot in unwiderbringlichen schaden gesetzt worden.

Hiebei erpietend sich M. G. H. Ihren g. l. E. der loblichen 4 orth wass wyter forfallen wirt, sampt schlüsslichem process zu participieren.

116. Bern an Zürich

20. Mai 1653 alten Stils.

Inhalt: Bern dankt Zürich für seine tätige Hilfe und verlässt sich darauf, dass, während die bernische Armee aareabwärts rückt, um bei den Untertanen den gebührenden Gehorsam wiederherzustellen, die zürcherische Armee zur Rettung der angegriffenen souveränen Stände aareaufwärts stösst.

Quelle: Staatsarchiv Bern, A III 68, Teutsche Missiven-Buch der Statt Bern (Fanget an 4. Jan. 1653 und endet 29. Dez. 1654), Seite 101.

Unser etc. Euch unseren G. L. A. E. können wir nicht genugsam danken der eid-, bund- und religionsgenössischen Hilfsbeförderung in gegenwärtigem bedauerlich bekanntem Wesen ... *(Es)* gelangt derowegen, von des gemeinen Interesses wegen, an Euch unsere G. L. A. E. unser freund-eid- und religionsgenössisches Ersuchen, unseres Kleinen Rates gestrigem Anbegehren, und eurem tröstlichem Erbieten nach, mit eurer Macht, euch also tapfer zu erzeigen, dass, wie wir mit unserer Macht hinabfahren, und die Gebühr bei den Unseren suchen, Ihr also auch unten herauf rücken, und fürsichtig auch mannlich, zu Rettung der so hoch angegriffenen souuerainischen Stände (wie die Not unserer E. der Stadt Luzern aus dem Einschluss zu sehen) kooperieren helfen wollt; dazu Gott der Herr etc.

Datum 20. Mai 1653.

117. Johann Franz Ceberg an Beat Jakob Zurlauben

30. Mai 1653 neuen Stils.

Inhalt: Die Freiämter Bauern haben am 29. Mai 1653 neuen Stils nach einigen Schwierigkeit den Pass von Mellingen den Zürchern eingeräumt und den Obrigkeiten Gehorsam versprochen. Ob sie dies halten, bleibt abzuwarten, denn sie haben ihren Verbündeten offenbar zu viel versprochen. Pfarrer Niklaus Hürner von Gränichen hat freiwillig ausgesagt, dass das Ziel der bäuerlichen Diplomatie gewesen sei, den Aufbruch des obrigkeitlichen Kriegsvolks so lange zu verzögern, bis das Heu und die Ernte eingebracht seien, damit man danach «erst recht darhinder» könne.

Quelle: Zurlaubiana AH 44/26, ein den Herausgebern von Herrn Dr. Rainer Stöckli, Zurlauben-Bearbeitung, Aargauische Kantonsbibliothek, Aarau, freundlich zur Verfügung gestelltes Dokument aus der Sammlung Zurlauben, Regesten und Register zu den Acta Helvetica, Gallica, Germanica, Hispanica, Sabaudica etc. necnon Genealogica Stemmatis Zur-Laubiani, bearbeitet von Kurt-Werner Meier, Josef Schenker, Rainer Stöckli, Serien 1ff., Aarau, Frankfurt am Main und Salzburg: Sauerländer, 1976ff.

Gestern abend seien sie erst um 9 Uhr von Mellingen nach Baden zurückgekehrt. Unnd obgleichwoll die daselbst ligendte fryen Embter Pauren *(Bauernkrieg)* anfangs Vill difficultieren wollen, habent Sie sich Jedoch entlich dahin begeben, dass Sie den h. *(Bürgermeister und Rat)* Von Zürich eintweder den Pass *(Mellingen)* guetwillig geben, oder aber denselben Vollendts abtretten unnd quitieren, auch den obrigkheiten *(den in den Freien Ämtern reg. Orten)* gethrüw sein wollent. Dessen aber Zue Versicherung Gisell Zue stellen, habent Sie in Verdanckh genommen, was daruss erfolgt bringt die Zeit; dan es scheint Sie habent andern zue vill Versprochen, touchant leur alliance. Der Verschinen tagen nebent andern gefangnen nacher Zürich geführte Bernische Predicant *(Niklaus Hürner, Pfarrer von Gränichen)* soll bereits freywillig ausgesagt und bekhant haben, das Er von den Pauren geschickt worden, Zue sechen wie Er bey Zürich so woll bi Geistlicher als Weltlicher Obrigkeit verhindern Könne, das dieselben nit uffbrechen thüen, under praetext der friden sie verhanden, und das allein Zue dem Endt, aller Ohrten den gwalt Zue hinderhalten, bis der heüwet und Erndt fürüber sein werden, allsdan Wellents erst recht darhinder, ...

P. S. Zue Zürich wirt man heut die übrige Bernische gefangne tortasieren.

118. Bericht eines Weggefährten Johann Rudolf Werdmüllers

Den 20. Mai 1653 alten Stils und folgende Tage bis zum 25. Mai 1653 alten Stils betreffend, aus dem Rückblick geschrieben.

Inhalt: Nach der Erhebung der Berner Bauern hat die Berner Regierung, die dem Aufstand aus eigener Kraft nicht mehr hat Meister werden können, die übrigen Eidgenössischen Orte um Bundeshilfe ersucht. Deshalb ist, aus Kontingenten von Zürich, Glarus, Schaffhausen, Appenzell, St. Gallen, Winterthur, Stein am Rhein, Frauenfeld, der Landschaft Thurgau und Graubünden ein Heer von 8000 Mann zu Fuss, 800 Pferden und 18 Stück Artillerie unter das Kommando General Conrad Werdmüllers gestellt worden. Dieser kann Johann Rudolf Werdmüller als Generalmajor, auf dem bald die ganze Last des Krieges liegt, und den Erbauer der Zürcher Schanzen Johann Georg Werdmüller als Oberst und Artilleriechef gewinnen. Am 20. Mai 1653 alten Stils wird die Armee auf der Allmend von Schlieren vereidigt, marschiert durch die Nacht über den Heitersberg und erscheint am 21. Mai 1653 alten Stils vor Tagesanbruch vor Mellingen. Die Stadt wird, vorerst durch die Reiterei, besetzt und das Tor den Bauern gegenüber, nach einem Wortwechsel, geschlossen. Johann Rudolf Werdmüller findet die Stadt danach voll bewaffneter Bauern, von denen er mit Drohungen und freundlichen Worten erreicht, dass sie die Waffen niederlegen. Nach einer Besetzung der Stadt durch drei Kompanien zu Fuss setzt Johann Rudolf Werdmüller den Vorstoss in Richtung auf die, von den Bauern gehaltenen, Höhen vor Mellingen am Abend des 21. Mai 1653 alten Stils fort. Von einem Zürcher Trompeter zur Deklaration ihrer Absichten aufgefordert, erklären zwei Vertreter der Bauern, sie begehrten den Frieden und wollten nur den Einfall fremder Kriegsvölker abwehren helfen. Die beiden werden als Gefangene an General Conrad Werdmüller geschickt. Ein Scharmützel endet mit einigen verwundeten und 17 gefangenen Bauern. Am Abend des 21. Mai 1653 alten Stils schlägt die Zürcher Armee ihr Lager vor Mellingen reussäbwärts auf und biwakiert. Nach dem Gottesdienst am Sonntag, 22. Mai 1653 alten Stils reitet Johann Rudolf Werdmüller mit etwas Kavallerie in Richtung Königsfelden auf Aufklärung und begegnet etwa halbwegs einem Truppenkörper von rund 3000 Soldaten unter der Führung eines kriegserfahrenen Mannes. Diesen fordern Generalmajor Johann Rudolf Werdmüller und der Schaffhauser Oberst Johann Conrad Neukomm mittels Trompeter zu einer Aussprache auf, um Uneinigkeit unter die Bauern zu bringen, bevor sie sich wieder nach Mellingen zurückbegeben, während die Bauern an Ort und Stelle bleiben. Am Montag, 23. Mai 1653 alten Stils zieht Johann Rudolf Werdmüller mit 1500 Mann zu Fuss, 500 Reitern und 4 Kanonen auf die gestern erkannte Stellung der Bauern zu, findet sie aber nicht mehr dort, sondern rund 15 000 Mann stark eine Viertelstunde abseits zwischen Brunegg und Mägenwil in guter Schlachtordnung unter der Leitung erfahrener Offiziere im Halbmond aufgestellt. Johann Rudolf Werdmüller, der sich zu weit vorgewagt hat, schickt einen Trommler mit dem Begehren, ein Gespräch zu führen, zu den Bauern und gewinnt so die Zeit, die ihm gestattet, seine Truppen diskret in eine bessere Stellung zurückmarschieren zu lassen, was auch gelingt. Das Gespräch dient dem Ziel, wenn es sein kann, die Angelegenheit ohne weiteres Blutvergiessen zu beenden, obwohl die Armee begierig ist, zu schlagen. Johann Rudolf Werdmüller erklärt, es befremde die Zürcher und die übrigen unparteiischen Orte, die einerseits auf Ersuchen Berns anderseits zum Schutz der Eintracht und der alten Freiheiten rechtmässig unter den Waffen seien, die Bauern, mit welchen sie keine Feindschaft hätten, unbefugter Weise ebenfalls unter den Waffen zu sehen. Die gegen den Willen der Obrigkeiten erfolgten Eigenmächtigkeiten einzelner Landvögte seien den Zürchern und ihren Mitstreitern bekannt und unwillkommen, dagegen gelte es, vor den unparteiischen Orten zu klagen. Gerade deshalb seien sie hier und verlangten nun zunächst von den Bauern:

1. Niederlegung der Waffen und Heimzug der Bewaffneten.
2. Der unbefugte (Huttwiler) Bund wird aufgegeben, der Obrigkeit erneut gehuldigt.
3. Beschwerden sind zur Erledigung schriftlich und mündlich an die Zürcher und ihre Mitstreiter zu richten und deren Entscheiden ist nachzuleben.
4. Die Armee Conrad Werdmüllers wird in ihren Operationen nicht behindert.

Für die Erfüllung dieser Forderungen wird den Bauern eine Stunde gegeben. Mittlerweile ist Johann Georg Werdmüller mit 1500 Mann und 4 Kanonen zur Verstärkung herangerückt, sodass die Zürcher und ihre Verbündeten kampfbereit sind. Nach einer Stunde Verlängerung erklären sich die Vertreter der Bauern mit der Erfüllung der vier Forderungen einverstanden. Die bäuerlichen Unterhändler anerbieten sich, als Geiseln zu bleiben, räumen aber ein, dass noch nicht alle im Felde stehenden Bauern haben konsultiert werden können. Die schriftliche Bestätigung der Abmachung wird für den kommenden Morgen in Aussicht genommen, die Truppen ziehen sich ins Lager bei Mellingen, die Bauern in ihre eigenen Quartiere zurück. In der Nacht vom 23. auf den 24. Mai 1653 alten Stils erscheint Niklaus Leuenberger im Lager der Bauern, wo die Mehrheit mit den Zürchern gemäss den vier Punkten abschliessen will. Leuenberger rät dagegen und stellt in Aussicht, er werde selber mit den blauen Zürchern handeln. Dementsprechend erscheinen am 24. Mai 1653 alten Stils entgegen der Verabredung vom Vorabend keine Unterhändler im Lager bei Mellingen. Hingegen rückt die ganze bäuerliche Armee bis auf einen Kanonenschuss an das Zürcher Lager heran, einzelne Aufklärer auch noch näher; diese empfangen allerdings durch den artilleristischen Beschuss der Verteidiger Schaden. Daraufhin macht Johann Rudolf Werdmüller mit 1000 Musketieren und einigen Kompanien zu Pferd einen Ausfall, woraus sich ein Gefecht entwickelt, das bis gegen den Abend andauert und den Bauern mehr Verluste zufügt, als den Zürchern und ihren Verbündeten. Die Truppen ziehen sich in guter Ordnung ins Lager zurück und bereiten sich vor, den Kampf am nächsten Tag, mit einer neu erkundeten Artilleriestellung, wiederaufzunehmen. Am Morgen des 25. Mai 1653 alten Stils tauchen Vertreter der Bauern auf und erklären die Annahme der vier Punkte, welche (als Frieden von Mellingen) schriftlich aufgesetzt werden. Danach wird Salve geschossen und bäuerlicherseits der Heimweg angetreten.

Quelle: Leo Weisz, Die Werdmüller, Erster Band, Zürich: Schulthess, 1949, Seiten 387 bis 394, nach der Handschrift T 70, Nr. 2 der Zentralbibliothek Zürich.

Extract aus einem an einen guten Freund abgegangenen schriben, darin des Belaufs des Bernerischen Krieges auf Seiten der Zürcherischen Armeen wider die empörten Bauren berichtet wurde.

Von dem Belauf dieses Krieges, was sich in der Zürcherischen Armeen zugetragen, weilen ich mich in ganz währender

Zeit bey General-Major Verdmiller aufgehalten und durch dessen Hand alle Comando und Bestellungen gegangen, kann ich umb etwas eigentlicher als ein anderer darvon reden.

Hat hiemit mein Herr ze wüssen, daß nach Empörung der Bernerischen Paursame alle übrigen Ort der Eidgnosschaft umb tatliche Hilf von den Herren von Bern angesprochen und laut der Bundnus gemahnet worden, weilen die Pauren ihren Herren zu mächtig gsin. Wann nun demenach die Gebühr zu erstatten von Zürich, Glaris, Schaffhausen, Appenzell, St. Gallen, Winterthur, Stein a/Rhein, Frauenfeld und Landtschaft Thurgauw, auch die Bündten und andere mehr ihr Volk in ein Armee in das Feld gestellt wurd, so efective in 8000 zu Fuß, 800 Pferd und 18 Stuck Geschütz bestünde, ward über diese Armee zu Generalen Cunradt Werdtmüller erwählt, zwar mehr umb ansehnlicher, gemeiner Standsämpterer und Verwaltungen wegen, und daß er ein frischer und unerschrockener Mann, als wegen sonderer Kriegserfahrenheit halber. Dieser zog zu sich – zwaren mit etwas Mühe – den Obristen Jehan Rudolf Verdmiller, welcher umb Ursachen wegen geringe Neigung hatte, in diesem Krieg etwas zu commandieren. Dieser nun ward zu Generalmajor erwählt, lag auch bald alle Last auf ihme, dann er durch langwierige Kriegserfahrung seinen Stand der Gebühr nach zu bedienen wußte. Über die Artolerey ward zu Obristen erwählt Johann Georg Werdtmüller, der die Fortification umb die Stadt Zürich angegeben, ein treffenlicher Ingenieur und Baumeister, auch vieler anderer Sachen wohlberichteter Mann. Zu Obristen warend erwählt U. Ulrich, Zunftmeister und des Rats zu Zürich, Toman Werdtmüller, auch Zunftmeister und des Rats zu Zürich, beide erfahrne Soldaten. Von Glaris ward Comandant Landammann Miller; von Schaffhausen Obrister Neükum usw. Weilen mir die Namen unbekannt, lasse ich sie ohngemeldet.

Das General-Rendezvous, oder Sammelplatz ward bestimmt auf der Schlierer Allmend, ein starke Stund von Zürich, den 20. Meyen, an einem Freitag, allwo von Offizieren und Soldaten der Eyd geleistet und jeder zu Erstattung der Gebühr angemahnt ward. Der Aufbruch beschahe denselben Abend zu angehender Nacht und ging der Marsch über den Heitlisperg Mellingen zu, wo die Armee eine Stund vor Tag und 1/2 Stund von der Stadt angelangt. Nach getaner Losungsschüssen berichteten die von Mellingen, daß sich unterschiedliche von der Bauernsame sehen ließen, was Intention eigentlich, wäre ihnen unbewußt, können aber wohl gedenken, sy möchten uns den Paß verhalten wollen. Bittend hiemit, daß man eilen möchte, umb die ersten zu sein, damit also ihre Stadt ohnbeschädiget bleibe. Hiemit ward Generalmajor Werdmüller übergeben, mit der Cavalerey vorhar zu gehen, so schleunig, als immer möglich, umb sich des Passes zu bemächtigen. Der schickte voraus den Major Bürkli mit 50 Pferden, umb den Mellingern zu sagen, daß sy niemand von den Pauren einnehmen, sy sollen ihr Tor zusperren. Er wäre in dem Marsch, wolle also balden bey ihnen sein und die Notwendigkeit bestellen. Dieser Offizier fand die Tore offen stehen und mußte auch etwas ungleiche Reden hören, welches er zurück berichtet. Ward hiemit Major Holzhalb ihme nachgeschickt mit ernsthafterem Befehl. Deme ward die Tor zu sperren eingewilliget.

Als nun Generalmajor Werdmiller ankäme und durch die Stadt zu gehen willens, fand er selbige voller bewaffneter

Pauren. Mußte hiemit von Zweyen das eine ze leiden oder das andere ze tun, sich resolvieren. Das erste: So er durch die Stadt gange und die gewaffneten Pauren hindersich lasse, würden sy die Tor sperren, wann ein Teil der Armee durchgangen wäre, würden also die Armee trennen und selbigen Teil ruinieren machen. Oder aber: Dieselben zu desarmieren und den Paß zu besetzen, welches aber sehr gefährlich und mißlich gewesen, denn der Platz eng und der Generalmajor nichts als Reiter bey sich hatte, die aber von den Pauren bordiert und eingeschranket waren. Dennoch resolvierte er sich zu dem Letzten und brachte die Pauren teils mit Dröungen, teils mit guten Worten so weit, daß sy das Gewehr vor ihre Füße zu der Erden legten. Ließ hiemit die Reiter halten, und weilen ihme zugleich Bericht gebracht ward, daß äussert Mellingen auf dem Berge eine starke Trupp Pauren sich sehen ließe, ritt er zurück, umb dem General des Belaufs zu berichten und ihn zu bitten, die Notwendigkeit in der Stadt zu bestellen, denn es werde von Nöten sein, ehe man sich mit der Armee setze, die Pauren von dem Berge machen weg zu gehen. Welches der General zufrieden. Blieb auch denselben Tag bis auf den Abend in der Stadt, die er mit drey Compagnien zu Fuß besetzen ließ. Dann continuierte der Generalmajor den Marsch an den Berg, wo die Pauren stunden. Schickte dann den Major Holzhalben mit 8 Pferden, deme er ein Trompeter zugäbe, umb mit den Pauren zu reden zu begehren. Welche er zu fragen Befehl hatte, was Intention sie sich in den Waffen sehen ließen? Er bestellte mit allem Fleiße seine Commission und brachte zween ihrer Führer mit sich, die mit dem Generalmajor selbsten zu reden begehrten. Wie nun ihr Anbringen war, sy begehrind den lieben Frieden ze halten, und daß sy in den Waffen stünden, wäre es nur aus Sorge, es möchten frömbe Völker in das Land kommen, und sy habind dasselbige hindern wollen. Sy wurden beide gefanglich angenommen und nach scharfem Zusprechen dem General nach Mellingen überschickt. Die Übrigen, so auf dem Berge stunden, als die ersten Truppen auf sy kamen, gingen von einander und waren etliche verwundet und 17 gefangen. – Diesem nach ward von dem Generalmajor das Lager nächst an der Rüß underhalb Mellingen ausgesteckt, die Wachen ausgesetzt und also die ganze Armee campiert. Der General begab sich auch, noch selben Abend, in das Lager. Und ward hiemit der 21. Tag Meyen vollbracht.

Den 22., als den Sonntag, ward der Vormittag mit öffentlichem Gebet und Anhörung Gottes Wort zugebracht. Nachmittags bat der Generalmajor den General, er möchte ihm vergunnen mit etwas Cavallerey aus dem Lager zu gehen, sowohl um sich des Lands Gelegenheit bekannt zu machen, als auch zu sehen, ob er etwas Kundschaft von den Pauren haben möchte, welches ihm erlaubt ward. Gienge hiemit ohne Verzug mit drey Compagneien zu Pferd längs der Rüß den Weg auf Künigsfelden zu und fand ohngefähr auf halbem Weg neun Fahnen Pauren in guter Ordnung auf dem Feld, längs einem Wald stehen. Die möchten sich belaufen auf die 3000 Mann. Weilen selbige nun in guter Postur stehen blieben, also setzte er sich auch im dem Feld und schickte einen Trompeter an sy, um einen Officier, Sprach ze halten, zu begehren. Er erschien nun einer, dessen Name mir ohnbekannt, ein langer Mann von Postur, schlecht bekleidet, aber seinem Tun nach ein erfahrener Soldat. Mit dem ersprach sich der Generalmajor im Beisein des Obristen Neükoms eine geraume Zeit und ist dies unlang gewesen, umb Uneinigkeit zwischen die Pauren zu bringen, welches des Generalmajors vornehmste Intention war. Gingen hiemit die unserigen wiederumb in das Lager, und blieben die Pauren an ihrem Ort.

Den 23., als den Montag, begehrte der Generalmajor an den Generalen, er möchte ihme verlauben mit einer starken Party und etwas Stucken auszugehen, vermeinend, er würde die Pauren an dem Ort, da sy den vorigen Tag gestanden, antreffen. Wie nun der General dessen zufrieden, als nahm er 1500 Musquetier, 500 Pferde und 4 Stuck, und ging gegen Mittag aus dem Lager; traf aber die Pauren nit an vorigem Ort an, noch in voriger Zahl, sondern ungefähr ein Viertelstund beyseits gegen Bruneck und Megenwil, teils in voller Schlachtordnung in dem Felde, teils auf der Höhe an dem Berge bey Megenwil, teils in einem Grund längs einem Busch, so daß sy also bald einen halben Mond schlössen. Und waren an der Zahl in die 15000 wohlbewehrter Mann. Die hatten bey sich gute Officier, die in französischen Kriegen lange Jahr gedient und also des Handwerks wohl berichtet und gute Erfahrenheit hatten.

Wie nun der Generalmajor ausging, als gemeldet in der Meinung, die Pauren in gleicher Zahl und an dem Ort, da er sy des vorigen Tags angetroffen, zu finden, fand er, daß die Partey allzu ungleich, die Pauren in ihrem Vorteil, er aber in der Zugordnung in engen Straßen und zwischen den Büschen begriffen, somlichergestalt, daß falls die Pauren ihn angegriffen, schwerlich Widerstand zu tun gewesen wäre. Als er nun die Pauren in das Gesicht bekam und ihre Postur sähe, nähme er etliche Offiziere beyseits und sagte diese Wort: ‚Wir sind umb etwas zu weit gegangen. Wann die Pauren tun wollen, was sy können, so kommen wir mit harter Mühe, ohne Schläge, von einander. Schlagen wir zu, so ist die Partey zu ungleich. Wir müssen hier einen Meisterstreich vollführen und mehr die Vernunft als die Waffen brauchen. Er befahl hiemit, mit den ersten Truppen zu halten, so angesicht der Pauren stunden, und schickte dann den Major Bürkly, Major Holzhalb und Major Leüw, mit etwas Reuter, eylends underschiedliche Busch zu recognoszieren. Unter dessen schickte er, umb Zeit zu gewinnen, einen Trommenschläger an die Pauren, Officier zu begehren, mit welchem er reden könne. Zog hiemit die Völker, so von den Pauren nicht gesehen werden sollten, hinweg und nahm einen so vorteilhaften Ort ein, daß er alldort, falls der Pauren gleich noch mehr gewesen, wider sy hätte stehen können. Forderte sodann die, so er hat stehen lassen, auch zu sich, und schickte zurück in das Läger, umb noch 1500 Musquetiere und 4 Stück zu bringen, der Intention, mit den Pauren einen Versuch ze tun, da der Vorteil, den er inhatte, gab es zu. Auch hatte er noch das Lager an dem Rücken.

Unterdessen erschien einer von den nächsten Offizieren der Pauren. Wiewohlen des Generalmajors Intention mehr zu schlagen als zu Tractaten, derer er keine limitierte Commission hatte, war, so auch seinen Officieren und Soldaten das angenehmbste gewesen wäre, bedachte er sich doch den Pauren solche Artikel vorzuschreiben, daß wann sy selbige eingangind, man wohl ohngeschlagen sein könnte. Ginge hiemit dem Officier auf das Feld entgegen. In Beisein Landtamman Müllers von Glaris und etlicher anderen Officieren redte er ihn also an: ‹Wie gehts guter Freund? Seid Ihr abhier mit mir zu reden? Seid Ihr ein Officier?› Er sagte: ‹Ja, ich bin ein unschuldiger Hauptmann!›

Hier überfragte der Generalmajor ihn, ob er von den Übrigen geschickt wäre. Er antwortete: ‹Nein, sondern er wäre als der erste erschienen, weil er der nächste und seine Compagney bey dem Dorf allhier, vor uns, stunde.› Hiemit sagte ihme der Generalmajor:

‹Nun so gehe hin und sage Euren Mithaubtleuten, daß die Armee der Stadt Zürich und übrigen verbündeten, unparteyischen Orten allhier wäre, teils auf Begehren der Statt Bern, umb etwas Empörungen wegen in ihren Landen, teils weil ihnen den eidgenössischen Bündt gemäß obliege, die Zweyträchtigkeiten zwischen streitigen Orten umb einen beständigen Frieden ze pflanzen, eintweder mit Güte oder durch die Waffen hinzulegen und dem Bedrängten Ruw ze schaffen, auch jeden bey den alten hergebrachten Freyheiten ze schützen und ze schirmen. Es befremde Uns aber zum allerhöchsten, Euch vor Uns in den Waffen zu sehen, als wir keine Feindschaft mit Euch habind. Wir sind allhier mit unseren Waffen eidtgnössischer Schuldigkeit gemäß und sind dessen befugt. Ihr aber nicht. Und werdind auch sömliches vor Uns, den Unparteyschen, zu ewigen Zeiten nit wüssen zu verantworten. Wäre Euch etwas angelegen gewesen, so hätte auch Euch altem eidgnössischem Harkommen nach obliegen sollen, Euch vor Uns, als den Unparteyischen, zu beklagen und rechtlich in der Sache erkennen zu lassen. Es solle Euch auch ohn verhalten seyn, daß Uns von langen Jahren har wohl bewußt, daß underschiedliche Landvögt – zwar nit aus Befehl oder mit Wüssen ihrer Obrigkeit, sonder aus eigener angemaßter Gewalt und Kühnheit – underfangen hätten neüwe Beschwerden auf die Paursame zu legen, was Uns sehr mißfällig jeder Zeit gewesen. Ihr hättet Euch zu Uns wohl versehen können, daß Euch allzeit um Rechten und Erhaltung alter Freyheit wäre geholfen worden. Wo aber kein Kläger, wäre auch unnötig der Richter. Wie wir nun zu eben dieser Intention allhier, also wäre auch unnötig Eure Waffen, wie sy unzeitlich ergriffen, länger zu behalten, denn es soll Euch von Uns, ohne das, zu allen Euren alten Freyheiten und Abschaffung der Beschwerden in allen Treuen geholfen werden. Zu welchem Ende Unser ernstlicher Befehl und Begehren an Euch syge: Erstlichen, ohne einichen Verzug Euch vor Uns hinweg aus dem Felde nach Euren Häusern zu begeben und Eure Waffen beiseits zu legen. Vor das Andere, Ihr sollet den unbefugten Bund, den Ihr under Euch Selbsten gemacht, widerrufen und abtun und Obrigkeit auf ein Neuwes huldigen oder schwören. Zum Dritten, sollend Ihr Eure Beschwerden alle Uns schriftlich und mündlich eingeben, umb zwischen Euch und Euren Herren zu urteilen, auch Uns für Eure Richter zu erkennen und anloben, allem dem unverbrüchlich nachzukommen, so von uns werde erkannt und geurteilt werden. Zum Vierten, daß Ihr diese Unsere Armee ohne einiche Hinderung oder Ergreifung der Waffen in dem Lande hin und har, nach Unserem Belieben, gehen lasset, umb den, der sich der Gerecht- und Billigkeit widersetzen wollte, mit Gewalt und Unseren Waffen zue Gebühr zu bringen. Da Euch auch hingegen versprochen sein soll, alle gebührende gute Disziplin und Ordre zu halten. Über diese vier Punkte nun sollt Ihr Euch eilends erklären. Euer Ja, oder Euer Neinsagen bringt Uns keine Hinderung an Unserem billichen Vorhaben. Allein, so Ihr der Gebühr und Billigkeit zuwider, diesen Vorschlag nit annehmen werdind, so soll hiemit das unschuldige Blut, so hierüber möchte vergossen werden, auf Euren Köpfen liegen gegen Gott zu verantworten! Gehet nun hin und bringet schleunigen und guten Bescheid, wo nit, so soll auch die Sonne nit undergehen, daß Ihr nit einen Teil Euwerer Torheit und unbefugte Ergreifung der Waffen bezahlind. Ich gib Euch nit mehr Zeit als eine Stund. Erscheinet Ihr in der Zeit nit, so will ich es für einen Abschlag halten und tun, was mir Gott und die Waffen zugeben.›

In diesem, so kam der Obriste über die Artollerey mit den 1500 Musquetier und 4 Stucken an. Ward auch also bald alles bestermaßen zum Schlagen und Angriff geordnet. Der Obrist Werdmüller (Hans Georg) war bey der Artollerey, Major Holzhalb commandierte die Truppen, so sich des Dorf Megenweil bemächtigen sollten, Major Bürkli hatte Ordre mittelst Reiter denselben auf der einen Seite frey zu halten, den Major Leuw behielt der Generalmajor bei sich. Landamman Müller, Obrister Neüwkum und übrige Offiziere befand sich jeder bey seinem Volk, und erwartete man die Verfließung der Stunde, welche Zeit von dem Generalmajor in Zusprechung der Soldaten zugebracht ward, mannlich zu fechten und zu beweisen, daß sy der Alten Eidgnossen Kinder und Nachkommende wären, die wegen ihres mannlichen Verhaltens unsterblichen Ruhm in allen Streiten erlangt hätten. Es war dann auch keiner, der nit eine Lust und herzliche Begierd zu fechten hatte.

Indem kommt ein alter Pfarrer mit etlichen Hauptleuten, um noch eigentlicher, als der erste Hauptmann zu bestellen wußte, zu vernehmen, was des Generalmajors Anforderung wäre und umb noch eine Stund Zeit anzuhalten. Welchen der Generalmajor fast mit gleichen Worten sein erstes Anbringen wiederef'ert und eine weitere Stund Zeit vergunnte, und sy also von sich ließe.

Wie nun die Zeit verflossen und keiner zurück käme, hielte er es für einen Abschlag, befahl hiemit dem Constaffel von Schaffhausen mit seinen Stücken Feuer zu geben. Zugleich ward von Landamman Müller berichtet, daß sich die Pauren bewegten und sich etliche sehen ließen. Also befahl der Generalmajor mit Schießen inzehalten, bis man wüßte, was ihre Meinung wäre. Wie sy nun in die vier Puncte eingewilliget hatten, wurden Geisel von ihnen begehrt und auf ihre Anforderung hin verlaubt, dieselbe Nacht über in dem Feld stehen zu bleiben. Sie offerierten sich alle Geisel zu sein, oder von ihnen diejenigen, welche der Generalmajor begehrte. Hierüber fragte er sy, ob alle Pauren seines Begehrens wohl berichtet und dessen zefrieden wären? Sy antworteten: ‹Nit alle, dann es in der Kürze der Zeit nit hätte sein mögen.› Hiemit sagte er ihnen: ‹Nun begehre ich Meine Geisel. Es fangt an Abend zu werden, gehet hin, berichtet sy alle diese Nacht über, und so Euch ernst ist, so kommet morgen Früh in das Lager, aufs längste bis 7 Uhren, so wollen wir die Puncten in Schrift verfassen.› Sie lobten an selbiges zu tun und bedankten sich zum höchsten für die gute Meinung, kehrten zu den ihren und der Generalmajor wiederumb in das Lager zurück. Zwar mit etwas Unwillen der Soldaten, dann sy lieber gefochten hätten.

In der Nacht zwüschen dem 23. und 24. Tag kam Leuwenberger, der Pauren General, zu ihnen in ihr Lager mit einer starken Mannschaft und fand eine große Zweytracht under ihnen, dessen er sich sehr verwunderte, denn er wußte nichts von dem, was den vorigen Tag war gehandelt worden. Der meiste Teil wollte die ihnen vorgeschlagenen Articel annehmen und morgens früh in das Läger kommen, umb selbige zu bestäten. Er, Leuwenberger, mißriete ihnen dasselbige aufs höchste, ihnen sagend, sy sollen ihm folgen und ihn mit den blauwen Zürichern handlen lassen. Er wolle sy dörfen versichern, daß wenn sy mit ihrer Armee vor das Zürcher Lager rucken, die Zürcher nit Fuß halten werdind. Die Pauren ließen sich bereden, kam auch an dem Morgen keiner zu bestimmter Zeit in das Lager.

Wohl berichtet von der Reiterwacht, daß sich die ganze Pauren-Armee movierte und auf unser Lager zu gienge, zog es der Generalmajor vor und resolvierte sich, wiewohl über dieses in unserem Lager underschiedliche Meinungen waren, sich still in dem Lager zu halten und sy ankommen zu lassen. Der Reiterwacht ward Ordre erteilt, sich sachte zurückzuziehen und sich in keinen Streit nit einzelassen. Underdessen ward von dem Generalmajor bestellt, was zu bestellen war. Auch 1000 Musquetiere in Bereitschaft commandiert. Wie nun Leuwenberger unser Lager zu sehen bekam, fand er nit ratsam selbiges ze stürmen, sondern bliebe auf einen Canonschuß vor dem Lager stehen, nur etliche von seinen Truppen kamen umb etwas näher an uns. Unter die ward mit den Stücken gespilt, daß sy ziemlich Schaden gelitten und sich wiederumb zurückzogen.

Hierüber begehrte der Generalmajor an den General, ihme ze erlauben, mit den 1000 Musquetieren und etlichen Compagneien zu Pferd aus dem Lager zu gehen, umb einen der gegnerischen Posten zu attaquieren und zu sehen, was hinder ihnen stecke. Welches Ihme vergünstiget worden. Er ginge hiemit aus und war ein ernsthafter Scharmutz, der bis auf den Abend währet, also daß beiderseits Tote und Verwundete gab, zwaren mehr auf der Pauren als auf unserer Seiten. Gegen Abend zog sich der Generalmajor in guter Ordnung

in das Lager zurück, von welchem nun auf der anderen Seiten der Rüß eine Höhe ersehen ward, von der man den Pauren mit Stücken in die Seiten spiln konnte. Suchte und fände man den Weg, die Stücke hinzubringen. Als aber der Generalmajor, den 25. Morgen, bey guter Zeit in das Lager kam, fand er in des Generals Zelt die Abgesandten von Zürich, als Burgermeister Waser und Statthalter Hirzel, und ebendie Pauren, so den Montag zuvor mit ihme auf dem Felde getractiert hatten und nunmehr begehrten die Bestätigung der vier accordierten Puncte, welche von dem Generalmajor Werdmüller kurz wiederholet, von anwesenden Herren aber schriftlich verfasset, den Pauren zugestellt und hiemit der Friede und der Pauren Abzug geschlossen, welche nach getaner Salve noch selben Tags aufbrachen und nacher Haus zogen.

119. Conrad Werdmüller an die Grafschaft Lenzburg

Vor Mellingen, 21. Mai 1653 alten Stils, 31. Mai neuen Stils.

Inhalt: General Werdmüller, seine Offiziere und die Obrigkeiten der Stände, aus denen sein Heer rekrutiert ist, geben ihr Missfallen und Bedauern über die Rebellion und den offenen Krieg der Untertanen der Grafschaft Lenzburg gegen ihre Obrigkeit zum Ausdruck. Um seine Milde zu zeigen, gibt Werdmüller den Untertanen der Grafschaft Lenzburg die Gelegenheit, die Waffen niederzulegen, ihm den Durchzug zu gestatten und Ausgeschossene an ihn zu schicken und verspricht im Gegenzug Schutz und Schirm. Andernfalls wird er sie zu erneutem Gehorsam zwingen. Sie sollen ihre unschuldigen Frauen und Kinder, ihren Besitz und ihr Seelenheil vor einem Schaden in Acht nehmen, den, tritt er ein, sie sich nur selbst zuzuschreiben haben werden. Werdmüller erwartet eine prompte Antwort.

Quelle: Alois Vock, Der Bauernkrieg im Jahre 1653 oder der grosse Volksaufstand in der Schweiz, dritte Auflage, Aarau und Thun: J. J. Christen, 1837, Seiten 326, 327.

Wir, der General, Oberste, Rittmeister, Haupt- und Befehlsleute von allen denjenigen Orten der Eidgenossenschaft, so wider die aufrührerischen Unterthanen, in dem einen und andern Orte der Eidgenossenschaft, mit starker Macht und Hilf, in Gottes Namen, ausgezogen, und glücklich allhier angelangt, fügen euch, den Unterthanen in der Grafschaft Lenzburg, zu wissen, dass Unsere Gnädigen Herren und Obern allerseits, Wir, und alle Unsere getreuen Burger und Landleute das höchste Missfallen und Bedauren haben, dass ihr euch von böswilligen und friedhässigen Menschen so weit verführen lassen, dass ihr wider menschliches und göttliches Gesetz, in höchste Ungehorsame, Rebellion und Aufruhr gegen euere ordentliche, hohe Landesobrigkeit gewachsen, und euch bisher durch einige freundliche, gütliche, noch rechtliche Mittel nicht wollen stillen, und wiederum zu gebührender Unterthänigkeit verleiten lassen, sondern einen öffentlichen Krieg leider! verursacht. Damit aber ihr Unser christliches und mitleidiges Herz und Gemüth gegen euch, als übel Verführte, wirklich verspüren möget, wollen wir mit der Gewalt unserer Völker noch so lang wider euch innehalten, bis Zeiger dieses euch wird überantwortet haben. Bei demselben wollet ihr eilfertig und in Angesicht dieses Briefes berichten, ob ihr den Frieden begehrt, die Waffen niederlegen und Uns an fernerm Durchpass keine Hinderung und Widerstand thun wollet. Wo das geschieht, und ihr eilends euere Ausschüsse, denen wir hiemit sicheres Geleit versprochen haben wollen, zu Uns schicken, auch dessen Uns genugsam versichern werdet, habet ihr Gnad und Schutz und Schirm von Uns zu erwarten; wo aber nicht, werden Wir die, von dem lieben Gott habende Gewalt nach bestem Unserm Wissen und Vermögen brauchen, und alles anwenden, euch wiederum zu schuldigem Gehorsam zu zwingen. Dabei Wir Uns dann auch vor Gottes Angesicht und aller ehrbaren Welt wollen entschuldigt haben alles Jammers und Elends, so euch deswegen begegnen möchte. Betrachtet derohalben euere unschuldigen Weiber und Kinder, euch selbst und euere Häuser und Güter, sonderlich aber euerer Seelen Heil und Seligkeit, und erkennet die noch jetzt vorhandene Gnadenzeit, welches Wir euch von Gott, dem Allmächtigen, herzlich anwünschen, und einer eilenden Antwort erwarten.

Aus dem Lager vor Mellingen den 21. (31.) Tag Mayens Anno 1653. (L. S.) *(Unterz.)* Konrad Werdmüller, General.

120. Der St. Galler Hauptmann Studer an seinen Stadtschreiber

Zürich, 21. Mai 1653 alten Stils
(31. Mai 1653 neuen Stils).

Inhalt: Bericht über den Marsch der ersten Kompanie der Stadt St. Gallen nach Zürich und weitere Nachrichten.

Quelle: T. Schiess, Acht Briefe aus dem Bauernkrieg von dem St. Galler Stadthauptmann Christoph Studer, in: Anzeiger für schweizerische Geschichte, Neue Folge, Zehnter Band No. 2, Bern: K. J. Wyss, 1908, Seiten 297–308, Seiten 297–299.

Laus deo, anno 1653 adi 21. May in Zürich.

Edler etc. insonders hochehrender herr stattschreiber, neben gnaigtwilligem dienst und gruss bevohran.

Von Rigenbach war mein jüngstes, darauff den marsch nach Elg genomen, alda *(von)* junker landtshauptman Goldi im namen der herren von Zürich empfangen worden (alwo der grichtsherr und rath den officieren den wein verehrt), da uns ordre ertheilt, eylendts unsern marsch nach Zürich zu nehmen, welches den 20.³⁵ dito geschehen. Morgens 4 uhr den aufbruch nach Winterthur genomen, alda zuerst noch 3 man geworben, das also 150 complet. Selb herr schulthaiss und rath haben den soldaten 4 eymer wein und brodt, den officieren mit 6 kahnen wein beschenckt. Den marsch umb 10 uhr auff alhero genomen, abendts glücklich samptlich alhie ankomen. Die purst ins gemain ist lustig, halten sich wohl, das ich mich selbs verwundern muss, das sy sich so fein schicken. Nachdem ich alhie angelangt, zu H. bürgermeister Rahnen gangen, die ordre zu nehmen, der mir befohlen, heute früe nach Dieticken zu marschieren; desswegen umb 4 uhr umbschlagen lassen, den aufbruch zu befördern. Necht abents haben die herren uns mit 6 kahnen wein beschenckt, durch H. ratsher Landolt, H. schulthaiss Escher, H. zunftmaister Maag und H. amptman Thoma geselschaft gelaistet.

Von newem, das, nachdem der herren von Zürich 4 fryfahnen, 1200 starkh, aufgebrochen, ist gestern der corpus gefolget, namblich 27 fahnen zu fuss, 450 reuter und dragoner, 2 halbschlangen, 12 feldtstückh; dabey hats 400 man von Glaris, 2 fahnen zu fuss, 50 reuter, 2 stückh von Schaffhausen. Der Turgower ausschutz, so in 1000 man bestehn soll, ist necht spet, auch ein fahnen von Stain am Rein auffgebrochen. Man erwarht noch der von Uss-Roden und Pünten der seyts. Haben zu Dieticken campiert, und hat der marsch vergangne mitnacht sollen biss Mellingen gehen. Die Fryen-Ampter-pauern, so darin ligen, haben an den landtschriber selber landtschaft umb rath ersucht, ob sy den orth quittieren sollen. Der hat inen in andtwordt geben: der sey hab haissen hinein ziechen, soll sey wider darauss befehlen. Man erwarht stündtlich, ob sey wohlen halten oder nit; halten sey, so komen wir dissen abendt auch darfür. Gott der allmechtig verliche vil glückh und hail. Gestern, wie man die armee gemustert, ist der comandant in Mellingen, so vor dissem herrn obrist Rahnen knecht gewest, komen, die armee usszuspehen, gefangen worden; der wirdt an eysen mitgefuhrt. Sonst hats wohl 17 gefangne von den pauern alhie, darunder ouch ein predigkanten uss dem 7tahl.

Die In-Roden und prelaten volcker haben ihren marsch uber Raperschwil nach Lutzern genomen, alwo Uri 400, Schweitz 500, Underwalden 400 man hat. Zug hat Bremgarten besetzt. Alle Orth usser Underwalden wohlen zu feldt ziehen; disse, weil sey an die Entlibucher und Berner rebellen grentzen ihnen, so sey ussziehen zu feld, mit brand getrowt. Man hat allerseyts den andern ausschutz in beraithschaft auf erstes ordre marschiren. Sidher jüngstem bricht hat man kein einstige nachricht von Bern, den das gantz von den rebellen gespert und belegert, welche nirgend keine botten noch brieff durchlassen. Verharren je lenger je mehr in ihrer rebellion. Die Luzernische wohlen, das von den unparteyschen catolischen Ordten 8 man, von den pauern 5 man sich zusamen begeben, umb zu sehen ein friden zu tractieren. Aber man maindt, die pauern suchen nun aufschub, damit sey sich besser versterken könden.

Sonsten wirt die mir anvertrauwte compagnie allerseyts nit allein wegen schöner gewehr, guter officier und lustiger, frischer purst sehr gerümet; den alles in gemain frisch und gesundt alhero gebracht. Gott der allmechtige wohle ferner sein gnad und segen darzu verleihen, das zu dess geliebten vatterlandts lob und ehr und gemainem nutzen diene. Damit ein mehr nit; der herr wohle meinen gnedigen herren und obern mein underthenigen dienst und gruss anmelden, und thue die samptlich gottes gnedigem schutz befehlen.

E. E. u. W. diener
Studer, cappitain.

Ich will gebeten haben, meine gnedigen herren und obern berichten, das die herren von Wyl ihren soldaten auch 10 fl. Besoldung geben; das will ich auch gebeten haben, ursachen: will ich mich alhie informiert, wie man sich der proviant halben zu versehen, so wirdt ich bricht, das die herren von Zürich ihren volcker den wein umb ein batzen die mas, ein brodt umb 1 batzen, so sonst 6 kreuzer gilt, nachschaffen, das wir uns ander orten auch selbs proviantieren müssen per bricht (?); Gestern hat man von hier 13 000 brodt in die armee geliffert, so nit gekleckt hat.

121. Beat Zurlauben an Beat Jakob Zurlauben, Bremgarten

Zug, 31. Mai 1653, neuen Stils, 18.00 Uhr.

Quelle: Zurlaubiana, AH 40/38, ein den Herausgebern von Herrn Dr. Rainer Stöckli, Zurlauben-Bearbeitung, Aargauische Kantonsbibliothek, Aarau, freundlich zur Verfügung gestelltes Dokument aus der Sammlung Zurlauben, Regesten und Register zu den Acta Helvetica, Gallica, Germanica, Hispanica, Sabaudica etc. necnon Genealogica Stemmatis Zur-Laubiani, bearbeitet von Kurt-Werner Meier, Josef Schenker, Rainer Stöckli, Serien 1ff., Aarau, Frankfurt am Main und Salzburg: Sauerländer, 1976 ff.

Da die Meienberger von den untern *(Freien)* Ämtern sowie von den Hitzkirchern und andern gebeten worden seien, ihnen zu Hilfe zu eilen *(Bauernkrieg)*, hätten erstere hier *(in Zug)* um Rat nachgesucht, wie sie sich hierin verhalten sollten. Denn wie man höre, seien die Untertanen in Furcht, «dass die Zürcher nach genomen durchzug sich Jn die Embtern sezen und nacher Hitzkhilch tringen. Und wye die Puren verstanden, Jnen H. *(Hans Konrad)* Werdtmüller solte gethreuwt haben». Deshalb möchte er ihn durch diesen Eilboten ermahnen, «dass du sambt *(in Bremgarten)* verhandnen etlichen Comendanten Joh. Kaspar von Schwytz *(Zay)* und Zug *(Beat Jakob Knopfli jun.)* auch zuothun Haupt. *(Ulrich)* Schönen by der Zurchern hauptluthen so vil erhalten und Jn Namen der Regierenden Catholischen ohrten ersuochen soltest, dass man den Embtern disfalls verschonen wolte, dan fürwahr der Lucernern sach dardurch nit verbessert wurde». Seiner Meinung nach sollten aber die Rädelsführer trotzdem nicht ungeschoren davonkommen. «Jch häte mich hierunder gern bruchen lassen so fehr von den Ohrten disen befelch gehebt hete wye der h. Ob. *(Sebastian Peregrin)* Zwyer allein sich selbe einzetringen nit ratsam ist. dier aber als Jren Ambtsman … ist es anstendig, Loblich und ehrlich.» Den Meienbergern sei geraten worden, weiterhin eine Wache bei der *(Sinser)* Brücke zu belassen und «Jrs Paner Zuo begebendem uffzug Mit volkh nit zuo entblösen und ist bedenklich dass sich die Underthanen us der aprehension sich in die wehr stellen Und eben dardurch desto grössern Anlaas undt Ursach Zur Verfolgung geben thuyendt.» Auf jeden Fall solle er, Beat Jakob I., sich bemühen, hierin seine Vermittlerrolle auf bestmögliche Art und Weise wahrzunehmen. «Mier bilde wol yn der Ohrten reputation möge es nit lyden dass die Underthanen den Pass Jn Jren handen behalten sollen, deswegen wan sy hinden und vornen umbgeben, gar fyn hinuszeschaffen, und ettwan nicht schuldige Darunder Jn hafft Zuobehalten syn werden.»

Hier habe man noch keine genauen Angaben, mit wieviel Leuten und wohin die Zürcher zu marschieren gedächten. Wie ihm *(Beat Zurlauben)*, der Landvogt *(im Thurgau, Wolfgang)* Wirz, geschrieben, habe er den Zürchern heute 1000 Mann aus dem Thurgau zugeschickt. «Sonsten schwäbt dass missthruwen gägen Jnen sehr starkh aller Ohrten by den Underthanen, aber nit by den Oberkheiten; desto besser sorg sollen Jer haben und wirdt dise obige myn entworffne Verrichtung gar guot syn ...» Übrigens habe er in eben dieser Stunde die Meienberger nach Luzern gewiesen, damit sie sich dort Verhaltensregeln holten. Noch gestern hätten ihm diese versichert, regierungstreu bleiben zu wollen. Im weitern hätten sie beteuert, mit ihm, Beat Jakob I., als Landschreiber wohl zufrieden zu sein.

Er überlege sich gerade, ob es nicht klug wäre, wenn Schwyz, das den nächsten Landvogt zu stellen habe *(gewählt wurde dann Johann Städeli)*, den *(ehemaligen)* Landvogt *(im Thurgau, Michael)* Schorno, in die Freien Ämter schicken würde. Vielleicht schreibe er deswegen noch nach Schwyz. Gespannt sehe er nun seinem morgigen Bericht entgegen.

122. Jakob Buser von Buckten bietet Baselbieter auf

1. Juni 1653 neuen Stils.

Inhalt: Jakob Buser von Buckten erklärt den casus foederis des Huttwiler Bundes für eingetreten und mahnt zum Aufbruch wider den Feind.

Quelle: Alois Vock, Der Bauernkrieg im Jahre 1653 oder der grosse Volksaufstand in der Schweiz, dritte Auflage, Aarau und Thun: J. J. Christen, 1837, Seite 335.

Zu wissen, dass ihr in Eil von Dorf zu Dorf in euerm Amte zu entbieten habet, dass der erste Auszug alsbald fortziehe, auf Olten zu, und sich auf den heutigen Tag einstelle, nach Laut des Bundes; denn es sind fremde Völker mit achtzehn Stucken von Zürich und Schaffhausen angekommen. Bitte, säumet nicht! denn es thut Noth. Nicht mehr, denn Gott wohl befohlen. *(Unterz.)* Jakob Buser, Wirth zur Sonne zu Bukten.

123. Jakob Wolf bietet die Mannschaft von Sursee auf

1. Juni 1653 neuen Stils.

Inhalt: Hauptmann Jakob Wolf sucht durch ein Aufgebot zusätzlicher Mannschaft aus Sursee die durch den Abmarsch der in Richtung Mellingen abgegangenen 2000 Mann des Bauernheeres vor Luzern zu ersetzen. Er droht Sursee mit Verwüstung, wenn die Stadt nicht gehorchen sollte.

Quelle: Alois Vock, Der Bauernkrieg im Jahre 1653 oder der grosse Volksaufstand in der Schweiz, dritte Auflage, Aarau und Thun: J. J. Christen, 1837, Seite 334.

Es ist des Herrn Jakob Wolfen Befehl, auch aller Beamteten, dass die von Sursee, die Musquetiere, auch was sie für Volk haben mögen, allhier gen Emmen eilends kommen, und sollen die Doppelhacken mitnehmen, wie auch Kraut und Loth; denn es ist hoch vonnöthen. Und wo Ihr nicht eilends erscheinen würdet, so würden wir euch eilends mit einer Anzahl der Berner aufwecken. Denn wir haben müssen denen vor Mellingen 2000 Mann zuschicken; denn die Zürcher haben sie eingenommen. Ihr wisset euch hiemit zu verhalten; denn, wenn euch das Städtli nicht verwüstet werde, so sollt ihr euch die Sache lassen angelegen sein. Hiemit Gott und Mariae befohlen.

Den 1. Juni 1653. *(Unterz.)* Hauptmann Jakob Wolf.

124. Johann Conrad Neukomm an Schaffhausen

22. bis 26. Mai 1653 alten Stils.

Inhalt: Nachrichten vom Krieg an der Reuss von Melligen.

Quelle: Hans Nabholz, Der Kampf bei Wohlenschwil 3. Juni 1653, in: Anzeiger für schweizerische Geschichte, 44. Jahrgang, N.F. Band 12, Bern: K. J. Wyss, 1914, Seiten 11 bis 41, Seiten 29 und 30.

Hochgeachte gnädige Herren etc.

Ich will verhoffen, es werde euwer mitrath Hans Meder die beschaffenheit unsers einzugs alhie bereits müntlich bericht haben. Daruf habend sich gestrigs abends 7 ausschüss aus der grafschaft Lentzburg mit einem schreiben in dem hauptquartier eingestelt, in wellichem sie vermeldend, wie sie mit ihren Herren unsern gnädigen lieben Eidgenossen der Statt Bern verglichen und dieweil sie verspürind, das sie bei iederman in söllichen widerwillen gebracht, als man auch ihre gesandten, so sie zuo bericht deswegen nacher Zürich zuo abwendung des marsches geschickt, gefangklich eingezogen, bettind ‹sie›, man wolle zuo erkundigung der wahrheit schreiben oder schiken, und dieweil sie bereits 3 mahl umb bekrefftigung ihres accords nacher Bern geschrieben, müesind sie bedauren sehen, dass bis dato noch kein antwort ervolgt; hoffind gleichwoll stündlich den grossen bären zebekommen und selbigen uns vorzeweisen, instendig und flehentlich uns ersuochend, wir wellind ihnen und ihren weib und kinderen mit dem überzug verschonen mit dieser protestation, da ein onglück auf ein oder der andern seiten daraus entstehen möchte, sie sölliches dem lieben Gott bevehlen müesind, des erbietens, da noch ettwas hinderstellig zevergleichen, sie uns gern darin handlen lassen wollind; und haben wir deswegen kein einzige avisen von unsern gnädigen, lieben Eidgnossen der statt Bern. Scheint, als wan sie abermahlen einen schlechten und schimpflichen vergleich gemacht, wellichen sie zuo halten nicht gesinnet. Die sach habend wir ein oder zwen tag eingestelt und soelliches die Herren von Zürich berichtet, merke aber darbi, dass sie ob ihrem faulen punt halten wollend; sonsten leugnen sie die 5 puncten durchaus; ist ein confus wesen, darin sich nit woll ze richten. Unser armee bestehet ongfär von 6500 mann, nebend einer schönen artilerie. Das comiss abzeholen hab ich herrn Christoph Krämer abgefertigt; vermeine das brot zuo Baden bachen zelassen. Ich halte darfür, wir werdind morgen alhie aufbrechen; wo es nun hingehet, weiss ich zur zeyt noch nicht. Die St. Galler 2000 mann sind auch ankommen, so sollend die Püntner auch marschieren. Wan wir weiters ins land hinein gehen sollend, bedürffend wir mehr völker. Wan etwas von importantz vorgehet, berichte ich es fürderlich. Gottes getreuer uns samptlich, mich aber zuo eurer mein gnädigen Herren huld und gunsten bevehlend.

Mellingen, den 22ten May 653. ‹a. S.›

Euer meiner gnädigen Herren gehorsambst und willigester diener

Johann Conradt Neukum.

Hochgeacht, gnädige und gebietende Herren.

Ich solle sie meiner schuldigkeit nach ohnbericht nicht lassen, dass nachdem wir dieser zeit über uns ettlich mal in postur gestelt, vermeinend, die bauren zum stand und einer action zebringen, habend sie uns jederweilen mit tromelschlager- und predikanten schicken abgehalten und bethöret so lang, bis der leichtfertig buob, ir general Leuenberger, sie bis in 10,000 man versterkt, also dass sie gestrigs tags uf unser läger zuogezogen, vermeinend, wir stracks selbiges verlassen werdind. Wir haben sie aber dergestalt empfangen, dass sie alsbalden zween tromelschlager nach einandren sampt ihren schriften von Bern und was sie sonsten hattend, geschickt und umb eilenden stilstand gebetten, welcher ihnen bewilliget, dergestalt, dass heut morgen in 40 ausschüss ins läger kommen, den frieden begehrend, in wellichem aber zuo rechter zeyt herr brugermeister Waser und herr statthalter Hirtzel ankommen, unser beschaffenheit zeerkundigen und mehr völker zu verschaffen. Habens also dergestalt mit ihnen gehandlet, dass sie angehnds uss dem feld ziehen und alle hostiliteten einstellen sollind ihren faulen bundt absagen und die brieff herausgeben was sie noch mehr beschwerden, selbiges durch das eidgnössisch recht abzehelfen wollend wir, bis alles exequirt und die juramenta wieder prästirt, im feld bleiben.

Daruf sie sölliches zuo leisten an eids statt angelobt. Es warend aber dabei nit nur die bernischen underthonen, sonder auch Lutzerner, Solothurner in grosser anzahl, auch Baslerische, Wallenburger. Ob sie es nun halten werdend, stehet zuo gewarten. Diss wenige habe ich euch, mein gnädig herren, zur nachricht und erleichterung ihrer sorgfalt onangefüegt und zemahlen Gottes getrüwer obhalt, mich auch zuo derselbigen beharrlichen gunsten zebevehlen nicht lassen wollen.

Läger bi Mellingen, den 25ten May 653.
‹a. S.›

Euer miner gnädigen herren gehorsambster diener
Johann Conradt Neukum.

Hochgeacht, woledle, gestrenge, fromme, veste, fürsichtige, ehrsame und weise, insonders grossgünstig, gnädig gebietende Herren und Obern.

Auf dero beliebtes vom 25. dies, so dato umb 9½ uhren zu nacht erhalten, berichte, dass auf jüngst gethanen bericht die bauern allerdings abgezogen. Und gehe mit der Generalität gen Letzburg. Was daselbsten und weiters verrichtet wird, berichte weiters nach schuldigkeit und nachricht. Danke dem Höchsten, dass nur ein einziger Thurgauer geblieben.

Denselben zumahl treueyfrigst ergeben.

Melingen, im hauptquartier, im stegreif, donnerstags, 26ten May 1653.

Euer gnaden gehorsamer, undertheniger diener
Johann Conradt Neukum.
P. S. Hiebey copie aus dem original der stat Bern verglichs.

125. Der Kommandant von Bremgarten an Beat Zurlauben

2. Juni 1653 neuen Stils.

Inhalt: Vom 1. auf den 2. Juni 1653 neuen Stils haben zwischen 700 und 800 Berner, Luzerner und Solothurner Bauern unter vier Fahnen in Villmergen übernachtet und bezahlt, was sie verzehrt haben. Die Hitzkircher und Villmerger ziehen mit ihnen nach Othmarsingen. Bremgarten wird am 2. Juni 1653 neuen Stils hundert Freiämter Bauern in die Stadtbesatzung aufnehmen. Würde man nicht Ernst machen, könnte die Sache übel ausgehen, so aber denkt Kommandant Knopfli, dass man mit diesen unsinnigen Bauern noch gewachsen sein werde. Knopfli ersucht um Brot und Geld.

Quelle: Zurlaubiana AH 73/114, ein den Herausgebern von Herrn Dr. Rainer Stöckli, Zurlauben-Bearbeitung, Aargauische Kantonsbibliothek, Aarau, freundlich zur Verfügung gestelltes Dokument aus der Sammlung Zurlauben, Regesten und Register zu den Acta Helvetica, Gallica, Germanica, Hispanica, Sabaudica etc. necnon Genealogica Stemmatis Zur-Laubiani, bearbeitet von Kurt-Werner Meier, Josef Schenker, Rainer Stöckli, Serien 1ff., Aarau, Frankfurt am Main und Salzburg: Sauerländer, 1976ff.

Jch hab nit wellen ermanglen den Herrn bei disem Soldaten ze berichten, wie dass die Verwichne nacht 7 bis Jn 800 Lucerner, Berner unnd Sollenthurner *(Bauern)* mit 4 fanen zu filmergen Über nacht gewesen, hand alles was man Jnnen geben bezalltj heüt oder morgens Solle Jnnen noch ein gross anzal Volgen, Mitt welchen die Hitzkircher unnd filmerger Sy Verlauten lassen mit offnen fanen mit Jnnen zu züchen; die So Übernacht aldort gewesen habent Jren marsch nacher Ottmersingen *(= Othmarsingen)* genommen, dessen wir dem H. General (Hans Konrad) Wertmüller *(= Werdmüller)* durch den Herrn Landtvogt (von Ruswil, Rudolf) Mär *(= Mohr)* unnd Hauptm. *(Karl Anton)* Püntener berichtet, heüt werdent wir sechen dass wir 100 oder mehr von den fryen Empter pauren zu uns Jn die besatzung nement. Was Sich zu Mellingen bei ankunfft der Zürcherischen Arme zugetragen wird der Herr mit mehrerem von Seinem Herr Sohn *(dem Landschreiber der Freien Ämter, Beat Jakob I. Zurlauben)* berichtet Sein. Die Sach Sicht Leider Übell aus, wan man nit den Eussersten ernst brucht könte es Übell abgen, aber

Gott Lob man wird disen unsinnigen pauren noch gewachsen gnuog Sein. Was weiters fürfallt will Jch nitt ermanglen dem Herrn zu überschreiben. Der Herr Jst gebetten, wan der weibel *(von Ägeri, Hans Jakob)* Hasler noch nit Verreist, Jmme ein schreiben ahn prelaten Von Muri *(Abt Dominik Tschudi)* geben zelassen, damit ehr Unseren *(Stadt und Amt Zugs)* Soldaten brodt gebe. Der Herr kan auch ahnordnung thuon damit wier uff künfftigen sambstag gelt haben können das wuchengelt zegeben Recomendier dem Herrn mein Haus Völckhli.

126. Michael Schorno an Beat Zurlauben

2. Juni 1653 neuen Stils, 22.00 Uhr.

Inhalt: Die meineidigen Mörder haben während des Waffenstillstandes Melchior Krepsinger und Franz Niklaus Meyer gefangengenommen. Daraufhin hat man an das Schiedsgericht der Orte Uri, Schwyz, Unterwalden und Zug in Stans geschrieben, um sich der Personen der bäuerlichen Vertreter zu versichern, bis die beiden Luzerner wieder freigelassen sind. Aus der Zürcher Besetzung des Passes von Mellingen kommt kaum Gutes, aber man muss seitens der katholischen Orte vorerst die Augen schliessen. Hoffentlich erfolgt nicht ein schimpflicher Schiedsspruch; man muss die Rebellen aus- und ihren Bund aufheben.

Quelle: Zurlaubiana AH 73/118, ein den Herausgebern von Herrn Dr. Rainer Stöckli, Zurlauben-Bearbeitung, Aargauische Kantonsbibliothek, Aarau, freundlich zur Verfügung gestelltes Dokument aus der Sammlung Zurlauben, Regesten und Register zu den Acta Helvetica, Gallica, Germanica, Hispanica, Sabaudica etc. necnon Genealogica Stemmatis Zur-Laubiani, bearbeitet von Kurt-Werner Meier, Josef Schenker, Rainer Stöckli, Serien 1ff., Aarau, Frankfurt am Main und Salzburg: Sauerländer, 1976ff.

Des Herrn Schreiben hab ich bey Zeigeren dies woll empfangen, bedanke mich aus gantzen Hertzen diser Communication, und hab hütt umb 12 uhren eben ein solche Copey was dise thrüwlose *(luzernische)* Empter an die Bernischen pur*(en)* ablauffen lassen, Meinen gnädigen H. und Oberen *(Landammann und Landrat von Schwyz)* zuogschickt, damit sei sächend wie dise Meineide Mörder mit den sachen umbgehend, es ist hütigen tags umb, ongfar 4 oder 5 uhren gwissen bricht inkommen, das die puren den hauptman *(Melchior)* Krepsinger und *(alt Land)vogt (in verschiedenen Vogteien und derzeitigen Ratsherrn von Luzern)* Ludi Meyers Sohn *(Hptm. Franz Niklaus Meyer)* ab seinen gütteren ab dem grund *(in Luzern?)* wäg genommen, in disem stillstand, man hatt ein drometter gschikt solche usen begärt weis aber nit was für bscheid gefolget, hatt auch nach Stantz den H. Sätzen *(auf der Vermittlungskonferenz der IV kath. Orte, V ausg. LU)* gschriben das man die auschütz in arest näme bis sei die wider gäben, hättend sonsten auch woll mögen in der Statt bleiben, der Melinger pass ist *(in)* einer grossen consideration und woll zuo sorgen es möchte uns nit vil gutts darus entspringen *(– Mellingen war von den Zürcher Regierungstruppen erobert worden –)*, noch muss man *(von Seiten der kath. Orte)* einmal die augen zuo thun, ich bin hütiges tags von einem verthruwten H.bericht worden, das die pauren vil lugen über vorgehnde H. gesamten ausgeben gutt das etwar von selben darbey were, man muss der Zeit überlassen ich hätt mein läbtag nie glaupt, das S. *(alt)* Landtaman *(und Schwyzer Tagsatzungsgesandter in Stans, Wolfgang Dietrich Theodor)* Reding also möchte verhört werden ab welchem H. Oberst *(Sebastian Peregrin)* Zwyer sich höchst verwundert. Es Statt nit alles woll allhie, vil wenig ernst und grossen glauben auff die pauren, doch aber auch vil Redliche gemütter.

Es wäre woll gutt wan der H. auch köndte harkommen über alle Sachen helffen zuo Rathen, die axt ligt am baum, Soltend wier zuo lang warthen, und Bern und Basel *(-Stadt)* die Jhrigen gezüchtiget, könd der gantz Schwal auff uns kommen, ich sorg dise böse luzernische Rebellen holen noch weis aber nit wo Rath und bystand, ich bedanke mich des überschikten auszügly ... und wünsch von hertzen das der Herr zuo uns allhär komme der sach zuo helffen und Rathen, solt ein böser Spruch gehn wie ich sorge wär der höchste Spott, dan man muss die Rebellen ausen holen und den punt für ein und allemal auffheben.

127. Hans Georg Escher an Beat Jakob Zurlauben

24. Mai 1653 alten Stils.

Inhalt: General Conrad Werdmüller hat das Schreiben Beat Jakob Zurlaubens über den Aufbruch der Freiämter dankend erhalten. Gestern ist eine starke Streifschar zu Pferd und zu Fuss samt Artillerie den Bauern entgegengezogen und hat einen Erfolg erzielt. Die Lenzburger Burger und andere sollen sich bis heute erklären, ob sie Freund oder Feind sein wollen. Nun sind Trommler und Pfeifer der Bauern angekommen, die den Wunsch angemeldet haben, die Zusammenkunft möge in Othmarsingen stattfinden. Was weiter geschieht, wird Beat Jakob Zurlauben gemeldet werden.

Quelle: Zurlaubiana AH 88/121, ein den Herausgebern von Herrn Dr. Rainer Stöckli, Zurlauben-Bearbeitung, Aargauische Kantonsbibliothek, Aarau, freundlich zur Verfügung gestelltes Dokument aus der Sammlung Zurlauben, Regesten und Register zu den Acta Helvetica, Gallica, Germanica, Hispanica,

Sabaudica etc. necnon Genealogica Stemmatis Zur-Laubiani, bearbeitet von Kurt-Werner Meier, Josef Schenker, Rainer Stöckli, Serien 1 ff., Aarau, Frankfurt am Main und Salzburg: Sauerländer, 1976 ff.

Hr. General *(Hans Konrad)* Werdmüller hat des Hr. schryben wol erhalten und etlicher us den freyen Ampt Jns das werckh gesezten uffbruch *(– Bauernkrieg –)* us demselbigen mit mehrerm verstanden, worüber Er sich über des Hr. gewohnten fleiss und so vertruwliche Comunicationen abermahlen fründtlich bedanckhetj der Hoffnung der Hr. noch fürbass also Continuieren werde. Gestert sind unsere völkher gar starckh uff der parthei gewäsen zeross und fuss sampt feldstuckhen, disere habend die puren *(Untertanen der Freien Ämter)* us Jhrem vorthell getriben, und die Sachen dahin gerichtet, dass die Lenzburger Burger und die so bey Jnnen warend, sich bis hüt dato erkleren sollint, ob Sy sich zur gebühr begeben, und fründ oder find syn wöllint. Gestalten dann aller erst ein Trommenschlacher und pfyffer Ankommen, und ein Gesandtschafft mit sicherem gleidt nacher Othmarsingen begehrt, daselbsten werdint der puren geist- und weltliche abgeordnete auch erschynen und aller-seyts trachten, dass man den friden *(– ein solcher wurde dann am 4. Juni 1653 in Mellingen geschlossen –)* machen könne, wie nun solliches ablaufen werde, soll dem Hr. mit erstem auch participiert werden.

128. Beat Jakob Zurlauben an Beat Zurlauben

3. Juni 1653 neuen Stils in grosser yl morgens umb 6 Uhren.

Inhalt: Vom 2. auf den 3. Juni 1653 neuen Stils haben 110 Mann aus Hitzkirch in Sarmenstorf übernachtet. Die Hitzkircher, Sarmenstorfer und Villmerger sind den Luzerner Bauern ins Lager vor Mellingen zugezogen. In Bremgarten befinden sich mutige Soldaten und Bürger, hätte man einen rechten Chef wie den Obersten Sebastian Peregrin Zwyer könnte man die nötige Diversion gegen Hitzkirch, Sarmenstorf und Villmergen unternehmen. Diesen Bericht hat Landschreiber Zurlauben auch General Conrad Werdmüller zukommen lassen und erwartet dessen Antwort. Vom bäuerlichen Lager her hört man Gefechtslärm.

Quelle: Zurlaubiana AH 76/107, ein den Herausgebern von Herrn Dr. Rainer Stöckli, Zurlauben-Bearbeitung, Aargauische Kantonsbibliothek, Aarau, freundlich zur Verfügung gestelltes Dokument aus der Sammlung Zurlauben, Regesten und Register zu den Acta Helvetica, Gallica, Germanica, Hispanica, Sabaudica etc. necnon Genealogica Stemmatis Zur-Laubiani, bearbeitet von Kurt-Werner Meier, Josef Schenker, Rainer Stöckli, Serien 1 ff., Aarau, Frankfurt am Main und Salzburg: Sauerländer, 1976 ff.

Leider die sachen *(– Bauernkrieg –)* sindt Je lenger Je Ärger. Die Hizkircher, Sarmistorffer, und Vilmerger sindt mit den Lucernischen puhren *(Untertanen)* fohrt Zogen gegen dem Läger *(bei Mellingen)* und ist schier niemandt mehr bey hus; Man hätte nächt schön Jre quartier daselbsten nur mit ettwan 30 pferdten und sovil Tragunern können uffklopfen. Es wird meüssen ein Diversion gemacht sein an den abgedachten 3 ohrten, wan nur wir ein Recht haupt nämlichen den H. obersten *(Sebastian Peregrin)* Zwyer hättendt. Darzwüschendt welle der H vatter nochsinen wis Zethuon, Alhie *(in Bremgarten)* ist ein purst vohn Soldaten und Burgern die sich wagen werden. Vohn den übrigen Embtern *(der Freien Ämter)* vohrbehalten Mury noch nit habe ich die gysel, Jtem schon Jn die 50 Soldaten, also das die selbige in Zoum Zehalten. H. Landtvogt *(im*

Amt Ruswil, Rudolf) Mor *(= Mohr)* und haupt: *(Heinrich?)* Büntiner *(= Püntener)* fahren eben iez naher Luzern. Gott mit uns.

Hizkircher seindt hienacht 110 mahn starkh in Sarmistorff ubernacht gsyn handt den *(Unter)*vogt *(von Wohlen, Hans)* Kuon *(= Kuhn)* und weibel vohn vilmergen verjagt, welche Jn der nacht nach hero kumen und mit recht sich salviert. Man ghört noch Jmmerzuo Scharmüzieren by dem Iäger, Jch hob dissen bricht dem H Generalen *(Hans Konrad Werdmüller)* gschicht erwahrte die andtwohrt.

Cito, Cito, Cito

129. Niklaus Leuenberger an Conrad Werdmüller

24. Mai 1653 alten Stils, 3. Juni 1653 neuen Stils.

Inhalt: Leuenberger schlägt Verhandlungen zwischen den beiden Armeen vor, Werdmüller beruft sich auf die Zusage von Verhandlungen im Zürcher Lager und setzt für das Erscheinen der bäuerlichen Deputierten dort noch eine Frist von drei Stunden.

Quelle: Alois Vock, Der Bauernkrieg im Jahre 1653 oder der grosse Volksaufstand in der Schweiz, dritte Auflage, Aarau und Thun: J. J. Christen, 1837, Seiten 346 und 347.

Wohledler, Gestrenger, Wohlweiser Herr Generalfeldoberster Werdmüller löblicher Stadt Zürich! Von Ihrer Gnaden hab ich verstanden, dass Ihr Gnaden des lieben Friedens anerbietlich sich erzeigen. Derohalben ist mein dienstliches Bitten, der Herr Generalfeldobrister wolle unbeschwert Morgens um 7 Uhr zwischen Ihrer Gnaden Armee und unserer Armee halben Weges erscheinen. Wir begheren des geachten Herrn Johann Jörgs Jmhof[36] Gegenwart und ihn zu einem Schiedherrn. Denn ich zeuge an Gott und vor das jüngste Gericht, dass ich nichts anderes begehre, als den lieben, alten Eidgenössischen Frieden zu erhalten. Auf das Mal nicht mehr, denn Ihr Gnaden göttlicher Obacht, mit Wünschung der edlen Gesundheit, wohlbefindend. Mit unterthäniger Bitt, der Herr General wolle seinen Trommelschläger Morgen zu uns schicken, so will ich, sammt meinen Ausschüssen, dem Herrn General mit Pass und Repass erscheinen.

Geben im Lager den 24. Mai *(3. Juni)* 1653. (L. S.) Euer unterthäniger Diener: *(Unterz.)* Niklaus Leuenberg, als bestellter Obrist.

130. Der St. Galler Hauptmann an Bürgermeister David Cunz

24. Mai 1653 alten Stils (3. Juni 1653).

Inhalt: Schilderung der Begegnung der Heere im Feld bei Mellingen.

Quelle: T. Schiess, Acht Briefe aus dem Bauernkrieg von dem St. Galler Stadthauptmann Christoph Studer, in: Anzeiger für schweizerische Geschichte, Neue Folge, Zehnter Band No. 2, Bern: K. J. Wyss, 1908, Seiten 297 bis 308, Seiten 299 bis 304.

Laus deo, anno 1653, adi 24. May, im feldleger bey Mellingen.

Hochgeachter, ehrenvester, fromer, fürsichtiger, wohlweysser herr bürgermeister, dem sey meine underthenige dienst neben freundtlichem gruss bevohran.

Gestern morgens war mein jüngstes durch Jacob Nef, den tag zuvor 2 in Zürich dem botten hinterlassen. Hoffendtlich werdens wohl empfangen haben. Euwer geliebtes vom 22. dito[37] durch Tobias Locher necht umb 9 uhr empfangen nach meiner zurügkonft; der both war ein stundt zuvor im leger. Durch Jacob Nefen werden ir verstanden haben, was bis daher fürgegangen. Nach dem gemelter Nef fort gewest, ist ein befelch geben worden, von allem volcke ungefahr den 5ten man eylendts zu marschieren neben der gantzen reuterei, ouch 2 schlangen und 5 feldstücken. Da hat man an den In-Roden und uns 1 hauptman, 1 leutenant und 1 feindrich, 2 wachtmeister oder underofficier begert. Da hab ich mit dem hauptman Weter[38] (der doch Orths halben[39] hete sollen ehrenhalben voranziehen) mit ihme gelosset; so ist das loss auf mich gefahlen, den leutenant Sauter von Appenzell und mein fendrich Erliholtzer. Also hat man am berg gegen Brunegen randevous gehalten in 3000 zu fuss und 500 pferdt. Die 12 geworben Züricher compagnien haben vast gantz marschiren müssen; von hohen officier, sovil wie bis dato bekandt, sindt in dem marsch gewesen obrist Werdmüller[40] als generalleutenant, major Löw, obrist Werdmüller[41] von der artilleri, hauptman Grebel[42], Holtzhalb[43], Bürkli, Hoffmaister[44], Lavater[45], Edlibach[46], Lochman[47] von Zürich; ein hauptman zu fuss und cornet Payer[48] von Schaffhausen, ouch ritmaister Schalckh[49]; von Glarus lantama Müller[50], panerher lieutenant Trompi[51]; von Turgower hauptman Roll[52] von Uri und Hans Jacob Scherb. Nach dem randevous haben den marsch nach Brunegen genomen. Wir marschirten zwüschen den Züricher und Glarnern. Als wir uns maindten in die schlachtordnung herwerts Brunegen zu stellen, hat ritmaister Bürkli gegen der rechten Landtstras mit einer trop reuter und uns comandiert fussvolckh und zimmerleut, die heg ausszumachen, recognoscirt, da die pauren starckh feur auff sey geben, also das wir den marsch wider gegen dem wald nach dem creutz an der landtstrass und hin nach Ossingen[53] nemen müssen, allda uns in batallia gestel. Darauff hat man ein trommenschlager an die rebellen geschickt, ob

sey wohlen die waffen niderlegen, ihr oberkeit schuldige trew laisten. Gaben in antwordt: sey wüssten nit, was sey andtwortdten sollten; ihre comandanten seyen nit zugegen, worauff obristmajor Löw selbst zu ihnen geriten, ein resolution von inen zu holen; sindt darüber 2 pauren komen, selbs mit der generalitet zu reden. Zwuschen beiden arme, die nun ein feld wie der gross Brüel[54] zwüschen inen und uns, hat jeder thail ein hag für ihr brustwer. Nachdem man gespürth, das die pauern nun verlengerung suchten, hat man mehr volckh uss dem leger beruffen und das zum andern mahl über die 2000 man zu uns komen. In der weylen sindt die pauern ab allen orten mit volckh versterkt worden, nachdem sey auff allen orten ab den bergen ihre creyschutz gethun, auch zun zeiten ab dem nechsten berg feur under uns gaben, das ich wohl hab gspüren mögen das handtwerch nit recht verstehen. Nachdem wir über 4 stundt gegen einandern in batallie gehalten, ettliche mahl gesprech gegen einandern gehalten, auch der pauren gesandte alzeit mit weynenden augen gebeten, sey begeren kein krieg, doch nit lauter ihr pflicht halber genugsam mit der sprach herauss wohlen, 2 geistliche, so das letzte mahl bei disen pauern waren, – da folget die resolution, wan sey in einer stundt nit resolution geben abziehen, ein jeder nach hauss gehe, der oberkeit underthenig seyen, wohle man sey mit feur und schwerdt verfolgen. In der stundt hat hat man die grosse stückh in das feldt geführt, auch comandirte volckher von jeder tropen, so auch 5 man under haupman Dietegen Holtzhalb betroffen, den angriff zu thun. Ich hielte fast in der mitte der avantgarde mit ordre, so bald man lermen schlage, wan die rebellen ihren hag passieren, sollen wir hinder dem hag halten und die leste salve geben, hernach den hag umbreissen und recht los auff sey gehen, und wan die rebellen hinder irem hag bleiben, sollen wir recte auf sey loss gehen. Nachdem die stundt vollig verflossen, kain andtwort von den rebellen kommen, hat man noch zum überfluss ein trommenschlager geschickt. In der weylen haben die comandirte advanciert, den angriff zu thun; sind eylendts 2 geistliche und 3 pauern komen und der gnaden begert: wohlen der oberkeit underthenig sein und wohlen in der arme angesicht von ihrem posten abziehen. Da haben die generalen gnug zu thun gehabt, den angriff zu wehren; so war man begierig zu schlagen. Da hielten noch viel pauern under eim gelb und weyssen fahnen gegen Brunegen, die noch nit wollten sich accomodieren. Als(o) hat man selben auch ein tromenschlager an sey geschickt, ettliche volcker in der weylen auff sey advanciert; da sey den ernst gesehen, sindt sey auch abzogen, haben zu bayden thaillen gaysel geben. Auff dato werden von allen gemainden hieumb so den pardon oder friden begeren, alhie erscheinen und alles schriftlich verfassen, auch die jenigen so sich nit instellen, mit feur und schwerdt zu verfolgen, das ich halt, das wir angentz werden den marsch auff Arburg und Bern nehmen; den bey der gestrigen action haben wir den pas auff Lentzburg und Arow offen bekomen.

Sonsten von ander orthen vernomen, wie das die catholischen Orth, sonderlich die von Schweitz, in 700 starckh sich tapfer wider die luzernischen rebellen gebrauchen lassen, und sollen etliche ampte wider zu gehorsam gebracht haben, das allein Entlibuch und Willisau noch in der Rebellion verharren.

Von Bern ist kein bricht einkomen. Bein aber guter hoffnung, bis auff Johani soll die grossen unruhen gestillet sein.

Dissen morgen sind alberaith 5 gesandte von pauern ankomen, so der gnaden begeren. Die ellenden verblendten leut sindt übel verführt worden, haben bösser, fridhessiger leuten rath gefolget.

Dissen morgen hat man ein gefangnen redliführer arcebusiert.

Gestern abendts sind die Uss-Roden angelangt, neben den In-Roden campiert und wir neben dissen in einem acker.

Der Pündten sindt wir auch gewertig; aber man hat kein gewisshait, wie bald.

Vornecht, als ich gesehen, das unsser soldaten ein brodt in Mellingen umb 2 batzen kauffen müssen, hab ich den general gebeten, will wir weit abgelegen, uns das brodt auch folgen zu lassen, das wir gestern und heut empfangen haben umb 1 batzen, das man in der statt umb 2 batzen zahlen müssen: doch wen mangel erschindt, gibt man den Turgowern, so in 800 starckh, vor, will sey auff ihren seckel zehren müssen.

Obgemelt gesandte begeren für die gantz graffschaft Lentzburg den friden mit dem anhang, das man sey für dem Löwenberger und anderen rebellen schütze und das man ihre freyhaiten bestethe, wie man ihnen gestern versprochen habe. Der alte predigkant, so die pauern gestern geschickt, hat zu bayden thaillen umb gottes barmherzigkeit willen gebeten, kein gewalt anzulegen. Desswegen alle gemainden vergangne nacht rathschleg gemacht, so sich entzwayet: thails wollten den Lowenberger zuerst brichten; doch entlichen abgmehrt, der generalitet gnad und versprechen zu geleben, also das wir kein stundt vor uns haben, den marsch auf Arburg oder Olten zu nehmen.

Hiemit ein verzeichnis, welchen soldatenweiber wochendtlich zu geben, so ihnen soll am sold abgerathen werden. Dess Hainrich Zidlers frawen soll man nichts geben, aber seinem bruder Lorentz Zidler, damit des pfeyffers kinden ettwas werde.

Gestern hat ein baur im wald auf den jungen Freyen geschossen, worüber der Frey den pauern dodt geschossen.

Sonst halten sich unssere leut wohl. Wan ich's ihnen zuliesse, lieffen bald alle auf die partey; ich muss ihnen mit gewalt abwehren.

Das man von In Roden und uns hauptman, lieutenant und fendrich allein mit 70 man commandiert, das doch hete volkomen noch ein mahl sovil sein ‹sollen› nach Eydgnosischem kriegsbrauch; allein will nit bey allen Orten mit erfahrnen officier versehen, so sorg ich wohl, wir müssen uns wohl brauchen lassen, welches der compagni ein grosse ehr.

Ich will hoffen, ihr werden bey dem andern fahnen auch gute officier verordnen. Es ist eben schlechte ehr, wan die officier den soldaten müssen in die hend sehen und ettwan comandiert werden, das, wan einer die sach nit merckt, spot und unehr davon tragen.

Necht haben wir 30 man zur wacht bey der artilleri geben müssen, welches auch ein grosse ehr. Major Dietegen Holtzhalb, als er mir die ordre gebracht, sagte zu mir: ‹Bruder hauptman, du mochtest ettwan schmelen, wann ich dich nit ouch dahin comandierte.›

Die herren von Zürich und Glarus haben uns gar gern und frowts sonderlich, das wir mit guten under- und oberofficier versehen. Ich hoffe zu gott, mit ehr und reputation das unsserig thun wohlen.

Die rebellen, so gestern accordiert oder umb gnad gebeten, achte ich 7 in 8000 man. So ist solcher bericht einkomen, der Lowenberger marschier mit 7000 man in die grafschaft Lentzburg; denen und noch mehr, gliebts gott, wollen wir gewachsen gnug sein, wan gott nit sonderlich das landt straft; derowegen hoffendtlich in kürze alles zu friden möchte gebracht werden.

Damit ein mehrs nit, den will E.E.W. gebeten, meine gnedigen herren und obern versichern, das an unserem fleiss, mühe und arbaith nit soll manglen, gmain statt ehr und reputation zu handthaben, und thun sey samptlich gottes gnedigem schutz wohl befehlen.

E.E. und W. undertheniger diener
Studer, cappitain.

In der mitagstundt hat man den 5ten man aufgemanet, die bom in eyl am berg umbzuhauwen; als sy angefangen, ein halb stundt darnach ist lermen, und haben sich in 1200 rebellen alberaith erzaigt; alsbald die reuter und 1500 comandierte fussvölcker aussgeschickt. Wie zu erachten, muss den mainaydigen rebellen hilff vom Lowenberger zukomen, und stehet die armee noch in battaille; dess wird es teglich geben; hab desswegen den botten nit eher konden spedieren, den das er noch dissen abends nach Zürich komen.

131. Ein schönes, nüwes Lied von den Bauern

24. Mai 1653 alten Stils, 3. Juni 1653 neuen Stils.

Inhalt: Ein Lied zweier Zürcher Teilnehmer über das Gefecht von Wohlenschwil.

Quelle: Alois Vock, Der Bauernkrieg im Jahre 1653 oder der grosse Volksaufstand in der Schweiz, dritte Auflage, Aarau und Thun: J. J. Christen, 1837, Seiten 549 bis 552.

Ein schönes, nüwes Lied
von den Bauern,
so vor Mellingen zogen, wider ihre eigne Oberkeit, namlich die XIII Orte und Zugewandte der Eidgnossschaft, und wie es sich zugetragen.

Quellendokumente

Es ist gar lustig zu singen; ein Jeder mach auch eine Melodei, die ihm gefallt; es steht ihm frei. –

Geschehen den 24. Tag Maji *(3. Juni)* Anno Christi 1653.

(Gedruckt im Jahre Christi 1653.)

1. Was bringt uns auf den Tag?
    Was ich sing oder sag,
    Unbetrug des Herzens mein,
    Von denselben Sachen.
    Wenn jetzt mehr die Bauern kommen,
    Mir wend's ihnen besser machen.

2. Sie kommen all barmherziglich
    Aus dem Bernbiet gar schreckelich;
    Sie meinen, die Zürcher schlafen all;
    Sie lagen wohl auf Rampardt.
    Da sie kamen allzumal,
    So waren wir ganz ihr gewahr.

3. Sie kamen in den Wald hinein;
    Keiner wollt der Vorderst sein.
    Mit ihren grossen Brügglen gut
    Thun sie sich fast berühmen,
    Mit rostigen Spiess und Hellebard,
    Dass Gott erbarmen müssen.

4. Mir hand gar wackre Offizier;
    Mit Sinn und List sind sie wohl bericht.
    Sie sprechen uns zu alle Zeit,
    Mir sollen uns frisch halten.
    Hab Gott im Herzen alle Stund!
    Wir werden's Feld erhalten.

5. Mir kommen in das Feld hinein.
    Frisch auf! Es muss gewaget sein.
    Frisch auf, ihr lieben Soldaten gut!
    Die Schlacht, die ist gewunnen;
    D'Soldaten, die sind wohl zu Muth;
    Sie land die Kugeln singen.

6. Zween Fahnen vor den Wald herkahn;
    Den Trotz sie uns erbieten an
    Mit ihren offenen Fahnen schlecht,
    Die sie meinten zu schwenken.
    Konstabler, der war frisch im Feld,
    Thät ihnen g'schind einschenken.

7. Sie liefen in den Wald hinein;
    Keiner wollt der Hinterst sein.
    Sie steckten sich in den Busch hinein,
    Dass man sie nit könnt finden.
    Wenn es wär g'wesen in der Nacht,
    Mit dem Liecht müsst man ihnen zünden.

8. Mit Schramusieren nur ein klein Will
    Zweihundert Mann ihnen blieben sind.
    Das bekennen sie mit ihrem Mund;
    Man soll's nur fröhlich glauben.
    Sie fielen nieder auf die Knie;
    Baten uns mit weinenden Augen.

9. Da es kam auf den Abend spat,
    Den Akkord man getroffen hat.
    Zween Trommelschläger schicken sie zu uns,
    Begehrten zu akkordiren.
    Doch sind theil Bauern falsche Leut;
    Sie möchten uns verführen.

10. Nachdem der Akkord getroffen war,
    Ein Rädelsführer[55] kommen war;
    Derselbig war ein gar falscher Mann,
    Begehrt uns zu verführen.
    Doch hat es Gott nicht haben wollen;
    Sein Leben musst er verlieren.

11. Ein Dorf steckt er wohl in den Brand,
    Darzu in sinem Vaterland.
    O Weh, o Weh der grossen Noth!
    Was hand sie für Gedanken,
    Dass sie ihnen hand zugericht
    Ein Krieg in ihrem Lande.

12. Wer ist, der uns dies Lied hat dicht?
    Das hand gethan zween junge Hufschmied.
    Sie hand's gesungen also wohl,
    Ist ihnen ganz wohl gelungen.
    Sie halten sich allzeit frisch beim Wein,
    Es sei Winter oder Summeri.

132. Der Brückenkommandant von Sins an Beat Zurlauben

Sins, 4. Juni 1653 neuen Stils.

Inhalt: Heute wird die geplante Schanze an der Sinser Brücke fertiggestellt. Beat Jakob Knopfli hofft, den Bauern starken Widerstand entgegensetzen zu können. Die Bauern sollen gemäss einem Bericht vom Heer Conrad Werdmüllers geschlagen worden sein und viele Leute verloren haben. Zahlreiche weitere Kämpfer des unter Mangel an Steinen und Pulver leidenden Bauernheeres reissen aus. Die Bauern drohen, die Deserteure zu hängen. Knopfli wünscht von Zurlauben Brot, Wein und Geld zu erhalten, da die Soldaten sonst schwierig werden könnten.

Quelle: Zurlaubiana AH 121/95, ein den Herausgebern von Herrn Dr. Rainer Stöckli, Zurlauben-Bearbeitung, Aargauische Kantonsbibliothek, Aarau, freundlich zur Verfügung gestelltes Dokument aus der Sammlung Zurlauben, Regesten und Register zu den Acta Helvetica, Gallica, Germanica, Hispanica, Sabaudica etc. necnon Genealogica Stemmatis Zur-Laubiani, bearbeitet von Kurt-Werner Meier, Josef Schenker, Rainer Stöckli, Serien 1 ff., Aarau, Frankfurt am Main und Salzburg: Sauerländer, 1976 ff.

... ahn der Sinsser brugg ...

Dess herren Schreiben hab Jch durch trägeren diss woll Empfangen; die brugg belanget, habent wier heut die bewüste Schantz angefangen Unnd wird Selbige biss Uff den Abent Zimlich Ussgemacht werden; dass Jch den pauren darauss Verhoffen So Sy Sich wurdent gelusten Lassen woll mit Gotess hilff vill widerstandt thuon können; wier habent bericht von einem pauren Empfangen; die dess herrn General *(Hans Konrad)* wertmüllerss *(= Werdmüller)* Armee den pauren *(im Gefecht bei Wohlenschwil)* Obgesiget Unnd Syent Vil derselben Uff dem platz geblieben, Sy Sollent grosser mangel ahn stein Unnd bulffer haben, Unnd Rysent gwaltig auss, die pauren threüwent Jnnen So Sy nit wider koment wellent Sy Selbe henckhen; gegen Lucern habent wier dissen morgen hören schiessen wüssent aber noch nit wie ess abgangen; der herr welle nit ermanglen Unss für 150 man *(Zuger Truppen)* dass wuchengelt zu schicken wa(nn) dyss manglete wurdent die Soldaten gar Schwirig werden; wass Unss weiterss nüwess furfalt will Jch nit ermanglen, den H. zu advisieren. Jm gegentheil welle der herr Solchess auch thuon, befillen damit den herrn Jn den Schirmb Gotess Unnd Mariae fürpit ...

Uff den morgigen tag handt wier wider brodt Unnd ettwass weinss Vonnöten. Jch bin auch berichtet dass dass grosse schiff zu Millauw *(= Mühlau)* wider auss der Reüss gezogen unnd Uff Jrer Seit behalten wird die herrn werdent mier befeilen wass Jch Ze thuon habe ...

133. Das Amt Meienberg an Beat Zurlauben

4. Juni 1653 neuen Stils.

Inhalt: Die Meienberger wünschen, nicht ausziehen zu müssen, da ihnen die Luzerner Bauern mit Brand gedroht haben und weil sie bereits durch Wachdienst stark engagiert sind.

Quelle: Zurlaubiana AH 87/5, ein den Herausgebern von Herrn Dr. Rainer Stöckli, Zurlauben-Bearbeitung, Aargauische Kantonsbibliothek, Aarau, freundlich zur Verfügung gestelltes Dokument aus der Sammlung Zurlauben, Regesten und Register zu den Acta Helvetica, Gallica, Germanica, Hispanica, Sabaudica etc. necnon Genealogica Stemmatis Zur-Laubiani, bearbeitet von Kurt-Werner Meier, Josef Schenker, Rainer Stöckli, Serien 1 ff., Aarau, Frankfurt am Main und Salzburg: Sauerländer, 1976 ff.

Es ist unser underdenig bit an Hoch Erendten Herrn *(alt)* Landtaman der Herr wo Es müglich were, dass der Herr uns bey Einem Ersamen wiss *(Kriegs?-)* Radt *(der V reg. kath. Orte? – Bauernkrieg –)* Entschuldigen däte do mit man Jm ampt Meyenbärg kein folck fort füren däte von der Ursachen dass die lucern buren uns hütigen tag uff das aller höchst gedröüt wo fer wir us dem landt weren ziehen wurden so wellen sey uns Jn das landt fallen und uns Huss und Heim verbrenen und uns uff das aller höchist verfollgen, des wägen mögen wir uns wüssen zu verhalten. Was die buren andräffen dut hatt man gstelt 2 Erlich man ein aman Jacob Huwyler von Sins *(und)* Jacob Bucher zuo Aliken. Witers haben wir uns auch hochlich zu klagen wir müssen gar Ein grosse wacht haben uff den bergen *(v. a. der Lindenberg gemeint)* und auch bey der bougen *(= Beugen)* und dörffern wie der Herr woll weiss. Jst nachmallen unser underdenig beyt an Herrn welle uns alle Zeit Jn gnaden lassen befollen sein. Wo fern wir söliches könen wider umb verdienen seindt wir geneigt und guot willig.

134. Zwei Boswiler an Beat Jakob Zurlauben

4. Juni 1653 neuen Stils.

Inhalt: Georg Keusch und Hans Hildbrand von Boswil bitten, nach ausgestandener Schmach und Pein, Landschreiber Beat Jakob Zurlauben um Fürsprache bei General Conrad Werdmüller, damit dieser die ausgesprochenen Geldstrafen mildere oder die Zahlung erstrecke. Wenn es nicht anders möglich sei, versprechen Keusch und Hildbrand 50 Kronen am 6. Juni 1653 neuen Stils bar zu bezahlen, den Rest am Martinitag zu begleichen.

Quelle: Zurlaubiana AH 67/24, ein den Herausgebern von Herrn Dr. Rainer Stöckli, Zurlauben-Bearbeitung, Aargauische Kantonsbibliothek, Aarau, freundlich zur Verfügung gestelltes Dokument aus der Sammlung Zurlauben, Regesten und Register zu den Acta Helvetica, Gallica, Germanica, Hispanica, Sabaudica etc. necnon Genealogica Stemmatis Zur-Laubiani, bearbeitet von Kurt-Werner Meier, Josef Schenker, Rainer Stöckli, Serien 1 ff., Aarau, Frankfurt am Main und Salzburg: Sauerländer, 1976 ff.

Nach usgestandnem unserem armseligen usstandt des processes *(im Bauernkrieg)* so ihr generalitet *(u. a. Hans Konrad Werdmüller)* heütiges tags Über uns ergehn lassen, dessen wir Gott und einer Obrigkeit zum aller höchsten ... bedancken thundt, ist nachmahlen unser einstendiges flehentliches ... pitten umb Gottes und Marie willen unns so vil gnadt bey ihr generalitet oder anderen obrigkeitlichen standts persohnen zu erhalten, das unns der rechtliche Sentenz des gelts erlegung der uns dismahlen sehr beschwerlich darzuoschieseen umb etwas gnedig sich erzeigen welle, fahls aber ie anders nit bey ihr gnaden H. generalen zuo erhalten, versprechen wir fünffzig Kronen in barem gelt uf künfftig Sontag den 6. (sic!) dis lauffenden Monats ihr gestrengheit in guttem-barem gelt ohnfelbarlich einzueantworten, das überige aber uf nechst kommendten Martini, oder so ihr: generalitet befehlen wurde, wöllen wir solches H. *(Ulrich)* Hanauwer *(= Hanauer, Hirschenwirt in Mellingen)* einseckeln, solches steht ihr gnaden gnedigest zu befehlen.

Nachmahlen pittendte ihr Gn. wollen unsere grosse ausgestandne schmach und peyn lassen zu hertzen gehn und ein gnädiges fruchtbares wörtlin bey ihr generalitet zu geben sich nit dauren lassen, dises zu erwidergen würt uns ewigkhlich nit zu vergessen stehn. Den allmechtigen gott wöllen wir täglich anrüeffen das er ihr Gn. in guttem frischen wollstandt noch vil Jahr gnädigklich erhalten wölle.

135. Hauptmann Christoph Studer an Bürgermeister Cunz

25. Mai 1653 alten Stils (4. Juni 1653)

Inhalt: Schilderung des Gefechts von Wohlenschwil.

Quelle: T. Schiess, Acht Briefe aus dem Bauernkrieg von dem St. Galler Stadthauptmann Christoph Studer, in: Anzeiger für schweizerische Geschichte, Neue Folge, Zehnter Band No.2, Bern: K. J. Wyss, 1908, Seiten 297 bis 308, Seiten 304 und 305.

Laus deo anno 1653 adi 25. May im feldleger bey Mellingen.

Hochgeachter und insonders geehrter herr burgermaister. Gestern nachmitag, als ich den Locher spediert hab, er kom ein halb stundt von hier, ward ich und meisten commandanten in den kriegsrath beruffen. Alda von herrn general Werdmüller proposiert, was sich zu resolvieren; die pauren, so vergangnen tag gnad begert, sey general Lowenberg zu ihnen gestosen, und marschieren auff allen seyten mit grossem gewalt auf uns zu. Da wir nun ein halb stundt beysamen und resolviert worden, am leger zu halten, leib und blut zusamen zu setzen, hat sich der findt rundt umb den berg her starckh sehen lassen, da alsbald die reuter und von jeden tropen comandierte musquetier an 2 orten an den berg geschickt und zu scharmützieren angefangen, in der weylen mit stücken creutzweiss in sey gespilt. Als sich das gefecht erhebt, ist der himel sehr trüb und schwartz gewest. Bald darauf hat sich ain schöner regenbogen, verschiedenlich doplet, rot, gelb und grün, als ein gnadenzaichen über unserm leger erzaigt. Man hat auch ein dorffli in den brandt gesteckt, das nur die kirch und pfarhauss überbliben, und wan der windt uns nit so contrari gewesen, die überigen heusser am berg ouch abzubrennen; haben ouch eylendts durch ettlich 100 soldaten die bom, so uns hinderlich am berg, umbgehowen, damit man desto besser mit den stücken spillen konden. Ist also von 2 nachmittag bis umb 8 uhr scharmütziert worden. Der findt hat grossen schrecken und schaden von den stücken empfangen, auch durch das brennen erschrocken worden. Von unssern ist mehr nit den ein man von Gottingen[56] dodt, ettliche verwundt, ouch ettliche ross geschossen. Zwischen 7 und 8 kam ein tromenschlager vom Lowenberg mit schreiben; der inhalt war, das er komm; man soll sich verfast machen und um ½ neun kam ein ander tromenschlager von Löwenberg mit schreiben: er beger ein anstandt der waffen bis heut 7 uhr; er wohle persohnlich zwüschen bayden leger mit den generalen tractieren. Ist alles also zu bayden thailen stil gewesen. Umb miternacht ist ein musquet per accident lossgegangen, darauss starckh lermen worden; den die gantz arme lag in battaille under den wehren.

Heut 7 uhr sindt 30 gesandte von Bern, Lutzern, Bassel und Soloturner gebiet er-

Bildlegende nächste Doppelseite:
Von links her greifen die blauen Zürcher Conrad Werdmüllers die Stellung des Huttwiler Bundes vor dem brennenden Wohlenschwil an. Die Erinnerung an das schweizergeschichtlich bedeutsame Ereignis des 3. Juni 1653 war 250 Jahre später äusserst lebendig. «Offizielle Festpostkarte Nº 7», gezeichnet von K. Gehri nach einem Original von Martin Disteli. Herausgegeben anlässlich der Feierlichkeiten zum 100. Geburtstag des Kantons Aargau im Jahre 1903. Aus Privatbesitz.

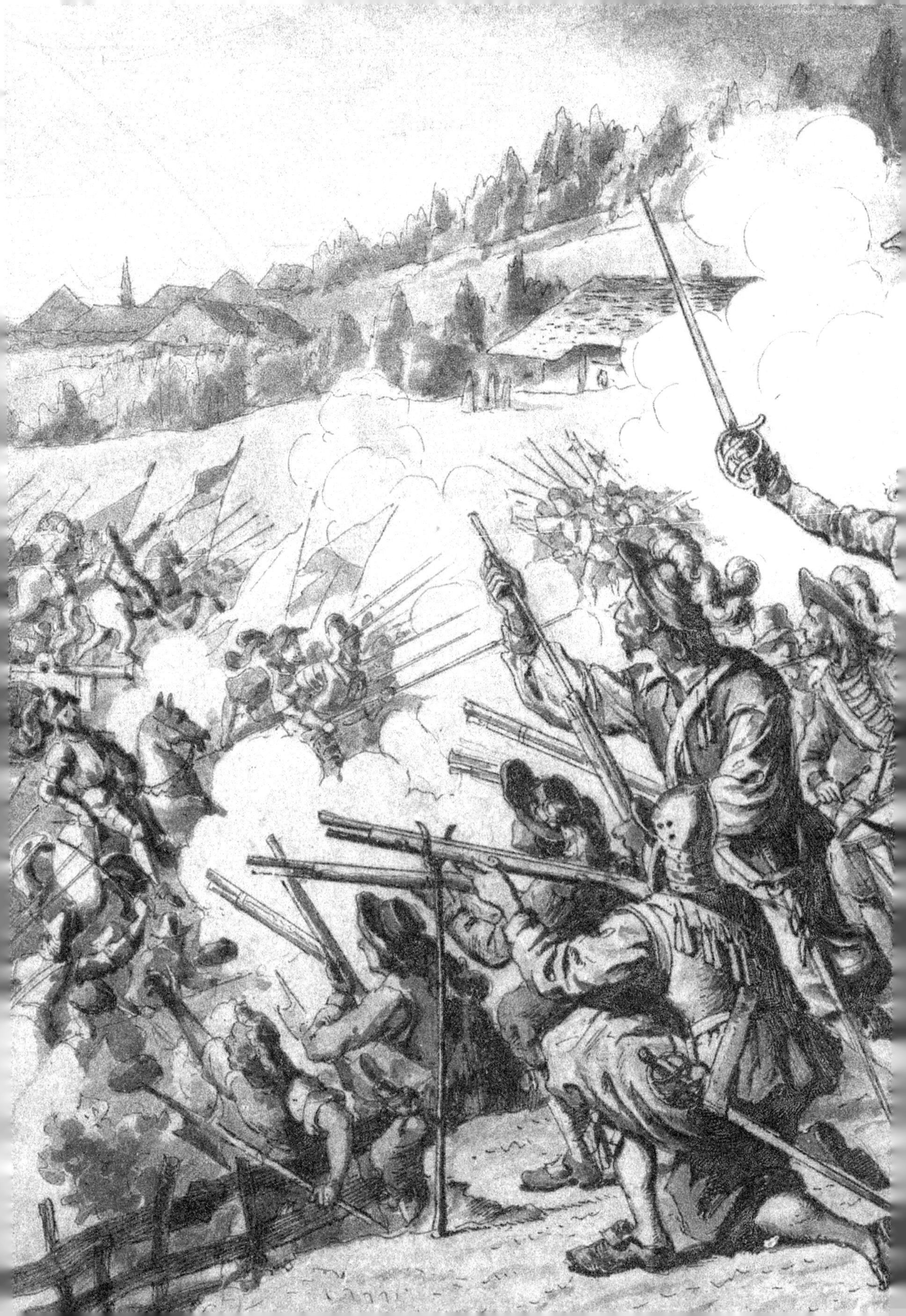

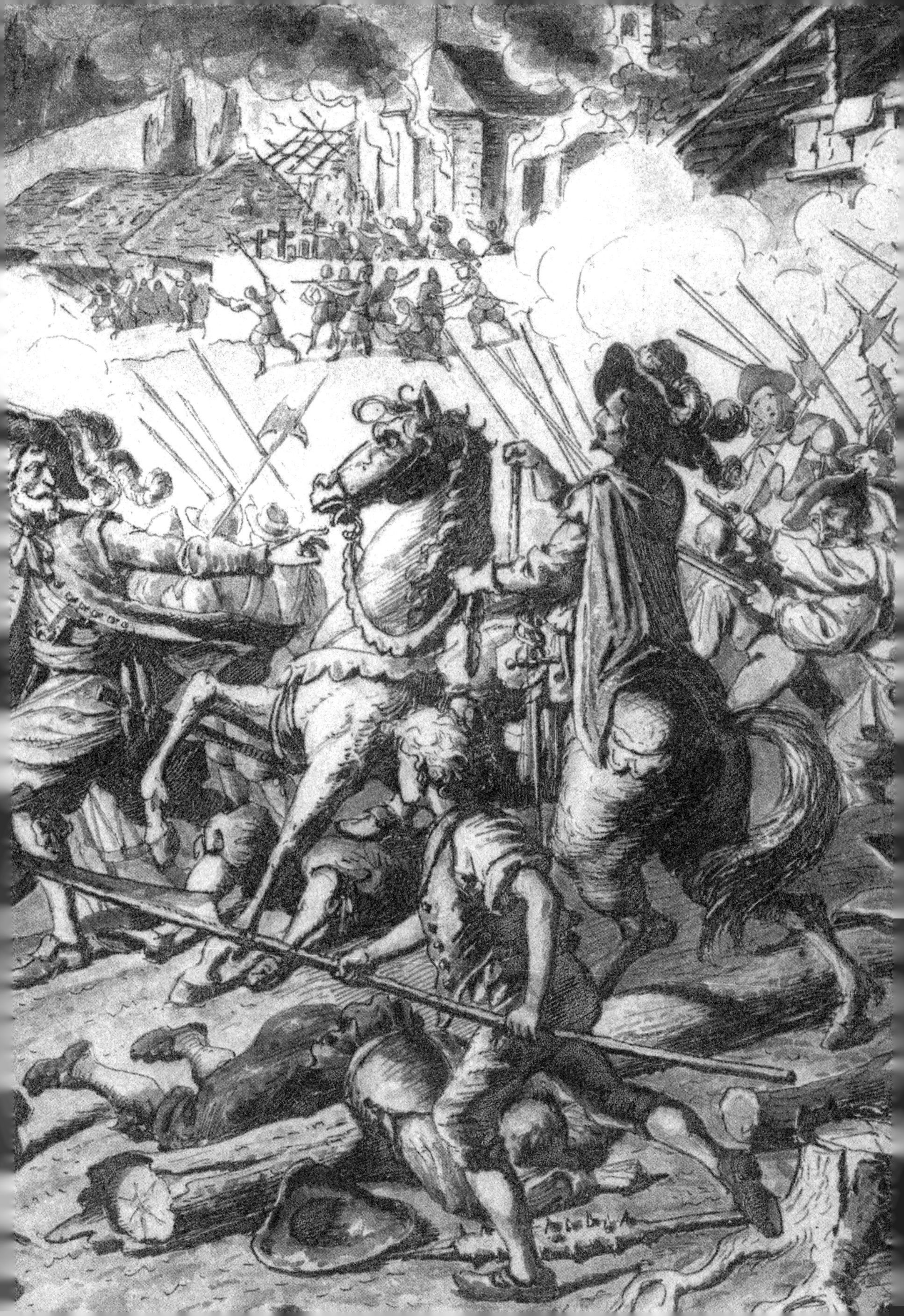

schienen, die haben umb gottes barmherzigkeit und Jesu Christi willen umb gnad gebeten, begeren kein krieg; man soll ihnen nun ihre freyheiten bestethen, so wohlen sey in allem trew sein ihrer angebornen oberkeit; darauf absonderlich von jedem orth bey der generalitet umb gnad gebeten. Da hat je einer den andern anklagt als redliführer (also das man wohl gesehen, das ihr sach grob gefehlt), ihr fehlen selber bekendt; haben gleichwohl noch aufzüg gesucht, das die 8 alten Orth, von jedem Orth 2 man, so vil von der pauersame im friden handlen. Aber verlengerung zu verhüten, hat man rundt an sey begert, sey sollen die gewehr niderlegen, ihr oberkeit trew sein, den punt, so sey gemacht, nichtig, und sollen noch heut, welche sich wohlen aus ihrem punt thun, mit ober- und underwehr an der lincken seyten dess bergs in bataille stellen, und welche darwider sich setzen, soll man samptlich verfolgen als fridhessige und verderber des vaterlandts. Den pauern sindt ihre freyheit besteht, was sidher 100 jahren gehabt.

Herr burgermeister Waser[57] und statthalter Hirtzel[58] sindt heut an tag hie gewesen (und wie sey mir gesagt, 1200 man von Zürich, ein fahnen zu fuss und 50 reuter von Schaffhausen und euwer fahnen[59]), welche neben der generalitat mit den pauern tractirt. Die bauern sollen auch den Lowenberger inhendigen; die argste redliführer, versprechen die pauern, wohlen sey selbs ihr oberkeit als bösse buben übergeben. Die bauern haben sich ungefahr mittagsstundt anfangen in grosser anzahl auf die fridliche seyten des bergs gelegt, schiessen imerhin frodenschütz, dessglichen die unssrigen gegen ihnen auch thun; doch hat man den unssrigen machen verbieten zu schiessen, bis die pauern ihr ratification bringen; alsdan soll nit allein salve uss stücken und musqueten geschossen werden. Wie alles umb Mellingen in kurtzer zeit verderbt, hat den pauern ihr hertz gar genomen, auch die schone ordnung unsers legers.

Von unssern officier sindt ettliche in der pauern leger gewesen; die sindt samptlich mit grossen freuden haimgezogen. Nachdem sey abgezogen, hat man im leger auch freud geschossen mit 12 grossen stücken und allen fendlinen, eins nach dem andern. Ob man jetzo gegen die Entlibucher und Oberland auch ziehen werde, kann ich nit wissen; allein hat sich die generalitet resolviert, uss dem feld nit zu weichen, bis alles im friden. Desswegen nit ermanglen wollen, durch Ulrich Danner E. E. W. zu berichten, in Hoffnung, laut euwerem befelch euch bey tag bey nacht zu berichten; allain gibt es im feldt nit gelegenhait, so ordenlich zu schreiben, als wan man zu hauss ist.

Damit ein mehrs nit, den E. E. W. wohle versichert sein, mein möglichests thun wohl, und thue hiemit neben freundlichem gruss gottes gnedigem schutz wohl befehlen.

E. E. und W. undertheniger Diener
Studer, cappitain.

Die Bassler und Solenturner haben gesagt, seyen mit ihrer oberkeit verglichen. Es ist nit usszusprechen, so haben die pauern ein freud, das wider haim ziehen konden. Wan wir vorgestern angriffen heten, so hete es gewisslich ettlich 1000 pauern gekost. Es haben beyde theil dem alten predicanten zu dancken, das so wohl abgangen ist, der zu bayden thaillen so eyffer umb gottes barmhertzigkeit gebeten haben.

Gehet um 6 uhr weg. In der stundt ist ein fendli von Schaffhusen und 50 reuter ankomen.

136. Der Friede von Mellingen

25. Mai 1653 alten Stils, 4. Juni 1653 neuen Stils.

Inhalt: Die Sieger und die Verlierer der Schlacht von Wohlenschwil schliessen Frieden unter folgenden Bedingungen: Die Bauern ziehen nach Hause und stellen die Kampfhandlungen ein. Der Huttwiler Bund wird widerrufen und die Bundesbriefe sind General Werdmüller einzuhändigen. Offene Punkte werden auf den Rechtsweg verwiesen. Solange die Untertanen nicht wieder gehuldigt haben und solange nicht alles richtig ist, bleiben die Truppen der Obrigkeiten der Aufständischen sowie die Truppen der hilfeleistenden Orte im Feld. Die Luzerner Untertanen versprechen (im Unterschied zu den Berner, Solothurner und Basler Untertanen) nur, nach Haus zu gehen und nicht mehr gegen ihre Obrigkeit zu kämpfen.

Quelle: Alois Vock, Der Bauernkrieg im Jahre 1653 oder der grosse Volksaufstand in der Schweiz, dritte Auflage, Aarau und Thun: J. J. Christen, 1837, Seiten 355 bis 357.

Demnach Dienstags, den 24. Mai (3. Juni) 1653, der vier Städte, Bern, Luzern, Basel und Solothurn angehörige Unterthanen in starker Anzahl sich gegen der Stadt Zürich und ihrer beiwesenden Eidgenössischen Hilfsvölker vor Mellingen geschlagenen Lager genähert, und sie feindlich anzugreifen unterstanden, dieselben aber sich tapfer resolvirt und in die Gegenwehr erzeigt, hat darauf ermeldter Unterthanen aufgeworfener Oberster, Niklaus Leuenberg, einer Friedenshandlung an einem Mittelorte begehrt, das ihm aber abgeschlagen, hingegen sind sie in das Lager beschieden worden mit Versprechung sichern Geleits, worauf auch in die 40 Ausschüsse daselbst erschienen, und folgendes Begehren gethan:

1. Man solle sie bei ihrem Bunde verbleiben lassen, oder aber aus den vier interessirten Städten, benanntlich von jeder zwei, Sätze aus den Räthen, auch von den Unterthanen jeder Herrschaft zwei Sätze geordnet werden, die noch streitigen Sachen zu entscheiden. –

2. Die Waffen solle man so wohl, als sie, niederlegen, und aller Orte die Städte und Schlösser von der Besatzung erledigen und räumen. –

3. Dass man sie solle verbleiben lassen bei demjenigen, was sie mit ihren GHHerren der Stadt Bern auf dem Murifelde gehandelt. –

Obgeschriebene drei Begehren hat man ihnen rund abgeschlagen, und sich verlauten lassen, wenn sie sich nicht anders erklären würden, würde man sie mit den Waffen, vermittelst göttlicher Hilfe, zur Gebühr bezwingen, worauf sie eine Friedenshandlung in nachfolgenden Artikeln begehrt, die dann auch erfolgt auf nachgeschriebene Form:

1. Sollen sie ohne Verzug, ein jeder, sich wieder nach Haus begeben, die Waffen

Bildlegende nächste Doppelseite:
Hans Conrad Gygers nach Süden orientierte Königsfelder Karte (circa 1660) zeigt den Brückenübergang von Mellingen und an der in der allgemeinen Richtung Nordwest (auf dieser Karte in Blickrichtung nach unten und rechts) verlaufenden Strasse das Dorf Wohlenschwil, östlich (auf dieser Karte links) davon Büblikon. Die Tage des 1. und 2. Juni 1653 sahen nördlich (unten) und westlich (rechts) von Wohlenschwil und Büblikon eine durch Waffenstillstände unterbrochene kriegerische Aktivität der zusammentreffenden Heere, bevor am 3. Juni 1653 das Gefecht militärisch klare Verhältnisse herstellte, um den Preis brennender Dörfer. Abbildung mit freundlicher Genehmigung des Verlages Gilles Attinger, Hauterive.

Wolentchwnl

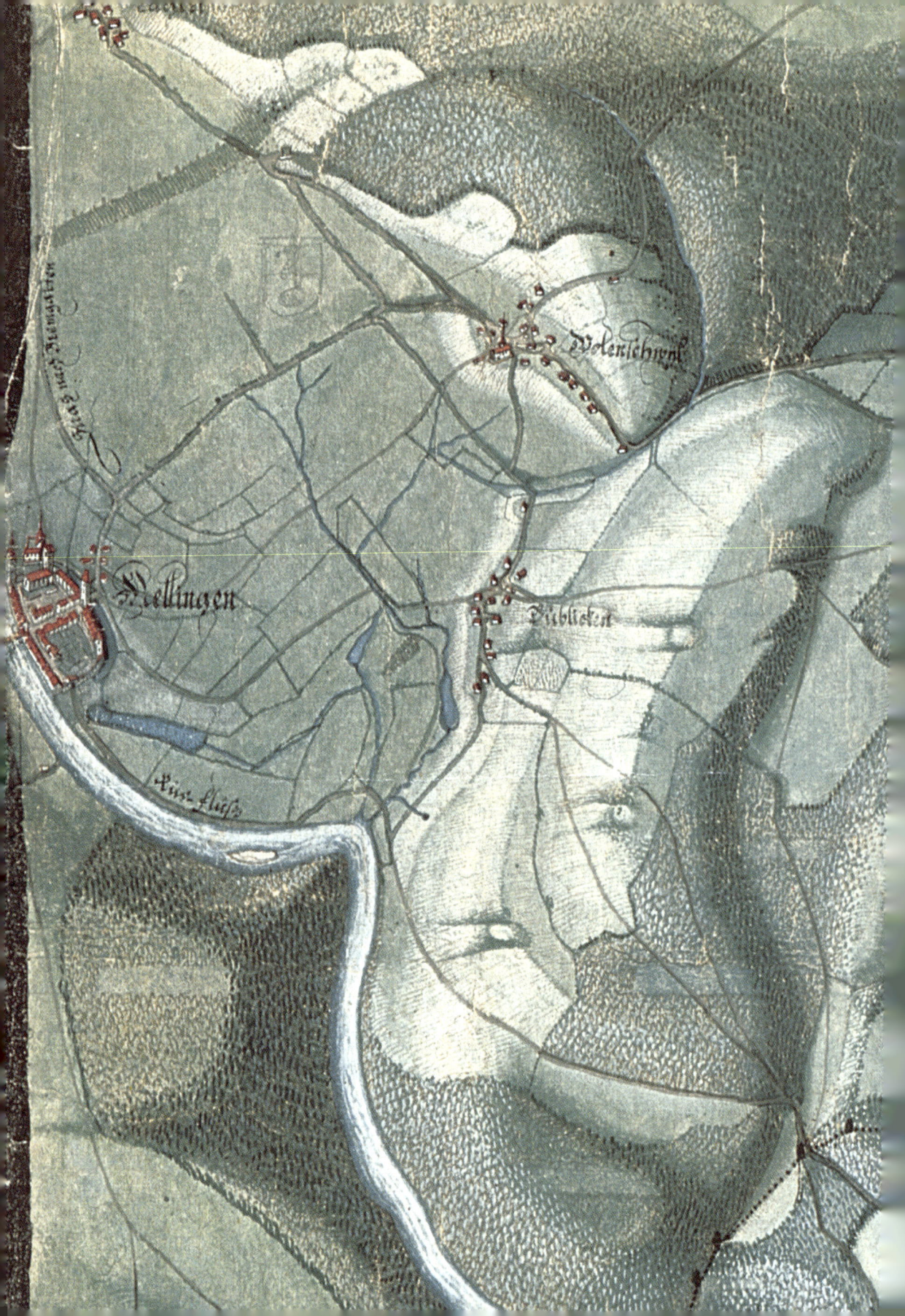

Nellingen

Piblicken

Kin Fluß

Aetwijl

Landtweg naet Limborg

niederlegen, und fürohin dergleichen Auszüge sich müssigen. –

2. Den Bund, so sie vermeintlich mit einander gemacht, sollen sie widerrufen und dem absagen, wie dann beschehen. Und die hierum aufgerichteten Bundesbriefe sollen sie dem Herrn General von Zürich unverweilt übergeben. –

3. Was den Oberkeiten oder Unterthanen noch weiter möchte angelegen sein, solle, in Ermangelung freundlichen Vergleichs, dem Rechten unterworfen sein. –

4. So lang und bis alle Sachen ihre Richtigkeit haben, und die Huldigung erfolgt sein wird, sollen die Oberkeiten und hilfleistenden Orte den Gewalt *(die Truppen im Felde)* noch behalten mögen. –

Welche vorgeschriebene vier Artikel die Unterthanen von Bern, Basel und Solothurn allerseits angenommen, und deren getreue Haltung an Eidesstatt angelobt, die Ausschüsse der Luzernischen aber sich entschuldigt haben, dass sie dazu nicht bemächtigt seien. Jedoch haben sie auch an Eides statt angelobt, da man sie heimziehen lassen, die Wehr alsbald niederzulegen, und wider ihre Herren und Obern nicht mehr zu gebrauchen, sondern gebührenden Gehorsams sich zu befleissen. Darauf der Abzug von aller Orte Unterthanen beschehen.

Aktum im Lager bei Mellingen den 25. Mai (4. Juni) 1653.

137. Niklaus Leuenberger an Johann Georg Imhof

25. Mai 1653 alten Stils, 4. Juni 1653 neuen Stils.

Inhalt: Leuenberger will den Huttwiler Bund der Obrigkeit anheim stellen und will dieser bei Bedarf militärische Hilfe leisten. Er will abziehen, verlangt aber, dass das Ostschweizer Heer ebenfalls abziehe und die Berner ihre Truppenbewegungen einstellten und begehrt ausserdem eine schriftliche Weisung von Imhof, dass er abziehen solle und verbindet damit die Forderung nach Sicherheit für seine Person und seine Leute.

Quelle: Alois Vock, Der Bauernkrieg im Jahre 1653 oder der grosse Volksaufstand in der Schweiz, dritte Auflage, Aarau und Thun: J. J. Christen, 1837, Seiten 357 und 358.

Wohledler, Ehrenvester, Frommer, Fürnehmer, Fürsichtiger, Wohlgeachter Herr Hans Georg Imhof, gewesener Hofmeister zu Königsfelden! Mein unterthäniger, dienstwilliger, freundlicher Gruss. Demnach hab ich verstanden, wie dass eine gnädige, hochweise Obrigkeit löblicher Stadt Bern geneigt sei, unsern Beschwerden, Klagartikeln und Neuerungen abzuhelfen, und derselben zu gewärtigen, und uns bei alten löblichen Freiheiten und Gerechtigkeiten zu handhaben, zu schützen und zu schirmen, und uns darum gute Brief und Siegel aufzurichten und zu geben, das uns von Herzen wohl freuet. Hingegen verspreche ich, einer gnädigen, hochweisen Obrigkeit Zins und Zehnten, Schoss und Zoll, Rent und Gült zu geben und zu entrichten, wie von Altem har, und wiederum zu huldigen, wie unsere Altvordern Ihrer Gnaden Altvordern gehuldigt haben. Verspreche auch, wo Euere Unterthanen das nicht thun wollen, dass ich mit sammt denen, die mit mir sind, Euch wolle zuziehen, um dieselben in Gehorsame zu bringen. Was dann unsern Bund antrifft, den haben wir in keinem andern Verstand nicht geschworen, denn dass er dem Laut des alten Bundes löblicher Eidgenossenschaft solle gleichförmig sein. Hiemit setze ich diesen Bund Gott und der Obrigkeit heim, und begehre diesem

Obgeschriebenen statt und genug zu thun. Hiemit bitte ich den Herrn Hofmeister, der Herr wolle verschaffen, dass wir friedlich können ab- und nach Hause ziehen, und uns kein Schaden widerfahre. Der Herr wolle auch verschaffen, dass die Völker, so gegen uns liegen, auch abziehen, und uns und den unsrigen keinen Schaden zufügen. Der Herr wolle auch nach Bern schreiben, dass Unsere Gnädigen Herren ihre Völker auch inne halten, damit den unsrigen kein Schaden zugefügt werde. Der Herr wolle auch alsbald mich wiederum schriftlich berichten, ob ich solle mit meinen Völkern ab- und nach Haus ziehen. Und der Herr wolle mir Bürg und gut darum sein, dass weder mir noch meinen Völkern kein Unheil und Schaden daraus entstehen noch erwachsen solle. Wenn der Herr mir das verspricht und heisst abziehen, so will ich darauf mit meinen Völkern ab- und nach Haus ziehen. Nicht mehr, weder der Herr sei mit sammt den Seinigen der göttlichen Obacht wohl befohlen. Aus unserm Feldlager ob Mellingen

Datum den 25. Mai *(4. Juni)* 1653 Jahr. Des Herrn allzeit dienst- und gutwilliger Diener: *(Unterz.)* Niklaus Leuenberg, Landshauptmann.

138. Bern an Zürich

25. Mai 1653 alten Stils.

Inhalt: Zürichs Schreiben vom 22. Mai 1653 alten Stils wird verdankt. Gestern (24. Mai alten Stils) vormittags ist die bernische Armee zu Fuss und zu Pferd samt Artillerie ausgezogen und bereits zum Einsatz gelangt, sodass zu hoffen ist, dass mit Gottes Beistand die Rebellen zur Gebühr gebracht und bestraft werden können. Vorgestern (23. Mai alten Stils) haben die Landgerichte um Bern herum gehuldigt und dem, in den Augen der Berner Regierung, schädlichen, meineidigen Huttwilerbund abgeschworen. Die Emmentaler sind dem Huttwilerbund noch treu und werden wohl gewaltsam dazu gezwungen werden müssen, abzuschwören. Durch den Vormarsch der Truppen wird es jedoch möglich sein, die Conspiranten an mehreren Orten gleichzeitig genügend zu beschäftigen. Die von der Luzerner Regierung signalisierte Entschiedenheit findet die Anerkennung Berns.

Quelle: Staatsarchiv Bern, A III 68, Teutsche Missiven-Buch der Statt Bern (Fanget an 4. Jan. 1653 und endet 29. Dez. 1654), Seite 109.

Unser etc. Euer unserer G. L. A. E. sehr angenehmes vom 22. dies. ist uns zu rechtem und besonderem Trost eingekommen. Fügen auch hinwiederum zu ebenmässiger eidgenössischer Nachricht zu vernehmen, dass unsere Völker zu Ross und Fuss gestrigen Morgens samt der Artillerie mit tapferem Mut aufgebrochen und bereits zur Aktion geschritten *(sind)*, also dass mit der Hilfe und gnädigem Beistand des Allerhöchsten die Rebellen werden zur Gebühr und *(zur)* verdienten Strafe können bezwungen werden, sonst haben wir vorgestrigen Tages nächst um unsere Stadt in den Landgerichten die Huldigung und Abjuration des schändlichen meineidigen Bundes vorgehen lassen, welche bei etlichen, neben höchsten Bitten um Verzeihung, auch wohl angegangen, unsere Emmenthalischen vermeinen sich aber noch stark an ihre so übel getane Verbindung zu halten, und *(sind)* wohl vermutlich die Gewalt zu erwarten gesinnt. Ein-

Bildlegende nächste Doppelseite:
Die Uneinigkeit der Sieger: Rittmeister Glutz protestiert – als Vertreter der mild gestimmten Solothurner Obrigkeit – gegen harte Massnahmen General Werdmüllers in Schönenwerd.
Nach der Sonderbeilage des «Oltner Tagblattes» vom 4. Juli 1953, 75. Jahrgang, Nr. 152, aufgrund einer Zeichnung von Martin Disteli.

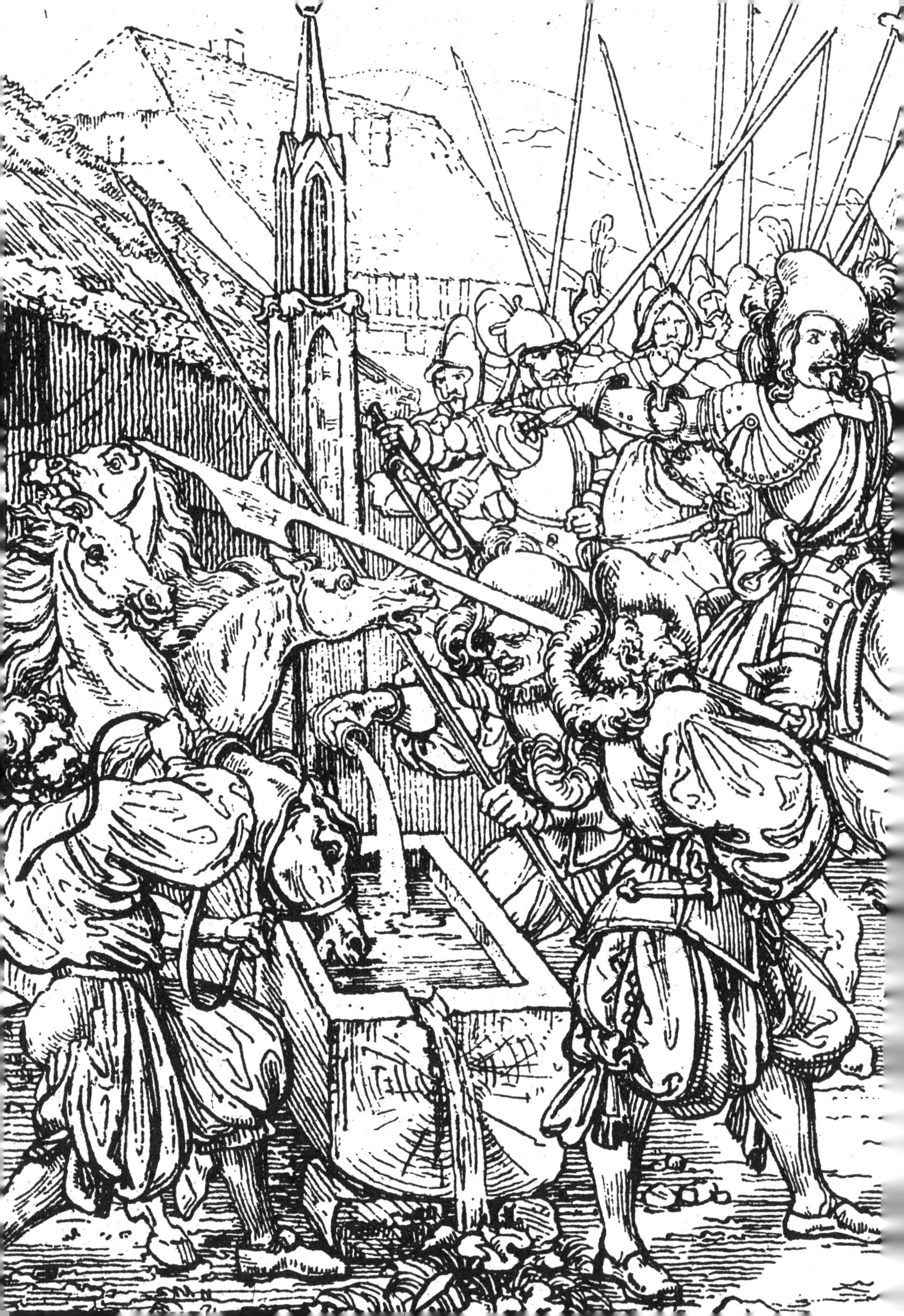

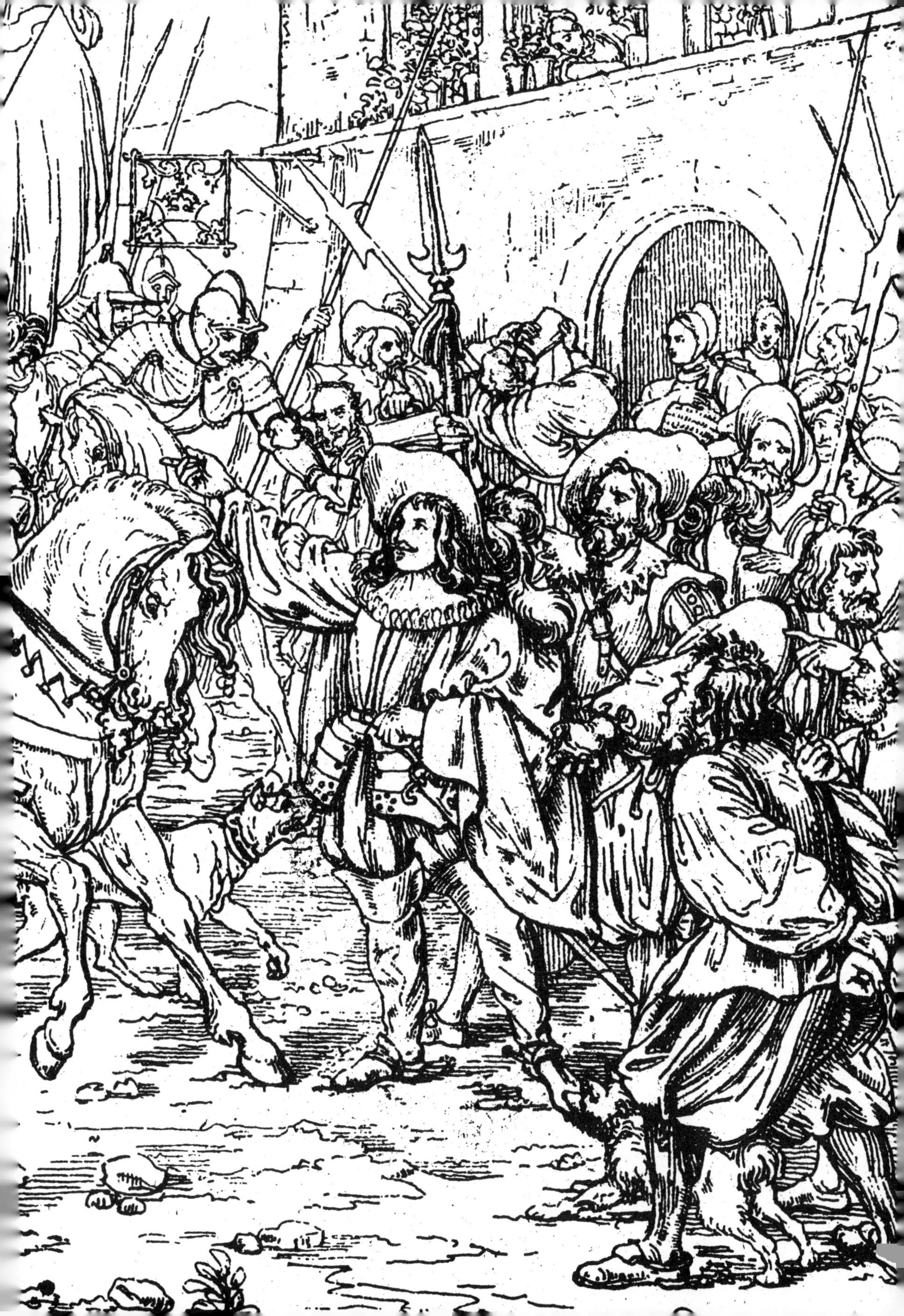

mal rückt unsere Armee mit Zuzug unserer beiderseits L. E. der Stadt Freiburg Regiment der Aare nach hinunter, und wird man also mit aller Manier diesen unguten Conspiranten ein und andern Orts zu schaffen geben können, und haben wir aus der Beilage und sonderlich unserer G. L. A. E. der Stadt Luzern *(welche uns auch ihres Zustands berichtet)* gefassten Mut und Resolution gern vernommen, da wir euch unsere G. L. A. E. der freundlichen Partizipation besonderen Dank sagen und Gott den Herrscher treulich bitten, (dass) Er unsere Waffen zu allen Teilen segnen und hernach der werte Friede etc.

Datum 25. Mai 1653.

139. Bern an General Sigismund von Erlach

25. Mai 1653 alten Stils.

Inhalt: Die Berner Regierung hat General Sigismund von Erlach die neusten Meldungen aus Zürich und Luzern sofort weiterleiten wollen. Heute vormittags wird sie den Grossen Rat einberufen, um über das weitere Vorgehen zu befinden. Die Regierung ist der Ansicht, erwiesenen Rebellen gegenüber seien Komplimente unangebracht. Vielmehr seien die Rädelsführer zur Bestrafung nach Bern zu liefern. Was die von Bern aus Gnaden zugestandenen Konzessionen betreffe, werde zwischen treuen und offen rebellischen Orten zu unterscheiden sein.

Quelle: Staatsarchiv Bern, A III 68, Teutsche Missiven-Buch der Statt Bern (Fanget an 4. Jan. 1653 und endet 29. Dez. 1654), Seite 109.

Unser etc. Was uns zuerst von unseren L. A. E. der Städte Zürich und Luzern eingekommen, das haben wir dem Herrn hiermit eilfertig kommunizieren wollen, da Wir diesen Morgen Unseren Grossen Rat werden besammeln lassen, *(um)* wo vonnöten weiter darüber zu deliberieren, unseres Teils finden wir dass mit den sich rebellisch Erzeigten nicht viel weiter wird zu komplimentieren *(sein)*, sonders allen öffentlich rebellischen Orten, an dem sei, dass die Rädelsführer zu wirklicher Strafe anher gefordert werden, hernach der erlangten Gnadenkonzession gegen den ein und anderen ein billiger Unterschied zu machen, Gott segne unser allseitiges Vorhaben, zum Trost und Stärkung der Guten, und Strafe der Bösen und erhalte Eure Ehrenperson samt deren geehrten zugegebenen Herren und *(die)* ganze unterhabende Armee zu erwünschtem Success und beständigem gedeihlichem Wohlergehen.

Datum 25. Mai 1653.

140. Bern an General Sigismund von Erlach

25. Mai 1653 alten Stils.

Inhalt: Die rebellischen Untertanen sollen ihren gottlosen Bund abschwören und sich gegenüber der Obrigkeit verpflichten, gegen innere und äussere Feinde zur Beschirmung des Vaterlandes auszurücken und den Marsch anderer Truppen im Dienste der Obrigkeit nicht zu behindern und zur Verhaftung und Bestrafung von Aufwieglern, Aufrührern und Störefrieden Hand zu bieten. Flüchtige Rebellen sind nach Bern vorzuladen, Kopien der Vorladungen nach Bern zu schicken. Ergriffene Missetäter sind nach Bern einzuliefern oder, in der Erwartung ihres Prozesses, auf andere feste Plätze zu verlegen. Der Vollzug der von der Regierung den Bauern gemachten Zugeständnisse wird sistiert, die Zugeständnisse selbst später im Lichte von Treue und Untreue neu begutachtet und dem freien Ermessen von Schultheiss, Räth und Burgern anheimgestellt. Der General erhält seine Vollmacht, an die er sich zu halten hat. Wer sich bewaffnet zur Wehr setzt, ist zu entwaffnen. Freiburg und Wallis, die sich zurückhaltend geben, werden von Bern noch einmal um Truppenhilfe gemahnt, desgleichen Solothurn und Basel. Das Walliser Kontingent beläuft sich nach der Badener Vereinbarung auf 500 Mann. In Bern hat man erfahren, dass die Bauern Hans Georg Imhof, den früheren bernischen Hofmeister in Königsfelden, gefangen haben. Imhof soll durch Austausch oder auf andere Art befreit werden.

Quelle: Staatsarchiv Bern, A III 68, Teutsche Missiven-Buch der Statt Bern (Fanget an 4. Jan. 1653 und endet 29. Dez. 1654), Seiten 110 bis 111.

Unser etc. Über unser heutiges Kommunikationsschreiben haben wir der Kleine und Grosse Rat euch hiermit Vermerk anzufügen gut befunden, dass der sich zur offenen Rebellion willfährig erzeigten Untertanen Beeidigung halb, die Sache um etwas Mehreres angeschrepft und dahin geläutert werden möchte, dass sie nicht allein den gottlosen Bund abjurieren, sondern auch sich eidlich gegen uns verbinden sollen, auf unsere jeweilige Aufforderung uns als ihrer Obrigkeit ohne Unterschied noch Ansehen der Person gegen innere und äussere Feinde in Treuen und unverweigerlich zuzuziehen, und den freien Zuzug anderer Völker nimmermehr zu verhindern, sondern mit und neben denselben, zur Beschirmung des Vaterlandes, wie auch Hinterhaltung und Abstrafung aller Aufwickelnden, Aufrührerischen und Friedenszerstörer ihre untertänige Pflicht in alle Wege zu leisten, welches aber wir unseren Kriegsräten mit Mehrerem zu konsultieren übergeben, welches euch mit erstem in der Eidesform wird nachgeschickt werden. Und dieweil uns gerade dieser Stunde euer an uns abgegangenes Schreiben zu Recht eingehändigt worden ist, darin ihr der ausgetretenen Redliführer halb unsere Intention zu wissen begehrt, so fügen wir euch hiermit zu wissen, dass wir zwar diesen Punkt zur Konsultation ebenmässig vor unsere Kriegsräte geschlagen; unterdessen wir aber euch hiermit nachrichtlich ansinnen wollen, dass unserem Andeuten nach solche ausgetretene Bösewichte, durch euch vom Lager aus peremptorie vor uns zitiert werden sollen, da dann sie *(mögen)* erscheinen oder nicht, die Gebühr soll und wird erkannt werden, zu welchem Ende, ihr uns jeweilen mit Überschickung der Zitationskopien samt der Sachen Beschaffenheit, zu berichten haben werdet, was dann diejenigen zur Hand bringenden Rebellen, Autoren und Aufwickler, die ihr der exemplarischen Strafe und Behändigung würdig erachten werdet, anbetrifft, können dieselbigen uns ebenmässig wohl verwahrt und sicherlich allher in unsere Hauptstadt, wo es kommlich sein kann, verschafft, oder sonst an wohl versehene Orte hingelegt, und zur Erwartung schleunigen Prozesses aufbehalten werden. Und wir haben unterdessen die aufgesetzten vermeinten Konzessionspunkte eingestellt, denselben nach Vollendung der ganzen Sache eingedenk zu sein, die einen und anderen, je nach Gestaltsame ihrer Treue oder Untreue in Gnaden geniessen oder entgelten zu lassen. Hierbei daneben so überschicken wir euch begehrtermassen euer Gewalt- und Schirmpatent, der gnädigen Intention *(dass)* ihr euch dessen zu getrösten, und eurer Fürsichtigkeit nach derselben euch ähnlich zu richten haben sollt und werdet: mit dieser angehefteten ferneren Erläuterung, Gewalt und Befehl, alle diejenigen, so ihr in den Wehren stehen findet, und zu widersetzlicher Gewalt antreffen werdet, aller Wehren zu entsetzen, ihnen hiermit alle Über- und Seitenwehr selbigen Orts zu nehmen, und also hierin der Sachen Erfordernis und eurer Fürsichtigkeit nach vollkommen zu handeln, massen ihr zu tun wisst, wir euch hiermit auch wohl vertrauen. Im Übrigen weil unsere Eidgenossen der Stadt Freiburg, wie auch Wallis laut in Kopie beiliegendem Schreiben ziemlich schlecht ausgeschlagen, so haben wir billige Ursache gefunden, sie Freiburg zwar zu völliger eid- und bundesschuldigen Beihilfe anzustrengen, Wallis aber zur unverweilten Allherschickung derjenigen 500. Soldaten unter ihrem Sold, alles vermöge badischer Abrede beweglich und bundesgenössisch anzuweisen, in Gleichem auch an Solothurn und Basel. Ist dasjenige, so wir euch diesmalen anfügen wollen, und damit etc. Datum 25. Mai 1653. Post Scriptum Bei Beschluss dies. Kommt uns Bericht ein, ob sollte unser Burger und Hofmeister Im Hoff in Arrest genommen worden sein, dessen wir euch zu dem Ende verständigen wollen, damit durch fügliche Auswechselung oder anderer bester Gestalten, derselbe wiederum losgemacht werde; Datum ut s.

141. Sebastian Peregrin Zwyer an Johann Heinrich Waser

Circa 5. Juni 1653 neuen Stils.

Inhalt: Kurzer Gefechtsbericht.

Quelle: Theodor von Liebenau, Der luzernische Bauernkrieg vom Jahre 1653, in: Jahrbuch für Schweizerische Geschichte, 20. Band, Zürich: Fäsi & Beer, 1895, Seite 100.

Allhier ist kein Occasion herübergegangen, als dass 2000 Bauern sich mehrtheils voll und herzhaft gesoffen und dem Schwarm bei der Gisslinger Brugg mit grosser Furi angefallen. Die aber sind mannlich empfangen und wider abtriben worden. Von uns sind in allem 7 Mann und, wie Gefangene referieren, von den Bauern in die 50 todt gebliben. Allein ist das Unglück auf unser Seiten diess gewesen, dass das Pulver angegangen und etliche geschädigt und gebrannt worden, aber keiner (?) geblieben.

142. Huldigungsformel der Untertanen der Stadt Bern

26. Mai 1653 alten Stils, 5. Juni 1653 neuen Stils.

Inhalt: Wer in den Territorien der Stadt Bern wohnt, hat deren Nutzen zu fördern und deren Schaden zu wenden, den Anordnungen seiner natürlichen Obrigkeit Folge zu leisten, evangelisch zu bleiben, keine ausserkantonalen Burgerrechte anzunehmen und keine Bündnisse zu schliessen, ohne Wissen und Willen der Obrigkeit nicht Krieg zu führen und nicht in Kriegsdienste zu ziehen, Militärdienst gegen innere und äussere Feinde der Obrigkeit zu leisten, die Pässe nicht zu sperren, die Verbündeten und die welschen Untertanen der Obrigkeit nicht für fremde Völker zu halten, die Untertanen anderer Obrigkeiten nicht von ihrer Pflicht abzubringen, nicht ohne den Befehl der Obrigkeit zu den Waffen zu greifen oder den Sturm ergehen zu lassen, die Agitato-

Der politisch erfahrene Zürcher Bürgermeister Johann Heinrich Waser erzielte im April 1653 in Bern einen Verhandlungserfolg beim Versuch, den Ausbruch eines Krieges zwischen Obrigkeit und Untertanen zu verhindern. Wasers Berner Kompromiss hatte jedoch keinen Bestand, weil auf dem Land die Berner Regierung in den Fragen des freien Salzhandels und der Amnestie für Agitatoren als zu wenig kompromissbereit empfunden wurde. Nach der militärischen Entscheidung von Wohlenschwil vermittelte Waser im Juni 1653 in Mellingen den nach dieser Stadt genannten Frieden. Abbildung nach einem Stich von Conrad Meyer aus dem Buch «Der schweizerische Bauernkrieg 1653 und die seitherige Entwicklung des Bauernstandes» von Hermann Wahlen und Ernst Jaggi, Bern: Buchverlag Verbandsdruckerei AG, 1953.

DOMINUS JOHANNES HENRICUS WASERUS, ILLUSTRIS REIPUBLICÆ TIGURINÆ CONSUL PATER PATRIÆ, ÆTATIS LIII. ANNO MDCLIII.

ren zu denunzieren, niemanden vor ein anderes als vor sein eigenes, örtlich zuständiges Gericht zu laden, was Bern schadet, dem Schultheiss oder den Amtleuten unverzüglich zu melden und generell der Obrigkeit nach gutem altem Recht zu gehorchen. Auf den in Sumiswald und Huttwil gemachten und beschworenen, jedoch hochobrigkeitlich als unnütz und ungültig erklärten Bund ist gänzlich und für immer zu verzichten. Der Eid soll alle drei Jahre in allen Kirchgemeinden von der waffenfähigen Mannschaft geschworen werden.

Quelle: Alois Vock, Der Bauernkrieg im Jahre 1653 oder der grosse Volksaufstand in der Schweiz, dritte Auflage, Aarau und Thun: J. J. Christen, 1837, Seiten 387 bis 389.

Es schwören alle die, so in der Stadt Bern Herrschaften, Landen und Gebieten sitzen und wohnen, gemeinlich und sonderlich, ein jeder nach seiner Art, Pflicht und Eigenschaft:

1. Derselben, als ihrer natürlichen Obrigkeit, Treu und Wahrheit zu leisten, derselben Lob, Nutzen, Ehre und Frommen zu fördern und Schaden zu wenden,

2. Ihr, auch ihren Vögten und Amtleuten, in allen Geboten und Verboten, Ordnungen, Satzungen und Mandaten, gegenwärtigen und künftigen, es sei der Religion, Reformation, Reisgeläufe und anderer politischer und bürgerlicher Sachen halb, gehorsam und gewärtig zu sein,

3. bei der wahren, alleinseligmachenden, Evangelischen Religion beständig und ungeändert zu verbleiben,

4. keiner anderer Herren Burgerrecht noch Schirm an sich *(zu nehmen)*, noch einige Zusammenverbündnis vorzunehmen,

5. auch in keine Reis, Krieg, noch Kriegsläufe zu ziehen, zu kommen, noch die vorzunehmen, denn mit der Oberkeit Gunst, Wissen und Willen, –

6. item: der Oberkeit in allen Fällen wider äussere und innere Feinde behilflich zuzuziehen, –

7. dann der Versperrung der Pässe sich gänzlich zu überheben, –

8. ihrer Gnaden verbündet, verburgerte und welsche Unterthanen nicht für fremde Völker zu halten, auch andere Unterthanen von ihrer Pflicht gegen die Oberkeit nicht abzuführen. –

9. dannethin ohne Befehl der Oberkeit die Wehr niemal zu ergreifen, von wem es ihnen auch zugemuthet werde, –

10. zugleich auch sich des eigenwilligen, unnothwendigen, aufrührerischen und verbotenen, täglichen und nächtlichen Stürmens zu überheben, –

11. und dann die Aufruhranrichter, sobald sie den einen oder andern entdecken, unverweilt der Oberkeit oder ihren Amtleuten anzugeben und zu verleiden, –

12. auch sie, noch die Ihren, noch Jemand, die ihnen zugehören oder verwandt sind, mit keinen fremden Gerichten, Rechten, noch ohne die zu bekümmern in einige Weise, sondern sich des Rechtens begnügen zu lassen an und vor den Gerichten, da die Angesprochenen gesessen sind oder gehören, –

13. und ob sie etwas hören, sehen oder vernehmen, das einer Stadt Bern Kummer, Nachtheil und Schaden bringen, oder wider derselben Lob, Nutz und

Ehr reichen und dienen möchte, solches, ehest immer möglich, und unverzüglich kundbar zu machen, und Ihren Gnaden oder Deroselben Amtleuten anzuzeigen, und darin gar Niemanden zu verschonen, und sonst alles das zu thun, zu erstatten und zu vollbringen, so frommen und getreuen Unterthanen, Eids und Amts, auch gebührlicher Unterthänigkeit und Gehorsame halb, gegen ihre Oberkeit wohl ansteht, und von Alter herkommen ist, sie auch schuldig und pflichtig sind.

14. Es sollen auch hiemit alle diejenigen, so sich des zu Sumiswald und Hutwyl gemachten und geschworenen Bundes angenommen und darin interessiert sein möchten, demselbigen für jetzt und zu allen Zeiten absagen, sintemal Ihre Gnaden, aus hochoberkeitlicher Gewalt, denselben als unnütz und ungültig gänzlich aufgehoben und abgethan haben wollen; alle Gefährde vermieden. Dieser Eid soll von drei zu drei Jahren in allen Kirchhörinen von der mannschaft, so den Eid zu schwören admittiert werden mag, geschworen werden.

Decretum den 26. Mai *(5. Juni)* 1653. *(Unterz.)* Kanzlei Bern.

143. Personenliste der bäuerlichen Unterhändler in Mellingen

5. Juni 1653 neuen Stils, 26. Mai 1653 alten Stils.

Quelle: Zurlaubiana AH 74/117, ein den Herausgebern von Herrn Dr. Rainer Stöckli, Zurlauben-Bearbeitung, Aargauische Kantonsbibliothek, Aarau, freundlich zur Verfügung gestelltes Dokument aus der Sammlung Zurlauben, Regesten und Register zu den Acta Helvetica, Gallica, Germanica, Hispanica, Sabaudica etc. necnon Genealogica Stemmatis Zur-Laubiani, bearbeitet von Kurt-Werner Meier, Josef Schenker, Rainer Stöckli, Serien 1ff., Aarau, Frankfurt am Main und Salzburg: Sauerländer, 1976ff.

Stefan Reinli, alt Untervogt von Aarburg.
Jakob Stürliman *(wahrscheinlich Stirnemann, von Aarburg)*
Heinrich Haberer, von Niederbipp, Leutnant
Peter Keiser, Ammann von Roggwil
Hans Frickart, *(aus dem Bernbiet?)*
Ulrich Künzli ⎫ lobent ann
Hans Basler ⎬ Jnnammen des
Hans Müller ⎭ Ambts Aarburg
Urs Weisswalder, von Herzogenbuchsee, Hptm., für syn Gricht alss Volkhommner gwalthaber
Hans Stisser von Ursenbach, fürs Gricht mit ... (voller) gwaltt
Jakob Born, von Niederbipp, Wachtmeister, von Gricht mit gwalt
Georg Mumenthaler, von Langenthal
Hans Lienhard, aus dem Amt Aarburg, Schützenhauptmann
Melchior Hofer, von Brittnau im Amt Aarburg, Rottmeister
Hans Wägerman *(= Weyermann)* von Lotzwil, Rottmeister
Hans Stähelin, von Suhr in der Grafschaft Lenzburg
Simon Basser uss der G*(raf)*schafft Lentzburg von botenwyl
Jakob Schärer ussem Stökhwald
Jagle Clinkhelman, von Ursenbach
Peter Fricker, von Suhr, Leutnant
Sebastian Schaffner, von Gränichen, Rottmeister
Kaspar Zobrist, von Hendschiken in der Grafschaft Lenzburg
Christoph Roth, aus der Stadt Lenzburg

Aus dem Lucerner gebieth:

Hans Rast, von Hochdorf *(Fähnrich)*
　im Amt Rothenburg
Peter Hartmann, ebenfalls aus
　Hochdorf im Amt Rothenburg

Aus (dem Amt) Willisau:

Lobent H. Generalen ohngefahr
　120 Man an, nit wider Jhre Ober-
　keith *(Schultheiss und Rat von
　Luzern)* Zezüchen.
Hans-*[Jakob]* Sinner *(von Richenthal)*
Jakob Schlüssel *(von Altishofen)*
Hans Müller *(von Altishofen)*
　dieser 50 Man
Melchior Arnold, *(von Büron)* im
　Amt Büron(/Triengen)

Aus dem Gebiete Solothurns:

Urs von Arx, von Olten
Ulrich Klein, von Olten
Kaspar Klein, von Olten,
　　Haubtm. über ein Compagney
Kaspar Meier, Untervogt
　von Dulliken
Melchior Schibler, von Alterschwyl
　(richtig: Walterswil)
Gallus Gipperli *(richtig: Bitterli)*,
　von Wisen in der Vogtei Gösgen
Urs Zeltner, von Kestenholz
Jakob von Arx, von Niederbuchsiten
Hans Jakob Rauber, von Egerkingen
Jakob Studer, von Wolffen (= Wolfwil)

Aus dem Gebiete von Basel:

Hans Bernhard Roth, aus der
　(Ober-) Vogtei Waldenburg
Abgesanthe von der Buren Armeen,
　sygent von gar allen mit einanderen
　ussgeschossen.

144. Hauptmann Studer an den St. Galler Bürgermeister Cunz

Bei Mellingen, 27. Mai 1653 alten Stils
(6. Juni 1653 neuen Stils).

Inhalt: Folgen des Gefechts von Wohlenschwil, Besetzung der Grafschaft Lenzburg durch die Armee.

Quelle: T. Schiess, Acht Briefe aus dem Bauernkrieg von dem St. Galler Stadthauptmann Christoph Studer, in: Anzeiger für schweizerische Geschichte, Neue Folge, Zehnter Band No. 2, Bern: K. J. Wyss, Seiten 297 bis 308, Seiten 306 bis 308.

　Laus deo anno 1653 adi *(27.)* May im feldleger bey Mellingen.
　Hochgeachter etc., wohlweysser herr burgermaister, dem sey mein schuldiger dienst neben frundlichem gruss bevohran.
　Den 25. dito[60] abendts 6 uhr wahr mein jüngstes durch Ulrich Taner, hoffendt, Euch wohl empfangen haben. Eben in selber stundt ist ein fahnen zu fuss und 1 compagnie reuter von Schaffhusen einkommen, und will man den mainaydigen rebellen nit getrawt, ist selbe nacht die armade under den wehren gelegen, und ist selbe nacht die kirch und pfarrhauss des abgebrandten dorffli durch ein rebellischen Zürichbauren von Horgen auch angestekt worden, der durch ein soldaten verkundschaft, gefangen nach Mellingen gebracht. Der will immer noch nichts bekennen; aber das ist grundtlich durch überwyssne kontschaft, das er des Lowenbergers diener, auch der weib und kindt zu hauss und mit einer huren im landt im landt umzeucht, ein gotslesterer und andere lastern mehr behafft.
　Den 26. dito[61] hat man nun ordinari wachten bestelt, die hochinen besezt, und ist der general mit der reuterei und ettwas comandierte musquetier nach Lentzburg

gangen, befunden, das dortherumb die rebellen die waffen abgelegt und gott dancken, das ihnen gnad ertheilt worden. Man tregt auch kein zweyffel, die herrschafft Arberg, Witelsbach, Wiffelspurg und ander vogteyen werden laut ihrem versprechen die waffen nidergelegt und die gnad angenomen haben, wodurch die boten und wahren wider ungehindert bis nach Genff werden gehen kunden. Es ist auch bricht einkommen, durch die catolischen Orth uss Luzern mit den Entlibucher geschlagen, disse den kürtzern gezogen und in 500 man eingebüsst. Sonsten ist sontag, Montag, zinstag wegen schiessen mit stücken in dissem leger, auch ab dem schloss Lentzburg auff die durchmarschierenden pauren mit stücken gespilt, im Zürichgebiet der sturm ergangen, das den 26. dito[62] zu mitag 3 fahnen ussschütz uss Bülach, Andelfingen und der orten alhie angelanget, die neben uns gegen auffgang campiert worden. Sonsten gottlob by der compagnie ist alles lustig und auch kein man verletzt worden, ettlich wenige, so sich geförcht, auff mein zusprechen, auch von Uss- und In-Roden insgesampt zugesprochen, das insgesampt gut hertz zu mir haben. Will mir die ordre von der generalitet über unsser brigade, als Uss- und In-Roden insgesampt zugesprochen, das insgesampt gut hertz zu mir haben. Will mir die ordre von der generalitet über unsser brigade, als Uss- und In-Roden und meiner gnedigen herren fahnen, so samenhafft 500 man under den waffen bestehet, geben, gleichsam obrist wachtmeister stel vertrit, daran nit allein die officier, sonder ouch die landtlut ein gefahlen tragen, meim comando fleissig nachgehen. Mir ist ouch angedeut worden, will mine fahnen geworbne volcker, mit andern geworbnen volcker vorauss sollen gebraucht werden. Mein andtwordt wahr: ich mich dessen ein grosse ehr hab.

Man erwahrt nunmehr, was die herren von Bern resolviert, wohin wir unssern marsch nehmen sollen. Sonsten laut bricht des landtvogts von Lentzburg sindt die herren von Bern mit ihren volcker auffgebrochen gegen dem Oberlandt. Die resolution ist bey der generalitet, das man nit uss dem feld ziehen werde, bis alles richtig. Man mochte ettwan die Turgower und andere landtlut teils lassen nach hauss ziehen, damit der schnitt oder die ernd nit versumpt werde. Wie ich mich desswegen zu verhalten hab, erwaht ich ordre und befelch von meinen gnedigen, gebietenden herren. Bein guter hoffnung, gliebts gott, bis auff Johani alles in richtigen standt soll gebracht werden.

Obwohl bey unsser ankonfft im leger (geboten), das man nun kirchen und geistlichen, ouch den fruchtbaren bommen schonen soll, so ist den 25. dito[63] durch dromenschlag im gantzen leger ussgeruffen worden, das man keine, so der gnaden angenomen, weder berauben noch blündern soll; das brennen gantz ohne expres ordre abgeschafft.

In den Freyen Ämpter auffwerts sindt die pauren noch schwierig, wie den nit allein dortherumb, sonder auch im Zürichgebiet, Turgow und andern orten von faulen, rebellischen gemüt ussgeben, disse armee sey von den bauren geschlagen worden, massen mir hauptman Hans Jacob Scherb von Weinfelden gesagt, der landtvogt[64] hab im geschriben von Frowenfeld durch aigen botten, das geschrey gehe bey ihnen, wir seyen all erschlagen. Erachte wohl, solche geschrey möchten ouch zu euch komen sein, da wir doch nit 10 man verlohren haben, sonder insgesampt mit guter resolution, die untrewen mainaydigen zu verfolgen, einen grossen eyffer haben. In der willen wirdt hierumb im feld durch die reuter und pferdt alles in der nehe verzehrt, das die Melliger ihr erndt grostail dahin ist, und hat man gott dem allmechtigen zu dancken, das noch so gnedig abgehet, wie die rebellen selbs bekennen: wan wir montags bey Opmasingen sey angriffen in solcher resolution, wie sey ausgesehen (wie ich den der erste gewesen bein, nachdem der hauptmann Holtzhalb auf sey lossgangen, den ersten angriff zu thun, den hag umbgezehrt hab), wan es forthgangen, so wer alles im rauch auffgegangen. Nach gott haben sey dem alten pfarer von Opmasingen zu dancken, der umb lauter gnad und barmherzigkeit in solcher erbarmlicher gestalt dargethun, das er ein ewigs lob erlangt, so vil eydgnosisch blut hat machen verschonen. Mit was demuth die rebellen umb gnad gebeten, brauchte vil zu schreiben; das, gliebts gott, was sein heyliger will, mit der zeit mindtlich referieren.

Den 27. dito[65] morgens in aller früe schickten die Freyen Ampter ihre gesandte alher; die biten umb gnad. Sey haben auch leut bey dem treffen, so die Luzerner gethun. Die haben ein solchen schrecken gemacht under die pauren, das die elenden leuth jetzund eingiengen, was man begerte. Daher je lenger je mehr hoffnung, in kurtzer zeit alles wider zu friden möchte gebracht werden; den es sey, das die redlifführer als verzweyfflete leut, die wüssen, das ihr uncristliches procedieren ihr hals mocht brechen, ettwan in den thällen sich mit gewalt zur wehr stellen. Aber die flache landt die werden gewiss so bald nit wider ihre oberkeit setzen. In der 10. stundt kompt hauptman Holtzhalb mit befelch, gerüst zu sein und aufzubrechen umb 3 uhr abendts. Damit hatte ich zugleich gelegenheit gefunden, disses auch euch zu schicken. In eyl, E. E. W. gottes gnaden wohl befehlend.

E. E. W. d. w. d.

Studer, cappitain.

Herrn stattschriber schreiben vom 23. dito[66] wohl empfangen.

145. Tagebuch Hans Kaspar Scheuchzers

27. Mai 1653 alten Stils, 6. Juni 1653 neuen Stils.

Inhalt: Der Teil des Zürcher Heeres, zu dem Scheuchzer gehört, marschiert von Mellingen nach Othmarsingen ins Feldlager, nicht ohne sich zweimal zu verirren. In der Nacht erregt eine fast ein Unservater lang sichtbare Sternschnuppe allgemeine Verwunderung.

Quelle: Alois Vock, Der Bauernkrieg im Jahre 1653 oder der grosse Volksaufstand in der Schweiz, dritte Auflage, Aarau und Thun: J. J. Christen, 1837, Seite 396.

Den 27. Mai *(6. Juni)* sind wir in Mellingen Mittags um 10 Uhr ufgebrochen, um das Schloss Brunegg herumgezogen, und die ganze Nacht bis um 1 Uhr nach Othmarsingen über die zweimal, so wir verirrt, in das Feldlager gemarschiert. Zwischen 10 und 11 Uhr zu Nacht ist ein Stern geschossen, welcher ein Glanz von sich geben, wie ein grosser Wetterleich, als wenn Sommerszyt die Straal drauf schlügen, und hat so lang, als einer fast ein Unservater betete, gewährt, darob sich männiglich verwundert.

146. Das Amt Rothenburg an General Conrad Werdmüller

Rothenburg, 6. Juni 1653 neuen Stils.

Inhalt: Die Bauern des Amtes Rothenburg erklären, dass sie friedlich zu Hause den noch ausstehenden Rechtsspruch der IV Orte im Streit zwischen der Luzerner Obrigkeit und deren Untertanen erwarten und danach halten wollen.

Quelle: Alois Vock, Der Bauernkrieg im Jahre 1653 oder der grosse Volksaufstand in der Schweiz, dritte Auflage, Aarau und Thun: J. J. Christen, 1837, Seite 409.

Dem Wohledlen Obrist General, sammt andern Amtleuten und Offizieren löblicher Stadt Zürich, fügen wir, die Bauersame Rothenburger Amts, zu wissen: Demnach ist dem Herrn General ohne Zweifel im Wissen, wie wir ein Schreiben verwichenen Tages in Wohlenschwil empfangen, und den Inhalt desselben vernommen, dass wir, die Bauersame, sollen gegen unsere Obrigkeit löblicher Stadt Luzern Frieden halten; da sind wir auf dasselbige in unser Vaterland gezogen, begehren auch nichts weiteres. Denn die Obrigkeit löblicher Stadt Luzern und wir, die Bauersame, haben den Handel den IV Orten zu Recht gesetzt und übergeben. Wie man den Rechtsspruch aussprechen wird, wollen wir solches zu beiden Theilen annehmen und halten.

Geben in Rothenburg den 6. Juni 1653, um 7 Uhr Vormittag, von uns als eines ganzen Amts Rothenburg *(Unterz.)* Friedrich Hans Rast.

147. General Sigismund von Erlach an den Berner Kriegsrat

Wangen an der Aare, 27. Mai 1653 alten Stils (6. Juni 1653 neuen Stils.)

Inhalt: Bericht über den Verlauf des Feldzuges aus dem Hauptquartier Wangen an der Aare.

Quelle: Hans Ulrich von Erlach, 800 Jahre Berner von Erlach, Bern: Benteli, 1989, ISBN 3-7165-0647-8, Seiten 309 bis 311.

Wohledle Gestrenge und insonders hochgeehrte gnädige Herren die Kriegs Räth.

Gestrigen Abend sind unsere Völcker zu Wangen, Gott Lob glücklich angelanget, haben uns selben Orts, ohne einiche Difficultet ermächtiget und by 1200 Mann zu Fuss sambt der Cavalerey in das Ertzrebellennäst Wiedlisbach ynquartiert, wirt uns dies Ort und Pass zu guter Sicherheit dienen, sonderlich wegen Hersorgung der Proviant, derthalb Ihr mhgH die Kriegsräht gebetten, allerlei Erfürdernuss uns zuschaffen. Im übrigen vernemmen wir dass sich die Buwren umb Wynigen und selbiger Endes herumb immerdran zusammen rottieren, hab dessen Üch mgH verständigen sollen, damit die Anstalt gemacht werden Partheyen von Fussvolck und Rüteren, nach Üwer mhgH fürsichtigen Befinden, dahin usslouffen zu lassen, umb ihnen so viel müglich abzubrechen und sy uffzuklopfen. So langt von Zyt zu Zyt von den Buwren Bericht yn, als ob die Herren von Zürich den Frieden mit ihnen gemacht, und sy sich retiriert, so uns nit zu glouben fallen wollen. Hab nit underlassen wollen, Üch mhgH das zu berichten, umb uns auch darüber, wie die Sachen sich eigenlich verhaltind, zu advisieren, damit villicht die Burd nit uns einzig uffgeladen werde, wie sonst by diesem nit gloubenden Fahl beschehen möchte. Es ist die Companey von Biel ein Tag später als myne Ordre gewesen, us Aarberg uffgebrochen. Wyl ich nit gebraucht, dass sy in Sicherheit zu uns stossen möchte, hab ich sy von Buchsee wieder naher Bern beordert. Die Ordre aber hat ihren Marsch verfählt, massen sy gestrigen Abend zu Utzenstorf wie unverhofft angelanget, und wylen ich für sy, von Utzistorf naher Burgdorf zu marschieren, keine Sicherheit gewüsst, hab ich sy zu uns zu stossen beordert, wird solche Companey bald hier bey uns anlangen. Hab dessen Üch mhgH zu berichten nothwendig syn funden und anderwertige

Anstalt wegen Burgdorf, andere Völcker anstatt diese Bieler, dahin zu verschicken zu thun. Es sind gestern die uss dem Ambt Bipp und disen Morgen die von Langenthal vor unss erschinen, Fussfähl gethan, und begeren der Gnad, wollen sich allem underwerffen. Wir habend by 50 der ergsten Rebellen gefangen, kommend uns deren stündtlich vill zur Hand, wollen Üch mhH gebeten haben, durch Üwere Autoritet dahin arbeiten helffen, dass wir nit Hend und Füss gebunden haben müssind, mit der Execution in die bekannten Redliführer, ohne bevorgehende Übeschickung Ihr Begängnussen und Processen fürzufahren, wurden dadurch die Sachen in zu grosse Wytlöuffigkeit gerahten, ja besorglich diese Buben gar ungestraft sich ussschwingen können. Darum aber unserer Sachen nicht desto besser geholfen were. Gott mit uns.

Ussem Haubtquartier Wangen. 27 May 1653.

Myner hochgeehrten Herren
Dienstwilligster SvErlach

Weilen Aarberg und andere der Enden ligende Orth durch den ... von der Gnaden Gottes glücklichen Success mgH. Waffen bedeckt und ohne Gefahr sind, setze ich meinen Herren zu Sinn ob ein Theil der dohrt sich befindenden Völkern zu Vermeidung unnöthigen Kostens, nicht zurück commandiert und nach Hauss könnte gelassen werden.

148. Sebastian Peregrin Zwyer an Kaiser Ferdinand III

Luzern, 6. Juni 1653 neuen Stils.

Inhalt: Sebastian Peregrin Zwyer ist am 1. Juni 1653 neuen Stils nach Zürich, am 2. Juni 1653 neuen Stils nach Luzern gelangt. Bei seinem Eintreffen hat Zwyer festgestellt, dass die Berner und Solothurner Bauern Bern, die Luzerner Bauern mit Mitstreitern Luzern belagern. Auf die Annäherung der Armee von Zürich, Glarus, Schaffhausen, beiden Appenzell, der Stadt St. Gallen und einiger gemeiner Herrschaften gegen die Berner Bauern haben diese von der Stadt Bern abgelassen und sich in der Hoffnung auf einen leichten Erfolg gegen die Armee Conrad Werdmüllers gewendet. Werdmüller hat, auf Rat Zwyers, in Mellingen Position bezogen, wo er Angriffe der Bauern mehrmals erfolgreich abgewehrt und sie schliesslich dazu gebracht hat, dass sie die Waffen niederlegen, ihren Bund aufgeben und nach Hause ziehen. Ihre weiteren Wünsche sollen sie ihren jeweiligen Obrigkeiten melden. Die obrigkeitlichen Truppen werden vorderhand und jedenfalls bis zur Auslieferung der Rädelsführer im Feld bleiben. Zwyer hat das Kommando über die zur Unterstützung von Luzern versammelten Truppen Luzerns, Uris, Schwyz', Unterwaldens, Zugs, des Abts von St. Gallen und der italienischsprachigen Untertanen erhalten. Da die Bauern sich nicht an den Waffenstillstand gehalten haben, hat Zwyer die Brücke von Gisikon, deren eines Ende in den Händen der Bauern gewesen ist, ganz genommen und lässt sie zur Zeit durch eine Schanze sichern. Am 5. Juni 1653 neuen Stils haben die Bauern einen Angriff vorgetragen, um den vorher besessenen Teil der Brücke wieder in ihre Hand zu bringen, sind aber unter erheblichen Verlusten abgewehrt worden.

Quelle: Dieses Dokument (HHSA-Wien: Fasz. 40-V, Folio 97–98, Sig: 9/421–423) ist uns von Herrn Dr. Anselm Zurfluh freundlich zur Verfügung gestellt worden. Es ist, unter seinem Datum, zusammen mit zahlreichen weiteren Dokumenten zu finden in Anselm Zurfluh, Sebastian Peregrin Zwyer von Evebach, Zürich: Thesis, 1993, ISBN 3-908544-05-X. Die Adresse des Verlags ist Etzel 7, CH 8847 Egg SZ, Schweiz.

Allergnedigster kaiser und herr
{Benebens seind auch von dem obristen Zweyer zwei relationes eingelangt, deren die erste vom 6. Junii, darinen ge-

horsambst berichtet, dass er nach seiner abreis von Eur k. M. hof den #

Euer kais. Mai. berichte ich hiemit allerundertenigst, das ich den # ersten dis {Junii} zu Zürich und den 2. darauf alhier {zu Lucern} angelangt, beeder und gehöriger orten Euer Mai. und Ir {des herrn} churfürstlichen Gnaden zu Menz aller- und gnedigste intention und sorgfalt gegen disem {dem} eidgnossischen stand wegen der undertanenrebellion also representiert, das man davon die aller- und undertenigste auch gröste satisfaction und contento empfangen. Euer Mai. und Ir churfürstlichen Gnaden {dem Herrn} aller- und undertenigst zu danken und umb deroselben fernere aller- und gnedigste gewogenheiten gebürend zu biten, mir {ihme} comittiert worden, so ich hiemit aller {undertenigst} und gehorsambst will {wölle} vericht haben. Über dis hat man {hete er} E. Mai. allerundertenigst zu berichten mich ersuocht, das nit allein der rebellen obrikeiten, sonder die ganze Eidgnoschaft die waaffen mit allen creften ergriffen der hoffnung, die rebellen zur gehorsamb zu bringen und die redlin {rädl}füerer zu strafen. Zu meiner herokunft habe ich {seiner ankunft hete er} befunden, das die Berner und Solothurner pauren Bern, die Lucerner pauren aber mit hilf auch anderer die statt Lucern belagert. Und demnach Zürich, Glarus, Schaffhausen, beede Appenzel und die statt St. Gallen mit etlichen der gemeinen Eidgnoschaft gemeinen undertanen under commando des maiors Werdtmüllers von Zürich ein corpo von consideration zu roos und fuos mit proportionierten artilleria zusammengezogen und gegen dem Bernischen sich avanziert, haben {heten} die pauren von Bern sich in aller eil retiriert und gegen ermeltem corpo avanziert

der meinung, solches leicht zu schaaden zu machen. Es hat {hete} sich aber ermelter Werdtmüller auch mit meinem {sein des obristen Zweyers} rat an das stättlin Mellingen und an den flus Reüs gelegt und posto gefast, und als die pauren auf ine kommen, dieselbige etlichmal zurukgetriben und also geschediget, das sie frid, aber vorteilige conditionen für sie begert, entlichen dahin gestelt, das die pauren die waaffen niderlegen und nach haus ziehen, ihren punt aufsagen und die darumb gemachte brief herausgeben, und da sie was ferners zu klagen und zu pretendieren, solten sie solches vor {von} ihren obrikeiten begeren, die wurden ihnen recht widerfaren lassen, bis und solang solches beschehe und den obrikeiten die redlin {rädl}füerer gelifert wurden, die obrikeitliche waaffen so lang im feld bleiben.

Daher aber hat man mir {ihme obristen Zweysr aber hete man} umb die hilf, so Lucern von Ury, Schweiz, Underwalden, Zug, abt von St. Gallen und die italienische undertanen, das commando aufgetragen, welches ich {er} mit gewüssen conditionen nit abschlagen könden, allein würte ich {er} dato an der militarischen execution gehindert, das man sich beederseits gewüsser interposition undergeben, damit noch tractiert würt. Und dieweilen die pauren den darumb gemachten anstand übersehen, habe ich {hete er} das tempo in acht genomben, die Geslinger pruk über die Reüs zwo stund von hiesiger statt {Lucern}, deren die pauren der {den} einten teil oder seiten eingehabt, anfallen lassen, die pauren von der pruk und ihrem leger vertriben, und seie nun dieselbige mit einer gueten schanz bewaren {zu} lassen, im werk begriffen. Darauf die pauren gestern {den 5. Junii} nachmitag mit starker furia angesezt, solches zu hindern, und den alten posten wider einzunemben vermeint; die seind {wären} aber mit hinderlassung viler todten wider abgetriben {worden}, dardurch ich {er dan} hoffe, die tractaten sich vorteilig beschleinigen werden. Sonsten höre ich {hörte er} Gottlob nit, das dise rebellionen überhalb Rhein und E. Mai. reich sich weiter und geferlicher extendieren, sonder lebe der hoffnung, die hiesige {dise} progress und andamenti werden der orten, so etwas gewest, stillen.

Allergnedigster kaiser, dis ist dasjenig, so E. Mai. allerundertenigst für dismal berichten sollen, inmassen ferneren verlauf allergehorsambest zu schreiben ich nit underlassen will. Gott erhalte E. Mai. in allem kaiserlichen wolergehn.

Datum Lucern, den 6. Junii 1653.

E. kai. Mai. allerundertenigst und gehorsambster diener

Sebastian Bilgerin Zwyer von Euebach mp.

149. Berner Ratsbeschluss

Bern, 28. Mai 1653 alten Stils.

Inhalt: Sowohl der auf dem Feld zu Ostermundigen geschlossene Friede als auch alle anderen Verträge mit den Emmentalern werden, infolge Vertragsbruchs der Gegenseite, für null und nichtig erklärt.

Quelle: Staatsarchiv Bern, A IV 183, Seite 834. Wir danken den Mitarbeiterinnen und Mitarbeitern des Staatsarchivs Bern, unter ihnen besonders auch den Herren Peter Hurni und Vinzenz Bartlome, für ihre Unterstützung.

Was vor diesem gegen den Emmentalern zu Ostermundigen, auf dem Feld, oder sonst eingegangen worden, ist wegen ihrer Contradiction für null und nichtig erkennt.

Datum 28. Mai

150. General Sigismund von Erlach an General Conrad Werdmüller

28. Mai 1653 alten Stils.

Inhalt: Sigismund von Erlach weiss nicht, ob Conrad Werdmüller seinen Brief vom 27. Mai 1653 erhalten hat oder ob dieses Schreiben, wie andere auch, von den Bauern aufgefangen worden ist. Auf jeden Fall soll Werdmüller mit seinen Truppen aareaufwärts rücken und um Aarau Quartier beziehen. Erlach will noch am 28. Mai 1653 alten Stils in Langenthal Stellung beziehen. Die Huldigung unter den bernischen Untertanen, die Niederlegung der Waffen, die Auslieferung der Rädelsführer und das Abschwören des bösen Bundes schreitet gut voran. Der Pass von Aarburg ist wieder offen. Mit den Emmentalern und einigen anderen Gemeinden wird man noch sprechen müssen. Sie wollen nicht von ihrem bösen Bund lassen. Die weitere Entwicklung wird in den kommenden zwei, drei Tagen klar werden.

Quelle: Zentralbibliothek Zürich, Handschriftenabteilung, Manuscript S 312, Seite 45.1. Wir bedanken uns an dieser Stelle freundlich bei Frau Ruth Häusler.

Hochgeehrter Herr General

Gestrigen Tags haben wir über Aarburg ein Schreiben an meinen hochgeehrten Herrn unseres Marschs halber abgehen lassen, weilen uns etwas Zeitung von Aarburg der Unsicherheit halber eingelangt,

Sigismund von Erlach, Berns Oberbefehlshaber im Krieg von 1653, als Triumphator über die aufrührerische Rotte (seditiosa cohors), wie die Angehörigen des Huttwiler Bundes in der lateinischen Originallegende bezeichnet werden. Abbildung nach einem Stich von Johann Schwyzer aus dem Buch «Der schweizerische Bauernkrieg 1653 und die seitherige Entwicklung des Bauernstandes» von Hermann Wahlen und Ernst Jaggi, Bern: Buchverlag Verbandsdruckerei AG, 1953.

DN: SIGISMVNDVS AB ERLACH, REIPVBLICÆ BERNENSIS SENATOR, ET SVPREMVS MILITIÆ PRÆFECTVS, ANNO 1653. ÆTATIS 38.

Hic est Erlacides, clarus quem sanguis auorum
  Nobilitat, nec non clara trophæa patrum;
Hic est Erlacides, propriâ qui laude vicissim
  Erlachiæ illustrat nobile stemma domus;
Cujus & auspicijs nunc inclyta Berna triumphat,
  Et, prostratæ jacet seditiosa cohors.

Ioh: Schwitzer sculp.

tragen wir Sorge, dass selbiges ... wie mehr geschehen, aufbehalten worden sei, deswegen dies nochmalige Schreiben an einen hochgeehrten Herrn abgeht, weilen eine lobliche Stadt Zürich in diesem Geschäft zu Gutem des Vaterlands sich bemüht, dass sie noch ferner hierin continuieren und hiermit der Herr gebeten sein wolle, mit seinen obhabenden Völkern einmal um alweg obsich um Aarau sich bis auf ferneren unseren Bericht, wie unsere Sachen an allen Orten abgehen, zu logieren, dann wir noch diesen Abend, gliebt's Gott auch mit unseren Völkern zu Langenthal Posto fassen wollen. Sonst vernehmen wir von unterschiedlichen Orten, gerade zu dieser Stunde, dass meiner G. H. Untertanen sich nunmehr besser zur Huldigung, Ablegung der Waffen und Ausherlieferung der Rädelsführer, auch Abschwören des bösen Bundes bequemen, der Pass zu Aarburg auch allbereit wieder offen, und hiermit allein mit den Emmentalern und etlichen wenigen anderen Gemeinden zu reden sein wird. Dann sie sich noch bisher feind und trotzig erzeigt, auch verlauten lassen, vom Bund nicht zu stehen. Wir werden verhoffentlich innert zweier Tage oder dreien sehen, wie sich die Sachen weiter veranlassen werden. Da wir dann den Herrn bei Tag und Nacht unseres Zustands weiter werden berichten.

Datum 28. Mai 1653.
Meines Hochgeehrten
dienstwilligster S Erlach

151. Bischof Johann Franz von Schönau an die Stadt Biel

Porrentruy, 7. Juni 1653 neuen Stils.

Inhalt: Bischof Johann Franz von Schönau vernimmt mit Verwunderung, dass einige Bieler die Leute von Pieterlen öffentlich als meineidig, rebellisch, bundesbrüchig und, fälschlich, als mit den aufrührerischen Bauern verbündet bezeichnet haben, und dass daraufhin die Torwächter in Biel die Leute von Pieterlen nur noch unbewaffnet in die Stadt gelassen haben. Der Bischof zweifelt nicht, dass der Bieler Rat dergleichen Tun selbst um so mehr missbilligt, als die Leute von Pieterlen nur deshalb nicht ausgezogen sind, weil sie sich gegen einen Überfall der aufständischen Berner und Solothurner Untertanen haben sicherstellen müssen. Die Erfahrung einer durchwachten Nacht angesichts der drohenden Gefahr hat diese Beurteilung seither bestätigt. Die Pieterler werden die Scharte bei einer anderen Bedrohung, die Gott abwenden wolle, auswetzen, sofern ihnen dannzumal nicht auch wieder selbst Gefahr drohen wird. Mittlerweile soll Biel die Beschimpfung der Pieterler verbieten, sie frei handeln und wandeln lassen und allfällige Differenzen zu gütlicher oder rechtlicher Entscheidung vor den Bischof bringen.

Quelle: Stadtarchiv Biel XLIII 34, dort dem Herausgeber freundlich vorgelegt von Frau Stadtarchivarin Chantal Fournier.

Johann Franz von Gottes Gnaden Bischof zu Basel.

Unseren g. Gruss zuvor Liebe und Getreue.

Wir vernehmen nicht ohne Befremden, dass seit unserem d. 2. dies an Euch unserem Kirchspiel Pieterlen zu Gutem abgegangenen Schreiben, etliche unter den Eurigen sich gelüsten lassen, angedeutetes Amt Pieterlen mit gar scharfen Schmachworten anzugreifen, und als meineidig rebellisch und bundesbrüchig öffentlich auszuschreien, auch sogar zu bezichtigen, ob sollten sie sich mit den anderen aufrührerischen Bauern verbünden (so doch in Ewigkeit nicht beizubringen) wessetwegen dann Eure Wächter am Tor jüngst verschienen Donnerstag niemanden von ihnen in die Stadt gelassen, er habe denn zuvor sein Gewehr von sich und ihnen gegeben. Nun zweifeln wir nicht, Ihr werdet insgemein dergleichen gar zu grobes von etlichen Unzufriedenen geschehenes Ehrrühriges, von selbsten nicht gutheissen, indem sie den Auszug niemals ganz abgeschlagen, sondern allein die grosse und dem Ansehen nach gleichsam unendliche Gefahr, in welche sie sich dadurch stürzen würden, mit Umständen zu erkennen gegeben, massen dann solches ihre uns untertänig überreichte und Euch in unserem Schreiben eingeschlossene Supplikation in Mehrerem mitbringt, es auch die darauf erfolgte Erfahrenheit bezeugt, indem zur Nacht an allen Orten die halben Gemeinden um Verhütung des von bern- und solothurnischen Untertanen besorgenden Ein- und Überfalls wachen müssen. Weil dann dergleichen Schelt- und Schmachreden (welche grosse Verbitterungen und viele gefährliche Ungelegenheiten bevorab zwischen Benachbarten und Mituntertanen nach sich ziehen) nicht lange zuzusehen, sondern *(ihnen)* gleich anfangs vorzukommen *(ist)*, also ist unser g. Gesinnen hiermit an Euch, die Eurigen durch ernstliches Verbot alsobald dahin zu halten, dass sie sich gedachten Pieterler Amtsuntertanen *(gegenüber)* hinfort dergleichen ehrenrühriger Bezichtigungen allerdings enthalten, dieselbigen frei- und ungehindert handeln und wandeln lassen, hingegen allem die Pieterler sich gegen Euch samt und sonders aller Bescheidenheit gebrauchen, und da sie schon für diesmal angezogener erheblicher Ursachen halber beim Auszug weniger als andere getan, dann es auf andere einbrechende Gefahr (so Gott verhüten wolle) wenn sie in sicherem Stand schon wieder eingebracht werden sollte. *(Wenn)* nun eines oder des anderen Teils von uns etwas Weiteres zu erlangen sei, dann *(soll)* solches güt- oder rechtlicher Weise beschehen, *(das)* wollten wir Euch aus väterlicher Vorsorge hiermit g. anfügen, Euch mit G. wohl gewogen.

Datum in unserem Schloss Pruntrut den 7. Juni 1653.

Johann Franz.

152. Rechtlicher Spruch zwischen Luzern und den X Ämtern

7. Juni 1653 neuen Stils.

Inhalt: Die angerufenen Urner, Schwyzer, Unterwaldner und Zuger Schiedsleute erledigen den Gegensatz zwischen der Luzerner Regierung und den Untertanen in den zehn aufständischen Ämtern auf der Grundlage des alten Rechts einschliesslich des Ausspruchs der Vermittler der VI Orte vom 18. März 1653, der Kraftloserklärung des Huttwiler Bundes, der Auflösung der aufständischen Streitkräfte. Besondere Bestimmungen sollen die treu gebliebenen Untertanen gegen Anfechtungen schützen.

Quelle: Alois Vock, Der Bauernkrieg im Jahre 1653 oder der grosse Volksaufstand in der Schweiz, dritte Auflage, Aarau und Thun: J. J. Christen, 1837, Seiten 376 bis 384.

Wir, die hernach genannten: Joh. Anton Arnold von Spiringen, Landammann, – Hauptmann Burkard Zum Brunnen, Landschreiber, – Joh. Jakob von Beroldingen, Altlandvogt zu Bellenz, und Joh. Martin Epp, Altlandvogt zu Livinen, alle des Raths von Uri,

Wolf Dietrich Reding, Pannerherr und Altlandammann, – Kaspar Ab Yberg, Altlandvogt zu Lauis, Landshauptmann, – Heinrich Janser, Altlandvogt zu Mendrys, und Hieronymus Schreiber, Altlandvogt der Herrschaft Uznach, alle des Raths von Schwyz,

Hauptmann Joh. Peter Imfeld, Landschreiber, – Fehrndrich Joh. Melchior Ming, des Raths zu Unterwalden ob dem

Wald, – Jost Lussi, Altlandammann, und Joh. Melchior Leu, Altlandvogt in den freien Ämtern, der Zeit Statthalter nid dem Wald,

Peter Trinkler, Ammann, – Jost Stocklin, Seckelmeister, – Hauptmann Beat Jakob Knopfli, und Hauptmann Rudolf Kreuel, Altlandvogt zu Sargans, alle des Raths von Zug,

bekennen und thun kund Männiglichen hiemit:

Nachdem in dem Missverstand, Irrung und Gespannungen, welche zwischen Unsern G. L. A. Eidgenossen der Stadt Luzern und ihren Unterthanen von allen Ämtern, Habsburg und Wäggis ausgenommen, durch die Herren Ehrensätze der VI löbl. Orte der Eidgenossenschaft in nächstverwichenem Monate März, auf die bevor von beiden Theilen ausgegebenen Anlassbriefe, gütlich und rechtlich ausgesprochen, beiden Theilen geöffnet und schriftlich ausgefertigt, darunter aber seither etweliche Punkte von ihnen, den Unterthanen, wiederum in Missverstand, auch solche Weitläufigkeit gezogen worden, dass sie sich mit anderer löblicher Orte Unterthanen in einen unguten Bund gelassen und die Wehr ergriffen haben, also dass man gegeneinander ausgezogen, und feindliche Thätlichkeiten verübt worden, sind sie aber durch gutherziger, vaterländischer Gemüter vorgewandten Einschlag dahin verleitet und vereint worden, dass, jene Punkte, auch anderes, so inzwischen annoch streitig und des Rechtens bedürftig sein würde, auch durch obgedachte gütliche und rechtliche Aussprüche nicht erörtert wäre, durch Uns, obbenannte Sätze und Schiedrichter, rechtlich aussprechen und zugleich durch Unsere allerseits GHHerren und Obern, in der Stadt Luzern derzeit anwesende, Kriegsräthe einen Obmann und unpartheiischen Richter ernamsen zu lassen, von ihnen, den beiden Theilen überlassen worden, wie dann dieselbigen (Kriegsräthe) den Wohledlen, Gestrengen Herrn Emanuel von Roll, Ritter, Pannerherr und Altlandammann zu Uri, zu solchem Obmann ernamset haben, und hierauf die Wahlstadt allhier nach Stans in Unterwalden gesetzt, daselbst etliche Tage über obangeregte, widerstreitig gemachte, auch andere unausgesprochene Artikel von beiden Theilen, wie der Begriff in Unserm hernach gestellten Rechtssspruche genugsam zu venehmen ist, disputirt, und nachgehends, vermög der Anlassbriefe, zu Recht gesetzt worden,

über die Wir nun gesessen, sie nach Unserm besten Verständnis erdauert, und Folgendes, in Anrufung göttlicher Gnade, zu Recht gesprochen haben: dass nämlich

1. Alle der Stadt Luzern habende Brief und Siegel, Recht und Gerechtigkeiten, nunmehr als dritthalbhundertjährige, ruhige Besitzung, wie sie, Unsere G. L. A. Eidgenossen daselbst, gegen jedes Amt den ganzen Inhalt und Datum derselbigen vor Unsern Augen aufgewiesen, in was Gestalt und Rechten dann ein und anderes Amt theils Pfand- theils Kaufweise an sie gekommen, – und eines jeden Amts insonderheit Amtsbuch, und was sie sonst für Ansprüche, Verträge, briefliche Rechtsame und gute Bräuche haben, bestätigt und bekräftigt sein und bleiben sollen.

2. Dass nun sie, die Unterthanen, hingegen in Wahn gewesen und vermeinen wollen, als wären durch die Landvögte ihnen ihre Briefe und Gewahrsame aus den Händen gezogen worden, darüber aber einige Beweisthum nicht beigebracht noch erscheint haben, in

Betrachtung dessen auch, dass nach so lange Jahre her ihrer, der Stadt Luzern, dabei habender ruhiger Besitzung, man nicht findet, dass sie ihnen dergleichen Gewahrsame, wenn sie gleich deren hinter ihnen hätten, hinauszugeben verpflichtet wären, nichts desto weniger aber haben Wir thunlich erachtet, wie sie sich dessen selbst anerboten, sofern sie derselben hinter ihnen fänden, die *(solche)* ihnen bei guten Treuen folgen zu lassen; im Falle aber keine gefunden würden, sollen sie, die Unterthanen, dannethin von solchem ihrem Geschrei ab und zur Ruhe gewiesen sein.

3. Was dann zwischen ihnen, den beiden Partheien, im verwichenen März dieses Jahrs 1653 durch die Herren Ehrensätze der VI löbl. Orte gütiglich, auch rechtlich vertragen *(verglichen)* und ausgesprochen worden, solle selbiges alles bei seinem eigenen und ausdrücklichen Buchstaben, unangerupft *(unangetastet)*, in Kräften bestehen und verbleiben, wie aus allem dem sich klar erscheint, auch mehr als genugsam erfunden ist, dass dieselben Herren Ehrensätze dabei aufrecht, ehrlich und unpartheiisch verfahren und gehandelt haben. Dass aber in diesen dreien folgenden Punkten sich wiederum Spänn erhoben, nämlich: des zu Wollhausen gemachten Bundes, dass sie um Verzeihung gebeten und Fehler begangen haben, ersehen wir aus jetztgesagtem gütlichen und rechtlichen Spruche, dass von ihnen beiden Theilen, vermög ihrer von sich gegebenen Anlassbriefe, wie auch der vorgesetzten Herren Ehrensätze erfolgter gewisser Bezeugung und Betheuerung, alle ihre gehabten Spänne zu Recht gesetzt, auch dann dazumal rechtlich entschieden worden, und soll es abermal dabei sein gänzliches, undisputirtes und beständiges Verbleiben haben. Was von den Herren der Stadt Luzern ihren Unterthanen seither in einem und andern gütlich nachgegeben sein möchte, lässt man es dabei auch bewenden.

4. Wir haben demnach auch den durch sie, die Unterthanen Unserer GHHerren der Stadt Luzern, Bern, Basel und Solothurn sammt den freien Ämtern im Aargau, zu Sumiswald aufgerichteten und folglich zu Hutwyl bestätigten Bund angehört und eingesehen, auch zumal gefunden, dass solcher wider Gott, wider geistliche und weltliche und natürliche Rechte und Gesetze, wider die Vernunft, wider der IV, wider der VIII, und ebenmässig wider der XIII Orte löblicher Eidgenossenschaft aufgerichtete Bünde sei; ist derowegen derselbige hiedurch aufgehoben, auch ab und ungültig, todt und nichtig gemacht, und hiemit zugesetzt, dass Niemand unter diesen Ämtern, weder jetzt noch in zukünftigen ewigen Zeiten, dessen gedenken, noch davon reden, noch desselbigen sich behelfen, auch nicht unterstehen solle, weder einen solchen noch einen andern dergleichen Bund wiederum an- und aufzurichten. Und welcher unter denselben es wäre, der jetzt oder inskünftig solches übersehen und dawider thun würde, es wäre mit Worten oder mit Werken, der solle für einen faulen, unruhigen Mann gehalten werden, und Leib und Gut der Obrigkeit ohne Gnade verfallen haben. Würde aber ein oder mehr Amt unter ihnen so vermessen sein, und inskünftig dergleichen

Bünd anstiften, auch wider die Obrigkeit sich auflehnen, und sich in die Wehr begeben, so solle selbiges seine Privilegien, Freiheiten, Gerechtigkeiten und Gnaden, die es vor Zeiten von der Stadt Luzern erlangt, vernichtet und verloren haben; wie dann in obiger gleicher Strafe alle diejenigen auch sollen begriffen sein, welche jetzt oder inskünftig den einen oder anderen dergleicher Bundesanstifter und Aufrichter behausen und behofen, oder welche von dem einen oder andern dergleichen Anstiftung oder Aufrichtung hören oder vernehmen sollten, und der hohen Obrigkeit nicht angeben und leiden würden. Es sollen auch sie, die Unterthanen, Uns des obvermeldten Bundes Siegel und aufgerichtete Briefe alle zu Unsern Handen stellen, ehe und bevor die Waffen niedergelegt worden sind. Und soll es aber ihnen, den Unterthanen, auch, um dass sie diesen Bund zum Rechten übergeben haben, an Ehren, Glimpf und gutem Namen unschädlich sein; und wofern sie desswegen von Jemand beleidigt werden sollten, werden Unsere GHHerren und Obern, nebst ihrer Obrigkeit der Stadt Luzern, sie gegen denselbigen, laut den Eidgenössischen Bünden, retten und schirmen helfen.

5. Und dieweil sie, die Unterthanen, auch unter sich selbst, eigenen, nicht zustehenden Gewalts, unterstanden, Kriegsämter auszutheilen, sollen selbige angenommene Titel und Namen hiemit aufgehoben und aberkannt sein, auch sie sich gegeneinander solcher fürderhin nimmermehr gebrauchen, auch einander nicht mehr Bundsgenossen heissen, und durch einen oder andern zu keiner Ehre, sondern Schmach und Unehre verstanden und gehalten werden. Was aber, dieser Titel halb, im Verschienenen vorgegangen, solle dasselbige zu keiner Unehre gerechnet werden.

6. Es sollen auch sie, die Unterthanen dieser Ämter alle, fürbass und inskünftig das Wort: Lind oder Hart, ebenmässig nicht mehr gebrauchen, bei Straf und Ungnad ihrer Obrigkeit, und es sollen alle diejenigen, so in diesem Aufstand und Empörung der Obrigkeit treu verblieben, von Niemanden, wer der sei, deswegen getadelt noch verfolgt werden, und wofern wem derselben von den andern etwas an Hab oder Gut entzogen worden, oder am Leibe Schaden widerfahren wäre, solle ihm von dem Thäter, oder, wo derselbige hiezu nicht vermöglich, alsdann durch das Amt, dem der Thäter angehörig, wieder genug gethan werden und gehöriger Abtrag geschehen; dem Amt aber solle gegen den Thäter sein Recht darüber vorbehalten sein; wie sie, die Unterthanen, ebenmässig alles dasjenige, so sie den Geistlichen oder der Obrigkeit und andern, wer die seien, an Gewehren, Geschütz und Munition, Früchten, Rossen, Vieh und anderer Fahrnis, wie das Namen haben mag, angegriffen, geplündert und abgenommen haben, wiederum ohne alle Entgeltnis und zur Genüge erstatten, auch die, so ihrer zuvor gehabten Ehrenämter in diesem währenden Handel entsetzt worden, in den alten Stand gesetzt werden sollen; und im Falle von Soldaten von Seite der Stadt in dieser Zeit ihnen, den Unterthanen, auch etwas entzogen sein möchte, solle selbiges auch wiederum erstattet werden.

7. Weil von den hievorgesetzten Herren Ehrensätzen der VI löbl. Orte in dem durch sie gemachten gütliche Vertrage und ausgefällten Rechtspruche den Unterthanen dieser Ämter, um das davor Verlaufene, gemeine Verzeihung gethan wurde, dessen ungeachtet aber sie unter dem Schein und vermeinter Entschuldigung, dass in obgedachtem gütlichen und rechtlichen Ausspruche etwelcher Wörter ermangelt haben oder versetzt worden, und dass ihnen um das Ausgesprochene die Siegel und Briefe nicht erfolgt seien, auch als ob sie durch bewusstes, zu Baden ausgefertigtes Mandat an ihren Glimpfen und Ehren getadelt worden, Ursache gesucht, in diesen bösen und hievor beschriebenen Bund, nebst ihren Mithaften, sich einzulassen, auch ungeachtet, dass von ihren Herren und Obern ein zur Verzeihung verfertigtes Manifest gemacht worden, sie ihnen gedroht und sogar gegen dieselben sich verlauten lassen, nicht mehr ihre Unterthanen zu sein, und bald darauf sich wider ihre natürliche Obrigkeit auf ein neues in die Wehr und Waffen begeben, also dass eine gemeine löbl. Eidgenossenschaft sich nicht unbillig hieran ärgern sollte und dadurch gezwungen worden, die Wehr auch zu ergreifen, daraus dann nicht geringer Schaden an Leuten und Gütern erwachsen, – als ist befunden und erkennt, dass sie, alle miteinander, gefehlt haben; derowegen sie solch ihre Fehler vor ihrer Obrigkeit der Stadt Luzern bekennen, auch um Gnad und Verzeihung bitten sollen. Und weil aber offenbar ist, dass der gemeine Mann grössten Theils durch etwelche Rädelsführer zu diesem Aufruhr und Aufstand boshafter Weise eingeführt und theils gezwungen worden, mögen diese darum entschuldigt und begnadigt sein. Es soll aber daneben den Herren der Stadt Luzern frei stehen, von obbenannten Ämtern solche Stifter und Rädelsführer, ihrem Belieben nach, an der Zahl zwölf, zu benamsen, die sich vor ihrer Obrigkeit auf Gnad und Ungnad stellen, und deren eintwederes (eins von beiden, Gnad oder Ungnad) erwarten sollen, wobei Wir aber Uns vorbehalten wollen, für sie mit kräftiger Fürbitte einzukommen, dass ihnen an Leib und Leben verschont werde, Uns versehend, nicht weniger, als Unsern Gottsel. Frommen Altvordern im Jahr 1570 bei Rothenburger Empörung auch geschehen, beehrt zu werden.

8. So viel dann den Kosten anbelangt, ist zwar der erste, der bis auf mehrangezogenen, eröffneten gütlichen und rechtlichen Spruch aufgelaufen war, dazumal aufgehoben worden; nun aber sollte den Unterthanen, um dies letzten, aus unbefugten Ursachen gemachten Bunds und Aufstands willen, aller Kostenabtrag rechtmässiger Weise auferlegt werden. Jedoch aber in Betrachtung, dass Unsere G. L. A. Eidgenossen, ihre Unterthanen so weit in Schaden zu bringen, selbst nicht begehren würden, wollen wir denselben für dies, aber das letzte Mal aufgehoben erkennt haben, und dass jeder, von des Besten wegen, ihn an sich selbst haben und leiden solle. Hiermit ist den gesamten Ämtern vorbehalten, ob sie gegen ihre gemeldete Anstifter und Rädelsführer den Kosten wieder erholen wollen; desgleichen mögen auch die Herren der Stadt Luzern, wo bei dem unpartheiischen Gerichte gefunden würde, dass ihre Landvögte gegen

305

die Unterthanen unziemlich verfahren seien, die Kösten bei denselben erfordern.

9. Wir ordnen und erkennen, dass inskünftig die Gewehre nimmermehr von den Unterthanen wider ihre Obrigkeit ergriffen werden, noch sie wider dieselbe ausziehen, noch auch Niemand anderm, ausser ihrer Obrigkeit der Stadt Luzern Landen und Gebieten, ohne derselben Vorwissen und Befehl, einiges Volk zuschicken, sie auch alle diejenigen, so sie zu der Zeit ausserhalb diesem Bezirk haben, diese Stunde heimfordern und berufen sollen bei Vermeidung der Strafe an Leib und Gut.

10. Der sonderbaren, vielen und unterschiedlichen, von ihnen, den Unterthanen, hievor und nochmals eingebrachten Klägden halb, wie durch ihre Landvögte oft mit harten und grossen Strafen, auch sonst mit unleidlichen Auflagen verfahren worden, wodurch sie erstens zum Aufstande verursacht zu sein vermeinen, lassen Wir solches auch bei der, im gütlichen und rechtlichen Spruche enthaltenen Erörterung bewenden, also dass die Herren der Stadt Luzern ein unpartheiisches Gericht, von vier uninteressierten Burgern daselbst, besetzen und dieselben, auf Verhör, Klag und Antwort, bei Eiden mit Recht aussprechen sollen, was recht sein wird; denn in diesem Fall sie, Unsere G. L. A. Eidgenossen der Stadt Luzern, sich, anerbotener Maassen, nicht entgegen sein lassen werden, wenn Unsere GHHerren und Obern aus jedem Orte einen verständigen Mann verordnen würden, dass selbige, allein für diesmal, nebst obgedachten vier Richtern von der Stadt, das Recht darüber aussprechen helfen, und thäte auch Herr Pannerherr und Altlandammann von Roll, obernannt, als ein Obmann beisitzen, der, wenn obige acht sich gleich theilen, dem einen Theil beifallen möge. Der übrigen Beschwerden halb aber, so ein oder das andere Amt, laut eingelegten Zedeln, noch haben möchte, die im vorigen gütlichen und rechtlichen Spruche nicht erörtert worden, so sind sie darum an ihre Obrigkeit der Stadt Luzern gewiesen, und wo der Entscheid ihnen dort nicht gefallen möchte, soll es von dannen jetztgedachtem unpartheiischen Gerichte zu erörtern überlassen sein.

11. Im Übrigen dann sollen sie, die Unterthanen dieser Ämter, fürbass und zu ewigen Zeiten obgedachten Unseren G. L. A. Eidgenossen, ihren Herren und Obern der Stadt Luzern, als natürlich und rechtmässig angehörige Unterthanen, ihrer obliegenden Schuld und Pflicht gemäss, aufrecht, treu, gewärtig und gehorsam sein, und auch denselben die alte, gehörige, schuldige Huldigung eidlich thun und leisten, so bald und oft die gedachte ihre Obrigkeit ein solches an dieselben fordern wird, wie auch sie jederzeit in gebührenden und schuldigen Ehren halten, da hingegen auch die Herren der Stadt Luzern solche ihre Unterthanen, wenn sie ihre Pflicht und Schuld erfüllen und erstatten, in väterlichen Hulden, Schutz und Schirm befohlen, auch Obacht haben werden, dass denselben auch die Gebühr und das, was durch vielbesagten gütlichen und rechtlichen Spruch verordnet worden, oder sie ihnen freiwillig zu geben versprochen haben, widerfahren möge.

12. Es sollen dann, jetzt und zu allen Zeiten, diese beiden Theile diesem Unsern Rechtsspruche Stand und genug zu thun schuldig sein; wo aber der eint oder andere Theil eines oder mehreres solchem Rechtspruche nicht würde genug thun, wollen alsdann Unsere GHHerren und Obern denselben zu bequemen vermögen, und den, so sich diesem nach halten würde, darob schützen und schirmen und handhaben.

13. Wir wollen auch dazu gesetzt und gedingt haben, dass Unsere GHHerren der löblichen Städte Luzern, Bern, Basel, Solothurn und übrige Orte der Eidgenossenschaft und dero Zugewandte, wie auch Unsere lieben Freunde und Nachbarn der Ämter Habsburg und Weggis, in diesen Frieden einverleibt sein sollen.

14. und letztens sollen die Unterthanen dieser Ämter die Gewehre ab- und niederlegen zwei Stunden, nachdem dieser rechtliche Spruch und Friedensschluss beiden Theilen wird geöffnet sein, und alsbald mit dem Volke nach Hause ziehen, ihre aufgeworfenen Schanzen stracks anfangen vor- und abzuschleifen, mit welcher Schleifung der ihrigen, auf dem Lande gemachten, Schanzen ausser denjenigen, so für die Sicherheit der Stadt nothwendig sind, die Herren der Stadt, folgenden Tag nach eröffnetem Frieden ihr Volk sollen anfangen fort, nach Haus ziehen lassen, ausser denjenigen Völkern *(Truppen)*, welche vermöge letzter, in Baden gehaltenen Konferenz, bis alles, so dem gemeinen Frieden anhängt, in wirklichen und versicherten Vollzug gebracht sein wird, werden aufgehalten werden. Man soll auch die Gefangenen zu beiden Theilen, sobald dieser Ausspruch wird publizirt sein, ohne alle Entgeltniss frei und ledig entlassen.

Dessen zu wahrer Urkunde sind dieser Briefe zwei gleichförmige, durch mich, hiezu verordnetem Schreiber, ausgefertigt und mit des obbenannten Herrn Obmann's Sigill in Unser Aller Namen bewahrt, und jedem Theile einer für einmal übergeben worden, bis ihnen allerseits die Briefe in Pergament hierüber und mit begehrten anhängenden Insiegeln, wie es mit ehestem beschehen soll, überantwortet werden. –

Geschehen zu Stans, in Unterwalden, auf Samstag den 7. Juni 1653. (L. S.) *(Unterz.)* Paul Ceberg, Landschreiber zu Schwyz.

153. Depesche General Sigismund von Erlachs

Langenthal, 29. Mai 1653 alten Stils.

Inhalt: Sigismund von Erlach hat zu Beginn seines Marsches von Wangen an der Aare nach Langenthal erfahren, dass sich 2000 Bauern seiner Armee bis auf eine Viertelstunde nähern und wenig danach nach Herzogenbuchsee zurückweichen. Erlach hat daraufhin einen kleinen Umweg über Herzogenbuchsee gemacht. Einen Kanonenschuss vor dem Dorf haben ihn fünf oder sechs Halpartenträger freundlich begrüsst und mit der Nachricht, die Bauern hätten sich verlaufen ins Dorf eingeladen. Erlach und seine Begleitung werden im Dorf unter Feuer genommen, schiessen zurück, müssen sich aber mit einigen Verwundeten aus dem Dorf zurückziehen. Nach dem Eintreffen der Infanterie hat Erlach einen dreiteiligen Angriff befohlen: Oben im Wald und durch das Dorf soll das Fussvolk angreifen, auf dem Feld aber die Kavallerie. Ziel des Angriffs ist es, die Bauern zu umzingeln und kampflos gefangen zu nehmen. Die Bauern haben aber, um den eigenen Rückzug zu decken, sowohl im Wald, als auch hinter Zäunen und Hecken auf dem Feld, als auch am Dorfeingang Posten gefasst und wehren sich besser als ihnen zusteht. Um die Verfolgung durch die Armee Erlachs zu bremsen, zünden die Bauern die Häuser am Dorfeingang an und ziehen sich danach auf den Friedhof und weiter in den Wald zurück. Auf Seiten der Bauern sind einige Tote liegen geblieben. Das Gefecht hat Erlach rund 60 Gefangene, darunter solche aus Luzerner Ortschaften eingebracht. Die Armee Erlachs beklagt rund sechs Tote und drei Verwundete. Die Folgen der Rencontre sind allgemeiner erschreckter Rückzug der Emmentaler und Gnadengesuche einiger der ärgsten Rebellen, namentlich solcher aus Huttwil, Melchnau, Rohrbach, Eriswil und Aarburg. Am Morgen des 29. Mai 1653 alten Stils sind Generalmajor Johann Rudolf Werdmüller und weitere Offiziere der Zürcher Armee eingetroffen und haben gegen Erlachs Behandlung der Rebellen protestiert, weil dieses Vorgehen dem Frieden von Mellingen und damit dem von den Zürchern und ihren Mitkämpfern den Bauern gegebenen Wort widerspreche. Erlach hat Werdmüller ausführlich über die noch andauernde vertragsbrüchige Aktion der Emmentaler und ihrer Anhänger informiert und schliesslich erreicht, dass die Geltung des Friedens von Mellingen territorial auf das Gebiet von Aarburg und weiter östlich begrenzt worden ist, Bern aber mit den übrigen Untertanen nach eigenem Ermessen verfahren kann. Erlach, Frisching und Graffenried überlassen die Frage, ob nicht auch dies die Hoheit des von Gott allein abhängigen Berner Rates verletze, dieser ihnen vorgesetzten Behörde. Ein weiteres dem Rat vorgelegtes Problem ist die Huldigung: Der alt Hofmeister von Königsfelden Johann Georg Imhof nimmt im Unteraargau die Huldigung unter ausdrücklicher Bestätigung des Murifeldfriedens vor, während die Oberaargauer unter ausdrücklichem Verzicht auf diesen aufgehobenen Frieden zu huldigen haben. Am 29. Mai 1653 alten Stils huldigen Wangen an der Aare und Aarwangen, am 30. Mai 1653 alten Stils soll Aarburg huldigen.

Quelle: Staatsarchiv Bern, A IV 183, Seiten 841 bis 843. Wir danken den Mitarbeiterinnen und Mitarbeitern des Staatsarchivs Bern, unter ihnen besonders auch den Herren Peter Hurni und Vinzenz Bartlome, für ihre Unterstützung.

Eüwer Gnaden sollen wir unberichtet nicht lassen, wie dass nach unserem Aufbruch vom Hauptquartier Wangen, und unterschiedlich eingelangten Advisen, wir verstanden, dass die rebellischen zusammengerotteten Bauern, in 2000 stark sich unserem Lager bis an eine Viertelstunde genähert, jedoch sich wieder bedacht, und bald nach Herzogenbuchsee gewichen, wir unsere Resolution und vorhabenden auf Langenthal gerichteten Marsch unverändert fortgesetzt, jedoch von demselbigen etwas ab- und auf obermeldetes Herzogenbuchsee zu genommen, allwo nachdem ich mich mit etlichen Pferden bis auf einen starken Kanonenschuss avanciert, die Kavallerie unfern von mir gefolget, fünf oder sechs Bauern aus dem Dorf mit Halparten bewaffnet, mir entgegen kommen, mich bewillkommet, sich meiner Ankunft erfreut, und mich zu sich in das Dorf eingeladen, und nachdem ich mich befragt, wo die rebellischen Bauern ob sie im Dorf, oder wo sonst wären, hab ich zur Antwort bekommen, sie hetten sich verloffen, und wären wenige oder gar keine mehr im Dorf, diesem Bericht etlichermassen, jedoch nicht allerdings, Glauben zustellend, bin ich mit den bei mir habenden Pferden nach dem Dorf geritten, da alsbald Feuer auf sie gegeben worden, etliche Reiter und Pferde gequetscht, und ohne sonderbare Verrichtung als etlicher Toter auf der Bauern Seite, aus dem Dorf haben weichen und der Infanterie erwarten müssen, nach welcher Ankunft die Verordnung geschehen, dass zugleich an dreien Orten man auf den Feind los gangen, oben im

Wald und durch das Dorf mit dem Fussvolk, und im Feld durch die Kavallerie, da die Intention gewesen, sie zu umringen, und ohne Fechten zu Niederlegung der Waffen zu vermögen, dies unser Vorhaben aber, ist durch die Bauern verhindert worden, in dem dass sie zu Versicherung ihrer Retraite und Abzugs sich des Walds und daran stossenden Zünen und Hegen bemächtigt, sich zur Gegenwehr gestellt, Feuer gegeben, und einen Hag und Zaun nach dem andern scharmützierend disputiert, bis sie von den Unsrigen an die ersten Häuser des Dorfes poussiert worden, allwo sie sich eine Zeit lang besser als Bauern zusteht aufgehalten, jedoch endlich so hart pressiert dass sie auch denselben Posten verlassen müssen. Damit aber man ihnen nit einsmals zu nach uff den Halls komme, haben sie zu Abhaltung unserer Truppen, das Feuer in obgemeldete erste Häuser gesteckt, daraus ein nicht geringer Schaden entstanden, zumalen es etliche Firsten, die in Äschen gelegt worden, gekostet, nach welchem sie sich ferners von Haus zu Haus in Kirchhof und hernach durch den Wald retiriert, mit Zurücklassung einer Anzahl Toter die mir unbekannt, vermutlich aber mit vielen Gequetschten. Gefangene sind bekommen worden bis in sechzig, darunter von unterschiedlichen Dörfern und Örtern von Luzern. Unserseits ist geblieben Hr. Jaquemet Wirt im Stadthaus zu Peterlingen, so H. Hauptmann Mestral von daselbst Leutnant in geworbener Kompanie gewesen, ein Wachtmeister von Longueville, samt bis in vier gemeiner Soldaten. Verwundete von uns ist Herr Hauptmann de Villard Chandieu, so Herr Obersten von Diesbach Regiment kommandiert doch nur an der Hand, ohne Gefahr, ein Reiter, drei Pferde wie ein gemeiner Soldat. Nach verrichteter Aktion ist Bericht eingelangt, dass die Emmentaler mit fliegenden Fahnen so stark sie laufen mögen, in höchster Eile und gewissem Schrecken sich nach Hause gemacht, die Wirkung dieser Rencontre ist dass viele, ja die allerärgsten, als Huttwil, Melchnau, Rohrbach, Eriswil, Aarburg etc. mit Flehen und untertänigen Bitten, Gnade begehren, hat hiermit das Ansehen, ob wollte der gütige Gott diesem gefährlichen Wesen einen glücklichen Ausgang schaffen, heute dieses Morgens ist Herr Generalmajor Werdmüller samt anderen Offizieren, so sich bei der zürcherischen Armee befinden, bei uns angekommen, haben unser jetziges Prozedere mit den Untertanen nicht allerdings avouieren wollen, sondern vermeint, es gehe dem zu Mellingen gemachten Friedenstraktat und ihrer gegebenen Parole entgegen, nachdem aber sie von uns weitläufig und umständlich berichtet worden, der Emmentaler und übrigen ihrer rebellischen Adherenten annoch während ungutgen, und glaubensbrüchigen Aktion und ihrer unwahrhaftigen getanen Berichte, haben sie endlich acquiesciert, und den Unterschied gemacht, dass was diesseits Aarburg mögen wir nach Gutfinden und bester Sicherheit mit denselben abhandeln, Aarburg aber und das Unteraargau solle laut zu Mellingen gemachten Vergleichs, ungeändert und bei ihrer gegebenen Parole verbleiben. Ob aber Ew. Gn. von niemandem als von Gott dependierender hoher Stand hierdurch angegriffen und verletzt, wollen wir dero es zu considerieren überlassen haben, zugleich auch, ob die mit unterschiedlicher ja gar mit widerwärtiger Manier und Condition aufgenommene Huldigung, nicht eher eine Dissention als Union unterstehen möchte, in dem dass Herr Im Hooff in der Grafschaft Lenzburg und der Enden bei Aufnehmung der Huldigung ihnen im

Namen Ew. Gn. den Murischen Traktat zu halten, verspricht, diesseits aber nach E. G. Befehl, selbige Abhandlung gänzlich eingestellt zu sein ihnen vorgehalten wird. Heute huldigt Wangen und Aarwangen, morgen soll Aarburg ein Gleiches tun. Diesem Verlauf (nach) finden wir die Sachen jetzmalen beschaffen, haben wir Ew. Gn. zu überschreiben nicht ermangeln wollen, dieselbe göttlicher Protektion und Obacht treulich befehlend.

Aus unserem Hauptquartier Langenthal 29. Mai 1653. Eüwer Gnaden jederzeit gehorsam willige S. v. Erlach Samuel Frisching C. Graffenried

154. Beat Jakob Zurlauben an seinen Vater Beat Zurlauben

8. Juni 1653 neuen Stils.

Inhalt: Beat Jakob Zurlauben ist ins Feldlager General Conrad Werdmüllers geritten und hat rund eine Stunde lang mit ihm konferiert. Werdmüller will seine Armee nicht trennen, sondern, nachdem er durch seinen Marsch nach Aarau und weiter nach Basel den Baslern Wort gehalten hat, wenn nötig mit seiner ganzen Armee nach Luzern ziehen. Damit sei die Zürcher Regierung einverstanden. Wenn man in Luzern die 1000 Bündner wolle, die im Anmarsch seien, solle man nach Zürich schreiben. Allerdings hat General Werdmüller Boten nach Bern geschickt, um zu vernehmen, wie die Dinge stehen. Diese Boten werden am 9. Juni 1653 neuen Stils zurückerwartet, worauf Werdmüller die Lage neu beurteilen will. Die von Hitzkirch haben die Führer des Aufstands nicht ausgeliefert und keine Geiseln gestellt. Andernorts geht dieses Geschäft ebenfalls nur langsam voran. Die Solothurner Bauern haben den Bund aufgegeben, es bleibt aber zu erwarten, ob es dabei bleibt. General Werdmüller hat von General Leuenberger die Zusicherung erhalten, dass der Bundesbrief demnächst ausgeliefert werde. Die Bauern sind, nach Werdmüllers Aussage, mit ihm zufrieden. Es könne noch einen seltsamen Handel geben. Er, Werdmüller, sei mit den Herren von Bern unzufrieden.

Quelle: Alois Vock, Der Bauernkrieg im Jahre 1653 oder der grosse Volksaufstand in der Schweiz, dritte Auflage, Aarau und Thun: J. J. Christen, 1837, Seite 397, 398.

Hochehrender, vielgeliebter Herr Vater!
Ich bin heute früh selbst zu dem Herrn General ins Lager geritten, mit dem ich, angedeuteter Maassen, conferiert habe fast eine Stunde lang. Er hat mir etliche Sachen partizipiert, wie aus beiliegendem Memoriale zu ersehen ist, und sich entschuldigt, dass es einmal nicht möglich wäre, wenn man es schon von ihm begehrte, seine Armee diesmal zu separieren, sondern er wollte eher mit der ganzen Armee nach Luzern kommen, wenn es die Noth erfordere, und er zuvor seine gegebene Parole gegen Basel gehalten habe; und weil er im Marsch begriffen sei, so könne er nicht anders antworten über das abgegangene Schreiben, als wie es von Mund beschehen sei. Er begehrt noch vorerst mit mir zu korrespondieren. Ich habe Herrn Landvogt Pfyffer auch ein Memoriale der Verrichtung überschickt, aber nicht über alle Punkte. Die von Hitzkirch haben bis dato weder Geisel noch die Führer gestellt, und bringt man die andern auch schlechtlich ein. Touchant ce, que vous m'avez écrit en français, au cas de besoin, je crois, que les paysans en seraient contents. Mandez-moi, s'il vous plaît, si vous demeurez à Lucerne, et comment les affaires se passent. Gott und Maria mit uns.

Bremgarten den 8. Juni 1653, um halb zwei Uhr Nachmittag. Des Herrn Vaters gehorsamer Sohn: B. J. Zurlauben.

P. S. Hr General hat mir gesagt, der General Leuenberg habe ihm geschrieben, dass er erster Tage ihm den Bundesbrief einhändigen wolle.

Memorial über des Herrn General Werdmüllers Erklärung den 8. Juni 1653 im Feldlager bei Othmarsingen:

1. Dass er heut im Marsch begriffen gegen Aarau, und fürder auf Basel, auf Begehren der Herren von Basel.

2. Er habe Gesandte nach Bern geschickt, zu erkundigen, wie die Sachen bewandt seien, die er Morgens wieder erwarte, und dass er sich alsdann besser zu resolvieren wissen werde.

3. Er habe das Anbringen des Herrn Ammanns Zurlauben nach Zürich berichtet, dass man seiner Völker *(Truppen nach Luzern)* begehren thue. Sie *(die von Zürich)* seien dessen wohl zufrieden, wenn es sein könne.

4. Es kommen noch 1000 Bündner nach; man könnte nach Zürich schreiben, so man selbiger hierzwischen begehrte.

5. Die Solothurner Bauern haben den Bund aufgegeben; ob aber zu trauen sei, stehe zu erwarten.

6. Die Bauern haben ihn auch um Hilf anersucht; sie seien gar wohl mit ihm zufrieden. Es könnte noch einen seltsamen Handel geben.

7. Er sei nicht gar wohl zufrieden mit den Herren von Bern.

155. Rapport Johann Conrad Neukomms

30. Mai 1653 alten Stils.

Inhalt: Am 28. Mai 1653 alten Stils ritt Oberst Neukomm in Begleitung Generalmajor Johann Rudolf Werdmüllers und anderer Abgesandter um 21.00 Uhr aus dem Lager von Othmarsingen nach Langenthal ins Berner Lager. Dort trafen sie, nach einem fast die ganze Nacht in Anspruch nehmenden Ritt, die bernische Armee in einer Stärke von rund 5000 Mann. Die Zürcher und Schaffhauser berichten General Sigismund von Erlach über die Vorgänge bei Mellingen und insbesondere den dortigen Accord mit den Bauern. Erlach hat sich, was ihn persönlich betrifft, diesen Accord gefallen lassen. Beim Abschied tauchen die Ausschüsse von Aarburg auf und wollen gemäss Mellinger Frieden huldigen, wogegen Venner Samuel Frisching und Landvogt Niklaus Willading heftig auftreten und den Aarburgern Böses drohen. Dagegen verwahren sich Werdmüller und Neukomm unter Berufung auf den Mellinger Schluss, erhalten den Berner Bescheid, sie würden ihre Untertanen nach eigenem Gutdünken bestrafen, was die Zürcher und Schaffhauser aber keineswegs gestatten wollen. Insbesondere verwahren sich diese gegen eine Bestrafung derjenigen Untertanen, mit denen sie verhandelt und welche sie aus dem Feld gebracht haben. Über weitere Punkte, zum Beispiel solche, die den Murifeldvertrag – den zu halten die Berner nicht bereit sind – oder den freien Salzkauf angehen, anerbieten sich die Zürcher und Schaffhauser als unparteiische Orte gemäss Artikel 3 des Mellinger Friedens als Vermittler. Die Zürcher und Schaffhauser erklären, dass sie, wenn ihnen denn nicht ermöglicht wird, ihr in Mellingen gegebenes Wort zu halten, die Bauern wieder bewaffnen und den Bernern auf den Hals richten wollen. Die Berner versprechen daraufhin, das Wort der Zürcher und Schaffhauser nicht stürzen zu wollen. Johann Conrad Neukomm geht aber davon aus, dass dieses Versprechen kaum gehalten werden wird. Die Berner haben im Dorf Herzogenbuchsee eine Schar bewaffneter Bauern angetroffen, wohl von solchen, die von Mellingen nach Hause gekehrt sind. Die Berner haben diese Bauern angegriffen und eine Anzahl von ihnen niedergemacht. Es herrschen Furcht und Schrecken unter den Bauern. Die Herren von Bern lassen sich oben und unten im Land huldigen und entwaffnen die Untertanen. Nun spricht man auch von den Kriegskosten. Neukomm bittet in beiden Punkten um Verhaltensanweisungen seiner Regierung und empfiehlt diese Gott.

Quelle: Staatsarchiv Schaffhausen, Correspondenzen 1653, Nr. 147, freundlich mitgeteilt von Herrn Staatsarchivar Dr. Roland E. Hofer.

Als ich vorgestern abends nach 9 Uhren aus dem Lager allhier mit Herrn General Majoren Werdmüller und anderen Abgeordneten ins Lager der Herren von Bern gen Langenthal aufgebrochen sind wir fast die ganze Nacht geritten und die Armee so ungefähr in 5000 stark daselbsten angetroffen, Herrn Gen. von Erlach unsere Verrichtung bei Mellingen berichtet, insonders des Accords welchen wir mit ligirtischen Bauern alldorten gemacht, hat er für seine Person es ihm wohlgefallen lassen, als wir aber den Abschied genommen haben, sich die Ausschüsse von Aarburg die Huldigung zu leisten und beim gemachten Vertrag zu verbleiben anerbietend befunden, als nun der Venner Frisching der Landvogt Willading und andere Herren ihrer ansichtig worden, haben sie solche mit grossem Ungestüm überfallen und ihnen alles Böse gedroht, als wir dies gesehen haben wir darwider protestiert mit Vermelden sei wider unseren gemachten Schluss mit welchem wir sie aus dem Feld und den Waffen gebracht, dawider sie geredet, wir ihnen nicht verbieten werden ihre Untertanen nach Gefallen zu strafen, wir aber solches keines Wegs gestatten wollen, insonderheit diejenigen nicht mit welchen wir gehandelt, dafern sie aber etwas Weiteres wider sie haben es betreffe ihren Vergleich auf dem Murifeld (welchen sie ihnen auch nicht halten wollen, ja durchaus gar nichts besonders den freien Salzkauf) oder etwas anderes, sollen sie uns als unparteiische Orte, vermöge des 3. Artikels darüber richten lassen, dann wir nicht gesinnt aus dem Feld zu gehen, es sei denn alles richtig, zudem so können sie nicht Kläger und Richter zugleich sein, wenn wir aber unser gegebenes Wort nicht mögen in effectu richten, wollen wir sie wieder unter die Gewehre stellen und ihnen auf den Hals richten, werden genug zu tun bekommen, haben darüber versprochen, (sie) wollten unser Wort nicht stürzen, (ich) besorge aber werdinds schwerlich halten, sie haben im Dorf Herzogenbuchsee eine Partei von Bauern angetroffen, halte dafür von denen so zu Mellingen abgezogen, welche sie chargiert und etliche davon niedergemacht, es ist grosse Furcht und Schrecken unter den Bauern, die Herren von Bern nehmen die Huldigung oben und unten im Lande ein und disarmieren sie, man (will) fürderlich auch von Kriegskosten reden, wie ich mich nun in einem oder dem anderen zu verhalten bitte ich um Befehl, diesmal weiter nichts sonderlich als bitte ich Gott den Herrn, dass er das wohlangefangene Werk zu gedeihlichem Ende richten, und Euch meine G. Herren mit Leibs- und der Seele erspriesslichem Wohlergehen gnädig sein wolle. Raptim im Feld bei Othmarsingen den 30. Mai 653 p. um 10 Uhren vor Mittag
…
Johann Conradt Neükhum

156. Samuel Frisching an Aarau

30. Mai 1653 alten Stils.

Inhalt: Der aus Aarburg schreibende Samuel Frisching fordert die Aarauer auf, noch am 30. Mai 1653 alten Stils ihren Scharfrichter nach Langenthal zur bernischen Armee abzuschicken.

Quelle: Stadtarchiv Aarau, Ratskonzept, StAAa II, 187, freundlich mitgeteilt von Herrn Stadtarchivar Dr. Martin Pestalozzi.

Mein freundlicher Gruss und willige Dienste seien Euch bevor, wohlehrende günstige Herren.

Dieselbigen habe ich durch dieses Wenige freundlichst ersuchen wollen, Euren Scharfrichter zu unserer Armee noch diesen Abend gen Langenthal abzufertigen, und günstig folgen lassen, denn man seiner vielleicht bis Morgen vonnöten. Sind hiermit Gottes Schirm empfohlen.

Datum Aarburg 30. Mai 1653
Der Herren dienstwilliger
Samuel Frisching

157. Sebastian Peregrin Zwyer an Luzern

Sursee, 9. Juni 1653 neuen Stils.

Inhalt: Zwyer ist um 20.00 Uhr in Sursee angekommen. Er hat sich mit dem Marsch beeilt, weil zwar ein Schrecken unter dem Volk ist, aber auch böser Wille. Er hat Briefe an die Generale Conrad Werdmüller (über Zofingen) und Sigismund von Erlach (über St. Urban) abgeschickt und Reiden und Wikon besetzt. Zwyer rät den Luzernern, sich an ihrer Souveränität von niemandem irre machen zu lassen und, in Gegenwart der ausmarschierenden Garnison von Luzern das Entlebuch und in Präsenz der in Sursee stehenden Truppen aber Willisau schleunig der Obrigkeit huldigen zu lassen, damit ihnen nicht weitere böse Gedanken einfallen.

Quelle: Dieses Dokument (StALU-Luzern: 13/3693) ist uns von Herrn Dr. Anselm Zurfluh freundlich zur Verfügung gestellt worden. Es ist, unter seinem Datum, zusammen mit zahlreichen weiteren Dokumenten zu finden in Anselm Zurfluh, Sebastian Peregrin Zwyer von Evebach, Zürich: Thesis, 1993, ISBN 3-908544-05-X. Die Adresse des Verlags ist Etzel 7, CH 8847 Egg SZ, Schweiz.

Hochgeachte, woledle, gestrenge, fürsichtige und weise, gnedige und grosgünstige herren.

Berichte dieselbigen das ich der ursachen etwas beschwerliches her (doch wol) herkommen, das die völker des marschierens nit gewant, bin also erst umb acht uhren hier angelangt, alsbalden die wachten mit 200 man besezt und darauf das volk in das quartier ruken lassen. Ich habe mich auch der ursachen geilet, weil es scheint, es sei zwar under mehrer teil volk ein grosser schreken, bei vilen aber gar ein böser willen. Herr rittmeister Pfyffer, den ich vorangeschikt, hat ein eillaufenden pauren angetroffen, deme beiligenden brief herausgeschrekt.

Ich schreibe noch disen abent per Zoffingen und St. Urban beeden commandanten, herrn Wettmüller und herrn von Erlach. Was ich zur antwurt bekomme oder sonst vernimmen, underlasse ich nit gebürend zu berichten, lasse auch morges beede herren Göldin von Reiden und Schuomacher von Wikhen zu mir kommen, welche bede ort ich mit etwas wenig manschaft besezen und morges die Lawissern veranlasset, erwarten.

Sonst, gnedige, grosgünstige herren, bite dieselbigen, wan ich wolmeinenderweis zuvil schreibe, umb verzeihung, beschicht gewüs aus gueter intention. Ich were nit der meinung, das man mit beibringung der 12 bewusten redlifüeren die zeit versaumen, sonder zu einnemmung der huldigung und abschwerung des punts alsbald schreiten und den anfang bei Entlibuoch (die gar nit gesund) und Willisaw machen solte und konte man sich zur huldigung in Entlibuoch der völkern zu Lucern und für Wilisaw von hier beides auf ein tag gebrauchen, je belder aber, je besser, und muos man dise leüt, kein andere böse gedanken zu schöpfen, zeit lassen, wie dan die formb und wie es im Bern gepiet mit ernst verricht würt, die beilag zu erkennen gibt, hoffe aber, es werde bei beiden ermelten embtern schleiniger hergehn. Euer Gnaden und Grosgunsten gebrauchen

sich ihrer souvranitet und ires loblichen stands rechten und lassen sich ohne masgebung nit von dem einen oder andern mit zuvil fragen irrmachen. Bei dem (acht) act der huldigung wärt man sich im allerbesten der redlifüerer mechtig machen könden. Gott mit uns. Sursee, den 9. Junii 1653
    Euer Gnaden und Grosgunsten
    gehorsammer diener
    Sebastian Bilgerin Zwyer von Euebach mp.

158. Sebastian Peregrin Zwyer an die Luzerner Regierung

Sursee, 10. Juni 1653 neuen Stils.

Inhalt: Willisau behauptet, die Grenzen gegen Bern besetzt zu haben, um nicht zur Änderung der Religion gezwungen zu werden. Den Willisauern, Ruswilern und Triengenern hat Zwyer auferlegt, die aus Sursee entführte Artillerie zurückzugeben und einen gefangenen Rädelsführer gut zu verwahren. Aus Zofingen kommt die Nachricht, Huttwil widersetze sich noch. Die Soldaten des Fürstabts von St. Gallen wollen nicht weiter marschieren.

Quelle: Dieses Dokument (StALU-Luzern: 13/3693) ist uns von Herrn Dr. Anselm Zurfluh freundlich zur Verfügung gestellt worden. Es ist, unter seinem Datum, zusammen mit zahlreichen weiteren Dokumenten zu finden in Anselm Zurfluh, Sebastian Peregrin Zwyer von Evebach, Zürich: Thesis, 1993, ISBN 3-908544-05-X. Die Adresse des Verlags ist Etzel 7, CH 8847 Egg SZ, Schweiz.

    Hochgeachte, woledle, gestrenge, fürsichtige und weise, gnedige, grosgünstige herren.
    Heüt habe denselbigen geschriben und dabei bericht, das vil pauren, wie ich erachte, von wunders wegen herkommen, darumb aber Wilisawer, Rusweiler und Thriengenner, die zu mir begert, die Wilisawer haben fürgebracht die grosse gefar, in deren sie weren von den Bernern, item sie haben vernommen, das man inen die enderung der religion wolle zumuetten, heten all ihr volk auf den grenzen; die ich dahin beantwurtet, hete dem herrn general von Erlach bereit geschriben, wolte es weiter tuen und ihnen den brief geben, solten nur ein wacht auf den grenzen lassen für die streifende parteian, das ander nacher haus weisen zur arbeit, damit das der herr von Erlach (nit) von so starken rotten (nit) kein argwon faste, als weren sie feindlich dorten. Habe inen auch gesagt, solten denen von Sursee ihre abgenombne stüklin wider verschaffen, item das sie morges mit andern embtern sollen hero schiken zu underreden, wie man den soldaten ein stuk brot und ein stuk fleisch könte geben. Die von Thriengen her und Rusweil habe ich auch nach noturft informiert. Pite umb befelch, ob ich den undertanen ein stuk brot und fleisch zum underhalt zumueten dörfe. Die Wilisawer haben mir gesagt, sie heten den Stürmblin gefangen, wolten solchen mir lifern, wan ich es begerte; denen ich geantwurtet, solten selbigen in gueter verwahrung halten. Mein bot von St. Urban ist dato noch nit zurukkommen. Der von Zoffingen aber ist wider angelangt, bericht mich, das die wacht zu Reiden ime die brief eröffnet (dessen täter ich mit ernst nachfrage), item das der schultheis zu Zoffingen ime gesagt, Hutwillen und andere widersezen sie noch, also das ein ernst mit denselbigen werde müessen gebraucht werden.
    Gnedige, grosgünstige herren, die haubtleüt von St. Gallen haben mich mit ihrem angedeüten bedauren berichtet, das ihre völker inen rund gesagt, wolten weiter nit ziehen, wie sie dan sorgten, nit weiter zu bringen sein wurden, so sie mir nachrichtlich bedeüten wollen. So Euer Gnaden und Grosgunsten nachrichtlich

berichten und denselbigen zu ihro gefallen nit underlassen, ob sie nochmalen guetfinden wurden die Lawisser bei so beschaffnen dingen alhero zu schiken. Herr Schuomacher von Wikhen ist hero kommen, mit deme ich aber noch nit gelegenheit gehabt zu reden. Gott mit uns. Sursee, den 10. Junii 1653.

Euer Gnaden und Grosgunsten gehorsamer diener

S. B. Zwyer

159. Aus dem Verhör Hans Bollers vom Horgerberg

1. und 2. Juni 1653 alten, 11. und 12. Juni 1653 neuen Stils.

Inhalt: Hans Boller gesteht, unter anderem, dass er sich selbst mit Leuenberger verglichen und behauptet habe, er wisse, wie man die Stadt Brugg einnehmen könne.

Quelle: Alois Vock, Der Bauernkrieg im Jahre 1653 oder der grosse Volksaufstand in der Schweiz, dritte Auflage, Aarau und Thun: J. J. Christen, 1837, Seiten 402 404, 405.

Examen, so den 1. *(11.)* Juni 1653 von Herrn Oberst Werdmüller, Hrn. Major Leu. Hrn. Hauptmann Lavater, Hrn. Hauptmann Waser und Hrn. Rittmeister Schauffelberger, mit Hans Boller, genannt Zöchlimacher, ab dem Horgerberg, zu Suhr beschehen:

...

Fr. Warum er, als es zu Büblikon gebrannt, in das Feuer geschossen und andere Ceremonien gebraucht habe? – Antw. Er habe es nicht gethan, und kenne die Kunst, das Feuer zu löschen, nicht.

Actum Donnerstags den 2. *(12.)* Juni 1653 in Suhr, Praesentibus Hr. Generalfeldzeugmeister Werdmüller, die Herren Hauptleute Holzhalb, Leu, Egli, Meyer, Capitainlieutenant Wirz und andere Offiziere, vorgedachten Hans Boller betreffend. Heut dato ist der verhaftete Hans Boller ob dem Horgerberge abermalen alles Ernstes und mehr, als vormals, peinlich gefragt und examiniert worden. Derselbe hat nun über seine vorige, zu Mellingen ausgesagte Antwort, deren er dato noch geständig verblieben, bekennt:

1. dass ihm von einem alten Gerber von Lenzburg, welchen er zwar nicht namsen könne, den er aber zu Lenzburg auf der rechten Hand unter dem Brunnen an einem Eckhause stehen gesehen habe, da er neulich durchgeführt worden, im Bauernlager zu Mellingen gesagt worden, dass er, Boller, das Schloss zu bemeldtem Lenzburg hinwegsprengen könnte; der Gerber aber habe ihm hierbei keine Belohnung noch Lohn versprochen. –

2. Demnach habe er den Bauern Anleitung gegeben und gezeigt, wo man am leichtesten in die Stadt Brugg kommen könnte, nämlich bei der neuen Mühle, allwo er, Boller, vor diesem Steine gesprengt und gebrochen. –

3. Ferners bekennt er, er habe gesagt, er sei auch ein rechter Erzrebell, wie der Leuenberg; es sei aber betrunkener Weise geschehen. –

4. Das gestohlene Silbergeschirr zu Wiedikon anlangend, ist er bekenntlich, er habe demjenigen, der solches genommen, gesagt: daselbst, nämlich an dem Orte, da solches gelegen, sei wohl etwas zu finden; er aber habe davon keinen Theil noch Lohn empfangen. –

5. Auf Befragen, ob er anderswo nicht auch gefangen gewesen, hat er geantwortet: Ja, zu Bremgarten, aus Ursache, dass er gesagt, die heilige Jungfrau könne nicht für einen bitten; er sei aber

darum nicht gestreckt noch gefoltert worden. –

6. Warum er einen habe in einen brennenden Ofen hineinstossen wollen? Hierüber sagt er, derselbe sei seiner, ob diesem Vorhaben, Meister geworden, und habe ihn darum sehr geschlagen. –

7. Wenn er zweimal etwas von Zauberwerken gesagt, so sei solches aus Übermuth geschehen; er wisse ganz nichts dergleichen. –

8. Seine Dirne habe er anderthalb Jahre lang, neben seiner Ehewirtin, an sich gehabt und mit derselben Unzucht getrieben zu Horgen, da sie beisammen in einer Herberge gewohnt; und weil gemeldtes sein Eheweib ihn schändlich und übel gehalten, sei er mit der Dirne hinweggezogen. Dieselbe habe ihn zu allem Guten gewiesen. –

9. Das bewusste Pfeifli habe er auf einen Stecken machen sollen, welches ihm einer von Küsnacht gegeben. –

10. Im Übrigen habe er überall nie gebrannte bewusste Häuser angesteckt, wohl aber in das Feuer geschossen, und dadurch solches zu löschen begehrt, auch niemals etwas gestohlen. Mit dem Leuenberg, der ihm, ausser im Lager zu Mellingen, nie zu sehen geworden, habe er kein Verständnis gehabt. Allein er habe sich leider! gegen Gott mit Fluchen und Schwören höchlich versündigt, und bitte deswegen um höchste Gnade.

160. Zwyer an den Luzerner Stadtschreiber Ludwig Hartmann

Sursee, 12. Juni 1653 neuen Stils.

Inhalt: Mit Bürgermeister Johann Heinrich Waser, Statthalter Salomon Hirzel und den beiden Generalen Conrad Werdmüller und Sigismund von Erlach ist auch Sebastian Peregrin Zwyer der Überzeugung, der Spruch zu Stans sei für Luzern mager ausgefallen. Immerhin respektiert dieser Spruch die Luzerner Hoheit, welche nun zu initiativem selbständigem Handeln Luzerns im Rahmen des Spruches führen soll. Die Generalskonferenz zu Aarburg hat sich mit den Entlebuchern beschäftigt. Diese werden gewiss durch die Gefangennahme von 150 Rädelsführern der Berner Bauern (darunter auch Niklaus Leuenbergers) in ihrer Moral getroffen werden. Ausserdem stehen die zur Bezwingung des Entlebuchs nötigen Truppen im Feld und ist der Interventionswille zu Aarburg besser als unter Teilen der Besatzung von Luzern.

Quelle: Dieses Dokument (StALU-Luzern: 13/3698) ist uns von Herrn Dr. Anselm Zurfluh freundlich zur Verfügung gestellt worden. Es ist, unter seinem Datum, zusammen mit zahlreichen weiteren Dokumenten zu finden in Anselm Zurfluh, Sebastian Peregrin Zwyer von Evebach, Zürich: Thesis, 1993, ISBN 3-908544-05-X. Die Adresse des Verlags ist Etzel 7, CH 8847 Egg SZ, Schweiz.

Hochgeherter herr stattschreiber.

Seine beede beliebte schreiben habe ich sambt den beilagen empfangen. Was herr statthalter Meyers und mein verrichtung zu Arburg gewest, referiere ich mich auf gedachten herrn statthalter. Herr bur-

Instrumente zu Strafuntersuchung und Strafvollzug in der frühen Neuzeit. Links zwei Brandeisen zum Aufbrennen des Schandmales, aus dem Kanton Bern; Mitte: Fingerschrauben und Handschellen aus Burgdorf; rechts: Berner Richtschwert aus dem Jahre 1672. Historisches Museum Bern. Abbildung aus dem Buch «Illustrierte Geschichte der Schweiz. Zweiter Band, zweite Auflage. Entstehung, Wachstum und Untergang der Alten Eidgenossenschaft» von Sigmund Widmer, Zürich und Köln: Benziger Verlag, 1971.

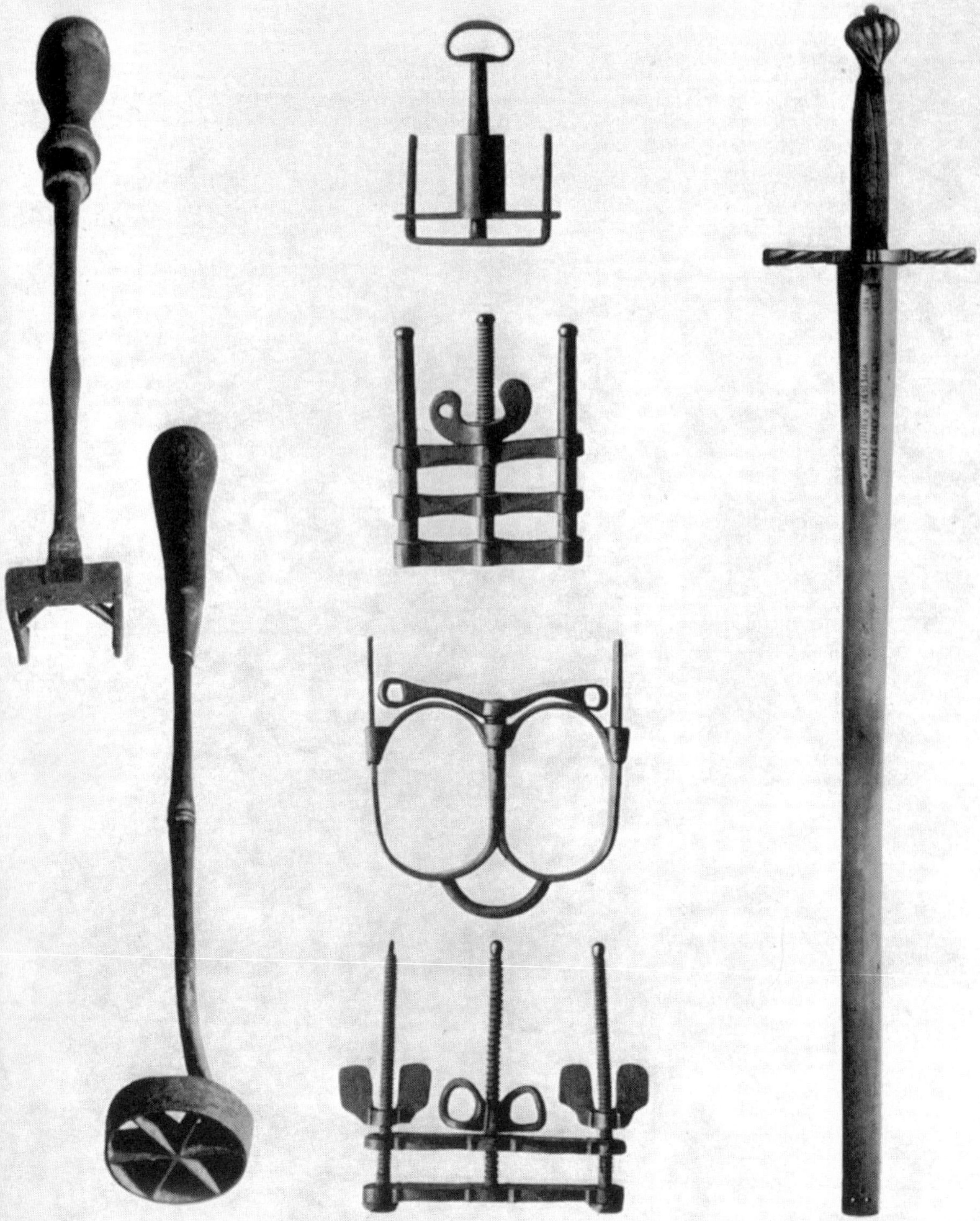

germeister Waser, herr statthalter Hirzel und beede generalen von Zürich und Bern hören mit mir nit auf zu klagen, das der spruch zu Stanz für die statt Lucern so mager ausgefallen, demnach aber damit die statt Lucern ihrer recht und gerechtigkeit und hochheit widerumb restabilirt, bite ich umb Gottes willen gehöriger orten erinnerung zu tuen, das man sich der auctoritet mit gueter resolution gebrauche, alles mit ernst angreife und ausfüere, und nit sovil respect habe, auch nit sovil frage und rat suoche, wan man nur nit wider den spruch tuet, so ist merers und was der statt noturft erfordert, auszurichten nit verboten, sonder der statt hochheit und recht tuet solches erfordern und gegenwertige coniunctur erheüschen.

Es ist mit uberschikung des spruchs an bedeute ort gar wol beschehen, das solches erfolgen möchte, bis ich auch darumb ersuocht worden.

Zu Arburg hat man gar stark erinnert mit ernst, was nötig in Entlibuoch vorzunemmen, welches so füeglicher würt geschehen könden, weil der grosse schreken und forcht under den Bernischen in 150 redlinfüerer (darunter auch der Lewenberger, welchen die pauren selbst gelifert) gefangen, würt es gewüs und unfelbar den Entlibuochern das herz auch nemmen und ob ihre verstokung so gros sein solte, das sie sich nit undergeben wolten, seind Gott lob die mitel vorhanden und man zu Arburg geneigter, als teils völker in der statt Lucern sich bezeigen zu helfen, darauf meines erachtens capital und herz zu machen.

Ich will geliebts Gott alhier und an gueter correspondenz nichts ermanglen, so der herr gehöriger orten melden und sie versichert halten kan.

Solte nach Zürich über etliche brief antwurten und weiters schreiben, wil solches in einem paquet wo nit heut, doch morgen zu schiken und hiemit gebeten haben, die brief bei der fuospost nach Zürich zu verschaffen.

Den Stürmlin von Willisaw betreffend erwarte ich berichts, ob man selbigen von Lucern abholen wolle, oder den sich schiken solle; auf den letsten faal were ich bedacht, ine ankettenen in ein bannen zu sezen und mit gueter wacht nach Lucern zu schiken. In erwartung, was mir der herr schaffen würt. Gott mit uns. Sursee, den 12. Junii 1653.

Des herrn willigster knecht
S. B. Zwyer

161. Sebastian Peregrin Zwyer an Heinrich Fleckenstein

12. Juni 1653 neuen Stils.

Inhalt: Am 11. Juni 1653 neuen Stils ist Zwyer von einer Konferenz mit den Generälen Werdmüller und von Erlach zurückgekommen. Die bernischen Untertanen haben allesamt gehuldigt, zu den 150 Gefangenen Erlachs gehört auch der von den Bauern selbst ausgelieferte Leuenberger. Werdmüller und Erlach verlangen, dass die Luzerner unverzüglich huldigen lassen, vor allem aber, dass sie die zwölf in der Beilage zum Schreiben genannten Rädelsführer ausliefern. Sollten die IV Schiedorte Uri, Schwyz, Unterwalden und Zug diesem Anliegen Schwierigkeiten bereiten, kann Zwyer von Werdmüller und Erlach Reiterei und Fussvolk anfordern. Der Zürcher und der Berner sind ungehalten darüber, dass Luzerner Untertanen vor Bern und vor Mellingen im Feld gewesen sind, der Schiedsspruch der IV Orte aber darauf nicht einmal eingeht. Zwar solle der Schiedsspruch respektiert werden, Luzern aber alles, was ihm nicht direkt widerspreche, aus eigener wiederhergestellter Machtvollkommenheit selbst tätig an die Hand nehmen. Da alles Übel vom Entlebuch ausgeht und da Luzern jetzt die nötigen Hilfszusagen hat, rät Zwyer, dort nun allen Ernst zu gebrauchen.

Quelle: Alois Vock, Der Bauernkrieg im Jahre 1653 oder der grosse Volksaufstand in der Schweiz, dritte Auflage, Aarau und Thun: J. J. Christen, 1837, Seiten 399 und 400.

Wohledelgeborener, gestrenger Herr! Ich berichte, dass ich gestern spät von den Herren Werdmüller und von Erlach wieder zurückgekommen bin und ist die Verrichtung in Substantia diese: Die Bernerischen Unterthanen sind alle nunmehr nicht nur allein zum Gehorsam gebracht, sondern es hat nunmehr alles treu und gehorsam gehuldigt, und hat Herr von Erlach über die 150, darunter auch der Leuenberg, in den Thürmen, welchen Leuenberg die Bauern selbst geliefert; man hat auch theils seine Schriften bekommen, und um andere hat man auch Hoffnung, sie zu haben. Die Herren Generäle sind nicht wohl zufrieden, und verlangen, dass man ab Seite Luzern's die Huldigung und Abschwörung des Bundes ehest und ernstlich vornehme, voraus aber und zuvor, dass die 12 Rädelsführer geliefert werden. Und sollte hierum aus den Orten *(den IV Schiedorten)* alles das, was nöthig ist, schwer und unmöglich gemacht werden, haben ermeldete Herren Generäle mit Hand und Siegel versprochen, und mit mir mit Mehrerem abgeredet, dass sie, auf jede Nothdurft und mein Begehren, mit Reuterei und Fussvolk alle Aufrichtigkeit thun und assistieren wollen; allein sie finden sich hoch offendirt, dass Luzernische Unterthanen vor die Stadt Bern und Mellingen gezogen sind, und solches in dem Rechtsspruch übersehen und nichts darum erkennt wurde. Sie begehren derowegen, man solle dieselbigen, beigelegtem Verzeichnisse gemäss, zu strafen ihnen überliefern. Es ist auch ihre Meinung, dass man die Verhandlung des Friedens zwar observieren, weil aber dabei der Stadt Luzern ihre Hoheiten und Rechte zuerkennt und wiederum eingeräumt worden, dass sie ihre Autorität brauchen, und was nicht directe wider die Vermittlung sei, exerciren solle; so ich MHHerren Schultheissen, weil er heutigen Tags in einer vornehmen Expedition begriffen ist, nebst meinen Diensten berichten solle, und habe dabei unmaassgeblich weiter nichts zu erinnern, als dass, weil alles Übel seinen Ursprung vom Entlebuch hat, und weil man nun aller Hilfe versichert ist, daselbst aller Ernst gebraucht werde. Gott mit uns!

Sursee den 12. Juni 1653. Meines Hg-Herrn williger Knecht *(Unterz.)* Sebastian Peregrin Zweyer von Evebach.

Namen derjenigen Rädelsführer, deren Auslieferung von Herrn General von Erlach beghert wird: Jakob Stürmli, Hans Jakob Peyer, Jakob Mehrspüler, alle aus der Stadt Willisau; – Heinrich Brach von Hüswyl; – Hans Kaspar Marfurth von Langnau; – Michael Müller von Altbüren; – Jakob Simmer von Reichenthal; – Hans Diener von Ebikon; Martin Hodel, Kirchmeyer von Egolzwill; – der Müller zu Unterwasser, genannt Schaberli; dieser hat das Volk nach Bern geführt; – Bättig in Waldsburg; – Peter Elmiger, Wirth zu Dagmersellen; – Jopst Sury von Dagmersellen; – der Krämer zu Altishofen; – Konrad Jost von Hergiswill; – Hans Woruch von Hutbrächtigen; dieser hat schändlich und gar lästerlich wider unsere Obrigkeit *(von Bern)* geredet; – Hans Emmenegger, ist auf Bern gewesen; Weibel Hans Ackermann, beide von Schüpfheim; – Kaspar Unternährer, genannt Capi, der Tell; – der lang Erni aus dem Melchthal (Hans Stadelmann von Marbach); – Hintervoli, der den Staufacher vertreten; – Siegler Binder von Escholzmatt; – Boli Christen von Hasle; – Schneider Lenz von Schüpfheim; – Christian Schybi von Escholzmatt; dieser hat das Volk in's Berner Gebiet geführt; – Landsfähndrich Portmann von Schüpfheim; – Hans Rängle, der Kirchenrichter von Entlebuch; – Joseph Portmann, Weibel von Escholzmatt; – Leodegar Huber von Escholzmatt; – Hans Brum von Dopplischwand.

162. Luzern an Sebastian Peregrin Zwyer

Luzern, 14. Juni 1653 neuen Stils.

Inhalt: Jene Luzerner Untertanen, die vor Bern oder vor Mellingen gezogen sind, soll Oberst Sebastian Peregrin Zwyer in Sursee bestrafen. Er soll auch jene auswärtigen Untertanen beibringen, welche mit den aufrührerischen Luzerner Ämtern gegen Luzern gezogen sind.

Quelle: Dieses Dokument (StALU-Luzern: 13/3700) ist uns von Herrn Dr. Anselm Zurfluh freundlich zur Verfügung gestellt worden. Es ist, unter seinem Datum, zusammen mit zahlreichen weiteren Dokumenten zu finden in Anselm Zurfluh, Sebastian Peregrin Zwyer von Evebach, Zürich: Thesis, 1993, ISBN 3-908544-05-X. Die Adresse des Verlags ist Etzel 7, CH 8847 Egg SZ, Schweiz.

An herrn obersten Zwyer
Hochgeachter, woledler etc.
Von dem edlen, vesten, wysen, uns besonders lieben, gestrengen mitrat und vennern Caspr Pfyffer rittern wird der herr in mehrerem vernemmen, in was vür einen ratschlag wir uns nach seiner angehörten relation gelassen, von welcher materi wir uns uf den puncten begeben, was gestalten beden herren generalen satisfaction zu geben sein worden, über das si in negster tagen uns ein specialverzeichnus etwelcher unserer undertanen, die sich sowoll vor loblicher stat Bern, als vor dem leger by Mellingen ufentlich in gewöhren erzeigt soltent haben, zukommen lassen, und also endlich bei uns selbst befunden, dass das werck besser und ansehenlicher nit zu bestellen sein wurde, als wan der herr solches mit seiner authoritet für sich nemmen und ustragen tete und also ihme belieben liesse, alle in vorbeduteter liste begriffne, vor sich nacher Sursee zu citieren und die, so nit in punte erschynen und pariern wurdent mit dem gwalt zum gehorsamb zu bringen und hernach die erforderliche examination wolten zulassen. Hingegen were uns hochlich bedient, wan der herr ebenmessig in (ordenlich) glycher specification diejenige redlifuehrer zur hand bringen möchte, (was aber uf dise wys) welche us der herrschaft Bern unseren ufrüerischen empteren zu hilf zogen, und die wöhr wider uns gelüpft haben, wyl die gebüre uf sich hat und erhöuscht, solches böse gsind allerseits in die verdiente abstrafung zu züchen, nit zwyflende, der herr dise unsere meinung placidieren und ihne nit entzogen sein lassen werde, der execution schleünigen vollzug zu schaffen. Was dan uns die vernunft wyters dictieren wird, in dem ein und anderen durch des herrn (guten wegwysung und) mitwürckende wägwysung und hoche hoche (!) erfahrenheit zu schliessen und terminieren, soll an fleis und ernst nützit underlassen blyben. (Und) Tund immitelst wir ihne unser bstendigen fründschaft versicheren, uns aber bedersyts Gotes etc.

Datum den 14. Junii 1653.
Des herrn ganz dienstlich
schultheiss und rat der stat Lucern

163. Der Pfarrer von Hitzkirch an Landschreiber Zurlauben

Hitzkirch, 16. Juni 1653 neuen Stils.

Inhalt: Pfarrer Heinrich Frey aus Hitzkirch bittet angesichts seines von weinenden Frauen vollen Pfarrhauses für Schuldige und Unschuldige um Gnade, namentlich auch um den Sohn seiner verstorbenen Schwester aus Villmergen, den Untervogt und den Schulmeister.

Quelle: Zurlaubiana AH 44/68, ein den Herausgebern von Herrn Dr. Rainer Stöckli, Zurlauben-Bearbeitung, Aargauische Kantonsbibliothek, Aarau, freundlich zur Verfügung gestelltes Dokument aus der Sammlung Zurlauben, Regesten und Register zu den Acta Helvetica, Gallica, Germanica, Hispanica, Sabaudica etc. necnon Genealogica Stemmatis Zur-Laubiani, bearbeitet von Kurt-Werner Meier, Josef Schenker, Rainer Stöckli, Serien 1 ff., Aarau, Frankfurt am Main und Salzburg: Sauerländer, 1976 ff.

Dieweilen die höchste Noth betten lehrt, hab ich nit unterlassen Sollen meinem ... Herren demüetigst ein fuesfahl Zethuen undt bitilich anzuehalten, wölle ihme die Schuldige thäter *(Bauernkrieg)* in gunst undt Gnaden lassen anbefohlen Sein, damit nit nach deren Verdiensten in Strenge verfahren werde, iezundt ist gleichsam täglich undt Stündtlich das Haus voll von weinenden Weibern, wil hiemit Samptlich für alle in hochsten Grad gebetten haben, dass auff ihr begehren die gefänglenuss gemiltert werde. Sonsten unterlasse iah nit meines ... herren barmherzige wollmeinung (an deren dem das meiste gelegen Sey) alzeit redlich auszuestrichen, mit vermelden, dass fräche Ehrverletzliche müeler die beste Patronen dergstalten angriffen, dass Sie zwar kein gnadt verdienen, wüsse aber versichert dass Solches So Streng iezundt mit öffentlicher Execution undt rath nit werde fürgenommen werden, Sonder Könne Privatweiss mit einem undt anderm geredet werden, dass er wüsse ein Gnädige Obrigkeit underthänig undt demütigst erkennen. Weil ich dan woll weis, dass an meinem ... herrn meistentheils die gnadt beruehen wirdt, undt er das Übel abwänden kan, welle

neben den undschuldigen die Schuldigen ihme väterlich anlegen lassen Sein undt gespüren lassen was Sein Authoritet verhoffen könne. Jch bin bericht, dass von Vilmergen ein iunger Lecker Sonst meiner Schwöster Seeligen Sohn auch in verhafft, undt weil mir die ursach nit unbewüsst, hab ich nit Ursach für ihne Zue betten, als allein es welle mein ... herr den groben Unverstandt welcher Sich augenscheinlich Sehen last ansehen undt nit nach Verdienst verfahren. Bit auch für die geschworne weil Sie einmahl in allem ubelwesen redlich vermeint waren, undt mit leibs gfar Sich bearbeitet. ...

(P. S.) Der Undervogt hätt man wegen grosser Jahrzeit höchst vonnöthen. Schuolmeister mein gvatter wölle mein ... Herr für befohlen haben.

164. Abt Pius Reher von St. Gallen an Oberst Zwyer

St. Gallen, 17. Juni 1653 neuen Stils.

Inhalt: Abt Pius Reher von St. Gallen stellt fest, dass die gefährliche Rebellion sowohl im Kanton Luzern als auch in den Kantonen Bern, Basel und Solothurn beendigt und dass die Truppen der vier Kantone Uri, Schwyz, Unterwalden und Zug bereits aus Luzern zurückgezogen worden sind. Deshalb zieht er nun seine Truppen ebenfalls ab.

Quelle: Dieses Dokument (StALU-Luzern: 13/3704) ist uns von Herrn Dr. Anselm Zurfluh freundlich zur Verfügung gestellt worden. Es ist, unter seinem Datum, zusammen mit zahlreichen weiteren Dokumenten zu finden in Anselm Zurfluh, Sebastian Peregrin Zwyer von Evebach, Zürich: Thesis, 1993, ISBN 3-908544-05-X. Die Adresse des Verlags ist Etzel 7, CH 8847 Egg SZ, Schweiz.

Unseren freündlichen angenemmen und wolgeneigten willen zuevor. Woledler, gestrenger, besonders lieber herr freünd.

Wir werden durch einkomnen gewissen bericht verständiget, wie das durch die gnad Gottes (deme darumben höchster danck gesagt seie) die entstandne gefährliche rebellion und aufruher sowoln des loblichen orts Lucern als anderer dreier loblichen orten undertanen gantz widerumben gedemmet und zue alter gehorsame gebracht worden. Dessentwegen albereit der alt loblichen 4 catholischen orten völcker widerumb aus Lucern abgezogen sein sollen. Wan wir dan erachten können, man unser zum succurs geschickten volcks weiter auch nit werde bedörftig sein, als wollen wir euch freundlich ersuecht haben, selbiges auch widerumb naher haus ziehen zu lassen, damit nit etwan durch lengeren aufhalt ein widerwillen under ihnen entstehe, und in künftigen dergleichen fählen, welche der liebe Gott gnedig verhüeten wolle, sie sich zum ausziehen desto widriger und beschwerlicher erzeigen möchten, haben wir euch mit disem wenigem anfüegen wollen. Und verpleiben euch darbei mit aller gueter affection beständig beigetan.

Geben in unserm gottshaus St. Gallen, den 17. Juni anno 1653.

Von Gottes gnaden Pius abbte des gottshaus

St. Gallen

P. Pius abbt mpia

165. Sebastian Peregrin Zwyer an die Luzerner Regierung

Sursee, 17. Juni 1653 neuen Stils.

Inhalt: Die St. Galler Truppen unter Zwyers Kommando sind dienstwillig, hingegen herrscht unter den Luganesen grosser Unwille. Die Luzerner Regierung wird gebeten, fünf in Luzern sich befindliche Luganeser Soldaten ebenfalls ins Feld rücken zu lassen.

Quelle: Dieses Dokument (StALU-Luzern: 13/3703) ist uns von Herrn Dr. Anselm Zurfluh freundlich zur Verfügung gestellt worden. Es ist, unter seinem Datum, zusammen mit zahlreichen weiteren Dokumenten zu finden in Anselm Zurfluh, Sebastian Peregrin Zwyer von Evebach, Zürich: Thesis, 1993, ISBN 3-908544-05-X. Die Adresse des Verlags ist Etzel 7, CH 8847 Egg SZ, Schweiz.

Hochgeachte, woledle, gestrenge, fürsichtige und weise, gnedige, grossgünstige herren.

Alsbald zu meiner hiehero ankunft habe deroselben briefe nach Zoffingen geschikt und darzu beeden herren generalen, sonderlich dem herrn von Erlach die abgeredte noturft, auch herrn burgermeistern Waser geschriben; was mir zue antwurt kommen möchte, verbleibt Euer Gnaden und Grosgunsten unverborgen. Alhie habe ich die sachen und mit den St. Gallischen völkern in guetem stand gefunden, inmassen dieselbige bewustermassen mitzuziehen sich erklert und mache ich darumb und sonsten alle nötige disposition. Herrn haubtmann Hans Georg Reüti lasse ich morges früe mit seinen underhabenden völkern nacher Lucern ruken, der hat der listen nach in allem 109 man, bei den Lawissern habe ich durchgehend grossen unwillen gefunden, indeme herr fiscal Maderni oder mehrers die seinigen, so er bei sich gehabt, solche unguete sachen inhalt aufgezognen berichts ausgeben, das wo die herren landshaubtleute von Beroldingen, Castagna und Morosini nit getan, man sich der Lawissern völkern nit mer versichern und gebrauchen könde. Ist aber alles hoffentlich remediert, zu völliger stillung aber beliebe Euer Gnaden und Grosgunsten zu befelen, das beikommendern zedel gemes die 5 soldaten, so herr fiscal bei sich, ohne replic alhero geschafft werden, die dan in der ersten nomination des auszugs begriffen, hiesige auch zu contentieren und die truppen beisammen zu halten ein hoche noturft erfordert. Im übrigen, wan wie erst gemelt von Zoffingen mir widriges nit einkombt und anders vorfallet, so solle alles heut abgeredt und anbefolnermassen geliebts Gott exequiert werden, allein hielte ich ohnmasgeblich ser guet, das herr landvogt am Rhein die Entlibuochische huldigungsacta mitnembe, damit eventualiter die völlige huldigung könte eingenommen werden. So Euer Gnaden und Grosgunsten nechst versicherung meiner gehorsamben diensten berichten sollen. Datum Sursee, den 17. Junii 1653.

Euer Gnaden und Grossgunsten gehorsammer diener
S. B. Zwyer

Nomi di quelli sono anollati sotto la bandiera di Lugano et si trovano a Lucerna con il Signor fiscal Maderno

Francesco Amaldo di Canobio
Francesco di Marcho di Gandria
Giovanni Pietro Brocho di Calprino
Antonio Persegino di Lugano
Polidoro Bosia di Codelago

166. Samuel Frisching an die Stadt Aarau

8. Juni 1653 alten Stils.

Inhalt: Die Basler Gesandten wollen Satisfaktion und Reparation von jenen Bauern des Amtes Lenzburg, welche Angehörige des Basler Kontingents in Aarau beschimpft haben. Samuel Frisching ersucht die Stadt Aarau, die dort wohl bekannten Namen der Verantwortlichen zu melden.

Quelle: Stadtarchiv Aarau, Ratskonzept, StAAa II, 187, freundlich mitgeteilt von Herrn Stadtarchivar Dr. Martin Pestalozzi.

Auf Erklagen des Herrn Ehrengesandten von Basel, im Namen seiner Obrigkeit, dass letzthin, da ihre Völker zu Aarau, zu begehrter Hilfeleistung unserer gnädigen Herren, einkommen eine gute Anzahl Bauern Lenzburger Amts, die vor der Stadt Aarau gewesen, sie sehr trotzig und mit Schmachreden angefallen, ungebührliche Sachen an sie mutend, darum sie nicht unbillig Satisfaktion und Reparation von ihnen den Bauern zu fordern, habe ich die Herren freundlich zu ersuchen nicht unterlassen wollen, weil diejenigen, so dergleichen Insolenzen begangen, ihnen wohl bekannt sein mögen, solche mir förderlich namhaft zu machen, um sie in alle Wege zur Gebühr zu halten. Verhoffend eine ungeweigerte Willfahr, befehle ich die Herren Gottes Gnadenschirm und verbleibe

Der Herren jederzeit geneigt williger
Samuel Frisching.

167. Sebastian Peregrin Zwyer an die Luzerner Regierung

Ruswil, 19. Juni 1653 neuen Stils.

Inhalt: Am 19. Juni 1653 neuen Stils ist Sebastian Peregrin Zwyer mit den Truppen aus Sursee in Ruswil eingetroffen, morgen wird er, über den Stalden und über Wolhusen, nach Werthenstein weiterrücken.

Quelle: Dieses Dokument (StALU-Luzern: 13/3708) ist uns von Herrn Dr. Anselm Zurfluh freundlich zur Verfügung gestellt worden. Es ist, unter seinem Datum, zusammen mit zahlreichen weiteren Dokumenten zu finden in Anselm Zurfluh, Sebastian Peregrin Zwyer von Evebach, Zürich: Thesis, 1993, ISBN 3-908544-05-X. Die Adresse des Verlags ist Etzel 7, CH 8847 Egg SZ, Schweiz.

Hochgeachte, woledle, gestrenge, fürsichtige und weise, gnedige, grosgünstige herren. Deroselbigen beliebtes schreiben samt der beilag aus Entlibuoch habe ich empfangen und berichte Euer Gnaden und Grosgunsten, das ich disen abent mit dem bewusten volk von Sursee (alwo ich alles wol angestellt hinderlassen) alhier wol ankommen. So ist der herr obristwachtmeister Sonnenberg mit seinen völkern bald nach mir auch angelangt. Gliebts Gott, so marschiere ich morges umb 3 uhren mit dem fuosvolk nach Werdtenstein über den Stalden. Was armiert zu pferd ist, die proviant, monition und dabei ein guete confoi, lasse ich durch Wolhausen gehen. So würt ich mir lassen angelegen sein, vorher zu schiken, die Emenbrugg hinder Entlibuoch zu besezen. Was herrn von Diesbach ich schreibe und den Entlibuochern offen schike mit einem brieflin dabei, weisen beigelegte copia, welche samt den drei briefen von Euer Gnaden und Grosgunsten morges samt dem tag bei eignem voranschike. Was mir in einem und andern ferners begegnen möchte, underlasse ich nit von einer zeit zu der anderen gebürend zu berichten.

    Datum Russweil, den 19. Junii 1653.
    Euer Gnaden und Grossgunsten
    gehorsammer diener
    S. B. Zwyer

168. Conrad Werdmüller an Sigismund von Erlach

10. Juni 1653 alten Stils.

Inhalt: Zwei Lupfiger haben darum gebeten, nicht entwaffnet zu werden. Da sie in Mellingen gewesen sind und deshalb unter Conrad Werdmüllers Schutz stehen, ersucht der Zürcher seinen Berner Kollegen mit der Entwaffnung wenigstens so lange zu warten, bis die Zürcher Gesandten von Bern zurückgekehrt sind.

Quelle: Zentralbibliothek Zürich, Handschriftenabteilung, Manuscript S 312, Seite 121. Wir bedanken uns an dieser Stelle freundlich bei Frau Ruth Häusler.

Allererst bei Beschliessung dies. haben … Abgeordnete der Gemeinde Lupfig, im Amt Eigen bei Königsfelden, sich mit gleicher Angelegenheit, wie obige, bei uns angemeldet, und um Verschonung der Desarmierung demütig gebeten, und weilen sie je von denjenigen so auch zu Mellingen gewesen, und von uns in unseren Schirm diesfalls aufgenommen, als haben wir hiermit dieselbigen, meinem Hoch G H H General wollen dahin recommandieren, dass mit angedeuteter Desarmierung der gedachten Ausschüsse aus dem Amt Eigen so lang eingehalten werde, bis unsere Herren Ehrengesandte von Bern wiederum angelangt seien.

169. Sebastian Peregrin Zwyer an die Luzerner Regierung

Schüpfheim, 20. Juni 1653 neuen Stils.

Inhalt: Auf dem Marsch nach Schüpfheim ist es zu Plünderungen gekommen. Nach seiner Ankunft in Schüpfheim hat Oberst Sebastian Peregrin Zwyer zweimal unter Trommelschlag im Lager ausrufen lassen, dass es bei Körper- und Todesstrafe verboten sei, das Lager zu verlassen oder den Landmann zu schädigen. Zwyer versucht Kontakt mit den bernischen Truppen aufzunehmen und beabsichtigt, die Rädelsführer zu ergreifen und die Einwohner zu entwaffnen, was aber schwer halten wird, da sich die Entlebucher in grosser Zahl auf die Alpen zurückgezogen haben. Zwyer schickt den Brotwagen nach Luzern zurück und erbittet Nachschub, weil ausser frischem Käse und Fleisch im Entlebuch keine Lebensmittel aufzutreiben sind.

Quelle: Dieses Dokument (StALU-Luzern: 13/3709) ist uns von Herrn Dr. Anselm Zurfluh freundlich zur Verfügung gestellt worden. Es ist, unter seinem Datum, zusammen mit zahlreichen weiteren Dokumenten zu finden in Anselm Zurfluh, Sebastian Peregrin Zwyer von Evebach, Zürich: Thesis, 1993, ISBN 3-908544-05-X. Die Adresse des Verlags ist Etzel 7, CH 8847 Egg SZ, Schweiz.

Hochgeachte, woledle, gestrenge, fürsichtige und weise, gnedige, grosgünstige herren.

Was dieselbige durch ihren stattschreiber mir schreiben und berichten lassen, habe ich empfangen, welches mir anlass geben, unerachtet, das ich vermeint, heüten in dem dorf Entlibuoch zu quartieren, das ich doch mit dem volk gar hero gerukt. Es seind aber teils knecht aus anlass des weiten marsch und das sie gern zu essen gehabt, in etlichen kellern und heüsern eingebrochen und in einem oder zweien heüsern mehrere angriff getan und wie mir gebürt forderst zu marschieren, habe ich davon kein wisenschaft gehabt, den officieren darumb ernstlich zugesprochen und zu meiner herokunft 2 mal nacheinandern umbschlagen und bei leib- und lebensstraf verbieten lassen, das keiner aus dem quartier gange, auch keinen landman an nichts nit schedige.

Gleich zu meiner herokunft habe ich den herrn rittmeister Pfyffer mit etlichen reütern zu den pauren in ihr läger oder auf ihre wachten geschikt, zu vernemmen, was ihr verlangen und noturft sei und erfordere. Dannen solle er zu herrn obristen von Diesbach, so das Bernisch volk commandiert, reiten und mit demselbigen verstandnus und correspondenz machen, das man die redlinfüerer nit allein, so das volk für Bern geführt, gehoben, sonder auch dise inwoner disarmieren sole. Welches beede sachen hart halten werden, dan sovil ich befinde, seind dise leüt nit aus forcht, sonder deswegen und sogar die aus den Alpen mit verlassung des ihrigen, auch haus und hof, mit solcher desperation zusammengeloffen, ihren intent und bösen willen zu behaubten. Ich würt erwarten, was herr rittmeister Pfyffer und herr Ludwig von Sonnenberg, so herrn Pfyffern ich nachgeschikt, zurukbringen werden. Imitelst halte ich mich in gueter postur und wie ich wol erachte, notwendig sein werde, mit dem volk gar nach Eschlinsmath zu rucken. Ich würde aber Euer Gnaden und Grosgunsten von einer zeit zu der anderen von allen andamenti parte zu geben nit underlassen. Sonst vernimbe ich, das die pauren an underschidlichen orten und zwar starke wachten gegen den Bernischen halten. Den einten waagen, so brot geführt, schike ich umb ander und mer brot zuruk, dan der landen nichts anders zu finden, als etwas von neuer kees und fleisch. Euer Gnaden und Grosgunsten mich damit wie allezeit befelend.

Datum Schüpfen nachmitag umb 4 uhren, den 20. Junii 1653. Euer Gnaden und Grosgunsten gehorsamber diener

S. B. Zwyer

P. S.

Heüt im marsch ist mir beiligend originalschreiben von Ihr churfürstlichen Gnaden von St. Gallen behendiget worden, so ich es erst jezo gelesen habe, die materi also befunden, Euer Gnaden und Grosgunsten zu beantworten überlasse.

170. Kundmachung Berns zugunsten der Grafschaft Lenzburg

11. Juni 1653 alten Stils, 21. Juni 1653 neuen Stils.

Inhalt: Bekräftigung der hergebrachten gegenseitigen Rechtsstellung der Obrigkeit und der Untertanen der Grafschaft Lenzburg, Gränichen exemplarisch, insbesondere durch Entwaffnung, gestraft, Verbot der Landsgemeinden, Abschaffung der Steuer des Trattengeldes, freier Viehhandel und weitere Massnahmen.

Quelle: Alois Vock, Der Bauernkrieg im Jahre 1653 oder der grosse Volksaufstand in der Schweiz, dritte Auflage, Aarau und Thun: J. J. Christen, 1837, Seiten 412 bis 418.

Wir Schultheiss, Räth und Burger der Stadt Bern thun kund hiemit:

Als dann Etliche Unserer angehörigen Unterthanen und hiemit auch die Unsern der Grafschaft Lenzburg vielerlei gemeine und besondere Beschwerden, Klägden und Anforderungen, ihre gemeinen Landesbräuche, Freiheiten und Gewohnheiten, wie auch ihre unterthänige Schuldigkeiten gegen Uns, ihre Oberkeit, betreffend, Uns vortragen lassen, und aber sich Unserer geneigtwillig darüber gegebenen, möglichst willfährigen Erklärungen und Erläuterungen anders nicht ersättigt, denn dass sie vielerlei sträfliche Ungebühren verübt, daher Wir wohl Ursache nehmen mögen, sie mit einer wohlverdienten Strafe anzusehen; jedoch aus sonderbaren Gnaden und angewohnter Mildigkeit, auch wegen der hochansehnlichen Fürbitte der desswegen sich allher in Unsere Hauptstadt verfügten Herren Ehrengesandten und hohen Offiziere, welche, eben dieser entstandenen gemeinen Unruh und Rebellion Dämmung wegen, im Feld liegen, Unserer vertrauten, lieben, alten Eidgenossen von den löbl. Städten und Orten, nämlich die Hochgeachten, Wohledlen, Gestrengen, Ehren- und Notvesten, Fürsichtigen und Weisen Herren von Zürich: Herr Joh. Heinrich Waser, Bürgermeister, und Herr Salomon Hirzel, Statthalter und des Raths, als Abgesandte von der Oberkeit, – sodann Hr. Joh. Georg Werdmüller, des Raths zu bemeldtem Zürich und Generalfeldzeugmeister, – Hr. Jakob Feldmann, Landshauptmann und des Ordinari- und Kriegsraths zu Glarus, und Hr. Joh. Konrad Neukomm, Obersten und Kriegsrath der Stadt Schaffhausen, als Abgesandte von dem auch Hochgeachten, Wohledlen, Gestrengen Herrn Konrad Werdmüller, Seckelmeister und Reichsvogt bemeldter Stadt Zürich, auch Generalkommandanten der Armee von Städten und Landen löblicher Eidgenossenschaft, Zürich, Glarus, Schaffhausen, Appenzell, von äussern und innern Rhoden, und Stadt St. Gallen, haben wir uns erläutert und erklärt, wie hernach folgt:

1. Erstlich, dass sie, gemein und sonderlich, schuldig und verbunden sein sollen, nach Unserm Begehren, um eine völlige und gehorsame Wiederbezeugung ihrer unterthänigen Treue und Pflicht gegen Uns, als ihre natürliche hohe Oberkeit, den neuen Huldigungseid und was demselben anhängig, mit völliger Abschwörung und Widerrufung desjenigen unguten Bundes, Ergänzung und Wiedererstattung der Reisgelder an Uns beliebige Orte, und was diesem Huldigungseide weiters einverleibt ist, zu erstatten, item: mit wirklicher Aushergebung der Rädelsführer, also dass sowohl die zu Gränichen und andern umliegenden Orten, welche sich sonderlich ungebührlich und sträflich erzeigt, nicht allein mit der Entwehrung und Benehmung ihrer Waffen, als welche sie durch ihr absonderliches Übelverhalten verwirkt, sondern auch noch mit fernerer verdienter Strafe, je nach Gestaltsame ihres Verbrechens, sollen gezüchtigt und angesehen, der übrigen unschuldigen oder verführten gemeinen Bauersame aber verschont werden.

2. Dann das Salz betreffend, sollen sie sich alles Gewerbens und Trafigurirens müssigen und enthalten, da im übrigen Wir sie bei dem Herkommen und bisherigen Brauch des Orts einfällig verbleiben lassen.

3. Der freie, feile Kauf, Ross, Viehs dann und anderer Sachen halb, soll ihnen zugelassen, und hiemit einem jeden sein Getreid an die Ort und Markt zu führen frei gestellt sein, die da ihm beliebig und am gelegensten sind; damit aber des armen, gemeinen Mannes eine Rechnung getragen werde, soll in Unserer, der Oberkeit, Macht und Gewalt stehen verbleiben, je nach Beschaffenheit der Läufe und erheischender Nothdurft, wider die Veräusserung des Getreids und anderer Lebensmittel aus dem Land erforderliches Einsehen zu thun.

4. Das bisher bezogene Trattengeld wollen Wir aus Gnaden und zu Beförderung des Viehverkaufs aufgehoben, und sie, die Unsern, dessen ledig gesprochen haben.

5. Dieweil wider die Handwerkszünfte auf dem Lande eine durchgehende Klage geführt, und die Aufhebung derselben für nützlich gehalten und begehrt wird, so lassen wir uns solche Aufhebung gefallen. Es sollen also die Zunftbriefe wiederum zurückgefordert werden, als welche ohne das durch die klagende[67] Verständnis und Verbündnis zur Steigerung des Lohns für verwirkt zu halten sind.

6. Dannethin sintemal die jährliche Lieferung der 300 Gulden für die Beholzung eines Landvogts auf Lenzburg bestimmt und angesehen worden, als ist Unser Will und Verstand, dass es dabei verbleiben, und vermittelst dieses Erlags sie zu der Holzfuhr nicht gezwungen werden, sondern die Landvögte in ihren Kosten sich zu beholzen verpflichtet sein sollen, es sei denn, dass die unsern gutwillig etwas thun wollten, so zu ihrem freien Willen gestellt sein soll.

7. Des Pflughabers halb ist unser Verstand, Will' und Meinung, dass sie über und wider den Inhalt des Urbars nicht beschwert, sondern dass es dabei sein Verbleiben haben soll.

8. Demnach, dieweil die Haltung der Landsgemeinden durchaus verboten, und in allweg schädlich und unzulässig ist, so lassen Wir es bei dem Verbote derselben gänzlich verbleiben, wollen aber im übrigen erläutert und gemeint haben, wenn der einten oder andern Gemeinde etwas Klags- oder Bittweise anzubringen ob- und angelegen wäre, welches jederweilen und bevorderst Unsern Oberamtsleuten eröffnet werden soll, Uns dessen zu berichten, da es aber den Amtmann selbst ansehen thäte, oder derselbe, ihr Obliegen an Uns gelangen zu lassen, sich weigerte, alsdann mag eine solche Beschwerde an Unsern regierenden Schultheissen oder, so derselbe in zu naher Verwandtschaft wäre, oder den Zugang sonst nicht bewilligen wollte, an einen Heimlicher vom Rath oder den Burgern gebracht, und um einen Anzug vor Rath angehalten werden, der dann auch einen solchen Anzug zu thun schuldig sein solle.

9. Des Degenmandats halb haben Wir Uns erklärt, dass dasselbige eingestellt, und deswegen einem jeden ohne besorgende Strafe frei stehen solle, den Degen zu tragen oder nicht.

327

10. Der Brunnquellen halb, so auf eines eigenen Gütern entspringen oder ergraben werden möchten, mögen Wir wohl zulassen, dass derjenige derselben geniessen solle; da aber er dieselben gutwillig einem andren lassen wollte, oder so die Brunnquellen an anderen Orten, als auf seinen Gütern, entspringen thäten, weil die Wasser und Wasserrüns Uns zustehen, soll unser Amtsmann darum begrüsst und befragt, da aber selbige auf den Allmenden, so der Gemeinde zustehen thäten, angetroffen würden, solche zu Nachtheil der Gemeinde nicht genutzet werden, Alles jedoch Brief und Siegeln, so sonderbar hierum aufzuweisen wären, auch rechtmässig hergebrachter Landsgewähr unschädlich.

11. Auf der Unsern von Gränichen sonderbar eingegebenen Beschwerde, dieweil der alte, im Urbar vergriffene Vertrag, des zu Lehen habenden Hochwalds halb, so Unser Landvogt und Landschreiber zu Lenzburg ihnen abzuziehen vermeinen wollen, Bericht giebt, als ist Unser Will und Gesinnen, dass es dabei und hiemit bei dem Inhalt des Urbars verbleiben solle. Dass ihnen klagender Maassen, in etlichen Artikeln ihres erkauften Theil Waldes und Rechtsamen, wider ihre Brief und Siegel, von Unserm Amtsmann Eintrag beschehe, finden Wir nothwendig, dass die Brief und Siegel erdauert, und darüber der Landvogt verhört werde.

12. Über der Unsern zu Moosleerau ebenmässig besonderbares Erklagen ob den Herren von Rued, der auf die ihnen, kraft Brief und Siegel gehörigen Hochwälder bewilligten Haushofstätten und darab beziehenden Zinse halb, sollen dieselben verhört, und nach Befinden darüber abgehandelt und erkennt werden.

13. Die Obgedachten zu Rued klagen fordernder zweier Gulden, den einten wegen Gerichtserlaubung und den anderen wegen Sitzgelds; finden Wir diese Forderung nicht zulässlich, sondern wollen gehabt haben, dass solches abgeschafft und Unserer Gerichtsordnung gemäss gelebt werde, es wäre denn Sache, dass sie hierum sonderbare Rechte aufzuweisen hätten, oder dass selbige ein rechtmässiges, altes Herkommen wären, in welchem Fall es dabei sein Verbleiben haben solle.

14. Die Kirchenrechnungen mögen aller Orte vor den Herren Prädikanten und den Hausvätern derselben Gemeinde abgehört und gegeben werden, jedoch dass solches Unserm Amtsmann zu wissen gemacht werde, so er will, derselbigen beizuwohnen, oder nach Gelegenheit selbige zu überschauen, und dass nicht mehr als 10 Pfund Kosten darmit angewandt, auch darin keine andern Nebenkosten verrechnet, sondern zu Mehrung des Kirchenguts getreulich darmit umgegangen werden solle.

15. Dass sie auch zwischen Partheien geringe spännige Sachen sprüchlich hinlegen mögen, lassen Wir geschehen, jedoch dass unser Oberamtsmann bevorderst hierum jederweilen begrüsst werde, und dass allweg ein Weibel oder Geschworner der Sache beiwohne, auf wichtige sträfliche Sachen zu achten, selbige gebührenden Orts zu eröffnen.

16. Die Bodenzinse und Zehnten sollen sich währen und einmessen nach Inhalt der Urbare, und wo keine Urbare

vorhanden sind, wie es von Alter her gebraucht und geübt worden.

17. Dieweil bereits hievor Fürsehung gethan, und eine Ordnung gemacht worden, dass aus einer geringen Busse nicht eine grosse gemacht werde, und die grössere die niedern Bussen aufheben solle, also lassen wir es auch dabei verbleiben, der Meinung, dass, so ihnen eine Busse über 10 Pfund gefordert würde, keiner schuldig sein solle, selbige Busse ohne Erkenntnis des Gerichts weder den Landvögten noch den Zwingherren zu entrichten.

18. Und dieweil sie bereits die hiesige, Unserer Stadt, Satzung, angenommen, wollen wir, dass es dabei sein unveränderliches Verbleiben haben, und sie sich derselben nach richten und geleben sollen.

19. Was diesem nach die übrigen eingelegten besonderbaren Beschwerden, Klägden und Obliegenheiten antrifft, sollen dieselben auf eine andere Zeit zu unserer billigen und forderlichen Erkenntnis und Abhelfung aller rechtmässigen Klagens Ursache gestellt sein.

20. Im Übrigen wollen Wir Uns hiemit auch gegen ermeldete Unsere Lieben, Getreuen, in Gnaden geneigt und erklärt haben, dass Wir sie bei allen ihren alten Rechten, Gerechtigkeiten, guten Bräuchen und Gewohnheiten, auch Brief und Siegeln verbleiben lassen, schirmen und handhaben, hinwiederum und im Übrigen in alle Weg uns hiemit auch ausdrücklich vorbehalten haben wollen, bei allen und jeden Unsern wohlhergebrachten Regalien, Hoheit, Landesherrlichkeiten, Freiheiten und Gerechtigkeiten, Herrschaft, Gewalt und Ansehen, wie die genamset werden mögen, Unsern oberkeitlichen Stand und Einkommen betreffend, wie bisher gänzlich und ungeschwert zu verbleiben.

21. Endlich die Uns auch übergebenen Klagen unbilliger Büssung wider etliche Unsere Amtleute betreffend, derethalben Wir schon hievor die Anstellung gethan, dass dem einten und andern mit Ernst nachgeforscht und nach Gebühr darin gehandelt werde, ist hiemit Unsere nochmalige Erläuterung, Wille, Meinung und Verstand, dass solche unbillige Bussen, wenn deren sich befinden würden, durch sie, die Amtleute, denjenigen sonderbar gebührend wieder ersetzt werden sollen.

Hiemit ist Unsere schliessliche, gnädige Meinung, dass die Unsern, obgemeldt, bei solcher Unserer gnädigen Erklärung verbleiben und gelassen werden sollen, als lang ihre unterthänige Treue und Gehorsame gegen Uns, ihre hohe Obrigkeit, währen wird, dabei Wir sie auch schützen, schirmen und handhaben wollen, in Kraft dieses Briefs, zu Urkund mit Unserer Stadt Sekretinsiegel verwahrt und geben den 11. *(21.)* Tag Juni des 1653. Jahrs.

171. General Conrad Werdmüller an Bern

Zofingen, 11. Juni 1653 alten Stils.

Inhalt: Conrad Werdmüller hat dem bernischen Schreiben an ihn vom 10. Juni entnommen, mit welchem Ernst Bern an die Bestrafung der Rädelsführer und Anstifter dieses grossen Unheils geht. Er will seinen Beitrag zur Ausrottung des Unkrauts und zur Herstellung friedlicher Stabilität leisten.

Quelle: Zentralbibliothek Zürich, Handschriftenabteilung, Manuscript S 312, Seite 74.1. Wir bedanken uns an dieser Stelle freundlich bei Frau Ruth Häusler.

Hochgeachte, wohlweise, gestrenge, insonders hochgeachtete grossgünstige Herren

Aus deroselben Schreiben, von dem 10ten Juni an mich abgegangen, hab meiner hochgeehrten H. bei diesem unruhigen Geschäft habende sorgfältige Gedanken, ich mit mehrerem ersehen, und dabei erfreulich verspüren können, dass dieselbigen in täglicher Arbeit begriffen und auf allwäg dahin zielen, wie die Rädelsführer und Anstifter dieses grossen Unheils, um so viel möglich behändigt und zur Handhabe gezogen werden mögen, und weilen meiner hochgeehrten Herren obangedeutetes Vorhaben mühenlich und auch meines wenigen Bedünkens zu Usrüthung des Unkruts und hingegen höchst erforderlicher Stabilierung eines recht beständigen Friedens und Ruhewesens, gar dienstlich und wohl erraten ist, als hab mögen hochgedachte Herren … in freundeidgenössischem Vertrauen hiermit überschreiben und versichern wollen so wohl gegen der H. Amtleute hin und wieder als auch sonst alles das zu tun und mitwirken zu helfen, was zu Behändigung dieser Unglücksstifter, und sonst zu Beruhigung und Endung dieser Unruhen, kräftig und erforderlich sei wie meine hochgeehrten H. mit Erbietung dieser und anderer möglichen freund- und eidgenössischen Dienste Gottes gnädiger und väterlicher Obsorge wohl befehlend.

Datum Zofingen den 11ten Juni An. 1653.

Meiner Hochgeehrten H. guter Freund alle Zeit

Con. Werdmüller

172. Beat Zurlauben an Beat Jakob Zurlauben

21. Juni 1653 neuen Stils.

Inhalt: Der Zuger Magistrat Beat Zurlauben hat den – zur Entschuldigung in Sachen ihrer Beteiligung am Bauernkrieg in die Orte Uri, Schwyz, Unterwalden und Zug geschickten – fünf Ausgeschossenen der Freien Ämter geraten, sich an Landschreiber Beat Jakob Zurlauben in Bremgarten zu wenden. Im Besitze eines Schreibens des Abtes Dominik Tschudi von Muri haben die Ausgeschossenen beim Zuger Ammann Peter Trinkler Gehör erhalten. Die Ausgeschossenen reisen daraufhin weiter nach Schwyz, wohin ihnen Landvogt Niklaus Wipfli nachreist, um sie zurückzuholen. Beat Zurlauben redet den Ausgeschossenen zu, sich nicht zu verantworten, wenn sie niemand anklage, da sie sich sonst nur verdächtig machen würden. Rothenburger erscheinen in Zug und klagen, Luzern halte den Rechtsspruch nicht und Oberst Sebastian Peregrin Zwyer verlange eigenmächtig die Auslieferung von mehr als den bewilligten zwölf Mann. Claus Rast soll namentlich genannte Urner, Schwyzer und Zuger Verräter genannt haben und deshalb besser in Luzern als in Zug bestraft werden, da hier kein Ernst zu finden sei. Der Meienberger Untervogt Jakob Moser verwendet sich für die Freilassung von Angehörigen der Familie Villiger, was aber nicht ohne Genehmigung der Kriegshäupter möglich ist. Wenn, notwendigerweise in Gegenwart der Kriegsräte aller Orte, die Verfahren gegen die flüchtigen Teilnehmer am Aufstand in Bremgarten oder Mellingen beginnen, müssen sie öffentlich zitiert werden, damit es rechtlich möglich wird, auf ihr Vermögen zu greifen. Der Freiämter Landvogt Niklaus Wipfli lobt in Zug die Mühewaltung von Landschreiber Beat Jakob Zurlauben. Hans Martin Fischer von Dottikon hat in Zug erklärt, die Dottiker wollten ihre Strafe vor die Gemeineidgenössische Tagsatzung in Baden ziehen und den Zuger Ammann Trinkler zum Anwalt nehmen.

Quelle: Zurlaubiana AH 130/190, ein den Herausgebern von Herrn Dr. Rainer Stöckli, Zurlauben-Bearbeitung, Aargauische Kantonsbibliothek, Aarau, freundlich zur Verfügung gestelltes Dokument aus der Sammlung Zurlauben, Regesten und Register zu den Acta Helvetica, Gallica, Germanica, Hispanica, Sabaudica etc. necnon Genealogica Stemmatis Zur-Laubiani, bearbeitet von Kurt-Werner Meier, Josef Schenker, Rainer Stöckli, Serien 1 ff., Aarau, Frankfurt am Main und Salzburg: Sauerländer, 1976 ff.

... verschinen donstag *(den 19. Juni)* abendts, hab ich denen Fünf ussgeschossnen *(aus den Freien Ämtern)*, alss Maler Stökhlj *(= Stöckli, von Birri)*, *(Unter-)*Vogt *(von Wohlen)* Fenderich *(Hans)* Khuon *(= Kuhn)*, Amman *(der Abtei Muri im Amt Boswil)* Keusch *(von Boswil)* und Kochen *(= Koch)* Von Vilmärgen, Stoffel Müllern *(= Müller)* Von Esch *(= Äsch, welche in die IV kath. Orte – V ausg. LU – aufgebrochen, um sich wegen der anlässlich der Besetzung von Mellingen gegen sie erhobenen Anklagen zu verantworten und den Vorwurf, mit den luzernischen Untertanen ein Bündnis eingegangen zu sein, zu widerlegen)* grathen sy selten nit wytter Lauffen, den uff selbigen abendt mier ein gwüss bericht dyner Verrichtung halber einlangen werde, So auch beschächen und ich Jnen Zuo Ankhunfft H Sek*(elmeisters von Schwyz, Johann Franz)* Redings alssbaldt durch vettern Buwmeistern *(der Stadt Zug, Paul Müller)* Anzeigen Lassen, mit andüten das sy morndess woll wider hinder sich und selbs Zuo dier reysen möchten, umb die grundtliche Beschaffenheit Zuo Vernemmen: wyl aber sy sich uss Jr Gn. Von Murj *(Abt Dominik Tschudi)* gehebte intercession schryben vil verlassen, und so gar uff dess Nüwen H Landtvogts *(der Freien Ämter, Johann)* Städelj *(= Städelin)* anwysung, wye Moler Stokhlj Anzeigt dass er Jnen erbotten, sy sollendt kommen Und sich Vor den 4 *(obgenannten)* ohrten, der bösen Verlumbdungen halber, so über sy ergangen, entschuldigen.

So hat gestern morgens der *(Ammann von Stadt und Amt Zug, Peter)* Trinkhler *(= Trinkler)* Jnen die audientz Zwahr uff der gassen Vor mynen Herren *(Ammann und Rat von Stadt und Amt Zug)* bewilliget Nach abgeläsnem intercessionat, *(Unter-)*Vogt fenderich *(Kühn)* die Red gefuehrt, Und doch nichts anders alss die Verthädigung dess Jngenomnen Mellinger Passes berüert etc. wye nämlich Jre meynung nit böss sonders guot gewesen. Die Berner *(Untertanen)*, Jres Vorhabens, Zehinderen etc. daruffhin wyl Trinkhler fürgeben, dass herr Reding, morgens Vor synem Verreysen allhie bekhendt, dass *(der Zürcher General)* H *(Hans Konrad)* Werdtmüller *(= Werdmüller)* 1000 Mann durch die Fryen Embter nacher Bremgarten welle marchieren lassen (welches Jch doch Von H. Reding dahin nit Verstanden auch widerredt hate) ist Jnen ein schryben nacher Schwytz bewilliget, wyl sy dorthin begärt, darinn andütet wurdt dass guot wäre wan den Fryen Embteren solchen durch Zugs halber möchte Verschonet werden. Nun aber ist H Landtvogt *(der Freien Ämter, Niklaus)* wippfflj *(= Wipfli)* hernach hiedurch nacher Arth greyset in meinung sy wider Zerukh Zemahnen. Dessglychen der Weybel Von Wollen *(= Wohlen, Andreas Wartis)*, so sich by mier Angemeldet, nacherglauffen: Ob sy nun Volgen werdent gibt die Zytt, Zwahr so sy nit wytters Redendt dan wass Vogt fenderich wye obgemelt Vorgebracht: mag Jr Verrichtung weder Nutz noch schaden syn: Aber Abendts darvor da Jch sy absonderlich, umb Jre Special beschwärd oder dag befragt: hat vogt Fendrich gemeldet: Man habe vilerly Über sy gredt, alss Nämlichen, dz sy die Frystellung Anemmen wellendt: Jtem den Pundt mit Lucernischen undt Bernischen Underthanen geschworen; Jtem dass der verlümbder Jn thrüwt undt gwillet wäre, durch Fryen Embter Zuo passieren etc. demme ich geandtwortet, umb diss Letzte werde deselben Abendts mier die gwussheit einlangen umb andere Articel sich diser ohrten Zuo Verandtworten ehe sy Ankhlagt: sye verdächtig und Jnen nit Nutz, sonders ein Unbegärte Verandtwortung, sye Fast ein halbe bekhandtnus etc. mit disen und derglychen worthen Jch Jnen offenherzig Zuogesprochen. Aber woho unsere Unruhw, Zue sachen rathet, Laufft alles Zehinderfür etc.

Grad wye Nechtig abendts, Jn die 12 Mann *(vom Amt)* Rotenburg daherkhomen, darunder dry Rasten *(= Rast)* Jnsonders der Erbar Claus *(Rast, von Hochdorf)* Vorhabens sich Zuo clagen dass Lucern den Rechtspruch nit halte, Ob *(erst Sebastian Peregrin)* Zwyer 16 Mann über die zwölff fordere, Jn Suma Andere derglychen einstreuwungen: Zuo Nuwer uffrur, undt Spaltung gereichenden faltsch (h)eiten: ohne schüchen daherbringende, da hüt morgens der Claus, schon gen Menzingen Zum A*(mmann)* Trinkhler gloffen, hernach hie Zuo den Jenigen die Jnen glimpffendt etc. Thuot mier hertz und schmertzlich wehe, dass man derglychen bösen Luthen so vil gehörs mag geben. Nun ist An Jm selbs wahr dass H ob *(erst)* Zw*(yer)* Jn allen 4 ohrten, Jn syner procedur, alss die ohne consens Und wüssen derselbigen und ohne einichen Rathschlag dess Kriegsraths Vorgenommen sehr getadlet wurdt, auch U.E. *(Schultheiss und Rat)* Von Lucern übel ussdütet, dass sy hierunder die 4: ohrt übersächen, und einicher kriegs Rath uss denselben bywohnen solle. Disere empfindtligkheit und alteration, schlagt dan gar fyn, Zuo der Puren Nüwen gläüff Undt clegdten Leyder so wytth dass wan Lucern nit alssbaldt die 4 ohrt besser respectiert und sy Zum übrigen Executionen, einladen Undt Züchen thuot, Nüwe Verwarnung Zuo ersorgen:

Diewyl Vor ettwas Zytts Claus Rast (der sonsten H *(alt)* B*(aumeister der Stadt Zug und derzeitigen Stadt- und Amtsrat Hans Arnold)* Stokhlis *(= Stocklin)* Schwager ist) Allhie Jn sinem Huss solle dich einen Verräther geschulten haben, Wye *(der)* Underweybel *(der Stadt Zug, Jakob Stocklin)* Vor *(Stadt- und Amts-)*Rath Nüwlich schon berichtet hate, so hab Jch hüt morgens myn g. H. ersuocht denselben uffm Rat-huss Jnn Verhafft Und sicheren Huot Zuo behalten: biss gägen Jmme die Clag, und dz Recht darüber ergangen etc. Aber wye Jch Vernimben sye er Vom Statthalter *(von Stadt und Amt Zug, Karl Brandenberg)* einfältig in glübdt genommen worden, sich uff Jedes begären Zum Rechten Zestellen: Nun, soll er wye Andere berichtend, noch vil Andere Reden Über mich *(und)* H Ob. Zw*(yer)* Und *(den Schwyzer Ratsherrn Michael)* Schorno gredt haben, dess *(Melchior Müller, gen.)* Khue Melchers *(= Küe Melcher, von Luzern)* tagen An der syten gehabt, anzeigt er welle denselben dem Ob. Zw*(yer)* verehren, und noch ein Mässer darzuo etc. Unss all dry Verräther geschulten, darüber Jch nun angents h ob. Zwyer advisiere, Undt gedenkhe, dass man den schelmen besser Zum Seyl und An dass Ruoder *(= Galeere)*, Zuo Lucern, alss Zuo Zug, bringen möchte: dan eben hie khein ernst Zefinden.

*(Der Unter-)*Vogt *(des Amtes Meienberg, Jakob)* Moser hat mier hüt ein schyn Zeigt Von *(dem Luzerner Ratsherr)* Jost

(Ludwig) Pfiffer *(= Pfyffer)* alss Zum Caspar Steiners *(einem der Aufrührer im Bauernkrieg)* Examen bestelten schrybern deren das ambt Meyenberg dess Pundts halber entschuldiget wardt: hat mich wider ersuocht umb ledigung der Villingern *(= Villiger, aus dem Amt Meienberg)*, deme Jch anzeigt es sye dier einmal nit mehr Zuozemuothen, ohne Vorwüssen der Kriegshäuptern Zuowillfahren etc. Sobaldt man Zuo bremgarten Oder Mellingen die action anträten *(d. h. Gericht halten)* will, ist Nothwendig die Flüchtigen Zuocitieren durch öffentliche Rueff, damit uff Jr Usspliben haab und guot ergriffen werden möge, aber wen nit Von Jedem Ohr t die Kriegs Räth bywäsendt gibts khein guot End. Landtvogt wippfflj, deme Jch Zum *(Gasthof)* Ochsen *(in Zug)* ein trunckh Verehrt Ein Par stund by Jmme sambt *(den)* H. *(Zuger Stadt- und Amtsräten Hans)* Spekhen *(= Speck)* und *(Christian)* Schönen *(= Schön)* uffgehalten, gibt guote Zugnuss dyner müehewaltung: clagt sich ab der Meyenbergeren verbott syner fruchten, darinn Jch inen auch Unrecht gibe etc. wass *(der alt)* Landtvogt *(der Freien Ämter und derzeitiger Stadt- und Amtsrat Jakob)* An der Matt *(= Andermatt)* der Jmme begägnet by üch Zuo Verrichten gehabt, wundert mich. *(Hans Martin Fischer, gen.)* Laubj *(= Laubi)* Von Totigkhon *(= Dottikon)* hat gestern Kernen Von hinnen gen Kaam *(= Cham, in der Mühle)* rollen lassen. Hüt daselbsten gredt, sy wellendt entlich Jre straff gen baden *(auf die am 10. August 1653 beginnende Jahrrechnung)* Züchen, den der Knecht habe sidthero bekhendt, sye Jnen Unrecht beschächen, sy wellendt den Ammann Trinkhler Zum by stand Nemmen etc. Nun wurdt man Zyt haben allen angespunnen practiquen Zuobegägnen: Gelebts Gott der welle Unss nur die gnad Zuo bestendigen gesundtheit Verlychen: Und Vor Verneren Jnlendischen Unfrid bewahren ...

H Hauptm. *(Beat Jakob)* Knopffli *(= Knopfli, damals Kommandant in Bremgarten und gleichzeitiger Brückenkommandant in Sins)* hab ich nit wyl gehabt Zeschryben Jme myn gruoss. *(Der)* Stattschr*(eiber Beat Konrad Wickart)* sagt dass er noch 11 Kr. Jn myn abwesen empfangen, da er Von der Rüssbruggen *(bei Sins?)*, gen bremgarten khomen etc.

173. Zwyer an Luzern

Schüpfheim, 22. Juni 1653 neuen Stils.

Inhalt: Zwyer denkt, in der ihm ausgelieferten verschlossenen Kiste das Entlebucher Landespanner zu finden. Er lässt nach Unterwalden ausweichende Entlebucher verfolgen.

Quelle: Dieses Dokument (StALU-Luzern: 13/3712) ist uns von Herrn Dr. Anselm Zurfluh freundlich zur Verfügung gestellt worden. Es ist, unter seinem Datum, zusammen mit zahlreichen weiteren Dokumenten zu finden in Anselm Zurfluh, Sebastian Peregrin Zwyer von Evebach, Zürich: Thesis, 1993, ISBN 3-908544-05-X. Die Adresse des Verlags ist Etzel 7, CH 8847 Egg SZ, Schweiz.

Hochgeachte, woledle, gestrenge, fürsichtige und weise, gnedige, grosgünstige herren.

Deroselbigen schreiben vom 21. dis abents umb 9 uhren datiert habe ich heüt vormitag empfangen und was dieselbige befelen wollen, vernommen. Das panner betreffend halte ich darvor, es sei nunmer in meiner hand, das ein gewüs verschlosses köstlin, so nach der ansag des pannermeisters verborgen und das panner darin gewest, ist mir gelifert, wil erwarten, ob man dasselbig hier allein eröffnen oder in beisein der vorgesezten von dem lands was man darmit tuon solle oder nit. Nach meinem heutigen schreiben, so hoffentlich zu recht kommen sein würt, ist mir kundschaft geben worden, ob weren ein guoten teil der ausgetretnen in den Kragen, so ein gewüs bad oder würtshaus gegen Underwalden sein soll, als habe ich dem haubtmann Frischherz den herrn Ludwig Sonnenberg und N. Suter mit noch anderen 40 man mitgeben, dem Heilig Kreuz zu über die alpen geschikt und solche angestalt gemacht, das teils ihnen den weg gegen Underwalden abschneiden, die anderen aber an zwei orten den Kragen anfallen sollen, in summa der anschlag ist also gemacht, das wan man demselbigen nachkomet und die leüt dorten, das ich hoffe, diese leüt sollen erdabt werden, welches ich wol so hoch desideriere und verlange. Herr Am Rhin, herr Sonnenberg, herr Keller und ein gewüsser sekelmeister alhier haben alle ihre guete rät darzugeben, und scheint, ein gueter teil inwoner sehen gar gern, das dise bose buoben gefangen wurden. Datum Schupfen, den 22. Junii abents umb 5 uhren 1653.

Euer Gnaden und Grosgunsten gehorsammer diener
S. B. Zwyer

174. Sebastian Peregrin Zwyer an Luzern

Schüpfheim, 23. Juni 1653 neuen Stils.

Inhalt: Zwyer jagt nach wie vor nach Rädelsführern, von denen er neben Christian Schybi bereits eine ganze Reihe eingebracht hat. Die heute eröffnete Kiste enthält das Entlebucher Landespanner, das Landesfähnlein und zahlreiche Dokumente. Zwyer wird sie aus dem Entlebuch hinaus nehmen, da die Gelegenheit, sie zu behändigen, kaum zurückkehren wird.

Quelle: Dieses Dokument (StALU-Luzern: 13/3713) ist uns von Herrn Dr. Anselm Zurfluh freundlich zur Verfügung gestellt worden. Es ist, unter seinem Datum, zusammen mit zahlreichen weiteren Dokumenten zu finden in Anselm Zurfluh, Sebastian Peregrin Zwyer von Evebach, Zürich: Thesis, 1993, ISBN 3-908544-05-X. Die Adresse des Verlags ist Etzel 7, CH 8847 Egg SZ, Schweiz.

Hochgeachte, woledle, gestrenge, fürsichtige und weise, gnedige, grosgünstige herren.

Deroselbigen zwei beliebte schreiben von gestrigem dato ist mir das einte gestern abents, das ander heüt früe gelifert, daraus deroselbigen befelch in einem und anderen ich vernommen. In antwurt berichte ich hiemit, das ich in alweg den redlinfüerern und auch denjenigen, so ausgetreten, im werk nachzusezen und noch mit mehrerm ernst tuon will, wie aus der copeilichen widerantwurt schreiben an den herrn rittmeister Pfyffer deshalben und der hinderstelligen wehren wegen zu ersehen. Mein gestern ausgeschikte partei auf den Kragen ist heüt morges umb 7 uhren noch nit wider, auch kein bericht von ihnen kommen, mag nit wüssen, was solches bedeut. Was dieselbige befelen, das wegen der abstrafung der freienembterischen bauren mit herrn Werttmüller ich correspondieren solle, wil ich nit underlassen.

Wie es mit den Bernischen völkern, deren abzugs völlige disarmierung und beibringung der ausgetretnen und in dises land sich befindenden Bernischen redlinfüerern beschaffen, was ich hierumb für ernst und fleis auch betreuungen anzuwenden im werk, beliebe Euer Gnaden und Grosgunsten sich aus beeden beilagen, was herr rittmeister Pfyffer mir geschriben und deme ich antwurte, zu ersehen.

Was dieselbige von Bern mir für schreiben (die daselbsten wol heten mögen eröffnet werden) zugeschikt, seind beikommend originaliter (so ich zuruk erwarte) zu empfangen, habe mit wilferigen erbieten geantwurtet und solche den Bernischen herren obristen zugeschikt.

Ich hab seid meinen letsten schreiben noch etliche wenige derjenigen, so zue Bern gewest, und anderen bösen redlinfüereren zu dem Schibi bekomen, die ich dato nit als gefangne, sonder sonsten wol verwahren lasse, die ergste aber, die ich mermaln bericht, seind ausgerissen und noch nit zur hand gebracht. Ich siche selbsten noch nit, das die notwendige sachen also perfectioniert, doch in solchen stand gesezt, das ich noch derzeit werde abmarschieren könden, umb so vil mehr, was man jez und in diser occasion nit schlicht und erhalt immermer würt beschehen könden. Allein ich muos bekennen, nun ist die zeit gar lang, darumb lasse ich mir, wüss Gott, alles höchstes angelegen sein zu beschleinigen, habe gar gern gehört, das die einschikung teils wehren daselbsten curios und hoffentlich auch zu beförderung gueter ausrichtung selbiger sachen in der statt gefallen, auch gereichen werden.

Bei der gestrigen berichter bekomner truken, weil selbige nit beschlossen, habe ich in beisein herrn obristen wachtmeister von Sonnenberg geöffnet und allein obenhin darin und nit durch sehen, aber wahrgenommen, das darinnen das panner und landsfendlin und vermuetlich des lands briefliche documenta; bin ich willens (es befelen dan dieselbige ein anders) der ursachen mit hinaus zu nemben, das in Euer Gnaden und Grosgunsten macht sthen würt, ihren undertanen alle stund davon wenig oder vil widerzugeben, aber schwerlich mer gelegenheit sich ereignen möchte, dergleichen sachen aus disem land zu bekomen. So Euer Gnaden und Grosgunsten hiemit nechst versicherung meiner gehorsamen diensten antwurten und schreiben sollen. Datum Schüpfen, den 23. Junii 1653 morges umb acht uhren.

Euer Gnaden und Grosgunsten gehorsamer diener
S. B. Zwyer

P. S.
Bei visitierung der angedeuten Entlibuochischen truken ist ein lad und darinnen des löttschers rechnungbuoch und dabei vil correspondenz und haubtschriften dise rebellion betreffend, gefunden worden, welche ich alle herrn obristleutnant Am Rhin zugestelt. So habe ich auch das original-vidimus von herrn schultheis Kupferschmid seeligen, welches man Entlibuochischer seits halber jederweilen von Lucern erzwingen wollen, ersehen.

175. Protokoll eines bernisch-luzernischen Kriegsrates

Escholzmatt, 14. Juni 1653 alten Stils, 24. Juni 1653 neuen Stils.

Inhalt: Auf den 16. Juni 1653 alten Stils, 26. Juni 1653 neuen Stils wird eine das ganze Entlebuch bis auf die Alpen hinauf durchkämmende Rebellenjagd durchgeführt. Um den Effekt dieser Rebellenjagd zu verbessern, sollen die Berner die Grenzen stark besetzen. Wenn General Sigismund von Erlach einerseits und die Luzerner Regierung andererseits einverstanden sind, wird auf den 17. Juni 1653 alten Stils, 27. Juni 1653 neuen Stils der Rückzug der Truppen in die alten Quartiere ins Auge gefasst.

Quelle: Dieses Dokument (StALU-Luzern: 13/3714) ist uns von Herrn Dr. Anselm Zurfluh freundlich zur Verfügung gestellt worden. Es ist, unter seinem Datum, zusammen mit zahlreichen weiteren Dokumenten zu finden in Anselm Zurfluh, Sebastian Peregrin Zwyer von Evebach, Zürich: Thesis, 1993, ISBN 3-908544-05-X. Die Adresse des Verlags ist Etzel 7, CH 8847 Egg SZ, Schweiz.

Den 14/24 Junii 1653 haben sich zue Eschholtzmath die herren obristen Lerber, Zeugher, von Diesbach und Marlott von Bern, die herren obristen Zwyer, landvogt Am Rhin und obristwachtmeister von Sonnenberg wegen loblicher statt Lucern umb verfolgung und beibringung der Bernischen und Entlibuechischen usgerissnen rebellen und redlinfüehrer, die sich in Entlibuech auf den alpen (he) und bergen hin und hero ufhalten sollen (underredet und verglichen) und dan umb bederseits völker ritirada volgendergestalt miteinanderen underredt und verglichen.

Erstlichen, dass man heüt und morgens von beiden teilen nach einzogner bester und fleisigster kundschaft partyen usschicken solchergestalt und in mehrere weg fleiss anwenden solle, ob angeregte rebellen zue ergreifen und zue bekommen sein möchten, solte man aber durch das mitel nit zue der handhabung kommen mögen, sol man übermorges donstags durch die einwohner des lands Entlibuech und zue vorgenomner gnuegsamer underred mit den gedachten einwohneren das ganze land, berg und tal, alp und weiden, durchstreifen und darmit ein allerfleisigste jage anstellen, ob villicht durch das mittel dise rebellen zue bekommen weren. Uf das aber dise jäge desto fleisiger und nuzlicher abgange, werden die herren obriste von Bern verschaffen und solche angestalt machen, dass die gränzen von ihrem land gegen dem Entlibuech wol verwachet, fleiss und angestalt gemacht, dass uf den gränzen solche rebellen erdappet oder abgehalten werden, so sol man an seiten der Luzernischen herrn commendanten nach Underwalden und Wilisaw schreiben, dass man von beiden seiten gegen disen gränzen des lands Entlibuech solche angestalt machen solte, damit dass bei vorhabender jäge niemand weder gegen Wilisaw noch Underwalden usrissen könde, sonder erdappet werde. Inmittelst dis verricht wird ist abgeredt, dass man beiderseits bei herrn general von Erlach und loblicher statt Luzern sich bescheids erholen solle, ob man nit zue gewinnung der zeit und ersparung groser unkostens daruf folgenden freitag den 17/27 dis beiderseits abziehen und ein jeder teil in seine alte quartier rucken solle. Underdessen uf den fahl, dass man die redlifüehrer zum teil oder gänzlichen durch das ein oder andere obangedeute mittel nit bekommen oder habhaft werden möchte, sol man von dessetwegen nit ussezen und underlassen, sonder ist abgeredt, das man publicieren solle, dass welcher von den Bernischen rebellen und redlifüehreren nuen bekommen oder liferen wurde, deme solle von der herschaft Bern, ingleichem welcher einen oder mehr von den Entlibuechischen usgetretnen bekommen oder liferen solte, von der statt Luzern und also von jedem stand uf jede person hundert gulde baares gelt geben werden. Item so sol man offentlich publicieren und meniglich intimieren, welcher solche rebellen behergete, dach und underschlupf gebe, item wo einer oder der ander solche wüsste und nit offenbarte, der sol leib und leben verfallen und darumb an leib und guet gestraft werden. Wan auch dise mittel nit verfenglich ist abgeredt und den oberkeiten überlassen, dass sie sich gwüsser zeit verglichen und jede obrigkeit hundert feurrohr under gueter conducta ins land schicken, dise usgetretne rebellen und redlinfüehrer und wer sich ihrer annemmen, schatten und schirm geben solte, (und) zue verfolgen und wilkürlich auch an leib und leben strafen; beiderseits·obrigkeiten aber anheimsch gestelt, nach besseren mitlen zue ergreifen und zue befolen, alles nach ihrem guetfinden und gefallen. Actum ut supra.

176. Zwyer an Luzern

Schüpfheim, 26. Juni 1653 neuen Stils.

Inhalt: Morgen marschiert Zwyer mit seinen Truppen nach Sursee zurück, wo er seine Entlassung erwartet. Zwyer hat gestern von Heiligkreuz aus das Land überblickt und sich angesichts der Berge, Täler und Alpen Rechenschaft von der Schwierigkeit gegeben, die flüchtigen Rebellen zu fassen.

Quelle: Dieses Dokument (StALU-Luzern: 13/3718) ist uns von Herrn Dr. Anselm Zurfluh freundlich zur Verfügung gestellt worden. Es ist, unter seinem Datum, zusammen mit zahlreichen weiteren Dokumenten zu finden in Anselm Zurfluh, Sebastian Peregrin Zwyer von Evebach, Zürich: Thesis, 1993, ISBN 3-908544-05-X. Die Adresse des Verlags ist Etzel 7, CH 8847 Egg SZ, Schweiz.

Hochgeachte, woledle, gestrenge, fürsichtige und weise, gnedige, grossgünstige herren.

Was dieselbige mir auf mein vorgestriges abents datiertes schreiben und gehorsambe relation antwurten und befelen wollen, habe ich disen morgen empfangen, solle demselbigen mit einem wort fleissig nachgelebt werden.

Gestern hat sich von den Bernischen völkern etwas insolenzen zugetragen, die herr obrist Morlott in kraft der beilag entschuldiget. Ich hab aber noch gestrigen abents deswegen herrn obristen von Diesbach die noturft doch mit höflicher manier, als herr Pfyffer solle getan haben, zu versthen geben. Disen morgen empfange ich antwurt von herrn von Erlach inhalt copeilicher beilag, davon ermelten Bernischen herren obristen ich auch abschriften schike und sie berichte, das ich morges sambt dem tag mein abzug auch nemmen in dem versehen, das wie sie sich heüt ihrem schreiben nach etwas zuruk begeben, morges völlig in ihre alte quartier, und wie ich sie bite, mit gueter ordre retirieren werdent. Ich lasse zuvor berichtermassen zu besserer versicherung den herrn rittmeister Pfyffer an den Bernischen grenzen mit den Italienern zu pferd sthen, ich aber nimbe mein zug mit denen völkern, so ich aus Sursee füert, mit bester ordnung (darumb ich allen nötigen befelch erteilet) den graden weeg auf Wolhausen und Buttisholz zu, daselbsten wil ich etlich stund rasten und hernach auf den abent gar nach Sursee ziehen und daselbsten Euer Gnaden und Grosgunsten ferneren befelch und wie ich gestern bedeuten lassen; wan es mit deroselbigen gusto beschehen kan, mein völlige entlassung erwarten will.

Heüt habe ich hier ein patent in forma eines mandats, wie durch beikomende abschrift zu sehen, welches die herren Am Rhin, Sonnenberg und ich underschreiben und siglen werden, begriffen, den vorgesetzten aus disem land in zimblicher anzal vorgelesen, solches und alle andere noturft und Euer Gnaden und Grosgunsten besten willen, wan man nur selbigen teilhaftig machen wolle, solchergstalt zu erkennen gegeben, das vil darvon geweint, alle wie sie sich bezeigt, es wol aufgenomen und gar vil guets versprochen und hoch danket, wie herr obristleutnant Am Rhin und herr obristwachtmeister von Sonnenberg (die mit dem volk, so aus Lucern mir zugeschikt worden), den weeg über den Promekh wider daselbsthin nemmen, referieren werden, darauf ich mich beziehe und verhoffe, es werden beede herren Euer Gnaden und Grosgunsten nit allein ausfüerliche relation tuen aller verloffenheit der enden, sonder dabei attestieren, das ich an meinem möglichsten zutuen nichts ermanglet, inmassen ich mit warheit schreibe, ich es gern besser und volkomner gemacht, wan ich gekönt.

Solle Euer Gnaden und Grosgunsten dabei nit verhalten, das ich alhier ein fülin oder ein jung röslin beger zu kaufen und als die inwoner solches vernomben, haben sie mir solches verehrt; das habe ich der ursachen angenomben, damit unguete leüt, so meine actiones, so zu Euer Gnaden und Grosgunsten diensten ich verrichte, tadlen, confundiert werden. Ich habe aber ermelt ros nit vergebens annemben wollen, sonder den gebüerenden valor darfür par bezalt, das ich nit verehrung (das was obgemelt) sonder das was obgemelt zu suochen ursach habe.

Man würt zwar heüt die berichte jege vornemben wie albereit im werk, ich habe aber gestern das land von dem Heiligen Creuz von so vil bergen, täler und alpen übersehen, das ich mir kein hoffnung mache, die ausgetretne rebellen zu bekommen sein werden. Ich bin aber gründlich berichtet, das der hier geweste schuolmeister sein weib und kind zu Giswill in Underwalden aufhalte und er, wo nit alle nacht, doch über die ander oder drite dorthin komme. Wan also Euer Gnaden und Grosgunsten disen bericht nach Underwalden schreiben, die stellung begeren, werden die herren von Underwalden mitel haben, den buoben zu fangen und liferen. Was mir sonsten von Underwalden und Wilisaw in antwurt zukommen, beliebe denselbigen aus mitkommenden originalia referieren zu lassen. So denselbigen nechst versicherung meiner gehorsamben diensten abermal schreiben und berichten sollen. Datum quartier Schupfen, den 26. Junii

Euer Gnaden und Grosgunsten
gehorsammer diener
S. B. Zwyer

177. Conrad Werdmüller an Aarau

17. Juni 1653 alten Stils.

Inhalt: Es ist nicht klar, wo der zu den Armeen General Conrad Werdmüllers gehörende Scharfrichter hingekommen ist. Es braucht nun aber zwecks Anwendung der zur Erforschung der Wahrheit nötigen Folter in Zofingen dringend einen Scharfrichter, weshalb die Stadt Aarau gebeten ist, den ihrigen zu schicken.

Quelle: Stadtarchiv Aarau, Ratskonzept, StAAa II, 187, freundlich mitgeteilt von Herrn Stadtarchivar Dr. Martin Pestalozzi.

Dieweil unser Scharfrichter, so wir zu unseren unterhabenden Armeen gedingt, nicht allein nicht bei der Stelle, sondern wo er hinkommen gar nicht zu erfahren, und aber wir desselbigen wegen Verhörung der allhiesigen verhafteten Personen und Gegenden selbigen vornemender, und zu Erkundigung der Wahrheit erforderlicher Tortur, eilfertig von Nöten haben, als langt hiermit an dieselbigen unser freundliches Ersuchen Sie den Ihrigen Scharfrichter mit aller Notwendigkeit hierzu verfasst uns eilfertig zusenden wöllind in Erwartung dessen tun wir uns neben Erbietung reciprocierlicher Gegendienste dem Schirm des Allerhöchsten uns sämtlich wohl befehlen.

Datum Zofingen den 17. Juni 1653.
Der Herren
freundwilliger
Conrad Werdmüller, General

178. Zwyer an Luzern

Zofingen, 30. Juni 1653 neuen Stils.

Inhalt: In Zofingen sind Schwyzer und Zuger angekommen, die sich in die Rechtssprechung mischen wollen. Zürich und Bern einerseits, Solothurn andererseits sind sich in Sachen

Kriegsentschädigung nicht einig. General Conrad Werdmüller klagt darüber, dass Ammann Peter Trinkler von Zug in Suhr öffentlich gefragt habe, wer denn den Generalen so viel Macht gegeben habe, dass sie eine eigentliche Monarchie einrichten könnten. Es ist gelungen, Trinkler vor einem Affront zu bewahren, es wäre aber besser, wenn dieser Mensch zu Hause bleiben oder sich in seinem Tun und Lassen mässigen würde. Es scheint nötig, den Luganesen den Tadel der regierenden Orte wegen Mängel in ihrer Truppenhilfe mitzuteilen.

Quelle: Dieses Dokument (StALU-Luzern: 13/3722) ist uns von Herrn Dr. Anselm Zurfluh freundlich zur Verfügung gestellt worden. Es ist, unter seinem Datum, zusammen mit zahlreichen weiteren Dokumenten zu finden in Anselm Zurfluh, Sebastian Peregrin Zwyer von Evebach, Zürich: Thesis, 1993, ISBN 3-908544-05-X. Die Adresse des Verlags ist Etzel 7, CH 8847 Egg SZ, Schweiz.

Hochgeachte, woledle, gestrenge, fürsichtige und weise, gnedige, grosgünstige herren.

Deroselbigen schreiben *(habe)* von 28. dis habe ich durch widerbringern *(die)* wol empfangen und wil nebent herrn statthalter Meyern ich alhier tuen, was möglich. Herr statthalter Meyer würt bericht haben, was für herren von Schweiz und Zug herkommen, sich auch in die hiesige sach einzumischen und demnach beschlossen, das die drei comandanten ein jeder fünf zu rechtsprechern ernambsen solle und wie wol die intention war, von kriegsofficieren selbige zu nemmen, hat doch herr statthalter und ich erachtet, die fünf catholischen ort ohne underschid dis orts zu ehren; als habe ich mich auf diejenige personen inhalt der beilag resolvieren müesen, weis also nichts anders, als das sie heüt werden an das werk schreiten und der sachen einen anfang machen.

Die herren von Solothurn wolten ihre geliferte gefangne gern wider zuruk oder das sie am leben möchten perdoniert werden, sonst erfordert der herr general Werdtmüller für sein corpus allein den herrn von Solothurn 30.000 k. unkosten ab. Wie ich verstand, heten sie vorgestern, wan Bern ihnen auch nichts abgefordert und man ihnen ihre gefangne zu eigner abstrafung übergeben, sich zu ermelten 30.000 k. verstanden. Demnach aber Bern auch kosten fordert und man die abstrafung der Solothurnischen felbaren hier zu tuen der consequenten halber pretendiert, sagt herr von Staal, das seine herren den herren von Zürich das recht bieten und nichts geben wollen. Nach ankunft der herren gesandten von beeden obvermelten orten suocht man die catholische hier anwesende gesandten à parte zusammenzuziehen. Gott woll, das man davon nit schedliche misverstendnus verursache.

Bildlegende nächste Doppelseite:
Ihrem Selbstverständnis entsprechend verteidigen sich zwei der Drei Tellen im Entlebuch bis zum letzten Atemzug. Der Tod von «Unternährer und Hinterueli» (wie die ursprüngliche Legende des Bildes besagt) beschloss militärisch gesehen das letzte episodische Aufflackern des luzernischen Bauernkrieges im September und Oktober 1653. Die moralische Wirkung der emanzipatorischen, an der Befreiungstradition der Urschweiz orientierten Botschaft ihres Lebens verhinderte im 17. Jahrhundert den Absolutismus in der Schweiz und wurde im 19. Jahrhundert von Martin Disteli (1802–1844) in seinem Wirken für die liberale Erneuerung des Landes verwendet. Abbildung aus dem Buch «Martin Disteli, ... und fluchend steht das Volk vor seinen Bildern» von Lucien Leitess, Irma Noseda und Bernhard Wiebel, Olten: Kunstmuseum Olten, 1981.

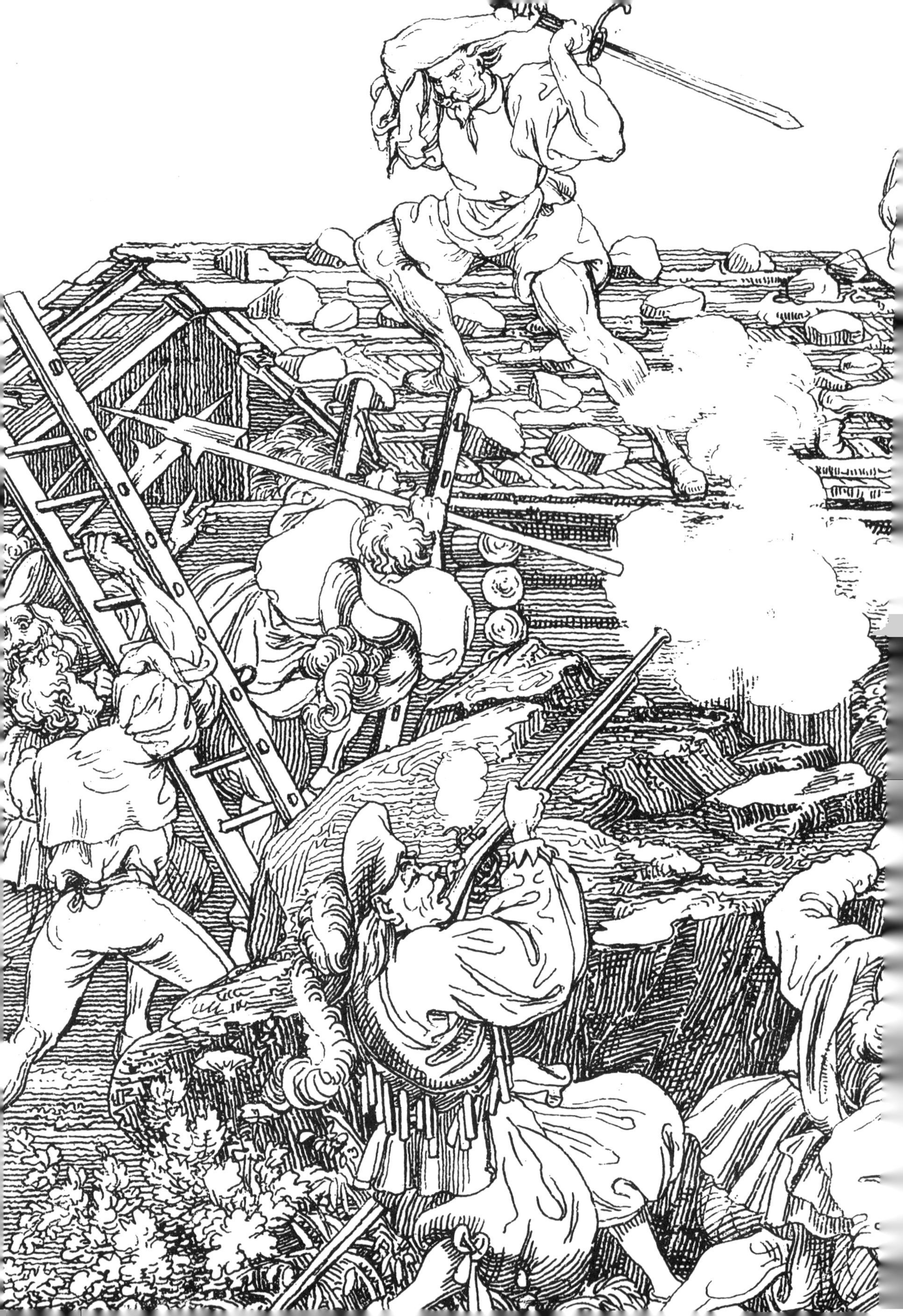

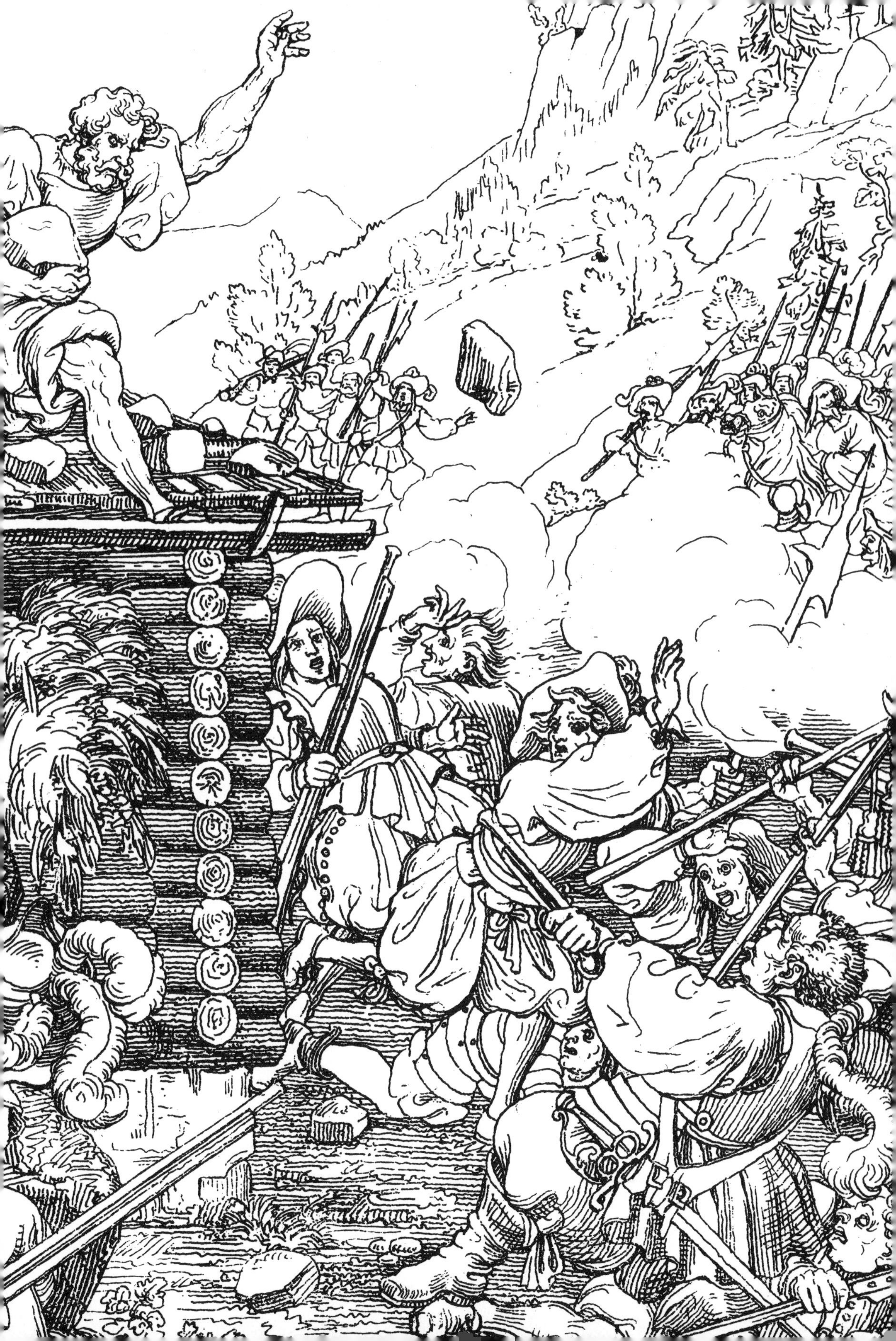

Herr von Erlach sagt mir, er hete nacher Bern geschriben, ob die noturft, so man von dem Schibi begert, nit könte schriftlich verhandlet und er hier in die execution möchte gezogen werden.

Was sonst herr obristwachtmeister von Sonnenberg gestern wegen disarmierung etlicher Wilisawer dorfschaften hinderbracht, ist die intention, das allein etliche dörfer, so angrenzen, die allerhand underschlupf etlichen flüchtigen geben und de novo conventicula gehalten, gemeint.

Was Euer Gnaden und Grosgunsten wegen der bartscherer befelen wollen, habe ich die notwendige verordnung getan und solle denen von Sursee auch die gebür zu verstehn gegeben werden.

Ich habe gestern bei den herren generalen und herren gesandten von Zürich und Bern under dem titul der relation aus Entlibuoch ein absonderliche audienz gehabt und ein engere verständnus zwüschen Bern und Lucern zu erhaltung beederseits undertanen gehorsambe und anders, was mich des gemeinen wolstands halber notwendig bedunkt, vorgeschlagen, so alles wol ausgenommen und dessen execution guet und nötig erfunden worden.

Herr general Werdtmüller sagt mir, das man die sachen wegen der freien embter zu Mellingen heüt werde vernemben, mich wil aber gedunken, herr Werdtmüller werde sein erste pretension wollen mantenieren und sich der erkantnus des mehrs, so es nit zu seinem contento ausfalt, nit underwerfen wollen. Were mir leid, wan von dergleichen sachen einicher misverstand erfolgen solte.

Herr general Werdtmüller klagt sich gar übel umb gehaltener reden des herrn amman Trinkhlers zu Sur ausgestossen, indeme er vor seinem underhabendo corpo (ger) herren officieren geredt haben soll, wer den generalspersonen so vil gwalt geben, das sie ein solche monarchia exercieren, und dergleichen wort.

Es ist darauf gestanden, wan die herren stathalter Meyer, Schorno, Zur Lauben und ich uns nit in das mitel geschlagen, das gedachtem herrn Trinkhler were ein affront beschehen, were sonsten guet, diser mensch verblibe zu haus oder moderierte vil von seinen unbedechtlichen reden tuon und lassen.

Dahero hat man gar gern vernomben, das daselbsten etliche Rottenburger und darunder der Claus Raast eingebracht, und klagt Zürich ser, das gedachter Claus Raast die freien embter pauren, was teil getan, er verursachet und beklaget sich die abgesandten von Basel, das gedachter Raast nun jahr und tag die sedition im Baslerischen machiniert hete, als begert man (dalh) daher instantissime, das mergemelter Claus Raast auf das allerbaldest, aber gar wol verwart, alhero gelifert werde.

Euer Gnaden und Grosgunsten habe hiebevor die inconvenentia, so zu Lawis vergehen, representieren lassen; was nun der erzpriester Morosino seinem brueder schreibt und bericht, weiset beigelegter extract. Darüber hielte ich ein hohe noturft, das dieselbige hiesigem convent schriben in gemeiner regierenden orten namen, die gebür nach Lawis zu resentieren und der bedadtleten mehrer qantitet (!) (halber) manschaft halber, so herausgeführt worden, zu erkleren, sonderlich aber von gesambten orten den anwesenden Lauwiseren geben wurde, was ich hiebevor bedeuten lassen. Gott erhalte dieselbigen in allem wolergehn. Datum Zoffingen, den 30. Junii 1653.

Euer Gnaden und Grosgunsten gehorsammer diener

S. B. Zwyer

(Herr oberst Zwyer us Zoffingen 30. Junii 1653; empfangen dato uf den abent, vor rat den 1. Julii abghört und beantwortet.)

Beilage:
Extract schreibens us Lowis von dem 25. Junii 1653.

Der her kan nit glauben, wie der fiscal Maderno vil von dem herrn und den soldaten usgibt. Insonderheit sagt er, der herr hette sie bald mit gwalt ertrenckt, indeme er sie mit steken gezwungen, in das schiff zue gehen, und solches also überladen, dass es undergangen und die armen soldaten mit grosser gefahr des lebens darvon kommen. Item die soldaten seien gar übel gehalten worden, bis er nacher Sursee kommen, als er solches aldorten vernommen, habe er verschaffet, dass ihnen alsbald gelt geben und sonst besser tractiert worden. Die oberkeit zue Lucern habe seinen 10 personen, für die wenig zeit er aldorten gewesen, 80 dublen geben und seie ihme gar grose ehr bewisen worden, alle sachen, so er redt, weren zue lang ze schreiben; zeiger dis wird sie mündlich erzellen etc.

Copia d'una lettera di Lugano dalli 25. Giugno 1653.

Con l'occasione del presente messo non ho voluto mancare d'avisarvi di quello, qui publicamente si parla contro li ufficiali tutti della militia di Lugano, acciò si possa pigliare quel ispediente, che sarà stimato necessario, è cosi si dice.

Che lor signori habbino condotto maggior gente di quello ricercana la superbà et che contro la volontà et concerto fatto con il conseglio di communità ciò sia seguito et che si sia fatta la mostra a Bironico a quest'effetto.

Che quando fù licenziata la gente dell'altre communità sarebbe stata licenziata ancor questa se li ufficiali havessero voluto dimandare la licenza anzi che loro signori Medesimi si syno essebito di star là.

Che habbino condotto quantità de cavalli et tratenuti. E dal conseglio di communità è stato detto, che toccarà loro signori a pagarli, tralascio le altre cose.

Il signor capitano ha fatto precetto al Canepaso della communità che non pagi le partite dell'ufficiali della militia tassate nello taglio etc.

179. Brief Johannes Grimms von Burgdorf

Circa Ende Juni 1653 neuen Stils.

Inhalt: Während sieben oder acht Wochen ist Burgdorf isoliert gewesen und von den Landleuten bedroht worden, so dass unter anderem der gesamte Zahlungsverkehr zum Erliegen gekommen ist. Nach der Landsgemeinde von Langenthal hat Niklaus Leuenberger durch die Stadt ziehen wollen, die Genehmigung aber nicht erhalten. Daraufhin ist, an einem Sonntag, alles ausserhalb der Stadt vorhandene Gut bis zu den Schweinen und den zum Bleichen ausgelegten Tüchern in die Stadt geholt und diese, unter Aufbietung der gesamten Mannschaft und Heranziehung der Frauen zu Hilfsdiensten, in Verteidigungszustand gesetzt worden. Am darauffolgenden Mittwoch ist angesichts des Vorbeimarsches der Oberburger und des angekündigten Auftauchens von 1000 Land-Luzernern erneut Verteidigungszustand erstellt worden. Den Bauern, die sich bei Oberburg gelagert haben, hat man, gegen Geld, Speis und Trank hinausgeliefert. Ihr Nachschub aus Langenthal, Melchnau und anderswo her ist neben Burgdorf durch in Richtung Bern geführt worden. Der bernische Kommandant im Schloss wird durch die Burgdorfer von der Feuereröffnung abgehalten, um die Stadt gegen Reppressalien sicherzustellen. Auf dem Rückzug nach Abschluss des Murifeldfriedens hat Burgdorf die unter anderem mit Knütteln bewehrten Bauern während zwei Tagen durchziehen lassen, jedoch immer nur eine Fahne auf einmal und mit abgelöschten Lunten, aber unter dem Klang von Trommeln und Pfeifen. Die Bauern haben den Murifeldfrieden gebrochen und Aarau belagert. Deshalb hat die Berner Regierung eine Armee über die Neubrücke ausrücken lassen. Diese hat Jegenstorf geplündert. Zu dieser Zeit hat der Burgdorfer Kommandant einen Ausfall unternommen und eine bäuerliche Schildwache bei Oberburg ausgehoben. Die Gefangenen sind jedoch, nach einer bäuerlichen Reklamation, wieder freigelassen worden. Darauf ist ein neues bäuerliches Heer aufgetaucht, dessen Offiziere in der Stadt übernachtet haben. Dieses Heer hat man nicht passieren lassen. Tags darauf sind von Utzenstorf her, wo sie rauh gehaust hatten, 100 Reiter der bernischen Armee mit drei Kanonen in Burgdorf eingetroffen. Nachdem diese Reiter Burgdorf wieder verlassen haben, hat sich das vorübergehend zurückgezogene bäuerliche Heer ein weiteres Mal gezeigt, ist nun aber vom Schloss aus beschossen worden. Sie haben sich nach Herzogenbuchsee verzogen, wo sie ihren Lohn empfangen haben und 40 Firsten verbrannt sind. Viele dem Briefschreiber Bekannte sind umgekommen, unter ihnen Metzger Gygli in Utzenstorf. Der Widerstand bricht zusammen, es wird gehuldigt. Jetzt geht der Marsch auf das Entlebuch zu. Die Soldaten verderben Lebensmittel und plündern. Niklaus Leuenberger ist mit geschorenem Bart und verbundenen Augen von Brandis nach Burgdorf gebracht und danach mit 40 anderen Gefangenen aus dem Schloss Burgdorf nach Bern geführt worden. Gefangene aus Bätterkinden, Utzenstorf, Langnau, Aarwangen, Aarburg, Brugg und anderen Orten werden, zum Teil namentlich, erwähnt. Eine Krankheit hat diejenigen Frauen und Männer befallen, die auf dem Breitfeld gewesen sind.

Quelle: Heinrich Türler: Die Geschichte des Bauernkrieges und Notizen über Niklaus Leuenberger, in: Heinrich Türler (Hrsg.), Neues Berner Taschenbuch auf das Jahr 1903, Bern:

K. J. Wyss, 1902, Seiten 227 bis 235. Der Schreiber des Briefes ist Joh. Grimm, 1601–1665, Notar, Zollner und dann Stadtschreiber von Burgdorf. Der Adressat, sein Sohn, geb. 1634, war zuerst Gürtler, dann Apotheker.

Unser aller freundlichen Gruss zuvor! Gestern hab ich ein Schreiben von Zeigeren diss, Karrhans genannt, empfangen, da ich dann schon lang auf solche gewartet, und selbst gern nach Basel geschrieben hätte, bey diesem leidigen Unwesen aber nicht fortkommen können, desswegen mich nicht wenig bedauret, dass nicht allein bissharo nit möglich gsin, mit unseren und anderen Herren um Waaren zu handlen, ihnen zu schreiben, sonder auch kein Gelt nach Schuldigkeit zu liefern, und solches auf die Strass zu wagen, weilen wir bey 7 oder 8 Wochen her in solcher Gefahren gestanden, dass wir uns stündlich eines Überfalls besorget, wie uns dann sehr vielmahl schriftlich und mundlich von den Landleuten betreüwet gewordten, uns in unserer Stadt zu überrumplen, alles umzukehren und niemanden under uns zu verschonen, wie dann an einem Sonntag, als Klauss Leuenberger, der Bauren Obmann, von der Lands-Gemeind auss Langenthal durch unsere Stadt passieren wollen, aber gewehrt worden, hernach neben der Stadt für marschiert, Lärmen geben, viel Bauren ihnen folgeten und ein Anschlag auf unsere Stadt hatten, dass man in Eil alle Sachen, so aussert der Stadt waren, es sey Frucht in Spycheren, auch Vieh und Schwein auf der Weyd, sammt dem Bleiker alles Tuch ab der Matten um 2 Uhr nach Mittag in die Stadt gebracht, hernach die Thor allerseits beschlossen, die Burgerschaft, Knechten, Diensten und Jungknaben, so sich wehren können, in Postur gestellt und um die Ringmauren allerseits abgetheilt, die Mägdt und junge Weiber aber Kissligsteinen in Körben auf alle Thürn und Litzenen tragen müssen, dass daher bey g'meinem Volk, sonderlich Weiberen, grossen Schrecken entstanden, dass sie nit gwüsst, wo auss und an. Gleichwohl aus Gottes Verhängnuss haben sie nicht kommen dörfen, sonder sind zuruckgeblieben. Hernach Mittwochens ist der gantze Schwall von Bauren ob unserer Stadt nur im Schachen unter Oberburg bey unserem Feld aus dem Emmenthal mit etlichen Fahnen, so wir auf dem Kilchhof ring und wohl gesehen, mit Trummen und Pfeiffen herab marschirt, auch Bricht kommen, dass etlich 1000. Luzerner über den Leüwen herabkommend, etliche Stuck bey sich habind, Willens, selbige ab der Gyssnauw auf unsere Stadt zu pflanzen und uns mit Macht anzugreifen, da dann abermahl alles, was noch aussert der Stadt gewesen, hinein gebracht, alles, was die Gewehr brauchen können, so wie die geistlichen Herren, so sich harzu gern brauchen lassen, aus dem Zeughaus mit Musqueten, Bley, Bulver und Lunten, hiemit aller Munition in Eil wohl versehen worden, uns auf den letsten Mann zu wehren, da dann nit allein die Mannschaft, sonder auch die jungen Knaben, denen man den alten Märit und die hoche Gassen um das Kaufhaus mit einem Capitan zu verwahren und deren über 60. waren, sich mannlich und unerschroken erzeigt, unser Rudi auch mit Freuden dran zogen, die Offizierer und Befelchshaber auf der Rund zu Nacht scharf angeschrauwen, dass sich männiglich dieser Knaben verwunderet, viel Burger auf die Thürn, Thor, Litzinen und Mich auf den Kilchhoof bestellt, da dann Gott der Herr den Bauren ihren Sinn abermahlen geändert, dass, ob sie gleichwohl mit mehrerer Stimm Willens gsin, unsere Stadt im Durchpassieren zu überrumplen und einzunemmen, hernach auf Bern den Marsch zu nemmen, sie gleichwohl zu Oberburg und selbs herum sich gelägeret, selbige Nacht ein Fass mit Wein, viel Brot und andere Speisen um Ihr Gelt begehrt, so man ihnen auch gutwillig folgen lassen, und Morgens früh mit gantzem Marsch nach Bern zogen, allda ihr Lager auf dem Breitfeld gemacht, daselbs sie etlich Tag gelegen, hierzwischen viel Proviant auf Wägen von Langenthal, Melchnauw und anderen Orten ihnen neben unserer Stadt durch zugeführt worden, welcher unser Commandant im Schloss mit seinen Soldaten wehren und Feur auf sie geben wollen, jedoch durch unsere Herren mit Bitt abgewendet und solche Wägen mit Proviant, jedoch ob Munition darbey ersucht worden, passieren lassen. So diese Wägen wärind hinterhalten worden und das Volk, wie sie hernach bezeuget, uns auf den Hals kommen wäre. Da aber Frieden gemacht sein solle, aber nit gehalten, dass sie darauf die Neuw Brück zu Bern einnemmen wollen, die Studenten aber allda brav Feuer auf sie geben, dass sie ungeacht ihres Schantzens abgetrieben worden, aber mit Bedauren mein alten Herrn Hauptmann Herman[68] das Leben kostet, sind sie selben Tags ab, und ein Fahnen nach dem anderen durch unser Stadt gezogen, jedoch mit ausgelöschten Lunten, auch kein Fahnen hat man hineinziehen lassen, der Ander, so hervor herein kommen und kalatzet, sey

Bildlegende nächste Doppelseite:
Die Rache der Sieger: Bundesobmann Niklaus Leuenberger, nunmehr ohne Bart, wird als Gefangener in die Stadt Bern geführt. Abbildung nach einer Zeichnung von Martin Disteli aus dem Buch «Schweizer-Geschichte für das Volk erzählt» von Johannes Sutz, La Chaux-de-Fonds: Verlag F. Zahn, 1899.

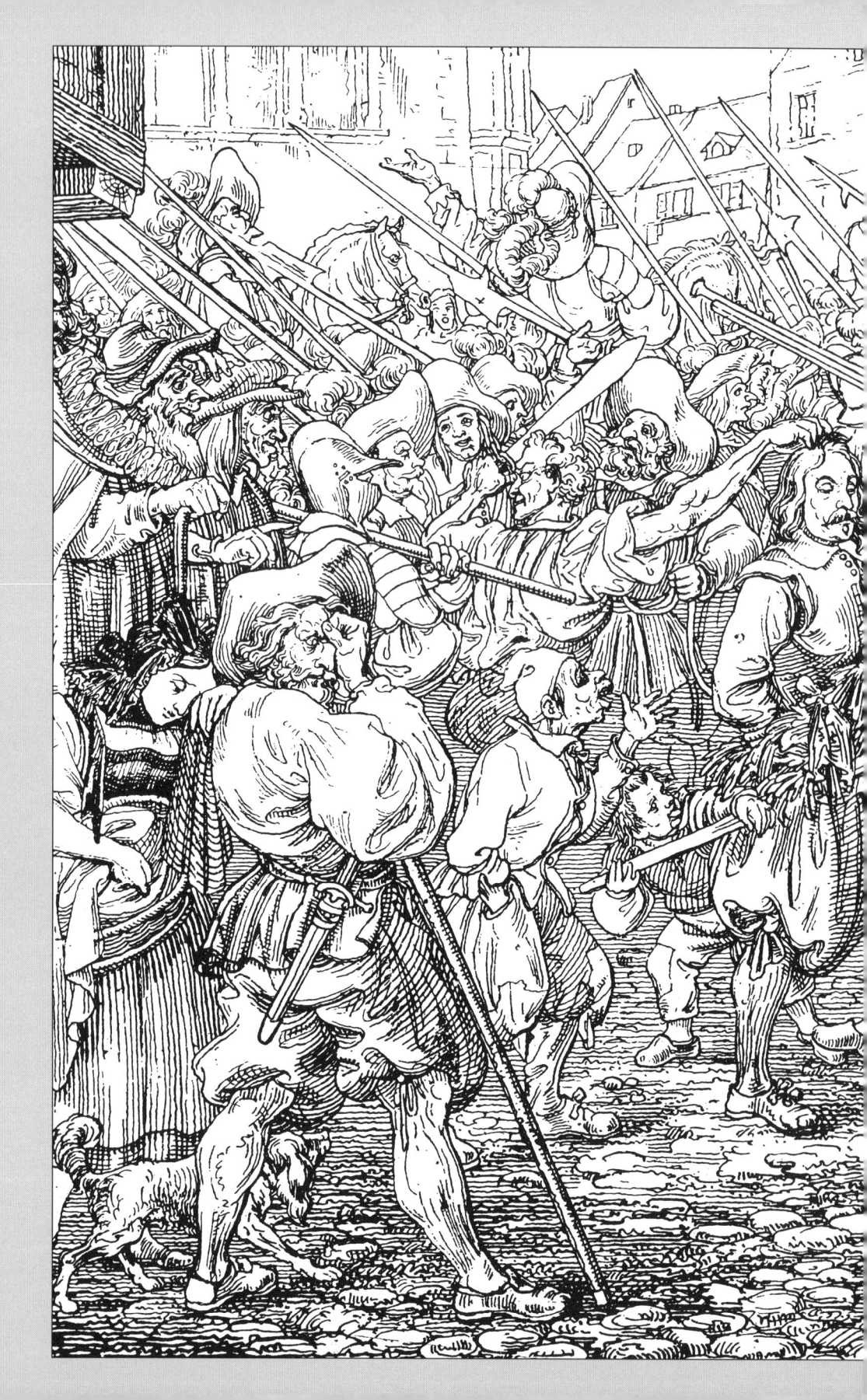

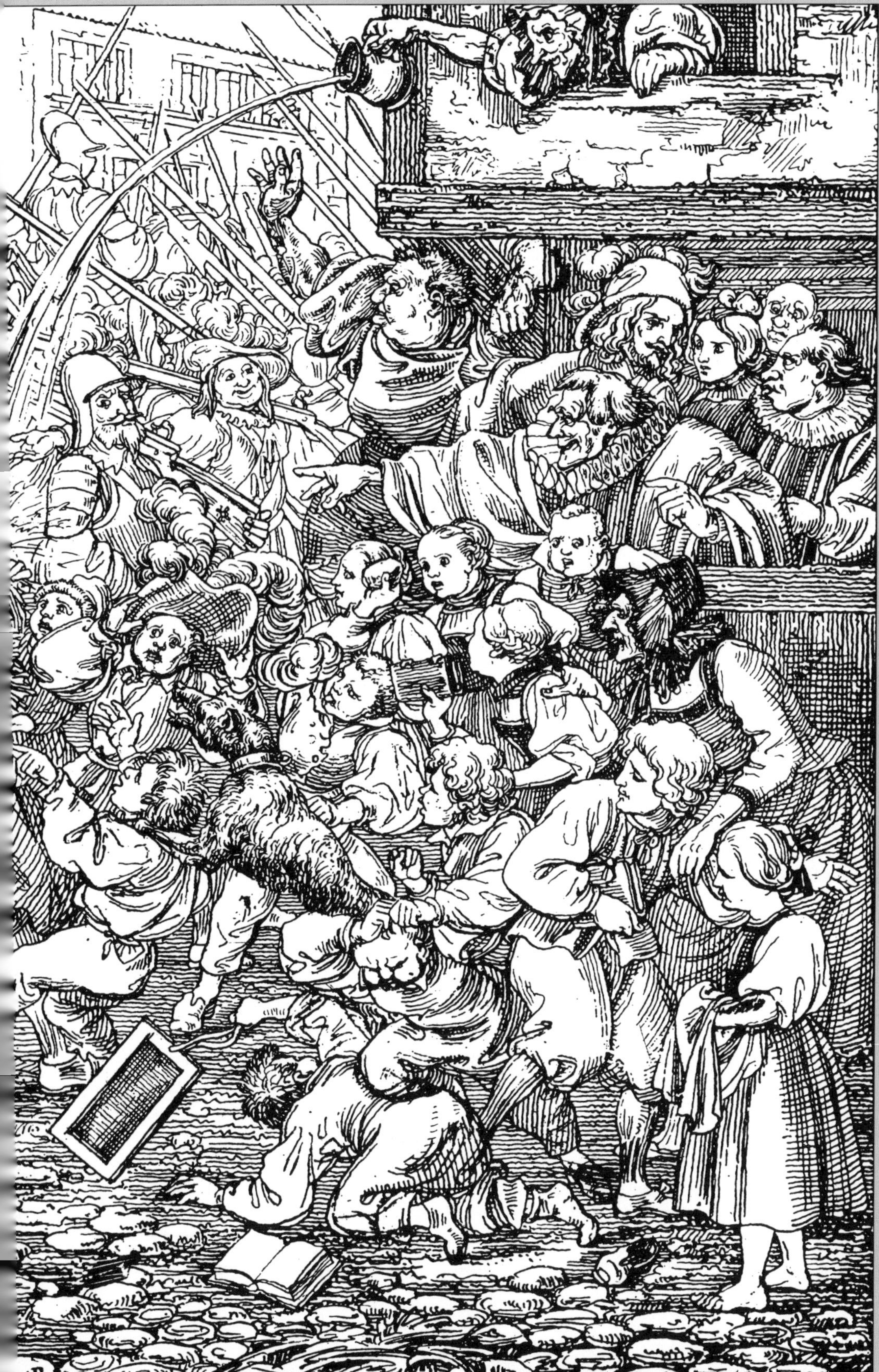

dann zuvor wieder darauss zogen, dass wir nit überwältiget werdind, zu Nacht sind 400 in der Stadt verblieben, mornderest fort und allwegg den gantzen Tag andere kommen mit Trummen, Pfeiffen, Knüttlen und anderen Wehren, des Volks gantz viel; dieweil sie aber den Frieden gebrochen, Aarauw und andere Städt belageret, habend hierauf Ühghh. ein Armee gesammlet, solche über die Neubruck geführet, etliche Züg von unserer Stadt gen Bern beschrieben, 3 Stuck von den 23, so sie bey sich gehabt, nach Burgdorf zu führen, sind sie am anderen Tag nach Jegenstorf kommen, daselbst alles geplünderet, daselbsthin viel Bauern geeilet, solchem Dorf beyzustehen, aber wenig ausgerichtet. Hierzwischen unser Commandant mit etlichen Soldaten ausgefallen, etliche Bauren, so bey Oberburg Schiltwacht gestanden, gefangen genommen, darüber die Bauren in Eil den Anderen nachgeschikt, sie dessen berichtet, welche unserer Stadt ein scharf Schreiben, wie in beygelegtem zu sehen, durch einen Trummenschlager, welchen ich auf der Schiltwacht aufgehalten, zugesandt und ihnen hernach die gefangenen losgeben.

Mornderst, da hernach Tags darauf unser Pfingstmärit, so gerufen worden sein sollen, sind ein gantzer Schwahl Bauren kommen über unser Feld für die Scheuren nach an die Stadt marschirt, so den Pass hinter dem Schloss durch begehrt; ward aber abgeschlagen, hernach neben der Stadt durch den Creutzgraben der Armee entgegen ziehen wollen, aber auch abgeschlagen, sind sie darüber in Osswald Trechsels Matten und selbs herum bey den Scheuren übernachtet. Ihre Offiziers haben in der Stadt Herberg und dem Volk Speiss und Tranck begehrt, fürgebend, sie der Armee nacheilen und huldigen wollend, ist auf ihr Fürgeben Ihnen solches bewilliget worden. Mornderst aber da wir einen schönen Jahr-Markt haben sollen, haben wir den Betrug gesehen, indem in der nacht viel Volk zu ihnen kommen, die Offizierer sich wieder aus der Stadt gemacht und den Pass neben unser Stadt mit Gewalt nemmen wollen, darauf 20 Musquetirer aus der Stadt auf sie comandirt worden, welche sich so mannlich mit aufgespantem Lunten an Ihr Brust praesentirt, dass die Bauren nit wol Feür auf sie geben dörfen, dann die Burger ehe zu sterben, als zu weichen Willens gsin. Wäre aber gut gsin, so man sie hätte passieren lassen, und wir gewüsst hätten, was kommen, weil sie ihren Lohn wohl bekommen hätten; dann um Mittag sind etlich 100 wohl montirte Reüter, so die 3 Stuck in unser Stadt mit unseren Zügen begleitet, von der Armee aus Utzenstorf, allwo sie auch rauch gehauset, die Allment hinauf kommen, so wir ab dem Kilchhoof als ein schwartz häuflin gesehen. Als die Bauren solches vernommen, sind sie in Eil wieder zurück auf Oberburg zogen, daselbst sich im Schachen versteckt bis auf den Abend, um 4 Uhr. Hätte man sie passiren lassen, wären sie auf der Allment vor an die Reuter und hinten an die Soldaten im Schloss und Burgerschaft, so hinaus gefallen, zwischen ein kommen und an ein blutig Treffen gerathen. Da aber die Reuterey wieder fort auf Utzenstorf marschirt, sind die Bauren wieder herfür auf unser Feld kommen, da man aus dem Schloss gesehen, dass sie sich in das Korn legen wollen, hat der Commandant aus dem Schloss aus einem grossen Stuck Feür auf sie geben lassen, dass die Kugel auf sie brauset; sind Viel fort über die Ziegel-Bruck geloffen, auf welche Er gegen der Bruck noch meher Feüer geben, und wann ein Schutz hinüber gsin, allwegen 20 oder 30 mit einander starck in die Bruck geloffen; als ihnen aber des Schiessens zu viel werden wollen, sind sie obenthalb durch die Emmen in Kleidern gewatet und samtlich nach Herzogenbuchsee gezogen, daselbst sie ein groben Lohn empfangen, dass Viel sitzen blieben und über 40 Firsten verbrannt worden, Viel erschossen und verbrunnen, die ich wohl gekennt hab. Ich müsste ein gross Buch haben, wann ich allen Handel beschreiben wollt: Zu Utzenstorf ist der Metzger Gygli auch erschossen; zu Melchnau ist das Wirtshaus und 4 andere verbrunnen; von dem Durssen daselbst kann nichts vernehmen, ob er noch im Leben. Hierauf hat man uns Reuter und Soldaten ein quartiert, ich hab 3 Welsche und 2 Teutsche Soldaten, Schwager Conrads sein Hausherr, der zu Pferdt und den Baschi und einen anderen Knaben etlich Tag gehabt, sind auf Beüt geritten und wiederkommen. Jetzund fangen die Bauren an, wieder zu huldigen, haben allerseits die Wehr abgelegt und der Oberkeit eingehändiget. Jetzt geht der Marsch auf das Entlibuch zu, und will man auch anfangen, von Huldigen sagen, und das Eschlimatt und Schüpfen sich in Gehorsam ergeben, die übrigen aber sperrind sich noch, wollind sich wehren. Die Reüter und Soldaten sind auf den Alpen, werfen einander Käss und Ancken an die Köpf, schlachten viel Vieh, Käber und Schaaf, auch Hühner und Gänss haben keine Frist, viel Bauren hangen voll solcher Thierenköpf, die sie abgehauen. Anjetzo fangt man an, die Redlifführer zu suchen, deren Städt und Schlösser Gefangenen voll sind. Vor 14 Tagen hat man 41 aus dem Schloss allhier auf Bern geführt, darunter Ihr General oder Excellenz Klauss Leüwenberger, so Patenten hievor ausgetheilt, ohne solche Niemand hat reisen können, dass Er ein Herr des Landes sein wöllen, ist aber Herr im Mörderkasten zu Bern in der Kefi; wird ihm mit Musquetieren allda wohl aufgewartet und jetzund die Diener vermehret, weil man (ihn) vor 8 Tagen durch vermummte Personen mit blossen Schwerteren auss der Kefi stehlen wollen[69]; ist mit geschornem Bart von Brandis und verbundenen Augen allhar gebracht worden; mit ihm in obiger Zahl sind auch geführt der Wirth zu Jegenstorf neben etlichen anderen von dannen, der Wirth von Ranflüh, so Hauptmann byr Neubrück gsin und in ein Arm geschossen worden, sammt seinem Bruder, Wirth zu Hassli, der Glattbarth Wirth zu Lützelflüh, Wilhelm Köng von Sommerkinden, und (der) Ammann zu Oberburg, so man für die bösten haltet, noch viel andere, die Ihr wohl kennet an Seileren, und Printz Leüwenberger an einer Kette zu hinderst angebunden, mit Reüteren hinden und Musquetierern voran begleitet. Gestern hat man auf 30 Personen gefangen allhar gebracht, darunter der Buchser Wirth zu Betterkinden sammt seinem Sohn, so das Gygli gwolt, der Ammann zu Utzenstorf, Michel Läng der Salz-Fuhrmann, Durss Läng, des Wirths Bruder, Niggli Weyer und Rudi Weyer zu Zielibach, beyd des Grichts, der Glassträger zu Ersigen, mein Gvatter, Michel auf der Oschwand, der Hans im Byfang, 5 von Langnau, so ausgesandt worden, die Bauren auf ein Neues aufzuwikeln. Zu Langenthal ist das Kaufhaus voll Gefangene, darunter der Lobach-Schärer; zu Aarburg – ist gefangen der Kronen-Wirth, so der fürnehmst Burger allda, ein Rathsherr und der Stadtschreiber daselbst. Zu Bern geht's auch an; der Schultheiss Frey zu Brugg ist aus dem Bett genommen worden. Clauss Leüwenberger giebt redlich an. Am Samstag soll man auf Acht zu Aarwangen hingerichtet haben, darunter der Schulmeister daselbst, Emanuel Sägesser, der viel

Elsässer allhar geführt, hat ein wenig geschilet.[70] Der Kronenwirth zu Aarburg, der Baur zu Flückigen: Jetzund über diss kommt Klag und Kummer, dass die Leut, so auf dem Breitfeld im Läger gsin, seyen Weib oder Mann mehrentheils krank werdind, komt ihnen in Bauch, hernach in Kopf etc. etc. etc.

180. Konvention zwischen von Erlach und Zwyer

Zofingen, 2. Juli 1653 alten Stils, 12. Juli 1653 neuen Stils.

Inhalt: Zwyer sagt zu, die Grenzgebiete der Grafschaft Willisau, besonders jene, in denen Berner Untertanen Unterschlupf finden und agitieren, zu entwaffnen. Unter Vorbehalt der Ratifikation der Berner und der Luzerner Regierung ist abgesprochen, dass die Landvögte und andere Beamte beidseits der Grenze sorgfältig wachen, einander informieren und eine Aktion gegen die eine Regierung stets als eine Aktion gegen beide Regierungen betrachten und behandeln sollen. Es wird für vorteilhaft erklärt, dass nicht nur in der Grafschaft Willisau sondern auch im Entlebuch permanent ein Landvogt residiert, damit der bernische Landvogt von Trachselwald und der luzernische des Entlebuchs gute vertrauliche Kontakte unterhalten können.

Quelle: Dieses Dokument (StALU-Luzern: 13/3723) ist uns von Herrn Dr. Anselm Zurfluh freundlich zur Verfügung gestellt worden. Es ist, unter seinem Datum, zusammen mit zahlreichen weiteren Dokumenten zu finden in Anselm Zurfluh, Sebastian Peregrin Zwyer von Evebach, Zürich: Thesis, 1993, ISBN 3-908544-05-X. Die Adresse des Verlags ist Etzel 7, CH 8847 Egg SZ, Schweiz.

Wir underschribne haben volgende puncten auszurichten und dan auf ratification beder loblichen ständen Bern und Lucern abgeredt:

Erstens, dass diejenige höf und dörfer in der grafschaft Wilisaw, an die herrschaft Bern gränzend, sonderlich diejenige, so verdächtig, alwo die Bernische ausgetretne undertanen underschlupf finden und gefahrliche zusammenkunften gehalten, disarmiert werden; das habe ich der commendant Zwyer ./. zue verrichten übernommen, und wird ich der general von Erlach ./. zue der ausrichtung und abwendung aller gefahrlichkeit auf alle begebende und vorfallende noturft notwendige befelch zue erteilen nit underlassen.

Betreffend die ängere verstandnus zue erhaltung bederseits undertanen gehorsamme, hat man auf ratification beder loblichen stätten das beste zue sein erachtet, dass beederseits landvögt, beambtete und bediente fleisige aufsicht und heimbliche spächen halten, was etwan dergleichen gefahrliches möchte für übergehn, solches getreulich und ohngefahrlichen einanderen zue communicieren, und was also in der einen oder anderen landschaft sich zuetragen möchte, alsbald ohne underscheid des orts ein gesambtes wesen daraus zue machen, und nach beschaffenheit der sachen sambtlichen den gwalt ergreifen, zue demmung und abstrafung brauchen und damit den undertanen bezeigen, das es seien einer der sich solchergestalt vergessen, gesessen, wo er wölte, nit allein ein, sonder bede obrigkeiten angriffen seien, die es auch sambtlich resentieren sollen.

Sodan wie jezo in der grafschaft Wilisaw ein landvogt bestendig wohnen soll, wird sehr vorteilig, nutzlich und nötig erachtet, wan dergleichen wenigest auf etwas zeit anjezo im Entlibuech auch geschehen könte, dan bei zerlaufung des wassers der rebellion wird sich gar vil endecken, so sich zue stabilierung der ruhw und wolfahrt wird verhandlen lassen, bevorab wan die bede herren landvogt von Drachselwald und Entlibuech guete und vertrauliche correspondenz anstellen und halten werden. Actum den 2/12 Julii 1653.

S. von Erlach mp.

Sebastian Bilgerin Zwyer von Euebach mp.

181. Gerichtspräsident Pfyffer an Schultheiss Heinrich Fleckenstein

5. Juli 1653 neuen Stils.

Inhalt: Bericht über die Einvernahme Christian Schybis und anderer Gefangener in Sursee.

Quelle: Alois Vock, Der Bauernkrieg im Jahre 1653 oder der grosse Volksaufstand in der Schweiz, dritte Auflage, Aarau und Thun: J. J. Christen, 1837, Seiten 450 bis 451.

Hoch- und Wohledelgeborner Herr Schultheiss!

Des Herrn an mich abgegangenes Schreiben hätte nicht glücklicher anlangen können; denn indem der Schnider von Rothenburg[71] an der Tortur war, und der andere in Bereitschaft, und ohne Zweifel diesen schreien hörte, war mir in selbem Moment das Schreiben in den Thurm gebracht worden. Den Egli habe ich bald hernach examinirt, mit der Tortur aber verschont, weil er nach Mellingen, Zug und Schwyz gewesen ist, ich aber, die Wahrheit zu bekennen, wohl spüren konnte, dass er nicht bösartig gewesen, und, wann Hr. Obrist Zwyer kommt, und man die Sachen abmachen wird, soll er, so viel als möglich, Herrn Obrist, wie auch den übrigen Herren rekommandirt werden. Was den Ammann Wyss anbelangt, ist er zwar citirt worden, aber nicht anheimsch gewesen. Heute Morgen habe ich ihm eine andere Citation geschickt, welcher zu Mittag erschienen, und ich habe ihn freundlich einsetzen lassen. Er hat es schier nicht verstehen wollen; ich werde ihn inner einer Stunde examiniren. Es ist gar viel hier zu schaffen. Diesen Morgen haben wir früh angefangen, und 12 Stunden examinirt. Der Schybi hält sich fest und ist mächtig stark. Ihm sind kleine und grosse Steine, auch andere Sachen, aufgelegt worden; doch hat er wegen nigromantiam[72] nichts bekennen wollen, obwohl er heftig geschwitzt und dazu geweint hatte. Wir vermeinen also nicht, und können nicht finden noch gespüren, dass etwas weiteres aus diesem zu bringen sei. Meinem Herrn Schwager weiters und mehreres zu dienen, bin ich von Herzen jederzeit geneigt.

Sursee den 5. Juli 1653. *(Unterz.)* Kaspar Pfyffer.

182. Bern an Mülhausen

27. Juni 1653 alten Stils.

Inhalt: Mülhausen hat zwei geflohene Rädelsführer verhaftet und sich völlig freiwillig zu ihrer Auslieferung an Bern bereit erklärt. Bern bestätigt die Freiwilligkeit und will Mülhausen auf andere Weise durch entsprechendes Eingehen auf dessen Wünsche die gute Nachbarschaft vergelten.

Quelle: Archives de Mulhouse, No 7675, freundlich mitgeteilt von Frau Eliane Michelon, Direktorin der Archives de Mulhouse.

Bildlegende nächste Doppelseite:
Der gefangene Christian Schybi, militärischer Anführer der Entlebucher bei Wohlenschwil, hält sich in Sursee tapfer unter der Folter. Abbildung (nach Martin Disteli) aus dem Buch «Das Schweizerland im Wandel der Zeit, Zweiter Band» von Basel: Ernst Oberländer, Verlag für einheimische Literatur, 3. Auflage, 1930.

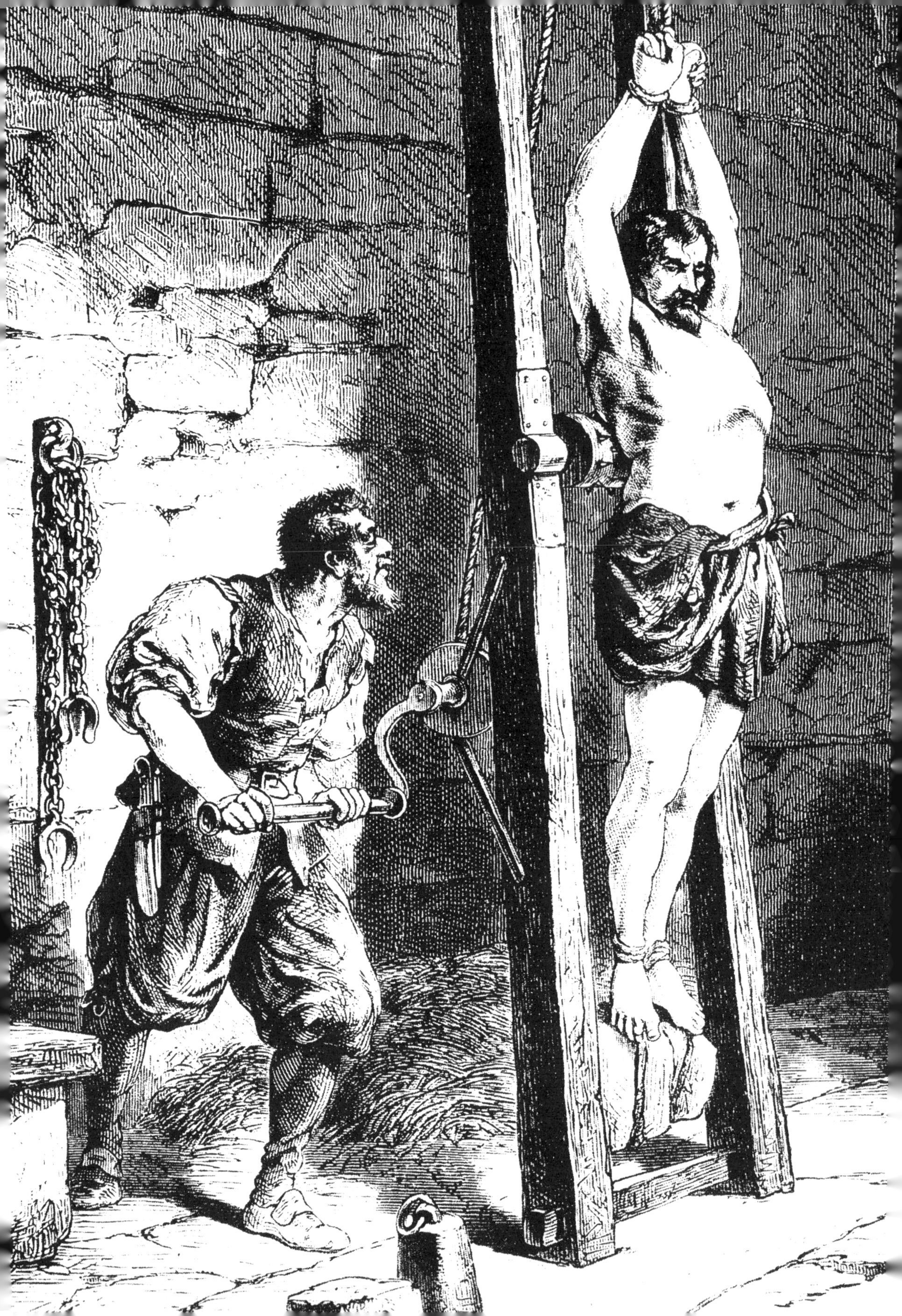

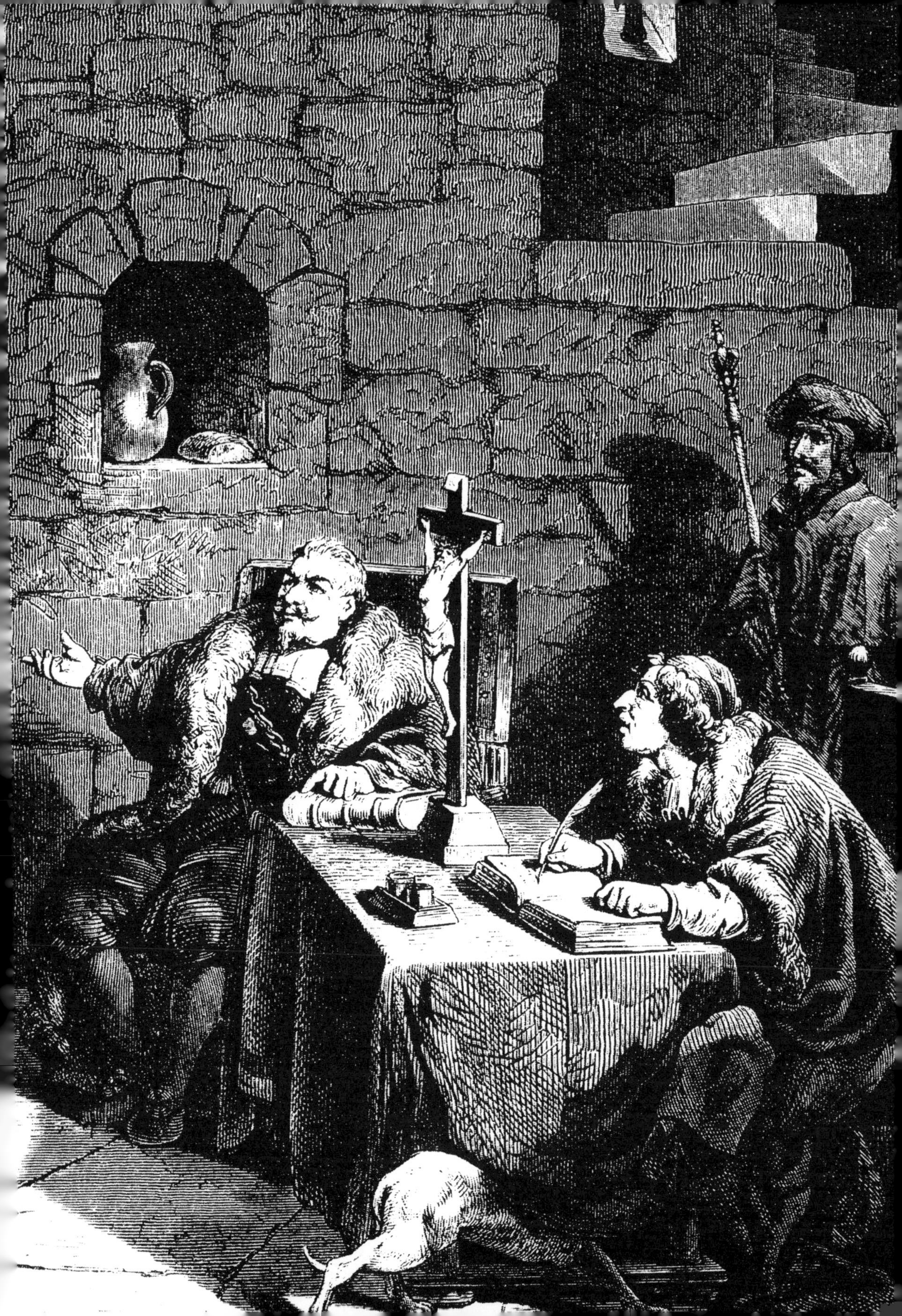

Wir Schultheiss und Rät der Stadt Bern, tun kund hiermit, demnach von ausgewichenen Rebellen und Redliführeren zwei zu Mülhausen ergriffen, und in Verhaftung gezogen worden, welche unsere Getreue Liebe Eidgenossen daselbst, zu unseren Handen herauszuliefern sich geneigtwillig erklärt, dass wir hierauf bekennen, dass solches von keines Rechtens sondern allein von guter Nachbarschaft wegen, und auf unser freund-eidgenössisches Anbegehren geschehen, und diese Herausgebung dero habenden Herrlich- und Gerechtigkeiten ohnpraeiudicirlich sein soll. Syend die nachbarliche Willfahr inn ander Weg zebeschulden erpietig. In Kraft dieses Briefs, so zu Urkund mit unserem Stattsecretinsigel verwahrt und gegeben, den 27. Juni 1653.

183. Sebastian Peregrin Zwyer an Luzern

Sursee, 7. Juli 1653 neuen Stils.

Inhalt: Heute ist hier Christian Schybi enthauptet worden, andere sind zum Dienst gegen die Türken, wieder andere zur Ehr- und Wehrlosigkeit verurteilt worden. Zwyer wird mit seinen Truppen am 8. und 9. Juni 1653 neuen Stils nach Luzern marschieren und erwartet weitere Befehle.

Quelle: Dieses Dokument (StALU-Luzern: 13/3788) ist uns von Herrn Dr. Anselm Zurfluh freundlich zur Verfügung gestellt worden. Es ist, unter seinem Datum, zusammen mit zahlreichen weiteren Dokumenten zu finden in Anselm Zurfluh, Sebastian Peregrin Zwyer von Evebach, Zürich: Thesis, 1993, ISBN 3-908544-05-X. Die Adresse des Verlags ist Etzel 7, CH 8847 Egg SZ, Schweiz.

Hochgeachte, woledle, gestrenge, fürsichtige und wyse, gnedige, grosgünstige herren.

Nach deroselbigen bevelch hat man hüt hie recht gehalten. Christen Schybi ist decapitiert worden, andere byligenden zedel gemäs wider den Türcken ze dienen erkent (welche ich nebent der 3 Entlibuchern by diser convoy überschicke), andere sind an prangen gestelt und geschoren worden, teils sind ehr- und wöhrloos erkent, darvon etliche durch den hencker, andere durch den kleinweibel ofentlich desarmiert worden, die übergien hat man gegen gelübt sich wider ze stellen entlassen, wie dan Üwer Gnaden und Grosgunsten (geliebts Gott) morgens mit mehrerm relation beschehen solle.

Ich erwarte hüt der pferden zu den stucken und munition, mache die angstalt zum ufbruch und marschiere morgens (geliebts Gott) sambt dem tag nacher Lucern und schicke umb fehrnere ordre voran. Datum Sursee, den 7ten Julii 1653. Üwer Gnaden und Grosgunsten gehorsammer diener

Sebastian Bilgerin Zwyer von Evebach mp.

Uf die galern oder in zwungne kriegsdiensten sind condamnniert

Uli Meyer genambt Heiden Uli,
   von Knudtwyl
Jörin Ziller, von Knudtwyl

Vester Wäber von Geursee
Ulrich Custer von Winickhon, absens
Jacob Schlüssel genambt Schwegli
   von Altishofen
Michael Müller von Altpüren
Heinrich Broch von Hüswyl W.

Hans Emmenegger
W. Hans Acherman
Poley Christen
us dem land Entlibuch

Diser 3 urtel ist unseren ersamen und lieben remittiert worden.

184. Gutachten der Basler Geistlichkeit; ursprüngliche Eingabe der Landschaft

28. Juni 1653 alten Stils.

Name des Dokuments: Vorstellung der Geistlichkeit.

Inhalt: Brief der Basler Geistlichkeit an den Bürgermeister und die Regierung Basels.

Quelle: A. Heusler, Der Bauernkrieg von 1653 in der Landschaft Basel, Basel: Neukirch'sche Buchhandlung, 1854, Seiten 182 bis 188.

Herr Burgermeister,
Gestrenge, Edle, Hochgeachte, Fromme, Fürsichtige, Ehrsame und Weise, Gnädige, Gebietende Herren;
Dass wir Diener an dem H. Wort Gottes gegenwertige supplication an E. G. St. E. W. abgehen lassen, bitten dieselbige wir in aller underthänigkeit, solches keinem unserem fürwitz, oder einiger ausser unserem Ampt lauffenden Massgebung, sonderen allein dem gebürenden eyfer, so wir tragen zuvorderst nach der ehren Gottes, demnach nach der ehr und ansehen E. G. hochen Obrigkeitlichen Stands, und hiemit nach künftiger erwüntschter ruhe und wolfahrt unsers geliebten Vatterlands, beyzumessen und zuzuschreiben.

Gleichwie uns billich biss daher bekümmeret und betrübet hatt der gantz verwürte Zustand einer hochloblichen Eydgnossschaft, und besonders in derselbigen unsers geliebten Vatterlands, in welchen die taubsucht der rebellischen Landleuten und unterthanen der Christlichen Obrigkeiten, und under denselbigen auch E. G. underthanen, dasselbige gestürtzet, so leichtlich in ein allgemeine ruin, Statt und Landsverderbnuss hätte ausbrechen mögen: Also hatt hingegen uns auff das höchste erfrewet die gleichsam von dem hochen Himmel, von dem Gott des Friedens zugesandte unerwartete Hülff, dardurch die verdamlichen anschläge der verstockten Rebellen sind zu schanden gemacht, unser Vatterland von forcht und schrecken etlicher massen entlediget, auch die fürnemsten Häupter und Redlinsführer dieser verfluchten faction und auffruhr in E. G. und anderer Obrigkeiten gewalt und verhaftung gezogen worden. Es erfrewet sich dessen sampt uns die ganze Statt und ehren-Burgerschafft, und fasst hieraus eine unzweifenliche Hoffnung, dass hierdurch ein beständiger Frieden und ruhe werde widergebracht, erhalten und auff unsere nachkommende fortgepflanzet werden.

Wir dancken dem algütigen Gott, dass er hierinnen wie auch die gantze vorhergehende zeit über, in so manigfaltigen gefahren uns mit den augen seiner Barmhertzigkeit angesechen, und seine väterliche hut und wacht so gnädiglich ob uns hatt walten lassen. Wir erkennen auch billich mit danckbarem hertzen gegen E. G. dero vielfaltige mühewaltung, beschwärden und sorgen, welche sie biss dahin für unser Vatterland tag und nacht getragen, und bitten den Almächtigen Gott, dass er weiters derselbigen mit dem Geist der Weisheit, des Rhats und der Dapferkeit beystehen und alle ihre rhatschläge und mittel, welche zu widerbringung und erhaltung gemeines Fridens und wolstands angewendet und gebraucht werden, von himmel herab segenen und benedeyen wolle.

Demnach aber die sach nun mehr darauf beruhet, dass wir vermeinen, es solle die edle Gerechtigkeit, welche die gurt ist E. G. lenden, und dardurch, nach dem zeugnuss des weisen Königs Salomonis, dess Königs Thron bevestiget wird, mit allem Fleiss beobachtet werden; alss haben wir darfür gehalten, es wurde weder E. G. verdriesslich, noch unserem Ampt unanständig sein, wan dieses punctens halben an E. G. etwas schrifftliche erinnerung beschechen möchte, und dasz ausz folgenden ursachen.

Dieweil, erstlich, offenbar und bekannt, dass dass Justiti-wesen droben in dem gehaltenen Eydgnossischen Landgericht zu Zofingen wider aller wohlmeinender Patrioten hoffnung und gedancken, dergestalten abgeloffen, dass auch die fürnemsten Rebellen, Meütmacher und Verführer, welche den tode vielfaltiger weise verschuldet, umb eine geringe geltstraff sind losgelassen worden. Und da an solchen gottlosen Buben ein gebürendes exempel hätte sollen, anderen zum schrecken gesetzet werden, durch desselbigen loss und lediglassung, oder landsverweissung auff gewisse zeit, den übrigen, so noch in verhafftung sich befinden eine hoffnung gleichmässiger erledigung, und hiemit E. G. ein praejudicium auff ihre vorhabende exequution ist gemacht worden.

So befindet sich demnach eine gantze Ehren-Burgerschafft dieser Statt in beständiger hoffnung und erwartung, dessen, dass an denen e. G. verhaffteten, ie nach gestaltsame ihrer verbrechen, die Gerechtigkeit ohn alles ansehen der Person solle und werde vollstreckt werden. Da dan im widrigen fahl derselbigen vielfaltiger widerwillen und andere E. G. verdriessliche beschwärlichkeiten wurden zu besorgen sein: besonders weil dieselbige nicht nur, umb dieser gottlosen Rebellen willen eine gute zeit biss daher allerhand unruhen und beschwärden erlitten, sondern sich auch zur gutwilligen contribution verstanden haben: zu geschweigen, dass die Burgerschafft dieser Statt bey 30 und mehr jahren her viel grössere beschwärden ausgestanden, als aber die mutwilligen Aufrührer in der Landschafft, welche das Teüffelische unwesen angesponnen und angerichtet haben.

Es hatt auch hierinnen E. G. ihre eigene hochheit und ansehen wol in acht zu nemmen, so biss daher durch solche Leüte auff dass äusserste ist zu Boden getretten worden: und ist auch wohl zu besorgen, wo nicht ein erforderlicher ernst gegen denselbigen wird vorgenommen und gebraucht werden, sie in ihrer übermachten bossheit noch mehr möchten gestercket, und ihnen gleichsam anlass zu fernerer künftiger widersetzlichkeit gegeben werden. Wie dann verlauten will, dass auch in währender Verhafftung solcher Leuten beyde von Manns- und Weibspersonen allerhand nicht nur ungedultige, sonderen auch ehrrürige reden wider E. G. ausgegossen und getrieben werden.

Diesem nach, so gelanget an E. G. S. E. W. unser demüetige bitt, in dess gerechten Gottes nammen, der da ist ein Herr aller Herren ein König aller Königen es geruhe dieselbige, mit hindansetzung alles ansechens der Person, an mehrgedachten Personen die Gerechtigkeit dergestalten zu üben, damit die ehr Gottes und seines Nammens dessgleichen ihres eygenen Stands hochheit und unsers Vatterlands wolfahrt möge errettet und erhalten werden.

Es hatt Gott vorzeiten den Richtern seines Volcks gantz ernstlich befohlen, dass ihr aug den verführeren nicht schonen, dass sie sich über sie nicht erbarmen, noch sie verbergen, sonderen sie erwürgen und steinigen sollen. (Deut. 13, 8, 9, 10[73]) Bei dem Propheten Jeremia lässt sich Gott mit grossem ernst verlauten: verflucht seye, der dass werck dess Herren Läsig thut, verflucht seye, der sein Schwert auffhelt, dass es nicht blut vergiesse (Jer.

48.10[74]), da namlich solches Gottes gebott und die gerechtigkeit erforderet. Dieser fluch hatt den König Saul vorzeiten getroffen, als er wider Gottes befehl Agag, dem König der Amalekiteren, verschonet hatt, dan Gott darauff ihn von seinem Königreich verstossen, er musste endlich in der verzweiflung in seinem selbs eigenen blut sterben. (1 Sam. 15.) – Gleicher fluch hatt getroffen Achab den König in Israel, alss er dem Mann dess Todes Benhadad, dem König in Syrien verschonet, und ihne bei leben gelassen hatt. Dan Gott hatt ihme durch seinen Propheten sagen lassen: darumb dass du hast den verbanten Man von dir gelassen, wird deine Seele für seine Seele sein, und dein Volck für sein Volck. (1 Reg. 20. v. 42[75]) – Er ist endlich in dem Streit wider die Syrer schandlich umb sein Leben kommen, und sein blut von den hunden auffgelecket worden.

Hat nicht Gott erst jüngst an der rebellischen Statt Liechtstall ein extraordinari zuvor unerhörtes Gericht sechen und vermercken lassen durch ein erschreckliches Hagelwetter, und hiemit gleichsam von Himmel zeigen wollen, wass, seinem exempel nach, christliche Oberkeiten in abstraffung hocher verbrechen zu thun haben, als welche er mit seinem nammen gewürdiget, und GÖTTER genennet, dass sie in dem nammen und an statt Gottes die Gerechtigkeit sollen verwalten, zu welchem er dan auch, nach dem zeugnuss Pauli, ihnen das schwerdt hatt gegeben, als rächeren, zu straff über die, so böses thun. (Rom. 13. v. 4[76])

Es wird aber E. G. sich selber genugsam ihrer Obrigkeitlichen pflicht zu erinneren wissen, wan sie sich zu gemüt führet die hochsträfflichen verbrechen mehrgedachter Personen, welche, ohn alle genugsame und erhebliche ursachen, sich nicht nur mit schlechter widersetzlichkeit wider E. G. alss ihre ordenliche natürliche Obrigkeit, von welcher sie biss dahero alle miltigkeit und gutthätigkeit empfangen, auffgelassen; sonderen zu wehr und waffen gegriffen, sich hinderrucks E. G. mit anderen Rebellen in einen verdammlichen Bund eingelassen, denselbigen mit schrifftlichen versigelten instrumenten bekräfftiget, nicht allein zu verschimpfung, sonderen auch zu undertruckung dess Obrikeitlichen Stands: andere einfeltige Leüte entweders mit betrieglichen worten hindergangen und verführt, oder mit trewung und gewalt zu ihrer verfluchten rebellischen gesellschaft genötiget, redliche und bestendige underthanen vilfaltiger weise verfolget, E. G. hochansechenliche Ehrengesandten hochmütiger trotziger weise zu underschiedenlichen malen verschimpfet, und, welches das allergrösseste ist, sich mit vilfaltigem meineyd, wider Gott, wider die Obrikeit und das gantze vatterland besudlet: und durch diese grewliche unsinnige attentata dasselbige für aller Welt gleichsam in die äusserste verachtung gebracht, zu welchem allem noch kommet die grosse halsstarigkeit und unbussfertigkeit, welche sich bey ihren vielen soll befinden. also dass sie ihr grosses unrecht noch nicht recht wollen erkennen, sonderen mit allerhand bosshaftigen entschuldigungen sich understehen zu beschönen.

Wan wir, Gnädige Gebietende Herren, solche und dergleichen mehr hohe verbrechen zu hertzen nemmen, so wird E. G. in keinen ungnaden es vermercken, dass wir unser empfindlichkeit durch gegenwertig Schrifft derselbigen haben wollen entdecken. Dan wir halten darfür, dass wan wir alss diener Christi (die wir anfangs bey unseren hochehrenden Herren Häupteren umb gütliche Fridenshandlung angehalten haben, welche doch bey den verstockten rebellen nichts hatt mögen vefangen) um Gottes und E. G. ehr, und dess Vatterlands wolfahrt willen, unsere erinnerung an dieselbige abgehen lassen, solches uns viel ruhmlicher und anständiger seie als aber denienigen, welche understehen, den lauff der Gerechtigkeit zu underbrechen und durch allerhand intercessiones und fürbitte E. G. zu einer verkehrten, und von Gott verdampten Barmhertzigkeit, welche in dem Grund nichts anders ist, das eine crudelitas oder Grausamkeit, zu verleiten: und begeren doch gleichwol, wie anfangs gemeldet, E. G. wir hierinnen kein mass und ordnung zu geben, sonderen wollen alles deroselbigen weisem Rhat und dapferkeit heimgestellt haben.

Bitten doch nachmalen schliesslich, sie wolle diese unsere supplication solche Statt und platz bey ihnen finden lassen, damit alles möge nach der richtschnur der gerechtigkeit aussgerichtet, und unser Vatterland für ferneren dergleich unruhen in das künftig verwahrt werden. Darzu dan unserem beduncken nach, dieses ein schlechtes Mittel sein wurde, wan die verhaffteten nur schlechtlich des Lands sollten verwiesen werden, da sie dan anderstwo zweifels frey etwan newe böse practiken anzustellen und sich selber in ihrer bossheit zu stercken, und vielleicht gar auch von der Religion abzufallen sich wurden gelusten lassen. Wir bitten auch E. G. ferners in underthänigkeit, weil die erfahrung bezeüget hatt, dass viel unordenliche proceduren, in den Landvogteyen, besonders in der herschafft Bern und Lucern, deren die unserigen sich nicht allerdings können entbrechen, zu diesen Bäwrischen Unruhen zimlichen anlass gegeben, dass E. G. wollte bedacht sein, denselbigen auch mit erforderlichem Ernst zu remedieren und alles dahin zu richten, damit das Fewr der unruhen in der äschen gedämpfet, und in allen Ständen in dass künfftig auff den aufgang und erhaltung dess gemeinlichen eigennutzens gezielet werde. Dazu dan E. G. wir von dem Almächtigen Gott beharliche gesundheit, fridfertige regierung und alles gedyliche wolergehen von hertzen wünschen, und uns hiemit derselbigen Gnaden und Grossgunsten underthänig empfehlen. Geben den 28. Jun. Ann. 1653.

E. G. S. F. E. W. Underthänige gehorsamme Diener an dem h. Wort Gottes, und in dero nammen Theodor Zwinger, H. S. D.

***

Basel, 29. April 1653 alten Stils, 9. Mai 1653 neuen Stils.

Name des Dokuments: UNTERTHÄNIGE SUPPLICATION der Underthanen der Landtschafft Basel.

Inhalt: Der Basler Regierung werden die Beschwerden und Begehren der Landschaft nach Freiheit und Gerechtigkeiten zur Kenntnis gebracht. Im Besonderen beschweren sich die Untertanen über den Zug der obrigkeitlichen Truppen nach Aarau, der den Basler Untertanen Drohungen von den Untertanen der anderen Orte eingetragen habe, über die über-

Theodor Zwinger (1597–1654), einer der führenden reformierten Theologen seiner Zeit, trat am Ausgang des Bauernkrieges nicht etwa für Milde, sondern für strenge Gerechtigkeit gegenüber den besiegten Untertanen ein. Dabei mag Zwingers persönliche Nähe zum Römerbrief mitgespielt haben, dessen Kapitel 13 die Regierungen zur biblischen Untermauerung ihrer Herrschaftsberechtigung und der obrigkeitlichen Kritik an politischer Opposition heranzogen. Nach einem Original der Schweizerischen Landesbibliothek. Die Abbildung wurde freundlicherweise von Herrn Urs Hostettler, Spielautor und Schriftsteller, Bern, zur Verfügung gestellt.

THEODORVS ZVINGERVS BASIL. SS. THEOL. DOCTOR, PROFESSOR ORD.
ECCLESIÆ IBIDEM ANTISTES, SVMMIQ TEMPLI PASTOR PRIMARIVS.

Effigiem magni THEODORI parva tabella
ZVINGERI ad vivum reddere non potuit.
Gloria Doctoris, clariq; Antistitis, omnem
Exuperant umbram; fulgida fama nitet.

P. Aubry exc.

fallmässige Besetzung Liestals durch Basler und Mülhauser Truppen, über den süssen Wein (das heisst die Granaten) von Berken. Der Untertanenbund bezwecke die Förderung des nachbarlichen Vertrauens in der Eidgenossenschaft und die Abwehr einfallender fremder Truppen. Die Untertanen wollen die Kompetenzen der Obrigkeiten respektieren, begehren aber umgekehrt das Respektieren des guten alten Rechts. Sie wollen, dass jene Städter, welche die Untertanen Rebellen, Schelmen und Diebe titulieren, bestraft werden. Sie verlangen freien Salz- und Viehhandel, Zoll- und Steuerreduktionen und eine bessere Aufsicht über die Landvögte. Sie melden an, dass eine allfällige obrigkeitliche Bestrafung von an den Unruhen Beteiligten Sanktionen des Sumiswalder Bundes nach sich ziehen müsse. Sie zielen auf die Verringerung des Aufwands anlässlich des Aufritts der Landvögte und auf die Möglichkeit ab, kleinere Rechtsgeschäfte ohne teure Fomralitäten zu erledigen.

Quelle: Andreas Heusler, Der Bauernkrieg von 1653 in der Landschaft Basel. Basel: Neukirch'sche Buchhandlung (H. Georg), 1854, Seiten 159 bis 176.

UNTERTHÄNIGE SUPPLICATION
der
Underthanen der Landtschafft Basel.
Verlesen den 29. April *(9. Mai)* vor den Herren XIII und vor beeden Räthen Sambstags 30. Aprilis *(10. Mai)*.
Herr Burgermeister.
Hochgeacht, Edel, Gestreng, Ehrenvest, From, Fürnem, Fürsichtig, Ehrsamb, und weise, gnedig, gebietend, und hochehrende Herren und Oberen.
Bey Ihr gn. Str. F. E. Wht als unserer hochen Obrigkeit underthänigst einzuekomen, haben wir nicht umbgehen sollen, zueberichten, wassgestalten eine landschafft Ihr gn. underthanen bewegt worden, sich mit anderen Orten Eydgnoschafft underthanen zueverbinden, und zue vertragen, und zwar Erstlichen;

dass Ihr gn. Str. F. E. Wht sich mit allerhand frömbden Völckheren beworben.

Am Ändern, dass Ihr Str. F. Wht Herr Burgermeister Wetstein verschiener zeit und tagen zue Liechstal für und angebracht, dass aller dreyzehen Orten Statt und zuegewanten sich einhellig verbündt und beschlossen haben, einander so viel möglich zuezüehen und zuehilff zuekomen, so lang und viel biss dero ungehorsambe Rebellische underthanen zuer gehorsambe gebracht, gestaltsambe solches das Badenische Mandat mitbringen thüe, daraus man verstanden und abgenommen, Als weren die Obrigkeiten gesinnet, Ihre Underthanen in der eüssersten gewalt zuebringen, dass doch allen lobl., alten seeligen gemachten bündt-nussen angefangener Eydgnoschafft zuewider und entgegen seye:

Fürs drit: Dass Ihr gn. Str. F. E. Wht unsere gnedigen Herren eben auff obgemeltes trewen, warnen und gemachte Bündtnus mit Ihrem geworbenen Volckh, und den Landleüthen etlichen dess Ausszugs bald aus zwang nacher Arraw gezogen, und die oberen landtleüt der Eydgnoschaft dergestalten wider uns verhetzt und zue zorn bewegt, dass wir In sorgen gestanden, Ob solte die Landschafft Ihr gn. gebiets zue grund und boden gerichtet werden, massen uns dessen hoch getrewet worden.

Viertens: Als einer Landschafft ausschüss vor Ihr gn. Str. F. E. Wht, In zween articulen gnediglich verglichen, und dabey Vertrossung gethan worden, nach Verfliessung heyliger zeit in übrigen Puncten und Beschwerden gleichergestalten erforderliche remedirung und vergleichung zu thun, so Sie die Ausschüsse sehr wol erfrewet, dahero nacher Hauss gegangen, alle Wachten abgestelt, die Unruhen gestillet, auch Ihr gn. Underlhanen dero empfangenen Beuelch gemes, beuohlen sich auff ein anders zuerüssten, so zue der Seelen Heil und Seeligheit diene und gereiche, dabey angezeigt; dass wir ein gnedige, und barmhertzige Obrigkeit haben, und nicht zweiffelen wollen, dieselb uns in allen gnaden ansehen werden, und dass zue dessen Versicherung wir die Ussschüss unseren Leib zum pfand geben wollen, welches alles den gemeinden sehr wol gefallen, dahero die wachten abgethan, die waffen von sich geworffen, und gesagt; weilen dieser Verlauff aller Orten der Eydgnoschafft gestillet, dass wir daraus Waffen zuer Veldarbeit machen, und uns samt Weib und Kind mit frewden ernehren: Auch zue solchem Ende und dergleichen zeiten, dass Wort Gottes fleissig anhören: das leiden Christi mit eüfferigem Hertzen betrachten: die heyligen Sacrament mit rechter wahrer andacht begehen, und gott den Allmächtigen, welcher Krieg und Fried In seiner Hand und gewalt umb diesen seinen erwünschten Frieden im Teutschland, sonderlichen aber einer lobl. Eydgnoschafft einbrinstiglichen anruffen und piten; dass Er, zue dem Christlichen Werckh dess allgemeinen Fast und Bettags so den 14. Aprilis von den vier Evangelischen Orten lobl. Eydgnoschaft gottseeliglich angestelt, Gnad und Seegen gnediglichen verleihen wolle, wie dan wir in solcher Sicherheit gelebt, zue Kirchen gegangen, alles ohnnütze schüessen und Tromen verholten, auch beuohlen alle geschoss looszuebrennen, damit nicht durch die Kinder so Früelingszeit, wegen noch zimblicher kalten lüfften und wetters, als die allein bey Hauss und in der warmen Stuben bleiben, hingegen die Elteren Ihre Veldarbeit verrichten, ein ohnheil entstehen möchte. Eines solchen aber ohngeachtet hetten Ihr gn. Str. F. E. Wht. dero geworbene Soldaten, als die Ussschüss kaum heimkomen, die gantze nacht auff St Peters Blatz in Bereitschafft gehabt, und da es tag worden, in aller stille ohne trommen und Schiessen, gleich als wan man einen heimblichen Überfall zuthun gesinnet, mit denen nacher Liechstal gezogen, die Wachten von den Burgern genommen, und mit frömbden Völckhern die Statt Liechstal verwaren lassen, welches dann nicht ein geringen schreckhen under alte und junge gebracht, und mehrentheils in forchten gestanden; Als ob unsere gnedigen Herren und Oberen der Meinung weren, uns mit ihrem Volckh zue überfallen und samt Weib und Kind in grösstes Elend zueverjagen, auch besorget, da nicht zue den waffen gegriffen wurde, dass die Berner, Lucerner und Sollothurner, als die sonsten wegen dess Arrawischen zugs kaum zuebegütigen und zueberichten gewessen, noch mehr wider uns erhitzget wurden, In ansehen und behertzigung also ersterzehlten, da wir nicht In Immerwehrendem Unfrid und Uneynigkeit mit den Benachbarten leben und wandlen müessen, uns Jedoch Ihr gn. Str. F. E. Wht. als unsern von Gott gesetzten ordentlichen natürlichen und hochen Obrigkeit, habenden Freyheit und gerechtigkeiten ohnschädlich, zue übrigen Orten verbunden, wie dan das gethande Versprechen selbiges mit sich bringen thut:

Eine Burgerschafft zue Liestal klagt auch sonderlichen, Als bewusste geworbene Soldaten nacher Liechstal komen sollen, seye Herr Haubtmann Krug vorher angelangt, mit vermelden, Obe man seine mitbringenden Völckher, als welche wegen bestendigen Regenwetters gantz nass, einquartirn und übernacht behalten wolle, müessen alsdan morndrigs früeh widerum abziehen und keinen Menschen geringstens beleydigen, welches auch gutwilliglichen geschehen, kein Burger ausser der ordenlichen tag wacht zuer Waffen gegriffen, Als aber Sie in der Stadt gewesen, habe Er Herr Krug mit seinem Volckh sich die Stadt hinauff zum Oberen Thor genähert, und da Er gefragt, wo er hinmarchirn wolle, zuer antwort gegeben, nacher Lausen, dess Thors sich bemächtiget, die Burger von der Wacht abziehen heissen, und dass Sie anjetzo dieselben zue versehen, macht hetten, auch darzue ein und das ander wort ausgegossen, dass Er bald einem den Dägen In dem Leib umbkehren, hingegen hette Mülhausische Compagnie sich zue dem underen Thor verflieget, und dass Sie auffs gestadig ziehen wollen, vermeldet, dahero eine forcht In die Burgerschaft kommen, die nicht gewusst, zue was zweckh solches gemeint seye, hette zwar von Ihr gn. Mitraht, Herrn Oberst Leutenant Zörnlin so veil berichts damahls eingenommen, dass Sie ein solches ins werckh zuesetzen keinen befelch; dass nun alsbalden da die Soldaten die Thor eingenommen, ein gemein geschrey das Land hinauff kommen, Tragen Sie dess darauff entstandenen tumult und aufflauffs wenigste Schuld, hetten auch zuebeförchten gehabt; dass wo die Thor beschlossen werden sollen, nicht allein das ganze g'stadig, die nechstgelegene Schewren und Ställ in Brand gesteckht, und Sie Ihres vorausgehabten Veehs gentzlichen spolirt, und mehrers unheil zue gewarten haben wurden, In ansehen, die Landschafften etlicher Orten der Eydgnoschaft In vollem Anzug gewesen, zuevernemmen; zue welchem Ende, Ihr gn. Str. F. E. Wht. frömbde Völckher nacher Liechstal schickhen thüegen, und Sie den verwiess und nachred hören müessen, Als ob Sie selbst einen anschlag wider Sie fürzuenemen willens wäre, oder Sie albereit von den Soldaten, weilen Sie sich zue den Thoren gemacht, eingenomen worden, welches Unheil dan bestentheils vermitten blieben, wan Sie die hinaufkommene Soldaten Ihrem selbsten anerbieten nach in den losamenten, so Ihnen gutwillig versprochen, blieben weren.

Sie Ihr gn. samtliche Unterthanen berichten auch; dass als der letstgehaltene allgemeine Fast und Bettag angestelt gewessen, und allerseits Obrigkeiten mit Ihren Underthanen in Vergleichung gestanden nache bey Arwangen, Bernergebiets wehrender Predig und Versamblung ein Schiffmann auff anhalten der Wacht angelangt, und ein Fässlin mit Handgranaten geladen mitgebracht, an welchem geschrieben gewessen, dieses Fass mit Süessem Wein gehört dem Herrn Prediger zue Arrburg, haben also vermeint, Als sollen die Obrigkeiten wider die Landleut etwas fürzuenemmen willens sein, Es wird auch für gewiss angebracht; dass zue letstem badenischern Mandat Uri, Schweitz und Underwalden einichen willen und consens nicht geben haben, Auch etliche abgesandte von der Statt Bern solches gar verneinnet, und gesagt; Seye wol vor hundert Jahren gemacht, da aber Ihnen selbiges under die Augen gelegt, das datum gewiessen worden, nichts zuebeantworten gewusst,

Gnedig, gebietend und hochehrende Herren und Oberen; wir bitten In aller underthäniger gehorsambe, Sie geruhen vorerzehlte mit etlichen Orten der Eydgnoschaft underthanen gemachte und verlobte Bündtnuss nicht auffzuenemen; Als wan Ihr gn. Str. F. E. Wht. geringstens an Oberkeitlichem respect, ehr, ansehen, habenden Frey- und Gerechtigkeiten benommen sein solle, Sonder dass unser aller will und Meinung andereregestalten nicht gewessen, auf ohnabsetzliches nachwerben oberer Landleüthen der Eydgnoschaft nachbahrliches Vertrawen und einygkeit zuepflanzen und uns allerseits vor frömbdem feündtlichem einfall dass gott gnedig verhüetten wolle, zue vergleichen und etlicher Puncten halb zueberahtschlagen, Alles aber E. gn. Str. F. E. Wht. ohnschädlich; Betten auch gantz underthänig, es beliebe Ihr gn. Str. F. E. Wht. wegen dieser nun ein geraume Zeit hero entstandenen Unruh und widerwillens niemanden einzuezienhen und in hart straff zue nemmen, massen krafft gemachter Vereinigung die Underthanen Oberer und Ihr gn. Landtschaft deme sich widersetzen und auflähnen wurden, auch dabey die gnedige anordnung zue thun, damit das geschefft gentzlichen möchte componirt und hingelegt werden, und Jenige Personen in Ihr gn. Statt, so die Underthanen Rebellische Schelmen und Dieben tituliren, auch andere Meinungen vorbringen, könfftigs bei Ihr gn. hocher Straff das Maul halten und Ihnen fürter nicht mehr gestattet, allem sonst entstehendem Unheil vorzuekommen.

Es bitten aber Ihr gn. Underthanen Varnspurger, Waldenburger, Homburger und Rambsteiner Ambts, dass Ihr gn. nachuolgenden Puncten, neben albereit erster Supplication samtlich eingebrachten gnedig anhören und Sie könfftigs deren erlassen wollen:

Erstens, dass man Ihnen den freyen Kauff Im Saltz, Jedem für sein Haushaltung, auch In Korn, Haberen, Veeh und anderem so in oder ausserhalb der Eydgnoschafft erkauft und verhandlet werden möge, könfftigs gestatten, und Sie des Saltzes halb mit Eyd nicht mehr anhalten wolle.

Am Andern, dass unsere gnedig Herren dahien gedenckhen wollen, damit die newen zöll zue Basel in dero Statt abgeschafft werden, In deme da nur einer ein Stückhlin läder zue seinem gebrauch erkauffe, bald selbiges an unterschiedlichen Orten verzollen müesse, welches dan auch Ihr gn. Underthanen Liechstaler Ambts underthänig hegehren thun: Ingleichen klagen insgesamt Schuemacher und Satler, dass Sie das leder gleichergestalten verzollen, so vor diesem auch nicht gewessen.

Dritens, dass Ihr gn. dero Underthanen der Stumpfflösi entledigen wollen.

Viertens, dass die 2 fl. bey Hochzeiten nicht mehr geforderet wurden, wie selbiges allbereit erster supplication einverleibt.

Fünfftens, dass unser gnedig Herren das gros Umbgelt milteren wollen, In deme an Anderen Orten vom Saum nur 5 Pfund gegeben werden.

Von den Herrn Landtvögten:

1. Solle kein Landtvogt keinem das Recht abschlagen, wie vor diesem besehenen, sonderlichen In Schmachsachen, Scheltworten und andern, da Sie alles für sich zuezienhen understehen, und dass Sie das Recht seyen, fürgeben thun.

2. Wan etwan Ihren zween mit einander beim trunckh oder sonsten spänig und streitig werden, auch zue Zeiten zue streichen kommen, Solten ohnparteyische Männer Ihren streit und Widerwillen zue vergüetigen macht haben, Jedoch, da die Sach straffwürdig, dem Landvogt sein Straff nach billicheit in allweg vorbehalten.

3. Begehren E. gn. Underthanen, dass anstatt der Kauffbrieffen einer dem anderen sein Handgeschrifft gebe, oder sonsten ein Brieff von einem ehrlichen Mann geschrieben.

363

4. Dass die Waldenburger, Homburger und Rambsteiner sollen Sigelgeld geben, wie Farnspurger und Liechstaler Ambt, nemlichen von einer Pergamentenen Obligation oder Verschreibung 10 Pfund und von einer Papirenen 5 Pfund, auch das Ritgelt, wie von Alters her, wie selbiges erster Supplication gleichergestalten einverleibt seye.

5. Ist Ihr der Underthanen demüetiges piten, dass wan ein Underthan aus einem Dorff in das ander ziehe, dass er möchte der 2 fl. so die Herrn landvögt forderen, erlassen werden.

6. Wan vor diesem ein Underthan vermeint, dass Ihme so wohl vor dem Herrn Landtvogt, als dem gericht Unrecht oder zue kurtz geschehe, habe er sich auff ein Freuelgericht bezogen, betten, dass es möchte widerum in alten stand gerichtet werden.

7. Betreffend Theillungen und andere Sachen, Ingleichem Wesserungen, Zün und Märchen, sollen die Underthanen mit nechstgelegenen Amblsleüthen solches abzuemachen beföegt sein, und nicht allezeit den Herrn Landtvogt und Stattschreiber darzue zueforderen gebunden sein, damit mehrerer auffgehender Kosten vermitten bleibe.

8. Betten Sie Ihr gn. Underlhanen samtlichen, dass die herren landtvögt eine miltigkeit mit den Straffen gebrauchen, oder dess Rechten darüber erwarten,

9. Dass die Herren Landvögt Jedem Dorff seine alte Freyheit und gerechtigkeit lassen wollen, als von alters hero gebreüchig gewwesen.

10. Dass die Herren Landvögt und Predicanten mit Ihren auff- und abziehungen Ihr gn. Underthanen umb eine billiche belohnung halten sollen.

11. Da etwan ein Unterthan Wein zueverkauffen hette, dass Er selbigen seiner gelegenheit nach zue verhandlen beföegt sein solle.

12. Wan einem oder dem anderen sein Veeh zue Schaden gehet, und derselbig mit dem klagenden theil übereinkombt, und den Schaden verbesseret, sollen die Herrn Landtvögt weiters zuestraffen sich enthalten.

13. Begehren Ihr gn. Underthanen; dass die Steur möchte geforderet werden wie von alters her.

14. Solten der Schnider, Wäber, Schmid, Schärer, und anderer Handwerchen halb keine Zünfft und Ordnungen sein, welche Ihre Arbeit und belohnung hoch steigeren und zu zeiten ein oder der ander minder nemmen thete, da Er nicht der zunfft verbunden were.

15. Dass die Ambtspflegere könfftigs für einen gang, wo Sie hingeforderet werden, nicht mehr dan 5 Pfund begehren sollen, wie von alters hero.

16. Begehren; dass die Rüttenen keinen Züns mehr geben sollen, Andersst zue Reüben, wan die gütter oder Rüttenen gebawen werden.

17. Dass die Ämbtere alle Jahr einmal möchten besetzt werden:

Klagpuncten **Varnspurger** Ambts absonderlich:

1. Dass man wölle lassen Freuelgericht halten, wie von alters her, und oben schön eingebracht.

2. Begehren Sie nochmahlen, die Ohrentrager und Flatirer gentzlichen abzueschaffen.

3. Wan vor diesem Ihrer zween zuestreichen komen und kein blutruns gewessen, habe die Straff dem Undervogt gebeürt.

4. Dass der Herr Landvogt könfftigs nicht mehr befüegt sein solle, einen Ihr gn. Underthanen um 10 Pfund anzuelangen, wan er ein Stuckh gutt oder sonsten etwas verkauffen thüege.

5. Dass die Waydlämer zueforderen, so niemahls der brauch gewessen, könfftigs abgestelt sein solle, so auch in voriger Supplication eingebracht.

6. Wan Fronungen im Schloss zuthun gewessen, habe man uff ein Wagen 2 Batzen geben.

7. Dass Ihr gn. Ihnen den Underthanen erlauben wollen, dass klein gewild als Haasen, Marter, Fuchs und Vögel zuefangen.

8. Betten Sie E. gn. Underthanen, dass wan man Im Schloss Wachten zue versehen habe, dass man Ihnen nach nothurfft zue essen und ein trunckh geben wolle.

9. Begehren Sie die Underthanen; dass der Herr Landvogt Knecht oder Wächter haben solle, damit wan Fewer, welches doch Gott verhüette, auffgienge, man bei Zeiten schiessen Ihete, und also einander zuehilff kommen.

10. Wann einer Ihr gn. Underthan, In zimblichem Schuldenlasst gesteckht, und sein gutt zue verkauften und zue verganthen genötiget werde, neme Er Herr Landtvogt seiner prätension und ansprach halb den gant-Rodel in arrest und wolle voraus bezahlt sein.

11. Es klagen auch der mehrere theil, dass Er Herr Landtvogt mit boten und anderen straffen streng verfahre, und Ihren Viel Ihme bot und bussen halb, zwar nicht in einer Sach 30. 40, ja 70 und 80 Pfund schuldig worden seyen, auch da ein oder der ander die hoche Obrigkeit fürschlagen, man Ihne In thurn steckhen thüege, betten gantz underthänig, dass es möchte fürbas an ein freuelgericht gewiesen, und darum geurtheilt werden.

12. Als ehrengerüerter Herr Landtvogt von Ihr gn. St. F. E. Wht zue einem Obervogt dieser Graueschafft Farnspurg seye erwehlt worden, habe Er zue seinem Aufzug ein Monat Soldatengelt auffheben lassen, thut 210 Pfund, und daraus bezahlt 18 zügen, so Ihme gefahren Jedem 4 duplonen, und ohngeuohr Jenigen Trägern so andere Sachen Ins Schloss gebracht, 2, weren 20 duplonen, thut 150 Pfund, schiesste, für 60 Pfund, und zuebezahlung dess vor anderhalb Jahren ergangenen Kostens, als man das Soldatengelt abbitten wollen, habe Er Herr Obervogt gleichergestalten ein Monatliches Soldatengeld aufgenommen, und daraus die umbkösten bezahlt, so sich beloffen 100 Pfund und wan deme für seine müehwallung 20 Pfund geschöpfft wurde, Er annoch für empfangen hette 90 Pfund, bringt mit obigen 60 Pfund 150 Pfund. Betten, dass Sie möchten erlegt und zuebezahlung dess anjetzo auffgehenden Kostens angewendet werden, wo aber ein oder die andere Gemeind das Ihrige noch nicht gelüfferet, er Herr Landtvogt selbige namhafft machen, damit Sie es gleich anderen abstatten thüen.

365

Homburger

Ambts Underthanen, betten, dass die Jahrsteür alle Jahr von newen' sollte zerlegt und nicht gesteigeret werden.

Rambsteiner

1. Betten gantz underthänig; dass die Herren Landtvogt Sie mit Ihren auffzügen halten sollen wie Jeweils gebreuchig gewesen, als Sie den jetzigen Herrn Landvogt abgeholt, hette Sie zue Dornach 5 Pfund zahlen müssen, und zue Basel beim Sternen seie verzehrt worden 12 Pfund, welches der würt einstendig fordere, auch Sie verwahren lassen, dass wo Er einen samt Ross und Wagen betretten solle, dene in arrest zu nemen, hoffe Ihr gn. werden Ihne Herrn Obervogt dahien halten, damil der Würt ohnklagbahr gemacht wurde.

2. Begehren Sie zue Bretzweil E. gn. Underthanen, dass der zehenden könfftigs offentlichen vor der Gemeind aussgerufft, und nicht ein heimblicher Verstand mit etlichen gemacht, und ein paar duplonen dess Herrn Landtvogts Frawen zuer Verehrung vorbehalten, auch der umbkosten allen uff den Empfacher geschlagen werden solle.

3. Dass Er Herr Landlvogt fürter nicht mehr befüegt sein wider der gemeind wissen und willen hindersess, so veil Ihme gefal ins Dorff zuesetzen, und Sie noch zue bereden, dass Sie einer Gemein zuerscheinen nichl schuldig seyen.

4. Bitten Sie gantz demüethig, dass er Herr Landlvogt die Underthanen, insonderheit die Gerichtsessen fürbas nicht schenden und schmächen wolle,

wan Sie eine Urtel die Ihme nicht gefellig gegeben haben, sonder solle lassen darum die Appellation ergehen.

5. Als die Ussschüsse letstens zue Basel gewessen, Ist von Ihr gn. Str. F. E. Wht. angebracht worden; Als hetten nur die Waldenburger Ihre Soldatengelter gentzlichen abgestattet, berichten E. gn., dass Sie es gleicher gestalten biss ad annum 1653 Ihrem Herren Obervogt gelüfferet haben.

6. Wan ein Mann oder Knab, Fraw oder Dochter aus einem Dorff ins ander heürathe, müesse man allwegen dem Landtvogt 2 Pfund geben.

Langenbruckher

1. Bätten, dass die Rüttezüns, so unter Herren Zunfftmeister Branden, damahligem Landtvogt seeligen aufkommen, könfftigs nicht mehr gegeben werden sollen, Seye nur Ihme versprochen worden, Geben sonsten die züns wie von altersher.

2. Die Gemeinden Lupsingen und Züffen berichten, dass bei Zeiten Herrn Rahtsherr Kellers seel. gemacht worden seye, dass die zue Lupsingen 5 Seckh und die zue Züffen 3 Sekh landhaberen Jährlich dem Herrn Landtvogt lüffern müessen, wissen nicht, warum Sie solches zue geben schuldig seyen.

3. Es klagen die nebennachparn dess Geyssberg, Hundsmat und Geyten; dass der Spitahl zue Basel Jährlich allerhand Veeh daherbringen, dabey Sie zimblichen ohnfall, und desswegen in forchten stehen müessen, betten, dass man wolle gesund Veeh dahien thun, und auffhalten.

366

4. Sonsten begehren auch E. gn. Underthanen, dass wo etwan ein Träger den Herrn Landtvögten in einem oder dem andern Jahr Bodenzüns verblieben, dass Sie wollen Frucht umb Frucht nemen, und nicht dieselbige zue gelt anschlagen.

Gnedig gebietend und hochehrende Herrn und Oberen; Weilen Ihr gn. Underthanen diessmahls einen Ausschuss zue schickhen und deme volkomenen Beuelh zuertheilen, Bedenkhens getragen, haben Sie diesere Supplication der Meinung hiemit überschickhen, dass Ihr gn. Str. F. E. Wh t. sich darin ersehen, und nach dero gnedigem Belieben etweliche von dero Mittel nacher Liestal oder Sissach gn. abordnen theten, wollen alsdan Sie E. gn. samtliche Underthanen eine landtsgemein halten, ausschüsse machen und Ihre Beschwerden E. gn. mit mehreren anbringen und deren entscheidts underthänigists zue piten, Wie nun wir sämtlichen der trosstlichen Hoffnung geleben, Ihr gn. Str. F. E. Wht. uns mit erfrewlicher antwort beggegnen werden; Also wollen wir nicht underlassen, den Allmächtigen eüfferig anzueruffen und zue piten; dass Er Ihr gn. bey glückhlicher Regierung, allem erspriesslichen Wohlergehen zue erhalten und zue allem seinen reichen Segen zue geben und mitzuetheilen gnediglich geruhe: Uns hiemit zue gnaden beuelchende
   Ihr gn. Str. F. E. Wht.
   Underthanig-gehorsambe
   Die Underthanen der Ämbteren:
   Liechstal.
   Franspurg.
   Waldenburg.
   Homburg.
   Rambstein.

185. Kaspar Pfyffer an Beat Zurlauben

12. Juli 1653 neuen Stils.

Inhalt: Darstellung der Luzerner Strafmassnahmen und Verteidigung Luzerns gegen in der Urschweiz ausgestreute Vorwürfe.

Quelle: Alois Vock, Der Bauernkrieg im Jahre 1653 oder der grosse Volksaufstand in der Schweiz, dritte Auflage, Aarau und Thun: J. J. Christen, 1837, Seite 451.

Des Herrn Schreiben ist mir ingeliefert worden. Dass man usschreit, wir halten nit den Frieden und den Rechtsspruch, thut man Minen G Hherren Unrecht. Zu Sursee haben wir Standgericht gehalten, allwo ich Präses gesyn; hätte die Ehre einem andern mögen gonnen. Der Schybi ist enthauptet worden, Etliche in die Galeeren, und die Bartscheerer auch abbestraft worden. Und sind nit über die 12 kommen, und was uns die generalität befohlen zu strafen. Wir wissen wohl, dass Burger und andere laufen, unsere Regierung zu verlügen. Junker Eustachi Sonnenberg und Hr. Leopold Bircher sind gestern verreist in die vier löbl. Orte, mündlichen bericht zu geben, sie werden glich auch by dem Herrn syn.

Bildlegende nächste Doppelseite:
Ohne Hinrichtung (oder zumindest Auslieferung eines Hinzurichtenden ans eidgenössische Kriegsgericht) kam 1653 keine der vier herausgeforderten kantonalen Obrigkeiten von Bern, Luzern, Basel und Solothurn aus: Eine harte Haltung gehörte zum politischen Preis für die obrigkeitliche Solidarität. Vor dem Steinentor von Basel, in welcher Stadt auch die Geistlichkeit für Strenge plädierte, beobachtete eine zahlreiche Menge am 24. Juli 1653 die Exekution von sieben Bauern. Abbildung aus dem Buch «Die Kriegstaten der Schweizer dem Volk erzählt» von Emil Frey, Neuenburg: Verlag F. Zahn, 1904.

EXECVTION, geschehen in Basel der
vornembsten Rebellen, Baslischen Vnderthanen.
1 Heinrich Stutz.   } 4 Gallin Jennin von Langenbruck.
2 Hans Gisen.   von Liechtstall. 5 Jacob Mohlers von Diekten
3 Conrad Schuler }   6 Vlen Gysen von Leffelfingen.
                       diese 6 seind mit dem Schwert gericht

7 Vlrin Schaden von Oberdorff mit dem Strang getod.

186. Eidgenössische Erledigung des Erbes des Bauernkrieges

10. August 1653 bis 6. September neuen Stils.

Inhalt: Die Schaffhauser Klagen, dass Kaiserstuhl den Schaffhauser Truppen den Pass habe sperren wollen, werden Oberst Sebastian Peregrin Zwyer von Evebach zur Erledigung zugewiesen. Flüchtige Rebellen werden ihren Obrigkeiten ausgeliefert; bei diesem Beschluss fehlt Solothurn. Luzern will die strittige Frage der Jurisdiktion über die Reuss, wo sie die Grenze zwischen der Grafschaft Baden und Bern bildet, regeln. Bern ist dazu bereit, das Geschäft wird aber infolge Überlastung der Tagsatzung verschoben. Die Lunkhofer Fähre wird auf Kosten derer wiederhergestellt, die das Schiff unbrauchbar gemacht haben. In Sachen der Kirche von Wohlenschwil wird dem Kollator, dem Hofmeister von Königsfelden, geschrieben, er möge Kirche und Pfarrhof nach Kollaturschuldigkeit wieder aufbauen. Dazu sollen von den 3000 Gulden Kapital, über die die Kirche Wohlenschwil verfügt, 1000 Gulden mit verwendet werden. Die von einer Sondersteuer nicht betroffenen Gemeinden Tägerig und Mägenwil sollen einen entsprechenden Betrag den brandgeschädigten Leuten von Wohlenschwil und Büblikon spenden. Von einer in Bremgarten liegenden, den Obrigkeiten gehörigen Summe von 1600 Gulden wird ein Beitrag ausgerichtet. Die Tagsatzung hat Wohlenschwil und Büblikon einen Brandsteuerbrief gegeben, um karitative Beiträge zu sammeln und insbesondere auf die zu erwartende Spendefreudigkeit des Klosters Muri hingewiesen. Von der Brandsteuer soll der Müller von Wohlenschwil allerdings nichts erhalten, sofern sein Sohn in Bremgarten tatsächlich im rebellischen Sinn geredet hat. Angesichts der Berichte über anhaltende, von Solothurner Untertanen ausgehende Agitation schreibt die Tagsatzung der Solothurner Regierung mit der Bitte, darauf zu achten.

Quelle: Alois Vock, Der Bauernkrieg im Jahr 1653, dritte Auflage, Aarau und Thun: J. J. Christen, 1837, Seiten 487 bis 500.

XIII.
In die XIII Orte.

Ob zwar auf Unserer G. L. Eidgenossen der Stadt Schaffhausen Herren Ehrengesandten Anbringen, dass die Kaiserstuhler ihren Kriegsvölkern den Pass sperren wollen, Anzug beschehen, dass die haben sollen zur Verantwortung beschieden werden, ist es aber, über gehabten Bericht dess und was Herr Graf von Sulz geklagt, dem Herrn Oberst Zweyer überlassen worden.

...

XV.
In die XII Orte; Solothurn war nicht dabei.

Auf von Unserer G. L. A. Eidgenossen der Stadt Luzern Herren Ehrengesandten beschehenen Anzug ist zumal, neben denselben, auch von Unserer G. L. A. Eidgenossen beider Städte Bern und Basel Herren Ehrengesandten, in ihrer allerseits Herren und Obern Namen, freundeidgenössisch begehrt worden, man wolle durch die Eidgenossenschaft, gegen einander habender Schuldigkeit gemäss, ihre rebellisch gewesenen Unterthanen oder Angehörigen, die sich flüchtig gemacht, weder behausen, behofen, noch denen Unterschlauf geben, sondern die ihnen übersenden; so Wir allerseits billig gefunden, und also ohne Bedenken, von Unserer Herren und Obern wegen, die Willfahr des Begehrens zugesagt; jedoch haben sich Unserer G. L. Eidgenossen der Stadt Solothurn Herren Ehrengesandte bei diesem Anzug nicht befunden.

...

XVII.
In die VIII alten Orte.

Unserer G. L. A. Eidgenossen der Stadt Luzern Herren Ehrengesandten haben, vermög ihres Befehls, angezogen, dass, weil wegen der Jurisdiktion in der Reuss zwischen der Grafschaft Baden und Unserer G. L. A. Eidgenossenschaft der Stadt Bern angänzenden Landen sich noch etwas Streitigkeit hält, man derselbigen auch die gänzliche Erörterung suchen sollte, dazu gedachter Unserer G. L. A. Eidgenossen der Stadt Bern Herren Ehrengesandten auch erbietig gewesen. Allein um dass wegen anderer Geschäfte die Zeit für diese Sache nicht mehr übrig gewesen, ist es für diesmal einstehend geblieben.

...

XXIII.
In die VII, die freien Ämter regierenden Orte.
Das Lunkhofer Fahr soll wieder aufgerichtet, die Ursacher des unnütz gemachten Schifes, selbiges zu bezahlen, angehalten werden; was aber die Fehren anderswo bittlich erhalten möchten, soll sich an dem Kosten des Schiffs jedoch auch abziehen.

XXIV.
In die VII, die freien Ämter regierenden Orte.
Auf bittliches Anhalten sowohl der Geistlichen des Kapitels, darin die Pfarrei Wohlenschwill gehörig ist, als auch der Unterthanen beider Dörfer Wohlenschwill und Büblikon, dass Wir gnädig verhilflich sein wollten, nach Mitteln zu trachten, wie die Kirche zu Wohlenschwill sammt Zugehör, wie auch der Unterthanen Behausungen, so jüngsthin durch das Feuer bekanntermassen in Asche gelegt worden, wiederum möchten auferbaut werden, haben Wir für diesmal andere und mehrere Mittel nicht ersehen können, als wie hienach folgt:

Des Ersten, dass Wir dem Herrn Hofmeister zu Königsfelden zuschreiben und denselbigen erinnern thun, dass er, als Kollator, nach Kollaturschuldigkeit, die Kirche sammt nothwendigen Paramenten und den Pfarrhof gebührend wiederum, so erst möglich, bauen lassen wolle. –
Zum Andern: Weil die Kirche selbst ungefähr 3000 Gulden im Werth Hauptgut hat, wird vermeint, man könnte 1000 Gulden zu dem Bau auch anwenden. –
Für das Dritte: Weil die beiden Gemeinden Mägenwyl und Tägerig mit den übrigen Gemeinden der freien Ämter in der Anlag der 18 000 Gulden nicht interessiert sind, so befindet man, dass diese beiden Gemeinden so viel, als ihnen ihr Antheil bei der obgemeldeten Anlage hätte betreffen mögen, den mit Brand geschädigten Leuten zu Wohlenschwill und Büblikon an dero erlittenen Schaden steuern und geben sollen. –
Für das Vierte: Weil noch 1600 Gulden zu Bremgarten, den Oberkeiten gehörig, beisammen sind, haben Wir, in Unserer allerseits G H Herren und Obern Namen, vermeint, dass von selbigen etwas auch diesen geschädigten Leuten an ihren erlittenen Schaden gegeben werden könnte. –
Zum Fünften haben Wir ihnen einen Brandsteuerbrief, dessen auf 4 Monate sich zu gebrauchen, gegeben –
Zum Sechsten halten Wir dafür, wenn sie bei dem Gotteshause Muri und andern Klöstern werden bittlich um mitleidige Handreichung anhalten, sie werden ein solches Mitleiden finden, darvon sie einen ziemlichen Beitrag empfinden werden. –
Zum Siebenten wird geredet, des Müllers zu Wohlenschwill Sohn solle zu Bremgarten Worte geredet haben, die ein recht rebellisches Herz zu erkennen gegeben. Wenn dem also sein sollte, ist Unsere Meinung, derselbige Müller, ungeachtet er

auch viel Schaden gelitten, solle von der Steuer nichts zu empfangen haben, sondern seinen Schaden an sich selbst leiden.

...

XXVI.
In die XII Orte; Solothurn nicht.
Dieweil Uns Bericht eingelangt, was Massen Unserer G. L. Eidgenossen der Stadt Solothurn Unterthanen bei anderer Orte Unterthanen also gestaltete reden ausgiessen, die vielleicht wiederum neue Rebellionen erwecken könnten, so haben Wir gedachten Unsern Eidgenossen geschrieben, und die gebührend ersucht, auf dergleichen ein Absehen zu halten, und dem möglichermassen vorzubeugen.

187. Hans Stadelmann an Frankreich

19. August 1653 neuen Stils.

Inhalt: Hans Stadelmann schreibt seinen guten Freunden und Nachbarn, dem französischen Botschafter Jean de la Barde und seinen Mitarbeitern. Die mangelnden Titel sind zu entschuldigen, denn dieses Schreiben ist von einfachen Bauern verfasst. Die Hoffnungen, die Obrigkeit werde auf die Beschwerden eingehen und Abhilfe schaffen, sind enttäuscht worden, es geht im Gegenteil je länger, je schlimmer. Die besten Leute werden verhaftet, gefoltert, gerichtet, verbannt. Viele sind geflohen. Den im Lande Verbleibenden hat die Regierung die Waffen abgenommen und belastet sie mit drückend hohen finanziellen Auflagen. Die Obrigkeit nimmt den Untertanen Leib, Ehre und Gut, kurzum alles. Der Botschafter ist gebeten, den Entlebuchern einen guten Rat zu geben. Wenn der Botschafter, wie gesagt wird, Soldaten für einen Feldzug anwirbt, um Bern wieder katholisch zu machen, sind die landesflüchtigen Entlebucher zum Dienst bereit und vielleicht die ganze Gemeinde Entlebuch. Der Ambassador möge doch seine Intentionen durch einen Abgesandten den Entlebuchern erklären. Zum Beweis der Echtheit des Briefes möge die Erwähnung einer Episode von der Landsgemeinde in Sumiswald dienen, wo die Diener des Botschafters dem Entlebucher Landschreiber bei der Überreichung eines Briefes einen Gulden gegeben haben.

Quelle: Alois Vock, Der Bauernkrieg im Jahr 1653, dritte Auflage, Aarau und Thun: J. J. Christen, 1837, Seiten 510, 511.

Dieser Brief gehört dem Wohlehrenden Herrn Ambassydoren in Solothurn, zu Handen Unserm Grossgünstigen, Gnädigen, lieben Herrn in Solothurn.

Es ist unser Dienst und Gruss zuvor an Üch, Hoch- und Wohlehrender Herr Fürst Ambassydor, wie auch andere Hoch- und Wohlehrende Herren in Solthurn, als unsere gute Fründ und Nachburen! Der Herr wolls nit achten, dass mer ihne nit tituliren, wie die sich aber wol würdig und werth sind; dann dies Schreiben ist nur von uns, den gemeinen Buren. – Es wird dem Herrn Ambassydor wol im Wissen syn, wie dass mer *(wir)* so gar eine lange Zyt har kum henn *(haben)* können husen, daruf mer vermeint henn, unsere Oberkeit sölle und werde uns in vielen Sachen, das mer vermeint henn zu klagen haben, uns behülflich syn. So ist aber die Sach so wyt kommen, dass mer die Sach nit hend können gegen einanderen vertragen, bis uff das usserist und letzt. So gaht's uns je länger je wirs; dann sie nänd *(nehmen)* uns die fürnembsten Lüt, und richten sie, und martern sie grusamlich, und versenden *(verbannen)* sie, und sind noch etlich menge, dass flüchtig sind worden. Gott weiss, wie sie so grusamlich wurden mit ihnen umgahn, wann sie sie möchten überkommen. Und uns andern henn sie die Wehr genommen; über das so müssen mer ein

Kosten hie, der ander dert, und ein Bur hie, der ander dert bezahlen, und ist zu besorgen, es heigi no lang ken End, bis mer allesammen zu Grund und Boden gericht sind. Leider, Gott erbarm's der vielen klinen Kinderen! Und mit einem Wort: sie nänd uns Lib, Ehr und Gut, Alls *(alles)*, was mer hend; das Gott klagt sygi! Es ist unser ganz unterthänig Bitt an Üch, den Herrn Ambassydoren, ihr wöllit uns um Gottes willen rathen, und wie mer uns verhalten söllit. Wohlehrender Herr! Mer hend vernommen, dier *(ihr)* nemmen Volk an, so viel ihr können überkommen, und wöllit an die Stadt Bern, und sie katholisch machen. Wann dem also ist, so wären wir abtreten Gsellen und ein grosse Zahl der ganzen Gemeind uss dem Land Entlebuch, die begehrten, wann es dem Herrn möchte gefällig syn, unter uech zu dingen, wann der Herr uns wöllte Schutz und Schirm gen *(geben)*. Wer weiss, ob nit das ganze Land Entlebuech wurde zu uech stahn; und ist usserthalb dem Land die gemein Sag, sie wetten es schon thun, wann der Herr unser begehrte. So wär es unser Begehren, dass ihr üwer Fürgesetzten oder Amtmann einen würdet schicken, dass der gemein Mann eigentlich bericht wurd, wie es des Herrn Will und Meinig wär. Schicket uns angends gewüssen Bescheid, dass mer uns darnach können verhalten. Dass der Herr diesem Schreiben könne glauben, zum Wortzeichen, dass üwere Diener sind zu Sumiswald gsyn an der Landsgemeind, und hat ihnen der Schriber uss dem Land Entlebuch ein Brief gen und das Landsiegel daruff, und hend ihm üwere Diener ein Guldi gen. Lasset uns Üwer Gnaden befohlen syn, und schicket uns ilends Bescheid wiederum; denn wir werden mit grossem Verlangen warten. Nit mehr, denn seid Gott und Mariä Fürbitt wol befohlen.

Geben den 19. Tag Augst 1653, von mir, Hans Stadelmann uss dem Land Entlebuch.

188. Die VII Orte an Wohlenschwil und Büblikon

6. September 1653 neuen Stils.

Inhalt: Die Sendboten und Räte der VII im Freiamt regierenden Orte Zürich, Luzern, Uri, Schwyz, Unterwalden, Zug und Glarus stellen an ihrer Jahrrechnungstagsatzung in Baden fest, dass im vergangen Aufruhr in der Eidgenossenschaft die Dörfer Wohlenschwil fast ganz und Büblikon zur Hälfte abgebrannt sind. Wer den Brand gelegt hat, lässt sich nicht genau feststellen, hingegen sind die Bewohner der beiden Dörfer daran unschuldig. Ohne Hilfe können sie ihre Dörfer nicht wieder aufbauen. Die Ausgeschossenen der beiden Dörfer haben nun die Tagsatzungsgesandten gebeten, ihnen eine Bestätigung ihres Schadens auszustellen, damit sie diese dort vorlegen können, wo sie sich eine Kollekte zu ihren Gunsten erhoffen. Die Tagsatzungsgesandten kommen dieser Bitte nach und rufen alle auf, den Geschädigten zum Wiederaufbau, zur Neueinrichtung und zur Erhaltung von Frauen und Kindern mit Spenden behilflich zu sein. Sie und ihre Kantone wollen sich bei sich bietender Gelegenheit den Spendern erkenntlich zeigen. Der Brief wird namens der Tagsatzungsgesandten von ihrem Landvogt zu Baden, dem Urner Johann Franz Schmid von Bellikon, besiegelt und gilt vom 14. Oktober 1653, neuen Stils, an während vier Monaten.

Quelle: Alois Vock, Der Bauernkrieg im Jahre 1653 oder der grosse Volksaufstand in der Schweiz, dritte Auflage, Aarau und Thun: J. J. Christen, 1837, Seiten 350 und 351.

Wir von Städten und Landen der VII, die freien Ämter regierenden Orte, der Zeit auf dem Tage der Jahresrechnung zu Baden im Aargau aus Befehl und Gewalt Unserer allerseits gnädigen Herren und

Obern versammelte Räth und Sendboten bekennen und thun kund hiemit: dass Unsern Lieben und Getreuen der beiden Dörfer Wohlenschwill und Büblikon, bei jüngst in der Eidgenossenschaft entstandenem Aufruhr, da man nicht wissen kann, von wem es eigentlich beschehen, ihre Häuser, ohne ihre Schuld, in Brand gesteckt worden, in dem ersten Dorf bekannter Maassen alle, bis an wenig Thauner-Häuser, in dem andern aber ungefähr der halbe Theil des Dorfes, sammt dem Hausrath und andern in den Häusern und Ställen gewesenen Fahrhaben, auf den Grund zu Asche von dem Feuer verzehrt sind, also dass sie sammt ihren Weibern und Kindern in äusserste Armuth gerathen, und ohne frommer Christenmenschen Steuer, Hilf und Handreichung sich nicht wiederum erholen, bauen und in andere Haushaltungen einrichten können. Deswegen Uns die dann durch ihre Ausschüsse unterthänig, demüthig und flehentlich bitten lassen, Wir wollten ihnen dieses ihres Schadens schriftlichen Schein ertheilen, den sie an Orth und Enden, da sie gutherzige Leute um Hilf, Steuer und Handreichung anzusuchen vermeinen werden, weisen und erscheinen könnten. Wann nun Wir über solchen ihren Unfall ein angelegentliches Mitleiden tragen, so haben Wir dies ihr Begehren nicht verweigern sollen noch wollen, gelangt und ist derowegen an alle und jede Obrigkeiten, zugehörige und sonderbare *(besondere)* Personen geistlichen und weltlichen Standes, die von diesen, gemeldeter Maassen geschädigten Personen werden angesucht werden, Unser dienstlich, freundlich, günstig und gnädig Bitten und Ersuchen, man wolle ihnen mit christlich mitleidiger Brandsteuer, zum Ersatz ihres erlittenen Brandschadens, auch zu Beförderung wiederhaushäblicher Wohnung und Erhaltung der Weiber und Kinder, nach eines jeden Vermögen und so viel Gott, der Herr, ermahnen wird, zu Hilfe kommen. Das wird verhoffentlich der allmächtige Gott in andere Wege wiederum belohnen und ersetzen, und sind Unsere G H Herren und Obern und Wir Uns gegen Männiglichen, nach Gebühr eines jeden Standes und Wesens, dienstlich, freundgünstig und gnädig zu beschulden erbietig. Dessen zu wahrer Urkunde hat, in Unser aller Namen, Unser getreuer, lieber Landvogt zu Baden im Aargau, der Edel, Gestreng Johann Franz Schmid von Bellikon, Altseckelmeister und des Raths zu Uri, diesen Brief, den Wir ihnen, von dem 14. Tag Octobris an 4 Monate lang zu gebrauchen, ertheilt, mit seinem Insiegel verwahrt.

Geben den 6. Tag Septembris 1653.

189. Todesurteil über Niklaus Leuenberger

6. September neuen Stils.

Inhalt: Niklaus Leuenberger hat als Anführer der Rebellen seine von Gott eingesetzte Obrigkeit auszurotten versucht. Damit, anderen zum abschreckenden Beispiel, das Übel der

Bundesobmann Niklaus Leuenbergers Todesurteil beruft sich ganz zu Beginn auf den Bruch des in Bern abgelegten Gelübdes auf die durch Bürgermeister Johann Heinrich Waser im April 1653 vermittelte friedliche Lösung. Leuenbergers Kopf auf dem Galgen und der an den Galgen geheftete Huttwiler Bund lassen deutlich erkennen, wie sehr es der Obrigkeit darum ging, durch abschreckende Strafen Ruhe zu schaffen. Handschrift aus dem Berner Turmbuch 1653. Abbildung aus dem Buch «Der schweizerische Bauernkrieg 1653 und die seitherige Entwicklung des Bauernstandes» von Hermann Wahlen und Ernst Jaggi, Bern: Buchverlag Verbandsdruckerei AG, 1953.

Niclaus Leuenbergers

Im Schönholtz, der Kilchhöri Rüderes,
Mühl und Landtvogthey Trachselwald,
Obmans und führers aller der vier
Eidgnossischen orthen, Bern, Lucern,
Solothurn und Basel habenden
Rebellen *processus criminalis*.

Nachdem derselbig albereit vor
der H. Osterlichen Zeit, dem Vergleich,
so von mgh. und Oberen, mit dero
Underthanen des Emmenthals, durch
Underhandlung der Herren französischen
orthen zu Bern sich befindenden
Ehrengesandten, gemacht worden,
als ein Obergehorsamer von seiner
Gmeind, neben anderen nit allein
angenommen, sondern by geleistetem
Eidtsglübdt vor Rath und Burgerey,
by handen Hr. Burgermeisters Wassers
von Zürich gelopt, so wol für sich
selbsten darbey zubleiben, als auch sein
Gmeind best möglich hierzuhalten,
Darbey auch wegen der Oberkeit
verzeigter Ungehorsame, und vor-
übtes ungezimbtes, getreuwer
Underthanen ungebürliches Handlung
ulm den gniessen deprecirt, und
darauf seines mit anderen geschehenen
fählers gnad erlanget. Hat trüwd
mgh. und Oberen verhofftet, Er

Rebellion gestraft werde, soll ihn der Scharfrichter aus der Stadt führen, enthaupten, das Haupt mit dem Huttwiler Bund an den Galgen heften und den Leib Leuenbergers in vier Stücke zertrennen und je eines davon an den vier Hauptstrassen aufhängen.

Quelle: Alois Vock, Der Bauernkrieg im Jahr 1653, dritte Auflage, Aarau und Thun: J. J. Christen, 1837, Seite 508.

Und dieweil er, Leuenberg, in jetzangehörten, vielfältigen Misshandlungen, als ein Haupt und Führer aller Rebellanten, seine natürliche, von Gott eingesetzte Oberkeit im höchsten Grade beleidigt, auch zu allen Mitteln verholfen, dieselbe auszurotten, so haben M G H Herren Räth und Burger, damit dies gräuliche Laster der verfluchten Rebellion, andern zum Exempel, gestraft werde, bei ihrem Eide zu Recht erkennt und gesprochen: dass er dem Nachrichter anbefohlen werde, der ihn, unten aus, auf die gewöhnliche Richtstätte führen, ihm daselbst mit dem Schwert das Haupt abschlagen, dasselbige mit dem schändlichen, zu Hutwyl aufgerichteten Bundesbrief an den Galgen heften, den Leib aber in vier Stücke oder Theile zerhauen, und an allen vier Hauptstrassen aufhängen, und hiemit nach dieser löbl. Stadt Bern Rechten vom Leben zum Tode hinrichten solle.

190. Bern an Aarau

27. September 1653 alten Stils.

Inhalt: Die unlängst an den Luzerner Gesandten verübte Untat und die ausgeschickten Agitatoren lassen erkennen, dass dem Land Entlebuch, das sich vor aller Welt diskreditiert hat, die Ruhe des Vaterlandes kein Anliegen ist. Den Entlebuchern sowie den übrigen noch unruhigen Luzerner Untertanen wird deshalb das Betreten bernischen Gebiets und der Umgang mit bernischen Untertanen verboten. Ihren lieben Angehörigen verbieten Schultheiss und Rat der Stadt Bern umgekehrt auch jeden Kontakt mit Entlebuchern. Um ihres eigenen Glücks willen werden die bernischen Untertanen ermahnt, sich vor derartigen Unruhe und Unfrieden schaffenden Leuten zu hüten. Dieser Erlass ist zu publizieren. An Brücken, Pässen, Grenzorten und in den Wirtshäusern sind ausserdem Aufseher zu unterhalten, welche fremde Vögel und Aufwickler festnehmen und ihre Festnahme nach Bern melden.

Quelle: Stadtarchiv Aarau, Ratskonzept, StAAa II, 187, freundlich mitgeteilt von Herrn Stadtarchivar Dr. Martin Pestalozzi.

Dieweil die luzernischen Untertanen des vor aller ehrbaren Welt sich stinkend gemachten Landes Entlebuch, durch die jüngsthin an den Herren Ehrengesandten der Stadt Luzern ihrer natürlichen Obrigkeit schändlich verübte, mehr als mörderische unerhörte Untat, und ihr seitheriges verspürtes Ausschicken ihrer bösen Aufwicklerboten genugsam zu erkennen geben, wie wenig ihnen das Vaterland im Ruhestand zu lassen, und ihre erst verschienenen Sonntags geleistete frische Eidshuldigung zu halten im Sinn und obgelegen, also haben wir daher Ursache genommen solchen bösen und ihren Nächstgesessenen ganz gefährlichen, mit allerhand Bosheit anerfüllten, und mit lauter Unglück schwanger gehenden Leuten, allen sonst zugelassenen freien Handel und Wandel hinter unseren Ländern, und unter unseren Untertanen, denselben und unserem lieben Vaterland dadurch vor weiterem Unheil zu sein, gänzlich zu sperren und wieder abzusagen, wie dann durch dieses unser Ausschreiben und öffentliche Verkündigung beschieht, also dass ihnen den Entlebuchern, und übrigen Ihresgleichen noch Unruhe suchenden luzernischen Untertanen, bis auf eine gänzliche Wiederberuhigung, die Betretung unserer Landen und Gebiete, und Besuchung unserer Untertanen und alle heim- und öffentliche Gemeinschaftshaltung mit denselben gänzlich und bei schwerer Hauptstrafe verboten, und hiermit unsere lieben Angehörigen, ihrer sich zu müssigen, und ihnen weder Zugang, Gehör, Glauben, Statt noch Platz zu geben, bei gleicher Peen verwarnt sein sollen, sie die Unseren hingegen dahin ganz väterlich, wohlmeinend, um ihres selbsteigenen Glücks willen ermahnend, solche von dem Geist der Unruhe und des Unfriedens angetriebene Leute äussersten Fleisses abzuweisen, und vor ihrem bösen Sauerteig fürbass sich zu hüten, dazu wir Euch allen Ernstes hiermit befohlen haben wollen, neben Publikation dies. Auch an allen Brücken, Pässen, und anderen Grenzorten, wie auch in den Wirtshäusern geflissene Aufseher zu bestellen, auf solche fremden Vögel und Aufwickler allen Ernstes zu achten, dieselben auf Betreten zu behändigen, und einzusetzen, uns volgendts ihrer Verhaftung zu berichten, wie wir uns versehen.

Datum 27. September 1653.

191. Tagsatzungsbeschluss für Wohlenschwil

20. bis 24. Oktober 1653 neuen Stils.

Inhalt: Die Regierenden Orte hören von Wohlenschwil, dass der Kollaturherr, der Hofmeister von Königsfelden, sich gegen den Bau von Chor und Pfrundhaus sträube. Sie bitten die Gesandten Bern, dazu zu sehen, dass der Hofmeister seinen Kollaturpflichten nachkomme. Ausserdem spenden sie weitere Summen nach Wohlenschwil.

Quelle: Alois Vock, Der Bauernkrieg im Jahr 1653, dritte Auflage, Aarau und Thun: J. J. Christen, 1837, Seite 527.

XIV.
Demnach Wir wiederum von des abgebrannten Dorfes, Kirche und Pfarrhofs zu Wohlenschwill und derselbigen guten, geschädigten Leuten Angelegenheit wegen, um Hilf und Rath ersucht worden, mit Bericht, dass die ihnen jüngst zu Baden entworfenen Mittel nicht erheblich seien, insonderheit dass Hr. Hofmeister zu Königsfelden, als Kollator zu Wohlenschwill, zu den Gebäuden des Chors und Pfrundhauses nicht einwilligen wolle, so haben Wir bevorderst ihnen die zu Baden vorgeschlagenen Mittel theils wiederum überlassen und darneben ihnen aus der zu Bremgarten gemachten Anlage 100 Kronen und die hinter dem Landschreiber zu Baden liegenden 150 Gulden, in Unserm, der Regierenden Orte, Namen gesteuert, und ihnen den hievor bewilligten Steuerbrief auch zugelassen, beinebens Unserer G. L. A. Eidgenossen der Stadt Bern Ehrengesandten freundlichst ersucht, zu verschaffen, dass besagter Hofmeister zu Königsfelden, den Kollaturpflichten gemäss, des Chors und Pfarrhofs Aufbauung befördern thue, welches sie ihren Herren und Obern zu referieren und dabei ihr Bestes zu thun anerboten, auch eingedenk zu sein der höchstnothwendigen Bereinigung des Hauses Königsfelden in den freien Ämtern habenden Bodenzinse.

192. Hochzeitsgedicht

28. November 1653 alten Stils.

Inhalt (in den Worten Alois Vocks): «*Samuel Rohr, Professor der Philosophie in Bern, hatte auf die am 28. Nov. (8. Dez.) 1653 stattgefundene Feier der Verehelichung des nachherigen Feldzeugmeisters Johannes Willading (des jüngsten Bruders des ... Landvogts von Aarwangen) mit Maria Manuel ein Hochzeitsgedicht verfasst und es dem Druck übergeben … Das Gedicht ist, nach dem Geschmacke damaliger Zeit, ganz allegorisch gehalten und durchgeführt. Zwei Schäfer, Corydon, einen der Regierung treu gebliebenen Landmann vorstellend, und Möris, ein ehemaliger, nun seinen Irrtum schmerzlich bereuender Anhänger Leuenberg's, erzählen einander im Wechselgespräche die Begebenheiten des Jahres 1653. Corydon preiset den Daphnis (Regierung von Bern), rühmt dessen Weisheit, Gerechtigkeit und Milde, zeichnet die Gewissenlosigkeit und Ehrsucht des Mopsus (Leuenberg) mit den schwärzesten Farben. Möris beweint seine Verirrung, und besingt, was er von den fremden Soldaten habe leiden müssen, mit … Versen …»*

Quelle: Alois Vock, Der Bauernkrieg im Jahr 1653, oder der grosse Volksaufstand in der Schweiz, Dritte Auflage, Aarau und Thun: J. J. Christen, 1837, Seiten 539 bis 541.

O liebes Vaterland! Du warest meine Freud';
Darum verlass ich dich jetzund mit grossem Leid.
Mit Kummer und mit Schmerz verlass ich meine Felder;
Kein Bleiben ist nit mehr; Adie ihr meine Wälder!
Ach, Ach! Dass Gott erbarm! Ist das nun unser G'winn
Von unserm schönen Krieg? Es ist nun Alls dahin,
Schaf', Ochsen, Geissen, Schwein, dessgleichen auch die Pferde;
Ich hab' nichts übrig mehr von aller meiner Herde.
Die Kriegsleut' haben mir durchsucht das ganze Haus,
Die Speicher, Keller, Trög' und Ställ geleeret aus.
Ihr Thun ist anders nichts, denn plündern Land und Leuthe;
Sie spicken sich mit Raub und leben von der Beute.
Der einen faulen Spiess und schnelle Füsse trägt,
Damit er keinen Feind niemals zu Boden schlägt,
Der heiss von Worten ist und frostig von Geblüte,
Den Löwen aussen trägt, den Hasen im Gemüthe,
Ob einem armen Hirt erkühlt er seinen Muth,
Der sich nit wehren kann. Des Feindes Seel' und Blut
Ist Geld und rothes Gold; mit grossen weiten Schritten
Prangiret er daher; will einer etwas bitten
Von ihm, der besser ist und viel mehr weiss und kann
Als er, den siehet er kaum über die Achsel an,
Und bläht sich wie ein Krott, und darf sich so erheben,
Als müsste Jedermann nur seiner Gnade leben;
Verbringet mit Banquet und Spielen seine Zeit,
Und mangelt ihme nichts, als nur die Redlichkeit.
Mit leichtem Kartenspiel will er sich stets ergötzen,
Und sollt er auch zur Zeit wohl ganz Dublonen setzen,
So von dem Blute roth und bleich von Thränen sind.
Wohl diesem, welcher nit verspielet noch gewinnt,
Was armer Leute Schweiss so sauer muss erwerben.
Wer also reicher wird, zur Straf soll Hungers sterben,
Sein Saamen betteln gehen; das ungerechte Geld
Soll fressen das gerecht', und führen aus der Welt.

Ein ehrlicher Soldat, den auch Erbarmung rühret,
Der handelt nicht also, den Leuten nichts entführet
Von ihrem Hab und Gut; er ist des Friedens Knecht;
Wer auf was andres sieht, der hasset Ruh' und Recht,
Und hat kein Glücke nit, und wird auch nit entfliehen
Der Höll', dahin er auch in kurzer Zeit wird ziehen.

193. Hans Konrad Wirz' Beschreibung des Bauernkrieges

Unpartheyische substantzliche Beschreibung der Eydsgenössischen Unruhen im Jahr Christi 1653.

Inhalt: Zeitgenössische Gesamtdarstellung der Ereignisse.

Quelle: Hans Konrad Wirz, Beschreibung der Eidgenössischen Unruhen 1653, nach: Jacob Lauffer, Historische und Critische Beyträge zu der Historie der Eidsgenossen, Dritter Theil, Zürich: Conrad Orell, 1739, Seiten 122 bis 217.

Was Christus unser Heyland von den letzten Zeiten geweissaget: Es werden in denselbigen Erdbidem hin und wieder verspühret werden; das hat bey unsren Tagen sich erfüllet.[77] Mit einem erschröcklichen Erdbidem hat angefangen das gegenwärtig-lauffende siebenzehende Saeculum. Viel unterschiedlich-wundersame und übernatürliche Erden-Bewegungen haben sich um die Helffte dessen[78] Anno 1650. und seither, vorab in Löblicher Eydsgenossenschafft, mit grossem Schrecken vermercken lassen. Dass Erdbidem vielmahlen gewisse Vorboten gewesen vorstehender misslicher Unruhen, weiss man aus den Historien und der Erfahrung. Bey 35. Jahren her[79] ist der unruhige Geist hoch-schädlicher Empörungen alle Länder durchgedrungen. Mehrmahlen hat er angeklopfet auch in der Eydsgenossenschafft, vorab aber in diesem 1653sten Jahr, durch eine zwar traurige doch Historie-würdige Aufruhr, deren Anfang, Fortgang und Austrag wahrhafftig hernach beschriebener Massen beschaffen.

Die Unruhen haben sich bald nach dem Eingang des Hornungs erstmahls blicken lassen bey der löblichen Stadt Luzern Unterthanen, im Land Endlibuch.[80] 1. Dieses Land hat seinen Nahmen von einem ziemlichen Fluss, die Entle genannt, der von Hasslen und dem Schein-Berg her unter dem Flecken Entlibuch hinfliesst. 2. Es liegt hinter dem Frakmönt oder Pilatus-Berg, einerseits an dem Land Oberwalden, anderseits gräntzet es aller Orten mit Bernerischen Landen. 3. In die Länge begreifft es fast 9. Stunden Wegs, und so viel ungefehr in die Breite. 4. Der Boden ist fruchtbar zu Geträid und Matten, die Gebürge seynd erwünscht zu allerhand Viehzucht, und erfüllt mit dem besten Hoch- und Feder-Wildpret. 5. Das Land hat seine sehr guten Pässe, die mit wenigem Kosten zu verlegen, und an Mannschafft ungefehr 1400. Mann, die gemeiniglich rau, grossleibig und streitbar. 6. Anno 1395. ist dieses Land, das etwann in 12. Schlössern einen grossen Adel erhalten, mit allen seinen Rechtsamen, der Stadt Luzern um eine gewisse Summa Gelds, von Hertzog Friedrichen von Österreich übergeben worden, und bis dahin in die 258. Jahr in dero Obrigkeitlichem Gewalt verblieben. 7. Wohl hat das Endlibuch mithinzu Leute getragen, die mit allerhand gefährlichen Neuerungen ihrer Obrigkeit Mühe und Ungelegenheit zu machen unterstanden, und mit Nahmen erst im Jahr 1631. Allwegen aber sind solche grad in ersten ihren Anfängen, etwann mit, etwann ohne Blutvergiessen, durch eines Ehrsamen Raths zu Luzern Fürsichtigkeit wieder gestillet worden. Mit neulich-gedämmter Rebellion ist es also hergegangen.[81]

Die Einwohner des Lands Entlibuch haben durch geordnete Ausschüsse etliche habende Beschwerden, die strenge Regierung ihrer Land-Vögte und unterschiedliche Neuerungen berührende, vor versammletem kleinem Rath der Stadt Lucern, ablegen, und deren Verbesserung unterthänig begehren wollen. Wann aber selbigen Tags, wegen vieler wichtiger Geschäfften, der Rath lang gewähret, hat man gewisse Herren verordnet, die Entlibucher in ihrem Anbringen weitläufftig und zu ihrem Begnügen zu verhören, und folgends ihre Beschwerlichkeiten auch dem grossen Gewalt der Hunderten fürzutragen. Solcher gnädiger Verhör unerwartet, haben sich die Ausschüsse wiederum fort gemachet, als die empfanden, dass man sie nicht alsobald zu schleuniger Verhör gelangen lassen; wie sie dann nach ihrer Heimkunft allerley ungute und unverantwortliche Sachen im Land angestellt.

Drey Schuld-Boten, unter denen einer in Obrigkeitlichen Diensten gewesen, sind in dem Entlibuchischen Dorff Schüpffen, bey hellem Tage, theils auf offenem Platz, theils in der Gast-Herberg, gewaltthätig angefallen, mit zuruckgebundenen Händen, über den Mund geknütteltten Weiden, und an die Ohren geklämmerten Trämmlen, als Übelthäter, mit Geschrey und Trommelschlag zum Dorff hinaus geführt, und ihnen darbey angedräuet worden: Es werde auch andern, die um gleicher Ursachen willen ins Land kommen werden, ein gleiches wieder fahren, wie sie dann zu solchem Ende durch an den Pässen aufgestellte Wachten aufpassen lassen.

Damit nun aber ein löblicher Magistrat zu Luzern diesem moderenden Feuer das Ausbrechen bey Zeiten verwehre, ist eine vierfache sehr ansehnliche Gesandtschafft von geist- und weltlichen Herren in das Entlibuch verritten, um ihre Angelegenheit und die Ursachen solcher Unbescheidenheit zu vernehmen. Diese Gesandte seynd von den Eltesten und Geschwornen im Land genug ehrerbietig bewillkommet worden. Der gemeine Mann aber, in grosser Anzahl, ist für sie getretten sehr trotzig, bewaffnet mit grossen harten, zum Theil mit Eisen beschlagnen Brügeln; die sie auf vielfältiges, freundliches Zusprechen der Gesandten und ihrer eigenen Geschwornen nicht ablegen wollen, und dardurch genug zu verstehen gegeben, dass sie zu gütlicher Abhandlung schlechte Lust haben. Dessen ungeachtet, haben die Gesandte in der Kirchen ihren habenden Befehl eröffnet, sich im Nahmen ihrer Herren und Obern aller Gnaden anerbotten, und so viel erlanget, dass von den Unterthanen drey Männer, zu freundlicher Abhandlung, ausgeschossen worden. Diese drey haben im Nahmen des gantzen Lands fürnemlich begehrt, dass man ihnen zeige Brief und Siegel, wie und mit was Geding das Entlibuch an eine Stadt Luzern kommen. Die Gesandte haben sich erklärt zu aller Willfährigkeit, und mit Nahmen mit ihnen abgeredt: Sie sollen deswegen Leute nach Luzern verordnen, und denselbigen zugleich auch mitgeben eine schrifftliche Verzeichnis aller ihrer Beschwernissen, so werde man ihnen dergestalt gnädig begegnen, dass sie Ursach haben werden dasselbige zu rühmen. In Hoffnung gehorsamer Willfahr, haben die Gesandte sich wieder nach Luzern erhoben, und der abgeordneten Entlibucher, und also eines glücken Vergleichs, erwartet. Aber gantz vergebens.

Es haben inmittelst zehen[82] unterschiedliche der Stadt Luzern zugehörige Ämter, mit grossen Ausschüssen, eine Zusammenkunfft zu Wollhausen (einem Entlibuchischen Flecken, der etwann Stadt-Gerechtigkeit gehabt) gehalten, und sich mit theurem Eyd gegen einander verbunden, redlich beysammen zu halten, biss sie allesamtlich, und jede Gemeinde absonderlich, ihre begehrende Articul erhalten haben werden. Wie sie sich dan offentlich verlauten lassen: Es müsse also und also seyn, oder eine Obrigkeit werde anders zu gewarten haben.

Bey sobewandten Dingen hat eine löbliche Stadt Luzern ihres Theils nichts versäumt, ihre so übel verirrte und verwirrte Unterthanen, durch Gesandtschafften, münd- und schrifftliches allerfreundlichstes Zusprechen und Vertrösten, zu voriger Gehorsame zu vermögen, und ihre lieben verbündete Mit-Eydsgenossen ihres schwürigen Zustandes gründlich zu berichten. Wann nun eine hoblöbl. Stadt Zürich, das vorderste Ort des grossen Eydsgenössischen Bunds, ihren getreuen, lieben, alten Eydsgenossen der Stadt Luzern, das Beharren gütlicher Mittel, so wohl als übrige Orte, ernstlich beliebt, und so selbige nicht hafften wollten, auf begegnenden Nothfall zu tapfferm würcklichem Beysprung sich trostlich anerbotten, als hat Luzern, mit Zuziehung vier andrer nächst-gelegener löblicher Orte, als Uri, Schweitz, Underwalden und Zug; denen hernach beyde löbliche Städte Freyburg und Solothurn sich auch zugesellet, die Gütigkeit gegen ihre aufrührischen Unterthanen nochmahlen treulich gesucht. Durch Vermittlung angeregter sechs löblicher Orte, haben sie sich zu so gnädiger Erklärung gegen ihren Empörten verleiten lassen, dass sie in den meisten Beschwerds-Puncten bester massen zufrieden gewesen. Was sie aber Obrigkeitlichen Stands und Ehren halber nicht nachgeben können, haben sie Ehrengedachten sechs Schied-Orten überlassen zu rechtlicher Erörterung. Welches die Unterthanen ihnen auch nicht zuwieder seyn lassen.

Indem man nun in gäntzlicher Beredung gewesen, solche ansehnliche, gütlich- und rechtliche Handlung werde ohne Frucht nicht ablauffen; hat der unruhige Geist der Verwirrten sich je länger je pöchischer und hochmüthiger erzeigt. 1. Ihrer eigenen anerbohrnen Obrigkeit haben sie öffentlich gedräuet. 2. Sie Herren Gesandte mehr Ehrengemeldter sechs Orte haben sie mit Worten und Wercken aufs höchste entunehret, und zum Theil wider aller Völker Recht zu Werdenstein arrestiert. 3. Eydsgenössische Läuffer-Boten mit der Farbe, und Geleit haben sie vermessener Weise aufgefangen, und die ihnen abgenommene Brieffe erbrochen. 4. Gar haben sie die Waffen ergriffen, Pässe und Brücken verlegt, der Stadt Luzern sich genähert, alle Lust-Häuser vor derselben geplündert, die Güter verderbt, und ungescheuhet ausgegeben: Sie mögen zu keinem Rechten gelangen, mit angehenckter Bedräuung: Wo man sich der Stadt Luzern annehmen werde, werde dieselbe zu Grund gehen, und alle dero Beyständer mit ihr.

In solcher Zerrüttung haben die Luzerner an alle Dreyzehen und zugewandte Orte den 15ten Tag Mertzen würckliche Mahnungen um eilende Hülffe in Kräfftigster Form ablauffen lassen; die dann auch von allen Ständen mitleidig aufgenommen worden, mit redlicher Zusage thätlichen Zuzugs. Die vier benachbarten Orte, Uri Schweitz, Underwalden und Zug, haben ohne Verzug etliche hundert Mann in Luzern zur Versicherung gelegt. Ein löbliche Stadt Zürich hat einen namhafften Succurs zu Ross und Fuss aufgeboten, und aus ihrem Raths-Mittel Herrn Stadthalter Salomon Hirtzel, und Juncker Bergherr Johann Heinrich Lochmann, eilends nach Luzern gesandt, aller Sachen eigentliche Beschaffenheit zu vernehmen, und die Obrigkeit daselbsten aller getreuer Hülffe bester Massen zu versichern: Es haben auch die Züricher der Stadt Luzern in solcher Noth mit einer grossen Quantitet Früchte, auf Begehren, zu höchstem ihrem Danck, willfährige Hand gebotten. Beyde Züricherische Ehren-Gesandte aber sind auf ihrer Reise erstlich zu Roth, darnach zu Ebikon etliche Stunden lang aufgehalten, mit Worten und Wercken sehr beschimpfet, zu Luzern wohl empfangen, aller Sachen Beschaffenheit gründlich informiert, und den 9./19. Martii wieder heimgelassen worden.

Auf solche abgenöthigte Gegen-Verfassung der Stadt Luzern und ihrer Verbündeten, haben die ungehorsamen Unterthanen sich in etwas niedergelassen, und angelobt der Rechtlichen Abhandlung zu geleben. Weswegen auch der hülffliche Zuzug von der Stadt Luzern wieder abgeschrieben worden: Weilen aber beyde löbliche Städte Zürich und Bern einen ungleichen Austrag entsessen, und das im Entlibuch aufgegangene Feuer die Bernerischen benachbarten Lande allbereit auch angegriffen, ward eine allgemeine Zusammenkunft aller 13. und zugewandter Orte nach Baden auf Dienstag den 8./18. Martii ausgeschrieben, um zu berathschlagen, auf was Form solchen und dergleichen künftigen Uhruhen, durch die Anstellung eines Defensional-Wercks, zu begegnen seyn möchte.

a. Zu Generalen sind ernamset worden:
1. Von Zürich, Herr Conrad Werdmüller, des Raths, Seckelmeister, Reichs-Vogt und alter Land-Vogt der Freyen-Ämter.
2. Von Bern, Herr General-Major Sigmund von Erlach, des Raths.
3. Von Uri, Herr Sebastian Bilgerin Zweyer von Evebach, Ritter, Alt-Land-Amman und Lands-Hauptmann.

b. In einem sub dato 11./22. Martii[83] gedruckten Manifest, haben die samtliche Stände ihre rühmliche Eintracht für die Erhaltung Obrigkeitlichen Ansehens an den Tag gegeben, der Entlibucher ungeziemendes Verfahren in etwas ruchbar gemachet, alle Unterthanen ihrer schuldigen Pflicht trefflich erinnert, und denen die sich zu beschweren haben, Weg gezeiget, wo sie sich erklagen sollen.

c. Mithinzu ward auch gut befunden, dass man eine Inquisition auf das Verhalten der Land-Vögte, vorab in den gemeinen Herrschafften, anstelle, und also allem zukünfftigen Wiederwillen, durch unpartheyisches Handhaben der lieben Gerechtigkeit, bey Zeiten vorbaue.

In währenden solchen Berathschlagungen ist von Luzern ein Schreiben eingelanget, folgender Substantz:
1. Um die wohlmeinliche ihnen zum Besten vorgenommene Zusammenkunfft sagen sie höchstens Danck, mit Versicherung dess in Ewigkeit nicht zu vergessen.
2. Die sechs löblichen Schied-Orte haben ihre Urtheil in Beyseyn beyder Partheyen eröffnet, und zum Abzug erforderliche Anstalt gemachet, so sie ihres Theils werckstellig machen werden.
3. Weil aber ihr Haupt-Absehen dahin ziele, dass bey dieser Tagleistung insgesamt alles für weitere Begebnissen abgeredt werde, dapffere Berathschlagungen gesteiffet werden, und jedes

Ort verhoffen könne, vor dergleichen leidigen Anstössen fürohin versichert zu bleiben; So wollen sie ohne Verzug nach Baden ordnen drey Herren aus denjenigen, die Sätze vertretten, die neben ihnen ein Werck machen und stabilieren, dessen die Obrigkeiten und liebe Posterität sich zu freuen, mit Bitte, sie dieses ihnen gefallen lassen, und Zeit und Arbeit daran binden wollen.

d. Auf angedeuteter dieser dreyen Gesandten Ankunfft, und derselben anghörte weitläufftige Erzehlung, wie alles hergegangen, dass die empörten Luzernischen Unterthanen von der Stadt abgezogen, die Stadt ihrer Besatzung auch wiederum entlassen, und was nicht gütlich hingelegt, zu Rechtlichem Ausspruch verleitet sey, etc. hat man den Herren Ehren-Gesandten für ihre Mühe gebührend gedancket: Ihnen, was man in dieser Zusammenkunfft beschlossen, eröffnet; und ist man darauf gar freudig von einander geritten, der getrosten Zuversicht: Es werde darbey festiglich verbleiben. Vor Verreisen hat man die Schuldheissen der Städte Baden, Bremgarten und Mellingen berichtet, was man verabscheidet, und sonderlich Mellingen verwahrnet, dass sie mit Passgeben und Einquartieren niemand Ungelegenheit machen. Und so dann die Stadt Mühlhausen durch zween Abgesandte der Stadt Luzern Hülff anerbotten, war es zu grossem Danck angenommen, und zur Gedächtnis dem Abscheid einverleibet.

Diese löbliche Einigkeit der Eydsgenössichen Obrigkeiten war den Luzernischen Unterthanen höchst verdächtig, und das von Baden ausgegangene gedruckte Manifest so wiedrig, dass sie so wohl über die gütlich- als rechtliche Handlung, wider bessers Verhoffen, ungleiche Gedancken gefasset, und etliche Änderungen nach ihrem Willen haben wollen: Woraus neue Unruhen erwachsen, und diss ferner erfolget, dass aus Anstifften der Luzernischen, auch die Bernerische, Basslerische und Solothurnerische Unterthanen ebenmässig zusammen gelauffen, Lands-Gemeinden gehalten, Beschwerds-Articlel aufgesetzt, und deren Verbesserung an ihre Obrigkeiten begehrt haben.

1. Im Bernerischen haben sich aufwieglen lassen die Vogtey Trachselwald, Brandis, Sumiswald, Huttweil; das gantze Land Emmenthal, Signau; die Landschafft und das freye Gericht Steffisburg, Hilterfingen; Hanss Büler zu Sägisweil[84] für sich und seine Nachkommen. Die Vogtey Interlapen und Brientz, Frutingen und das Land-Gericht Sternenberg, Zollickhofen; Conelfingen, Steffingen; die Grafschafft Nidau; die Grafschafft Büren; die Vogteyen Frauenbrunnen, Arberg und Landshut; die Grafschafft Burgdorff, ausser der Stadt; die Stadt, das Amt und Vogtey Arburg; die Vogteyen Wangen, Arwangen und Bipp; die Stadt und Grafschafft Lentzburg, neben der Vogtey Schenckenberg.

2. Von Basslerischen sind ungehorsam worden die Stadt Liechtstal samt ihren Dörfferen; die Grafschafft Farnsperg; die Vogtey Wallenburg, Homburg, Ramstein, und alle übrigen ihre Unterthanen, ausser der Vogtey Mönchenstein, so nur allein vier geringe Dörffer hat.

3. Aus dem Solothurnerischen haben sich empört die Grafschafft Gössgen, Stadt und Amt Olten; die Vogtey Bechburg, Vogtey Falckenstein, Vogtey Kriegstätten, Vogtey Flummenthal, Leberen, Buchsberg, Dornach, Thierstein und Gilgiberg.

4. Zu diesen allen haben sich noch geschlagen die Einwohner der freyen Ämter des Ärgäus, zu Meyenberg, Hitzkilch, Villmergen, Hilffikon, Muri, Sarnistorff, Bettweil, Wollen, Niederweil, Heglingen, Dietlikon, Wollischweil und Anglikon, die sonsten gemeine Unterthanen der sieben Orte, Zürich, Luzern, Uri, Schweitz, Underwalden, Zug und Glaris.

Allerseits interessierte Obrigkeiten waren in der Hoffnung begriffen, sie wollen durch das Lösch-Wasser fürsichtiger Freundlichkeit, solcher Unruhen hochschädliches Feuer wohl wieder tüschen können; Es war aber gantz unmöglich.

Bern hat den 14./24. Tag Mertzen an die Stadt Zürich begehrt, dass man Gesandte zu ihnen ordne, und ein wachtbares Aug auf sie habe; Wie sie dann auch, zur Versicherung ihrer Stadt, eine starcke Besatzung von Genf, Welsch-Neuenburg, Biel und aus der Waadt eingenommen.

Den 15./25. dito sind nach Bern verritten Herr Burgermeister Johann Heinrich Waser, und Herr Statthalter Salomon Hirtzel, beyde von Zürich. Die haben auch übrige Evangelische Orte von Glaris, Schaffhausen, Appenzell und St. Gallen dahin gemahnet, der Sachen gütliche Erörterung eilfertig vermittlen zu helffen. Der liebe Gott hat auch zu solcher freundlichen Unterhandlung seinen kräfftigen Segen also verliehen, dass eine löbliche Stadt Bern ihren Unterthanen mit einer so gnädigen, vergnüglichen Erklärung über ihre habende Beschwerds-Artickel begegnet, dass die Baursame durch aller Gemeinden Ausschüsse vor dem Rath zu Bern um erzeigte Gnade unterthänig gedancket, und sich aufs neue zu aller schuldigen Gehorsame demüthigst verlobt. Worüber auch die Berner, als die sich keiner Untreu mehr versehen, ihren in der Stadt gehabten Zusätzern, von verbündeten und gehorsam-verbliebenen Unterthanen, abgedancket. Gleichen Nachdruck hat die Gütigkeit auch gefunden bey den Unterthanen beyder löblicher Städte Basel und Solothurn. Dahero dann jedermänniglich der frölichen Hoffnung gewesen, alle Unruhen seyen vollkommentlich gestillet, und der Friede aufs neue, wider alles ferneres Wancken, befestiget.

In währenden diesen gütlichen Tractaten, weilen deren Austrag ungewiss gewesen, hat ein sorgfältige Stadt Zürich den ersten Ausschuss ihres Land-Volcks von 1000. Mann zu Fuss und 300. Pferden, neben einer Artillerie von 8. Feld-Stucken, den 16./26. Tag Martii mustern lassen, den andern und dritten von gleicher Quantität in Bereitschafft aufgeboten, und auf freundliches Besuchen und trifftiges Erinnern Juncker Johann Ludwig Schneebergers, des Raths, Seckelmeisters, Reichs-Vogts, und alten Land-Vogts der freyen Ämter, aller Orten bey den Ihrigen; mit Nahmen auch zu Wädeschweil und im Amt Knonau, anders nichts dann hocherfreuliche Treue und Gehorsame gefunden. Es haben auch die vier löblichen Orte Uri, Schweitz, Unterwalden und Zug, die bedrängte Stadt Luzern mit einem neuen und dapffern Zusatz besetzt. Die löblichen Städte Basel und Mühlhausen haben auf Begehren der Stadt Bern den Aar-Pass zu Arau mit 300. Musquetierern verwahren wollen, welche von 1000. rottierten Bauren hinterhalten, und zum Theil von der Stadt Basel, wegen Schwürigkeit ihrer eignen Unterthanen, wieder heimgemahnet worden.

Nachdem nun die Herren Ehren-Gesandte obernannter löblicher Schied-Orte, auf gutes Vertrauen es sey alles wohl verglichen, allernächst vor dem Heil.

Oster-Fest zu Hauss wieder angelangt, und die aufgerichteten Verträge in so behänder Eil nicht ausgefertiget, besiegelt und eingeliefert werden können; sind die Lucerner ins Berner-Gebiet wieder gewandelt, und haben in demselbigen und im Bassler- und Solothurnerischen das Feuer eines weit-aussehenden Misstrauens der Untern gegen ihren Herren und Obern aufs neue angeraset, und so viel Ohren gefunden, dass aller Orten die Unterthanen, wider Ehr und Eyd, Lands-Gemeinden gehalten, und keine weitere Obrigkeitliche Erinnerungen, weder von Gesandten, noch auch an sie abgegangene Schreiben, mehr annehmen wollen.

Damit man nun dieses Feuer stopffe, an dem Ort, da es seinen Ausbruch genommen, hat man den 10./20. April einen Läuffer-Boten von Zürich mit einem gantz beweglichen Abmahnungs-Schreiben nach Willisau im Luzernischen, allwo der Gemeinden Ausschüsse beysammen gewesen, lauffen lassen; der kam den 12./22. dito wieder heim mit einem Antwort-Schreiben, des Innhalts. a. Sie danckten um Väterliche Vermahnung. b. Klagten, es werde ihnen von veraccordierten Articklen nicht ein einiger gehalten. c. Erklärten sich der Obrigkeit folgen zu lassen was dero gebühre, wofern man ihnen auch ihre Gebühr wiederfahren lasse. d. Begehrten sicher Geleit mit Gesandten der Stadt Zürich sich zu ersprachen. Ehe sie aber dessen erwartet, seynd drey Abgeordnete aus dem Entlibuch und von Willisau den 16./26. Aprilis vor einem Ehrsamen Rath zu Zürich erschienen, mit folgendem Fürtrag:

1. Sie hätten längsten Lust gehabt mit ihren Hochgeehrten Herren und Vätern löblicher Stadt Zürich sich zu ersprachen, seyen aber abgehalten worden durch ein ausgesprengtes Geschrey, sie möchten nicht allerdings sicher sein.

2. Das freundlich an sie abgelauffene Schreiben habe sie auf die Füsse gebracht, Rath zu suchen in folgenden Beschwerden:

A. Ob man ihnen, laut Vertrags, nicht schuldig sey dermahlen eins zu erscheinen, ihre Freyheiten, mit deren Vorbehalt sie unter Luzern gekommen?

B. Ob nicht billich, dass ihre Obrigkeit in ihrem übergebenen Friedens-Instrument das Wort Fehler auskratze, weilen sie sich keiner begangenen Fehler schuldig wissen?

C. Ob nicht zu erlangen, dass das Bader-Manifest, in dem sie so gar schwartz beschrieben, wieder aufgehoben, und sie gleicher Gestalt in offenem Druck für biderbe Leute, die sie zu bleiben begehren, erklärt werden?

D. Und dann, ob so gar wider das Wetter wäre, so man ihren zu Wollhausen geschlossenen Bund zu ewigen Krässten erkennete?

Der drey ersten Stücke halber ist man ihnen mit freundlicher Vertröstung begegnet; des letztern halben aber hat man ihnen die wenigste Hoffnung machen weder wollen noch sollen. Eben selbigen Tags haben die Bernerischen Ärgäuer durch zween Ausgeschossene, ihre Herren und Obere fast auf gleiche Form verklagt. Man hat sie aber allerseits geheissen ruhig zu seyn, und vertröstet: Es solle auf vorstehender Badischer Tag-Satzung, alles was ihnen angelegen, zu ihrem satten Begnügen gütlich oder rechtlich erörtert werden. Worfür sie zwar gedancket. Es hat aber hernach sich entdeckt, dass sie von ihren Anhängern zu solcher Gesandtschafft beredt worden, damit sie unter derselbigen Deckmantel auch einer löblichen Stadt Zürich Unterthanen zur Untreu und gleicher Ungehorsame verleiten können. Wie es dann an ihrem bösen Willen nicht ermanglet, wo Gott selbst für diesen Stand nicht gewachet hätte.

Auf den 14./24. Aprilis, zu Zürich gehaltenen Beth- und Fast-Tag, sind den 19./29. dito auf die gemeine Eydsgenössische Tag-Satzung von allen Dreyzehen und den zugewandten Orten verreiset, Herr Burgermeister Waser, und Herr Statthalter Hirtzel. Diese Tag-Satzung ward auf Begehren der Stadt Luzern von Zürich ausgeschrieben, nochmahl in der Forcht Gottes zu berathschlagen: Ob noch durch gütliche Mittel diesem grossen Übel zu helffen; und wie, im wiedrigen Fall, der Gewalt wider solche Aufrührer am erspriesslichsten zu gebrauchen seyn möchte, sie zu schuldiger Gehorsame zu bringen. Nach eingenommenem Bericht, was die Entlibuchische und Willisauische Ausgeschossenen zu Zürich verrichtet, haben die Gesandten der löblichen Stadt Solothurn zum kräfftigsten wiedersprochen: Es geschehe ihren Herren und Obern unrecht, dass von ihnen ausgesprengt worden, sam sie der Unterthanen Beginnen gebillichet, das Wiedrige sey aus vielfältigen Schreiben zu erweisen. Auf diese hat man an die empörten Luzerner, Berner und Solothurner, die derweilen ihre tägliche starcke Zusammenkünfften, sonderlich im Entlibuch zum heiligen Creutz, und zu Huttweil, einem Bernerischen an Luzerner Gräntzen gelegenen Städtlein, angestellt hatten, eine öffentliche Citation nach Baden ablauffen lassen. Und weil man den Luzernerischen Erscheinens halber am wenigsten getrauet, hat man derselbigen Einladung in offenen Patenten, durch der Grafschafft Baden Unter-Vogt, in Person überschickt, darmit ihnen auch allerseits sicheres Geleit zugesagt.

Die Luzernerischen haben, wider alle Hoffnung, ihre Ausschüsse nach Baden geordnet, mit Nahmen zween Entlibucher, einen von Sursee und einen von Rothenburg, mit zweyen Schreiben. 1. Das erste war unterschrieben vom Land-Pannerherrn, Lands-Hauptmann, Lands-Fähndrich, und Geschwornen der Gemeinde Entlibuch, des Innhalts: Obwohlen auf den heiligen Creutz-Tag vom gantzen Land abgemehret worden, dass sie fürohin sich nirgends anderst mehr begeben wollen, weilen sie bey grossen über sie ergangenen Unkosten bisher auf den Tag-Satzungen wenig gewonnen, haben sie doch Ehren halber nicht vorkommen können, noch dissmahl ihre Gesandtschafft zu schicken, aber nicht mit vollmächtigem Gewalt, dann ihnen solches von der Gemeinde abgeschlagen worden, der Ursach: Sie wollen zuvor von ihren Gnädigen Herren ihre alten Brieffe, so man ihnen genommen, wieder haben, und in denselben ersehen, ob etwas weiters vonnöthen oder nicht; sey nichts, so werden sie bald zu völligem Friedens-Schluss kommen können, sollen also mit ihren Herren und Obern reden, dass sie ihnen ihre Brieffe hinaus geben. 2. Das andere Schreiben von der gantzen Gemeinde des Lands Entlibuch war gleichen Innhalts, ohne dass sie sich weiter also hinaus gelassen: Wann ihnen ihre Brieffe von Luzern nicht hinaus gegeben werden, wollen sie sich ihrer Abschrifften behelffen, und von ihren Herren und Obern theilen. Um das aber, so weiter Stössiges fürfallen möchte, wollen sie sich in kein Recht einlassen, sondern damit für die Land-Gemeinden der drey Orte, Uri, Schweitz und Unterwalden kehren, was da das Mehr gebe, dessen wollen sie geleben. Beyde Schreiben waren datiert den 5. Mey Neuen Calenders.

Die Bernerischen sind gar ausgeblieben, haben aber schrifftlich sich erklärt, sub dato 24. Aprilis Alten Calenders: Sie begehren mit ihren Herren und Obern von Bern selbst abzukommen. Setzen ihre Beschwerden auf, wollen dieselben ehester Tagen liefern, und seyen der Hoffnung, man werde denenselben ohnbeschwert abhelffen.

Das von löblicher Stadt Zürich an die zu Huttweil versammlete Ausschüsse von allen vier Ländern, Bern Luzern, Basel und Solothurn, abgegangene Abmahnungs-Schreiben, ward etwas zuvor, nemlich den 20./30. Aprilis, folgender massen beantwortet: Bey gehaltener Gemeinde haben sie ihre zu Sumiswald en 13./23. April geschlossene Bunds-Artickel abgelesen und confirmiert, derselben seyen vier.

1. Den ersten, von den uralten Eydsgnossen zusammen geschwornen Bund, wollen sie handhaben.

2. Alle ungute neue Aufsätze wollen sie einander helffen dannen thun, und sollen eines jeden Orts Unterthanen ihre Gerechtigkeiten von ihren Obern hinaus fordern.

3. Fremde oder heimische Völcker, die man ihnen über den Halss führen möchte, wollen sie einander helffen zurück halten.

4. Und ob jemand von ihnen um dieses Handels willen sollte eingezogen werden, wollen sie denselben mit Leib, Haab, Gut und Blut helffen ledig machen. Und diese vier Artickel sollen allein gültig seyn. Bitten darbey, man solle ihnen allerseits zu Ruhe helffen, und rühmen ihr treu gut Hertz, so sie sonsten zu ihren Obrigkeiten haben.

Der Magistrat löblicher Stadt Basel hat berichtet, wie so gar unbescheiden ihre Unterthanen sich erzeigen, vorab die von Liechtstal, die ihre Ausschüsse nach Huttweil geschickt, mit Begehren, man solle eine treue Aufsicht auf sie haben, laut der Bünde. Ihnen hat man geantwortet: Dass die Sachen auch bey ihnen sich übel anlassen, habe man mit Leyd vernommen, alle Eydsgenössische Schuldigkeit gegen ihnen zu erstatten, werde man keines Wegs unterlassen.

Vom Landschreiber der freyen Ämter ward in einem Schreiben geklagt: Es stehe selbiger Enden so gefährlich, dass man anders nichts zu erwarten, als dass selbige Unterthanen mit denen benachbarten Empörten sich verbinden werden. Da man die Sache zu erkundigen, drey Gesandte von Baden aus dahin gehen lassen, hat man anders nichts gefunden als äusserste Verwirrung und unverantwortliche Ungehorsame.

So haben dannethin in der Grafschafft Baden mithinzu auch sehr unruhige und schädlicher Neuerungen begierige Gemüther sich vermercken lassen. So weit haben die anfänglich aus dem Entlibuch ausgeflogene Funcken angezündet.

Wann man nun bey solcher der Sachen Bewandtniss zu Baden nicht viel schaffen können, hat man den anwesenden Ausschüssen der Bauren durch verordnete Herren mündlich anzeigen und schrifftlich zustellen lassen: Weilen über vorige so freundliche Einladungen zu unpartheyischem Rechten ein Theil gar nicht, und ein Theil nicht mit vollkommenem Gewalt erschienen; so thue man nun sie ferner ein mahl für alle mahl zu dem unpartheyischen Eydsgenössischen Rechten beruffen, und zu erscheinen befehlen, deswegen sie inner Monats-Frist ihre Meynung der Stadt Zürich überschreiben sollen, so werde man ihnen alsdann einen Rechts-Tag bestimmen; es wäre dass Sache, dass sie sich inzwischen mit ihren eigenen Obern vergleichen könnten; unterdessen solle alle Thätlichkeit von ihnen eingestellt bleiben; werden sie mit ihren Herren und Obern sich vereinbaren, so solle alsdann auch das Bader-Mandat, dessen sie sich beschweren, aufgehoben, und ihnen keineswegs weder aufheblich noch verweisslich mehr seyn.

Neben diesem münd- und schrifftlich ertheilten Bescheid, hat man dem Unter-Vogt der Grafschafft Baden abermahl ein offenes Patent und darbey diesen Befehl ertheilt, dass er in Person nach Huttweil kehren, und daselbsten allerseits versammlete Unterthanen auf obvermeldten Termin zum Rechten beruffen solle.

Man hat sich auch mit einander freundlich und Eydsgenössisch unterredt, falls auch dieses Mittel nicht angehen wollte, auf was Form man den Gewalt wider diese ungehorsamen Leute zu führen haben werde; Inmittelst aber gemeinen Land-Vögten zugeschrieben, dass sie in ihren Regierungen dergestalt bescheidentlich verfahren, dass ihre Unterthanen Anlass haben, die Obrigkeit nicht nur zu förchten, sondern auch zu lieben; und hat hierauf diese Tagleistung geendet; wie dann die Gesandten den 30. April Alten Calenders wieder nach Hauss kommen.

Die zu Baden geschlossenen Ermahnungen und Citationen sind den Aufrührischen ordentlich eingeliefert, aber von ihnen so schlechtlich geehret worden, dass sie je länger je ärger in Ungehorsame, Muthwillen und Freffel ausgebrochen. Und dass sie sich zwar gantz ersetzt des unpartheyischen Eydsgenössischen Rechtens zu geleben; haben sie würcklich an den Tag gegeben in dem, dass sie in währender dieser Tag-Satzung, den 20./30. Aprilis obgedacht, ihren lange heimlich berathschlageten Lands-Bund zu Huttweil öffentlich geschworen mit folgenden Ceremonien: a. Es kam daselbst zusammen eine ausgeschossene sehr grosse Mannschafft von den ungehormsamen Unterthanen der löblichen vier Städte, Bern, Luzern, Basel und Solothurn. b. Die erwehlten zu ihrem Haupt und Obmann Niclaus Leuenberg von Schönholtz, aus der Bernerischen Landvogtey Trachselwald, einen des Kriegs in etwas erfahrnen, und von Natur wohlberedten und klugen Mann. c. Weilen sie kurtz zuvor in einem von ihnen auf der Aaren aufgefangenen und mit nach Zürich gehörigen Eisen-Waaren beladenen Schiff, ein Fässlein voll Granaten gefunden, auf dem, wie sie sagen, die Herren von Bern aber widersprechen, geschrieben gestanden Süsser Wein, haben sie ein Paar derselbigen an eine Spiess aufgericht, und dabei ausgeruffen: Das sey der süsse Wein, mit dem man sie tränken wollen. d. Hierüber sind verlesen worden allerhand aufgefangene und geöffnete Schreiben, womit man etliche Stunden zugebracht. e. Nach diesem hat man den Bunds-Brief abgehört, der von Wort zu Wort also gelautet:

«Im Nahmen der Heiligen Dreyfaltigkeit, Gottes des Vaters, Sohns und Heiligen Geistes, Amen.

So haben wir zusammen geschworen in diesem ersten Artickel: Dass wir den ersten Eydsgenössischen Bund, den die uralten Eydsgenossen vor etlich hundert Jahren zusammen geschworen, wollen heben und erhalten, die Ungerechtigkeit wollen einander helffen abthun, und die Gerechtigkeit äuffnen, und alles was den Herren und Obrigkeiten gehört, soll ihnen bleiben und gegeben werden; und was den Bauren und Unterthanen gehört, soll uns auch bleiben und gegeben werden. Hierbey wollen wir einander schützen und schirmen mit Leib, Haab, Gut und Blut, diss der Religion unschädlich und unbegreifflich.

Wollen wir helffen einander alle unguten neuen Aufsätz abschaffen, und sollen aber jedes Orts Unterthanen ihre Gerechtigkeiten von ihrer Obrigkeit selbst fordern. Wann sie aber einen Streit wegen ihrer Obrigkeit möchten bekommen, sollen sie doch nicht ausziehen ohne Wissen und Willen der andern Bundsgenossen, dass man zuvor könne sehen, welche Parthey recht oder unrecht habe; haben unsere Bundsgenossen dann recht wollen wir ihnen darzu verhelfen; haben sie unrecht, so wollen wir sie abweisen.

Wann die Obrigkeiten wollten fremde oder einheimische Völcker uns Unterthanen auf dem Halss legen oder richten; so wollen wir einander helffen, und trostlich und mannlich beyspringen.

Wann auch die eine oder die andere Person, in Städten oder Landen, durch dieses aufgeloffenen Handels willen, von einer Herrschafft oder andern Leuten, eingezogen und an Leib und Leben beschädiget würde, sollen alle Bundsgenossen denselben helffen mit Leib und Gut erlediget und erlösen, als wann es einen jeden antreffen würde.

So soll dieser unser geschworne Eyd und Bund alle zehen Jahre vorgelesen und erneuert werden von den Bundsgenossen, und so dann das eine oder andere Ort eine Beschwerde hätte, um ihrer Obrigkeit oder anders, so will man allezeit demselben zu Rechten helffen, damit unsern Nachkommen keine Neuerungen und ungebührlichen Beschwerden mehr aufgeladen können werden.

Soll keiner unter uns so frech und vermessen seyn, der wider diesen Bunds-Schwur reden solle, oder Rath noch That geben wolle, wieder darvon zu stehen und ihn zunichte zu machen. Welcher aber dieses übersehen würde, so soll solcher für einen meineydigen, treulosen Mann gehalten, und nach seinem Verdienen abgestrafft werden.

Sollen auch keines Orts Bundsgenossen mit ihrer Obrigkeit diesen Handel völlig vergleichen und beschliessen, biss die andern unsere Bundsgenossen auch an allen Orten das beschliessen; also, dass zu allen Theilen, und gleich mit einander der Beschluss und Friede soll gemachet werden.»

Auf diese Puncten haben alle Anwesende den Eyd würcklich auf den Knien mit grosser Andacht und folgenden Worten, die ihnen ihr erwehlter Obmann, der Löwenberger, vorgesprochen, geschworen.

«Nun liebe und getreue Leute, loset auf euren Eyd, und sprechet mir nach alle diese Worte: Wie die Schrifft ausweisst, dem will ich nachgehen, und vollbringen mit guten Treuen: Wann ich das halte, dass mir Gott wolle gnädig seyn an meinem letzten Ende. Wann ich's aber nicht halte, dass er mir nicht wolle gnädig seyn an meinem letzten Ende: so wahr mir Gott helffe, ohne alle Gefehrte.»

Bey diesen Solennitäten haben sich befunden und diesen Bund ewig zu halten geschworen, Abgeordnete von allen denen Landen, Graffschafften, Herrschafften, Städten, Ämtern und Vogteyen, die im Berner- Bassler- und Solothurner-Gebiet, desgleich in den freyen Ämtern des Argäus, als obvermeldt, von dem Entlibuch aus angesteckt worden. Vier von Wort zu Wort gleichlautenede Bunds-Brieffe sind aufgesetzt, jedes Orts Unterthanen einer zugestellt, und darmit der Knopff, gefasster Einbildung nach, bester Massen verknüpfft worden.

So bald nun dieser vermessene, dem uralten Eydsgenössischen Anno 1332. geschlossenen, und seithero so ansehnlich continuiert und vermehrten wiedrige Bund, geschworen, und von den Ausgeschossenen obgesetzter Ort in seinen vier Instrumenten, mit angehenckten Einsieglen, den 4ten Mey bekräfftiget worden, haben dessen traurige Früchte überflüssig sich verspühren lassen.

Das böse Gewüssen der Conjurierten; das tieff-eingewurtzelte Misstrauen gegen allerseits Herren und Obern, und die Forcht wohl-verdienter Straffe, schlugen also zusammen;

Dass sie alle Pässe mit starcken Wachen besetzt. A. Die gewohnlichen Ordinari-Boten aufgehalten, durch sucht, Obrigkeitliche und andere ihnen verdächtige Schreiben eröffnet, behalten, und in solchem Fall auch dem Königl. Frantzösischen Paquet nicht verschonet. B. Aus- und einländisch-reisende Leute haben sie weder ohngehindert noch ohnbeschädiget passiren lassen; wie dessen sonderlich zween junge Österreichische Freyherren vom Hause Althan, die man zu Wietlispach arrestiert, nach Huttweil geführt, etliche Tage lang auf- und sehr übel gehalten, mit grossem ihrem Schaden innen worden, als die neben Abtrag alles über ihre unverschuldete Verhafftung ergangenen Unkostens, für einen einigen Pass-Zedel noch zwo Ducaten bezahlen müssen. C. Wollten die Herren Heydegger in Zürich ihre auf der Aaren zu Bergken angehaltenen Eisen-Wahren wieder ledig haben, mussten sie selbige mit 90. Cronen baaren Gelds lösen. Und des Dings geschah täglich mehr dann viel.

Ihre Mit-Landleute, die an der Obrigkeit schuldiger Massen treu verblieben, a. Sind von ihnen schändlichst betittelt; b. Mit gewaltthätigen Streichen misshandelt; c. Ihres Schlacht-Viehes, habender Früchte und Weine, beraubet; d. An Ehren, Nasen und Bärten gestümmelt; e. An Stirnen und Schläffen, durch starcke Umtrüllung eines gantz trockenen Schleif-Steins, biss auf die Hirn-Schale geschliffen, und also, wie sie zu reden pflegten, gehärtet worden. f. So bald einer nur ein Wort geredt, das von weitem auf Gehorsame gegen der Obrigkeit gezicket, musste er ohne Verzug solchen Härtens gewärtig seyn, welche mannigfaltige Freffel so unerträglich gewesen, dass viel biderbe Leute alles verlassen, und, biss auf bessere Zeiten, anderswo Sicherheit gesucht haben.

Damit aber solche Grausamkeiten auch in etwas verantwortlich schienen, haben sie das unverschämte Lästern der Majestäten ergriffen, und über allerseits Obere ausgesprengt allerhand faule, erdichtete Zulagen und Schand-Lügen, unter dem bosshafftigen Vorwand, sam sie selbige, aus aufgefangen Schreiben, genugsam erweisen können.

Und dass es ihnen an keiner Eigenschafft der ärgsten Rebellen, die jemahls gewesen, ermangle, haben sie den höchsten Grad der Rebellion also bestiegen: a. Dass sie mit bewehrter Hand beyde Haupt-Städte, Bern und Luzern, von weitem bloquiert, und so viel als würcklich belagert. b. Der Stadt Arau haben sie, auf abermahl verweigerten Aar-Pass, den Mühle-Bach abgeschlagen, und sie also eingethan, dass niemand aus und ein dörffen. c. Aus unterschiedlichen Obrigkeitlichen Häusern, die weder sonders fest noch besetzt gewesen, haben sie genommen was zum Krieg gedienet. d. An die Stadt Zoffingen haben sie grob Geschütz und Pass begehrt, das letzte ist verwilliget, das erste aber rund abgeschlagen worden. e. Zu Sursee haben sie etwas von Artillerie mit Gewalt genommen. f. Der Stadt Luzern alle Zufuhr benommen, g. dero Spital-Pferde ausgespannet. h. Dem Reuss-Fahr zu Windisch das Seil hinweg gethan, und die Stadt Mellingen mit einem starcken Zusatz aus den freyen Ämtern bester Massen versehen.

Von diesem wütenden Wald-Wasser der Empörung ward fürnemlich angefochten eine hochlöbliche Stadt Bern, vor deren die Rebellen in grosser Anzahl auf das Muri-Feld sich besammelt, mit solcher unerhörten Vermessenheit, dass Clauss Löwenberger, des gemeinen Bunds Obmann, wie er sich geschrieben, aus Huttweil vom 5ten Tag Mey an seine Herren und Obern schreiben dörffen: «Wir beten Eu. Gnaden wollen mit demüthigen Reden uns begegnen, und nicht mit Räuhe, damit die Landleute nicht etwann in Zorn gerathen möchten. Die Action aber soll unter dem heitern Himmel beschehen. Dessen haben wir Eu. Gnaden kürtzlich in Eyl berichten wollen.»

In einem andern Schreiben aus Langenthal vom 6ten Tag Meyen schreibt er: «Wollen derowegen Eu. Gnaden nochmahls gebeten und äusserst ermahnet haben, uns ohne fehlen heutiges Tags selbsten oder schrifftlich Bescheid hinaus schicken, was sie gegen uns gesinnet, wo nicht, werden wir verursachet werden andere Mittel für und an die Hand zu nehmen. Gott mit uns.» In dem dritten Schreiben, auch aus Langenthal, brauchet er diese Worte: «Ihre Gnaden wollen ermahnet seyn, auf unsere vollkommene Klägden biss Morgen satten und endlichen Bescheid zu geben, beschiehet solches, ists mit Heyl, wo nicht, wird ein grosser Tumult und Aufruhr daraus unter dem gemeinen Volck erwachsen, dann solches gar ergrimmet, ob gleichwohl die Ausgeschossenen gern ihr Bestes thäten. Wird nun uns in unserm Begehren gewillfahret, so ists mit Heyl, wo nicht, wird ein böses Übel daraus erfolgen, und euch nichts mehr in die Stadt, an Geträid und andern Mitteln, gebracht werden. Gott mit uns.»

Was diese so gar verwirrte Leute ihren Herren und Obern, über das was man schon vor diesem ihnen vielfältig bewilliget, ferner fürschlagen dörffen, beruhet auf folgenden Puncten, die wir mit ihren eigenen Worten setzen wollen.

Vor allem dem, das im Frieden gehandelt, begehrt eine Landschafft, dass ihnen folgende Puncten sollen nachgelassen werden, dann sie ehe sterben, als die Artickel unterwegen lassen wollen.

Ihre geschwornen Bünde zu Sumiswald sollen ewig gehalten, und von den Obrigkeiten gutgeheissen werden.

Alle zehen Jahre solle eine Lands-Gemeinde gehalten werden, darfür die entzwischen gewesene Land-Vögte gestellt, und vor selbiger unverantwortliche Sachen, so sie verübt hätten, sollen gestellt, und wo sie deren begangen, gestrafft werden.

Bodenzinsen, Zehenden und Geldzinsen, auch andere Schuldigkeiten, sollen biss zu Austrag des Handels unabgerichtet verbleiben.

Nach Austrag des Handels sollen selbige ums halbe verringert werden.

Nach Baden, noch einige Stadt, wollten sie sich zu tractieren nicht einlassen, sondern wo einer Obrigkeit etwas angelegen, sollen sie in freyem Felde mit ihnen tractieren.

Eine löbliche Stadt Bern war bey sobewandten Sachen, nicht nur mit ihrer namhafften Burgerschafft, sondern auch mit einem ziemlich starcken Zusatz inner ihren Ringmauren wohl versehen. Ausserhalb hatte sie allernächst an der Hand ansehnliche Hülffe von den verbündeten Städten, Genf, Welsch-Neuenburg und

Biel; desgleichen von ihren selbst eigenen treuverbliebenen Unterthanen aus der Waadt. Mit dieser Macht hätte man den empörten und übelbewehrten Bernerischen Unterthanen und ihren Helffern auf dem Muri-Feld, ihrem Verdienen gemäss, empfindlich zwagen können. Ein christlicher Magistrat aber hat ihr eigenes Land mit dem Blut angebohrner und so kläglich-verführter Unterthanen nicht gern röthen wollen, Blutvergiessen zu vermeiden die gütliche Abthädigung nochmahl ergriffen, und dieselbige inner wenig Tagen so weit gebracht, dass die Herren der Stadt Bern ihren Angehörigen, um Ruhe und Friedens willen, entgegen gegangen mit einer solchen milden Richtung, dass sie Ursache gehabt hätten, selbiger mit ewigem Danck sich zu freuen. 1. Man hat ihnen einen allgemeinen Beleidigungs-Vergess gnädig ertheilt. 2. Billichmässigen Abtrag alles zugefügten Schadens versprochen. 3. Sie aller Obrigkeitlicher Hulde ins künfftige versichert. 4. Und darbey diese väterliche Erklärung gethan: Man wolle die Land-Vögte und Amtleute dahin halten, dass die unbillich-abgenommenen Bussen den Gebüssten wieder ersetzt, und die Regierungen aller Orten nach Bescheidenheit und Gebühr verwaltet werden. Um diss alles hat man ihnen eingehändiget ein authentisches sub dato 18. Mey Alten Calenders besiegeltes Instrument, welches sich auf ein weitläufftigers, das ihnen noch zugestellt werden sollen, berüfft hat. Und gleichwohl ist bey diesen unruhigen Leuten kein Halten, kein Niederlegen der Waffen, und kein Gehorsam nie gewesen; so gar, dass sie in ihrer vorigen Weise ohne Hintersichsehen fortgefahren, unter dem Vorwand: Sie können nicht aus dem Harnisch schliessen, biss ihre Bundsgenossen der andern drey Orte einen gleichen Frieden erlanget haben.

Diese unerhörte Proceduren der Bernerischen Rebellen, und was fast gleichen Innhalts von den Städten Luzern und Basel Klagsweise, schier ein und alle Tage berichtet worden; neben den ernsthafften Ermahnungen, bey Ehr, Eyd und Bünden, die von den Bedrängten unaufhörlich an die unbedrängten Orte abgegangen; sind getreulich und also Eydsgenössisch behertziget worden, dass man den nothleidenen Obrigkeiten, inner gar wenig Tagen mit hochansehnlicher Hülffe und würcklichem Zuzug trostlich erschienen.

Darbey aber hat eine löbliche Stadt Zürich ihre für den Wohlstand des allgemeinen Vaterlands sonderbar tragende Sorgfalt in höchsten Treuen erzeigt, und ihren so lieben Nachbarn und Bundsgenossen, den interessierten löblichen Städten, Bern, Luzern, Basel und Solothurn, würcklich zu erkennen gegeben, wie lieb und angelegen ihr sey, die Erhaltung Obrigkeitlichen Ehren-Stands, Gewalts und Ansehens.

Nach dem im April zu Baden verabscheideten Schluss, hätte die Stadt Zürich allein 1500. zu Fuss, 150. Reuter und 5. Feld-Stücklein, den Bedrängten für den ersten Ausschuss, zu Hülffe schicken sollen. Wann sie aber, aus der durch gute Gespähe vernommenen Beschaffenheit der aufrührischen Unterthanen, fürsichtiglich wohl erkennen mögen, dass ein ernsthafft-grosser Wiederstand vorhanden seyn werde, hat sie sich ihren Verbündeten schleunig Lufft zu machen, ein weit mehrers zu thun, rühmlich entschlossen, und das löbliche Werck folgender Massen weisslich angegriffen.

Vor allen Dingen hat eine Ehrsame Obrigkeit löblicher Stadt Zürich, den 10./20. Mey, ihre liebe Burgerschafft in der Constafel und den zwölf Zünfften, durch ein gründliches Manifest, umständlich berichten lassen: Wie es mit gegenwärtigen (von uns bisshero beschriebenen) Unruhen hergegagnen; Wie vermessen und gottloss die Empörten verfahren, wie Christlich, mild und discret ihnen allerseits Obere begegnet, und wie so gar keine gesuchten Gütigkeiten und dargeschlagene Eydsgenössische Rechts-Bote bey ihnen angehen und hafften wollen. Weswegen man durch einen dapffern Entschluss, solchen Bossheiten abzuhelffen, und alle fernere Feindthätlichkeiten, mit in aller Welt-Rechten erlaubtem Gegen-Gewalt abzuhalten, gäntzlich geneigt sey, etc. Ein so Christliches Vorhaben ihrer Regenten und Obern, hat eine gantze Burgerschafft ihr so wohl gefallen lassen, dass grad des folgenden Tags Obere und Hauptleute erwehlet, und die Trommel zu frischer Volcks-Werbung gerührt worden. Damit man auch die biderben Landleute zu völligem Willen habe, ist das in der Stadt auf den Zünfften verlesene, geschriebene Manifest mit etwas Vermehrung gedruckt, und den 15./25. Mey auf gantzer Landschafft in allen Gmeinden publicirt worden, mit hocherfreulichem Nachdruck, wie sich bald darnach aus dem erst- und andern so gehorsamen Aufbruch erscheint hat.

Es hat wohl in diesen Dingen die Stadt Schaffhausen durch Gesandte zu fernerer gütlicher Einschlagung gerathen, und ein Ehrwürdiger Kirchen-Stand zu Zürich, durch einen demüthigen Fürtrag vor Räthen und Burgern, dringendlich gebeten, dass man die leidige Kriegs-Früchte zu vermeiden, für die Hand nehme alle gütlichen Mittel die zu erdencken seyn möchten. Alles ward zu Danck angenommen, und doch darbey einhellig geschlossen:

1. Man solle mit der angehobenen Volckswerbung eifrig fürfahren.

2. Die ersten Ausschüsse zu Ross und Fuss in allen Quartieren aufmahnen.

3. Denen so hochbedrängt-verbündeten Obrigkeiten durch einen ansehnlichen Feldzug förderlichen Lufft machen.

4. Und dann noch im Feld im Abhandlen die Gelindigkeit dem strengen Gewalt der Waffen vorgehen lassen.

5. Damit alles desto gesegneter von statten gehe, sind tägliche Abend-Gebethe in allen vier Pfarr-Kirchen, ausser gewohnter Ordnung, angestellt worden; da man der gemeinen Fürbitts-Formul einzuverleiben befohlen diese Worte: Dass Gott die in löblicher Eydsgnossenschafft entstandenen misslichen Unruhen in grossen Gnaden wiederum stillen wolle.

Es ist auch in währenden diesen Trublen die Stadt Zürich zum trefflichesten verwahret worden. Alle Abend ward eine Bürger-Wacht von ein hundert Mann aufgeführt, auf unterschiedliche Posten vertheilt, und zu 24. Stunden um von ein hundert andern Bürgern wiederum abgelösst. An dem Befestigungs-Werck auf der mindern Seiten der Stadt, haben gleicher Gestalt tägliche ein hundert Bürger gefronet. Geschahe alles mit verwunderlicher Willfährigkeit. So gesegnet von Gott war die löbliche Stadt Zürich.

Vom 13. biss zum 20. Meyen Alten Calenders, ist man sowohl mit den geworbenen als aufgebotenen Völckern, und aller übriger Kriegs-Verfassung, so glücklich aufkommen, dass man den Auszug in Gottes Nahmen Freytags am Morgen frühe, bey sehr anmuthiger Witterung, werckstellig gemachet. Der Sammel-Platz war die Alment der Gemeinde Schlieren, in der Grafschafft Baden, bey anderthalb

393

Stunden Fusswegs unter der Stadt Zürich, unfern von der Limmat, an einem sehr bequemen Ort.

Den Völckern der Stadt Zürich, und denen, die von andern verbündeten Orten und gemeiner Herrschafften Unterthanen zu ihnen gestossen, ward zu einem Generalen vorgestellt.

1. Herr Conrad Werdmüller, des Raths und Seckelmeister der Stadt Zürich, der schon zuvor auf dem Eydsgenössischen Tag-Satzung zu Baden im Mertzen, als obgedacht, zu solcher Ehren-Stellen ernamset worden.
2. General-Major war Herr Obrister Johann Rudolff Werdmüller.
3. General über die Artillerey war Herr Johann Georg Werdmüller, des Raths, und Director des Fortifications-Wercks.
4. Feld-Prediger ward erwehlt Herr Heinrich Ulrich, Diacon zum Frauen-Münster.
5. Adjutanten waren Hauptmann Hanss Heinrich Bürckli; Hauptmann Diethegen Holtzhalb; Hauptmann Beat Rudolff Löw.
6. Cantzley-Verwalter bey der Generalität, Juncker Hanss Georg Escher, Raths-Substitut.

Von geworbenen Völckern zu Fuss sind ausgezogen folgende Compagnien:

I. Herr General-Major Werdmüller, unter demselbigen:
   1. Hauptmann Rudolff Lavater.
   2. Hauptmann Christoff Breitinger.
   3. Hauptmann Friederich Edlibach.
   4. Hauptmann Thomas Brunner von Küssnacht.

Unter wohlermeldtem Herrn General-Major sind auch gezogen:

1. Der Fahne der Stadt Stein am Rhein, unter Hauptmann Hanss Georg Schmied, Pannerherrn und Seckelmeistern.
2. Die geworbenen Völcker der Stadt Diessenhofen, Arbon und Frauenfeld, unter Herrn Lieutenant Hanss Caspar Müller.

II. Hauptmann Obrister Johann Ulrich Ulrich, des Raths und Zunfftmeister, und unter dem:
   1. Hauptmann Hanss Jacob Grebel, der Junge.
   2. Hauptmann Hanss Ulrich Lochmann.
   3. Hauptmann Hanss Ulrich Zuber von Uwiesen.
   4. Hauptmann Samuel Egli.
   5. Hauptmann Hanss Jacob Meyer von Wädeschweil.

Unter Ehren gedachten Herrn Obristen Regiment ist auch ausgezogen der geworbene Fahne der Stadt Winterthur, unter Hauptmann Hanss Jacob Hegner, Landschreibern der Grafschafft Kyburg.

Von aufgebottenen Völckern waren in diesem ersten Auszug begriffen:

I. Die vier Frey-Fahnen der Stadt Zürich,
   1. unter Herrn Hauptmann Hanss Heinrich Burckhard, des Raths, Zunftmeistern und Stallherrn.
   2. Hauptmann Hanss Caspar Waser, alten Vogt zu Weinfelden.
   3. Hauptmann Diethegen Holtzhalb.
   4. Hauptmann Hanss Hofmeister, dem Jüngern.

II. Den Quartieren nach hat man folgenden Compagnien aufgebotten:

1. Juncker Hauptmann Johann Heinrichen Eschers, Gerichts-Herren zu Berg.
2. Hauptmann Hansen Hess.
3. Hauptmann Hanss Heinrich Nägeleins zu Rüschlikon.
4. Hauptmann Hansen Schlatters zu Otelfingen.
5. Hauptmann Andreasen von Bülach.
6. Hauptmann Pangratz Meyern von Bülach.

Von der Reuterey sind aufgemahnet worden diese Compagnien:

1. Herrn General Werdmüllers; die führte Herr Rittmeister Hanss Caspar Schauffelberger.
2. Herrn Rittmeisters Hanss Jacob Lochers, des Raths.
3. Rittmeisters Johann Hirtzels.
4. Rittmeisters Johann Rudolff Meyers von Knonau.
5. Rittmeisters Johann Jacob Jäglins.
6. Rittmeisters Hanss Brändleins zu Meylen.

An Artillerey, unter Herrn General Feldzugmeister Werdmüller, sind aus der Stadt Zürich Zeughauss ins Feld geführt worden: Acht Feld-Stucke. Zwo Feld Schlangen, die zu 8. Pfunden geschossen. Zwo Viertel-Carthaunen zu 12. Pfunden. Ein grosser Feuer-Mörsel, samt allerseits Zugehörde. Uber die war Hauptmann Meister Rudolff Wericker, der Schlosser.

So ist dannethin dieser Zeug versehen worden mit einer grossen Anzahl Wägen, die beladen gewesen mit allerhand zum Krieg erforderlichen Nothwendigkeiten. Ist alles in recht zierlicher Ordnung, mit sehr grossem Unkosten bestellt gewesen.

Zu dieser ansehnlich-ausstaffierten Armee sind gestossen die Völker so wohl andrer Verbündeter als gemeiner Unterthanen, benanntlichen

I. Der Lands-Fahne des löblichen Orts Glarus 450. Mann.

1. Unter Herrn Balthasar Müllern, zum andern mahl Land-Ammann, und dieser Zeit Statthaltern.
2. Herrn Hanss Jacob Feldmann, Lands-Hauptmann und alten Landvogt der Grafschaft Werdenberg und Herrschafft Wartau.

II. Die Hülffs-Völcker der löblichen Stadt Schaffhausen waren zu Ross und Fuss in allem 600. Mann. Uber die war Obrister Herr Johann Conrad Newkomm, des Raths.

Hauptleute:

1. Michael Spleiss.
2. Christoph von Waldkirch.
3. Joh. Conrad Newkomm.

Rittmeister:

1. Philipp Schalck.
2. Hanss Andreas Peyer.

Von Artillerie hatten die von Schaffhausen, zwey Feld-Stucke.

III. Das löbliche Land Appenzell
a. Innerer Rhoden, erschien mit einer Compagnie zu Fuss unter Hauptmann Johann Wetter.

b. Die Appenzeller Ausserer Rhoden hatten ihre zween Fahnen:

1. Unter Hauptmann Ulrich Züricher.
2. Hauptmann Barthlime Schüss.

IV. Eine löbliche Stadt St. Gallen ordnete zween Hülffs-Fahnen auserlesen schön Volck:

1. Unter Stadt-Hauptmann Christoph Studer.
2. Hauptmann Leonhard Laurentz Zollickhofer von und zu Altencklingen.

V. Die Landgraffschafft Thurgäu schickte 900. Mann unter ihrem Lands-Fahnen:

1. Unter Lands-Hauptmann Sebastian Reding, Bischöfflichem Constantzischem Obervogt zu Güttingen.
2. Hauptmann Hanss Jacob Scherb von Weinfelden.

Diese gantze Armee, unter dem Commando Herrn General Werdmüllers, ist völlig auf 8000. Köpffen zu Ross und Fuss bestanden, ohne die so bey der Artillerie und den Wägen gewesen, die sich auch auf eine namhaffte Anzahl belauffen.

Neben diesen waren auch die Herren Bündtner aufgemahnet, die aber wegen eigener Misshelligkeiten im Land, wie gern sie auch wollen, nicht aufkommen mögen. Die geworbenen und aufgebottenen Völcker des Fürsten zu St. Gallen, die in 5. Compagnien bestanden, sind zu der Armee der löblichen fünf Orte, Luzern, Uri, Schweitz, Underwalden und Zug, marschiert; wie starck selbige Expedition unter Herrn General Zweyer gewesen, haben wir derweilen gründlich noch nicht erfahren können. Gemeiner Sage nach ist sie effective auf 5000. Mann beruhet.

Indem nun obbeschriebener ansehnlicher Zeug der Stadt Zürich, zugezogener Verbündeter und gemeiner Unterthanen, auf der Schlierer Alment sich versammlet, hat man einen Späher, Georg Leuthi von Wollen aus den Freyen Ämtern, der etwann den Französichen Kriegen nachgezogen, und den empörten Freyenämterischen Unterthanen zu Mellingen für einen Wachtmeister gedienet, aufgefangen, alsobald an Eysen geschlagen und mitgeführt.

Auf den Abend haben Herr Burgermeister Joh. Heinrich Waser, und Herr Statthalter Joh. Jacob Löw, General-Lieutenant der Stadt Zürich, von denen Herren Generalen, Obristen, Hauptleuten, Officiers und gemeinen Soldaten, die gewohnte Eydshuldigung in freyem Feld eingenommen. Worüber Herr Johann Jacob Ulrich, voderster Pfarrer zum Grossen Münster in Zürich, eine Brigade nach der andern mit trifftigen, ernsthafften Worten erinnert, wie sie sich in diesem Feldzug gegen Gott, gegen ihrem Nächsten und gegen sich selbst zu verhalten haben werden, so Gott mit ihnen aus- und einziehen solle. Seine Christlicher Ermahnungen hat er allwegen beschlossen mit Hertz-eyffrigem Wunsch alles Segens, den ein jeder ihm selbst wünschen könne, etc.

Um 9. Uhren bey angehender Nacht ist die gantze Armee, in Gottes Geleit, von Schlieren aufgebrochen, und in guter Ordnung an und auf den Heitersberg marschiert. Auf der Höhe, gleich oberhalb dem Dorff Rordorff, sind Herren General Werdmüllern

Samstags Morgens um 3. Uhren vor Tag mit Facklen und Wind-Lichtern entgegen kommen:

1. Abgesandte von Schuldheiss und Rath der Stadt Mellingen.
2. Ausgeschossene von der Freyämterischen Besatzung daselbsten.
3. Und Abgeordnete von dem Rordorffer Amt in der Grafschafft Baden.

   a. Schuldheiss und Rath zu Mellingen haben gutwillige Eröffnung ihrer Stadt und Passes angebotten, und darbey sich entschuldiget: Dass sie die Besatzung eingelassen, sey geschehen wegen ihres Städtleins Schwachheit, und weilen sie, auf erzeigende Verweigerung, die gewaltthätige Einnehmung desselbigen zu besorgen hatten.

   b. Die von der Freyämterischen Garnison haben mit mehrerm eröffnet: Sie haben diese Besatzung vorgenommen zu keinem andern Ende, als dass dieser Platz den hohen Obrigkeiten der Acht alten Orte offen behalten werde. Wären sie nicht vorkommen, so wäre dieser Platz mit weit grösserer Macht von den Berner-Bauren besetzt worden. Haben sie hierinnen etwas verfehlt, so solle man ihnen das gnädig verzeihen, sie seyen urbietig freyen Pass und Repass gehorsamlich zu verstatten.

   c. Die Abgeordneten vom Amt Rordorff haben sich gegen ihren Herren und Obern aller unterthänigen Gehorsame erklärt, und gegen der Armee aller möglichen Dienste sich anerbotten, mit demüthiger Bitte, dass man ihnen und ihren daselbst gelegenen Gütern mit kriegerischen Proceduren gnädig verschonen wollte. Alle drey Partheyen sind mit erfreulicher Antwort zu ihrem gutem Vergnügen hingelassen worden. Denen von Mellingen hat man sonderbar zugesprochen: Dass sie mit Eröffnung des Passes redlich halten, und darüber erwarten sollen, was man ihnen ferner befehlen werde.

Um eben diese Gegend, da man den angeregten dreyfachen Ausschuss verhöret, hat Herr General die Armee in etwas ruhen lassen biss um 6. Uhren am Morgen. Alsdann hat man selbige Gegend mit zweyen Schüssen aus groben Stucken ab der Höhe des Rordorffer-Bergs also begrüsst, dass die Ungehorsamen im Berner-Gebiet, in den freyen Ämtern und selbigen Gegenden, mit grossen Hauffen zusammen gelauffen, einander in die Gewehr und auf Mellingen gemahnet; wie die Gefangenen darnach bekennt, und aus in die Hand gebrachten Mahnungs-Zedeln zu ersehen, deren einer von Wort zu Wort also gelautet: «Zu wissen, dass ihr in Eil von Dorff zu Dorff in eurem Amt zu entbieten, dass der erste Auszug alsobald fortziehe auf Olten zu, und sich auf den heutigen Tag einstelle, nach Laute des Bunds, dass es sind fremde Völcker mit 18. Stucken von Zürich und Schaffhausen ankommen. Bitte, säumet euch nicht, dann es thut Noth. Nicht mehr dann Gott wohl befohlen.»
E. D. W.
Jacob Buser, Wirth zur Sonnen zu Bukten.

Nach Mellingen aber haben die Empörten von allen Orten her desto ungehinderter lauffen können, weilen sonsten von keinem Ort der Eydsgenosschafft noch einiges Volck wider sie im Feld gelegen.

Indem nun die Armee an dem Berg ob Rordorff von dem durchnächtigen Marsch sich in etwas erholet, kommt eine eilende Post von Schuldheiss und Rath zu Mellingen, mit Bitte, dass man den Anzug der Armee befördere, ehe die Bernerischen Rebellen sich ihres Passes bemächtigen, und ihnen abschneiden die Mittel, zu halten was sie versprochen. Kaum mochte dieser Bote mit guter Vertröstung abgefertiget werden, es war vorhanden der andere, mit dringendlichem Anhalten, man solle so viel Menschen möglich eilen, damit man nicht zu späth komme.

Auf diese zweyfache Erinnerung hat Herr General die gantze Armee zum Marsch aufgemuntert, und eilends vorher geschickt einen Theil von der Reuterey, welche, als sie zu Mellingen ankommen, die Freyämterische Besatzung daselbsten, ihrem obangedeutetem Anbringen gemäss nicht beschaffen, sondern in ziemlich bösem Wiedersatz und Zuneigung befunden, gestalten dass dieselbige das aussere Thor zu Mellingen, durch welches die aufrührischen Berner-Bauren ihren Eingang haben konnten, anfänglich gar nicht zuschliessen lassen wollen, sondern zu Offenhaltung desselbigen, einem nicht gemeinen Officier eine geladene Musquete ans Hertz gesetzt, und sonsten in alle Wege mit Worten und Wercken vermessen sich erzeigt. Gleichwohl ward mit ihnen so viel geredet und erhandelt, dass sie die obere Pforte gegen dem Bernerischen zugeschlossen. Inmittelst ist Herr General-Major mit der gantzen Reuterey ankommen, der die Garnison, weilen sie so freffentlich wider ihr erstes Versprechen gehandelt, gantz entwaffnet, und sie also warten lassen auf fernere Gnade und Ungnade des Herrn Generalen; Der hat auf seine bald erfolgte Ankunfft die Reuterey durch die gantze Stadt zertheilt, und sie mit entblössten Degen halten lassen, biss man ihnen befehlen werde die Untreue der Besatzung mit Niedermachung derselbigen, oder in andere Wege zu straffen. Zu grossem Glück dieser unbeständigen Bauren aber ist zu Mellingen angelanget der Freyämterische Landschreiber, Beat Jacob zur Lauben, samt etlichen Untervögten, auf deren unterthänige Fürbitte ihnen des Lebens und der Bande halber zwar verschonet, darbey aber auferlegt worden, dass sie auf ihre Erledigung und Heimlassung, zur Versicherung ihrer hinfürigen Gehorsame, aus allen Ämtern nothwendige Geisel zu Handen der Armee liefern sollen; welchem letztern aber sie keines Wegs statt gethan. So übel hat der Geist der Ungehorsame diese arme Leute geritten.

Nach diesem Tumult ist die gantze Armee zu Mellingen durchgeführt, und der Pass von Herrn Generalen mit dreyen Compagnien zu Fuss besetzt worden.

Mellingen aber ist eine zwar kleine doch lustige Stadt, an der Rüss auf der Seiten des Aargaus, auf halbem Weg zwischen Bremgarten und Baden in sehr fruchtbarer Gegend gelegen, unter dem Schirm der Acht alten löblichen Orte, von denen die Grafschafft Baden beherrschet wird.[85] Zur Zeit des Constantzer Concilii Anno 1415. ward sie aus Befehl Keysers Sigismundi von den Eydsgenossen aufgefordert mitten im April; nach einer dreytägigen Belagerung zu Handen des Römischen Reichs aufgegeben, und bald darnach besagten Eydsgenossen, neben andern eroberten Städten und Herrschafften Hertzog Friedrichs von Österreich, an ihren Kriegs-Kosten, von dem Keyser im Nahmen des Reichs, überlassen. Es hängt aber die Stadt Mellingen, vermittelst einer zierlichen Brücken über die Rüss, an dem Zürichgäu, und ist also ein namhaffter und nothwendiger Pass aus dem einen Gäu in das andere; Auf den der Züricherischen und zugezogener Hülffs-Völcker Feldzug, um kommlicher Gelegenheit willen gegangen.

Ausserhalb der Stadt Mellingen, auf der Seiten gegen Lentzburg, hat Herr General Werdmüller mit allen Völckern und der Artillerie sich gesetzt, und alsobald etliche Trouppen Reuter zu recognosciren ausgeschickt, die im Gehöltz hin und wider viel bewaffnete Bauren angetroffen, einen niedergemacht, und viel Gefangene, zum Theil auch übel verwundete, eingebracht haben. Unter den Gefangenen war auch einer Nahmens Simon Vischer, Untervogt zu Sengen, der eine starcke Compagnige Lentzburger-Bauren geführt hat. Bey dem hat Herr General sich erkundigen wollen, wessen die Grafschafft Lentzburg gegen ihren Herren und Obern der Stadt Bern gesinnet. Er hat aber keine Erklärung von sich gegeben, und einfältig begehrt, dass man ihn auf ein Gelübd ledig lasse, und darbey versprochen, dass er auf den Abend selbigen Tags mit gebührendem Bescheid in Person sich wieder stellen wolle. Herr General hat auf vorgegangenes Anloben ihn nicht nur ledig gelassen, sondern ihm auch unter seiner Hand und Secret mitgegeben ein offenes an die gantzes Grafschafft Lentzburg gerichtetes Patent, des folgende von Wort zu Wort also lautenden Innhalts:

«Wir der General, Obriste, Rittmeister, Haupt- und Befehls-Leute von allen denenjenigen löblichen Orten der Eydsgenossenschafft, so wider die aufrührische Unterthanen in dem ein und andern Ort der Eydsgenossenschafft, mit starcker Macht und Hülff in Gottes Nahmen angezogen und glücklich allhier angelangt. Fügen euch Unterthanen in der Grafschafft Lentzburg zu wissen, dass unsere Gnädige Herren und Oberen allerseits, Wir und alle unsere getreuen Bürger und Landleute, das höchste Missfallen und Bedauren haben, dass ihr euch von böswilligen und fridhässigen Menschen so weit verführen lassen, dass ihr wider Göttliches und menschliches Gesetz, in höchste Ungehorsame, Rebellion und Aufruhr, gegen eurer ordentlichen, hohen Lands-Obrigkeit gewachsen, und euch bisher durch einiche freundliche, gütliche noch rechtliche Mittel, nicht wollen stillen und wiederum zu gebührender Unterthänigkeit verleiten lassen, sondern einen offentlichen Krieg, leider, verursachet. Damit aber ihr unser Christlich und mitleidentlich Hertz und Gemüth gegen euch, als übel Verführten, würcklich verspühren möget; wollen wir mit dem Gewalt unsrer Völcker noch so lang wider euch innhalten, biss Zeiger diss euch wird überantwortet haben. Bey demselben wollet ihr eilfertig und in Angesicht dieses Brieffs berichten, ob ihr den Frieden begehren, die Waffen niederlegen, und uns an fernerm Durchpass keine Hinderung und Widerstand thun wollet? Wo das geschiehet, und ihr eilends eure Ausschüsse, denen wir hiemit sicheres Geleit versprochen haben wollen, zu uns schicken, auch dessen uns genugsam versichern werdet, habet ihr Gnade, auch Schutz und Schirm von uns zu erwarten. Wo aber nicht, werden wir den von dem lieben Gott habenden Gewalt, nach bestem unserm Wissen und Vermögen, brauchen; und alles anwenden, euch wiederum zu schuldigem Gehorsam zu bezwingen. Darbey wir uns dann auch vor Gottes Angesicht und aller ehrbaren Welt wollen entschuldiget haben, alles Jammers und Elends, so euch deswegen beggenen möchte. Betrachtet derohalben eure unschuldige Weiber und Kinder, euch selbst und eure Häuser und Güter; sonderlich aber eurer Seelen Heyl und Seligkeit, und erkennet die noch verhandene Gnaden-

Zeit, welches wir euch von Gott dem Allmächtigen hertzlich anwünschen, und einer eilenden Antowrt erwarten.»

Aus dem Lager von Mellingen, den 21. Tag Meyen Anno 1653

(L.S.)

Conrad Werdmüller General

Auf den Abend sind aus der Grafschafft Lentzburg in 8. Personen Untervögte und sonsten Beamte vor Herrn General in seinem Losament zu Mellingen erschienen, ohne den besagten Vogt Vischer, der seinem Versprechen nicht nachkommen. Diese Ausgeschossene haben berichtet: Sie wissen anders nichts, als dass sie gegen ihren Herren und Obern auf dem Muri-Feld verglichen, und verhoffentlich Morgen, oder aufs längste über Morgen, Obrigkeitlich besiegleten Schein hierum aufzulegen haben werden, wofern aber solcher so bald nicht erfolgen möchte, beten sie um Gottes willen, man solle sich in die Sache schlagen, und es zu keiner weitern Thätlichkeit auswachsen lassen. Dass sie des aufgerichteten Friedens halber mit der Wahrheit umgehen, haben sie mit einem Schreiben von gemeinen Unter-Amtleuten der Grafschafft Lentzburg, und einem von der Gemeinde Schöftland, die sie beyde zur Hand gehabt, erscheinen wollen; da dann in dem letztern dieser Bericht gestanden: a. Der Löwenberger habe den Brief samt dem Bären darauf von den Herren zu Bern empfangen. b. Das Volck ziehe zu allen Seiten mit Schwall von der Stadt ab. c. Allein bleibe noch ein grosser Ausschuss im Feld, biss der versprochene Kosten den Landleuten allerdings bezahlt sey. Wiewohl nun beyde dies Schreiben verdächtig genug gewesen, so ist man doch den Unterthanen in der Grafschafft Lentzburg einer zweytägigen Stillstand also eingegangen, dass man ihnen Sicherheit zu und von der Armee zu wandlen versprochen, und ein gleiches von ihnen gegen den Soldaten haben wollen. Worauf diese Abgeordnete, nachdem man ihnen die Nothwendigkeit alles Ernsts zugesprochen, mit Vergnügen wieder nach Hauss gekehrt, mit nochmahligem Zusagen: Sie wollen das Friedens-Instrument, in Originali, noch vor Nacht, oder des morndrigen Tags, zu Handen des Herrn Generalen gehorsam liefern.

In währenden diesen Handlungen hat man sich bearbeitet für die Armee ein Lager zu schlagen, weilen selbiger Enden viele Wälder, in denen die Pässe und Land-Strassen von denen Empörten allenthalben so wohl verhauen waren, dass man ihnen so leicht nicht zukommen mögen. Man hat sich aber gelägert auf eine Ebene, gegen dem Dorff Wollenschweil, den freyen Ämtern gehörig, am Rucken hat man die Stadt Mellingen, zur rechten Hand die Rüss, zur lincken Seiten das Gebürg gegen Seengen, und vorwärts den Wald, der gegen dem Bernerischen Schloss Brauneck ligt. Das alles aber das wir biss anhero beschrieben, hat sich zugetragen Samstags den 21sten Tag Mey, am andern Tag des Auszugs.

Sonntags den 22sten Tag Meyen hat man den gewohnten christlichen Gottesdienst im Lager mit gebührender Andacht verrichtet, darüber die Armee durch eine Sabbaths-Ruhe sich in etwas erhohlen lassen, und also den Anstand gegen den Bauren treulich gehalten. Wann aber vier Reuter samt einem Corporalen von der Schaffhauser Cornet, die um Lusts willen nach Ottmansingen geritten, und daselbsten mit einer Mass Wein sich ergötzen wollen, von den Lentzburger-Bauren treuloss arrestiert worden, hat Herr General auf den Abend Herrn General-Major Werdmüller mit dreyen Compagnien zu Pferd auf Parthey gehen lassen, damit den Lentzburgern der Ernst gezeiget, oder aufs wenigste erkundiget würde, was für Völcker in selbiger Gegend anzutreffen seyn möchten. Kaum sind diese aufgebrochen, hat man in den Höltzern hin und wieder unterschiedliche Losungs-Schüsse der Bauren gehört, weswegen man noch in die 300. Mann zu Fuss den Reutern nach commandiert, und also erwartet, was es abgeben möchte. Diese Parthey hat ungefehr bey einer ringen Stunde Fusswegs von Mellingen gegen Aarau angetroffen in die 1500. Bernerischer Bauren, die sich in einem Wald versteckt und so wohl verhauen hatten, dass sie gleichsam hinter einer sichern Brustwehr gestanden. Herr General-Major hat deren etliche, die sich heraus gelassen, befraget: Aus was Ursache sie die Waffen ergriffen? Die geantwortet:

1. Es sey in keiner bösen Meynung geschehen.

2. Sie wünschen auf dieser Welt nichts höhers als den lieben Frieden.

3. Sie wollen die Waffen bald niederlegen, so sie wieder gelangen mögen zu ihren vor 100. Jahren gehabten Freyheiten und Gerechtsamen.

4. Sie begehren niemanden zu beleidigen.

5. Wolle man aber sie bezwingen, wollen sie sich dapffer wehren, sie müssen doch einmahl sterben; sey ihnen gleich so lieb auf diese als auf einen andere Form, etc.

Auf diese Gespräche hat Herr General-Major wider die Bauren nichts weiters fürgenommen, und sich wieder nach dem Lager mit seinen Völckern gewendet.

Ehe diese Parthey wiederum zurück kommen hat bey dem Herrn Generalen im Lager sich angemeldet ein junger Bernerischer Edelmann, des Geschlechts Graviset von Liebeck. Dieser hat im Nahmen Herrn Obrist-Lieutenants May, als Commandanten zu Lentzburg, und Herrn Tribulets, Landvogts daselbsten, eröffnet: a. Sie verhoffen auf Lentzburg gäntzlich, der Vergleich mit ihren Bauren sey nicht nur getroffen, sondern auch ins Werck gerichtet. b. Ein fürnehmer Rathsherr von Bern sey zu Zoffingen angelangt, und werde des Abends bey guter Zeit bey ihnen auf dem Schloss Lentzburg seyn. c. Sey Sache, dass er die erfreuliche Botschafft des gemachten Friedens bringe, wollen sie Morgens mit ihm in das Lager bey Mellingen kommen. d. Sey der Friede nicht richtig, so wollen sie noch in dieser Nacht dasselbe durch 4. Schüsse aus grossen Stucken, auf die man Achtung geben solle, andeuten lassen, etc. Dieser Abrede gemäss ist morndrigen Tags niemand, weder von Bern noch von Lentzburg, erschienen; Es sind auch die angedeutete vier Canon-Schüsse erst auf den Abend um 4. Uhr gehört worden, zum Zeichen, dass es mit dem Frieden abermahl nur ein Männlein gewesen.

Montags den 23sten Mey ist Herr General-Major Werdmüller mit einer Parthey von 1200. Mann zu Ross und Fuss, neben 4. Stucken Geschützes, vom Herrn General auscommandiert worden; dem bald darauf, auf sein Begehren, noch 1800. Mann und 4. andere Stucke zugeschickt worden, also dass die Parthey 3000. Mann und 8. Stucke starck gewesen. Bey welchem Zeug sich auch befunden Herr General Feld-Zeugmeister Werdmüller. Die Bauren hat man in sehr starcker Anzahl in den verhauenen Höltzern, unter dem Schloss Brauneck, angetroffen, die Reuterey auf sie gehen lassen, und sie mit hefftigem Zusetzen biss zum Dorff Megenweil getrieben, daselbsten hat Herr General-Major durch einen Trommenschlager sie fragen lassen, wessen sie bedacht seyen? Worüber sie durch zween Ausgeschossene mit ermeldtem Herrn General-Major und Herrn Obristen Newkomm von Schaffhausen sich unterschiedlich ersprachet, und einen Aufzug um den andern also begehrt, dass man inner 3. Stunden keine annehmliche, richtige Erklärung von ihnen haben mögen. Worüber Herr General-Major etwas unlustig, seine unterhabende Völcker zu Angriff gerüstet, und mit der Artillerie Feuer zu geben befohlen; das sich aber noch so lang verweilet, biss einer der anwesenden Hauptleute, der dem Anschlag vorhabenden Angriffs beygewohnet, bey seinem assignirten Posto sich einstellen können. Indem nun die Büchsen-Meister die Stucke anzünden sollen, hat von empörter Seiten her sich sehen lassen Herr Jacob Heemmann, Pfarrer zu Amrischweil, ein ansehnlicher grauer Mann; Der hat im Nahmen der Baursame gantz dringendlich des lieben Friedens begehrt, und einen Stillstand biss Morgen um 7. Uhr erlanget, mit Vertröstung: Es werde alsdann eine gantz gebührende Erklärung von den Bauren erfolgen. Auf solches Anerbieten hat Herr General-Major sie hinwieder freundlicher Abhandlung trostlich versichert; Also dass man durch Gottes Verhütung ohne Haupt-Action von einander kommen, und bald darauf die Parthey im Lager glücklich wieder angelangt. Es war aber auf der Bauren Seite alles lauter Betrug, dann in selbiger Nacht ward ihre Armee mercklich verstärckt durch persönlichen Zuzug des Löwenbergers und Christian Schybis von Eschlismath, des fürnehmsten Obristen der Entlibucher; welches sie dem Pfarrer zu Amrischweil Zweiffels ohne werden verhalten haben.

Sonsten hat auch der Landschreiber in den freyen Ämtern selbigen Abends schrifftlich berichtet: Dass selbige Unterthanen von neuem ihrer Pflichten vergessen, und grösten Theils entschlossen, in vorstehender Nacht wider das Lager zu Mellingen aufzubrechen. Welches alles Montags den 23. Mey also passiert.

Dienstags den 24. Mey, hat man gestrigen Tags getroffener Abrede nach, Morgens um 7 Uhr der bäurischen Ausschüsse mit Verlangen erwartet, der Hoffnung, man werde eine völlige, friedliche Abhandlung mit ihnen treffen können, wie sie aber biss anhero mannigfaltigen Betrug gebraucht, also auch dissmahls, der grosse Zulauff aus dem Berner- Luzerner- Bassler- und Solothurner-Gebiet, neben der würcklichen Gegenwart des Löwenbergs und Schybis, hat sie so verwähnt gemacht, dass sie anstatt der versprochenen Abgeordneten, allein ein paar Spielleute in das Lager geschickt mit einem Brief an den Herrn General, des Innhalts:

«Wohl Edler, Gestrenger, Nothvester, Wohlweiser Herr General-Feld-Obrister Werdmüller löblicher Stadt Zürich. Von Ihr. Gn. habe ich verstanden, das mich hertzlich wohl thut freuen, dass Ihre Gn. des lieben Friedens anerbietig sich erzeigen. Derhalben ist mein dienstliches Bitten, der Herr General-Feld-Obriste wolle unbeschwert Morgens um 7. Uhr zwischen Ihr. Gn. Armee halben Wegs erscheinen. Wir begehren des geachten Herrn Johann Georgs Imhof Gegenwart und zu einem Schied-Herrn. Dann ich zeuge an Gott und für das Jüngste Gericht, dass ich nichts anders begehre, als den lieben, alten Eydsgenössischen Frieden zu erhalten. Auf dieses mahl nicht mehr, dann Ihre Gn.

Göttlicher Obacht, mit Wünschung der edlen Gesundheit, wohl befehlend; mit unterthäniger Bitte, der Herr General wolle seinen Trommenschlager Morgen zu uns schicken, so will ich samt meinen Ausschüssen dem Herrn General mit Pass und Repass erscheinen.»

Geben im Lager den 24. Mey, 1653.[86]
(L.S.)
Euer unterthäniger Diener
Niclaus Löwenberger, als bestellter Obrister

Auf Empfang dessen hat Herr General beyde Spillleute mit diesem mündlichen Bescheid abgefertigt: Auf auch sicheres Geleit sollen die gestern Abends versprochene Ausschüsse vor ihm im Lager erscheinen, und das inner 3. Stunden, so wolle er sie ehrlich halten, und zu gutem ihrem Begnügen mit ihnen abhandeln. Ward also der Anstand um 3. Stunden mit grosser Gedult verlängert.

Inmittelst sind 5. Ausschüsse aus dem Amt Schenckenberg ins Lager kommen. Die haben im Nahmen der Gehorsamverbliebenen Rath gesucht, wie sie bey diesem Unwesen sich zu verhalten, damit sie sicher bleiben? Der Rath war:

1. Sie sollen an ihren Gnädigen Herren und Obern ferner treu und aufrecht verbleiben.
2. In keine Waffen sich stellen.
3. Und sonderlich dahin bedacht seyn, dass sie den Uli Hilpart, genannt Thöni, der mit einer Anzahl ungehorsamer Schenckenberger zu den Empörten gestossen, ergreiffen und gefänglich ins Lager liefern. Welches sie, so viel möglich zu thun versprochen.

Auf Wiederantwort, oder Abgeordnete aus dem Bäurischen Lager, hat man biss über Mittag vergeblich gewartet. Wann aber die Hochwacht berichtet: Die Bauren in 20000. starck seyen in vollem Marsch auf das Lager begriffen, hat man das zum Theil sonsten mit einem Wasser-Graben wider Anlauff versorgte Lager, mit in der Eil über einander gefällten Bäumen, so gut man können, besser verwahrt. Um 1. Uhr Nachmittag haben die Empörten vor dem Lager sich öffentlich erzeigt, und mit würcklichem Angriff erscheint, wie friedlich ihre bissherige Gedancken gewesen. Wider sie hat man alsobald etliche hundert Musquetierer commandiert, und die gantze Armee samt der Artillerie in beste Postur zur Gegenwehr gestellt. Mit ernsthafftem Scharmutzieren hat man beyderseits angehalten biss Abends um 4. Uhren. Da man dann sonderlich das grobe Geschütz Creutz-weise durch die Wälder, wo man Feuer gesehen aufgehen, also spielen lassen, dass der Empörten eine ziemliche Anzahl gebliebe; da hingegen auf der Züricher Seiten nur zween verwundet, und ein Thurgäuer todt geschossen worden. Und so man dann vermerckt, dass die Bauren des zur lincken Seiten des Lagers gelegenen Dorffs Wollenschweil zu ihrem Vortheil sich bemächtigen wollen, sind die Partheyen aldorten an einander, und in währender Action das Dorff in Brand kommen. Da unterdess ob dem Züricher Lager ein sehr schöner Regenbogen mit geringem Regen sich erzeigt. Der schreckliche Brand zu Wollenschweil, neben dem unaufhörlichen Schiessen aus grobem und kleinem Geschütz, hat den Empörten den Muth also genommen, dass sie in währender allerstrengsten Action, zween bald auf einander folgende und nach Frieden schreyende Trommenschlager ins Lager gesandt, mit unterschiedlichen Schreiben von Clauss Löwenberger, unter denen eins von seiner eigenen Hand an den Herrn General, das von Wort zu Wort also gelautet:

«Dem Wohl-Ehrenden, Grossgünstigen, Gestrengen, Wohl-Edlen, Ehrenvesten, Frommen, Fürnehmen General-Obristen aus der Stadt Zürich. Herr General! Ihr wollet doch Euch erklären unter uns, ob ihr mit uns begehret Frieden zu machen. Dann wir begehren nichts anders weder des lieben Friedens, und dass unsere Gnädige Herren unsere Obere löblicher Stadt Bern uns bey alten Freyheiten und Gerechtigkeiten schützen und schirmen. Wir begehren ihnen Zinss und Zehenden, Schoss und Zoll, Rent und Gült zu geben und zu entrichten, wie es unsere Altvordern Ihrer Gnaden Altvordern gegeben und entrichtet haben. Und beten euch um Christi Jesu willen und um des Jüngsten Gerichts willen, ihr wollet doch Frieden verschaffen, damit nicht ein allgemeines Blut-Bad daraus erfolge. Dann dieweil ihr die gnädige Obrigkeit und Väter seyd, so wollet ihr wohl fürsehen; Dann Gott der Herr wird das Blut fordern von deren Händen, die den Gewalt haben und wider uns ausgezogen sind. Nichts mehr, dann Eu. Gn. sey allezeit dem lieben Gott wohl befohlen.» Zyto, zyto, zyto.

Mit diesem flehentlichen Schreiben hat Löwenberg auch übersandt das mit dem Bernerischen Secret viel obangezogene Attestations-Instrument, des auf dem Muri-Feld zwischen der Stadt Bern und ihren Empörten den 18. Mey getroffenen Friedens. Des Innhalts:

«Wir Schuldheiss, Räth und Bürger der Stadt Bern, thun kund hiemit. Demnach unsere Unterthanen der Landschafft Emmenthal, samt der Amtey Signau, mit dem Land-Gericht Konelfingen, und freyen Gericht Stäfisburg; wie auch denen in unsern Vogteyen, Wangen, Arwangen, Bipp, Aarburg, und Grafschafft Lentzburg, vielerley gemeine und sonderbare Beschwerden, Klägden und Anforderungen, ihre gemeine Lands-Bräuche, Freyheiten, gute Bräuche und Gewohnheiten, wie auch ihre unterthänige Schuldigkeiten, gegen uns ihrer Obrigkeit, betreffend, zusammen fassen und uns fürtragen lassen; und es zwischen uns und gemeldten unsern Lieben und Getreuen zu einer gütlichen Abhandlung kommen; Wie dann die Puncten und Artikel, sonderbar, und von einem zum andern verglichen, und hierum aufgesetzt sind; Dass wir nun hiemit unsers Theils, in Ansehung ihrer danckbaren, demüthig und gehorsamen Annemung des ein und andern ihnen hiemit Obrigkeitlich zugesagt, und in guten Treuen versprochen haben wollen, alles das, was solche schrifftlich-verfasste Abhandlung begreifft; Und wie dieselbe durch unsere nächst-vorgehende Schreiben den 15ten und 17ten dieses Monats Mey erläutert worden, zu erstatten, zu vollbringen, und ihnen den Unsern obgememeldt, um die verglichene Puncten und Artikel authentische Brief und Siegel verfertigen und zustellen zu lassen; So bald auch ihrer Seits dem einen und andern ebenmässig gebührend nachkommen und statt beschehen wird, es sey mit dem unverzöglichen Ab- und wieder Heimzug, und gäntzlicher Ablegung aller Feindthätlichkeiten, an was Orten es sey, alles ohne einichen Schaden, Beleidigung, noch Verwüstung zu Stadt und Land, wie das seyn oder immer geschehen könnte, mit Öffnung der Pässe und Abschaffung der Wachten, damit die Strassen von Fremden und Heimschen wieder sicher gebraucht werden mögen. Dannethin, mit der anbedingten unterthänigen Eyds-Huldigung, in völliger Aufhebung und Hindansetzung alles dessen, was dem zuwider seyn mag. Hiemit auch, laut unsrer Protestation des-

jenigen bewussten Bundes, alles ehrbarlich und getreulich. Zu welches genugsamer Versicherung, wir beyderseits diese Schrifften von uns geben, also, dass diese Versprechung beyderseits würcklich gehalten und erstattet werden solle. In Krafft dieses Briefs, den wir Schuldheiss, Räthe und Burger, zu mehrerer Bekräfftigung, mit unsrer Stadt Secret-Insiegel verwahret von uns geben.»
So beschehen den 18. Mey, 1653.
(L.S.)

Wiewohl nun die Generalität von den Bauren schon offt in unterschiedlichen Handlungen betrogen worden, hat man ihnen doch abermahl einen Anstand biss auf folgenden Morgen verwilliget, mit dem heitern Anhang, dass sie alsdann mit genugsamen Ausschüssen in dem Lager sich stellen, ihre Gemüths-Neigung entdecken, und darbey sich gäntzlich versehen, dass man ehrlich mit ihnen verfahren werde. Diesen Anstand hat Christian Schybi, der Entlibucher, wiederum brechen wollen, und gerathen, dass man das Lager in der Nacht in der Stille, ungewarnter Sachen, überfalle, und mit kurtzen Gewehren einbreche. Worein der Löwenberger und andere Friedens-begierige nicht verwilligen wollen; gleichwohl ist von den verlohrnen Schildwachten, die einander angetroffen, Lermen gemacht worden, doch keine Action daraus erfolget. Es sind auch selbigen Abends um 9. Uhren zu Mellingen ankommen zween Ehren-Gesandte von Zürich, nemlich Herr Burgermeister Waser, und Herr Statthalter Hirtzel, den völligen Frieden folgenden Tags, wo möglich, zu erhandlen.
Indem diese Dinge zu Mellingen und im Lager daselbsten sich zugetragen, hat ein löblicher Magistrat das Aufbot des andern Auszugs ergehen lassen, und allerseits wahre Willfährigkeit gefunden, etc.

Uber diesen andern Auszug war Obrister: Herr Thomas Werdmüller, Zunfftmeister und des Raths. Hauptleute: Hauptmann Hanss Rudolff Escher. Hauptmann Hanss Ulrich Löw. Hauptmann Hanss von Schänis. Hauptmann Hanss Jacob von Landenberg. Hauptmann Hanss Heinrich Leemann. Hauptmann Hanss Peter Weerli von Stammheim. Hauptmann Hanss Mantel von Ellgöw. Hauptmann Hans Conrad Widmer von Wolffershausen. Rittmeister: Rittmeister Hanss Ulrich Rahn. Rittmeister Hanss Jac. Hegner von Winterthur.

War willig und gut Volck in die 2000. Mann, die man aber, weil man ihr nicht vonnöthen hatte, nächst freundlicher Dancksagung für ihre Gehorsame, heimgelassen.

Am Mittwochen den 25sten Mey, Morgens um 9. Uhren, haben sich in des Herrn Generalen Zelt an der Rüss vor beyden Herrn Ehren-Gesandten und der Generalität gestellt 43. Ausschüsse der Baursame, ansehnliche Männer. Benanntlichen: aus dem Berner-Gebiet 24. Von den Luzernerischen 7. von Basslerischen 2. Und von den Solothurnern 10.

In dieser aller Nahmen hat Stephan Reinli, Bernerischer Untervogt zu Arburg, nach gebührender Betittlung gethan folgenden Fürtrag:

1. Sie möchten von Hertzen wünschen, dass alles, was biss anhero vorgegangen, gäntzlich erspahrt und vermieden bliebe wäre.

2. Sie beten demüthig um gnädige Verzeihung, damit verhütet werde ein grössers Unheil, wiewohl das gegenwärtige gross genug sey.

3. Die Bernerische begehren sonderbar redlich zu halten was auf dem Muri-Feld abgeredt und beschlossen worden, bittende, man wolle sie darbey verbleiben lassen;

4. Und insgemein aber auch bey ihrem zu Huttweil geschwornen Lands-Bund, oder so sie darbey nicht bleiben können, so sey ihr Begehren:

a. Man solle Sätze ordnen, mit Nahmen zween Raths-Herren von Bern, zween von Luzern, zween von Basel, und zween von Solothurn.

b. Und zu denselbigen aus jeder Herrschafft zween Bauren ausschiessen;

c. Was dieselbigen tractieren und schliessen werden, das wollen sie ihnen gehorsamlich gefallen lassen.

5. Die Waffen solle man inzwischen so wohl als sie niederlegen, und aller Orten die Schlösser und Städte von den Besatzungen erledigen und räumen.

6. Sie begehren den lieben Frieden, und bitten, dass man ihnen hierzu die Hand biete, etc.

Auf diesen Fürtrag hat Anfangs Herr Bürgermeister Waser, hernach auch Herr General und die übrigen anwesenden Herren, 1. Ihnen ihre begangene, grosse, unverantwortliche Fehler insgemein zu erkennen gegeben. 2. Insonderheit aber denjenigen, den sie mit ihrem Bundsschwur begangen, schwur-richtig wider die uralten Eydsgenössichen Bünde, etc. Hierauf ward Entschuldigungs-Weise von der Baursame repliciert: Sie begehren nichts anders, dann bey den alten Bünden vest zu halten. Zum Beweissthum dessen hat einer die Anno 1481. zu Stantz aufgerichtete Verkommniss der Acht alten Orte aus dem Sack ordentlich vidimiert und unterschrieben herfür gezogen, und selbige überreicht Herrn Bürgermeister Waser, der ihnen von einem Artickel zum andern weitläufftig, zierlich und gründlich erscheint, wie so gar übel und Widersinns sie angeregten Bund verstanden und dem durchaus zuwieder gehandelt, und sonderlich wie eben derselben sie in die Straff und Rechtfertigung der Obrigkeiten erkenne, etc. Hierauf haben sie nach genommen Abtritt angefangen in sich selbst gehen und erkennen:

a. Nicht allein dass sie in viel Wege darwieder gehandelt:

b. Sondern auch dass die Obrigkeiten gegen ihnen gütlich und freundlich gethan, alles was sie hätten mögen schuldig, ihnen zumuthlich und möglich gewesen seyn.

c. Bisshero aber, leyder, ohne fruchtbarlichen Nachdruck zu allerseits Obern, und ihrem selbst eigenen grossen Schaden.

d. Bitten nochmahlen den lieben Gott und ihre Obern um Verzeihung; wollen ihre gnädigen Herren fürbas gern wieder für ihre Obrigkeiten halten, und nicht zweiflen, man werde sie als getreue Unterthanen auch wieder zu Gnaden annehmen, etc.

Als sie sich so gar demüthig und gehorsam erklärt, hat man sie befraget: Wie sie es auch vor ihnen gehabt? Ob sie ihre Obern absetzen, und selbst Obere seyn wollen? die Antwort bestühnde auf Nein, mit der runden Erläuterung: Sie manglen der Obrigkeit so wohl als des lieben Brodts. Ohne eine Obrigkeit könnten sie weder hausen noch hofen; begehren allein, dass man mit ihnen handle wie recht und zu erleiden sey. Hatten gleichwohl zuvor andrer Orten ihrer ein guter Theil viel ein ander Lied gesungen.

Nach diesen und dergleichen Gesprächen hat man ihnen obige ihre Begehren, des Muri-Felder-Friedens, als einer unbekannten Sache, des Huttweiler-Bunds und Rechts-Form halber, rund ab- und ihnen fürgeschlagen folgende Artickel genehm zu halten und darauf anzuloben.

«1. Solle ein jeder ohne Verzug sich wieder nach Hauss begeben, die Waffen ablegen, und fürohin dergleichen Auszüge sich müssigen.

2. Den Bund, so sie vermeintlich mit einander gemachet, sollen sie widerruffen und dem absagen; wie dann beschehen. Auch die hierum aufgerichteten neuen Bunds-Brieffe sollen sie dem Herrn Generalen von Zürich, ohne Verweilen, übergeben.

3. Was den Obrigkeiten oder Unterthanen noch weiter möchte angelegen seyn, solle in Ermanglung freundlichen Vergleichs dem gebührenden Rechten unterworffen werden.

4. So lange und biss alle Sachen ihre Richtigkeit haben, und die Huldigung erfolget seyn wird, sollen die Obrigkeiten und Hülffs-leistende Orte den Gewalt noch behalten mögen.»

Actum im Lager zu Mellingen, den 25sten Mey Anno 1653.

Neben diesem ward den anwesenden Ausschüssen der Baursame von Mund angezeiget: dass die Abstraffung der Rädleinsführer in dem dritten Puncten begriffen, uns und allerseits Obrigkeiten überlassen seyn solle.

Diese Artickel haben die Unterthanen von Bern, Basel und Solothurn zu gebührendem Danck angenommen, und deren getreue Haltung an Eyds-Statt angelobt. Allein die Luzernerischen Ausschüsse haben sich entschuldiget, dass sie darzu nicht bevollmächtiget; gleichwohl auch das eydlich verlobt, so man sie heimziehen lasse, wollen sie die Gewehre alsobald niederlegen, selbige wider ihre Herren und Obere, desgleichen wider andere löblichen Orte nicht mehr brauchen, und hinfüro sich aller Gehorsame befleissen.

Als nun dieses alles angeregter massen in des Herrn Generals Zelt glücklich verhandelt worden, hat man die Abgeordneten von der Baursame mit einem Trunck gnädig beehrt und ferner verabscheidet: Wann der getroffene Vertrag den Ihrigen annehmlich, so sollen sie dessen ein Zeichen geben mit einem dreymahligen Salve aus Musqueten. So aber andere zu gleicher Folge sich nicht bequemen wollen, sollen die Gehorsamen sich von den Ungehorsamen sondern. Nicht lange hernach aber haben sie bey des Löwenbergers Quartier einen weissen Friedens-Fahnen schwingen und die versprochene Salve-Schütze hören lassen, da sie dann von der Armee so wohl mit Lösung groben Geschützes, als mit gleichmässigen Musqueten-Schützen beantwortet worden. Worüber man aus beyden Lägern zusammen gewandelt, die Empörten dieser Versühn sich erfreuet. Wie insgemein man sich erfreuen und Gott dancken sollen, dass grosses burgerliches, bevorgestandenes Blutvergiessen vermieden geblieben. Es sind auch beyde Herren Ehren-Gesandten mit dieser fröhlichen Zeitung noch selbigen Abends wiederum nach Zürich verritten.

Auf diese glückliche Handlung in dem Züricherischen Lager hat der Löwenberger an Herrn Hanss Georg Imhof, gewesenen Hofmeister zu Königsfelden, das hernachfolgende Schreiben ablauffen lassen.

«Wohl-Edler, Gestrenger, Ehrenvester, Frommer, Fürsichtiger, Wohlgeachter Herr Hanss Georg Imhof, gewesener Hofmeister zu Königsfelden. Mein unterthäniger dienstwilliger, freundlicher Gruss. Demnach habe ich verstanden, wie dass eine Gnädige, Hochweise Obrigkeit löblicher Stadt Bern geneigt sey unsern Beschwerden, Klag-Articklen und Neuerungen abzuhelffen und derselben zu gewärtigen, und uns bey alten löblichen Freyheiten und Gerechtigkeiten zu hand- haben, zu schützen und zu schirmen, und uns darum gute Brieffe und Siegel aufzurichten und zu geben, das uns von Hertzen wohl freuet. Hingegen verspreche ich einer Gnädigen, Hochweisen Obrigkeit Zinss und Zehenden, Schoss und Zoll, Rent und Gült zu geben und zu entrichten, wie von Altem her, und wiederum zu huldigen, wie unsere Altvordern Ihr. Gnaden Altvordern gehuldiget haben. Verspreche auch, wo eure Unterthanen das nicht thun wollen, dass ich mit samt denen die mit mir sind euch wolle zuziehen, um dieselben in Gehorsame zu bringen. Was dann unsern Bund antrifft, den haben wir in keinem andern Verstand nicht geschworen, dann das er laut alten Bunds löblicher Eydsgenossenschafft solle gleichförmig seyn. Hiemit setze ich diesen Bund Gott und der Obrigkeit heim, und begehre diesem obgeschriebenen statt und genug zu thun. Hiemit bitte ich den Herrn Hofmeister, der Herr wolle verschaffen, dass wir friedlich können ab- und nach Hauss ziehen, und uns kein Schaden wiederfahre. Der Herr wolle auch verschaffen, das die Völcker so gegen uns liegen, dass dieselben auch abziehen, und uns und den Unsrigen keinen Schaden zufügen. Der Herr wolle auch nach Bern schreiben, dass unsere Gnädige Herrn ihre Völcker auch innehalten, damit den Unsrigen kein Schaden zugefügt werde. Der Herr wolle auch alsbald mich wiederum schrifftlich berichten, ob ich solle mit meinem Völckern ab- und nach Hauss ziehen. Und der Herr wolle mir Bürg und gut darum seyn, dass weder mir noch meinen Völckern kein Unheil und Schaden daraus entstehen noch erwachsen solle. Wann der Herr mir das verspricht und heisst abziehen, so will ich darauf mit meinen Völckern ab- und nach Hauss ziehen. Nicht mehr, weder der Herr sey mit samt den Seinigen der Göttlichen Obacht wohl befohlen.»

Aus unserm Feld-Lager ob Mellingen, datum den 25sten Mey 1653. Jahr.

Des Herrn allzeit dienst- und gutwilliger Diener

Niclaus Löwenberger, Lands-Hauptmann

Und so viel ist passiert Mitwochens den 25sten Mey.

Alle vorbeschriebenen Sachen sind von der Stadt Zürich Aufbruch an zu Mellingen und selbiger Enden inner 6. Tagen so glücklich verhandelt, und denen biss dahin bedrängten Obrigkeiten Lufft gemachet worden, da inzwischen die Herren löblicher Städte Bern und Basel, sich mit ihren gehorsam-gebliebenen und zugezogenen Hülffs- und geworbenen Völckern auch ins Feld begeben, gleichwie die löblichen vier Orte der Stadt Luzern auch zugezogen. Und benanntlich so ist eine Stadt Bern Dienstags den 24sten Mey mit etlich tausend Mann zu Ross und Fuss, und einer ansehnlichen Artillerie, ausgezogen. General über solche Armee war Herr Sigmund von Erlach, des geheimen Raths der Stadt Bern. Die Verzeichnis der Herren Obristen, Hauptleute und Rittmeister, die bey diesem Zeug sich befunden, haben wir biss dato nicht haben mögen. Mit dieser Macht haben sie ohne Widersatz Langenthal erreicht, und bald darnach zu Hertzogenbuchsee angetroffen etlich hundert rottierte Bauren, die in Embuscade gelegen, die sie auf vorgegangenes Veranlassen, alsbald angegriffen, etliche von ihnen niedergeschossen, etliche gefangen, und den Rest verjagt haben; da inzwischen ein guter Theil des grossen Dorffs Hertzogenbuchsee im Feuer aufgegangen, welches so wohl als die erste Action zu Mellingen, die ungehorsamen Bauren aller Orten inmassen erschreckt, dass sie der höchsten Gnaden begehrt haben. Gleicher Gestalten ist zween Tage darnach eine Stadt Basel mit ihren geworbenen Völckern zu Fuss und Pferd, neben seiner Artillerie und einem Hülffs-Fahnen von der Stadt Mühlhausen, wider ihre Empörten ins Feld geruckt. Die Stadt Freyburg hat ein tausend Mann aufgebothen, und an die Gräntzen ihres Lands gelegt, ihnen selbst zu Schirm, und ihren Benachbarten zu Trost. Das Land Wallis hat sich weder des einen noch des andern Theils beladen, etc. Wir wenden uns aber wiederum zu den Verrichtungen bey der Züricherischen Armee und deroselbigen Generalität.

Nachdem die den 25sten Mey im Lager bey Mellingen den Bauren zu Niederlegung der Waffen vorgeschlagenen Artickel von denselben angenommen, mit alsbald genommenem Abzug, Niederlegen der Waffen, und in andere Wege thätlich erfüllte worden, hat man nichts feindliches mehr wider sie fürgenommen. Es ist aber Herr General Werdmüller Donnerstags den 26sten Mey auf Lentzburg geritten zu Herrn Obrist-Lieutenant Mey, Herrn Imhof, und Herrn Landvogt Tribolet, denenselben, worinnen sie es im Nahmen ihrer Gnädigen Herren begehren würden, alle Eydsgenössische Hülffs-Hand und Beförderung anzuerbieten, mit dem freundlichen Zusprechen: Man solle bey sobewandten Sachen die Baursame nicht von neuem erscheuhen, und gegen ihnen also verfahren, dass nicht das letzte ärger werde als das erste, etc. sonsten hat man auf dieser Reise nach Lentzburg hin und wieder mit Verwunderung gesehen, mit was unsaglicher Mühe und unverdrossener Arbeit die Bauren fast aller Orten sich verhauen, und gleichsam verschäntzet mit mächtig grossen, über einander gefällten Bäumen, hinter denen sie sich mit grossem Vortheil hätten wehren können, wo Gott nicht von allen Seiten her Liebe und Neigung zum Frieden in den Hertzen der Obern und Unterthanen erwecket hätte.

Und so dann die Freyämter, und aus denselbigen mit Nahmen die Gemeinden Hilfikon, Hitzkilch, Vilmergen und Sarnistorff, wider Versprechen der Bernerischen Empörten wegen die Waffen auch ergriffen; so hat man sie auf den 27sten dieses Monats, unter Herren Generals Nahmen und Siegel, in das Lager citiert, ihnen ihre so mannigfaltigen grosse Fehler fürzuhalten, und die Gebühr gegen ihnen fürzunehmen. Da man dann ihnen, auf erzeigende fernere Ungehorsame, mit der Execution des allerschärffesten Kriegs-Rechtens gedräuet hat, etc.

An eben diesem Donnerstag den 26sten Mey Alten Calenders, haben die Luzernerischen Ungehorsamen, aus den zehen Ämtern und Vogteyen Entlibuch, Willisau, Russweil, Rothenburg, Münster, Malters, Bürgen und Triengen, Knutweil, Kriens, Horb und Ebikon, mit Hülff und Zuzug derjenigen Freyämterischen die zu Mellingen abgezogen, mit Versprechen

409

sich in Ruhe und nach Hauss zu begeben, an dem Rüss-Pass Gysslikon, unweit von dem Dorff Roth, mit löblicher Stadt Luzern und dero Hülffs-Völckern, den gantzen Tag scharmutziert mit solchem Ernst, dass zu beyden Seiten viel, auf der Bauren aber die mehrern geblieben, und viel gefangen worden. Bey dieser auf der Stadt Seiten sonsten glücklichen Action, war unglückhafft, dass dero Munition im Rauch aufgegangen, ob durch Verwahrlosung oder Untreue, mag man so eigentlich nicht wissen, etc.

Am Freytag, den 27sten Mey Alten Calenders, hat man am Morgen früh, wegen so gesegneter Verrichtung, eine zweyfache Dancksagungs-Predigt angehört, die eine im Lager, die andere im Freyhof zu Mellingen; Da von Herrn Feld-Prediger Ulrichen erbaulich erklärt und wesentlich appliciert worden die Worte des Psalmisten, Psal. XL. Vers. 6.

Inmittelst sind bey der Generalität im Lager erschienen und ehrlich empfangen worden: a. Herr Landvogt Rudolff Möör, des Raths der Stadt Luzern, mit einem Creditiv der Kriegs-Räthe der fünf löblichen Alten Orte, und des Herrn Prälaten zu St. Gallen; b. Und neben ihm Herr Beat zur Lauben, Ammann zu Zug.

A. Herr Landvogt Möör hat

1. berichtet, wie frech und vermessen ihre Empörten sich je mehr und mehr erzeigen.

2. Und dahero im Nahmen seiner Herren und Obern begehrt; dass man ein wachbares Aug auf sie habe, zu würcklicher Eydsgenössischer Hülffs-Leistung, auf fürfallende mehrere Noth.

3. Auch sich hinwiederum, seiner Principalen wegen, aller Eydsgenössischen Treu und Aufrichtigkeit anerbothen.

4. Beneben aber auch zu wissen begehrt, was bisshero verhandelt, und auf was Geding der Frieden mit der ungehorsamen Baursame geschlossen worden. Wie man nun hinwieder sich aller Redlichkeit anerbothen, also hat man auch gründlich und umständlich erzehlet und eröffnet, was von einem Tag auf den andern, vorerzehlter massen, vorgelauffen, und wie endlich der Frieden abgehandelt worden sey, etc.

B. Herr Ammann zur Lauben von Zug war gleichen Bericht einzuholen abgefertiget. Sonderbar aber hat er angehalten, dass man den citierten Gemeinden der freyen Ämter, die Major Löw und Holtzhalb das Fuss-Volck, und Major Bürckli die Reuterey führende, mit etlich tausend Mann überziehen und gehorsam machen sollen, mit militarischer Execution gnädig verschone, die Schuldigen suche, examiniere, und ihnen mit der Zeit verdienten Lohn widerfahren lasse.

C. Nach diesen beyden hat sich auch präsentiert Herr Landvogt an der Matt von Bar, und mit ihm 12. Ausschüsse aus dem Hitzkilcher- und Meyenberger-Amt, mit demühtiger Bitte: Weilen etliche Ämter gehorsam verblieben, andere aber sich verführen lassen und zur Wehr gegriffen; Solle man doch einen Unterschied machen, und die Gehorsamen der Ungehorsamen nichts entgelten lassen.

D. Eine allerdings gleiche Fürbitte hat auch eingelegt der Landschreiber der freyen Ämter, der sonsten bey diesen Unruhen sich sehr wachtbar erzeigt, etc. Ihnen allen ward von Herrn Generalen freundlich geantwortet:

1. Ihm sey leyd, dass der gröste Theil der Freyämterischen Bauren sich an ihren Obern so gar meyneyd vergriffen.

2. Man habe vor diesem von ihnen begehrt, dass sie ihre habenden Beschwerden aufsetzen, und sich urbietig gemachet denselbigen abzuhelffen, auch schon allbereit einen feinen Anfang gezeiget.

3. Dessen ungeachtet haben sie sich untreu empört; In den Kirchen selbst gottlose Zusammenkünfften angestellt, und andere zu gleicher Ungehorsame bezwingen wollen.

4. Wesswegen er auch den Marsch der Armee auf Bremgarten wollen gehen lassen, sey aber ihm von Herrn Schuldheiss Honegger Hoffnung gemachet worden, dass sie sich gehorsam bequemen werden.

5. Da man nun das schnur-richtige Wiederspiel in viel Wege gefunden, habe die Noth eine ernsthaffte Resolution gegen ihnen erfordert.

6. Da man gleichwohl so ansehnliche Fürbitte noch ehren und nach grossen Gnaden gegen ihnen verfahren werde, wofern sie sich gebührend einstellen.

Nachdem nun, in währenden diesen Dingen, von Bern aus eine Erinnerung eingelangt, dass man mit der Armee sich etwas besser ins Land hinauf lasse; Hat Herr General-Major Werdmüller auf den Abend die gesamte Völcker mit der Artillerie und aller Zugehörde, in einer recht zierlichen Ordnung, theils nach Königsfelden, theils nach Otmansingen marschieren lassen, da man dann an beyden Orten über Nacht campiert.

Wie nun bey der ersten Ankunfft der Armee zu Mellingen den 21./31. Mey selbiger Pass zu verwahren vertraut worden Herrn Obristen Joh. Ulrich Ulrich, und neben seiner, dreyen Compagnien von seinem Regiment, nemlich Hauptmann Zubern, Hauptmann Egli und Hauptmann Meyern, also ist Ehren-gedachter Herr Obrister mit seinen Völckern und gantzem Regiment wieder zur Armee, bey dero Aufbruch, gestossen, und der Mellingische Pass besetzt worden von Hauptmann Hanss Hofmeisters Frey-Fahnen und Hauptmann Schlatters von Otelfingen Compagnie, die auch darinnen liegen geblieben biss auf den Heimzug, wie an seinem Ort folgen wird, etc.

Samstags den 28sten Mey, am H. Pfingst-Abend, nach dem Alten Calender, als man eben am Morgen frühe von Königsfelden angefangen aufbrechen, und gegen Otmansingen zu der übrigen Armee den Marsch genommen, Sind 1. der Generalität eingeliefert worden zwey Schreiben an einen löblichen Magistrat der Stadt Zürich; das eine zwar von des Löwenbergers eigener Hand, das andere aber von etlichen vermeinten Bundsgenossen zu Hertzogenbuchsee. Beyde seynd, habenden Gewalt nach, von dem Herrn Generalen erbrochen, und des Innhalts erfunden worden:

«a. Die Bernerische Armee verfahre eben streng, und verübe die höchsten Feindthätlichkeiten.

b. Weilen dann so wohl die Generals-Personen als die Herren Ehren-Gesand-

411

ten von Zürich sich vernehmen lassen, dass man nur um Friedens willen vorhanden, haben sie ihnen zu Ehren die Waffen niedergelegt.

c. Beten demüthig und unterthänig, man wolle sie gnädig schirmen bey dem, das man ihnen in der Abhandlung bey Mellingen eingegangen.

d. Und zu solchem Ende an ihre Gnädige Herren und Obern schreiben, dass man die Völcker aus dem Feld führe, und sie also in erwünschtem Frieden ein ruhiges und stilles Leben in aller Gottseligkeit und Ehrbarkeit führen mögen.

e. An ihre hohe Obrigkeit begehren sie anders nichts, als dass sie ihre Väter bleiben; so wollen sie gar gern in unterthänigster Gehorsame erstatten, alles dasjenige, was liebreiche Kinder gegen ihren Vätern zu thun schuldig seyen, etc.»

Auf diese beyden Schreiben hat man einfältig schrifftlich geantwortet: «Man werde nichts erwinden lassen an allem dem, was zu Erstattung gethanen Versprechens, und sonderlich zu Pflantz- und Befestigung des Friedens und wahrer Einigkeit, auch Wiederversöhnung mit ihrer durch sie verletzten Obrigkeit, dero der Kriegs-Gewalt abgenöthiget worden, dienen möge, etc.»

An den Löwenberger hat man absonderlich gelangen lassen:

1. «Dass er zu Beförderung der Sache, und zugleich, damit allen besorgenden Ungelegenheiten desto kräftiger vorgebauet werde, die vier ohnbefügten Bunds-Briefe, den Berner- Luzerner- Bassler- und Oltischen, und so derselbigen mehr seyen, ohne allen Verzug und unverweilet zu Handen des Herrn Generalen übersende, etc.» Dem aber von ihm in keinem Wege statt geschehen.

2. Mit beyden obgedachten Schreiben ist zu einer Stunde eingelangt das dritte an die Generalität, von Herrn General von Erlach, aus dem Haupt-Lager Wangen vom 27sten Mey, darinnen er seiner unterhabenden Armee Aufbruch notificiert, und begehrt: Theils dass man mit den Völckern ferner obsich rucke; theils dass man sich mit der Baursame in keine weitere Handlung einlasse; weilen sie so offt Friedensbrüchig worden.

Auf Einlieferung dieses und vorangeregter beyder Schreiben hat man Herrn Schuldheiss und Rath löblicher Stadt Bern sub dato 28sten Mey Freund-Eydsgenössisch berichtet, so wohl was mit den empörten Bauren zu Mellingen abgeredt, und von ihren eigenen Abgeordneten auf Lentzburg, ihnen zu halten zugesagt worden; als was seithero und sie die Waffen niedergelegt, für neue Klägden von den ernsthafften Proceduren ihrer Völcker abgelegt und eingebracht werden; derentwegen der verhoffte Friede sich wiederum stecken und gäntzlich zerschlagen möchte; Und darbey sie freundlichst ersucht, sie wollen die Wichtigkeit dieses Geschäffts, und dessen hoch-bedencklichen Aufschlag wohl reifflich behertzigen, und durch Obrigkeitliches Ansehen ihren Völckern anbefehlen, dass sie von allen erzeigenden ernsthafften Feindthätlichkeiten ablassen; und dass sie hingegen die schleunige Anordnung thun, dass die neue Huldigung auf das förderlichste und würcklich ingenommen, und dardurch der Friede bevestiget werde.

3. Neben diesem Schreiben hat man auch rathsam befunden, an Herrn General von Erlach eine ansehnliche Gesandtschafft nach Langenthal zu ordnen, benamtlichen:

a. Von Zürich: Herrn General-Major Johann Rudolff Werdmüller. In dessen Begleitung auch erbeten worden, Herr Stadtschreiber Johann Caspar Hirtzel, der eben zugegen war.

b. Von Glarus: Herr Lands-Hauptmann Hanss Jacob Feldmann, etc.

c. Von Schaffhausen: Herrn Obristen Johann Conrad Newkomm.

d. Von Appenzell: Herrn Hauptmann Bartholome Schüss.

e. Von St. Gallen: Herrn Stadthauptmann Christoff Studer.

Diese Herren sind noch selbigen Abends nach Langenthal verritten mit folgender substantzlichen Instructionen: Sie sollen den Herrn General von Erlach ausführlich berichten,

1. was man den Bauren zu Mellingen eingegangen, sey eben dem löblichen Stand Bern zu gutem, und mit Nahmen darum allermeist geschehen, dass die Bauren des auf dem Muri-Feld getroffenen Vergleichs eine Attestation in besiegeltem Originali eingehändiget.

2. In Ansehung dessen sey man des Eydsgenössischen Versehens, man werde sie so viel respectieren, die Mellingische Friedens-Handlung gelten lassen, und mit allen fernern Feindthätlichkeiten innhalten, etc. Zu Langenthal sind ermeldte Herren Gesandten von der Bernerischen Generalität wohl empfangen worden. Was aber ihre Verrichtung daselbst gewesen, das wird an seinem Ort hernach auch zu vernehmen seyn.

An eben diesem Pfingst-Abend hat sich zu Königsfelden bey Herrn General Werdmüller auch angemeldet Herr Benedict Socin, des Raths zu Basel, um zu erfahren wie es um die Armee stehe, und wessen sie sich zu Basel zu verhalten haben möchte? Desgleichen ob man nicht in 2000. Mann, falls von den Solothurnerischen etwas Gefahr wäre, sie secundieren könnte; dem man geantwortet: Die Herren zu Basel sollen nur in allweg wachtbar seyn, und nichts versäumen; auf weiters Begehren wolle Herr General seinen Marsch durch Aarau nehmen, und sich zwischen Solothurn und Basel lagern. Inzwischen solle man eine qualificierte Person als einen Agenten zur Armee ordnen, und von dem sie allen Bericht täglichen Verlauffs werden haben können, etc. Diesem zufolge ward von Basel zur Armee geschickt Herr Rittmeister Albrecht Fäsch, der Montags den 30sten Mey im Haupt-Lager sich eingestellt, etc.

An dem Heil. Pfingst-Fest, Sonntags den 29sten Mey, ist aus zweyen von Bern eingelangten Schreiben zu ersehen gewesen:

a. Zum Theil dass ein löblicher Magistrat daselbsten von ihren so vielfältig Friedens-brüchigen Unterthanen für verwürckt gehalten, was man ihnen gütlich zugesagt und sonst redlich erstattet hätte, wofern es ihnen nicht an Gnade, solches zu erkennen, ermanglet.

b. Zum Theil dass sie mit Missfallen vernommen, dass die zu Mellingen aufgesetzten Artikel also bewandt, dass des fürnehmsten Satisfactions-Punctens, nemlich der Einlieferung und Abstraffung der Rädleinsführer (ohne die kein beständiges Ruhe-Wesen zu hoffen) keine ausgedruckte Meldung beschehen, ja so gar kein Obrigkeitliches Gutheissen vorbehalten worden; da aber der Vorbehalt des erstern wie hievor schon vermeldet beschehen, das übrige aber also beschaffen, dass es keines weitern Vorbehalts der Obrigkeitlichen Satisfaction nicht bedörffen.

c. Zum Theil dannethin, dass die Ausführung dieses Haupt-Geschäffts beyden Herrn Generalen und deren Kriegs-Räthen überlassen werde, mit angehenckter Erinnerung: Dass die Züricherische und der Hüllfs-Völcker Armee bis zu völligem Austrag noch ferner in dem Felde verharre, etc.

Sonsten ward auch gründlich berichtet, dass nach dem am heiligen Pfingst-Tag zu Hertzogenbuchsee auf der Bauren Seiten unglückhafft-ausgefallenen Scharmutz mit den Bernerischen Völckern, die Unterthanen allerseits in einen solchen Schrecken gerathen, dass sie sich anerboten zu thun was man nur wolle, mit Nahmen seyen sie urbietig, nicht alleine die Huldigung zu leisten, sondern auch die Gewehre der Obrigkeit zu übergeben. Sonderlich haben die solothurnerischen ihre Obrigkeit demüthigst um Verzeihung gebeten, dero mit leiblichem Eyd zu fernerer Gehorsame sich verlobt, und ihren Huttweilischen Bunds-Brief willig hinaus gegeben, etc.

Auf den Nachmittag des Pfingst-Tags sind begehrte Ausschüsse der Grafschaft Lentzburg aus 46 Gemeinden zu Ottmarsingen vor Herren Generalen und den gesamten Kriegs-Räthen erschienen; Denen Herr General ihre begangenen grossen Fehler nochmahl beweglich zu erkennen gegeben und ihnen zugemuthet: Weil man mit den Völckern weiter marschieren werde, so erfordere die Nothwendigkeit und Kriegs-Manier, dass sie die Haupt-Verführer zur Abstraffung überantworten, und dann eine gewisse Anzahl Geisel zu handen der Armee liefern, damit man ihrer Treue desto besser versichert sey. Worauf sie, nächst nochmahlig-unterthäniger Abbitte und Entschuldigung, dass sie von den Obern Bernerischen Unterthanen verführt worden, und von der guten Intention der Stadt Zürich und ihrer verbündeten Mitausgezogenen keine Nachricht gehabt haben, gantz flehendlich gebeten, man wolle ihnen mit Eingebung der Geisel, und Einlieferung der Meistschuldigen gnädig verschonen, weilen sie je die Gewehr niedergelegt, und des redlichen Vorhabens seyen, ihren Herren und Obern treulich zu halten, was sie in der neuen Huldigung eydlich versprochen. Wann nun Herr Hofmeister von Müllinen zu Königsfelden, der eben auch gegenwärtig war, für sie gebeten, hat man dessen Fürbitte so viel geehret, dass man auf gut Vertrauen hin an ihre Entschuldigung kommen, doch dass sie den Völckern der Armee alle Beförderung und guten Willen erzeigen.

Ingleichem haben sich die aus dem Obern Amt Schenckenberg durch Ausschüsse wieder angemeldet und sich entschuldiget, dass sie den Ertz-Verführer Uli Hilpart, genannt Thöni, bisshero, als ihnen befohlen worden, nicht gestellet, sey darum geschehen, dass sie ihn nicht betreten können. Geliefert aber haben sie acht junge, unwissende Kerle, die sich von besagtem Hilpart verführen lassen, dass sie neben andern für das Lager zu Mellingen gezogen, die man aber, weilen sie sich zu aller künfftigen Gehorsame verlobt, ohne fernere Entgeldniss hingelassen.

Der Stadt Olten hat man den neuen Bunds-Brief durch einen mit Schreiben express dahin geschickten Quartiermeister von der Reuterey abfordern lassen. Es haben sich aber Schuldheiss, Statthalter und Rath daselbsten schrifftlich und gantz demüthig entschuldiget: Sie haben solchen Bunds-Brief, Freytags den 27. Mey, 6. Junii überliefert und hinausgegeben vier ansehnlichen Gesandten von ihren Herren und Obern löblicher Stadt Solothurn, von denen die neue Huldigung bey ihnen eingenommen worden. Bittende, dass man ihnen ein solches in Ungnaden nicht vermercken wolle.

Unter solchen Verrichtungen ist man mit der Armee von Otmansingen aufgebrochen, und in gewohnet guter Ordnung um ein paar Stunden besser obsich geruckt, auf Sur in der Grafschafft Lentzburg, allwo man sich biss auf weitern Marsch gelagert, ob schon die Baursame selbiger Enden sauer genug darein gesehen.

Gleichwie nun bey der zu Langenthal gehaltenen Conferentz anders nichts verrichtet worden, als dass man mit der Bernerischen Generalität wegen Mellingischer Friedens-Handlung conferiert; also hat ein löblicher Magistrat zu Bern eben dieser Handlung halber ein Schreiben, sub dato 30sten Mey, an Zürich abgehen lassen, auf die neue Huldigung der Unterthanen im untern Aargäu gerichtet, auf die Form wie anderstwo glücklich angefangen worden, damit eine durchgehende Gleichheit gehalten, ein beständiger Friede aller Orten gemachet, und die Obrigkeiten nicht etwann auf eine andere Zeit abermahls mit dergleichen beunruhiget werden, etc.

Inzwischen diesen Dingen aber haben ausser den untern Ärgäuern gemeine Unterthanen der Stadt Bern auf hernachfolgende Eyds-Form von neuem willig gehuldiget.

«Schweren alle die, so in der Stadt Bern Herrschafften, Landen und Gebieten sitzen und wohnen, gemeinlich und sonderlich, ein jeder nach seiner Art, Pflicht und Eigenschafft:

a. Derselben, als ihrer natürlichen Obrigkeit, Treu und Wahrheit zu leisten, derselben Lob, Nutz, Ehr und Frommen zu fördern, und Schaden zu wenden.

b. Ihro auch, ihren Vögten und Amtleuten, in allen Gebotten und Verbotten, Ordnungen, Satzungen und Mandaten, gegenwärtigen und künfftigen: Es sey der Religion, Reformation, Reissgeläuffen, und anderer politischer und burgerlichen Sachen halber, gehorsam und gewärtig zu seyn.

c. Bey der wahren, allein seligmachenden, Evangelischen Religion beständig und ungeändert zu verbleiben.

d. Keinen andern Herrn, Burgerrecht, noch Schirm, an sich, noch einige Zusammen-Verbündniss fürzunehmen.

e. Auch in keine Reiss, Krieg, noch Kriegsläuffe zu ziehen, zu kommen, noch die fürzunehmen, dann mit der Obrigkeit Gunst, Wissen und Willen.

f. Item der Obrigkeit, in allen Fällen, wider aussere und innere Feinde behülfflich zuzuziehen.

g. Dann der Versperrung der Pässe sich gäntzlich zu überheben.

h. Ihr. Gnaden verbündete, verburgerte und welsche Unterthanen nicht für fremde Völcker zu halten. Auch andere Unterthanen von ihrer Pflicht gegen der Obrigkeit nicht abzuführen.

i. Dannethin ohne Befehl der Obrigkeit die Gewehre niemals zu ergreifen, von wem es ihnen auch zugemuthet werde.

k. Zugleich auch sich des eigenwillig-unnothwendigen, aufrührischen und verbottenen, tag- und nächtlichen Stürmens zu überheben.

l. Und dann die Aufruhr-anrichter, so bald sie den ein ald andern entdecken, ohnverweilt der Obrigkeit oder ihren Amtleuten anzugeben und zu verleiden.

m. Auch sie noch die Ihren, noch jemand die ihnen zugehören oder verwandt sind, mit keinen fremden Gerichten, Rechten, noch ohne die fürzunehmen, noch die zu bekümmern in einiche Weise, sondern sich des Rechtens begnügen zu lassen, an und vor denen Gerichten, da die angesprochene gesessen sind, oder gehören.

n. Und ob sie ützit hörten, sähen oder vernähmen, das einer Stadt Bern Kummer, Nachtheil und Schaden bringen, oder wider derselben Lob, Nutz und Ehr reichen und dienen möchte, solches ehest immer möglich und unverzogenlich kundbar zu machen, und Ihr. Gnaden oder derselbigen Amtleuten anzeigen, und darinnen gar niemand zu verschonen, und sonsten alles das zu thun, zu erstatten und zu vollbringen, so frommen und getreuen Unterthanen, Eyds und Amts, auch gebührlicher Unterthänigkeit und Gehorsame halber gegen ihrer Obrigkeit wohl ansteht und von Alters her kommen ist, sie auch schuldig und pflichtig sind.

o. Es sollen auch hiemit alle diejenige, so sich desjenigen zu Sumiswald und Huttweil gemachten und geschwornen Bunds angenommen, und darinn interessiert seyn möchten, denselbigen hiemit für jetzt und zu allen Zeiten gäntzlich absagen. Sintemahl Ihr. Gnaden aus Hoch-Obrigkeitlichem Gewalt, denselben als unnütz und ungütig gäntzlich aufgehoben und abgethan haben wollen, alle Gefehrde vermieden. Dieser Eyd soll von dreyen zu dreyen Jahren in allen Kirchhörinen von der Mannschafft, so den Eyd zu schweren admittiert werden mögen, geschworen werden.»

Decret. 26sten Mey, 1653.
Cantzley Bern.

Inmittelst nun diese Dinge disseits verhandelt worden, haben die zu Stantz, im Lande Underwalden, versammleten Eydsgenössische Herren Ehrensätze und Schied-Richter der vier löblichen Orte, Uri, Schweitz, Underwalden und Zug, sich eyffrig bearbeitet, einen beständigen Frieden zwischen der Stadt Luzern und ihren Unterthanen auch zu vermitteln: Nemlich so waren dieselben

1. Von Uri:

   a. Herr Johann Anthoni Arnold von Spyringen, Land-Ammann.

   b. Hauptmann Burckart zum Brunnen, Landschreiber.

   c. Hauptmann Johann Jacob von Beroldingen, Alt-Landvogt in Bellentz.

   d. Und Johann Martin Eppt, Alt-Landvogt zu Liffinnen, alle des Raths zu Uri.

2. Von Schweitz:

   a. Wolffdieterich Reding, Panner-Herr und Alt-Land-Ammann.

   b. Caspar ab Yberg, alter Landvogt zu Lowiss, der Zeit Lands-Hauptmann.

c. Heinrich Janser, Alt-Landvogt zu Montrys.

d. Und Hieronymus Schreiber, Alt-Landvogt der Grafschafft Utznach; alle des Raths zu Schweitz.

3. Von Underwalden:

a. Hauptmann Johann Peter im Veld, Landschreiber.

b. Fähndrich Melchior Mingg, des Raths zu Underwalden, ob dem Kernwald.

c. Jost Lussi, Alt-Land-Ammann.

d. Und Johann Melchior Löw, Alt-Landvogt in freyen Ämtern, der Zeit Statthalter nied dem Kernwald.

4. Von Zug:

a. Peter Trinckler, Alt-Landvogt in freyen Ämtern, der Zeit Ammann.

b. Johann Stöckli, Seckelmeister.

c. Hauptmann Beat Jacob Knopffli.

d. Und Hauptmann Rudolff Kreuwell, Alt-Landvogt zu Sargans, alle des Raths zu Zug.

Dieser ansehnlichen Session ward unter dem Titel eines Obmanns zugegeben Herr Carolus Emanuel von Roll, Ritter, Panner-Herr und Alt-Land-Amman zu Uri. Unpartheyischer Schreiber war Paul Ceberg, Landschreiber zu Schweitz.

Von diesen ward der Friede Samstags den 7ten Tag Junii, neuen Calenders, auf folgende Artickel rechtlich ausgesprochen:

Solle die Stadt Luzern bey ihren nunmehr dritthalb hundert Jahr gehabten Rechten, Gerechtigkeiten, Hohheiten und Herrlichkeiten, Krafft habender und aufgewiesener briefflicher Documente, geschützet werden. Dargegegen aber auch die samtlichen Ämter, bey ihren Amts-Büchern, Sprüchen, Verträgen, guten Bräuchen und Herkommen, bestätiget und bekräfftiget bleiben.

Weilen die Unterthanen in dem Wahn gewesen: Ob wären ihnen mithin Brieffe und Gewahrsamen aus den Händen gezogen worden, wiewohl ohne Beweissthum, hat die Obrigkeit selbst sich willig anerboten, in guten Treuen folgen zu lassen, sofern sie derselben hinter ihnen finden; Im wiedrigen Fall sollen die Unterthanen in Ewigkeit von solchem Gesuch ab- und zu Ruhe gewiesen seyn.

Was durch die Herren Ehrensätze der sechs löblichen Orte, Uri, Schweitz, Underwalden, Zug Freyburg und Solothurn, im Mertzen dieses lauffenden Jahrs gütlich vertragen und rechtlich gesprochen, soll bey seinem eigent – und ausdrücklichen Buchstaben, unangerührt, in Kräfften bestehen und verbleiben, etc. Ausser dem, was von den Herren der Stadt Luzern ihren Unterthanen seithero des einen und andern halben gütlich nachgegeben seyn möchte, darbey man es dann auch bewenden lässt.

Der zu Sumiswald aufgerichtete, und folgends zu Huttweil bestätigte Bund, weilen er wider Gott, wider Geist- und Weltliche, alle menschliche und natürliche Rechte und Gesetze, wider die Vernunfft, wider alle Gerecht- und Billichkeit, wider der Vier, und der Achten und ebenmässig wider der Dreyzehen und zugewandter Orte löblicher Eydsgenossenschafft, ...

(Hier folgt die Anmerkung des Herausgebers Jacob Lauffer:)

Biss so weit hat der Verfasser, Herr Conrad Wirtz, erster Pfarrer der Kirche zu den Predigern, und Canonicus des Stiffts zum Grossen Münster in Zürich, dieses Diarium gebracht, worauf er diese Arbeit freywillig aufgegeben, ungeachtet die Bogen, einer nach dem andern, so bald sie ihm aus der Feder geflossen, dem Buchdrucker waren übergeben worden. Die Ursachen, die ihm die Lust, das Werck zu seinem völligen Ende zu bringen, genommen haben, kann der vorwitzige Leser aus seinen Brieffen, die er unterm 3ten, 12ten, 20sten, 26sten August, 9ten, 16ten, 23sten und 30sten September 1653. an seinen vertrautesten Freund Herrn Ludwig Amman, Pfarrer zu Glarus, geschrieben, und welche noch in Manuscripto verhanden sind, leicht erlernen. Was zu Vollendung dieser Geschichte rückständig ist, bringet ein sehr weniges, welches man sich wohl entschliessen könnte, nachzuhohlen, wenn man meynte, dass man sich damit bey vornehmen Gönnern dieser Sammlungen, gefällig machen könnte.

***

Etwas Licht in die Vorgänge bringen die Zensurmassnahmen Zürichs: 11. August, 6. Oktober, 5. Dezember 1653.

Quelle: Hans Nabholz, Der Kampf bei Wohlenschwil, in: Anzeiger für Schweizerische Geschichte, hrsg. von der Allgemeinen geschichtsforschenden Gesellschaft der Schweiz, 44. Jahrgang, Band 12, Bern: Buchdruckerei K. J. Wyss, 1914, Seiten 11 bis 41, davon Seiten 27 und 28.

1653. 11. August. Wyl inn dem zwahren schon under der pressen ligenden Unparthygischen bericht jüngster uffruhr und vermittelst von Gott geségneten uszugs deroselben stillung etliche sachen begriffen, die man notwendig befindt, dass sy geenderet werdind, sollend die schon getruckten bögen sowol, als auch was noch wyters ze trucken were, Herrn Burgermeister Waser und übrigen Herren Häupteren nebent den Herren Ordinari-Censoribus zu fehrnerer censur communiciert werden.

1653. 6. Okt. Uff beschehnen anzug, dass die frau Schuffelbergerin sich beschwere, die albereit gethrukten bögen der Relation jüngster Unruwen in die kanzley ze lifern, ward erkhendt, es solle iro nach nothdurfft zugesprochen werden, angedüte exemplaria sampt und sonders noch hütigen tags unfehrlbarlich in die canzley ze lifern, wie auch diejenigen herren und personen, so nach und nach die bögen von ihme empfangen, ze verzeichnen und auch schriftlich nammhaft ze machen. Und so dann iro frau Schuffelbergerin der begerten ersazung halber des gehabten unkostens etwas angelegen, möge sie sich deswegen vor mynen gnädigen Herren anmelden.

1653. 5. Dezember. Über Herrn Michael Schuffelbergers, des buchführers, undertheniges, angelegentliches anhalten, ime entweders gnedig ze bewilligen, dass er mit der ze thruken angefangenen Unpartygischen Relation jünggster Unruwen fürfahren möge oder aber ime inn ansehung synes nit allein mit disen albereit gethrukten bögen gehabten costens, sonder auch durch stillstellung derselben in ander weg erlitten nit wenigen schadens daran etwas ergezlichkeit ze schöpfen, ward in erwägung gefallnen berichts und beschaffenheit der sach einhellig besser und thunlicher befunden, dass die gethrukten bögen supprimiert verblibind und keine fehrner gethrukt werdind. Im übrigen aber sye Schuffelbergers fehrneren begehrens halb erkhendt, sitmalen herr Sekelmeister Schneeberger, als auch verordneter censor, berichtet, dass er darin nit verwilliget und die empfangnen bögen ime nit widergegeben, auch ine durch andere herren davon abzestehen ernstlich vermahnen und darwider protestieren lassen, er aber hingegen und dessen ungeacht darmit fürgefahren, dass er derowegen des geforderten abtrages halben ab und zer ruwen gewisen syn solle.

194. Die Chronik des Aarauer Stadtschreibers

Beschreibung des Bauern-Krieges 1653.

Quelle: Gustav Tobler, Stadtschreiber Rüetschis Beschreibung des Bauernkrieges, Berner Heim, Nr. 30 bis 35, Bern: Berner Heim, Seiten 235 bis 276.

Denen Hoch-geachten Herren Schultheissen und Rath der Statt Aarau dediciert.

Hoch-geachte Herren!
Was Aufruhr, Rebellion, und Aufstand der Undertahnen gegen ihre natürliche Oberkeit jeder Zeit für ein Ende gnommen, Zeigen uns nicht allein an die Exempel Heiliger und Göttlicher Schrift, sonder auch die Historien, so nicht lang vor 1000 Jahren, und seither bey Menschengedenken, sich verlaufen. Nur etliche wenige Exempel an Zu Ziehen:

Es empörten sich anno 1525 gleich zu Anfang dess Früehlings, wie ein grausamer Torrent und Wasserguss, gleichsam auf einmahl die Bauren im Schwaben-Land, Algaü, Würtemberg, Hegaü, Thurgaü, Schwarzwald, Elsass, Sündgaü und Breissgaü; item die Rheinischen, Thüringischen, Pfälzischen, Särischen, Salzburgischen, Märkischen, Fränkischen und andere, dass der rebellischen und unruhigen Bauren auf einmahl 100,000, seyen erlegt und umgebracht worden. Anno 1528 empörte sich gleichfalls das Land Hasle mit den Gotteshaus-Leuten zu Interlachen sammt anderen umliegenden Orten, dergestalten, dass eine hohe Oberkeit zu Bärn dieselben mit grossen Kosten und Ungelegenheit, wegen ihres grossen Wüetens und Tobens, zu stillen hatte; dazumahl wurden auch etliche der Fürnemsten Rädlins-Füehrer gefänglich angenommen, 4 derselben enthauptet, Vile wurden landtrünnig, welcheren Güeter aber der Oberkeit heimfielen; wurde also selbige Aufruhr mit Verwunderung männiglichen ohne sonderbares Blut-Vergiessen gestillet.

Ein Sonnen Klares Exempel, wie Gott der Herr Untreüe, Meineid und Ungehorsam zu strafen pflege, haben wir an der sehr gefährlichen Aufruhr und Rebellion, welche sich diess gegenwärtige 1653ste Jahr, mit den 4 loblichen Orten der Eidgnossschaft, Bärn, Lucern, Basel und Solothurn Undertahnen zugetragen, und sich folgender Gestalt angesponnen; endlich auch, durch Gottes Gnade und Fürsehung, ohne sonderliches Blut-Vergiessen, «obwohl es das Ansehen hatte, als wenn solche mit der Faust müesste gestillet werden» ihr Ende genommen. Alles aufs kürzeste verfasst und beschrieben, durch E.E.W.U.D.
J. Rüetschi, Statt-Schreiber

Alsdann im Monath Februario[87] diess laufenden 1653ten Jahrs die Bauren im Entlibuch, Lucerner Gebiets, aus ungutem Beginnen gegen ihre natürliche Oberkeit sich vermerken lassen, als wären sie nun ein Zeither mit unerträglichen Auflagen und Neüerungen, mehr als Zu Viel, gedrängt und belästigt worden, desswegen sie alle Treüe, Ehre und Eids-Pflicht weit hindangesetzt und vergessen, sich Göttlichen und weltlichen Verbotten und Rechten entgegen, wider Selbige erhept und empört, vielerley Muhtwillen und hochsträfliche Missetahten begangen, mit diesem Drohen, wo sie nicht wiederum in den Stand, in welchem ihre Alt-Vorderen Vor etlich 100 Jahren gewesen, gesetzt werden, seyen sie gesinnet solche Freyheit mit Gewalt zu suchen; darauf sie dann von ihrer Oberkeit die Freyheits-Briefen, mit was Titel und Gewalt Sie über sie zu herrschen hätte, an Ort und Enden, da es sich mit nichten gebührte, vor und under die Augen gelegt haben wollten.

Und damit sie nun der Sache einen Anfang machen möchten, hatten sie das Gift ihrer Meüterey in ihre Nachbarschaft, als in das Emmen-Tahl, von dannen in die Vogteyen Wangen, Oberwangen und Bipp, item in die in ihrem Bunds-Brief begriffene Orte und Stätte Spargiert und ausgebreitet, da sie dann eine mächtigen Anhang bekommen: Diejenigen, welche treü an ihrer Oberkeit zu seyn gesinnet waren, haben sie mit Gewalt in ihren Bund gezwungen und sie mit plündern, berauben ihrer Häuser, Ausführung ihres Viehs, mit übelschlagen, stümmlen der Bärte und anderen Insolenzen an sich zu bringen understanden, die Schlösser in dem Lande belagert und bloquiert, die Zu Sicherung derselben dahin gesandte Munition aufgehalten und verhindert, die hinderlegten Reis-gelter, so lange Jahre Zu gutem gemeinen Vaterlands da aufbehalten worden, daraus genommen, die in der Stadt Bern gelegene Besatzung mit bewehrter Hand überzogen, Sich aller Pässe bemächtigt, die hin und wider Reisenden durchsucht, die Briefe und Botten aufgefangen, eröfnet und übel misshandelt, also dass beynahme kein Ort löblicher Eidgnossschaft dem anderen seine Noht Klagen und desseint und anderen berichten können.

Nachdem nun die Entlibucher, als welche zu dieser Rebellion den ersten Stein gelegt, gespürt und gesehen, dass ihr Angschlag einen Fortgang gewinnen wollte, haben sie zu den Waafen gegriffen und sind im Monath März[88] vor die Statt Lucern gezogen, Selbige bloquiert und Ihr auf der einen Seiten alle Lebens-Mittel abgeschnitten[89], ohnangesehen ihre Oberkeit ihnen viel nachgegeben, um gemeinen Fried- und Ruhstands wegen von ihren Rechten gestanden, und ihrem Begehren willfahret, ihre gehabte Späne durch sechs löblichen Orte Ehren-Gesandte theils güetlich, theils dann auch durch einen rechtlichen Ausspruch erörteren und hinlegen lassen[90]; darvon sie[91] dann nicht allein leichtfertigerweis abgetreten, sondern auch während der Handlung, jetzt ermeldete Gesandte mit allerhand Ehrverletzlichen Schelt- und Schmächworten verhöhnt und geschändt, ja so gar Ihnen Streich, Wunden und den Tod mit Darbietung und Ansezung Büchsen Hellparten und Prüglen angedroht.[92]

Unterdessen hatten sich zu Baden[93] befundene löblicher 13. Orte Ehren-Gesandte wider auf ein neües verbunden, einander in diesem weitausgehenden Übel mit aller Macht bey Zustehen und hiemit abgerahten, mit wie starker Hilf jedes Ort den Angefochtenen sollte Zu Hilf kommen; wurde also der Sammelplatz im Falle der Noht Zu Lenzburg[94] gesetzt und verordnet, sich alda zu conjungieren.

Und obwohl Ughh.[95] Die unverantwortlichen Attentata und den aufgerichteten Vermeinten bund der Rebellen[96], als welcher den alten Bundnussen hochschädlich und nachtheilig war mit Gewalts-Mitlen verhindern und underdrucken können[97], haben Sie doch lieber den lindern und mildern Weg zur Hand nehmen und brauchen wollen, und Sich durch der uninteressierten Orten Gesandte so weit freundlich behandeln und erbitten lassen, dass Sie in mehr Puncten und Stucken ihnen willfahret und Gnaden erwiesen, als sie jemals begehrt[98]; darum sie dann sich untertähnig bedankt und darbey zu verbleiben an Eidsstatt angelobt und versprochen, mit undertähnigem Erbieten, solches an ihre Gemeinen zu bringen, worvon sie aber angehends ohne einige ehrbare und redliche Ursach abgewichen[99], je länger je ärger worden und wider auf ein neües Zu den Waafen gegriffen, Lands-Gemeinen angestellt, in welchen Sie einen Landmann von Schönholz, der Land-Vogtey Trachselwald, Namens Niclaus Leuenberger, zu Ihrem Obmann erwählt, welcher Seine Räthe gehabt und Sie Lands-Vätter genamset[100]. Die waren nachfolgende, als: Ulrich Galli, aus dem Eggiwyl; Johannes Rüegsegger, Weibel von Röthenbach; Daniel Küpfer, im Pfaffenbach; Statthalter Berger, und Weibel von Steffisburg; Berg-Michael von Trachselwald; item jung Johannes Bürli und Andreas Moser; waren fast alle aus der Land-Vogtey Trachselwald. Was solche Stands-Rähte in den Landgemeinden berahtschlagten, bei dem musste es ohne einige Widerrede verbleiben. Es waren ein sehr grosser Zulauf der rebellischen Bauren obangezogener 4 Orten zu Sumiswald, alwo Sie Ihrenn Bund beschworen und sich mit einem starken Eid verbunden: So eines Orts Undertahnen von Ihrer Oberkeit angegriffen würden, alsdann die übrigen Ihnen zu Hilf zu kommen und bey Zuspringen sich nicht säumen sollten; namseten sich under einander Bunds-Brüeder, trieben grossen Muhtwillen mit Denen, so vest an Ihrer Oberkeit blieben, gaben vor, solche wären lind, Sie müessten sie härtnen, schlugen etliche bis auf den Tod.

Als Ughh.[101] underdessen sahen, dass Die Sachen Zu einem Ernst gerahten wollten, liessen Sie uns den 7. März durch ein Missiv vermahnen, gute Sorge zu unserer Statt zu haben und dass wir auf erstes Aufmahnen mit unserem Auszuge bereit seyen, mit gnädiger Zusage und Versprechen, wo wir an Ihr Gnaden treü und beständig verharren, sollen Uns unsere Gravamina und Beschwerden im eint und anderen gänzlich abgenommen werden. Worauf dann von Mhh. angesehen ward, dass alles was an unseren Statt-Mauren zu verbessern wäre, in puncto solle gemacht und ergänzt werden, die Wachten fleissig bestellt und alles, so zu Erhaltung unserer Stadt dienlich, bestmöglich angewendet werden.

…

Mittlerweile liess die Bauersame in der Grafschaft Lenzburg sonderlich durch das Suren-Tahl hinauf stürmen, machte sich angehends auf und zog nach Aarburg und Langenthal, in Meinung, Die welschen Völker, welche wie Sie fürgaben, auf der Aaren sollten herunderfahren, auf Zuhalten und tod zuschlagen. Weil es aber nur ein Brüllen[102] war, zogen Sie wider nach Haus; jedoch bestelten Sie ihre Wachten aller Orten dergestalt, dass niemand mehr mit beschlossenen Schreiben durch das Land reisen konnte, sondern es wurde männiglich so genau ersucht, dass man sich bis auf das Hemd ausziehen musste; auch wurden viele Personen, welche nur im Verdachte waren, als wenn sie mündlich an eint und anderem Orte was zu verrichten hätten, theils aufgefangen und vor ihre Lands-Gemeinden geführt, theils auch wieder zurückgewiesen. So gar hatte ihre Bosheit überhand genommen.

Weil sich das Spiel je länger je ernsthafter ansehen liesse, sahen Mhh. für gut an, Ihre junge Mannschaft so wohl der Burgers-Söhne, als der Handwerks-Gesellen bewehrt zu machen; gaben desswegen Ihrem Zeug-Herren Rudolf Frank in Befehl, selbigen aus dem Zeughaus Musketen, Pulver, Lunten und Bley auszutheilen.

Dienstag den 15. März kamen die Hh. Ehren-Gesandte der 4 Evangelischen Orte alher und liessen Durch Schultheiss Hunziker Mhh. ihre Intention eröffnen, wie Sie nämlich von wegen dess lieben Friedens in selbigen zu handeln anhergekommen seyen, desswegen Mhh. für gut und rahtsam angesehen, solches einer Burgerschaft vorzutragen und darneben zu erfahren, wie dieselbe, im Falle eine gnädige Oberkeit Ihrer Begehren würde, gesinnt wäre. Ward also dieselbe ohnverzüglich auf das Raht-Haus versammlet und nachdem die Proposition Durch H. Schultheiss Hagenbuch und Herrn Schultheiss Hunziker[103] nach der Länge dargethan worden, ward darüber eine Burgerschaft angemahnt, so sich einer oder der andere über Dasjenige, so Da wäre angezeigt worden, beschwere, möchte er austretten, auf welches Dann eine Bürgerschaft fast einhellig Ihren Austritt in die Kirche genomen mit vermelden, Sie Mhh. nicht lang aufhalten, sondern angehends Ihren Bescheid fallen lassen wolle.

Nach gehaltener Berahtschlagung der Bürgerschaft kamen deren Ausgeschossene, deren 15 gewesen[104] und dessen Ihren Bescheid folgender Gestalt fallen: Sie haben Die von neü und alt-Hh. Schultheissen proponierte Artikel nach Nohtdurft verstanden; seye Darüber eine ganze Burgerschaft resolviert, so eine gnädige Oberkeit Ihrer begehren werde, mit Leib, Ehre, Guth und Blut zu zustehen; alein dass sollte fremd Volk in die Stadt gelegt werden, dessen beschweren Sie sich nicht wenig, seit einmahl[105] Sie durch diess Mittel under Ihnen selbst Feinde erwecken würden.

Als Ihnen aber von Mhh. den Klein-Räthen Die Sache etwas klärer under Augen gestellt wurde, nämlich wie Ughh. nicht gesinnet seyen einigen[106] Mann in unsere Stadt zu legen, es seye dann die höchste Noht obhanden, denn Ihnen nicht wenig an einer Stadt Aarau gelegen wäre; Sonderlich aber, als Ihnen das von General-Lieütnant Zörnlin von Basel überschickte Befehl- und Aufmahnungs-Schreiben Ughh. vorgelegen ward, haben Sie sich zur Ruhe begeben und erklärt; Die Baslerischen Völker übernacht allhier logieren zu lassen der Meinung, es werden selbige nach Fürgaben H. Generals Zörnlin[107] straks morgens nach Lenzburg auf den Sammelplatz geführt werden; denn es ein nicht geringer Ernst in dem Aufmahnungs-Schreiben Ughh. an die Hh. Von Basel zu spüren war.

Da die Baursame in der Grafschaft den Einzug der Baslerschen Völker vernommen, haben Sie straks morndess, so da war den 19ten März, sich vor die Statt Aarau gelegt, zu sehen, wohin das Volk zu ziehen gesinnet seye.

Underdessen kamen etliche Under-Vögte anher zu Leüen, um bey den Haubtleuten und Gesandten zu vernemen, worauf das Tuhn angesehen wäre; denen gaben sie zum Bescheid: Sie sollen nicht denken, dass etwas auf Sie angestellt seye, Sie sollen ihre Völker nur zu Haus und Ruhe ermahnen; dessen sie sich dann vergnüegten und versprachen, mit denen vor der Statt liegenden Völkern zu reden, dass sie ohnverzüglich aus dem Felde ziehen.

Wie nun einem Waldwasser nicht leicht zu wehren ist, so es einmahl durchgebrochen, so gieng es da auch zu: Denn, als anbedeüdte Under-Vögte willens waren, bey den rasenden Bauren Die Ihnen aufgegebene Commission abzulegen, funden Sie nicht allein kein Gehör, sondern Sie erwählten alsobald andere Ausgeschossene, fertigten dieselben ab, zu vernehmen, ob wir die Baslerischen Völker aus der Stadt schaffen wollten; wo nicht, wären sie gesinnet den allgemeinen Sturm ergehen zu lassen und selbige mit Gewalt auszutreiben; setzten Mhh. das Ziel bis um Mittag sich darüber zu besinnen, alsdann Sie kurzum den Bescheid haben wollten.

Dieses Drohen der Baursame erschallte under der Burgerschaft; desswegen Sie ihre Ausgeschossene wider vor Mhh. E. E. Rahts schickten zu vernehmen, ob Dieselben nicht, gestrigem Versprechen nach, Die übernacht beherbergten Völker wollten dimittieren und abschaffen; Denn es zu besorgen seye, es werden die rasenden Bauren von der Stadt nicht weichen, bis dass selbige abgeschaft seyen. Gab also nicht geringe Verwirrung, denn es wendten etlichen ein, was man mit den ohnwilligen Basel-Bauren in der Stadt tuhn wolle? Seiteinmahl Sie[108] fürgaben, Sie wollen wider die Bauren nicht kriegen, sondern wann Sie auf's Feld kämen, wären Sie willens, entweder ihre Gewehr nider zu legen, oder aber zu den Bauren zu stehen, Also dass unsere Stadt ihrenthalben in Gefahr sei.

Auf dasshin wurden Mhh. bewogen, die bey dem Leüen logierende Hh. Haubtleüte und Ehren-Gesandte von Basel Rahts zu fragen: wie sich in diesem weitaussehenden Handel zu verhalten seyn werdt; welche Hh. Ehren-Gesandte und Haubtleüte dann – under welchen auch war Jkr May von Rud,[109] welchem in diesem Gestüchel[110] ein nicht geringer Schimpf widerfahren war, indem ein boshafter Baur Ihm mit einem Spiess entzwei gebrochen, hätte auch nicht viel gefehlt, wäre in diesem Tumult gänzlich niedergemacht worden, so erhitzt waren die Bauren über Ihn, – welche Hh. schreibe ich, sich angehends auf des Raht-Haus vor Mhh. Räth und Burger begaben, von Haubtmann Hunziker und anderen Officieren begleitet in der Meynung, Mhh. umständlich zu berichten, was Sie für eine ernsthafte Commission hätten.

Nachdem nun H. Haubtmann Hunziker nochmahl Seine Proposition Ehrengedachten Hh. Haubtleüten dargetahn, was Ursache nämlich dieselben seyen um Raht ersucht worden, dass wegen der grossen Schwierigkeit der Burger, welche alles Ernsts begehrten, dass die Völker dem getahnen Versprechen nach aus der Statt geführet würden, wendende ihre Ursachen ein, eins theils den grossen Unwillen der Basel-Bauren, andern Theils dann das Wüeten der vor unserer Statt liegenden Bauren, welche eben grad zu selbiger Stunde ihre Ausgeschossenen vor Mhh. gesandt, zu erfahren, was sie gesinnet wären. Darauf H. General-Lieütenant Zörnlin mit ongefehr folgenden Worten geantwortet:

Gleichwie den gemeinen Ehren-Gesandten loblicher 13 Orten zu Baden erfrülich vorgekommen, dass ihre lieben Eidgenossen der Stadt Lucern ihren gehabten Span mit ihren Undertahnen freündlich vertragen, (war aber ein gleisnerischer Handel under den Bauren, wie hernach soll gehört werden) also haben gleich darauf Ughh. mit grossem Kummer und Herzenleyd erfahren müssen, dass die Ihrigen das Gift der in dem Entlibuch angesponnenen Rebellion auch in sich gesoffen und sich gegen Ihnen aufgelehnt haben, desswegen Sie verursachet worden, ihre lieben Mit-Eidgenossen laut Bund um förderliche Hülf und Beystand zu ersuchen, damit Sie ihre an der Aare liegende Pässe desto besser verwahren können, dass selbige nicht etwan den schwierigen Bauren in Besitz gerahten, Darauf Er dann, dem starken Befehl Ughh. nach, seine Völker auf den Sammelplatz nach Lenzburg zu füehren gesinnet seye. Alhier endete er seinen Vortrag, weil Er wegen dess erhebten Auflaufs und Gestüchels der Burger nicht ferner fortfahren konnte.

Denn es kam eben gerad ein schandlich ehrloser Baur daher gelaufen, Der gabe der vor den Raht-Haus stehenden Burgerschaft für, wie auf ein neües eine grosse Menge Volks über die Schaaf-Matt daher komme, welches wie man sage, wälsches Volk seye und loffe der Bauersame, so vor der Stadt lag, zu, Sie dessen zu berichten. War aber eine schändliche faule Lügen, darauf dann ein solcher Tumult und Auflauf zu der Burgerschaft entstanden mit vermelden, man solle zu den Wehren laufen, dass die gueten Hh. so sich auf dem Raht-Hause befunden, nicht gewusst, worauf das Spiel angesehen war.

Man hatte mit grosser Mühe wegen des eindringeden Bauren-Volks die Tohre schliessen müessen. Haben also übernacht in der Statt logierten 500 Mann in höchster Eile wider nach Haus ziehen müessen[111] ehe und bevor sich die boshaften Bauren zur Ruh begeben wollten. Denn sie gaben stets für, Sie wollten kein fremd Volk ins Land lassen. Es war selbigen Tags des Brüllmachens kein End in unserer Stadt, also dass es geheissen: Sie werden fliehen, da sie niemand jagt.

Es hatten Mhh. Rähte und Burger für gut angesehen, Ughh. dieses Verlaufs umständlich zu berichten. Weil aber keine Briefe noch Botten durch das Land wegkommen konnten, ward dazu deputiert. H. Schultheiss Hunziker, welcher Ughh. unseres Zustands mündlich berichten sollte. Ritte noch selbigen Tags, so da war der 19. März, mit dem Geleit aus der Stadt, obwohl nicht ohne Widerwillen etlicher ohnverständiger Bürger, welche nicht wussten, worauf es angesehen war.

Kam in dem Obsigreisen ziemlich glücklich fort, wie wohl Er an den underschiedlichen Orten von den Aufrührerischen angerennt wurde. Traffe zu Wynigen die Hh. Gesandten Ughh. an, denen Er von Ihnen mit einem Pass versehen worden, ritte Er noch selbigen Tags gen Bärn, alda er mit Freüden empfangen worden. Legte seine Commission bey Ughh. ab und eröffnete denselben unseren Zustand. Wurde mit einer Missiv an Mhh., wie sich in dieser Schwürigkeit zu erhalten wäre, wider abgefertigt und kam den 24. März wider anheim, jedoch nicht ohne sondere Gefahr Seines Leibs und Lebens. Denn Er von der Bauersame verkundschaftet worden, desswegen Er durch Abweg mit sonderbarer Fürsichtigkeit reisen musste, wo Er anders durchkommen wollte. Es kamen in diesen Tagen die Hh. Ehren-Gesandten loblicher 4 Evangelischer Orten zu Aarburg an, welche under anderen auch den Aufzug der Bauersame vor eine Stadt Aarau vernemmen wollten; desswegen sie die ausgeschossenen Under-Vögte der Graffschaft Lenzburg vor sich citierten; welche ein Fürbittschreiben von Mhh. begehrten, der Hofnung, so eine Stadt Aarau nicht klagen würde, sie sich dessen wohl zu geniessen haben würden; sind aber mit kurzem Bescheid abgewiesen worden.

Den 22. März kamen obangedeüdte Hhh. Gesandte alher zum Leüen, begehrten einen Ausschuss aus Mhh. Mittel, welche Ihnen unsere Beschwerden, zugleich auch, wie es in ehemaligem Zappel zugegangen, anzeigen sollten, darzu dann 9 Mhh., nebst den ausgeschossenen der Burgerschaft deputiert waren; welche dieselben under Augen hochgedachte Hh.

Gesandte befragen sollten, ob Sie recht oder Unrecht daran getahn, dass Sie die Baslerischen Völker in die Statt gelassen.

...

Mittlerweile stellten die Bauren hin und her ihre Wachten an, so dass Mhh. verursacht wurden ein gleiches zu tuhn und was sonst zu verbessern war, dass liessen Sie ohnverzüglich machen. Auch schickten die Bauren ihre Artikel, welche Sie zu Sumiswalt geschmiedet hatten, Mhh. zu lesen. damit männiglich sehen möchte, wormit Sie umgingen. Es waren under anderen auch nachfolgende vorgeschlagen, welcher wegen Sie sich verbündet, als:

Wegen Hinderung im Rechten etlicher oberkeitlicher Personen.

Weil Ihnen die Badische Verbindung und Handlung löblicher 13 Orte schädlich seye.

Wegen Erhaltung alter Freyheiten, deren zu gut Sie sich verbündet und welcheren Sie sich viele Jahre lang zu freüen haben werden.

Wegen ohnnöthigem Pracht, Halsstarrigkeit und Muhtwillen der Oberkeit, selbigen abzustellen und zu mildern.

Dass Sie einander ihre Noht in vorfallenden schweren Sachen klagen können.

Die Gerechtigkeit handzuhaben

Dass ein jeder mit den Seinigen ein gottselig Leben führe.

Damit es auch ein wenig ein Schein habe, muss man nicht nur schwarze Farben nemmen.

Auf anderen Landsgemeinden wurden ferner Artikel errichtet, deren hernach auch soll gedacht werden.

Zu selbiger zeit hatten Ughh. durch ihr Land Weg auf den 17. Aprill einen Fast- und Bätt-Tag angesehen[112], damit Gott der Herr diss schürige Wesen und vor Augen schwebende Unglück von unserem geliebten Vatterland gnädiglich wieder abwende; welches die rebellischen Bauren Ihnen dergestalt ausdeuteten, als ob selbiger einzig darum angestellet worden, damit Sie desto besser Gelegenheit hätten, sie in der Kirchen zu überfallen. Und das hatte Sie nicht wenig in ihrem Wahn gestärket, weil eben auf selbigen Tag ein Västlin voll lehrer Grananten durch einen Schifmann von Bärn, nahmens Thuner-Hans, nach Aarburg, selbigen Platz besser zu versehen, hat sollen geüehrt werden; an welchem Västlin geschrieben stuhnde: Süesser Wein. Es war aber kein Befehl der oberkeit, dass es eben auf selbigen Tag sollte ankommen, sonder der Schifmann, welcher schon 2 Tag zuvor hätte mögen dahin kommen, suchte seinen Gewinn und wartete zu Aarburg auf ein fuder Eisen, welches er aber hernach Theuer genug bezahlen müssen. Denn Er und sein Gespan wurden nicht allein mit dem so Sie fuehrten aufgefangen und auf die Lands-Gemeind nach Huttwyl geführt, sondern Ihnen ihre Bärte gänzlich abgschoren, hätte auch nicht viel gefehlt, Sie wären darüber stranguliert worden.[113]

Diese Grananten wurden hin und her an alle Ort geschichte und den rasenden Bauren gezeigt, Sie desto wüetender zu machen; Sonderlich aber wusste ihr Obmann Leüenberger Die Sache aufzumutzen. Denn Er auf den Landsgemeinden eine solche Grananten auf einem Stecken emporstellte und dem Volke vorwiese mit diesen Worten: «Sehet, ihr lieben Landsleüte, Das ist der süesse Wein, mit welchen uns die Hh. von Bärn haben tränken wollen!»[114]

Zu erbarmen war es, dass Ughh. Ehren-Gesandte dazumahl, als Jkr. Tillier, Welsch-Sekelmeister, bey welchem neben anderen Hh. auch war H. Lüthard, Theologus und H. Hummel, Predicant zu Bärn, mussten also despectiert werden.[115] Denn was Leüenberger dem Volke fürtrug, das musste viel mehr gelten, aber angedeüteter Hh. Gesandten, also Dass die guten Hh. ohngeschaffter Sachen wider abreisen mussten.

Es schickten Ughh. darauf 2 Gesandte, als H. Hans Geörg im Hof, alt Hofmeister zu Königsfelden und H. Abraham im Hof, alt Schultheiss zu Burgdorf, in das Aargäu zu erfahren, ob noch etliche ihrer Undertahnen gehorsam und treu an ihrer Oberkeit wären, und so Sie noch etliche derselben funden, Sie wider auf ein neues in Huldigung aufzunemmen. Kamen bis nach Aarburg, berufften daselbst das Volk zusammen, welches auf den Vortrag Hh. im Hof gehuldiget hätten, wenn nicht ein Unfried liebender Baur wider Ihm aufgezogen kommen und der Baursame solches misrahten mit Vermelden, man müesste zuvor erwarten, was für Bescheid ab der Lands-Gemeinde käme. Mussten also die guten h. wider ohngeschaffter Sachen wegreisen und haben an Ihnen, den Bauren, nur so viel erhalten mögen, dass Sie Ihnen vergönstiget, den commandanten in dem Schloss, welcher einer von Mühlinen[116] war, heimzusuchen, jedoch damit sie nichts heimliches mit ihm reden könnten, gaben Sie Ihnen 2 Wächter zu, welche sie begleiten mussten.

Kamen folgends den 23. Aprill allher gen Aarau, liessen Mhh. Räht und Burger versammlen, auch zu vernemmen, was eine Stadt Aarau gesinnet wäre. Da denn H. im Hof seine Proposition durch eine schöne Oration dargetahn, erzählte den ganzen Verlauf der Rebellion bis auf die Zeit, auch wie Ughh. so geneigt wären, ihren Undertahnen ihre Beschwerden abzunemmen, wenn Sie die Sache nur mit rechter Form und wie sich gebührte für nähmen, Erbotte sich gleichfalls gegen eine Stadt Aarau, so sich selbige etwas in beschwert funde, sollte Sie ihre Gravamina aufs Papier bringen und selbige zu gelegener Zeit Ughh. vorlegen, welche dann ganz geneigt seyen, selbige in Gnaden abzunemmen, sonderlich soe eine Stadt Aarau in ihrer Alt Vorderen Fussstapfen tretten und die von mehr als 200 Jahren Daher erhaltene Treue und Redlichkeit fortsäzen werde. Nachdem sich nun Mhh. Räht und Burger resolviert, mit Leib, Ehr, Gut und Blut bey Ughh. zu stehen, bekamen angedeüte beyde Herren folgenden Tags gleiche Resolution von der Burgerschaft, welcher H. im Hof in der Kirchen gleiche Proposition getahn, an welchem Sie sich vernüegten; reiseten mit Contentement von hinnen gen Bruck, da sie auch allen guten Willen gegen einer gnädigen Oberkeit verspührten; begaben sich folgends in das Schenkenberger-Amt von einer Gemeind zur andern, nahmen die Baursame in Huldigung auf, welche dann wider auf ein neües gehuldigt und versprochen, bey Ughh. zu stehen und zu ziehen, wohin man Sie commandieren würde, so dass die guten Hh. vermeynten, Die Sach wäre da auf dem rechten Weg. Aber das Sprüch-Wort ward bey Ihnen war:

Mel in ore, Fel in Corde
Verba lactis, Fraus in Factis
Et nulla Fides in pactis.
oder:
Rustica progenies nescit habere modum
Kein Mass noch Ziel
Das Bauren-Gschlecht betrachten will.

Denn es kamen die 2 Herren sobald nicht von Ihnen weg und an sie, die Bauren, ein Schreiben von den Rebellen der Grafschaft Lenzburg, so waren Sie wider ihrer vorigen Meinung ohnangesehen ihrer auf ein neües getahnen Huldigung, und traten wider zu den Grafschafts-Bauren; ausgenommen etliche wenige Dörfer in dem undern Amt, welche dann keine Gemeinschaft mit ihnen haben wollten; nahmen die achzig Mann, so sie in Besatzung gen Bruck geschickt hatten, wider hinweg. Underdessen belagerten Die Grafschafts-Bauren den Pass zu Windisch im Fahr, wollten kurzum das Fahr-Seil abhauen, sodass der Fähr, wo er anders solches ganz haben wollte, selbiges ohnverweilt ablösen musste, trieben grossen Muhtwillen mit tanzen und springen, hatten ihre Haupt-Läger zu Windisch und Oberburg, giengen auch ihres Gefallens in das Kloster Königsfelden, doch nahmen Sie da nichts Gewalttätiges vor. Jedoch weil Jkr. Wolfgang von Mühlinen[117], damahliger Hof-Meister, nicht trauen durfte, nahm er was Ihm lieb war, begab sich nach Bruck und enthielt sich da, bis die Bauren wider abgezogen waren.

General Leüenberger feyrete underdessen mit seiner Rott (Schar) auch nicht, sondern als Ihme Ughh. nicht alsbald aufwütschten und in Sein unziemliches Begehren einwilligten, brach Er von Langenthal, da Er eine Lands-Gemeind angestellt hatte und Ughh. nirgends anderswo Bescheid geben wolte[118], auf und zog mit grosser Macht vor die Statt Bärn[119], der Meynung, selbige mit Gewalt zu bezwingen. Das Haupt-Lager ward zu Ostermundigen geschlagen, allwo Leüenberger sich mit seinen Stands-Rähten berahtschlagte, und wer zu selbiger Zeit durch das Land reisen wolte, der musste von Ihm mit einem Pass-Zedel versehen werden, sonst wurde er aller Orten von den Conjuranten aufgerieben; welches dann einem fürnemen Ambassadoren des Herzogs von Savoy auch beschehen; denn als derselbe durch das Aargaü nach Regensburg reisen wollen, war Er zu Wiedlisbach aufgehalten worden, bis dass Er ein solchen Pass erlanget hatte, welches auch anderen mehr geschehen. Es wurden Viel gefangen dorthin geführet welche alles Ernsts von Leüenberger examiniert wurden, was Vorhabens ein jeder wäre. Die Bauren lagen ohne einige Ordnung in dem Feld bis an die Neü-Brück, welcher Pass von den Studenten verwahret wurde, so dass er den Bauren nicht hat mögen werden. Es giengge underweilen an ein scharmützieren; doch ward niemand beschädiget ausser einem Studenten, der in die Dicke des Beins geschossen, aber bald hernach wider curiert worden. die Grafschafts-Bauren[120] rotteten sich auch wider zusammen, wolten kurzum wüssen, ob eine Statt Aarau Ihnen den Pass über ihre Bruck geben wolte, damit Sie ihren Conjuranten im Basel-Biet könnten zu Hülf kommen, wenn Sie angefochten würden; schickten dess-wegen ihre Ausgeschossene abermahl alher vor Mhh. E. E. Rahts, under welchen waren: Melchior Vogel und Melchior Matter von Kölliken, Under-Vogt Angst, Samuel Müller und Matthias Scheürmann von Entfelden, Hans Jacob Suter, Hans Schälin, Rudolf Stirnemann und Peter Frickhard von Surr, welchen, nachdem Sie Ihre Commission abgelegt, zum Bescheid gegeben wurde: Ihr Begehren seye fast wichtig; denn der Pass seye nicht unser, sondern Ughh. und hiemit ein Regal-Recht derselben; wenn Sie den Pass haben wollen, so müessen sie selbigen da erlangen. Damit Ihnen aber alle Feindtähtlichkeit gegen eine Statt Aarau benommen würde, ward Ihnen der Pass dergestalt zugesagt: so Sie aufweisen könnten, dass Sie selbigen vonnöthen haben, wollte man Ihnen dann zeigen, aber keineswegs durch die Statt, wie Sie begehrten, sondern wo es Mhh. gefiele. Daran sie sich aber nicht ersättigen wolten, sondern zeigen an, Sie müessten diese Resolution ihrem Obmann Leuenberger kund tuhn und seines Bescheids darüber erwarten. Tahten dergleichen, als wären Sie ihres theils ganz wohl zufrieden mit dem, was Ihnen versprochen worden. Darauf dann nicht unbehend uns folgendes Absag-Schreiben von Obmann Leüenberger zugesandt und eingehändigt worden:

«Nachdem wir von unseren geliebten Bundes-Brüedern aus der Grafschaft Lenzburg mit Bedauren vernemen müessen, dass die Hh. und eine Statt Aarau uns den Pass abgeschlagen, wenn wir im Fall der Noht unseren lieben und getreüen Bundesgenossen im Basel-Biet und anderer Orten sollten Hülf und Beystand thun und sie überfallen würden, oder solches gleichfalls uns widerfahren sollte und dann wir Eidsgenossen nicht sicheren Zugang gegen einander hätten, wie könnte es bald unserem geliebten Vaterland ein Schaden entspringen? Hiemit begehren wir offentlich zu vernemen, ob Ihr Hh. und Bürger von Aarau uns vollkommen, wie uns vorkommen, den Pass abgeschlagen, oder nicht? Wann solches beschiehet oder geschehen ist, so sollet Ihr versichert seyn, dass Eüch auch alle Lebens-Mittel sollen abgeschlagen seyn und dann schauen, was wir anders vor die Hand nemmen können. Wollet uns in Eil wieder Antwort werden lassen, darnach werdet Ihr Eüch zu richten wüssen. Datum, Langentahl ab der Lands-Gemeind oder Lands-Versammlung, den 8. May 1653. Wollet uns alsbald in Eil gen Surr wieder Bescheid werden lassen.

Niclaus Leüenberger, Obmann,
im Nahmen der gemeinen Ausgeschossenen unsers Bunds.»

Als uns nun diss Schreiben den 10. May von den Grafschafts-Bauren überliefert worden, hatten es Mhh. alsbald für gut angesehen, etwa 100 Mütt Getreid mahlen zu lassen, damit, wenn uns der Statt-Bach genommen würde, wir einen Vorraht hätten. Denn sobald unsere Resolution dem Leüenberger kund gemacht wurde, taht Er alsbald die Anordnung, dass unsere Statt wieder zu beiden Seiten belägert wurde. Es zogen die Bauren aus dem Solothurner-Biet und anderen Orten den 14. May in der Nacht mit Schwaal vor Aarau, lagerten sich zu Wöschnau,[121] liessen sich mit Trompeten und schiessen ohne Underlass hören, nahmen uns den Statt-bach und hinderhielten uns selbigen bey 8 Tagen. Morndess, den 15., zogen Sie auf die kleine Zelg, sich mit den Grafschafts-Bauren zu conjungieren, liessen sich trotziger Worte hören: Sie wollen kurzum den Pass haben oder von Dannen nicht weichen; schickten abermahl ihre ausgeschossenen in die Statt zu vernemmen, ob wir noch stäts unserer vorigen Meynung wären. Als Ihnen aber gleichen Entschluss worden, begaben Sie sich wider zu ihrem Volk mit vermelden, selbiges dahin zu bereden, dass es die fürgeschlagenen Artikel annemme. Doch begehrten Sie von Mhh., dass dem Volk, welches bald ein ganzen Tag auf dem Feld gestanden, etwan ein Trunk geboten würde, der Hoffnung, dass Sie die Artikel desto ehender annemmen und aus dem Feld ziehen würden. Nach angebrachtem Bescheid und getahner Relation der Ausgeschossenen tahten die Bauern dergleichen, als wenn sie dessen, so Ihnen versprochen worden, auch der fürgeschlagenen Artikel, ganz wohl zufrieden wären, sonderlich wann Ihnen nur der Pass über die Bruck gezeigt würde, wo es dann wäre, bis dass Sie den verehrten Wein genossen und sich voll gesoffen hatten. Da rotteten sich die Boshaften, ausser wenigen, welche nach

Haus gezogen, wieder zusammen, gaben für, es wäre Ihnen nichts von dem Wein worden, fiengen auf ein neües an zu drohen, toben und wüeten, schickten um mehrers Volk nach Aarburg, da dann auf den Abend 2 frische Compagnien ankamen, under welchen ein Lieütenant, ein frecher, boshafter Gesell, die Statt ganz ungestüm aufforderte, mit vermelden: Sie wollen den Pass haben, darfür solle nur nichts helfen, – welchem aber hernach sein verdienter Lohn worden, wie bald soll gehöret werden; zogen auf den Abend mit vielem Drohen gen Surr, alda ihr Nachtlager zu haben.

...

Mhh. schliefen underdessen auch nicht, sondern liessen eine Burgerschaft alsbald in die Kirchen versammlen, zu vernemmen, wie sie gesinnet wäre; welche sich dann resolvierte, die Bauersame keineswegs in die Statt zu lassen, versprachen sich bis auf den letsten Bluts-Tropfen zu wehren.

Darauf gaben Mhh. angehends Ordnung, dass das Schloss vor der Statt eine Zeitlang profiantiert und mit etlichen weidlichen Soldaten besetzt würde, dass bey dem Schloss eine starke Brustwehr gemacht, das Schind-Brück- und andere Tohr der Statt vest verbolwerket, ein Feld der ausseren Bruck abgeworfen und allenthalben Stein auf die Mauren und Tührme getragen wurden. Verwunderlich ware es zu sehen, wie sich Weibs- und Mannspersonen, von den grössten bis zu den kleinsten, in dieser Belagerung liessen brauchen; sonderlich waren etliche Weiber sehr beschäftiget in Kalt und Stärke sieden, damit wenn sich die Bauren understehen würden zu stürmen, Sie denselben einen Trunk praesentieren könnten.

Als nun angeregten 15. May das Volk bey 1700 Mann geschätzt wurde, sich bey nahem alles in die Vorstatt gelassen hatte, sahen es Mhh. für gut an, den Sturm nach Lenzburg ergehen zu lassen, – denn Ughh. nicht wüssen mochten, wie es um uns stuhnde, – welches dann anfienge, under den Bauren ein Schrecken zu causieren; denn Sie förchteten, solches möchte ein Ursach seyn, dass die Züricher, welche einzig auf diss Achtung gaben, aufbrechen möchten. Schickten deswegen ohnverzüglich Under-Vogt Heuberger von Saffensyl alher, dass Er bey Mhh. um eine Schrift an die Herren von Zürich anhalte, damit ihr Aufbruch hinderstellig gemacht werden möchte, sonderlich weil Sie versprechen, den nunmehr etliche Tage abgeschlagenen Stattbach wieder laufen zu lassen und wieder gute Nachbarschaft zu pflanzen. Ward ihnen aber gänzlich abgeschlagen, insonderheit, weil Sie noch kein Aufhören hatten, sich feindlich gegen eine Statt Aarau zu erzeigen; denn sie füehrten nicht allein die hin und her reisenden Burger gefänglich vor die Lands-Gemeinen, sondern Sie verarestierten der Burgerschaft ihre Sachen, so Sie gedachten alher zu füehren.

Den 16. May kam abermahl ein Gesandter von Schaffhausen, mit Nahmen Jkr. Zum Tuhrn alher, der Meynung, sein bestes bey der wüetenden Baursame zu tuhn, damit selbige vielleicht möchte gestillet werden. Wollte sich nicht in die Statt lassen, desswegen Er, als eine unbekannte Person etwas suspect ward, sondern begab sich alsbald nach Surr, wo der meiste Schwall der Bauren lage; understuhnde sich, mit denselben zu tractieren und sandte morgens durch H. Niclaus Hürner, Predicanten zu Gränichen, der ein Burger zu Aarau war, die eingegangenen Artikel durch folgendes Schreiben alher in die Statt.

«Edle, Ehren-veste, und insonders hochgeehrte Hh. und Eidgenossen. Nächst Erbietung meiner bereitwillig eidgnössischen Diensten und freundlichen Grusses entbiete und berichte Sie, dass nächt durch Gottes Segen so viel erfolgt, dass die Landsleüte bis an 2 Fahnen von Aarburg, so hier liegen, nach Haus gezogen; hoffe auch zu dieser Stund, vor meiner Abreis nach Bärn, so viel negociert zu haben, dass Sie den Hh. den Bach wieder laufen lassen werden.

Sie wollen allerseits freund-eidgnössisch gebätten seyn, um des gemeinen Bestens willen von beydseitiger Verbitterung abzustehen und bey so hochgefährlicher Zeit sich guter Einigkeit zu befleissen. Wir müessen nunmehr, um Vermeidung grossen Übels, ein Berg in ein Tahl werfen.

In dieser Stund haben H. Pfarrherr Hürner und ich mit H. Haubtmann von Aarburg, den ich sehr gut befunden, sich verglichen, dass Sie denen Hh. den Bach wieder laufen, und hingegen Sie die Compagnien alein durch die Statt nach Haus passieren lassen; doch ohne Masgab, wie es die Hh. mit mehrerem von Herren Pfarrherrn vernemmen werden, welchem die Hh. unbeschwert Pass gäben wollen; auch den Aarburgern mit Liebe zuvorkommen, wie ich sie auch erinnert, dass Sie den Hh. mit Liebe zuvorkommen sollen, wie recht und billich sey. Zu dessen Bezeugung lassen Sie den Bach laufen; so verpfänden auch die Officiere ihr Leib und Leben, dass den Hh. bei diesem Druchzug kein Leid widerfahren solle. Hiermit uns allerseits Göttlicher Obacht wohl empfehlende. Actum den 17. May 1653.

P. S. Die Hh. seyen gebätten, diesen Vergleich nicht auszuschlagen, denn es sonst grosse Gefahr nach sich ziehen würde. Damit wir ein ander nicht in die Haar kommen, wollen die Hh. eilends nach Zürich berichten, dass die Belagerung aufgehebt und sie versühnt seyen.

P. S. Insonders Hochzuehrende Hh. nachdem ich vermeynt, dass alles seine gute Richtigkeit habe, hat der andere Fahnen sich dem Vergleich stracks widersetzt, so dass wir kein ander Mittel mehr gewusst als dass selbiger auch, doch absonderlich und erst, nachdem der erste wider aus der Statt seye, durchziehen solle; welches hiemit zu der Hh. Gutachten, alles ohne masgab, gesetzt ist.»

Diss Schreiben ward durch H. Hürner den 17. May bey früeher Tags-Zeit alher in der Statt gebracht; meldete sich bey H. Schultheissen an, fürgebende, Er hätte was wichtiges abzulegen; Welcher dann ohnverzüglich Mhh. versammeln liesse und nachdem Er seine Commission abgelegt, ward Ihme von H. Decan Nüesperli, welcher sonst in diesem Zappel[122] mit übrigen geistlichen Hh. sein bestes gethan, diese seine ohnbedachtsame Taht dergestalt ausgestrichen und under Augen gewiesen, dass er um Gottes Willen gebätten, man wolle Ihme sicher Geleit aus der Statt ertheilen, damit Ihme von der Bürgerschaft kein Verdruss angetahn werde, welches gewüsslich geschehen wäre, wann Dieselbe das mindste um sein Tuhn gewusst hätte. Also dass es jeder zeit bey diesem verbleiben sollte:

«Bey mei'm Exempel solt Du lehren,
Dein's eignen Berufes Dich zu nähren;
Und flieh', gleich ein' schädliche Pest,
Was Deinem B'ruf zuwider ist.»

Als H. Hürner nun gesehen, dass die Bauren dem Vergleich stracks zuwiderhandelten, von Surr auf ein neües aufbrachen und gegen Aarau zogen, machte Er sich in höchster Beküммernus und Schrecken auf nach Baden, der Meynung, alda vorernannten Jkr. Im Tuhrn von Schaffhausen noch anzutreffen; hat ihme aber gefehlt, denn Er trafe da an dessen Statt an etliche Bauren aus der Grafschaft, welche in das Zürich-Biet, selbige Bauren auch auf zu wieglen, abgesandt waren, mit Denen Er gefangen nach Zürich geführt ward, ohnangesehen seines vielfältigen Entschuldigens, an welches man dissmhal nicht kommen wolte. Ward aber nach etlich tägiger Enthaltung auf sein getahnen Entschuldigung, wider ledig gelassen. Die übrigen, als Under-Vogt Heysi von Schöftland, Ulrich Suter von Surr, Vogt-Hans von Nieder-Lenz, und ein anderer von Surr, genannt Baur-Heinrich, wurden kaümerlich mit einer grossen summ Gelts ranzioniert. Nahm also ihr vorhaben ein kläglichen Ausgang, nachdem Sie eine langwierige Gefangenschaft ausgestanden hatten. Den 19. May schickten die von Surr durch ihren Weibel ein Schreiben an Mhh., darinn sie ersucht wurden, Ihnen die Vergönstigung zu thun, dass sich die zu Surr befindende Geschworne mit Ihnen underreden und besprechen können, welches Ihnen dann vergönstiget worden. Als sie aber auf angeregten Tag nicht kommen, wurden 4 von Mhh. dahin geschickt, zu vernemmen, aus was Ursach Sie ihrem Versprechen nicht stattgetahn. Denen ward zur Antwort gegeben, weil die Under-Vögt nicht volkommen beysamen gewesen; seyen aber noch des Vorhabens, Mhh. durch ein Schreiben ihr Begehren zu eröfnen, Nachdem nun bedeudte 4 Herren relatiert, was Ihnen zu Surr für Antwort gegeben worden, nemlich: Dass es ihres Erachtens einzig um Den Kosten, welchen Die vor Aarau gezogenen Völker erlitten, zu tuhn seyn werde, sahen es Mhh. abermahl für gut an, ein Versuch zu tuhn, ob etwan eine Bottschaft an Ughh. durchkommen möchte, Damit Sie unsers Zustands, sonderlich der trotzigen Aufforderung unserer Statt von den Aarburgern berichtet würden.

Weil aber schwerlich jemand zu finden war, der sich in solche Gefahr wagen dörfte, kam endlich H. Samuel Knuchel, damahliger Helfer alhier, sonst ein Burger der Statt Bärn und botte sich an, Er getraute mit Gottes Hülf Durch zukommen und dasjenige, so Ihme anbefohlen würde, Ughh. fürzubringen, in allen Treüen zu verrichten.

Nahm also Freytags den 20. May seine Reis in Gottes Nahmen für die Hand und zog nach Bärn; wurde underwegs zum öftern ausgezogen und ersucht. Sein Bescheid ware, so Er seines vorhabends befragt wurde: Er wolle seinen alten kranken Vater nochmahl heimsuchen. Als er nach Bärn kommen, hatte er Ughh. Wahn mit Bedauren vernemmen müessen, als wann eine Statt Aarau sich an Die Bauren ergeben hätte und nunmehr in derselben Gewalt seye. Denn ein solches Gerücht war schon albereit Dahin kommen; welches Er aber alsbald widersprochen und Hingegen Ughh. zu sonderem Wohlgefallen Die beständige Resolution einer Statt Aarau, für J. Gn. Wohlstand bis auf den letsten Bluts-Tropfen zu streiten, angezeigt; welches sie mit sonderen Freüden aufgenommen und Dargegen versprochen, selbige in ihrer Noht nicht zu verlassen, sondern mit ohnverzüglicher Hilf sie zu entschütten.

Fertigten H. Helfer mit Diesem Bescheid wieder ab; welcher in seinem zurückreisen ebenmässig zum öftern ausgezogen, und zu Schönenwerdt gar aufgefangen und bey 24 Stunden in einem Gemach zu der Cronen bey 2 verschmähten Dienern aufgehalten worden. Nachdem Er endlich los worden, kam Er mit sonderen Freüden einer Burgerschaft wi-

431

der in die Statt, relatierte vor Mhh. was Er zu Bärn ausgerichtet und was Ihnen von Ughh. für guten Bescheid worden seye, nemlich wie Sie mit ohnverzüglicher Hilf beydes von Zürich und von Bärn eine Statt Aarau zu entschütten gesinnet seyen; man solle sich nur jeder Zeit standhaft verhalten. Ab dieser fröhlichen Bottschaft sich dann mänigIich freüte, weil man ihn die 9 oder 10 Wochen kein einzig Wort von Ughh. hatte vernemmen können.

Obangedeüten 20. May kamen Die ausgeschossenen der Baursame abermahl und begehrten, dass Mhh. ein Ausschuss aus ihrem Mittel machen, und den bis auf halbem weg nach Surr schicken, Damit man sich besprechen und wo möglich vergleichen könne.

...

Traten also beyderseits Ausgeschossene zusammen, under denen war Under-Vogt Heüberger von Savenwyl. Der tahte im Nahmen der Ausgeschossenen seinen Vortrag und zeigte an, wie etliche Bauren näher mahlen den eingegangenen Pact nicht verstanden haben, sondern seyen der Meinung gewesen, als wenn Ihnen der Pass über die Bruck gänzlich wäre abgeschlagen worden. Desswegen Sie selbigen, in Dem Sie vor Die Statt Aarau gezogen, mit Gewalt einnemmen wollen, Sie seyen aber dismahl der Meinung, Sie wollen sich vernüegen, wann dasjenige gehalten werde, so Ihnen versprochen worden; Den Kosten dann, welchen Sie vermeint zu haben, wollen Sie für Dissmahl beyseits setzen, und gewissen Herren überlassen und den bisher aufgehaltenen Statt-Bach wider folgen lassen.

Obwohl Sie es um etwas näher gaben, als vor etwas Tagen, so kam Ihnen doch gleich ein anders in Sinn, ehe Sie den Bach wolten laufen lassen: schickten ihren Redmann Heüberger wider vor Mhh. und liessen durch Ihne schriftlichen Schein fordern, was Ihnen dess Passes halben versprochen worden wäre, solchen im Fall der Noht aufzulegen; wurde aber seines Begehrens gänzlich abgewiesen.

Nachdem die Baursame vernommen, dass wir Ughh. ihrer Handlung und ungüetigen Improcedur berichtet hätten, hielten Sie wieder auf ein neues um ein Fürbitt-Schreiben an Ughh. an, damit Dieselben berichtet würden, Dass Sie von der Statt abgezogen und uns den Bach wieder laufen lassen. Welches auch geschehen wäre, wann nicht der Brief-Träger, welcher ein Burger der Statt Aarau war, zu Schönenwerdt wäre aufgefangen, über Nacht behalten, morgens nach Surr geführt und Ihme sein Schreiben genommen und geöfnet worden; welcher nicht leichtlich ledig gelassen worden wäre, wann Sie nicht den Anzug der Züricherischen Völkeren, welche schon albereit zu Mellingen ankommen waren, vermerkt hätten.

Nachdem nun die Baursame, auf mehrmaliges Citieren und Einladen loblicher 13 Orten Ehren-Gesandten, auf sicher Geleits-Versprechung von und zum Rechten gen Baden, niemahls erscheinen wollen, sondern alle güet- und rechtliche Handlungen aus und in Wind geschlagen, haben Sie anderst den Sachen nicht helfen können, als die Waafen zu ergreifen, um Die Frommen und Aufrichtigen, auch die sich noch zur Gehorsame erklären möchten zu schützen, die Bösen und Meineidigen aber zu strafen.

Schickten desswegen die Hh. von Zürich ihre geworbenen Völker, deren sie bey 8 oder 9000 Mann beysammen hatten, under Commando General Werdmüllers nach Lenzburg; kamen den 21. May[123] mit vollem Marsch zu Mellingen an, und waren gesinnet bis nach Lenzburg zu ziehen, wann Sie nicht von den zusammenrochlenden Bauern um etwas wären verhindert worden. Denn es zogen dieselben von allen Orten der 4 rebellischen Landschaften mit solchem Schwall zusammen, dass man Sie für viel stärker hielt, als die Züricher selbst. Doch waren sie mit allerley Kriegsmunition dergestalt verfasst, dass Sie den Bauern leichtlich obgelägen wären, wann es an ein Ernst gegangen.

Sonderlich hielten diese vor jenerem groben Geschütz kein Stand, sondern begaben sich in ihren Vorteil, welchen Sie mittelst eines Berges hatten und von selbigem auf die Züricher Feuer gaben, bis Sie nach wenig scharmüzieren und 2 oder 3 Tag gehaltenem Feldlager anfiengen zu tractieren und im Frieden zu handeln[124]; denn Sie hatten keine Defensions-Mittel, ausser 2 Stüklin und etliche Doppelhäken, welche Sie Jkr. von Hallwyl und Jkr. May von Rud mit Gewalt weggenommen hatten. Jkr. May, Commandant zu Lenzburg, gabe mit etlich wenigen Schützen zu verstehen, was er hätte thun können, wann es an ein Ernst gegangen wäre. Es kame ihr Obmann Leüenberger mit etlichen Emmenthalern in Person gen Mellingen ins Lager; wolte sich aber nicht sehen lassen, sondern als Er sah, was da zu gewinnen wäre, machte er sich wieder aus dem Staub und zoge nach Haus[125]; dem die übrigen Bauern auch gefolget sind, weil Sie aus Mangel Proviants und anderer Munition nicht mehr halten mögen, wie solches ihre Schreiben, so Sie aus dem Lager an die Ihrigen geschrieben, genugsam bezeugen, welche folgenden Inhalts waren.

Das erste Schreiben.

Unseren Gruss zuvor, liebe Nachbauern: Wir haben starken Feind und ist vonnöthen, dass man uns Lunden, Bley und Pulver zuschicke, wie auch Gelt, von einer Gemein zur anderen und das in eil.

Das andere Schreiben.

Mein Gruss und Fürbitt; Ihr wollet uns Feuer-Seil, Bley, Pulver und Gelt schicken, wann es möglich ist. Wir haben starken Feind und gestern den ganzen Tag müssen scharmüzieren.

Wir sind etliche mahl angriffen worden, aber es ist Gott Lob noch wohl abgangen; Sie haben müessen zurückweichen, aber ich weis nicht, wie es gehen wird. Gott woll uns Glück geben und Euch auch! Die Fahrwanger Bauren manglen Geld und haben doch kein grossen Mangel weder an Feuerseil, Pulver und Bley.

In Eyl, von mir
Jacob Meyer.

Obwohl man kein Zweifel getragen, es seyen durch diese Scharmüzel auch einige Personen auf dem Platz geblieben, seiteinmahl (sic!) so heftig auf einander geschossen worden, so hat man doch von keiner Parthey was gründliches vernemmen können. Es wurden allerley Mittel angewendet; denn die Lucerner-Bauren begehrten under anderen auch durch ein Schreiben von der Frau Oberstin von Castelen etwan 4 Feld-Stüklin zu kaufen; versprachen Ihr darum zu geben, was Sie fordern dörfte; weil Sie aber selbige albereit nach Lenzburg geflökt hatte, so mussten sie abermahl ohne geschafner Sachen abziehen und brachten endlich anders nichts davon, als lauter Spott und Schand.

Mittlerweil schikten Ughh. ihre zusammengeführten Völker under General Siegmund von Erlach auch hinab in das Aargäu[126], der Meinung, dass Sie, wann sich die Bauren nicht ergeben wolten, zu den Züricheren stossen sollten. Kamen bis gen Langenthal, alwo sie ihr Lager schlugen und trafen eben gerad zu Herzogen-Buchsee Obmann Leüenberger mit seiner

Rott an, mit denen sie ein starken Scharmüzel halten müessen[127] und wenn nicht grosse Fürsichtigkeit wäre gebraucht worden, hätte es übel gehen können. Denn die Bauren einen sonderbaren heimlichen Anschlag angestellt hatten, von welchem sie aber anders nichts gebracht, als dass sie selber aus Unfürsichtigkeit auf die 20 Häuser, aus welchen sie geschossen, abgebrennt und endlich durch eine schandliche Flucht sich salviert haben. Es wurden in diesem Scharmüzel etliche der Bauern erlegt[128]; da hingegen von den anderen einige wenige verwundt und nur ein Lieutenant von Petterlingen zu Tod geschossen worden. Und damit die Soldaten desto lustiger gemacht würden, so gab man ihnen der Rebellen beste Häuser preis, selbige nach ihrem Gefallen zu plündern.

Den 1. Juli schickten die 3 Gemeinen Ärlisbach, Küttigen und Biberstein ihre Ausgeschossenen alher vor Mhh. Räht und Burger. Die baten ganz dringenlich um Verzeihung ihres Fehlers, welchen sie mittelst dess Aufzuges vor unsere Statt geschossen, vermeldten ihre Ursachen und gaben für: wie ihnen die Soloturner Bauren so heftig gedroht hätten, nicht alein ihre Früchte auf dem Felde zu verderben, sondern auch ihre Häuser anzustecken; so hätten sie vor den Grafschafts-Bauren auch keine Ruh, weil Sie ihnen jederzeit drohten, wann sie lind wären, wolten Sie sie wohl kommen gen Härtnen, so dass sie aus Forcht, Sie möchten ihre Drohung ins Werk sezen, mit den Soloturneren vor unsere Statt gezogen seyen, mit welchen sie sich aber höchlich vertrabt haben, versprechen ins Künftige gute Nachbarschaft zu pflanzen. Wurden aber aus Betrachtung dess eint und anderen, sonderlich weil sie eine hohe Oberkeit zuvorderst erzürnt hatten, ohne Bescheid heim gewiesen. Ohne ist es nicht, dass die Soloturner Bauren, deren bey 400 uns jenseit der Aaren belageret hatten, den unserigen an Trotten, Scheüren und Reben grossen Schaden zugestattet haben und nicht viel gefehlt hätten, dass sie unsere Bruck auch angezündt, welches käumerlich (sic!) von den Verständigeren hat mögen erwehrt werden. Dess alles ohnangesehen hat man Ihnen wieder guts getahn und sie keineswegs entgelten lassen.

Es brachen die Zürcherischen Völker von Mellingen auf und zogen mit ihrer ganzen Artillerie auf Surr zu, allwo und anderen umliegenden Dörferen sie sich in die 3 Wochen aufgehalten. Schlugen ihr Lager auf der Matten, wo wenige Tage zuvor Die Bauren Den lange Jahre zu Aarau geübten Auffahrts-Markt gehalten, von welchem sie fürgaben, selbiger müesste künftige Zeit allda gehalten werden. Es war Ihnen genugsam zu verstehen geben worden, was das Kriegen seye, obwohl kein rechter Feind Ihnen über den Hals komme. Man füehrte nur aus unser Statt auf die 90,000 Commis-Brodt für die Armee, ohne was von anderen Orten als Bruck, Königsfelden und Lenzburg ist geliefert worden. Es sollten die Armeen nicht weichen bis die Bauren gedämmt und die Rädlinsfüehrer, welche nicht landtrünnig waren, geliefert wären. Es wurde zum ersten das Stand-Recht über 6 derselben zu Aarwangen gehalten under welchen waren:

Gross-Hanns Christen von Signau, Salz-Peter von Langenthal, item einer, so man den Salz-Fuhrmann nennte, und Samuel Sägisser, Schul-Meister zu Aarwangen,[129] mit dem sich eine Denkwürdige Geschicht zugetragen. Denn nachdem Derselbe geköpft und sein Leb vergraben worden, kame sein Hund und grube nach ihm, bis er seine rechte Hand hervorgebracht, ab welcher er 2 Finger gebissen, so dass der Leib zum anderen mahl wieder musste begraben werden.

...

Folgends den 21. Juli wurden zu Zofingen wieder folgende Rädlins-füehrer hingerichtet, als mit Nahmen: Jacob Stürmlin, ein Mezger aus dem Willisauer Amt, Hans Diener, von Ebikon[130] und Adam Zeltner,[131] Der Under-Vogt von Nieder-Buchseten, auf Den, wie man fürgeben, auf die 20,000 Gl. Ranzion solle geboten worden seyn; weil Er aber auf eine Zeit in dem Clauser-Krieg 2 redliche Soldaten soll umgebracht haben, musste Er sterben; blieb also die Raach nicht aussen. Es wurde auch Jollj Simmer[132] aus dem Reichentahl die Zunge geschlizt und einem Burger von Aarburg, so sich für ein Leütenant hatte brauchen lassen und eben der ware, welcher unsere Statt so rauer und ungestümer weis aufgefordert hatte, wurde ein Ohr abgeschnitten, mit Ruhten ausgeschmissen und den Eid, von Ughh. Land und Gebieten für ewig weg gegeben. Wenig Tage hernach ware Christian Scheibi von Eschlismatt, welcher sonst ein wohlversuchter Soldat war und sich auch für ein Offizier hatte auswerfen lassen, zu Sursee mit dem Schwert gerichtet.[133]

Item, als die Völker wieder nach Haus gezogen, liesse die Generalität zu Mellingen einen aus den Freyen Ämtern nahmens Niclaus Rast von Hofteren mit dem Schwert richten; einem anderen, Der sich Commandant zu Mellingen namsete, liesse sie ein Ohr abhauen; item einem Hutmacher von Vilmergen die Zunge schlizen und mit Ruhten aushauen. Und weil die Völker sich zu Sur aufgehalten, wurde einer den man Jöchlin-Macher[134] nannte, etlicher Übeltahten wegen mit dem Strang hingerichtet. Der justificierten Häubter wurden gemeinlich auf die Hochgericht gesteckt, dass mäniglich ein Exempel darbey nemmen könnte. Also zogen diese 2 Armeen wieder nach Haus, nachdem sie die Bauren zum Gehorsam und neuer Huldigung gebracht hatten. Aber Ughh. Volker trafen in dem Heimreisen nicht geringen Wiederstand an von den Bucheckberger Bauren, allwo Ughh. die Oberherrlichkeit haben, und deswegen die fürnehmsten Rebellen und Rädlinsfüehrer haben wolten, zu denen sich etliche Solothurner geschlagen und sich erbotten, bey ihnen zu sterben und zu genesen und sie keineswegs zu verlassen. So dass es das Ansehen hatte, als würden sie dort einander in die Haare wachsen, welches aber Herrn General dissuadiert worden, fürgäbende, man müesse zu anderen Mitlen greifen, damit solche Unruh vollends gestillet würde.

Unterdessen wurde Obmann Leüenberger auch gefänglich angenommen und von Herrn Samuel Lerber, alt-Landvogt von Trachselwald, mit etlichen Reisigen zu Schönholz in seinem Haus erhascht[135], dem Er erstlich seinen Bart abschären, anderst bekleiden und also zu Pferd nach Bärn führen lassen, alwo Er in die 16 wo-

Bildlegende nächste Doppelseite:
Die Gemahlin und die Kinder des Solothurner Bauernführers Adam Zeltner bitten das eidgenössische Kriegsgericht in Zofingen umsonst um das Leben des Familienvaters. Die harte militärische Strafjustiz der Sieger im Sommer 1653 wurde auch aus Regierungskreisen kritisiert, was ohne Zweifel eine gewisse dämpfende Wirkung hatte. Abbildung nach einer Zeichnung von Martin Disteli aus dem Buch «Der schweizerische Bauernkrieg 1653 und die seitherige Entwicklung des Bauernstandes» von Hermann Wahlen und Ernst Jaggi, Bern: Buchverlag Verbandsdruckerei AG, 1953.

Wertmüller

Erlach

Stoeffer

v. Staal Vigier

chen gefänglich enthalten und endlich den 27. Augst[136] mit Michael Spring, dem Meyer von Schüpfen justificiert worden. Ihme Leüenberger wurde des ersten sein Haubt abgeschlagen, neben dem Bundes-Brief, welcher mit etlichen Siglen besiglet, auf das Hoch-Gericht genaglet; hernach aber sein Körper geviertelt und also zu allen 4 Orten der Statt ein Teil aufgehenkt. So nahme seine Herrlichkeit ein End. Er hatte jedoch vor seinem End Reü seiner begangenen Sünden erzeigt und gebätten, mäniglich solle ein Exempel an ihm nemmen; denn erstehe da zu einem Exempel dess Hochmuhts und Ungehorsams. Ihme waren vorgangen der Ammann von Oberburg[137], ein alter, eisgrauer Mann, der Wirth von Rahnflüeh[138], der Schmid von Signau nahmens Daniel Küpfer[139] und andere. Letsterer ward auch geviertelt und je ein Vierteil an 4 unterschiedlichen Orten teils im Emmenthal, teils anderswo aufgehängt, damit aller Orten Exempel ihres Verbrechens statuirt würden. Es mochte auch dem Schreiber, Conrad Brenner, so sich Bunds-Schreiber nennte, nichts helfen, dass Er sich, nachdem ihre Hoffart ein Loch gewonnen, aus dem Staub gemacht, sondern Er wurde, da Er sich's am mindesten versah, gefänglich angenommen, gen Bärn geführet und endlich mit Ulrich Gallj aus dem Eggiwyl, dem fürnemsten Stands-Raht Obmann Leüenbergers, justificiert[140], welcher auch vor seinem End soll bekennt haben, was sie für wunderliche Anschläg und Practiken im Sinn gehabt, wenn es nach ihrem Vorhaben gegangen wäre[141]. Nicht alein aber in Ughh. Gebiet, sondern auch in den Herrschaften Basel und Lucern, wurde ein ziemlicher Teil der Rädlins-Füehrer, welche nicht landscheu worden, am Leben gestraft. Wie und was gestalt sich angerete 4, von ihrer Oberkeit abgetrettene Ort miteinander verbunden und conjuriert, kann aus folgenden Bunds-Brief, welchen ich zu einem sonderbaren Spectakel auch hieher sezen wollen, ersehen werden.[142]

Andere Puncten welche sie über vorgedachte fürgeschlagen:

Ihr geschworner Bund soll ewig gehalten und von der Oberkeit gut geheissen werden, so sie zu Sumiswald geschworen.

Alle 10 Jahr soll eine Lands-Gemein gehalten werden, darvor die inzwischen gewesene Land-Vögte sollen gestelt und so selbige unverantwortliche Sachen verübt, gestraft werden.

Boden-Zinsen, Zehnden und Gelt-Schulden, so auch andere Schuldigkeiten, sollen bis Austrag des Handels ohnausgerichtet bleiben.

Nach Austrag des Handels sollen selbige ums halbe verringeret werden.

Weder zu Baden, noch in einiger anderen Statt, sollen sie sich zu tractieren nicht einlassen, sondern wann einer Oberkeit etwas angelägen, sollen Sie mit ihnen im freyen Feld tractieren.

Was nun die treülosen Bauren während diesem Zappel und Aufstand für Hoffart und Hochmuht gegen ihre Oberkeit erwiesen und verüebt, kann aus folgenden Schreiben und Extracten, so sie verschiedenlich an selbige abgehen lassen, ersehen werden.

Extract dess ersten Schreibens.

Wir bitten E. Gnaden, Sie wollen mit demüehtigen Reden uns begegnen und nicht mit Räuhe, damit die Land-Leüt nicht etwa in Zorn gerahten möchten. Die Action aber soll under heiterem Himmel geschehen. Dessen haben wir E.: Gnaden in Eil kürzlich berichten wollen.

Datum in unser Versammlung, Huttwyl den 5. May 1653.

Niclaus Leüenberger, Obmann des gemeinen Bunds.

Extract dess anderen Schreibens.

Wollen derowegen E. Gn. gebätten und ermahnt haben, uns ohne fehl heutiges Tages Selbst oder aber schriftlich Bescheid zu schicken, was Sie gegen uns gesinnet; wo nicht, würden wir verursachet werden, andere Mittel für die Hand zu nemmen. Gott mit uns allen!

In eil. Langentahl den 6. May.

Die gemeinen Ausgeschossenen unseres Bunds,

Nicolaus Leüenberg.

Extract des dritten Schreibens.

Ihr Ganden wollen ermahnt seyn, auf unsere volkommenen Klägden bis morgen satsam uns redlichen Bescheid zu schicken: Geschiehet solches, mit Heil, wo nicht, wird ein grosser Aufruhr und Tumult under dem gemeinen Volk daraus erwachsen; denn solche gar ergrimmet, obschon die Ausgeschossenen gern ihr bestes getahn. Wann uns nun in unserem Begehren willfahret wird, mit Heil, wo nicht, wird ein grosses Übel daraus erwachsen und Euch an anderen Mitlen nichts mehr in die Statt abfolgen. Gott mit uns! In Eil.

Langentahl den 7 May 1653.

Niclaus Leüenberg, Obmann dess gemeinen Bunds.

Und da es das Ansehen hatte, als wann unser geliebtes Vaterland wieder in guten und erwünschten Ruhstand gesetzt wäre, haben die Entlibucher, als welche dieser Rebellion den ersten Antritt gemacht, sich noch so weit wider ihre natürliche Oberkeit vergessen, dass sie auf die Hh. Ehren-Gesandten der Statt Luzern, die ihre Untertahnen wider in neüe Huldigung auf zu nemmen in das Entlibuch abgesandt waren, mit Büchsen dergestalt Feuer gegäben und Sie empfangen, dass ein fürnemer Rahts-Herr von Lucern angehends auf dem Plaz geblieben[143], H. Schultheiss (Dulliker) aber, ein Schuss worden, der von selbigem wieder genesen und curiert worden, so dass angedeüte ungehorsame Entlibucher durch etliche Reisige, welche die Herren von Lucern dahin geschickt, wieder mussten zum Gehorsam, (gebracht werden) fürnehmlich aber einen, der sich in diesem fürgegangenen Zappel den Tellen namsen lassen, in einem Dorf dess Entlibuchs ab einem Dach, dahin sie sich salviert und kein Quartier annemmen wollen, herunder geschossen,[144] mit sich nach Lucern geführt und ihnen also ihren verdienten Lohn gegäben haben.

Nachdem nun die fürnemsten Rädlinsfüehrer gestraft waren, nahmen Ughh. wieder die Gelindigkeit zur Hand und züchtigten andere, so nicht im höchsten Grad sich wider sie versündiget, an zeitlichem Gut, so dass eine Statt Lenzburg einzig für ihren Anteil 200 Dublonen erlegen müssen. Nahm also dieser Aufruhr, gleich wie alle anderen, ein erbärmliches End und wäre wohl zu wünschen, dass die einfältige Bauersame sich zu ewigen Zeiten an dem Ausgang dieser Rebellion spiegelte und selbigen ihnen zu einer Wahrnung dienen liesse; so würde, ob Gott will, sich Keiner mehr zu solchen ungöttlichen und in Heiliger Schrift so hoch verbottenen Aufstand und meineidigen Ungehorsam gegen seine natürliche Oberkeit leichtlich einwätten und brauchen lassen.

Der gnädige Gott im Himmel wolle uns und unser geliebtes Vaterland vor fernerem Unheil, Unruh und Empörung gnädigst bewahren! Amen!

195. Patent für Beat Ludwig von Mülinen

11. August 1654 alten Stils.

Inhalt: Schultheiss, Rät und Burger der Stadt Bern haben sich entschlossen, zum Wohle der lieben und getreuen Amtsangehörigen den bisher beim Eintritt eines Amtmanns in sein Amt getriebenen Aufwand an Mahlzeiten, Begleitung und anderem Gepränge abzuschaffen. Nach dieser Ordnung wird Beat Ludwig von Mülinen, der neu ernannte Amtmann nach Landshut, mit Frau und Kindern dorthin reisen und in sein Amt treten. Mülinen hat dieses Amt zur Ehre Gottes, zum Vorteil seiner Amtsangehörigen, zu seiner eigenen Ehre und getreu seinem Eid zu versehen. Er hat den Untertanen in guter Weise Gericht zu halten, der Obrigkeit Rechenschaft abzulegen, von den Untertanen anerkannt und im Besitz der zum Amt gehörigen Einkünfte respektiert zu werden. Über den vom Vorgänger übernommenen Hausrat und Kriegsbedarf ist vom Übergebenden wie vom Übernehmenden der Kanzlei beziehungsweise dem Zeugherrn in Bern Rechenschaft abzulegen. Beim Eintritt ins Amt soll der neue Amtmann nach Verlesen des Patents seinen Amtsangehörigen in die Hand seines Vorgängers schwören, die bestehenden Freiheiten, guten Bräuche und Gewohnheiten der Untertanen zu schützen und zu schirmen.

Quelle: Dieses Dokument aus dem Familienarchiv von Mülinen ist uns von Herrn Oberst im Generalstab und Gemeinderat Frédéric de Mulinen in St-Légier (Kanton Waadt) freundlich zur Verfügung gestellt worden.

Wir Schultheiss, Rät und Burger der Stadt Bern tun kund hiermit: Demnach Wir aus erheblichen Uns dazu bewegenden Ursachen gut und notwendig, auch unseren Amtleuten und unseren lieben, getreuen angehörigen Untertanen erspriesslich befunden, die bisher in Aufbegleitung unserer äusseren Amtleute angewandten Verköstigungen und gewohnten Auftritte gänzlich abzustellen und zu verordnen, dass für diss hin, und inskünftig unsere erwählten abordnenden Amtleute einfältig und ohne einige Begleitung aus der Stadt und von anderen unseren Amtleuten auch ohne Entgegenziehung Mahlzeit und Bankettanstellung, und anderes Gepränge, mit ihren Weib und Kindern, die Besitzung des ihnen anvertrauten Amts, nach Erstattung der gewohnten Eidspflicht nehmen und eintreten sollen: dass Wir hierauf Unseren lieben, getreuen Burger, den wohledlen, festen, Beat Ludwig von Mühlenen neu erwählten Amtmann gen Landshut mit diesem offenen Patent abgefertigt, den Possess ermeldeten seines ihm anvertrauten Ehrenamts einzunehmen, dasselbige nach bestem seinem Verstand, zur Beförderung der heiligen Ehre Gottes, seiner ihm untergebenen Amtangehörigen in allweg zu Gutem, und ihm selbst zu Lob, Ehre und Frommen, nach Inhalt seiner getanen Eidspflicht getreulich zu verwalten, wie Wir Uns auch dessen versehen, und ihm hiermit den Gwalt, Macht und Ansehen erteilt und übergeben haben wollen, selbigen Orts unsere obrigkeitliche Stelle und Amt zu vertreten, unseren lieben Untertanen und Angehörigen mit Rat, Schutz und Schirm, sonderlich aber mit Halten und Verführung guten geist- und weltlichen Gerichts und Rechts, getreulich, wohl und ehrlich vorzustehen, die Armen, auch Witwen und Waisen zu schirmen, und darin, wie sonst insgemein in ganzer seiner Verwaltung sich also verhalten, wie es einem Gott, Ehre und Gerechtigkeit liebenden Amtmann, von solchen tragenden Amts wegen, geziemt und wohl ansteht, inmassen er um solches alles, und was ihm zu unseren Handen zu beziehen und zu verwalten vertraut, und dem Amt anhängig ist, Gott dem Allerhöchsten, und Uns seiner Obrigkeit gute Rechenschaft zu geben wisse, welcher dann hinwiederum auch von den Untertanen für einen solchen unseren gesetzten Amtmann gehalten und erkannt, und aller diesem Amt anhängenden Nutzung und Besoldung Genuss und teilhaft werden soll; an alle und jede unsere lieben und getreuen Untertanen selbigen Amts, es seien vorgesetzte Unteramtleute und gemeine Untertanen, wie die Namen haben mögen, niemand ausgeschlossen, diesem nach ernstmeinend und hochobrigkeitlich gesinnend, ihm als unserem Amtmann, in unserem Namen, und von unseretwegen allen gebührenden Respekt, Ehre und schuldige Gehorsame zu erzeigen, und zu beweisen, wie Wir uns dessen zu menniglichen und einem jeden besonders versehen haben wollen, (auch soll hiermit angesehen und zu steifer Observation auferlegt sein dass unsere Amtleute, um den in unseren vertrauten Häusern vorhandenen Hausrat, Munition, Armatur und Gewahrsame Bescheid und Rechnung geben, bei jederweiligen Änderung des Amtmanns an jedem Ort der abziehende, solches dem neuen übergeben, der selbiges zu seiner Abrechnung ins Ausgeben, dieser aber in seiner ersten Rechnung ins Einnehmen specificirlich bringen, und solcher übergebenen Sachen ein Verzeichnis, was den Hausrat betrifft, in unsere Kanzlei, und soviel die Armatur und Munition berührt, unserem jehwesenden Zeugherrn übergeben, und der befindende Mangel demjenigen Amtmann von welchem er herkommt, zu Geld reduziert, zu seiner Restanz geschlagen werden solle.) Es ist hierbei auch Unser Verstand, Wille, Meinung und Befehl, dass nach bisherigem gewohntem Brauch, ermeldete Unsere lieben und getreuen Angehörigen ihm Unserem Amtmann bei diesem seinem Eintritt den gewohnten Eid schwören, hingegen er auch nach bisherigem gewohntem Brauch den Unsrigen seinen künftigen Amtangehörigen, die gebührenden Eidsgelübde nach Verlesung dieses Patents, in die Hand des alten Amtmanns schören und sprechen soll, sie die Unseren seine Amtangehörigen bei ihren habenden Freiheiten, guten Bräuchen und Gewohnheiten zu schützen, zu schirmen und zu handhaben, und dem Inhalt dieses Patents sich gemäss zu verhalten, massen ein solches zu tun und zu erstatten, Wir ihm hiermit vor geöffnet und hochobrigkeitlich auferlegt und anbefohlen haben wollen – alle Gefehrd vermitten – in Kraft dieses Briefs haben, und mit unserer Stadt Secret Insiegel verwahrt den 11. August 1654. L.S.

196. Gabriel von Weiss' Erinnerungen

1653 und 1654.

Inhalt: Der 1613 geborene Gabriel von Weiss, Veteran aus schwedischen und venetianischen Diensten, zu Beginn des Jahres 1653 bernischer Kriegsrat und – zusammen mit Andres Herrmann und Hieronymus von Graffenried – Stadthauptmann, fasst seine Sicht des Bauernkrieges zusammen.

Quelle: L. von Ougspurger, Gabriel von Weiss, Selbstbiographie eines bernischen Staatsmannes aus dem 17. Jahrhundert, In: Berner Taschenbuch auf die Jahre 1875 & 76, Bern: B. J. Haller, 1876, Seiten 1 bis 82, Seiten 13 und 14.

1653. Im Jahr darnach hat die gottsvergessene Bauren-Rebellion angefangen, da dann zur Verwahrung der Statt wir drei obgenannte Hauptleuthe jeder eine Compagnie von 200 Mann werben müssen und ward ich dabei zum Statt-Majoren geordnet und auch zu vielen anderen diessörtigen Geschäften und Anstalten gebraucht, hin und her gesandt, da ich zimlich wohl verstand mit Bauren umzugehen: darzu gehört eine männliche Gestalt, eine starke Stimme, ein ruhiges, entschlossenes Wesen und treue Worthaltung, auch innere Liebe zu ihrem Wohlsein. An guten oder schlechten Gründen ist viel minder gelegen, denn sie unterscheiden dieselben nicht, genug dass diese frech angebracht werden und mit ihrem Eigennutz übereinstimmen. Übrigens im Vergleich vieler anderen Völker, die ich auf meinen Reisen kennen gelehrnt, ist unsers Volk ein gutes biederes Volk, wenn man dasselbe behörig zu führen weiss; auch in obigem Vergleich kennen sie nicht genug ihres Bauren-Glück, und ich sagte ihnen oft im Lachen und beym Wein (denn in der Schenke richtet man meistens mehr aus als in der Audienzstuben), ich sagte ihnen, Meine Gn. Herren sollten sie alle auf weite Wanderschaft schicken, auf dass sie auch besser wissen, wie es in dieser armen Welt zugeht. Ich sage noch einmal, es ist ein gutes, biederes, wackeres Volk; Fluch auf die, die dasselbe betriegen, verführen oder auf irgend eine andere Art unglücklich machen. Auch von der eigennützigen Seiten betrachtet, wird es allzeit die klügste Politik seyn, dass keine von unseren Nachbahren frömmer, redlicher und gütiger beherrscht werden. Um aber wieder zur Sache zu kommen, habe ich Zeit meines Lebens nicht grössere Mühe und Arbeit gehabt, da war weder Tag noch Nacht keine Ruhe –

1654. Für diese Mühewaltung hoffete ich zu einer Ergetzlichkeit das erledigte Amt Chillon zu erlangen, es hat aber Herr Hans Rudolf von Graffenried von Gümlingen mir solches um 6 Stimmen abgezogen; …

197. Aus dem Eherodel von Langnau

Inhalt: Zeitgenössische Schilderung des Bauernkrieges durch den Langnauer Pfarrer Anthoni Kraft. Die Aversion gegen die Schuldbetreibungsbeamten und die Methoden der Herrschaftsausübung durch ganz spezielle nachhaltige Überzeugungsarbeit und Propaganda wird besonders deutlich.

Quelle: Neues Berner Taschenbuch auf das Jahr 1903, herausgegeben von Heinrich Türler, Bern: K. J. Wyss, 1902, Seiten 234 bis 238. Staatsarchivar Türler schickt darin dem Text folgende Würdigung des Autors voraus: «*Über den Verfasser, der 1656 Pfarrer in Lützelflüh wurde und 1668 starb, teilen wir noch folgende Notiz mit aus der Rechnung des Landvogtes Samuel Tribolet von 1653–54, die aber erst 1660 abgelegt und passiert wurde: Hrn. Anthoni Kraft, jetz Predicanten zu Lützelflüe, umb dass er Hans Burcki, den Ertz Rebellen, wie ihn Ihr G(naden) in underschidenlichen missiven titulierend, zur verhaftung ins Schloss mit guten Worten gelocket, vermog oberkeitlicher provision vom Nov. 1659 40 Kronen, thund an d 133 £ 6 s 8 d.*»

1653. Ist ein Rebellion entstanden. Donnstag den 3. Martii ist die erste Landtsgmein allhie gsyn, und sind H. Schultheiss Dachselhofer, Herr Venner Frisching, Junker Carolus von Bonnstet-

Gabriel von Weiss verkörpert den Lernprozess des bernischen Patriziats im und nach dem Bauernkrieg von 1653. Die Summe seiner Erfahrungen brachte ihn im Rückblick dazu, den Bauernstand hoch zu schätzen und seinen Standesgenossen nur schon aus Gründen ihres eigenen gesellschaftlichen Interesses zu empfehlen, auf bäuerliche Anliegen Rücksicht zu nehmen. Abbildung aus dem «Berner Taschenbuch auf die Jahre 1875 & 76», Bern: B. J. Haller, 1876.

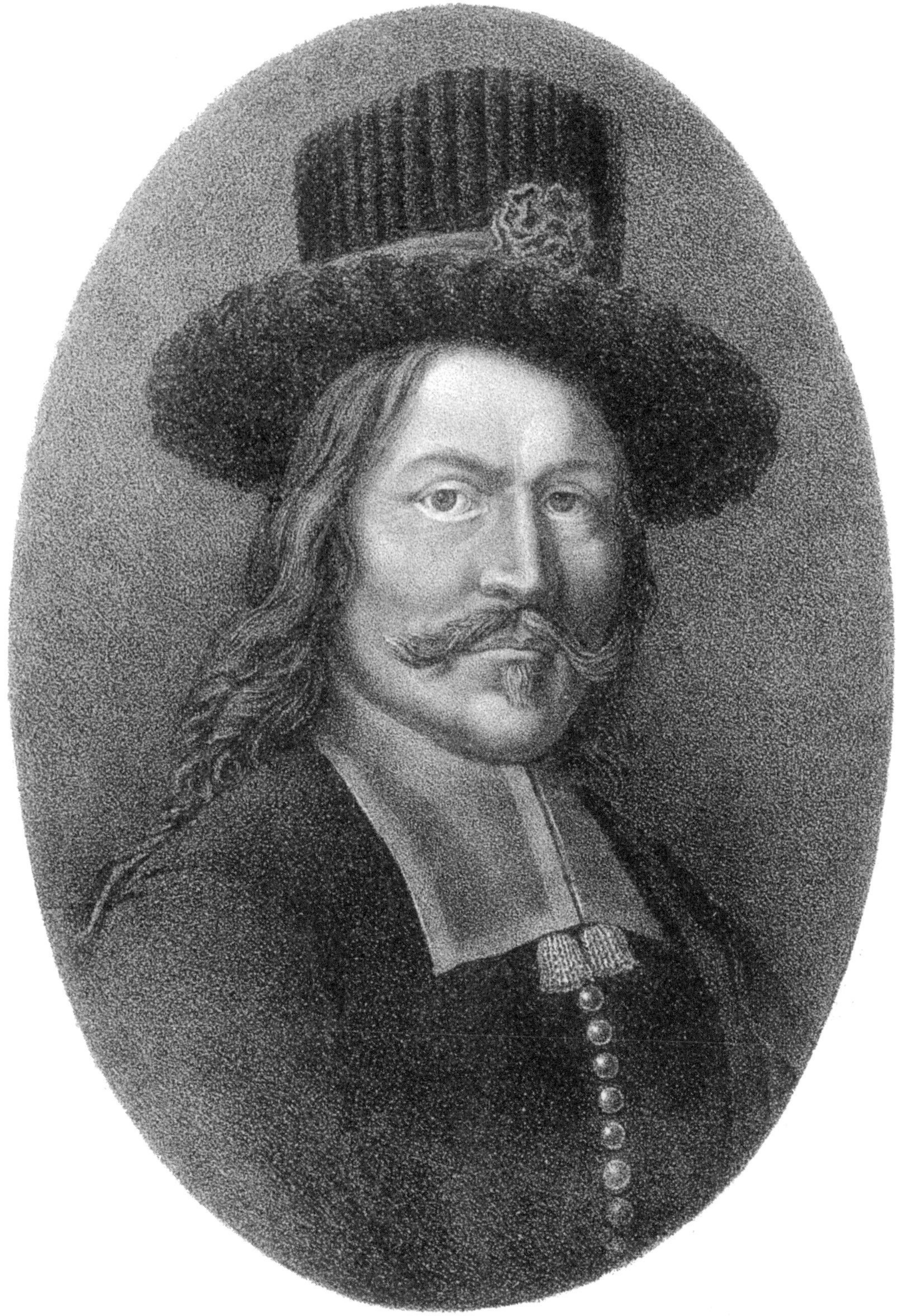

ten, H. Daniel Moroloth samt anderen Herren von einer hochen Oberkeit, die Bauren zur Gehorsame zu vermahnen, abgesandt worden; haben aber nüt ausgerichtet, sondern mit Verachtung widerumb heimreisen müssen; dann die Bauern ganz rasend gewesen, also dass sie in Beyseyn bemeldter Herren die Botten gezäumet, denen sie mit Gwalt ein Wyd ins Maul gelegt, und sie also gwalttetiger Wys gezwungen, von ihrem Gwärb fürthin abzustahn. – Desgleichen habend sy auch alle diejenigen mit einer Wyden, oder mit Beträuwung die Ohren abzuhauen oder ze schlitzen, gezwungen, sich uff ihrer Seiten wider die Oberkeit ze halten, und es in ihrem bösen Vorhaben mit ihnen ze haben. – Hernach habend zu Sumiswald vier Ort ([145]die im Wältschland und Oberland, auch Sybenthall, ussert denen zu Prientz, die auch rebellisch waren) nemlichen die Bauren im Bern-, Solothurner-, Basel- und Lucerner-Gebiet, einen unrechtmessigen Pundt wider die Oberkeit zu Bern gemachet, auch denselbigen mit einem fulen Eyd bestetiget, hernach einen Bundtsbrief, (der an Galgen gehencket worden,) ufrichten lassen; und was noch mehr etc. – Zinstag den 10. Mäy hat es hier zum anderen Mahl gestürmpt, nachdem zuvor um den Thuner-Meymärt sy den Anfang mit Stürmen (ihrer Rebellion halber) gethan und anstellen lassen; aber alles uss Faltschheit, wie namlichen die von Bern uff Münsingen zugezogen, und selbiges Dorf gentzlich in Brand söllend gestecket haben, welches aber wie gemeldt eine Erdichtung war: – dann sy hiemit zum Anfang sehen wollen, wie sich die Kilchhörinen allerorten, wann's für die Stadt müsse gezogen sein, ynstellen werdind. Sind uff den Abend allhie uffgebrochen.

Mittwochen den 11ten habend sy, die usgezogenen, so zu Signauw über Nacht geblyben, durch ihre Anordnung abermalen stürmen und alles was Stecken und Stab tragen mögen, ihnen uf Bern hin nachzeziechen, wie zugleich ihre Mithaften, die Endtlibucher, die sich zuvor wider ihre Oberkeit rebelliert und für ihre Stadt gezogen, darzu anmahnen lassen. Sind also auf letztgedachten Mittwuchen für die Stadt Bern kommen, und sich allda von dem Siechenhus uf Muri gegen der Aren gelägeret, und bey acht oder etwas mehr tagen daselbst herumb gelegen, untzit sie mit der Oberkeit in sölichen Vertrag gerathen, dass sy den Bauren endtlichen, um gwüsser Ursachen – fünfzigtausend Pfund zegeben versprochen; welches aber hernach ze Nüten gemacht, und ein hoche gnedige Oberkeit billicher Massen bewegt und verursachet worden, wider diesen Rebellen mit ihrer Macht und noch übrigen gehorsamen Unterthanen in dem Weltschen Landt, auch mit verpündeten in demsselbigen uszeziechen, und dem Verdienen nach ze strafen, die Gehorsamen von den Widerspenstigen zu underscheiden, auch frische Huldigung von ihnen aufzenemen. – In welchem Usszug, der dann allhar – in das Endtlibuch kommen, viel gefangen, weliche theils wieder ledig gemacht, theils dan mit dem Schwerdt und Strange, item durch Viertheilen, wie auch durch Schlagung ihrer Köpfen uf den Galgen (sonderlich Niclaus Löüwenbergers zu Schonholz der Kilchhöri Rüderswyl, ihres fulen Bundts Obmann Lyb geviertheilet, für die Stadt die vier Theil uffgehenckt, der Kopf aber uf den Galgen geschlagen) ganz wohl verdient, weylen sy die Stadt Bern genzlich, ja die Oberkeit uszerüten Vorhabens waren, sind abgestraft worden. Es sind auch disere Rebellen von Gemeinden zu Gemeinden mit Uferlegung verursachten grossen Kriegskosten, so eine gnedige Oberkeit erlitten, billicher Massen – wie dann die allhie zu Langnauw, so nit die mindsten ufrürer gewesen, um 2,700 Kronen neben anderem Kosten, gestraft worden. – In summa es ist ein ganz gottloses Wesen gsein und wan ich alles, was sich in dieser Rebellion mit Worten und Wercken zugetragen, ufferzeichnen wellen, wurde es vill Zytt gebraucht haben. Als die Bauren von der Stadt Bern widerumb abgezogen, und heimb kommen, sind sy mit einer sonderbaren schwären Krankheit angegriffen worden, dass ein grosse Anzahl von jungen und alten, Mann und Weibspersonen, durch dieselbige hingerafft worden. – Es habend auch die Bauren alle ihre Überwehr von sich geben und gan Bern überantworten müssen, etliche aber sind ganz wehrlos gemachet worden. – Habend diesere Rebellion von den Entlibucheren gelernet, weliche sich zum ersten ihrer Oberkeit also rebellischer Weiss widersetzet. Mich den Predicanten habend sy ufs üsserst gehasset, und die Predigen verachtet, so ihnen zur Warnung ghalten worden.

198. Aus der Chronik des Jodokus Jost

Vor 1657. Chronik des Jodokus Jost von Brechershäusern.

Inhalt: Im Jahre 1641 hat die Berner Regierung eine auf sechs Jahre befristete unnötige Vermögenssteuer von einem Promille eingeführt. Die Befürchtung, die Steuer werde später nicht mehr aufgehoben, hat sich sogleich ausgebreitet. Jodokus Jost hat die Steuer bezahlt, die Emmentaler und die Aargauer aber haben Widerstand geleistet, den die Regierung zu brechen versucht hat. In Thun wird ein Steuerverweigerer aus dem Amt Signau gefangengesetzt. Diesen zu befreien sind die Emmentaler, 6000 Mann stark, vor Thun gezogen, haben sich durchgesetzt und sind danach von einer bernischen Ratsdelegation und den Gesandten der evangelischen Orte beruhigt worden. Im Jahre 1652 hat die Berner Regierung die bernischen Batzen um 50 % abgewertet, was an vielen Orten besonders wegen des Reisgelds übel vermerkt worden ist, weil zuvor auf Anraten zahlreicher Landvögte eine grosse Menge Batzen in diese Kriegs-Bargeld-Reserve gelegt worden war. Diese Abwertung hat die Kaufleute vertrieben und den Absatz der Produkte des Landmanns erschwert. Der Bauernkrieg von 1653 ist jedoch von Entlebucher Beschwerden gegen die Luzerner Regierung ausgegangen. Insbesondere haben die Entlebucher die neue Telle abgelehnt und die Auslieferung der alten Freiheiten verlangt und dazu ihre Nachbarn von Stadt und Land Luzern um Hilfe ersucht. Sie sind mit Artiellerie von Willisau und Sursee gegen Luzern gezogen. Der daraufhin geschlossene Friede hat nicht gehalten. Entlebucher Agitatoren haben das Emmenthal, den Aargau und schliesslich fast das ganze Bernbiet betört. Diese verdammenswerte Empörung hat im Bernbiet am 3. März 1653 alten Stils begonnen. Von der ersten Landsgemeinde in Langnau hat man in der Gegend von Brechershäusern erst nachträglich erfahren. Die Ankündigung der geplanten Gewaltanwendung hat dabei Missfallen erregt, die Entsendung von bernischen Ratsgesandten dagegen Zustimmung gefunden. Dagegen ist jedoch am 13. April 1653 alten Stils in Sumiswald eine von den Entlebuchern organisierte Landsgemeinde von Ausgeschossenen aus dem Berner, Luzerner, Solothurner und Basler Gebiet, am 4. Mai 1653 dann eine weitere Landsgemeinde in Huttwil gehalten worden. In Huttwil haben rund 3000 Menschen einen Eid geschworen, was Gott und Obrigkeit erzürnt hat. Am 6. und 7. Mai 1653 alten Stils hat eine weitere Landsgemeinde in Langenthal stattgefunden. Nach Bern ist niemand gezogen, um die Stadt einzunehmen. Es ist damals ein Gerücht geglaubt worden, fremdes Kriegsvolk aus Burgund und Lothringen wolle ins Land fallen. Einige welsche Soldaten der Regierung haben ein generelles Aufgebot gegen die Welschen ausgelöst.

Als Marschziel ist Bern angegeben worden, denn von dort seien die fremden Kriegsvölker herbeigerufen worden. So ist viel bewaffnetes Landvolk vor Bern gelegen und hat sich – mit Ausnahme der Anführer und Agitatoren – gefragt, wie es mit Glimpf wieder abziehen könne. Dies ist am 11. Mai 1653 alten Stils geschehen. Am 23. Mai 1653 alten Stils ist es bei Mellingen zu einem Aufruhr gegen die Zürcher und anschliessenden Frieden gekommen. Danach ist die bernische Armee aufgebrochen und hat in der Pfingstwoche bei Jegenstorf, Hindelbank, Utzenstorf, Kirchberg und Koppigen geraubt, getötet und viele gefangengenommen. Die Berner Armee ist danach über Subingen und Wangen an der Aare nach Bipp weitergezogen, wo sie übel gehaust hat. Auf Nachrichten dieser Art sind rund 5000 Emmentaler ausgezogen. Die meisten sind später wieder umgekehrt, einige wenige haben sich in Herzogenbuchsee zur Wehr gestellt. Fünfundzwanzig Tote und 36 verbrannte Häuser sind zu beklagen. Die Sieger sind mit mehr als 70 Gefangenen nach Langenthal weitergezogen und haben die Gefangenen ins Kaufhaus gesperrt. Am 11. Juni 1653 alten Stils sind in Aarwangen vier Mann hingerichtet worden, später noch viele mehr. Rund 6000 Mann Fussvolk und Reiter sind etwa vier Wochen im Raum Langenthal – Wangen an der Aare – Aarwangen gestanden und dann wieder abgezogen. Hingegen sind in Bern und Burgdorf starke Besatzungen geblieben. Danach haben die Bestrafungen an Leib und Leben und an Geld erst richtig eingesetzt. Viele Verdächtige haben sich ausser Landes begeben. Niklaus Leuenberger ist am 27. August 1653 alten Stils geviertelt worden. Der Aufruhr hat im Entlebuch begonnen, danach das Luzerner Gebiet erfasst, ist via Langnau und Signau auf das ganze Emmental und auf den Aargau, insbesondere Wangen an der Aare, Aarwangen und Bipp, übergesprungen. Er hat danach das ganze Land bis an die Sense und auch das Oberland bis Frutigen erfasst, aber etliche sind gleich wieder abgefallen und nicht vor Bern gezogen. Es sind etwa 30'000 Mann unter den Waffen gewesen, aber nur etwa fünf Tage lang. Jodokus Jost selbst ist rechtzeitig von den Bauern abgefallen, hat daraufhin aber seinen Hof auf eine Zeit verlassen müssen.

Quelle: Wolfgang Friedrich von Mülinen, Die Chronik des Jost von Brechershäusern 1598 bis 1656, Bern: Buchdruckerei Berner Tagblatt, o. J., Seiten 18 bis 25 und 28 bis 29.

Von dem Thunergstüchel
Ano 1641 haben MGH ein unnothwendig Steuer oder Täll allen ihren Unterthanen zu Stadt und Land aufgelegt jährlichen zu geben, ein jeder von seiner Hab und Vermögen den dausidensten Pfenning, das ist vom dausenden eins, es seien nun Cronen, Guldi oder Batzen, das sollte nun jedem selbs heimgesezt sein, sich selbs zu schätzen nach seinem Vermögen und allwegen auf Meyenszeit zu erlegen, 6 Jahr lang, und söllen es die Gemeinden selbs alles verwalten und gehalten, also hat man hie und da an vielen Orten für ein Jahr es geben, aber mit Unwillen und Bedauren, dass man sorget es werde kaum mehr aufgehebt wie mit andern Sachen mehr. Aber uf 6 Jahr hin wollte ich und andere mehr nit wider die Oberkeit streben und haben es erleidt. Wie es aber kam an die Emmenthaler, wollten sie nit gehorchen auf solche Weis Geld zusammen legen, sie wellen sonsten nach ihrer Gewohnheit wie andermal Geld anlegen, so viel es in 6 Jahren bringen möge ungfähr, oder MGH sollen anzeigen, wo sie es vonnöthen und wie viel es sein sollte, wo möglich, so wollen sie es anlegen wie sie können. Nun aber wie solches Begehren von MGH von den mehreren Orten angenommen und aber gemeldte Emmenthaler und die Argeuer an etlichen Orten nit, wurden MGH unwillig, und setzten her daran wo sie die Widerspännigen vermahnen, die Vorgesetzten entsetzten sie von ihren Diensten an etlichen Orten und der

Schulthess von Thun[146] liess nächlicher Wys ein Landmann us der Vogtei Signau, namlich von Rödeln gan Thun reichen. Wie es die Nachbarschaft ynnen wurde, wollten sie nachylen und ihren Nachbar erretten. Wie nun ihrer wenig und deren weil die den Gefangnen führten liessen sie stürmen, etliche schossen mit Musqueten, das gebe ein Lärmen durch das ganze Emmenthal, dass alles uf Signau zuluff und wussten nit was vorhanden war und wurden räthig uf Thun zu stürmen und hieschen ihren Mann wieder, der dann ihnen geben wurde. Nun solches Geschrey kam gan Bern, dass MGH 6 ausschickten[147] mit väterlichem Bscheid und hiessen alles wieder heim ziehen. Man hat dafür gehalten, dass in diesem Tumult mehr als 6000 Mann im Gwehr gestanden, hiernach wurde diess Wesen von den evangelischen Eidgnossen geschlichtet und blieben die neue Auflag dahinden.

Von dem Anfang des verwirrten schädlichen und verdammlichen Baurenkriegs ano 1653.[148]

Erstlichen klagten die Entlebucher wider ihre Oberkeit zu Lucern wegen neuen Beschwerden, die sich von Jahr zu Jahr vermehren, und seye abermal neulich wiederum anders vorhanden, die sie die Entlibucher nit annehmen wöllen, wie ihnen angemuthet, und suchten Hilf zu Stadt und Land by aller ihrer Nachbarschaft im ganzen Lucernergebiet, und wurden nit nur die neulich aufgelegte Täll nit zugeben sondern die vorigen Auflagen und neue Tällen nit mer zu geben, auch die alten Freiheiten wiederum herfür zu zwingen, schwuren deshalb einen Eid zusamen mit Macht und Gwalt zu stryten. Also fienge ihre Empörung an zu Anfang ihres Hornungs des 1653 Jahres, das gienge bis zum 10. Tag ihres Merzen zugen sie sammdlich für Lucern mit Geschütz und zyligen Stückli, von Sursee und Wilisau aus. Da ist drüber hin mit guten Worten der Frieden gmacht, aber gar bald wieder abgesagt, bis auf seine Zeit wie gemeldt soll werden, das ist hiemit der Anfang gsin unsers Unglücks im Bernergebiet. Darnach sind erstlich unsere Emmenthaler, zum andern die Argeuer, drittens fast allenthalben im dütschen Bernbiet durch gemeldte Lucerner bethört worden, welches uns in Ewigkeit leid dafür ist, und mir dessen billich zu entgelten haben. Nun im Bernergebiet hat diese verdammliche Empörung gegen unsere Gnädige Herren angefangen den 3. Tag unsers Merzen ano 1653 Jahrs. Zu Langnau war die erste grosse Landsgmeind, aber in unserer Gegne wusste man damal noch gar nüt, bis man von etlichen vernommen die dört zugelost, und Sachen erzählt was sie für Gwalt bruchen wöllen, die uns gar nit gefällig. Denne hat man auch vernommen, dass MGH etlich Gesandte dörthin geschickt und also im Namen MGH alles Guts anerbotten, nemlich mit Milderung etlicher Beschwernussen, man sollte nur gütiglich sich vor ihnen erklären. Das gefiele jederman wohl, deshalben hat man MGH um Milderung gebetten und alles Ihr Gnaden heimgestellt.

Nun wie man meint es solle alles also MGH heimgestellt sein, giebt es wiederum ein grosse Landsgmeind gan Sumiswald, dahin kamen us allen Gemeinden Ausgeschossne us dem Berner, Lucerner und Solothurner Gebiet, wie us dem Baselbiet, welches alles die Entlibucher zuwegen gebracht, us Anstiftung anderer Papisten etwas Aufruhrs zu machen, und das war erst noch nit gnug mit der Landsgmeind zu Sumiswald, so geschehen den 13. Tag April, sondern es drufhin nocheine angestellt gan Huttwyl uf den 4. Tag Meyen, dahin kamen wohl ungfähr

3000 Menschen von allen Orten har wie gemeldt, da schwuren sie zusammen ein unerhörten Eyd, hiemit gott und ein hohe Oberkeit höchlich erzürnt und ihrem Unglük Thür und Thor aufgethan. Endlichen wurde von MGH ein Landsgmeind angestellt gan Langenthal, den 6. und 7. Tag Meyen, um allda wyters im Frieden zu handlen. Wie man aber meinet der Frieden mache sich, fienge erst der Krieg, Kummer und Elend an.

Von dem Aufbruch des Volks nach dem Breitfeld.

Niemand ist der Meinung gsin, dass man für Bern ziehe solches inzunehmen, sonder es ware damals ein seltsames Geschrey in dem Land, dass viel fremde Völker aus Burgund und Lotringen har ins Land wollen fallen und verderben und durchstreifen; von diess Geschreys wegen hat man stife Wacht über und über. Selbige Zeit hatten MGH ein wenig Volk vom Welschland her, sobald es aber die Deutschen innen worden, machten sie ein Lärmen uf die Weltschen hin. Also fieng es da innen an stürmen und aufmahnen, dass man es hörte und sahe von einer Wacht zu der anderen. Soweit dass es viel tausend Mann aufgemahnt worden und wussten mehrentheils nit wo uss noch an, damalen gedachten mehrteils es wäre das Best auf Bern zu, die gemeldten Burgunder oder wohar sie dan sigen seien dorthar aufgemahnt worden. Unterdessen war ein grosse Menge Volk um Bern und um Aarberg wohl by 5 Tagen, nit zwar der Meinung, dass man MGH zu schödigen gedacht; die Anführer und Aufwickler aber möchten wohl bösen Sinn gehabt haben, aber die anderen nit also und wussten nit, wie sie endlich mit Glimpf heimziehen könten, wie es dann in 5 Tagen nach dem Aufmahnen geschah, nemlich Nachts um 10 Uhren den 11. Tag Meyens des 1653. Jahrs.

Hernach den 23. Tag Meyens gab es wieder ein Aufruhr uf Melligen zu wider die Zürcher; dört war der Friede gemacht, dass man sagte es wär alles gemacht. – Uf diess hin sind MGH auch aufgebrochen. –

Nun wie gemeldt als man von Melligen har heim kommen und vermeint es sige jetzt alles richtig, sind MGH im Zorn aufgebrochen und mahneten die ihrigen Weltschen und viel Fremde etlich 1000, auch eine grosse Menge Volks aus dem Thurgau in's Argeu. Nun es gieng an um Bern her unden aus gegen den Landgarben uf Jegenstorf zu und Hindelbank, als in der Pfingstwochen gar jämmerlich geraubet, gefangen und solcher gstalt nach Uzenstorf, Kilchberg, Copigen, gar jämmerlich gehauset und Leut ums Leben gebracht, doch sind nit viel umkommen aber gefangen gar viel um Copigen. Da denne zuge ein grosse Macht nach Soubigen, Wangen und gan Bipp, da herum zu sie übel gehauset. Im Solothurner Gebiet hatten die zwar nit geraubet, dann sie haben by Zyten noch ein unterthänigen Fussfall gethan und von dem schlimmen Eyd abgestanden, welches ihnen gut war.

Die müssten es übel entgelten, die bestehen wollten, der Eyd aber war nit recht, desswegen gieng es übel.

Von Herzogenbuchsee und ihrem Unglückskrieg.

Nun wie die Emmenthaler vernohmen, dass es an vielen Orten so scharf hergeht, kamen wohl by 5000 Mann denen Bedrängten zu Hilf. Nun es wurde abermalen Guts versprochen zu gemeldtem Buchsee und zugen wieder heim den 27. Meyen.

Nun etlich Räublig die wollten nit abziehen by 200. Da kamen ein grosse Macht Reiter und Fussvolk und griffen die Wenigen an im Dorf zu Buchsee und stekten das Dorf in Brand an etlichen Orten am Pfingstsonntag 8. Juni, und verbrunnen 36 Häuser (ohne Spycher und andere Gebäu), auch wurden morderist zur Erden bestattet die vom Krieg und theil vom Feuer umkommen by 25 Menschen.[149] Von Buchsee zog diese Menge Volk mit Grimm und vielen Gefangnen nach Langenthal, und füllten das Kaufhaus mit Gefangnen mehr als 70 Mann, wohl 8 Tag ohne Spys und Trank,[150] hernach kamen viel heim, viel gan Aarwangen. Den 11. Tag Brachmonat wurden 4 daselbst gerichtet, einer war der Baur von Flükigen, mit dem Schulmeister von Aarwangen, und sonst noch zwöu.[151] Das hat alle Nachbarschaft bedauret; denne sind sonst noch viel gerichtet worden welches alles dem letsten und jüngsten Gericht heimgestellt ist. Nun nachdem die Macht Rüter und Fussvolk um Langenthal, Wangen, Arwangen herum by 6000 stark etwa by 4 Wochen waren, zugen etliche in's Entlibuch, etliche in's Emmenthal, etliche hier nächstens gegen Burgdorf uf Bern zu, also insgemein 8 Tag vor St. Johannes Tag wieder us dem Land. Jedoch blieb zu Burgdorf und Bern zu beiden Seiten ein starke Besatzung. Unterdessen haben die Landleut um Burgdorf wie auch das ganze Emmenthal alle Kriegswehr müssen ins Schloss Burgdorf thun. Hernach fieng man erst recht an strafen etliche an Geld, etliche am Leben, zu Bern waren zum wenigsten 12, zu Arwangen 8, zu Zofingen und Lenzburg 3 oder 4, zu Beuren 1, viel beydiget von Stadt und Land, etlichen Zungen und Ohren gschlizt.[152] Viel sind ausgerissen und ussem Land geloffen, unsäglich viel sind um grosse Summen Geld gestraft worden, alles ano 1653 Jahrs.

Zu Bern unter den obigen Zwölfen sind gsin, so den 28. Brachmonet gerichtet worden, nemlich 3, der Ammen Wynistorf von Oberburg und ein Ammen von Pfaffenbad hinter Langnau, den man gviertheilet, der dritte der Wirth von Ranfli (Ranflü),[153] und einer oder zwöu aus der Vogtey Signau enthauptet, auch einer von der Sensenbrugg har. Hernach den 27. Augst wurde gerichtet Niclaus Lowenberger der Landshauptmann auch gviertheilt und mit ihme ein fürnehmer Mann von Schüpfen, nach diesen beden glych hernach einer us dem Buchiberg ein grosser Mann, ein Schlüp von Geschlecht, demnach noch zween, einer des Landshauptmanns Schreiber. Also waren es überall von des elenden Handels wegen im Bernbiet diess 1653 Jahrs by 3- oder 24 Mann, zu Basel 7 Mann eines Tags, und zu Lucern weiss nit wie viel. Einmal wurden 2 auf einer Scheuren erschossen, die waren die ersten Anstifter diess schönen Handels gsin, die haben sich gestellt, wie die ersten 3 Eydgnossen, aber es hat ihnen übel gefehlt.

Zum Überfluss will Meldung thun, wie weit sich diese Aufruhr erstreckt hat.

Erstlich fing es an im Entlibuch, demnach im ganzen Lucernergebiet zu Stadt und Land, hernach um Langnau, Signau, alsbald im ganzen Emmenthal, hernach im Argeu, und in den 3 Vogteien, Wangen, Arwangen und Bipp, drüber hin aufwärts bis an's Welschland und an die Sensen, hernach kam das Unglück auch zu uns, wie man anfacht die Leut herten und frachten, endlichen ob Bern har der Aaren und Thuner See allenthalben und änenfür bis gan Frutigen und die Landrichter fast all, aber etliche fielen gleich ab ob dem Wasser und zugen nit für Bern wie andere. Im übrigen gienge dieser faule Lärmen durch das ganz Emmenthal, dürnieder bis an Bowald und durchauf bis gan Aarberg und die Sensen, und auch 200 Mann Solothurner, so dass man meinet, es wären ungefehr im Gewhr by 30 000 Mann, aber in 5 Tagen alle wiederum heim, wie schon oben gemeldt worden. Was mich betrifft, bin ich zeitlich von den Bauren abgefallen und desshalben müssen wychen und ein Weil nit dörfen warten.

...

Ano 1652 waren die Bernbatzen ums halbe abgeruft von unser Oberkeit selber, das war vielen Landleuten ganz zuwider, erstlichen wegen des Reisgelds, das man mehrentheils an Bernbatzen zusammen gelegt ghan, darzu sie viel Landvögt verursacht, und die groben Sorten um Batzen verwechselt und ins Reisgeld gelegt und gut geheissen. Also kam eins uf das ander, hie und andern Orten, dass es viel klagens geb mit dem Geldabrufen, dass desswegen die Kaufleut vertrieben, und ist kein Kauf um alle Sachen mehr, das der gemein Mann zu verkaufen hat. Also blieb es ein ganz Jahr, du machten die gottlosen Lucerner Landleut ein Aufruhr mit ihrer Oberkeit. Sonst wäre es hier allerseits richtig verblieben.

Ano 1654 wie man hat verhoffet es sy allenthalben des Baurenkrieg vergessen, kamen Gesandte Herren von Bern und legten Geldstrafen auf, sonderbaren Personen nach dem ein jeder verklagt ware, den 24. Jenner ist das zu Wynigen geschehen. Theils Kilchhörinen, theils Dorfgemeinden wurden insgesammt angelegt. Die Kilchhöri Wynigen hat gebotten 400 Kr. In 4 Jaren zu erlegen, etliche geben viel mehr, und denn in 8 Jahren zu erlegen.

199. Ludwig Cysat und Jakob Wagenmann

Quelle: Wilhelm Oechsli, Quellenbuch zur Schweizergeschichte, Zürich: Schulthess & Co., 1910, Seiten 371 bis 373.

Welcher Sachkundige dürfte leugnen, dass diese Volksbewegungen in der Schweiz nichts anderes als die Überbleibsel des deutschen Krieges oder die aus der rauchenden Asche desselben emporgestiegenen Flammen seien? Ganz Deutschland brannte in heller Kriegsflamme, litt an grossem Getreidemangel, rang mit eigenem Verderben und lag stöhnend in den letzten Zügen; für Deutschlands nähere Provinzen war nirgends Zuflucht und Nahrungsquelle als in der eben nicht fruchtbaren Schweiz. In Scharen kamen deutsche Flüchtlinge in die Schweiz und diese konnte bei der schnell anwachsenden Bevölkerung kaum hinlängliche Nahrungsmittel erzeugen; daher stiegen alle Lebensmittel, Getreide, Wein und Schlachtvieh auf einen ungewöhnlichen Preis; auch Wohnungen und kleine Gebäude wurden bei der beträchtlichen Zahl der fremden Einwanderer um grosse Summen vermietet oder verkauft. Dadurch bereicherten sich die Bauern, gewöhnten sich an Luxus, schwelgten und schlemmten, während ganz Deutschland jammerte, und trieben, wegen des reichlichen Geldes, das durch die Flüchtlinge in die Schweiz kam, ihre Güter, Äcker, Häuser und Höfe auf den höchsten Preis. Auch die höheren Stände, durch die Verschwendungssucht der Bauern gemästet, ergaben sich weit über Gebühr dem Luxus in Kleidern, Gastmählern und Hausgerätschaften. Als nun aber durch Gottes Erbarmen und Gnade der Krieg in Deutschland endigte und der Friede zurückkehrte, hatte das verheerte und verarmte Land wegen seiner Fruchtbarkeit bald wieder Überfluss an solchen Lebensmitteln, die bisher um teures Geld aus der habgierigen Schweiz bezogen worden, und mit den Flüchtlingen, die wieder heimkehrten, ging auch das Geld aus der Schweiz fort.

Die in solchen Dingen schärfer sehenden höheren Stände aber hielten es für sicherer, ihr Geld auf unbewegliche Güter auszuleihen, als es in baren Summen zu behalten, die der räuberische Soldat jeden Augenblick wegnehmen konnte; sie liehen daher eifrig den Bauern auf ihre Güter. Wie nun, so lange der deutsche Krieg währte, alle Güter, Höfe und Äcker in hohem Werte standen und um mehr als billigen Preis gekauft wurden, so sank, als des Friedens Ölzweig wieder ergünete, der Wert und Preis des Grund und Bodens und der darauf erzeugten Lebensmittel mit jedem Jahr und Monate, mit jeder Woche und Stunde. Es blieb jedoch, nach Vertrag und Versprechen, die Verpflichtung zur Bezahlung, es blieben die Schuldtitel und die jährlichen Zinsen; aus blieben hingegen die Käufer und mit ihnen jene holde Göttin, das Geld, und das Geld, das früher haufenweise mit den Emigranten in die Schweiz strömte, war, wie sie fortzogen, ebenfalls verschwunden.

Zur nämlichen Zeit geriet auch der gewohnte und einträgliche fremde Kriegsdienst ins Stocken, durch den Hauptleute und Soldaten sich und die Ihrigen zu Hause gar leicht und sogar prächtig ernähren und erhalten konnten; und wenn auch noch einige Werbungen nach Frankreich und Italien stattgefunden hatten, so war doch die Kasse der Fürsten überall durch den langwierigen Krieg erschöpft, und der gebührende Sold, sowie die Pensionen wurden nicht mehr bezahlt; daher die Angeworbenen ärmer zurückkehrten, als sie fortgezogen waren. Zu Hause lungerten sie müssig herum, und der angestrengten Arbeit, welche Helvetiens rauer Boden zu seiner Bearbeitung verlangt, überdrüssig, sannen sie zuletzt auf Anstiftung innerer Unruhen.

Als nun die durch eigene und fremde Ursache mit Schulden beladenen Bauern der Schweiz durch die ungelegen kommenden Betreibungen ihrer Gläubiger genötigt wurden, von der Trunkenheit, die sie sich in langem Wohlleben angewöhnt, mit leerem Beutel allmählich zur Nüchternheit zurückzukehren, konnten sie wohl einsehen, dass sie nicht im Stande seien, ihre Schulden zu bezahlen. Also zur Verzweiflung getrieben, dachten sie auf Krieg als auf das letzte Hilfsmittel, durch das, nach einer unter dem Volke ruchlos verbreiteten Ansicht, auf einmal alle Schulden völlig ausgetilgt würden. Es fehlte nur noch ein Vorwand, der aber, als die Verschuldeten sich zu versammeln anfingen, leicht gefunden wurde. Sie erkannten und erklärten, dass die von der Regierung gesetzten Landvögte zu strenge seien (und zuweilen waren sie es auch), dass sie von denselben mit unbilligen Strafen belegt würden und dass die bestehenden Gesetze mehr die Habsucht und den Eigennutz der Regenten als das öffentliche Wohl beförderten. Es ergingen allerorten Klagen über lästige, erst jüngst gegen alle bisherige Übung eingeführte Zölle, über das Salzmonopol, das die Regierungen sich zueignen, über zahlreiche andere schädliche Neuerungen, die unter erdichtetem Vorwand von jungen Ratsherren in der Schweiz seien eingeschwärzt worden, über hartherzige Schuldbetreibungen, über Schmälerung oder Unterdrückung der Volksfreiheiten, über schnöde Zurückweisung ehrerbietiger Vorstellungen und, was die Hauptsache war, über Herabsetzung des Wertes der Münze bei dem ohnehin grossen Geldmangel. Und – denn alles andere hätten die Bauern vielleicht noch ertragen – aus diesem letzten Beschwerdepunkt entstand bald ein ungeheures Feuer, dessen

Funken zuerst in der Vogtei Entlebuch erglühten und sich schnell über die ganze Schweiz verbreiteten.

200. Franz Haffners Chronik

1666.

Name des Dokuments: Aus der Solothurner, Schweizer und Weltgeschichte des Franz Haffner.

Inhalt: Wenig nach dem Jahresanfang 1653 ist vom Entlebuch und von Wolhusen die Wasserflut der Empörung der Untertanen gegen die Obrigkeiten ausgegangen, welche insbesondere die eidgenössischen Orte Bern, Luzern, Basel und Solothurn betroffen hat. Organisatorischen Ausdruck hat die Empörung im zu Huttwil geschlossenen Bund gefunden. Ein Ende hat ihr der Friede von Mellingen und die Bestrafung der unruhigsten Rädelführer am Leben, am Geld oder durch Landesverweisung gesetzt. Der von diesen erwildeten Leuten eingesetzte General Niklaus Leuenberger hat bei ihnen ein erstaunliches Mass an Gehorsam gefunden, haben sie doch seine Befehle bei jedem Wetter ausgeführt und ihm anlässlich der Landsgemeinden aufmerksam zugehört. Die Solothurner Obrigkeit hat infolge der Empörung erhebliche Kriegskosten an Zürich und Bern bezahlen müssen. Die Solothurner Untertanen haben diese Wohltat zwar nicht verdient, die Obrigkeit hat aber doch bezahlt, um nicht eine militärische Besatzung (der Zürcher und Berner) ins Land zu bekommen. In Frankreich ist Kardinal Mazarin zurückberufen worden, in England hat sich Oliver Cromwell zum Protektor ernennen lassen und das Parlament beurlaubt, in Wolfenbüttel hat die Bibliothek den Stand von zwischen 64 000 und 71 000 Titeln erreicht.

Quelle: Franciscus Haffner, Der klein Solothurner Allgemeine Schaw-Platz Historischer Geist- auch Weltlicher vornembsten Geschichten und Händlen, Solothurn: Johann Jacob Bernhardt, 1666, Seiten 603 und 604.

Juncker Johann Jacob vom Staal / Schultheiss zu Solothurn / regiert 4. Jahr / starb An. 1657. den 14. Maij.

An. 1653.

Nicht lang darnach oder vast zum Eingang dises Jahrs hat sich bey Wolhausen und im Land Endlibuch Lucerner Gebiets die in aller Welt bekandte grosse schädliche Empörung der Underthanen wider die hohe Obrigkeit angespunnen / welche sich bald darauff wie ein hefftige Wasserflutt an alle Orth löblicher Eydtgnosschafft aussgegossen / bevorauss aber die Stätt Bern / Lucern / Basel und Solothurn am gefährlichsten berührt und getroffen hat: Biss endlich nach vilen Tractaten / der Fried zu Mellingen mit den Rebellen beschlossen / und die unrühwigsten Rädelführer entweders am Leben / Seckel oder Landsverweisung abgestrafft worden.

Onglaublich ist es / wie diese erwildete Leuth ihrem aufgeworffenen General Löwenberger / so geschwind parirt und gehorsamet / dass kein mächtiger Potentat und Fürst mit allem seinem Gelt und Macht solches lang nit wurde ins Werck richten können.

Dann so bald gedachter Löwenberger nur mit der Hand winckte / oder nur ein wort auff ein Zedelin schribe / schickte sich Mann / Weib und Kinder eylfertig in seinen Befelch / luffen bey Tag oder Nacht in Regen / Wind Schnee ohn alles dauren und murren an den bestimbten Orth / griffen zun Wehr und Waaffen / was sie in der eyl erhaschten.

Auff den angestelten Landsgmeinden / wann Löwenberger redte / ward jederman still / was er fürbrachte / ohn alles widerreden / als ein Oraculum angenommen / was er befahle / ohne Verzug aussgerichtet.

Gott hat aber auss sondern Gnaden durch die gantze Zeit dieser wehrenden

Auffruhr verhütet / dass kein Brunst auffgangen / oder einigen Todtschlag beschehen / sonst hätten vil ehrliche unschuldige Stands-Persohnen in Leib- und Lebens-Gefahr stehen müssen / wie ihnen von solchen Rebellen offenlich geträwet gewesen: Also hat sich das sorglich Wetter Gott sey Danck / bald wider gelegt.

An. 1653. den 3. Februarij,
Der von dem Parlament auss Franckreich geschaffte Cardinal Mazarini wird dissmal von dem König wider beruffen / und in vorigen Credit oder Gewalt gesetzt.

An. 1653. den 7. Martij,
In Franckreich waren alle Gold- und Silbersorten taxiert: Ein Pistolen für 10. Francken / ein Goldcronen 5. Francken / 4. Sols / ein Louis Thaler 3. Francken und die übrigen nach der Proportz.

An. 1653. den 8. 9. 10. Martij,
Diese drey Täg hat der Schiffstreitt vor dem Texel, zwischen den Engell- und Holländern gewehrt.

An. 1653. den 2. Maij,
Der General Cromwel urlaubet das Parlament in Engelland.
In dem Majo haben sich in der Weltberühmten Wolffenbütelischen Bibliotec dess Fürstlichen Residentz-Schlosses daselbst / an folgenden Büchern befunden / namblich:

Theologische	8077
Juristen	2647
Artzney Bücher	623
Historische	658
Politische	904
Musicalische	61
Zum Kriegswesen gehörige	164
Öconomische	44
Moralische	902
Geographische	120
Astronomische	243
Philosophische	520
Mathematische	
Geometrische	128[154]
Arithmetische	61
Poetische	838
Logici	136
Rhetores	449
Grammatici	453
Hand geschriebene Bücher	1263
Allerhand	2341

So vil tausent Bücher seynd in einer eintzigen Bibliothec zufinden / welche sich in allem belauffen / 71. tausent 545. in der Zahl / wie R. P. Gabriel Bucelinus haltet / andere vermeinen / es seyen über die 64. tausent allerhand Bücher.

An 1653. den 31. Maij,
Wurde zu Augspurg Ihr Käys. Majest. Ferdinandi III. ältister Sohn Ferdinandus IV. nunmehr Böhmisch- und Ongarischer König / in Gegnwart aller Chur- und Fürsten mit grossem frolocken zum Röm. König gecrönt.

An. 1653. den 26. Decemb.
Das new Parlament in Engelland erklärt den Olivier Cromwel zum Protectorn der 3. Königreichen Engell-Schott- und Irrland / mit einem absolut und vollkommenen Obergewalt: Darauff das Parlament sich selbs dissoluirt hat.

***

1666.

Quelle: Franciscus Haffner, Dess kleinen Solothurner Schaw-Platzes Zweyter Theyl, Solothurn: Johann Jacob Bernhardt, 1666, Seiten 305 und 306.

An. 1652. den 1. Decembris, Gleich wie die Aar vor einem Jahr / bey Menschen Gedencken niemalen so gross gewesen und übergelauffen; Also klein war sie hingegen diss Jahrs / dass sich wol darüber zuverwundern: Dan man hat ob der Schwestern Visitantinen Closter dannen / biss weit in Forst hinab onder der Schützenmatt trochens Fusses gehen können / wie auch auff der andern Seiten omb die gantze Vorstatt herumb.

An. 1652. Ward ein grosse Finsternuss der Sonnen / im martialischen Widder / und den 10. Decemb. darauff / ein grewlicher Comet / mit einem gestutzten Bart / der über 20. Tag gestanden / und von dem pede Orionis schräg durch die Mittags Liny biss zu dess Persei Schulter schnell gelauffen. Die Würckung beyder erstbedeuter Zeichen hat sich onlangs hernach / mit der Bauren Auffstand in der Eydtgnossschafft herfür gethan.

An. 1653. Herrn Johann Rudolffen Wettstein dem Burgermeister zu Basel / ist wegen aussgebrachter Exemption löblicher Eydtgnossschafft in dem Münsterischen Friden pro rata der Statt Solothurn verehrt worden 222. lb. 8 ss 10. pf.

Der Verlurst an Bern- Freyburg- und Solothurner Batzen thut 10460. lb. 16. ss. 10. pf.

Als die Bauren im Entlibuch / der Statt Lucern gehörig sich omb geringer Orsachen Willen gegen ihrer Obrigkeit empört / die Waaffen ergriffen / für die Statt gezogen / und andere grobe Feindseligkeiten mehr verübt / haben übrige Onderthanen der Stätten Bern / Basel und Solothurn / auss lauter Muthwillen / der obigen Rebellion sich theylhafft / auch bey Huttweil einen sonderbaren Bundt zusamen gemacht und geschworen / endlich nach vilen gebrauchten Insolentien ist mit ihnen ein Friden bey Mellingen geschlossen / zu Zoffingen und anderstwo die Redlinführer mit gebührender Todtstraff hingerichtet worden.

Das erste Regiment Kriegsvolck / so zur Defension beyder Herrschafft Kriegstetten und Buchenberg / zu Subingen im Quartier gelegen / hat ohne das Commissbrot / Munition und der Officiern Zehrung gekostet 9373. lb. 18. ss. 8. pf.

Ond war Jr. Johann Wilhelm von Steinbruck Ritter / Obrister etc.

Die Grim- und Wallierische Regimenter im andern und dritten Auszug zu Beschützung der Herrschafft Buchenberg kosten ohne die Zehrung 2000. lb.

An. 1653 Ist ein onglückhafft ond kostbares Jahr einer Statt Solothurn gewesen / sonderlich hat es mich das rechte Aug leyder gekostet etc. und hat die Statt für die Rebellen den Zürchern 20. tausent / und den Bernern 6. tausent Cronen Kriegskosten bezahlen müssen.

Welche beyde Summen die Obrigkeit auss ihren Mitteln für ihre Onderthanen (welche es zwar nit omb sie meritiert hatten) dargeschossen / omb die angetrohete Execution oder überfall dess Lands / auch andere onder disem praetext Land ond weither gesuchte Inconuenientien mit Glimpff abzuschneiden / dann besser ist etwas Gelt / dann ein gantz Land verlohren.

201. Rudolf Mingers Rede

7. Juni 1953 neuen Stils.

Inhalt: Ansprache von alt Bundesrat Rudolf Minger zum dreihundertjährigen Jubiläum des Bauernkrieges.

Quelle: Rudolf Minger, 300-Jahr-Feier des schweizerischen Bauernkrieges, Festansprache, Rüderswil, 1953, Seiten 1 bis 12, Kopie des

Manuskripts aus dem Besitz von Herrn Eduard Tschabold und Herrn Martin Reber.

Am nächsten Freitag Abend wird das Berner Volk ein grossartiges Schauspiel erleben. Auf Weisung des bernischen Regierungsrates hat man im ganzen Kantonsgebiet die alten Wachtfeuerstationen, die sog. «Chutzen» neu aufgerichtet und nächsten Freitag werden diese «Chutzen» zur Eröffnung der 600-Jahr-Feier des Eintritts Berns in den Bund der Eidgenossen in Funktion gesetzt.

Das erste Feuersignal erfolgt vom Berner Münster aus und sofort ertönt das ganze Kirchengeläute der Stadt Bern. Das Feuersignal vom Münster wird abgenommen von den «Chutzen» auf dem Gurten, Bantiger und Belpberg und sofort weitergegeben, sodass nach kurzer Zeit alle «Chutzen» im ganzen Kanton vom Oberland bis in den Pruntruterzipfel aufleuchten werden. Meldereiter und Läufer rennen in die nächsten Dörfer und veranlassen das Einsetzen des Kirchengeläutes.

Das ist ein feierlicher Eröffnungsakt unserer Bernfeier. Darin liegt etwas Grosses, das uns daran erinnert, wie tief der Wehrgedanke in alten Zeiten im Berner Volk verankert war, und wie glänzend man es verstanden hat, mit dem System der «Chutzen»-Feuer eine Mobilmachung der wehrpflichtigen Bürger in kürzester Zeit sicherzustellen.

Dieser Eröffnungsakt hat aber noch einen andern, tiefern Sinn. Er mahnt uns daran, dass Stadt und Land zusammengehören, dass sie eine Schicksalsgemeinschaft bilden und, dass wir das grösste Interesse haben, das gegenseitige Vertrauen und Verständnis zu fördern.

In dieser Beziehung steht es heute gut im Kanton Bern. Es herrscht ein schönes Vertrauensverhältnis zwischen Grossrat und Regierung und zwischen dem Volk und dem kantonalen Parlament. Der beste Beweis hiefür sind die kantonalen Abstimmungen. Was im Berner Ratshaus in den letzten Jahren geboren wurde, hat man mit wenigen Ausnahmen im Volke gutgeheissen.

Allerdings haben wir im Berner Jura noch einen «Zwängibueb». In kinderreichen Familien muss man es in Kauf nehmen, dass gelegentlich ein Kind nebenaus schlägt. Das schöne ist, dass die grosse Mehrheit der jurassischen Bevölkerung selbst an der Arbeit ist, diesem jungen «Luser» seine separatistischen Wasserschosse etwas zurückzuschneiden.

Jedenfalls hat das Berner Volk allen Grund, seine 600-Jahr-Feier mit Freude und Begeisterung zu begehen. Diese Feier wird ein mächtiger Ansporn sein zur Verteidigung des vaterländischen Gedankens und zur Treue zum Bund der Eidgenossen.

Diese mächtige, vaterländische Kundgebung vom Berner Volk darf nicht überschattet werden von dem Ereignis, das wir heute hier in Rüderswil feiern werden. Die Geschichte lehrt uns, dass es kein Staatswesen gibt, in dem die historische Entwicklung gradlinig und wunschgemäss verläuft. Es geht im Völkerleben ganz ähnlich wie im Leben eines einzelnen Menschen mit dem Unterschied, dass man im Völkerleben seine Betrachtungen auf Jahrhunderte ausdehnt, während beim Menschen nur ein paar Jahrzehnte in Frage kommen.

Im Volke und im einzelnen Leben gibt es Höhepunkte, da man glaubt, jetzt könne es nicht mehr fehlen. Man wiegt sich in Sicherheit und neigt leicht zu Überheblichkeit. Man fühlt sich selbst stark und mancher glaubt, er habe den Herrgott nicht mehr nötig.

455

«Doch mit des Geschickes Mächten ist kein ewger Bund zu flechten und das Unglück schreitet schnell.» Plötzlich tritt ein Ereignis ein, das uns so recht die Vergänglichkeit der menschlichen Macht zeigt. Man wird in die Tiefe hinunter gerissen, steckt wieder in den grössten Schwierigkeiten und ist umgeben von Sorgen, Not und Kümmernissen. So geht es auch dem einzelnen Menschen.

Der Staat Bern kann auf eine stolze geschichtliche Entwicklung zurückblicken. Im Jahre 1415 eroberte er den Aargau und 1536 die Waadt. Vom Rhein bis an den Genfersee hat Bern sein Regierungszepter geschwungen. Das bedeutete einen Höhepunkt der bernischen Politik.

Im Hinblick auf die glorreiche Entwicklung und Entfaltung vom Stand Bern glaubten die regierenden Kreise immer mehr an das Wunder: in Bern habe der Herrgott die Hand im Spiel. Der Kanton Bern habe eine besondere Mission zu erfüllen und diejenigen die ihn regieren, seien von Gott selbst eingesetzt worden und so entstand der Glaube an die Regierung von Gottes Gnaden. Das Landvolk glaubte an diese göttliche Einrichtung und verbeugte sich in Demut und Gehorsam vor seiner Obrigkeit.

Damit feierte das System wieder seinen Einzug, das die ersten Eidgenossen mit der Vertreibung der Vögte zusammenschlugen. Über die Gefahr dieser neuen Entwicklung gab sich das Volk lange gar keine Rechenschaft. Dieser Wandel im Regierungssystem beschränkte sich nicht nur auf den Kanton Bern, sondern das Regieren von Gottes Gnaden wurde im Ausland und in der Schweiz zu einer allgemeinen Erscheinung. Überall bildeten sich Regierungskasten, die sich zusammensetzten aus einzelnen regierungsfähigen Familien, im Kanton Bern waren es zur Hauptsache die Patrizier. Die ganze Regierungsgewalt beschränkte sich auf die ausgewählten Familienkreise und hat sich als Erbstück von Generation zu Generation übertragen. Durch diese Entwicklung gab es einen grossen Trennungsstrich: auf der einen Seite die kleine Gruppe der Herrscher, auf der andern Seite die grosse Masse der Untertanen.

Es steht ausser Frage, dass es unter den regierenden Häuptern ganz prächtige Gestalten gab, die für ihre Untertanen das Beste wollten. Im bernischen Patriziat zum Beispiel hat man auf die Kindererziehung die grösste Sorgfalt verwendet. Man tat es in der Absicht, fähige und tüchtige Regierungsmänner zu erziehen, die über eine grosse geistige Überlegenheit verfügten. Man legte grössten Wert auf Korrektheit, Tugendhaftigkeit und auf einen untadeligen Charakter. Der Herrscher sollte seinen Untertanen ein gutes Beispiel geben. Einzelnen ist das zweifellos in hervorragender Weise gelungen, aber andere haben bös daneben gehauen und ihre Untertanen geplagt und ausgequetscht. Die Untertanen mussten das über sich ergehen lassen, weil man im Volk an die göttliche Einsetzung der Obrigkeit glaubte und den Willen der Obrigkeit als oberstes Gesetz betrachtete. Dieser Absolutismus der gnädigen Herren ist durch die Reformation noch untermauert worden, indem die protestantische Kirche das Gottesgnadentum anerkannte.

Nun gibt es einen alten Spruch, der lautet: «Wär d'Geisle het, dä chlepft.» So kam es, dass im Verlaufe der Jahrzehnte diese Herren immer lauter mit der Peitsche knallten. Sie fühlten sich immer mehr als unumschränkte Herrscher und fielen dem Gefühl der Überheblichkeit zum Opfer. Hochmut und Machtdünkel blähten sich auf. Man begann selbst den Herrgott zu spielen. Es ging den Herren so gut, dass sie sich für alle Zeiten in Sicherheit wiegten. Man verlor mit dem Landvolk die Fühlung und bevorzugte die Städte.

Vom Jahre 1439 an befragte man im Kanton Bern in wichtigen Landesangelegenheiten das Volk um seine Meinung. Damals respektierte die Regierung die Volksmeinung. Man legte Wert auf ein gutes, gegenseitiges Einvernehmen. Im 16. Jahrhundert wurden diese Volksbefragungen immer seltener und im Jahre 1613 wurden sie gänzlich aufgehoben.

Unsere Berner Bauern haben sich in früheren Jahrhunderten um unser Staatswesen wenig gekümmert. Sie liessen die gnädigen Herren regieren im Vertrauen darauf, dass der Herrgott die richtigen Männer auserkoren habe. Das ganze Denken und Trachten der Bauern galt ihren Bauernhöfen. Daran hingen sie mit Leib und Seele. Die Scholle war ihnen heilig. Der bäuerliche Existenzkampf war von jeher ein harter, aber wenn der Bauer einigermassen sein Auskommen hatte, so war er zufrieden.

Aber mit der Zeit wurde der Druck des Staates so gross, dass sich das Landvolk immer mehr darüber empörte. Das öffentliche Leben wurde mehr und mehr zentralisiert. Die alten Ortsrechte wurden eingeschränkt und das Landvolk war von der Staatspolitik vollständig ausgeschaltet. Dazu ersann man neue Formen von Abgaben und die Bauern wurden von oben herab in einem strengen Ton behandelt. Das Vertrauen der Bauern in ihre Regierung kam ins Wanken. Man wollte es nicht mehr glauben, dass solche Regierungsmassnahmen dem Willen des Herrgottes entsprachen.

Die Bauern erinnerten sich, dass es Bauern waren, die die Vögte vertrieben und die Eidgenossenschaft gründeten und sie in den ersten Jahrhunderten politisch und wirtschaftlich führten. Sie haben damals ihre Freiheit selbst erobert und durften diese auch ausüben. Dass diese alten Rechte den Bauern durch den Adel wieder genommen wurden, empfand man als ein bitteres Unrecht. Aus dieser Mentalität heraus, entwickelten sich im Landvolk grosse Spannungen und ein innerer Hass gegen die Regierungsgewalt. So sah die innere Einstellung bei der Bauernschaft aus, als im Jahre 1618 der Dreissigjährige Krieg ausbrach.

Dieser Krieg zwang die Eidgenossenschaft zur Verstärkung der Landesverteidigung. Ein ständiges Truppenaufgebot war unerlässlich. Zum Schutze der Städte wurden teure Befestigungen mit Schanzen und Randtürmen erstellt.

Das alles kostete Geld. Zur Deckung der militärischen Ausgaben erhoben die Kantone direkte und indirekte Steuern, die besonders vom Landvolk als drückend empfunden wurden. Das Steuerzahlen war schon früher eine unpopuläre Angelegenheit. Heute wird die neue Finanzvorlage heftig kritisiert und bekämpft. Während des Dreissigjährigen Krieges verweigerte das Landvolk die Bezahlung vermehrter Steuern, was in verschiedenen Kantonen zu heftigen Auseinandersetzungen führte. Neben der Einführung einer direkten Steuer wurde das Trattengeld erhöht, das Ohmgeld neu eingeführt und aus dem Salz- und Pulvermonopol vermehrte Erträge herausgepresst. Das machte das Landvolk immer widerwilliger. Diese ländliche Widerspenstigkeit entfachte einen umso stärkeren Druck seitens der Landvögte. Darin hat sich der Landvogt von Trachselwald besonders hervor getan. Herr Tribolet schien seine Sumiswalder arg tribuliert zu haben, und dadurch wurde der Hass im Emmental immer mehr gescheuert.

Wirtschaftlich hatte der Bauernstand während des Dreissigjährigen Krieges Hochkonjunktur. Die Nachfrage nach Lebensmitteln war gross. Eine gewaltige Zahl von deutschen, reichen Flüchtlingen nahmen Aufenthalt in der Schweiz und brachten viel Geld in unser Land. Zahlreiche Händler tauchten auf und kauften bei uns für Deutschland Lebensmittel auf. Die Preise gingen in die Höhe. Eine Preiskontrolle nach heutigem System gab es damals noch nicht. So kam es, dass die Bauern goldene Zeiten hatten. Weil man im Bauernstand im viel Geld verdienen keine Übung hatte, ist dieser gute Verdienst vielen Bauern in den Kopf gestiegen. Man liess die Fünfliber fliegen.

Damals wurden die Bauern verwöhnt. Wäre diese Verwöhnung bei den Bauern noch auf Jahrzehnte hinaus weitergegangen, so hätte das zu einer Landesgefahr führen können, besonders in moralischer Beziehung. Bekanntlich hat unser Bauernstand eine ganz besondere Mission zu erfüllen und die besteht darin, dass er als ewiger Jungbrunnen den gesunden Blutspender machen muss, um der Verweichlichung unserer Nation, besonders in den Städten entgegenzuwirken.

Der Bauernstand muss auch Hüter sein einer gesunden Moral sowie der alten Tugenden: Arbeitsamkeit, Sparsamkeit und Einfachheit. Auch das Predigtgehen darf im Bauernhause nicht aus der Mode kommen und die Kindererziehung hat im Sinne der christlichen Religion zu erfolgen. In diesem Sinne müssen wir zu unserem Bauernstande Sorge tragen. Dass der Bauernstand dabei sein gutes Auskommen haben muss, ist klar, denn wenn er das nicht mehr hat, setzt die Landflucht immer mehr ein und der Bauer wird zum Proletarier degradiert. Dadurch verliert der Staat seine innere Widerstandskraft.

Ein geschwächter Bauernstand würde in einem spätern Weltkrieg seine Aufgabe, die Lebensmittelversorgung unseres Volkes sicherzustellen, ebenfalls nicht erfüllen können. Dadurch wäre eine Hungersnot und damit der Zusammenbruch unserer freien Schweiz unvermeidlich. Hieraus ergibt sich das grosse Interesse, das unser Volk an der Erhaltung eines gesunden Bauernstandes hat. Die Annahme des neuen Landwirtschaftsgesetzes hat gezeigt, dass diese Einsicht bei der Mehrheit des Schweizervolkes vorhanden ist. Darüber dürfen wir uns freuen.

Nach Abschluss des Dreissigjährigen Krieges im Jahre 1648 wendete sich das Blatt und riss den Bauernstand von der Höhe in die Tiefe. Rasch brachen die Preise für die landwirtschaftlichen Produkte um mehr als die Hälfte zusammen. Die Schulden und die Zinse blieben und die hohen Steuern wurden nicht abgebaut. In kurzer Zeit sahen sich die Bauern in einer gefährlichen Notlage. Die Geldstage mehrten sich. Sicher hat während der Konjunkturzeit die Mehrzahl der Bauern am verschwenderischen Leben nicht mitgemacht, sondern hat das Geld zu nützlichen Zwecken auf seinem Gute verwendet. Aber nun war der Preissturz so katastrophal, dass man zum guten Teil von Vermögen leben musste, das immer mehr zusammenschmolz.

In dieser beängstigenden Lage wurden die Bauern von der Münzabwertung überrascht, obwohl man vorher feierlich versprochen hatte, die Münzen nicht abzuwerten. Am 8. Dezember 1652 liess die Berner Regierung durch Verlesen von der Kanzlei das neue Münzmandat verkünden, wonach der Berner Batzen um die Hälfte abgewertet wurde. Während 3 Tagen wurden die alten Münzen noch zum vollen Wert zur Zahlung angenommen,

Quellendokumente

Bundesrat Rudolf Minger (1881–1955) am Pflug in Schüpfen. Als Bauer brachte Minger Verständnis für die Verlierer, als gedienter Magistrat Einsicht in die Beweggründe der Sieger mit, als er 1953 den Bauernkrieg von 1653 historisch und politisch würdigte. Abbildung aus dem Buch «Bundesrat Rudolf Minger. Bauer und Staatsmann», von Hermann Wahlen, Bern: Buchverlag Verbandsdruckerei AG, 4. Auflage, 1965.

aber nachher war es fertig. Von dieser Vergünstigung konnte auf dem Lande nur ein kleiner Teil der Bevölkerung Gebrauch machen. Noch schlimmer als die Berner ging die Luzerner Regierung vor. Sie wertete die Münzen ebenfalls um 50 % ab, aber eine Frist für den Umtausch wurde überhaupt nicht gewährt.

Im Jahre 1653 hat die eidgenössische Tagsatzung, die sich aus den Regierungsmännern der einzelnen Kantone zusammensetzte, die bernische und luzernische Münzpolitik für die ganze Schweiz verbindlich erklärt.

Der Staat Bern hätte die Möglichkeit gehabt, die schlechten Münzen, die während des Dreissigjährigen Krieges geprägt wurden und dem Silberwert nicht mehr entsprachen, einzuziehen und durch vollwertige, neue Münzen zu ersetzen. Dann hätte die Staatskasse den Verlust tragen müssen und das Landvolk wäre von einer Einbusse verschont geblieben. Vermutlich wäre in diesem Falle der Bauernkrieg nicht ausgebrochen. Sicher hat man im Rate zu Bern eingehend darüber gesprochen. Ich könnte mir gut vorstellen, dass hier das folgende Moment den Entscheid wesentlich beeinflusst hat:

Während der landwirtschaftlichen Hochkonjunktur war sicher die Zahl der Neider in den Städten sehr gross. Dazu zeigten sich die Bauern den Regierungserlassen gegenüber vielfach widerspenstig und schürten so den Groll der Regierung. Es ist menschlich verständlich, aber nicht entschuldbar, wenn aus einem gewissen Ressentiment heraus die Regierung zur Auffassung kam, den Bauern sei es lange genug gut gegangen, die hätten einen Aderlass verdient. Dieser Abwertungsbeschluss war ein Beweis, dass die Regierung die Fühlung und das Verständnis für die Bauern verloren hatten.

Wie wir gesehen haben, war der Hass im Landvolk gegen die regierenden Städte schon seit Jahrzehnten vorhanden. Schon lange gährte es, aber an einen Aufstand dachte man gleichwohl nicht. Man hätte auch noch den Preisrückschlag für die landwirtschaftlichen Produkte nach dem Dreissigjährigen Krieg in Kauf genommen. Es war die Münzabwertung, die den Krug zum überlaufen brachte.

Die Entlebucher waren die ersten, die sich auflehnten und geheime Bauernversammlungen abhielten. Das Haupt der Bewegung war der Landespannermeister Johannes Emmenegger, ein wohlhabender Bauer aus Schüpfheim, ein rechtschaffener Mann, der grosses Ansehen genoss. Ihm stand Christian Schibi, ein kühner Haudegen aus fremden Kriegsdiensten zur Seite. Im Entlebuch war die Erbitterung gegen die Luzerner Regierung besonders gross. Aber darüber will ich mich nicht weiter äussern. Das wird vom Kanton Luzern selber besorgt. Ich möchte mich heute auf den Teil des schweizerischen Bauernkrieges beschränken, der zur Hauptsache nur den Kanton Bern betrifft.

Der Entlebucher Funken zündete bald einmal herüber in den Kanton Bern und auch in die Kantone Solothurn, Baselland und in das aargauische Freiamt. Im Kanton Bern war der Nährboden am günstigsten im Emmental und auch im Oberaargau. Zu Beginn des Jahres 1653 fanden eine ganze Reihe von Versammlungen statt. Dabei blieb man in enger Fühlung mit den Entlebuchern. Was sich hier abspielte, darüber waren die regierenden Häupter in Bern durch ihren Nachrichtendienst immer genau im Bild. Die Regierung war deshalb in einer schwierigen Lage, weil sie es nicht wagen durfte, ihre eigenen Truppen aufzubieten, denn diese rekrutierten sich aus dem Bauernstand.

Die Berner Regierung beschritt deshalb vorerst den Weg der Verhandlungen. Sie veranstaltete eine Versammlung in der «Tanne» in Sumiswald, um den Emmentaler Bauern Gelegenheit zu geben, ihre Klagen und Beschwerden vorzutragen. Die Versammlung fand am 24. März 1653 statt. Diesmal erschien auch Niklaus Leuenberger, der sich bis jetzt immer zurückgehalten hatte. Der Sprecher der Regierung war Landvogt Tribolet von Trachselwald. Er las ein Schreiben der Regierung vor, das die Auslieferung der Rädelsführer verlangte und die Versammlung aufforderte, die Begehren und Beschwerden der Obrigkeit vorzulegen. Die Regierung sei bereit, die Klagen zu prüfen und den berechtigten Wünschen zu entsprechen.

Die Bauern zeigten sich nicht abgeneigt, diesem Ansuchen zu entsprechen. Da ergriff Leuenberger das Wort und mahnte zur Vorsicht. Solche Sachen müssten wohl überlegt sein und morgen finde in Konolfingen eine zweite Bauerngemeinde statt und da müsse man vorher darüber sprechen und erst nachher könne man der Regierung antworten. Seinem Antrag stimmte die Versammlung zu. Leuenberger hatte offenbar sehr klug gesprochen. Das Grosse an der Sache war, dass er den Mut aufbrachte, dem Landvogt entgegenzutreten, das war ein Wagnis. Denn wer bis jetzt der Regierung widersprach, lief Gefahr, eingekerkert zu werden.

Diese mutige Tat Leuenbergers machte auf die Bauern einen gewaltigen Eindruck. Von allen Seiten flogen ihm die Sympathien zu und das war wohl auch der Ausgangspunkt zu jenem unbeschränkten Vertrauen, das ihm nachher die ganze Bauernschaft von nah und fern entgegenbrachte. Als Zeichen dieses Vertrauens schenkten ihm die Entlebucher den bekannten roten Mantel.

Wenn die Regierung von Bern auf der einen Seite die Geneigtheit zeigte, den bäuerlichen Forderungen entgegenzukommen, so versäumte sie anderseits nicht, vorsorgliche Massnahmen zu treffen. Sie forderte die Waffenhilfe an sowohl von der Waadt wie auch von der Tagsatzung. An beiden Orten schenkte man ihr Gehör. Auch die eidgenössischen Schiedsrichter wurden nach Bern berufen und nach mühevollen Verhandlungen kam es am 4. April 1653 zu einer Verständigung zwischen den Bauernabgeordneten und der Berner Regierung. Die Regierung entsprach einer grossen Zahl der bäuerlichen Begehren und die 29 Bauernabgeordneten taten nachher kniefällig Abbitte und versprachen durch Handgelübde der Regierung Treue und Gehorsam. Unter diesen Abgeordneten befand sich auch Niklaus Leuenberger. Vermutlich war es sein Eid vom 4. April, der ihn später stark daran hinderte, zu Gewalttaten zu schreiten.

Der Friede, der damals geschlossen wurde, war aber ein fauler. Das beidseitige Misstrauen und der gegenseitige Hass hatten sich viel zu tief eingefressen. Auf das was die 29 Bauernabgeordneten am 4. April mit Bern vereinbarten, wollten die Emmentaler Bauern nicht eintreten. Am 23. April fand in Sumiswald eine grosse Bauernlandsgemeinde statt. Aus Bern, Luzern, Aargau, Solothurn und Baselland erschienen die Abgeordneten. Das Ziel war, sich zu einem Volksbund zusammenzuschliessen und ihn dem Bund der Regierung entgegenzustellen.

Mehr als 1000 Delegierte tagten unter freiem Himmel und Leuenberger wurde aufgefordert, die Leitung zu übernehmen. Dagegen sträubte er sich ganz energisch.

Er schützte seine Unerfahrenheit und seine Jugend vor. Er war damals erst 38-jährig. Aber alles nützte nichts. Er wurde mit grosser Begeisterung zum Leiter auserkoren. Diesem Druck musste er schliesslich nachgeben. Gegen seinen Willen fiel ihm die schwere Rolle eines Obmannes zu. An dieser Versammlung wurde der neue Bundesbrief der Bauern verlesen und angenommen und später in einer Versammlung in Huttwil, am 14. Mai, von 3000 Bauern kniefällig beschworen.

Der Bauernbund verlangte keine neue Schweiz, sondern wollte den ersten Bund der Eidgenossen wieder herstellen. Was er wollte, war nicht revolutionär sondern eher reaktionär. Er wollte den alten demokratischen Rechten zum Durchbruch verhelfen und das war das Grosse und das Positive in der ganzen Bewegung. Man dachte nicht an den Sturz der Regierung, aber man wollte sie zu demokratischen Methoden veranlassen. Im übrigen zeigte der Wortlaut des Bundesbriefes eine grosse Unerfahrenheit und Hilflosigkeit in politischen Dingen. Es fehlte auch nicht an Widersprüchen.

Nun spitzte sich die Lage zu. Als die Sache immer schlimmer wurde und die Bauern immer mehr drängten, bot Leuenberger den Landsturm auf und zog am 21. Mai mit 20000 Mann, hauptsächlich Emmentaler und Oberaargauer, auf das Murifeld und schlug vor der Stadt Bern ein Heerlager auf. Sicher haben die Stadtberner damals böse Stunden und Nächte durchgemacht. Die Regierung hatte keine Truppen, um sie der Armee des Landvolkes entgegen zu werfen. Es wäre für die Bauern ein Leichtes gewesen, die Stadt zu überfallen und die Regierung gefangen zu nehmen.

Die Angst der Berner war deshalb verständlich. Die Stadtbevölkerung konnte nicht wissen, dass Leuenberger nicht die Absicht hatte, die Stadt Bern zu erobern und die Regierung zu stürzen. An das dachte Leuenberger schon deshalb nicht, weil er als ehrlicher und rechtschaffener Mann seinen Treueid der Regierung gegenüber vom 4. April nicht brechen wollte. Als kluger Mann musste er auch wissen, dass, wenn man eine Regierung stürzen will, alle Vorbereitungen getroffen werden müssen zur eigenen Übernahme der Regierungsgewalt. In dieser Beziehung war nichts vorbereitet. Das Regieren war den Bauern vollständig fremd. Es fehlte an fähigen Köpfen, an geistiger Überlegenheit und politischer Erfahrung. An Scharfmachern im bäuerlichen Lager fehlte es nicht. Besonders Schibi hatte Mühe, sein Draufgängertum zu zügeln. Auch ein grosser Teil der Bauernsoldaten waren geladen und wollten handeln.

Niklaus Leuenbergers Seite verlor 1653 die primär durch die wirtschaftliche Not der Bauern ausgelöste Auseinandersetzung mit den Regierungen. Der Obmann des Huttwiler Bundes wurde geköpft und viergeteilt. Den, den triumphierenden Obrigkeiten verhassten, Bundesbrief heftete der Scharfrichter zusammen mit Leuenbergers Kopf an einen Berner Galgen. Langfristig bewirkte die Erinnerung an den Bauernkrieg jedoch obrigkeitliche Mässigung in der Machtausübung und ein offenes Ohr für die Anliegen der Landwirtschaft. Deutlichster Ausdruck dafür wurde im 18. Jahrhundert die von Angehörigen des regierenden Patriziats initiierte «Ökonomische Gesellschaft». Diese, nunmehr «Ökonomische und Gemeinnützige Gesellschaft des Kantons Bern», stellte 1903 in Leuenbergers Heimatort Rüderswil ein Denkmal an den Bundesobmann auf. In Rüderswil sprach alt Bundesrat Rudolf Minger 1953 die unvergänglichen Worte: «*Der Bauernstand muss ... Hüter sein einer gesunden Moral sowie der alten Tugenden: Arbeitsamkeit, Sparsamkeit und Einfachheit.*»

KLAUS
LEUENBERGER
OBMANN
IM
BAUERNKRIEG

GEB. IN RÜDERSWIL
1615
HINGERICHTET IN BERN
1653

ER STARB FÜR DES LANDES
FREIHEIT UND WOHLFAHRT

Damals hatte Leuenberger einen schweren Stand. Er war keine Kampf- und keine eigentliche Führernatur. Sein Marsch nach Bern war nicht gedacht als Auftakt zur blutigen Revolution und zum Bürgerkrieg. Für ihn handelte es sich um eine militärische Demonstration, um den Adel für eine vernünftige vertragliche Verständigung unter Druck zu setzen. Ihm war auch die Einstellung der Tagsatzung bekannt und er musste sich sagen, dass die Eroberung der Stadt Bern einen bewaffneten eidgenössischen Konflikt auslösen könnte, aus dem die Berner Bauern kaum als Sieger hervorgehen konnten. Aus all diesen achtbaren Überlegungen blieb Leuenberger in seinem Entschluss, die Stadt Bern nicht zu überfallen, fest, trotz dem Drängen in seinen eigenen Reihen.

In ihrer Bedrängnis empfand die Berner Regierung das Verlangen der Bauern zu neuen Verhandlungen als eine Erlösung. Damit konnte man Zeit gewinnen. Die Regierung kam den Forderungen der Bauern weitgehend entgegen und am 29. Mai wurde der «Murifeldvertrag» beidseitig angenommen und unterzeichnet. Damit glaubte Leuenberger, das Ziel mit seiner militärischen Demonstration erreicht zu haben und er atmete auf. In seiner Gutgläubigkeit, jetzt sei der Friede im Kanton Bern wiederum hergestellt, entliess er seine Truppen nach Hause.

In andern Kantonen ging die Bewegung weiter. Eine Tagsatzungsarmee in der Stärke von 8000 Mann besammelte sich in Zürich und trat den Vormarsch an. Kommandant war Oberst Werdmüller. Er marschierte mit seinem Heer am 30. Mai vor Mellingen und am 31. Mai erfolgte der Einmarsch und zwar kampflos. Der einzige bedeutende Kampf spielte sich in Wohlenschwil ab. Er war heftig und die Bauern verteidigten sich gut, aber er dauerte nur kurze Zeit. Nachdem man von Bern die Kunde erhalten hatte vom Murifeldvertrag, liessen sich die Bauern einschüchtern und suchten um Waffenstillstand nach. Viel Blut wurde im Bauernkrieg nicht verflossen. Als Leuenberger von Wohlenschwil mit einer Schar Getreuer zurückkehrte, leistete er auf dem Kirchhof Herzogenbuchsee der Armee von Erlach einen schwachen Widerstand und kehrte nachher nach Hause zurück. Er macht noch einen kleinen Fluchtversuch, wurde aber bald von einem seiner Nachbarn, den er früher zu seinen Freunden zählte, verraten und nach Trachselwald verbracht.

Wenn der Murifeldvertrag von der Regierung innegehalten worden wäre, so hätte der Bauernkrieg für die bernische Landwirtschaft einen glänzenden Erfolg bedeutet. Statt dessen endete dieser Krieg in einer furchtbaren Niederlage der Bauern.

Warum wurde der Murifeldvertrag nicht gehalten? Nachdem Leuenberger seinen Landsturm entlassen hatte, rückten die Truppen aus dem Welschland, die von der Berner Regierung schon lange bestellt wurden, heran. Es waren ca. 7000 Mann unter Führung von General von Erlach. Die Verhandlungen auf dem Murifeld bedeuteten für die Regierung offensichtlich nur einen Kampf um Zeit zu gewinnen. Es war eine Kriegslist, der der gutgläubige Leuenberger zum Opfer fiel. Nun suchte die Regierung alle möglichen Vorwände, um zu beweisen, dass die Bauern gegen den Vertrag verstossen hätten und dass der Vertrag somit keine Gültigkeit mehr habe. Solche Vorwände findet man bekanntlich immer. Nun setzte seitens der Berner Regierung eine furchtbare militärische Strafexpedition ein. Jetzt, da man wieder über die nötigen Mittel verfügte, musste dem Berner Volk deutlich vor Augen geführt werden, wer im Kanton Bern Herr und Meister sei. Jetzt musste ein Exempel statuiert werden, damit bei den Untertanen der Gedanke an eine Auflehnung den gnädigen Herren gegenüber für alle Zeiten unterdrückt wurde.

Ich möchte auf all die Greueltaten, die durch die welschen Truppen bei ihrem Durchmarsch durch den Kanton Bern bis in den Aargau hinein ausgeübt wurden, nicht eintreten. Ich möchte auch nicht eintreten auf die Art der Folterung und der bestialischen Hinrichtung der 23 bernischen Rädelsführer, speziell von Leuenberger. Was sich hier abspielte, das ist in der Geschichte des alten Bern ein so dunkles Blatt, dass es einem direkt den Atem verschlägt, wenn man darüber sprechen soll.

Dagegen möchte ich mir noch ein paar allgemeine Betrachtungen erlauben. Ein jeder Mensch hat seine eigene Meinung und glaubt gerne, seine Überzeugung sei die einzig richtige. Deshalb sind wir gerne geneigt, über diejenigen den Stab zu brechen, die anderer Ansicht sind als wir selbst. Dabei sollten wir aber nicht übersehen, dass die Willensbildung und die Geistesrichtung bei jedem einzelnen Menschen von den verschiedensten Faktoren beeinflusst werden. Wichtig ist, wo einer aufwächst und was für Jugendeindrücke er ins Leben mitbringt. Diese Eindrücke sind ganz anders bei den Bauernbuben, als bei den Stadtgielen. Dazu kommt die Einstellung der Eltern und die Art, wie sie ihre Kinder erziehen. Eine grosse Rolle spielt der Bildungsgang und der Beruf, dem sich einer widmet. Wichtig sind auch die ökonomischen Verhältnisse im Elternhaus und die spätern Existenzsorgen.

Wie ist nun der Bauernführer Niklaus Leuenberger aufgewachsen? Ich habe es mir nicht nehmen lassen, seinen väterlichen Stammsitz Schönholz vor einiger Zeit selbst zu besichtigen. Landschaftlich ist das ein schöner Ort. Man hat in nächster Nähe eine herrliche Aussicht über einen grossen Teil von Emmental und in die Berge. Wenn einer im Schönholz aufgewachsen ist, dann versteht man seine Anhänglichkeit an die Heimat. Die fromme Erziehung im Elternhaus und der Kontakt mit Schöpfer und Schöpfung liessen Leuenberger zu einem streng gläubigen Christen heranwachsen. Er wurde ein ehrlicher, aufrichtiger und korrekter Bürger. Sein Kompass war sein Gewissen. Er liess sich nie etwas Unehrenhaftes zuschulden kommen und ist als Ehrenmann in den Tod gegangen.

Die Lage seines bäuerlichen Hofes war schön, aber viel Land war steil. Früh hat er sich an strenge Arbeit gewöhnt. Er war ein aufgeweckter Bursche mit viel natürlicher Intelligenz. Ohne Schulbildung lernte er doch lesen und schreiben, wenn auch nur notdürftig.

Von 11 Kindern war Klaus das älteste. Die Familiendevise lautete: Beten, Arbeiten und Sparen. Früh starben seine Eltern. Mit 23 Jahren hatte er das Gut als Eigentümer übernommen. Es war ein Einzelhof. Dieses Einzelhofsystem war nirgends so stark verbreitet wie im Emmental und Entlebuch. Alle diese Hofbauern kannten die Dreifelderwirtschaft und den Flurzwang, wie er im Flachlande in den Dorfsiedlungen gehandhabt wurde, nicht. Umso freier fühlten sie sich. Der Hof Schönholz hatte zudem noch den Vorteil, dass er persönliches Eigentum war. Er gehörte Leuenberger und nicht dem Adel. Er schuldete den Zehnten, aber keinen Bodenzins.

In dieser bäuerlichen Atmosphäre, im Gefühl der Selbständigkeit, ist die Person Leuenbergers geformt worden. Über die

Obrigkeit zu schimpfen, hatte Leuenberger lange Zeit keinen Grund. Zum Landvogt Tribolet hatte er gute Beziehungen. Tribolet war Pate eines seiner Kinder. Leuenberger war ein richtiger zufriedener Bauer. Um das Staatswesen kümmerte er sich weiter nicht. Politik und Diplomatie waren für ihn unbekannte Begriffe. Während des Dreissigjährigen Krieges gehörte Leuenberger zu den sparsamen Bauern, die ihr Geld sicher nicht verschleuderten.

Ihm gingen die Augen erst auf nach Kriegszusammenbruch, als die Produktionspreise unheimlich zusammenbrachen. Dann kam die Münzabwertung, wobei er sein halbes Vermögen verlor. Jetzt kamen Kummer und Not auch über Schönholz. Leuenberger sah, wie immer mehr Bauern in Geldstag kamen und mit welcher Brutalität die gnädigen Herren die Bodenzins eintrieben. Er bekam es mit der Angst zu tun, dass ihn das gleiche Schicksal auch erreichen könnte. Jetzt erst sträubte sich sein Rechtsempfinden. Was da geschah, empfand er als bitteres Unrecht den Bauern gegenüber. So konnte und durfte es nicht mehr weitergehen. Hier musste ein Ausweg gefunden werden. Aus diesen Überlegungen heraus hat sich Leuenberger nach langer Zurückhaltung der grossen Bewegung seiner Bauernkollegen angeschlossen. Er tat es mit gutem Gewissen in der Überzeugung, einer gerechten Sache zu dienen.

Ist es den Bauern von damals zu verargen, dass sie, nachdem mit guten Worten nichts zu erreichen war, mit schärferen Methoden ihren Begehren um Rückgabe der alten Freiheiten Nachachtung verschaffen wollten? Wenn wir ehrlich sein wollen, so können wir dieser Bauernbewegung, so unglücklich sie auch verlaufen ist, ihre Berechtigung nicht versagen.

Wenn die Ökonomische und gemeinnützige Gesellschaft des Kantons Bern im Jahre 1903 hier in Rüderswil zu Ehren Leuenbergers ein Denkmal errichten liess, so ist das ein Zeichen dafür, dass eine spätere Bauerngeneration die Ursachen, die zum Bauernkrieg geführt haben, verstanden hat. Der Bauernkrieg war ein Kampf um eine gerechte Sache und kann als Schrittmacher für die Wiederherstellung der demokratischen Volksrechte betrachtet werden. In diesem Sinne verehren die Berner Bauern heute ihren Klaus Leuenberger als einen Märtyrer, der sein Leben im Kampf um die Existenzgrundlage des bernischen Bauernstandes einsetzte.

Und nun wollen wir uns auch noch die Verhältnisse im Lager der damaligen Regierungskreise etwas näher ansehen. Die Berner Regierung von Gottesgnaden hat im Verlaufe der Jahre geschickt operiert und dem Staate Bern zu grosser Macht und Ansehen verholfen. Das wollen wir dankbar anerkennen. Ich habe schon darauf hingewiesen, dass diese gewaltigen Erfolge bei der Regierung das Gefühl der Überheblichkeit und Unfehlbarkeit steigerten. Man fing an, die Meinung der Untertanen zu missachten, und verzichtete 1613 auf jede Volksbefragung. Die Berner Regierung früherer Jahrhunderte wusste sich ein grosses Volksvertrauen zu schaffen. Die Regierung des 16. und 17. Jahr-

Bundesrat Samuel Schmid gedachte am 13. April 2003 in Sumiswald und in Heiligkreuz (Bild) der Männer und Frauen, die sich in der Mitte des 17. Jahrhunderts in der Schweiz dem Absolutismus in den Weg stellten. Er forderte dabei an der Stätte der Entlebucher Landsgemeinden von 1653 zu jener Beteiligung an den öffentlichen Geschäften auf, welche das Leben einer Demokratie ausmacht.

Eröffnungswort
von Bundesrat Samuel Schmid

hunderts wandelten das Vertrauen um in ein gewaltiges Misstrauen im Volke. Die Fühlung mit der bäuerlichen Bevölkerung ging verloren. Man erblickte das Heil in den immer stärker werdenden Städten und bevorzugte sie.

Ein solcher Zustand ist für eine Regierung immer gefährlich und muss früher oder später zur Explosion führen. Sicher war die Regierung im 17. Jahrhundert im Glauben, die Massnahmen, die sie traf, seien für unser Staatswohl richtig. Die städtische Erziehung und der ganze Bildungsgang der damaligen regierenden Häupter haben sie daran gehindert, die Sorgen der Bauern und ihre freiheitlichen Gefühle zu verstehen. Deshalb waren sie gar nicht imstande, sich Rechenschaft zu geben über die Auswirkungen ihrer Massnahmen im Landvolk. Von der Auslösung einer Bauernbewegung gegen die Regierung im Jahre 1653 waren sie sicher im höchsten Masse erstaunt und überrascht.

Dass die Regierung sofort die nötigen Massnahmen traf, um einen Aufstand niederzuschlagen, ist eine Selbstverständlichkeit. Als sie in die Enge getrieben wurde, hat sie eine Kriegslist angewendet und den Bauern Sand in die Augen gestreut. Was sich die Berner Regierung mit dem Murifeldvertrag geleistet hat, war offensichtlich ein verräterisches Manöver. Unter normalen Verhältnissen müsste man eine solche Handlungsweise verabscheuen. Aber wenn man vor einem kriegerischen Überfall steht, wie das für die Stadt Bern zwischen dem 21. und 29. Mai 1653 der Fall war, so kann man nicht mehr mit gleichen Massstäben messen. Die Berner Regierung hat ihr Verhalten nicht als Verrat sondern als Kriegslist bewertet.

Meinen Ausführungen können Sie entnehmen, dass ich versucht habe, in neutraler Weise mich in die Mentalität und Denkungsart beider Parteien, der Bauern und der Herren, zu versetzen. Wenn man das tut, fällt nachher das Urteil für beide Richtungen viel objektiver, milder und menschlicher aus. Im Bauernkrieg sind die gnädigen Herren als Sieger hervorgegangen, aber das innere Glück und den inneren Frieden hat ihnen dieser Sieg sicher nicht gebracht. Sie mussten einsehen, dass sie selbst schlimme Fehler begangen hatten, und sie haben sich zweifellos schwere Vorwürfe gemacht.

Der Bauernkrieg hatte ähnliche Auswirkungen wie die Reformation. Diese religiöse Bewegung veranlasste die katholische Kirche zu einer Säuberung und zur Abstellung von Missbräuchen. Nur dadurch konnte sie schliesslich die Bewegung der Reformation zum Abstoppen bringen.

Der Bauernkrieg hat den regierenden Kreisen die Augen geöffnet und sie zu humaneren Massnahmen gezwungen. Nur so konnten sie einem späteren Bauernaufstand zuvorkommen. Ein Beweis dieser Einsicht ist ein Mandat der Tagsatzung vom Oktober 1653, also unmittelbar nach dem Bauernkrieg. Nach der Darstellung unseres Berner Historikers, Prof. Feller, *«wurden durch dieses Tagsatzungsmandat die Landvögte verpflichtet zur nachsichtlichen Behandlung der Untertanen, vor allem zur Bescheidenheit im Einzug der Steuern. Die Landvögte sollten den Untertanen mit Bescheidenheit begegnen und sie nicht mit rauhen Worten anfahren, die Bussen mit mehr Milde als Strenge einfordern und allen, die Rat und Hilfe suchen, an die Hand zu gehen.»* Zur Beseitigung der Missstände in den eigenen Reihen traf auch die Berner Regierung ihre Massnahmen. So hat sie beispielsweise den Landvogt Tribolet für längere Zeit seines Amtes enthoben und seine begangenen

Sünden blossgestellt. Man schlug einen humaneren Kurs ein, und dieser Kurswechsel kann als Erfolg des Bauernkrieges gewertet werden.

Besonders im 18. Jahrhundert hatten sich die Berner Bauern über ihre Regierung nicht zu beklagen. Unter der Führung von Patriziern wurde im Jahre 1759 die Ökonomische Gesellschaft des Kantons Bern gegründet. Die Dreifelderwirtschaft wurde aufgehoben, der Bauer erfreute sich vermehrter Freiheiten. Nach Ratschlägen aus Patrizierkreisen wurde die landwirtschaftliche Produktion gesteigert und vorübergehend durfte sich der Bauernstand einer Blütezeit erfreuen.

Zu einer Änderung im Regierungssystem konnte sich die Berner Regierung auch im 18. Jahrhundert nicht entschliessen. Für die neue Theorie von Freiheit, Gleichheit und Brüderlichkeit, die von Frankreich her, besonders auch von Rousseau in unser Land hinein getragen wurde, hatte die Berner Regierung taube Ohren.

Das war immer so, dass Regierungen oder auch mehrheitlich Parteien, wenn sie an der Macht waren, niemals freiwillig auf ihre Machtposition verzichtet haben. Immer waren es Volksbewegungen mit meistens revolutionärem Einschlag, die eine systematische Änderung in der Regierungsform herbeiführten.

Das war auch im Jahre 1798 beim Einmarsch der Franzosen der Fall. Die französische Ideologie fand in der Schweiz, besonders bei den Bauern einen guten Nährboden. Das war der Grund, weshalb auch die bernischen Truppen nur noch einen pro forma Widerstand ohne grosse Begeisterung leisteten, wobei die Erinnerung an den Bauernkrieg sicher sehr stark mitspielte.

In den ersten Märztagen des Jahres 1798 ist das stolze mächtige alte Bern untergegangen. Aber glücklicherweise blühte später neues Leben aus den Ruinen. Mit der Annahme der Bundesverfassung im Jahre 1848 entstand eine neue Schweizerische Eidgenossenschaft, in der die demokratischen Volksrechte, wie sie den Führern im Bauernkrieg vorschwebten, eine feste Verankerung erfahren haben. Heute nimmt der Kanton Bern im Bunde der Eidgenossenschaft eine Stellung ein, an der wir Freude haben dürfen. Freude haben wir aber nicht nur am Kanton Bern, sondern auch an unserer schweizerischen Eidgenossenschaft. Der eidgenössische politische Kurs der letzten Jahrzehnte hat sich glänzend bewährt. Der Hauptaktivposten dieser Politik liegt darin, dass es uns möglich wurde, den Weltkrieg von unsern Grenzen fern zu halten. Gleichzeitig haben die grossen Gefahren, besonders auch in geistiger Beziehung, die damals unser Land umlauerten, eine Einigkeit im Volke geschaffen, wie das in frühern Zeiten wohl selten oder nie der Fall war. Bei allen Meinungsverschiedenheiten, die in einem demokratischen Staatswesen zu den Selbstverständlichkeiten gehören, ist es unserer Staatspolitik gelungen, in den letzten Jahren diese Einigkeit in unserem Lande zu erhalten. Die heutige Ausgangslage für die Weiterentwicklung unserer Eidgenossenschaft darf als sehr günstig bezeichnet werden.

Der Bauernkrieg lehrt uns, dass die Einigkeit in einem Staatswesen dann gefährdet wird, wenn einzelne Wirtschaftsgruppen notleidend werden, während andere Zweige sich weiterhin guter Zeiten erfreuen dürfen. Dann tritt anstelle des gegenseitigen Vertrauens ein Misstrauen, das zu grossen Spannungen führen muss. Die Aufgabe unserer Staatspolitik besteht darin, diese Gefahren rechtzeitig zu erkennen und einen Ausgleich und eine gerechte Verteilung des Volkseinkommens herbeizuführen. Dieser Ausgleich ist in den letzten Jahren gefördert und untermauert worden durch die Einführung der Alters- und Hinterbliebenenversicherung und durch die Annahme des neuen Landwirtschaftsgesetzes. Leider müssen wir konstatieren, dass es Kreise gibt, die versuchen, die Ausführungsbestimmungen so zu verwässern, dass das Landwirtschaftsgesetz in seiner Wirksamkeit stark eingeengt würde. Aber glücklicherweise ist der Einfluss anonymer Gruppen, die eine zeitlang böse in die eidgenössische Politik hineinfunkten, in den letzten Jahren stark zurückgegangen.

Mit Befriedigung dürfen wir feststellen, dass der Bundesrat und die eidgenössischen Räte, auch wenn es gelegentlich hart auf hart ging, während und nach dem letzten Weltkrieg bis auf den heutigen Tag in ihrer Staatspolitik sich von grosser Weitsicht leiten liessen. Unser Wunsch ist es, dass die Einigkeit im Volke und der staatspolitische Weitblick unserer Landesbehörden uns auch dann erhalten bleiben, wenn auf die heutige Hochkonjunktur wieder schlimmere Zeiten mit kommunistischen Gefahren kommen sollten. Wenn Einigkeit und politischer Weitblick bleiben und wenn gleichzeitig unser Herrgott seine schützende Hand über unser schönes Heimatland auch in Zukunft ausbreitet, dann dürfen wir mit voller Zuversicht der Weiterentwicklung unseres lieben Schweizerlandes entgegenblicken. Aber dabei müssen wir uns immer wieder das Schillerwort vor Augen halten:

«Nur der verdient die Freiheit und das Leben, der täglich sie erwerben muss.»

Bibliografie

Aregger Julius, Der Bauernkrieg von 1653: Eine Rückschau, in: Luzerner Schulblatt, Sondernummer, 69. Jahrgang Nr. 5, Luzern: Schill & Cie., 1953.

Arx Ferdinand von, Untervogt Adam Zeltner und seine Teilnahme am Bauernaufstand 1653, Olten: Dietschi ohne Jahr.

Bernoulli Hans, Das Leuenbergspiel. 5. Bilder aus dem Schweizer Bauernkrieg, der Revolte gegen die Deflationswirtschaft der Jahre 1648 bis 1653, Bern: Pestalozzi-Fellenberg-Haus, 1933.

Bircher Eugen, Der Anteil Solothurns am Bauernkriege, in: Lueg nit verby 1953, S. 67 bis 82, Derendingen: Habegger AG, 1953.

Bircher Eugen, Der Anteil des Aargau am Bauerkrieg 1653, in: Aargauer Tagblatt Nr. 153, Aarau: Aargauer Tagblatt, 1953.

Bögli Hans, Der bernische Bauernkrieg in den Jahren 1641 und 1653. Nach Akten im bernischen Staatsarchiv, Bern: Kommissionsverlag von Nydegger & Baumgart, 1888.

Bolliger Markus, Der Bauernkrieg von 1653 und die Untertanen auf der Basler Landschaft, in: Wettstein – Die Schweiz und Europa 1648, Basel: Historisches Museum und pädagogisches Institut (Herausgeber), ohne Jahr.

Bürgisser E., Bremgarten und der Bauernkrieg 1653, in: Freiämter-Kalender 1954, S. 61 bis 64, Wohlen: Buchdruckerei Kasimir Meyer's Söhne AG, 1954.

Capitani Francois de, Der Bauernkrieg von 1653, in: Geschichte der Schweiz und der Schweizer, Basel: Helbing & Lichterhahn, 1986, ISBN 3-7190-0943-2.

Fahrni Dieter, Der Bauernkrieg von 1653, in: Schweizer Geschichte – Ein historischer Abriss von den Anfängen bis zur Gegenwart, S. 44 bis 52, Zürich: Pro Helvetia, 2000, ISBN 3-907622-32-4.

Feller Richard, Der Bauernkrieg, in: Geschichte Berns Band 2, S. 601 bis 659, Bern: Herbert Lang & Cie., 1953.

Fischer Eduard, Adam Zeltner und der Bauernkrieg von 1653: Zur 300-Jahr-Feier des Schweizerischen Bauernkrieges, Solothurn: Staatskanzlei, 1953.

Fischer Gottlieb, Purechrieg, Schauspiel in drei Aufzügen, Aarau: H. R. Sauerländer ohne Jahr.

Flückiger Gertrud und Flückiger Ulli, Ulli Flückinger von Flückingen: Sein Leben und sein Tod im Bauernkrieg 1653, Affoltern: F. Flückiger, 1988.

Flückiger Gottfried, Klaus Leuenberger und der schweizerische Bauernkrieg von 1653: Eine Festschrift zur Erinnerung an die Einweihung des Leuenbergerdenkmals in Rüderswil am 7. Juni 1903, Bern: K. J. Wyss, 1903.

Frutiger Max und Balzli Ernst, Der Bauernkrieg 1653, ohne Ort: ohne Verlag, 1953.

Gauss Julia, Über die Ursachen des Baselbieter Bauernkrieges von 1653, in: Baselbieter Heimatbuch Nr. 6, S. 162 bis 192, Liestal: Kantonale Drucksachen- und Materialzentrale, 1954.

Guggenbühl Gottfried, Der schweizerische Bauernkrieg von 1653, Zürich: Gebr. Leemann & Co, 1913.

Haberstich H., Das Suhrental im Bauerkrieg, in: Euse Kaländer, S. 73 bis 81. Schöftland: Baumann, 1953.

Häusler Gottfried, Die Auswirkungen des Bauernkriegs von 1653 im Gebiete des heutigen Bürenamtes, in: Hornerblätter 1953, S. 37 bis 48, Büren a/A: Vereinigung für Heimatpflege, 1953.

Hartmann Heinrich, Die Baselbieterbauern im Bauernkrieg vom Jahre 1653, Liestal: Gebr. Lüdin, 1904.

Hediger Jürg, Wiedlisbach und das Bipperamt im Bauernkrieg von 1653, in: Jahrbuch des Oberaargaus 1995, S. 215 bis 232, Langenthal: Jahrbuchvereinigung Oberaargau (Herausgeberin), 1995.

Heimann Arnold, Klaus Leuenberger: Vaterländisches Trauerspiel in fünf Akten, Biel: Ernst Kuhn, 1895.

Bibliografie

Henzi Hans, Das Ende des Bauernkrieges 1653 in Herzogenbuchsee, Langenthal: Buchdruckerei Fritz Kuert AG, 1973/1974.

Heusler Andreas, Der Bauernkrieg von 1653 in der Landschaft Basel, Basel: Neukirch'sche Buchhandlung, 1854.

Hostettler Urs, Der Rebell vom Eggiwil: Aufstand der Emmentaler 1653 – Eine Reportage, Bern; Bonn; Wien: Zytglogge, 1991, ISBN 3-7296-0298-5.

Huber Emil, Der Bauernkrieg des Jahres 1653, in: Toggenburger Heimat-Jahrbuch 1953, S. 139 bis 144, Bazenheid: Thur-Verlag, 1953.

Jaggi Arnold, Der schweizerische Bauernkrieg von 1653, Solothurn: Gassmann, 1940/41.

Jäggi Jakob, Der Bauernkrieg und Adam Zeltner von Niederbuchsiten: Die Geschichte der Vergangenheit ist der Spiegel der Zukunft, Solothurn: Ohne Verlag, 1888.

Jordan Joseph, Fribourg et la Guerre des Paysans, in: Annales Fribourgoises 1953, S. 56 bis 88, Fribourg: Société d'histoire du Canton de Fribourg, 1953.

Kern Hans, und Hostettler Urs, Bauernkrieg 1653, Eine Winternacht im Eggiwil – hier, wo alles begann, Das Buch zum Stationentheater im Eggiwil, CH-3537 Eggiwil: Hans Kern und Verkehrsverein Eggiwil, 2003.

Kindhauser Ernst, Die bösen, groben und schnöden Gepurslüt, in: Die Weltwoche Nr. 48 vom 30. November 1995, S. 59, Zürich: Weltwoche Verlag, 1995.

Landolt Niklaus, Der Bauernkrieg 1653, in: Untertanenrevolten und Widerstand auf der Basler Landschaft im 16. und 17. Jahrhundert, S. 479 bis 701, Liestal: Verlag des Kantons Basel-Landschaft, 1996.

Liebenau Theodor von, Der Bauernführer Christian Schybi von Escholzmatt, Luzern: J. Schill, 1904.

Liebenau Theodor von, Der Luzerner Bauernkrieg vom Jahre 1653, in: Jahrbuch für schweizer Geschichte, Teil 1 bis 3, in Bd. 18/19/20, Zürich: Fäsi & Beer, 1893/95.

Liebenau Theodor von, Der Schriftführer der Entlibucher im grossen schweizerischen Bauernkriege (Johann Jakob Müller von Rapperswil), Luzern: Buchdruckerei Gebrüder Räber, 1885.

Linder Walter, Das aargauische und luzernische Seetal im Bauernkrieg 1653, ohne Ort: ohne Verlag, 1953.

Meles Brigitte, Der Bauernkrieg von 1653, in: Wettstein – Die Schweiz und Europa 1648, Basel: Christoph Merian Verlag, 1998, ISBN 3-85616-98-1.

Merki-Vollenwyder Martin, Unruhige Untertanen: Die Rebellion der Luzerner Bauern im zweiten Villmergerkrieg (1712). Luzern; Stuttgart: Rex Verlag, 1995, 3-7252-0614-7.

Mühlestein Hans, Der grosse schweizerische Bauernkrieg 1653, Celerina: Selbstverlag des Verfassers, 1942.

Müller Roland, Berne et la collaboration confédérale dans la guerre des paysans de 1653, in: HISPO Nr. 6, Bern: HISPO, 1985.

Müller Roland, Der schweizerische Bauernkrieg von 1653, in: Bauern und Patrizier: Stadt und Land Luzern im Ancien Régime, S. 104 bis 117, Luzern: Lehrmittelverlag, 1986.

Nabholz Hans, Der Anteil der Grafschaft Lenzburg am Bauernkrieg 1653, Aarau: H. R. Sauerländer & Co., 1902.

Portmann Franz Joseph, Der Bauern-Krieg und Christian Schybi, Escholzmatt: A. Arnold-Steffen, 1902.

Reumund Ueli, Ungnädig: Bilder aus dem schweizerischen Bauernkrieg, Belp: Theaterverlag Elgg, 1999.

Rhyn Hans, Klaus Leuenberger: Trauerspiel in 5 Aufzügen, Aarau: H. R. Sauerländer & Co., 1930.

Rösli Joseph, Der Bauernkrieg von 1653, im besonderen die Bestrafung der aufständischen Berner und Aargauer, Bern: Neukomm & Salchrath, 1932.

Rubi Christian, Klaus Leuenberger: Mundartstück in 5 Aufzügen aus der Zeit der Bauernkrieges von 1653, Langnau i. E.: Emmenthaler-Blatt AG, 1952.

Schädelin Johann Jakob, Klaus Leuenberger: Historisches Drama in vier Abtheilungen, Bern: Hallersche Buchdruckerei, 1837.

Schmid-Ammann P., Die Ursachen des schweizerischen Bauernkrieges von 1653 und seines unglücklichen Ausganges, in: Festgabe Ernst Laur, S. 113 bis 135, Brugg: Buchdruckerei Effingerhof, 1937.

Siegrist Jean Jacques, Die Freien Ämter im «Bauernkrieg» von 1653, in: Unsere Heimat, Jahrgang 64, S. 72 bis 88, ohne Ort: Historische Gesellschaft Freiamt (Herausgeberin), 1996.

Spühler Johann Jacob, Drei Episoden aargauischer Geschichte. Dramatisch bearbeitet von J. J. Spühler, Aarau: Emil Wirz, 1903.

Staender Walther, Dr Burechünig (Klaus Leuenberger): Ein Führerschicksal in 7 Bildern aus dem schweizerischen Bauernkrieg 1653, Bern: A. Francke, 1928.

Stierlin Rolf Emanuel, Der Bauernkrieg 1653, in: Neujahrsblatt von Bern 1850. Bern: Verlag der Buchhandlung Huber & Comp., 1850.

Suter Andreas, Der schweizerische Bauernkrieg 1653. Ein Forschungsbericht, in: Die Bauern in der Geschichte der Schweiz, Zürich: Chronos, 1992, ISBN 3-905311-05-4.

Suter Andreas, Der schweizerische Bauernkrieg von 1653, Tübingen: Bibliotheca-Academica-Verlag, 1997, ISBN 3-928471-13-9.

Thalmann Melk, Der dritte Tell, Zürich: Verlag bbb Edition Moderne, 2000, ISBN 3-907055-41-1.

Türler Heinrich, Zeitgenössische Notizen über den Bauernkrieg von 1653, in: Neues Berner Taschenbuch auf das Jahr 1904, S. 123 bis 137, Bern: Wyss, 1903.

Türler Heinrich, Zur Geschichte des Bauernkrieges und Notizen über Niklaus Leuenberger, in: Neues Berner Taschenbuch auf das Jahr 1903, S. 224 bis 227, Bern: Wyss, 1902.

Vock Alois, Der Bauernkrieg im Jahr 1653, oder der grosse Volksaufstand in der Schweiz, Aarau: J. J. Christen, 1831.

Wahlen Hermann, Der Schweizerische Bauernkrieg von 1653, in: Wir jungen Bauern, Teil 1 bis 4, in Bd. 1/3/4/5, Solothurn: Druckerei Gassmann, 1953/54.

Wahlen Hermann und Jaggi Ernst, Der schweizerische Bauernkrieg, 1653, und die seitherige Entwickung des Bauernstandes, Bern: Verbandsdruckerei, 1952.

Wallimann-Huber Josef, Der grosse Bauernkrieg vom 1653 von Beromünster aus gesehen, Beromünster: ohne Verlag, 1965.

Wapf Anton, Der schweizerische Bauernkrieg oder der Kampf des Volkes gegen die Aristokratie im Jahre 1653, Luzern: Buchdruckerei Gebr. Bader, 1879.

Wicki Otto, Kaufmann Anton, Bauernkrieg 1653, Schüpfheim: Druckerei Schüpfheim AG, 2003, ISBN 3-907821-18-1.

Wiget Carl J., Der Bauernkrieg von 1653, in: Basler Magazin Nr. 21 vom 23.05.1992, Basel: Basler Zeitung, 1992.

Wyser Alfred, Der schweizerische Bauernkrieg, 1653, in: Sonderbeilage des Oltener Tagblattes vom 4. Juli 1953, Olten: Oltener Tagblatt, 1953.

Zingg Eduard, Olten im Bauernkrieg 1653, Olten: Verlag Otto Walter AG, 1953.

Zutter Kurt, Katalog zur Sonderausstellung «Bauernkrieg 1653». Langnau im Emmental, ohne Verlag, 1999.

Ohne Autor, Der grosse Bauernkrieg von 1653: Text zu der dramatischen Aufführung vom Fastnachtsmontag 1863 in Stäfa: ohne Verlag, 1863.

Ohne Autor, Der Schweizerische Bauernkrieg von 1653, in: Schweizer Klassenkämpfe, S. 35 bis 54, Zürich: Unionsverlag, 1976.

Anmerkungen

[1] Marco Jorio (Herausgeber), 1648, Die Schweiz und Europa, Zürich: Chronos, 1999, ISBN 3-905313-14-6, Seite 167, der Ausdruck wird von Landammann und Rat von Uri 1646 verwendet und zeigt, dass sich die Schweizer jener Tage durchaus nicht nur als Angehörige ihres Kantons und als Eidgenossen, sondern auch, selbst in ihren offiziellen Dokumenten, als Cives, als Bürger eben des grösseren Vaterlandes, der Schweiz, verstehen konnten.

[2] Einen raschen Überblick nebst Zugang zu den Quellen und zur Literatur gibt das Historische Lexikon der Schweiz (http://www.snl.ch/dhs/externe/protect/textes/D8909.html). Grundlegende Darstellungen aus dem 20. Jahrhundert bieten etwa Richard Feller, Geschichte Berns, Band II, Bern: Herbert Lang & Cie., 1953, Seiten 601 bis 659, Hermann Wahlen und Ernst Jaggi, Der Schweizerische Bauernkrieg 1653, Bern: Buchverlag Verbandsdruckerei, 1952, Hans Mühlestein, Der grosse schweizerische Bauernkrieg, Celerina: Hans Mühlestein, 1942 sowie, aus den Neunziger Jahren des 20. Jahrhunderts, die beiden Werke Urs Hostettler, Der Rebell von Eggiwil, Bern: Zytglogge, 1991, ISBN 3-7296-0298-5 und Andreas Suter, Der schweizerische Bauernkrieg von 1653: politische Sozialgeschichte – Sozialgeschichte eines politischen Ereignisses, Tübingen: Bibliotheca-Academica-Verlag, 1997, ISBN 3-928471-13-9.

[3] Bei Hans Conrad Peyer, Verfassungsgeschichte der alten Schweiz, Zürich: Schulthess, 1978, ISBN 3 7255 1880 7, Seiten 139 bis 141 findet sich eine in gut 80 Positionen gegliederte, recht vollständige Liste der «Proteste, Konflikte, Unruhen in der Eidgenossenschaft vom 15. bis 18. Jahrhundert». Die Einträge für die Jahre zwischen 1641 und 1678 lauten:

1641	Bern, Steuerunruhen
1641/46	Zürich, Steuerunruhen im Kyburger Amt, Herrschaft Wädenswil, Knonauer Amt
1651/53	Luzern, Nichtregierende gegen Regierende
1653	Bern, Luzern, Solothurn, Basel, Bauernkrieg
1677/79	Schwyz, katholisch-bäuerliche Partei gegen Rat
1678	Wallis, Sturz Stockalpers.

[4] Th. Von Liebenau, Der luzernische Bauernkrieg vom Jahre 1653, in: Jahrbuch für Schweizerische Geschichte, 18. Band, Zürich: Fäsi & Beer, 1893, Seiten 228 bis 331, Seite 254.

[5] Andreas Heusler, Der Bauernkrieg von 1653 in der Landschaft Basel, Basel: Neukirch'sche Buchhandlung, 1854, Seiten 159 ff.

[6] In 6182 Escholzmatt (Auskunft: Dr. Andreas Schmidiger, Landhaus, oder Anton Kaufmann, Guggerweg 11) befindet sich das Entlebucher Heimatarchiv, wo heute (2003) das hier angesprochene Entlebucher Landrecht von 1491 liegt.

[7] Vgl. insbesondere Anmerkung 6.

[8] Vgl. dazu neuerdings Hubert Foerster, Freiburgs ‹Pengelbrüder› (1657) und die ‹heimliche Wahl›, Sonderdruck aus: Freiburger Geschichtsblätter, Band 79, 2002, Freiburg/ Schweiz: Universitätsverlag, 2002.

[9] Ludwig Tobler, Schweizerische Volkslieder, Zweiter Band, Frauenfeld: J. Huber, 1884, Seite 122.

[10] Die Episode der am 27. März 1653 neuen Stils ins Schloss Aarwangen aufgenommenen aber angesichts der sofort entstehenden Kontroversen alsbald wieder von dort entlassenen Solothurner Garnison erzählt, in den Worten des Tagebuchs des Hauslehrers Markus Huber Paul Kasser, Die Geschichte des Amtes und des Schlosses Aarwangen, in: Archiv des Historischen Vereins des Kantons Bern, XIX. Band, Bern: Gustav Grunau, 1909, Seiten 270 bis 272.

[11] Fr. Waldmann, Alte Historische Lieder zur Schweizergeschichte, Zweite Auflage, besorgt von Otto von Greyerz, Basel: Emil Birkhäuser, 1915, Seite 41.

[12] Hans Bögli, Der bernische Bauernkrieg, Bern: Nydegger & Baumgart, 1888, Seiten 44 bis 49.

Anmerkungen

[13] Hans Bögli, Der bernische Bauernkrieg, Bern: Nydegger & Baumgart, 1888, Seiten 51 bis 56

[14] Wie real die Mitgliedschaft der einzelnen Ämter im Huttwiler Bund war, ist heute schwer zu erkennen. Der Huttwiler Bund hatte jedes Interesse, seine Grösse und Stärke durch eine lange Liste von Mitgliedern zu unterstreichen. Nach der Niederlage wollte umgekehrt kaum mehr jemand dabei gewesen sein. Charakteristisch ist in diesem Zusammenhang der Frutiger Rückblick von Statthalter Abr. Allenbach, einem Zeitgenossen: «*Anno 1653 befanden sich unter den aufrührerischen Bauern auch etliche rebellische Buben aus der Kastlaney Frutingen, die da hatten zu Huttwyl vorgegeben, sie schwören im Namen der ganzen Landschaft, was ihnen aber Gottlob nicht befohlen, noch erlaubt gewesen; dabei waren auch Michel Rychen und Peter Kuhnen (Fuhrer) aus der Kirchhöre Adelboden. Durch diese bösen Buben und Lügenbriefe ist die Landschaft Frutigen in grosse Schmach und Kosten gekommen und wurde um anderthalb hundert Kronen gestraft: wir haben auch unsere Übergewehre nach Thun in's Schloss abliefern müssen. Aber sobald eine hohe, gnädige Obrigkeit im Grund der Wahrheit berichtet worden sind, dass die Vorgesetzten des Landes, wie auch die Landleute im Allgemeinen es mit der Obrigkeit gut gemeint haben, haben sie uns die Übergewehre zurückgegeben und die Landschaft nicht entgelten lassen.*» (Karl Stettler, Das Frutigland, Bern: Huber & Comp., 1887 im Nachdruck Adelboden: Frutigland-Verlag Gilgian Aellig, 1985, Seiten 33 und 34.)

[15] Willy Pfister, Die Prädikanten des bernischen Aargaus im 16. bis 18. Jahrhundert, Zürich: Zwingli-Verlag, 1943, Seite 61.

[16] Vgl. zu diesem ganzen Zusammenhang Rainer Stöckli, Geschichte der Stadt Mellingen von 1500 bis zur Mitte des 17. Jahrhunderts, Freiburg: Universitätsverlag Freiburg Schweiz, 1979, ISBN 3-7278-0199-9, Seiten 422 bis 443. Rainer Stöckli druckt darin auch, auf Seite 438, die interessante kurze Notiz aus dem Pfarrarchiv Wohlenschwil ab: «*Vigilia Pentecostes (31. Mai): Hoc die, nempe in vigilia Pentecostes anno 1652 (sic!) aduenerunt Tigurenses in Mellingen contra Rusticos bellaturi, posuerunt castra extra civitatem Mellingen in Wog nomine, quorum fuerunt ad minimum 12 millia, Rusticorum ex porte 20 forsan millia.*»

[17] Andreas Steigmeier, Mägenwil und Wohlenschwil, Mägenwil und Wohlenschwil: Einwohnergemeinden, 1993, Seite 43.

[18] Schreibweise nach Landeskarte der Schweiz, 1:25 000, Blatt 1127, Grobkoordinaten 619/227, Wabern: Bundesamt für Landestopografie, 1982.

[19] Hans Henzi, Das Ende des Bauernkrieges 1653 in Herzogenbuchsee, Der Gefechtsplan von Johann Willading, in: Jahrbuch des Oberaargaus, 1973, Langenthal: Jahrbuch-Vereinigung Oberaargau und Fritz Kuert, 1973, Seiten 153 bis 162.

[20] Hans Henzi, Das Ende des Bauernkrieges 1653 in Herzogenbuchsee, Der Gefechtsplan von Johann Willading, in: Jahrbuch des Oberaargaus, 1973, Langenthal: Jahrbuch-Vereinigung Oberaargau und Fritz Kuert, 1973, Seiten 153 bis 162.

[21] Schreibweise nach Landeskarte der Schweiz, 1:25 000, Blatt 1127, Grobkoordinaten 619/226, Wabern: Bundesamt für Landestopografie, 1982.

[22] Hans Henzi, Das Ende des Bauernkrieges 1653 in Herzogenbuchsee, Der Gefechtsplan von Johann Willading, in: Jahrbuch des Oberaargaus, 1973, Langenthal: Jahrbuch-Vereinigung Oberaargau und Fritz Kuert, 1973, Seiten 153 bis 162.

[23] Das von Herrn Hans Balsiger in Herzogenbuchsee seit langer Zeit vertretene, richtige Datum des Gefechts findet sich im Detail begründet und aus den Quellen korrekt hergeleitet in der *Buchsi Zytig,* Nr. 3, 22. März 2002, Herzogenbuchsee: Verlag Berner Volkszeitung, 2002, Seiten 1 und 6.

[24] Th. Von Liebenau, Der luzernische Bauernkrieg vom Jahre 1653, in: Jahrbuch für Schwei-

475

Anmerkungen

zerische Geschichte, 20. Band, Zürich: Fäsi & Beer, 1895, Seiten 89 bis 231, Seite 186.

[25] Th. Von Liebenau, Der luzernische Bauernkrieg vom Jahre 1653, in: Jahrbuch für Schweizerische Geschichte, 20. Band, Zürich: Fäsi & Beer, 1895, Seiten 89 bis 231, Seite 199. Otto Wicki, Anton Kaufmann, Bauernkrieg 1653, Schüpfheim: Druckerei Schüpfheim AG, 2003, ISBN 3-907821-18-1.

[26] Das Rapperswiler Spottlied ruft Werdmüller zu:

Henk's Fürfell an, den Beutel spann,
in deiner Mühle bleibe;
kein Gräfin mehr zur Eh begehr,
bei Deinesgleichen weibe!

Ludwig Tobler, Schweizerische Volkslieder, Zweiter Band, Frauenfeld: J. Huber, 1884, Seite 132.

[27] Vgl. zu Johannes Willadings Gefechtsplan von Herzogenbuchsee und zum Gefecht überhaupt Hans Henzi, Das Ende des Bauernkrieges 1653 in Herzogenbuchsee, Der Gefechtsplan von Johann Willading, in: Jahrbuch des Oberaargaus, 1973, Langenthal: Jahrbuch-Vereinigung Oberaargau und Fritz Kuert, 1973, Seiten 153 bis 162 sowieHans Henzi, Das Ende des Bauernkrieges 1653 in Herzogenbuchsee – Quellen und Hans Indermühle, Karl H. Flatt, Das Gefecht zu Herzogenbuchsee 1653, in: Jahrbuch des Oberaagraus 1974, Langenthal: Jahrbuch-Vereinigung Oberaargau und Fritz Kuert, 1974, Seiten 174 bis 221.

[28] Ludwig Tobler, Schweizerische Volkslieder, Zweiter Band, Frauenfeld: J. Huber, 1884, Seite 129.

[29] Ludwig Tobler, Schweizerische Volkslieder, Frauenfeld: J. Huber, 1882, Seite LVII.

Ludwig Tobler, Schweizerische Volkslieder, Zweiter Band, Frauenfeld: J. Huber, 1884, Seite 125.

[30] Vock: «Drei von den Eidgenössischen Vermittlern, nämlich Oberst Zweyer, Michael Schorno und Urs Gugger. Die Regierung von Luzern wollte, des Friedensabschlusses ungeachtet, auf die Dauer desselben nicht bauen, und suchte daher die Tagsatzung zu gemeinsamer Bewaffnung zu bewegen, ...»

[31] In seiner Anmerkung schreibt Alois Vock, der erste Herausgeber: «Der Falkenwirt Jakob Hurter von Aarburg.»

[32] Gemäss Sven Stelling-Michaud Hans Bock der Ältere

[33] Vock: «Bezieht sich auf den Einmarsch der 40 000 Mann Bernertruppen in's Entlebuch, worüber Emmenegger, nach seiner Äusserung ... sichere Nachricht haben wollte.»

[34] Hier ist wohl die Lösung des traditionellen zürcherisch-bernischen Militärproblems des 17. und frühen 18. Jahrhunderts gemeint, der Zusammenschluss der beiden Armeen im Grossraum Aargau.

[35] Wie auf andere Anmerkungen des ursprünglichen Herausgebers verzichten wir darauf, die in Klammern beigefügten Daten neuen Stils zu wiederholen.

[36] Anmerkung von Alois Vock: «Er war gebürtig von Aarau, ward im Jahr 1617 Bürger der Stadt Bern, im J. 1624 Mitglied des dortigen Grossen Raths, im J. 1629 Landvogt zu Wangen, im J. 1642 Hofmeister zu Königsfelden, und hatte sich in allen diesen Stellen beim Volke sehr beliebt gemacht. Er befand sich gerade damals auf dem Schlosse Lenzburg, und war auf Besuch bei General Werdmüller im Lager.»

[37] 1. Juni 1653, neuen Stils. Der erste Herausgeber hat diese Information in Klammer nach das Datum gesetzt, also «*(1. Juni)*».

[38] «Hauptmann Johann Wetter von Appenzell I.-Rh.» wie die Anmerkung des ersten Herausgebers sagt.

[39] Da es sich bei Appenzell um einen eidgenössischen Ort, bei der Stadt St. Gallen jedoch um einen Zugewandten handelte.

[40] «Johann Rudolf Werdmüller» wie die Anmerkung des ersten Herausgebers sagt.

⁴¹ «Johann Georg Werdmüller» wie die Anmerkung des ersten Herausgebers sagt.

⁴² «Hans Jakob Grebel» wie die Anmerkung des ersten Herausgebers sagt.

⁴³ «Dietegeb Holzhalb» wie die Anmerkung des ersten Herausgebers sagt.

⁴⁴ «Hans Hofmeister» wie die Anmerkung des ersten Herausgebers sagt.

⁴⁵ «Rudolf Lavater» wie die Anmerkung des ersten Herausgebers sagt.

⁴⁶ «Friedrich Edlibach» wie die Anmerkung des ersten Herausgebers sagt.

⁴⁷ «Hans Ulrich Lochmann» wie die Anmerkung des ersten Herausgebers sagt.

⁴⁸ «Hans Andreas Peyer» wie die Anmerkung des ersten Herausgebers sagt.

⁴⁹ «Philipp Schalck» wie die Anmerkung des ersten Herausgebers sagt.

⁵⁰ «Balthasar Müller» wie die Anmerkung des ersten Herausgebers sagt.

⁵¹ «Johann Melchior Trümpi» wie die Anmerkung des ersten Herausgebers sagt.

⁵² «Walther Roll» wie die Anmerkung des ersten Herausgebers sagt.

⁵³ Othmarsingen

⁵⁴ Anmerkung des ersten Herausgebers: «Bleicheplatz in St. Gallen an der Rorschacherstrasse, s. Wartmann, das alte St. Gallen (St. Gall. Neujahrsbl. 1867) S. 15 f.»

⁵⁵ Alois Vock nennt ihn in seiner Anmerkung: «Hans Boller ab dem Horgerberge.»

⁵⁶ «Güttingen, Bez. Kreuzlingen» gemäss der Anmerkung des ersten Herausgebers.

⁵⁷ «Hans Heinrich Waser»

⁵⁸ «Salomon Hirzel»

⁵⁹ In der Anmerkung des ersten Herausgebers steht: «D. h. der zweite St. Galler Fahnen, ebenfalls 150 Mann stark, den Leutnant Laurenz Zollikofer von Altenklingen (1604–64) führte, …»

⁶⁰ Der erste Herausgeber setzt in Klammern «4. Juni», *scilicet* neuen Stils.

⁶¹ Der erste Herausgeber setzt in Klammern «5. Juni», *scilicet* neuen Stils.

⁶² Der erste Herausgeber setzt in Klammern «5. Juni», *scilicet* neuen Stils.

⁶³ Der erste Herausgeber setzt in Klammern «4. Juni», *scilicet* neuen Stils.

⁶⁴ Der erste Herausgeber setzt hierzu die Anmerkung: «Wolfgang Wirz von Unterwalden».

⁶⁵ Der erste Herausgeber setzt in Klammern «6. Juni», *scilicet* neuen Stils.

⁶⁶ Der erste Herausgeber setzt in Klammern «2. Juni», *scilicet* neuen Stils.

⁶⁷ Alois Vock setzt in Klammern hinzu: «eingeklagte».

⁶⁸ Andreas H. v. Bern, Stadthauptmann. (Heinrich Türler)

⁶⁹ Laut Bögli, d. bern. Bauernkrieg, S. 127, war mal die Zellenthüre offen gefunden worden, was natürlich von Mund zu Mund zu einem Befreiungsversuch erweitert wurde. (Heinrich Türler)

⁷⁰ Äschlimann Seite 177. Man verscharrte den Körper des Unglücklichen so leicht, dass sein treuer Hund den Leichnam aufspürte, ein Loch bis zu ihm scharrte, und beim Versuch ihn herauszuziehen, 3 Finger abbiss. Man begrub ihn darauf nochmals und tiefer unter die Erde. (Heinrich Türler)

⁷¹ Alois Vock setzt in Klammern hinzu: «von Malters».

⁷² Alois Vocks Anmerkung beginnt mit den Worten: «Wegen Schwarzkunst. Schybi galt nämlich allgemein für einen Schwarzkünstler und Hexenmeister, …»

⁷³ **Dtn 13,8** So sollst du ihm nicht zu Willen sein und nicht auf ihn hören; du sollst sein nicht schonen und dich seiner nicht erbarmen, noch seine Schuld verbergen, **9** sondern umbringen sollst du ihn; deine Hand soll sich zuerst wider ihn erheben, um ihn zu töten, und darnach die

Anmerkungen

Hand des ganzen Volkes. **10** Du sollst ihn zu Tode steinigen, denn er hat gesucht, dich abzubringen von dem Herrn, deinem Gott, der dich aus dem Lande Ägypten, aus dem Sklavenhause, herausgeführt hat. (Zürcher Bibel)

[74] **Jer 48,10** Verflucht, wer das Werk des Herrn lässig treibt! Und verflucht, wer sein Schwert vom Blute zurückhält! (Zürcher Bibel)

[75] **1. Reg. 20,42** So spricht der Herr: Weil du den Mann, der meinem Bann verfallen war, hast ziehen lassen, so musst du mit deinem Leben für ihn haften, und dein Volk für sein Volk. (Zürcher Bibel)

[76] **Röm 13,4** Wenn du aber das Böse tust, so fürchte dich, denn nicht umsonst trägt sie (die Obrigkeit) das Schwert; denn Gottes Dienerin ist sie, eine Rächerin zum Zorngericht für den, der das Böse verübt. (Zürcher Bibel)

[77] Anno 1601. den 7. Septembr. (Wirz)

[78] Anno 1650. den 11. Septembr. (Wirz)

[79] Seit Anno 1618. (Wirz)

[80] Stumph. Pag. 555. Lucernisches Manifest, An. 1653. pag. 16. & c. (Wirz)

[81] Lucerner Manifest An. 1653. pag. 18. 19. (Wirz)

[82] Weggis und Habsburg blieben getreu. Luzerner Manifest, pag. 16. (Wirz)

[83] Entweder 11. / 21. oder 12. / 22. Martii (Anne Gasser).

[84] Sigriswil (Anne Gasser).

[85] Stumph. pag. 534. b. Topogr. Merian. pag. 53. (Lauffer)

[86] Zu Ottmansingen. (Lauffer)

[87] Die Bewegung nahm bereits am 28. Dezember 1652 ihren Anfang. Vgl. Th. Von Liebenau, im Jahrbuch für schweiz. Geschichte XIX, 86. (Berner Heim)

[88] Die Bauern standen von 14–20 März vor Luzern. v. Liebenau, a.a.O. S. 189, 196, 209. (Berner Heim)

[89] a.a.O. S. 182. (Berner Heim)

[90] Der Rechtsspruch der Vermittler der 6 kathol. Orte vom 18. März steht a.a.O. S.199. (Berner Heim)

[91] D. h. die Bauern. (Berner Heim)

[92] a.a.O. S. 163, 183, 191, 204. (Berner Heim)

[93] a.a.O. S.211–220. Die Tagsatzung vom 17–22. März. Eidg. Absch. VI. A. S. 148 ff. (Berner Heim)

[94] Lenzburg sollte nur der Sammelplatz der Truppen von Zürich, Glarus, Appenzell, Stadt St. Gallen und eventuell Graubünden sein. Absch. S. 151. (Berner Heim)

[95] Aus dem Zusammenhang ergiebt es sich, dass darunter die Herren von Luzern verstanden sind. (Berner Heim)

[96] Der Wolhuserbund am 26. Februar. Siehe v. Liebenau a.a.O. S. 132. (Berner Heim)

[97] Ist zu viel gesagt! (Berner Heim)

[98] Der Spruch der Vermittler entsprach durchaus nicht allen Begehren der Bauern. Nur einige Bauerndelegierte nahmen ihn sofort an, die Erklärungen der andern waren ausweichend. v. Liebenau S. 207. (Berner Heim)

[99] Die Begründung der Bauern wegen Nichtannahme des Spruches bei v. Liebenau S. 229. (Berner Heim)

[100] Auf der Landsgemeinde in Sumiswald vom 23. April. (Berner Heim)

[101] Unter «Ughh» sind «Unsere gnädigen Herren von Bern» unter «Mhh» die «Meine Herren Räte von Aarau» verstanden. (Berner Heim)

[102] Gerücht. (Berner Heim)

[103] Leonhart Hagenbuch war dazumal regierender und Hans Heinrich Hunziker gewesener Schultheiss. Vgl. W. Merz, Die Schultheissen der Stadt Aarau (1899), S. 18. (Berner Heim)

[104] Ihre Namen stehen in Helvetia VI, 171. (Berner Heim)

[105] sintemal. (Berner Heim)

106 Auch nur einen einzigen. (Berner Heim)

107 Über den General Hans Jakob Zörnlin und den Marsch der Basler Truppen nach Arau vgl. A. Heusler, Der Bauernkrieg von 1653 in der Landschaft Basel (1854), S. 52f. Er rückte am 13. März in Aarau ein. (Berner Heim)

108 sintemal. (Berner Heim)

109 Nach Helvetia VI, 172 war es Johann Rudolf May, Festungskommandant von Lenzburg. Über den ihm angetanen Schimpf ebd. S. 174. (Berner Heim)

110 Tumult, Lärm. (Berner Heim)

111 Am 19. März. Heusler, S. 56f. (Berner Heim)

112 Es war der 14. April. Beschluss der Konferenz der evangelischen Orte. Eidg. Absch. VI, A, 160. Vgl. Helvetia VI, 251; Heusler, S. 85f. (Berner Heim)

113 Bögli, der bernische Bauernkrieg (1888), S. 60. Helvetia VI, 252, 272. (Berner Heim)

114 Ebd. S. 63. (Berner Heim)

115 Sie waren die Abgeordneten der Regierung auf die zweite Landsgemeinde von Huttwyl vom 14. Mai. (Berner Heim)

116 Über Beat Ludwig von Mülinen vgl. Familien-Geschichte u. Genealogie der Grafen von Mülinen (1844), S. 45. (Berner Heim)

117 Vrgl. Familien-Geschichte S. 44. (Berner Heim)

118 In Langenthal fand keine Landsgemeinde statt; hingegen verhandelten hier Bauernausschüsse mit Abgeordneten der Regierung am 16. und 18. Mai. Bögli, S. 66. (Berner Heim)

119 Am 21. Mai Ebendaselbst S. 68. (Berner Heim)

120 Von der Grafschaft Baden. (Berner Heim)

121 Westlich von Aarau. (Berner Heim)

122 Unruhe, Sturm (Berner Heim)

123 Es ist der 31 Mai. (Berner Heim)

124 Nach einem am 2. Juni bewilligten Waffenstillstand kam es am folgenden Tage zum Gefecht bei Wohlenschwyl, am 4. Juni zu dem Vertrage von Mellingen. Bögli, S. 75. (Berner Heim)

125 Bezieht sich wohl darauf, dass Leuenberger am 4. Juni den Verhandlungen im zürcherischen Lager nicht beiwohnte. Bögli, S. 75. (Berner Heim)

126 Er war am 3. Juni ausgezogen. (Berner Heim)

127 Am 8. Juni. (Berner Heim). In Tat und Wahrheit am 7. Juni 1653 neuen Stils.

128 Ihre Namen bei Bögli, S. 79. (Berner Heim)

129 Am 21. und 23. Juni. Bögli, S. 80, nennt andere Namen, ausser «Emanuel» Sägisser. (Berner Heim)

130 Urteil vom 1. Juli. Liebenau, im Jahrbuch f. schweiz. Geschichte XX, 130. (Berner Heim)

131 Über Adam Zeltner vgl. Helvetia VI, 506 ff., 515–518. (Berner Heim)

132 Jakob Sinner, nach Liebenau a.a.O. (Berner Heim)

133 Am 7. Juli. Liebenau a.a.O. S. 140. (Berner Heim)

134 In Helvetia VI, 450, heisst er Hans Boller, genannt Zöchlimacher, ab dem Horgerberg. (Berner Heim)

135 Über seine am 9. Juni erfolgte Gefangennahme vergl. Bögli; S. 98. (Berner Heim)

136 Es war am 6. September. (Berner Heim)

137 Christen Wynistorf. (Berner Heim)

138 Lienhard Glanzmann. (Berner Heim)

139 Alle drei wurden am 8. Juli hingerichtet. Bögli, S. 82. (Berner Heim)

140 An Konrad Brönner und Uli Galli wurde das Strafgericht am 4. November vollzogen. Ebendaselbst. (Berner Heim)

141 Vergl. Bögli, S. 94. (Berner Heim)

[142] Die Kopie des Huttwylerbundes vom 14. Mai, ebenso der Eidesform – vergl. Abschiede VI, A, S. 163 und von Liebenau im Jahrbuch XX, S. 17 ff. – fällt hier aus. (Berner Heim)

[143] 28. September. Es war Zeugherr Kaspar Studer. Vergl. Von Liebenau, Jahrbuch XX, 183 ff. (Berner Heim)

[144] Kaspar Unternährer. Am 6. Oktober in Schüpfheim. (Berner Heim)

[145] Hier wird wohl ein Wort wie «ausgenommen» ausgefallen sein.

[146] Schultheiss von Thun war Niklaus Bachmann, der Gefangene Niklaus Zimmermann (W. F. von Mülinen)

[147] Berns Abgesandte waren: Der Schultheiss Niklaus Dachselhofer, die Mitglieder des Kleinen Raths Niklaus Lombach und Burkhard Fischer, und die Mitglieder des Grossen Raths Niklaus Kilchberger, Hans Georg Imhof und Daniel Morlot. (W. F. von Mülinen)

[148] Ein Urtheil über diesen Abschnitt wird Herr Dr. Th. Von Liebenau in seiner bald erscheinenden Darstellung des Bauernkrieges geben, auf welche, statt auf alles andere diessbezügliche, hingewiesen sei. (W. F. von Mülinen)

[149] Nach Angabe des Prädicanten Hürner von Herzogenbuchsee waren es 27. (Bögli, der bernische Bauernkrieg 79) (W. F. von Mülinen)

[150] Eine Bestätigung dieser Nachricht ist mir nicht bekannt. (W. F. von Mülinen)

[151] Bernhard Herzog von Langenthal, Uli Flückiger zu Flückigen bei Rohrbach, Emanuel Sägisser von Aarwangen, Christen Blaser von Trub. (W. F. von Mülinen)

[152] Diese Strafe scheint im Bernbiet nicht angewendet worden zu sein. (W. F. von Mülinen) Vergleiche dazu aber Dokument 194, S. 435. (Jürg Stüssi-Lauterburg)

[153] Christen Wynistorf, Ammann von Oberburg, Daniel Küpfer im Pfaffenbach, Leonhard Glanzmann, Wirth zu Ranflüh. (Tillier IV, 199) (W. F. von Mülinen)

[154] Mathematische und Geometrische (Anne Gasser)